FROM MARI TO JERUSALEM AND BACK

Jack M. Sasson

From Mari to Jerusalem and Back

Assyriological and Biblical Studies in Honor of Jack Murad Sasson

EDITED BY
ANNALISA AZZONI, ALEXANDRA KLEINERMAN,
DOUGLAS A. KNIGHT, AND DAVID I. OWEN

EISENBRAUNS | University Park, Pennsylvania

Library of Congress Cataloging-in-Publication Data

Names: Azzoni, Annalisa, editor. | Kleinerman, Alexandra, editor. | Knight, Douglas A., 1943– editor. | Owen, David I., editor. | Sasson, Jack M., honoree.
Title: From Mari to Jerusalem : Assyriological and Biblical studies in honor of Jack Murad Sasson / edited by Annalisa Azzoni, Alexandra Kleinerman, Douglas A. Knight, and David I. Owen.
Description: University Park, Pennsylvania : Eisenbrauns, [2020] | Includes bibliographical references and index. | Essays in English, French, and German.
Summary: "A collection of essays by 35 scholars of the ancient Near East, honoring the career of Jack M. Sasson, and focusing on a variety of Sumerian, Babylonian, Assyrian, Amorite, Egyptian, Eblaite, Hittite, Ugaritic, Aramaic, Canaanite, Israelite, biblical, and archaeological subjects"—Provided by publisher.
Identifiers: LCCN 2019059656 | ISBN 9781575067414 (hardback)
Subjects: LCSH: Bible—Antiquities. | Assyriology. | Middle East—Antiquities. | Middle East—History—To 622. | LCGFT: Essays.
Classification: LCC DS56.F69 2020 | DDC 939.4—dc23
LC record available at https://lccn.loc.gov/2019059656

Printed in the United States of America
Published by The Pennsylvania State University Press,
University Park, PA 16802-1003

Eisenbrauns is an imprint of The Pennsylvania State University Press.

The Pennsylvania State University Press is a member of the Association of University Presses.

It is the policy of The Pennsylvania State University Press to use acid-free paper. Publications on uncoated stock satisfy the minimum requirements of American National Standard for Information Sciences—Permanence of Paper for Printed Library Material, ANSI Z39.48–1992.

CONTENTS

PART II. BIBLICAL STUDIES

PREFACE

Jack M. Sasson is *sui generis*. Born in Aleppo in 1941 to Iraqi and Syrian Jewish parents and raised during his middle childhood years in Beirut, he joined his family and kin in Brooklyn in 1955 for the start of his long residence in the United States. He completed the B.A. degree at Brooklyn College in 1962 and his Ph.D. in ancient Near Eastern and Islamic studies at Brandeis University in 1966. His career as a scholar took him to the University of North Carolina in Chapel Hill where he became the William R. Kenan Jr. Professor of Religious Studies and remained until 1999 when he moved to Vanderbilt University as the Mary Jane Werthan Professor of Jewish Studies and Hebrew Bible, retiring in 2015.

Jack's multicultural breeding has a counterpart in the languages he uses, from Arabic, French, and Hebrew since his childhood, to multiple ancient and modern languages as an adult and scholar. By temperament, he is at home with others from many cultures—west and east, north and south. He possesses an encyclopedist's mind, its breadth nowhere more evident than in the masterful four-volume *Civilizations of the Ancient Near East* which he conceived and edited. That breadth is complemented also with an in-depth, incisive knowledge of Assyriology, biblical studies, Jewish studies, and Islamic studies, to all of which fields he has made perceptive and lasting contributions over his long career in publishing and lecturing. For many years he has sent daily emails about publications, lectures, and other news items to a listserv named Agade comprising several thousands of scholars in ancient Near Eastern studies around the world. Yet the range of his knowledge also reaches beyond his scholarly fields to the world of classical music and opera, which he pursues avidly and even through occasional publication of concert critiques. In private he can often be heard singing songs in Arabic and French. Add to this his witty humor: he is truly a funny, happy man, delighting in irony, word-plays, and the never-ending stream of political and cultural absurdities. At the same time, he embodies the caring and outgoing traits of a true Mensch. Small wonder that he is honored and recognized by colleagues and beloved and respected by students, continually sought after by individuals in both groups. Many count him as one of their best friends, and he reciprocates their affection. He is devoted to his wife Diane, their sons David, Noah, and Daniel, their families, and his many relatives.

This is the scholar whom many of his colleagues aim now to honor with this volume of original essays. The chapters are divided into two main groups corresponding to his primary academic interests—Assyriology and biblical studies. Yet these two fields are not always fully distinct from each other, and a number of the articles could almost as well have been placed in the other section than where they now find themselves. In such cases we have consulted with the authors to determine where each would prefer to locate their essays. These cross-overs, rather than presenting a dilemma, in fact reflect Jack's own double loyalties as a scholar, which he coordinates smoothly and provocatively.

Our deep gratitude goes to several individuals. Chancellor Emeritus Nicholas S. Zeppos of Vanderbilt University, who as provost collaborated with Jack to found and develop the now flourishing Vanderbilt Program in Jewish Studies, supported generously the publication of this volume. Dean Emilie M. Townes of the Vanderbilt Divinity School likewise encouraged this project from its inception and in many important ways. The thirty-six contributors have of course given mightily of their time and scholarship to make this collection of studies a significant contribution to our disciplines. Thankfully, we four editors worked efficiently together, not only in editing the articles and bringing as many as possible into conformity with the stylistic norms set by the publisher but also in accommodating several authors who understandably preferred to write in their own native languages and to follow stylistic norms conventional in their own lands. We also wish to thank Serena McMillan, Ph.D. student at Vanderbilt University, for carefully preparing the list of Jack's numerous publications. A special word of gratitude goes both to Jim Eisenbraun, who supported this volume since its conception and helped to usher it through the publication process, and also to the Pennsylvania State University Press and its editors and staff who completed the publication with skill and professionalism. And finally, we want especially to thank Diane Sasson for assisting with multiple details along the way—not at all an easy task since she like all the contributors have tried to keep the volume's publication confidential so we could surprise Jack with it when it was completed. It has been a labor of affection and respect for all of us to honor Jack with this volume of studies.

The editors,
Annalisa Azzoni, Vanderbilt University
Alexandra Kleinerman, Cornell University
Douglas A. Knight, Vanderbilt University
David I. Owen, Cornell University

CONTRIBUTORS

Robert Alter, Professor of the Graduate School, Emeritus Professor of Hebrew and Comparative Literature, The University of California, Berkeley.

Alfonso Archi, già Professore di Ittitologia, Università degli Studi di Roma "La Sapienza."

Annalisa Azzoni, Senior Lecturer in Hebrew Bible, Vanderbilt University.

Maria Giovanna Biga, Associate Professor of History of the Ancient Near East, Università degli Studi di Roma "La Sapienza."

Giorgio Buccellati, Research Professor, Cotsen Institute of Archaeology, and Professor Emeritus, The University of California, Los Angeles.

Dominique Charpin, Chaire "Civilisation mésopotamienne," Collège de France, Université Paris Sciences et Lettres.

Sophie Démare-Lafont, Professeur d'histoire du droit, Université Panthéon-Assas; Directeur d'études à l'École Pratique des Hautes Études, Université Paris Sciences et Lettres.

Jean-Marie Durand, membre de l'Institut de France (Académie des Inscriptions et Belles-Lettres).

Israel Finkelstein, Alkow Professor of the Archaeology of Israel in the Bronze and Iron Ages, Emeritus, Department of Archaeology and Ancient Near Eastern Civilizations, Tel Aviv University.

Daniel E. Fleming, Ethel and Irvin A. Edelman Professor of Hebrew and Judaic Studies, the Skirball Department of Hebrew and Judaic Studies, New York University.

Benjamin R. Foster, William M. Laffan Professor of Assyriology and Babylonian Literature, Yale University.

Alhena Gadotti, Associate Professor of History, Towson University.

Michaël Guichard, Directeur d'Études à l'École Pratique des Hautes Études, Université Paris Sciences et Lettres.

Tawny L. Holm, Associate Professor of Classics and Ancient Mediterranean Studies and Jewish Studies, Pennsylvania State University.

Jacob Klein, Professor Emeritus of Assyriology and Bible, Bar-Ilan University.

Alexandra Kleinerman, Research Associate, Jonathan and Jeannette Rosen Ancient Near Eastern Studies Seminar and Tablet Conservation Laboratory, Cornell University.

Douglas A. Knight, Drucilla Moore Buffington Professor of Hebrew Bible, Emeritus, and Professor of Jewish Studies, Vanderbilt University.

Bertrand Lafont, Directeur de recherche au Centre National de la Recherche Scientifique, Paris-Nanterre.

Archie C. C. Lee, University Distinguished Professor of Humanities and Social Science, Center for Judaic and Inter-Religious Studies, Shandong University.

Peter Machinist, Hancock Research Professor of Hebrew and Other Oriental Languages, Harvard University.

Carol Meyers, Mary Grace Wilson Professor of Religious Studies, Emerita, Duke University.

Eric M. Meyers, Bernice and Morton Lerner Professor of Jewish Studies, Emeritus, Duke University.

Piotr Michalowski, George G. Cameron Professor of Ancient Near Eastern Civilization, Emeritus, University of Michigan.

Gregorio del Olmo Lete, Emeritus Professor, University of Barcelona.

David I. Owen, Bernard and Jane Schapiro Professor of Ancient Near Eastern and Biblical Studies, Emeritus, and Director of the Jonathan and Jeannette Rosen Ancient Near Eastern Studies Seminar and Tablet Conservation Laboratory, Cornell University.

Gonzalo Rubio, Associate Professor of Classics and Ancient Mediterranean Studies, Asian Studies, and History, Pennsylvania State University.

Yitschak Sefati, Senior Lecturer, Department of Bible, Bar-Ilan University.

Choon-Leong Seow, Vanderbilt, Buffington, Cupples Professor of Divinity and Distinguished Professor of Hebrew Bible, Vanderbilt University.

Marten Stol, Professor Emeritus of Assyriology, Vrije Universiteit, Amsterdam.

Phyllis Trible, Baldwin Professor Emerita of Sacred Literature, Union Theological Seminary.

Karel Van Lerberghe, Professor emeritus of Assyriology and Near Eastern Archaeology, Leuven University.

Gabriella Voet, Research Associate, Leuven University.

Nathan Wasserman, Professor of Assyriology, Institute of Archaeology, The Hebrew University of Jerusalem.

Claus Wilcke, Professor für Altorientalistik, i.R., Universität Leipzig.

Gernot Wilhelm, Professor emeritus für Altorientalistik, Julius-Maximilians-Universität, Würzburg.

Nele Ziegler, Directrice de recherche au Centre National de la Recherche Scientifique, Paris.

ABBREVIATIONS

AAICAB	J.-P. Grégoire, *Archives administratives et inscriptions cunéiformes: Ashmolean Museum, Bodleian Collection, Oxford*
AB	Anchor Bible
AB	*Assyriologische Bibliothek*
AbB	Altbabylonische Briefe in Umschrift und Übersetzung
ABD	*Anchor Bible Dictionary*. Edited by David Noel Freedman. 6 vols. New York: Doubleday, 1992
ABL	R. F. Harper, *Assyrian and Babylonian Letters*
AfO	*Archiv für Orientforschung*
AHw	Wolfram von Soden, *Akkadisches Handwörterbuch*
AJP	*American Journal of Philology*
AJSL	*American Journal of Semitic Languages and Literatures*
AMD	Ancient Magic and Divination
Amherst	Th. G. Pinches, *The Amherst Tablets*
AnOr	*Analecta Orientalia*
AO	Museum siglum of the Louvre
AOAT	Alter Orient und Altes Testament
AoF	*Altorientalische Forschungen*
AOS	American Oriental Studies
ARET	Archivi reali di Ebla, Testi
ARM	Archives royales de Mari
ARMT	Archives royales de Mari, transcrites et traduites
ARN	M. Çig, H. Kizilyay, and F. R. Kraus, *Altbabylonische Rechtsurkunden aus Nippur*
ArOr	*Archiv Orientální*
ASJ	*Acta Sumerologica*
AUCT	Andrews University Cuneiform Texts
AuOr	*Aula Orientalis*
AUWE	Ausgrabungen in Uruk-Warka: Endberichte
BA	*Biblical Archaeologist*
BagM	*Baghdader Mitteilungen*
BAP	Bruno Meissner, *Beiträge zum altbabylonischen Privatrecht*

BAR	*Biblical Archaeology Review*
BASOR	*Bulletin of the American Schools of Oriental Research*
BBVO	Berliner Beiträge zum Vorderen Orient
BCT	P. J. Watson, *Catalogue of Cuneiform Tablets in Birmingham City Museum*
BDB	Francis Brown, S. R. Driver, and Charles A. Briggs, *A Hebrew and English Lexicon of the Old Testament*
BDTNS	Base de Datos de Textos Neosumerios
BE	The Babylonian Expedition of the University of Pennsylvania
BHK	Rudolf Kittel, *Biblia Hebraica*
BHQ	Adrian Schenker et al. *Biblia Hebraica Quinta*
BHS	Karl Elliger and Wilhelm Rudolph, eds. *Biblia Hebraica Stuttgartensia*
Bib	*Biblica*
BIN	Babylonian Inscriptions in the Collection of J. B. Nies
BiOr	*Bibliotheca Orientalis*
BJRL	*Bulletin of the John Rylands Library*
BKAT	Biblischer Kommentar, Altes Testament
BM	Museum siglum of the British Museum
BPOA	Biblioteca del Proximo Oriente Antiguo
BRev	*Bible Review*
BSA	*Bulletin of Sumerian Agriculture*
BWANT	Beiträge zur Wissenschaft vom Alten (und Neuen) Testament
BZ	*Biblische Zeitschrift*
BzA	Beiträge zur Assyriologie
BZAW	Beihefte zur Zeitschrift für die alttestamentliche Wissenschaft
CAD	*The Assyrian Dictionary of the Oriental Institute of the University of Chicago*
CANE	Jack M. Sasson, ed. *Civilizations of the Ancient Near East*
CBQ	*Catholic Biblical Quarterly*
CBS	Catalog of the Babylonian Section, University Museum, Philadelphia
CDFLP	Elmer B. Smick, *Cuneiform Documents of the Third Millennium in the John F. Lewis Collection in the Public Library of Philadelphia*
CDLB	*Cuneiform Digital Library Bulletin*
CDLI	Cuneiform Digital Library Initiative
CHANE	Culture and History of the Ancient Near East
ChS	Corpus der hurritischen Sprachdenkmäler
CM	Cuneiform Monographs
COS	William W. Hallo and K. Lawson Younger Jr., eds. *The Context of Scripture*
CRAIBL	Comptes rendus des séances de l'Académie des inscriptions et belles-lettres
CST	T. Fish, *Catalogue of Sumerian Tablets in the John Rylands Library*

CT	Cuneiform Texts from Babylonian Tablets in the British Museum
CTH	*Catalogue des textes hittites*
CTNMC	Th. Jacobsen, *Cuneiform Texts in the National Museum*
CTPSM	Cuneiform Texts in the Collection of the Pushkin State Museum of Fine Arts
CTU	Manfried Dietrich, Oswald Loretz, and Joaquín Sanmartín, eds. *The Cuneiform Alphabetic Texts from Ugarit, Ras Ibn Hani, and Other Places*
CUNES	Cornell University Near Eastern Studies
CUSAS	Cornell University Studies in Assyriology and Sumerology
DDD	Karel van der Toorn, Bob Becking, and Pieter W. van der Horst, eds. *Dictionary of Deities and Demons in the Bible*
DNWSI	J. Hoftijzer and K. Jongeling, *Dictionary of the North-West Semitic Inscriptions*, I/II
DoCu EPHE	*Documents cunéiformes de la IVe Section de l'École pratique des hautes études* (1982)
DULAT	Gregorio del Olmo Lete and Joaquín Sanmartín, *A Dictionary of the Ugaritic Language in the Alphabetic Tradition*. 3rd ed.
EANEC	Explorations in Ancient Near Eastern Civilizations
EBib	Études bibliques
EBR	*Encyclopedia of the Bible and Its Reception*
EHAT	Exegetisches Handbuch zum Alten Testament
ePSD	electronic Pennsylvania Sumerian Dictionary Project
ETCSL	Electronic Text Corpus of Sumerian Literature
FAOS	Freiburger altorientalische Studien
FAT	Forschungen zum Alten Testament
FCB	Feminist Companion to the Bible
FLP	Free Library of Philadelphia
FM	Florilegium marianum
FMA	Jack M. Sasson, *From the Mari Archives: An Anthology of Old Babylonian Letters*
FOTL	Forms of the Old Testament Literature
HALOT	Ludwig Koehler, Walter Baumgartner, and Johann J. Stamm, *The Hebrew and Aramaic Lexicon of the Old Testament*
HAM/AUAM	Siegfried H. Horn Museum / Andrews University Archaeological Museum
HBAI	*Hebrew Bible and Ancient Israel*
HKL	Rykle Borger, *Handbuch der Keilschriftliteratur*
HMA	Siglum of the Hearst Museum of Anthropology, University of California at Berkeley
HSS	Harvard Semitic Studies
HUCA	*Hebrew Union College Annual*
IB	Ishan Bahriyat, Isin excavation sigla
IEJ	*Israel Exploration Journal*
Iraq	*Iraq*. British School of Archaeology in Iraq

ISET	S. Kramer, M. Çig, H. Kizilyay. Istanbul Arkeoloji Müzelerinde bulunan Sumer edebi tablet ve parcalari (Sumerian Literary Tablets and Fragments in the Archaeological Museum of Istanbul), I/II
ITT	Inventaire des tablettes de Tello
JAAR	*Journal of the American Academy of Religion*
JAC	*Journal of Ancient Civilizations*
JANEH	*Journal of Ancient Near Eastern History*
JANER	*Journal of Ancient Near Eastern Religions*
JANES	*Journal of the Ancient Near Eastern Society of Columbia University*
JAOS	*Journal of the American Oriental Society*
JB	Jerusalem Bible
JBL	*Journal of Biblical Literature*
JCS	*Journal of Cuneiform Studies*
JEOL	*Jaarbericht van het Voor-Aziatisch-Egyptisch Gezelschap Ex oriente lux*
JESHO	*Journal of the Economic and Social History of the Orient*
JNES	*Journal of Near Eastern Studies*
JQR	*Jewish Quarterly Review*
JR	*Journal of Religion*
JRAS	*Journal of the Royal Asiatic Society of Great Britain and Ireland*
JSOT	*Journal for the Study of the Old Testament*
JSOTSup	Journal for the Study of the Old Testament Supplement Series
JSS	*Journal of Semitic Studies*
JTC	*Journal for Theology and the Church*
JTS	*Journal of Theological Studies*
K	Siglum of the British Museum in London (Kuyunjik)
KAI	Herbert Donner and Wolfgang Röllig, *Kanaanäische und aramäische Inschriften*. 2nd ed.
KAR	E. Ebeling, ed. *Keilschrifttexte aus Assur religiösen Inhalts*, I/II
KASKAL	*Rivista di storia, ambienti e culture del Vicino Oriente antico*
KAT	Kommentar zum Alten Testament
KAV	O. Schroeder, *Keilschrifttexte aus Assur verschiedenen Inhalts*
KBo	*Keilschrifttexte aus Boghazköi*
KJV	King James Version
KT Isin	Claus Wilcke, ed. *Keilschrifttexte aus Isin–Išān Baḥrīyāt*
KTU	Manfried Dietrich, Oswald Loretz, and Joaquín Sanmartín, eds. *Die Keilalphabetischen Texte aus Ugarit*
KUB	*Keilschrifurkunden aus Boghazköi*
LAI	Library of Ancient Israel
LAK	A. Deimel, *Liste der archäischen Keilschriftzeichen von Fara*
LAOS	Leipziger altorientalische Studien
LAPO	Littératures anciennes du Proche-Orient

LAS	Simo Parpola, *Letters from Assyrian Scholars to the Kings Esarhaddon and Assurbanipal*
LB	Liagre Böhl Collection (Leiden)
LHBOTS	The Library of Hebrew Bible/Old Testament Studies
LIH	L. King, *The Letters and Inscriptions of Hammurabi*
LKA	L. Ebeling, *Literarische Keilschrifttexte aus Assur*
MARI	*Mari: Annales de recherches interdisciplinaires*
MC	Mesopotamian Civilizations
MDAI	Mitteilungen des Deutschen Archäologischen Instituts, Abt. Kairo
MDP	Mémoires de la Délégation en Perse
MEE	Materiali epigrafici di Ebla
MHET	Mesopotamian History and Environment: Texts
MS	Martin Schøyen Collection
MSA	Modern South Arabian
MSL	*Materialien zum sumerischen Lexikon / Materials for the Sumerian Lexicon*
MT	Masoretic Text
MVN	Materiali per il vocabolario neosumerico
NAB	New American Bible
NABU	*Nouvelles assyriologiques brèves et utilitaires*
NATN	David I. Owen, *Neo-Sumerian Archival Texts Primarily from Nippur*
NEA	*Near Eastern Archaeology*
NEB	New English Bible
Ni	Siglum of the Archaeological Museum, Istanbul (Nippur)
NIB	Leander E. Keck, ed. *The New Interpreter's Bible*
NICOT	New International Commentary on the Old Testament
NISABA	Studi Assiriologici Messinesi
NIV	New International Version
NJB	New Jerusalem Bible
NJPS	*Tanakh: The Holy Scriptures: The New JPS Translation according to the Traditional Hebrew Text*
NKJV	New King James Version
NRSV	New Revised Standard Version
NSGU	A. Falkenstein, *Die neusumerischen Gerichtsurkunden*
NWS	North-West Semitic
OBO	Orbis Biblicus et Orientalis
OBTR	St. Dalley, C. Walker, and J. Hawkins, *Old Babylonian Texts from Tell al Rimah*
OECT	Oxford Editions of Cuneiform Texts
OIC	*Oriental Institute Communications*
OIMA	*Oriental Institute Microfiche Archives*
OLA	Orientalia Lovaniensia Analecta
OLZ	*Orientalistische Literaturzeitung*

OMRO	Oudheidkundige Mededelingen uit het Rijksmuseum van Oudheden te Leiden
Ontario	M. Sigrist, *Neo-Sumerian texts from the Royal Ontario Museum*
Or	*Orientalia* (NS)
ORA	Orientalische Religionen in der Antike
OrAnt	*Oriens Antiquus*
Orient	*Orient: Report of the Society for Near Eastern Studies in Japan*
OSA	Old South Arabian
OTL	Old Testament Library
OTS	Old Testament Studies
OtSt	Oudtestamentische Studiën
PARS	Princeton Cotsen Collection
PBS	University of Pennsylvania, Publications of the Babylonian Section
PDT 1	M. Çig, H. Kizilyay, and A. Salonen, *Die Puzriš-Dagan-Texte der Istanbuler archäologischen Museen*, Part 1 = texts 1–725
PDT 2	F. Yildiz and T. Gomi, *Die Puzriš-Dagan-Texte der Istanbuler archäologischen Museen*, Part 2 = texts 726–1379
PIHANS	Publications de l'Institut historique-archéologique néerlandais de Stamboul
PLO	Porta linguarum orientalium
PPAC	Periodic Publications on Ancient Civilisations
Princeton	M. Sigrist, *Tablettes du Princeton Theological Seminary*
PRU	Palais royal d'Ugarit. Mission de Ras Shamra
PSBA	Proceedings of the Society of Biblical Archaeology
RA	*Revue d'assyriologie et d'archéologie orientale*
RB	*Revue biblique*
RGTC	Répertoire géographique des textes cunéiformes
RIMA	The Royal Inscriptions of Mesopotamia, Assyrian Periods
RIME	The Royal Inscriptions of Mesopotamia, Early Periods
RINAP	Royal Inscriptions of the Neo-Assyrian Period
RlA	*Reallexikon der Assyriologie und vorderasiatischen Archäologie*
RS	Siglum of the Louvre and Damascus Museum (Ras Shamra)
RT	*Recueil de travaux relatifs à la philologie et à l'archéologie égyptiennes et assyriennes*
RTC	F. Thureau-Dangin, *Recueil des tablettes chaldéennes*
SAA	State Archives of Assyria
SAAB	*State Archives of Assyria Bulletin*
SAACT	State Archives of Assyria Cuneiform Texts
SAAS	State Archives of Assyria Studies
SAAT	George G. Hackman, *Sumerian and Akkadian Administrative Texts from Predynastic Times to the End of the Akkad Dynasty*
SANER	Studies in Ancient Near Eastern Records

SANTAG	Karl Hecker and Walter Sommerfeld, eds. Arbeiten und Untersuchungen zur Keilschriftkunde
SAOC	Studies in Ancient Oriental Civilization
SAT	M. Sigrist, *Sumerian Archival Texts*
SBL	Society of Biblical Literature
SEL	*Studi epigrafici e linguistici sul vicino Oriente antico*
SEM	Edward Chiera, *Sumerian Epics and Myths*
Si	Field numbers of tablets excavated at Sippar in the collections of the Archaeological Museums (Istanbul)
SJAC	Supplement to Journal of Ancient Civilizations
SMEA	*Studi Micenei ed Egeo-Anatolici*
SNAT	T. Gomi and S. Sato, *Selected Neo-Sumerian Administrative Texts from the British Museum*
StBoT	Studien zu den Boğazköy-Texten
StMes	*Studia Mesopotamica*
StOr	*Studia Orientalia*
STT	O. R. Gurney and J. J. Finkelstein, *The Sultantepe Tablets*, I/II
STVC	Edward Chiera, *Sumerian Texts of Varied Contents*
SymS	Symposium Series (Society of Biblical Literature)
TAD	Bezalel Porten and Ada Yardeni, *Textbook of the Aramaic Documents from Ancient Egypt*
TCL	Textes cunéiformes, Musée du Louvre
TCS	Texts from Cuneiform Sources
TCTI 2	Bertrand Lafont and Fatma Yildiz, *Tablettes cunéiformes de Tello au Musée d'Istanbul, datant de l'époque de la IIIe Dynastie d'Ur*. Tome II. ITT II/1, 2544–2819, 3158–4342, 4708–4714. PIHANS 77
TDOT	G. Johannes Botterweck and Helmer Ringgren, eds. *Theological Dictionary of the Old Testament*
TIM	Texts in the Iraq Museum
TJAMC	E. Szlechter, *Tablettes juridiques et administratives de la 3e dynastie d'Ur et de la 1re dynastie de Babylone*
TLB	Tabulae cuneiformes a F. M. Th. de Liagre Böhl collectae
TLZ	*Theologische Literaturzeitung*
TM	Find siglum at Tel Mardikh
TMH (NF)	Texte und Materialien der Frau Professor Hilprecht Collection (Neue Folge)
TNIV	Today's New International Version
TRS	H. de Genouillac, *Textes religieux sumériens du Louvre*
TRU	L. Legrain, *Le temps des rois d'Ur* (= Bibliothèque de l'École des Hautes Études 199)
UCP 9/2	H. E. Lutz, *Sumerian Temple Records of the Late Ur Dynasty*
UET	Ur Excavations: Texts
UF	*Ugarit-Forschungen*
UM	Tablet siglum of the University Museum, Philadelphia

UTI	Fatma Yildiz et al. *Die Umma-Texte aus den Archäologischen Museen zu Istanbul*
VAB	Vorderasiatische Bibliothek
VAS	Vorderasiatische Schriftdenkmäler
VAT	Vorderasiatische Abteilung Tontafel. Vorderasiatisches Museum, Berlin
VS	Vorderasiatische Schriftdenkmäler der (Königlichen) Museen zu Berlin
VT	*Vetus Testamentum*
VTSup	Supplements to Vetus Testamentum
WÄS	Adolf Erman and Hermann Grapow, *Wörterbuch der ägyptische Sprache*
WAW	Writings from the Ancient World
WBC	Word Biblical Commentary
WO	*Die Welt des Orients*
WVDOG	Wissenschaftliche Veröffentlichungen der deutschen Orient-Gesellschaft
YNER	Yale Near Eastern Researches
YOS	Yale Oriental Series, Babylonian Texts
ZA	*Zeitschrift für Assyriologie*
ZAR	*Zeitschrift für Altorientalische und Biblische Rechtsgeschichte*
ZAW	*Zeitschrift für die alttestamentliche Wissenschaft*
ZDMG	*Zeitschrift der deutschen morgenländischen Gesellschaft*
Zinbun	Zinbun: Memoirs of the Research Institute for Humanistic Studies
ZNW	*Zeitschrift für die neutestamentliche Wissenschaft und die Kunde der älteren Kirche*

PUBLICATIONS OF JACK M. SASSON

Compiled by Serena McMillan, Vanderbilt University

1966

"Canaanite Maritime Involvement in the Second Millennium B.C." *JAOS* 86: 126–38.
"Circumcision in the Ancient Near East." *JBL* 85: 473–76.
"Remarks on Two 'Anatolian' Personal Names from Mari." *Revue hittite et asianique* 79: 155–59.
"A Sketch of North Syrian Economic Relations in the Middle Bronze Age." *JESHO* 9: 161–81.

1968

"Bovine Symbolism in the Exodus Narrative." VT 18: 380–87.
"An Early King of Assyria: Shamsi-Adad." *History Today* 18: 794–801.
"Instances of Mobility among the Artisans of Mari." *BASOR* 190: 46–54.

1969

The Military Establishment at Mari. Studia Pohl 3. Rome: Pontifical Biblical Institute.

1971

"Mari Notes." *RA* 45: 172.
"Šarbit in Esther." *VT* 21: 111.

1972

"Flora, Fauna, and Minerals." Pages 383–452 in *Ras Shamra Parallels*, vol. 1. Edited by Loren R. Fisher. AnOR 49. Rome: Pontifical Biblical Institute.
"Numbers 5 and the 'Waters of Judgment'." *BZ* 19: 249–51.
"Some Comments on Archive Keeping at Mari." *Iraq* 34: 55–67.
"Some Literary Motifs in the Composition of the Gilgamesh Epic." *Studies in Philology* 69: 259–79.
"Zimri-Lim's March to Victory." *RA* 6:179–80.

1973

"Biographical Notices on Some Royal Ladies from Mari." *JCS* 25: 59–78.
English–Akkadian Analytical Index to the Chicago Assyrian Dictionary, vol. 1. Chapel Hill: Department of Religion.
"A Further Cuneiform Parallel to the Song of Songs?" *ZAW* 85: 59–60.
"The Worship of the Golden Calf." Pages 151–59 in *Orient and Occident: Essays Presented to Cyrus H. Gordon on the Occasion of His Sixty-Fifth Birthday*. Edited by H. A. Hoffner Jr. AOAT 22. Kevelaer: Butzon & Bercker; Neukirchen-Vluyn: Neukirchener Verlag.

1974

"Hurrians and Hurrian Personal Names in the Mari Texts." *UF* 6: 353–400.

"Reflections on an Unusual Practice Reported in ARM X:4." *Or* 43: 404–10.

1975

"Word-play in Genesis 6:9." *CBQ* 37: 165–66.

1976

"Ass." "Generation; seventh." "Mari." "Twins." "Wordplay in the OT." *Interpreter's Dictionary of the Bible: Supplementary Volume*. Edited by Keith Crim, Victor Paul Furnish, Lloyd Richard Bailey Sr., and Emory Stevens Bucke. Nashville: Abingdon.

"Divine Providence or Human Plan?" *Interpretation* 30: 415–19.

"The ENGAR/ikkarum at Mari." Pages 401–9 in *Kramer Anniversary Volume: Cuneiform Studies in Honor of Samuel Noah Kramer*. Edited by B. L. Eichler. Kevelaer: Butzon & Bercker; Neukirchen-Vluyn: Neukirchener Verlag.

"Isaiah lxvi 3–4a." *VT* 26: 199–207.

1977

Editor. *The Treatment of Criminals in the Ancient Near East: Studies Presented before the 185th Annual Meeting of the American Oriental Society*. Leiden: E. J. Brill.

"The Treatment of Criminals at Mari: A Survey." *JESHO* 20: 90–113.

1978

"A Genealogical 'Convention' in Biblical Chronography?" *ZAW* 90: 171–85.

"The Issue of ge'ullah in Ruth." *JSOT* 5: 49–51.

"On Pope's Song of Songs (AB 7c)." *MAARAV* 1: 177–96.

"Response to D. R. G. Beattie's 'Ruth III'." *JSOT* 5: 52–64.

"A Short Note on a 'Mayor' Subject." *JBL* 97: 104–5.

1979

"The Calendar and Festivals of Mari during the Time of Zimri-Lim." Pages 119–41 in *Studies in Honor of Tom B. Jones*. Edited by R. Sack and M. Power Jr. AOAT 203. Kevelaer: Butzon & Bercker; Neukirchen-Vluyn: Neukirchener Verlag.

"Hurrian Personal Names in the Rimah Archives." *Aššur* 2: 37–68.

Ruth: A New Translation, with a Philological Commentary and a Folkloristic-Formalist Interpretation. Baltimore: The Johns Hopkins University Press.

1980

Dated Texts from Mari: A Tabulation. Aids and Research Tools in Ancient Near Eastern Studies 4. Malibu: Undena Publications.

"Review: The Old Babylonian Tablets from Al-Rimah." *JAOS* 100: 453–60.

"The 'Tower of Babel' as Clue to the Redactional Structuring of the Primeval History [Gen. 1–11:9]." Pages 211–19 in *The Bible World: Essays in Honor of Cyrus H. Gordon*. Edited by G. Rendsburg et al. New York: Ktav.

"Two Recent Works on Mari." *AfO* 27: 127–35.

1981

Compiler and editor. *Oriental Wisdom: Six Essays on the Sapiential Traditions of Eastern Civilizations*. New Haven. = *JAOS* 101, no. 1 (1981): 1–131.

"Literary Criticism, Folklore Scholarship, and Ugaritic Literature." Pages 81–80 in *Ugarit in Retrospect*. Edited by G. D. Young. Winona Lake, IN: Eisenbrauns.

"On Choosing Models for Recreating Israelite Pre-Monarchic History." *JSOT* 21: 3–24.

"On Idrimi and Šarruwa, the Scribe." Pages 309–24 in *Studies on the Civilization and Culture of Nuzi and the Hurrians: In Honor of Ernest R. Lacheman*. Edited by D. I. Owen and M. Morrison. Winona Lake, IN: Eisenbrauns.

1982

"Accounting Discrepancies in the Mari NÌ.GUB [NÍG.DU] Texts." Pages 326–41 in *Zikir šumim: Assyriological Studies Presented to F. R. Kraus*. Edited by G. van Driel. Leiden: Brill.

"An Apocalyptic Vision from Mari? Speculations on ARM X:9." *MARI* 1: 151–67.

"Review: Groneberg, Brigitte, Répertoire géographique des textes cunéiformes." *BiOr* 39, no. 1 (January 1): 137–41.

1983

Editor. *Studies in Literature from the Ancient Near East, by Members of the American Oriental Studies, Dedicated to Samuel Noah Kramer*. Special issue of JAOS 103, no. 1 (1983): 1–353.

"Mari Dreams." *JAOS* 103, no. 1: 283–93.

"Musical Settings for Cuneiform Literature: A Discography." *JAOS* 103: 233–35.

"Rehovot ʿîr." *RB* 90: 94–96.

1984

Editor. *Studies in Literature from the Ancient Near East Dedicated to Samuel Noah Kramer*. AOS 65. New Haven: American Oriental Society. [Corrected and expanded version of *JAOS* 103, no. 1 (1983): 1–353.]

"The Biographic Mode in Hebrew Historiography." Pages 305–12 in *In the Shelter of Elyon: Essays on Ancient Palestinian Life and Literature in Honor of G. W. Ahlström*. Edited by W. Boyd Barrick and John R. Spencer. Sheffield: JSOT.

"On Jonah's Two Missions." *Henoch* 6: 23–30.

"On Relating 'Religious' Texts to the Old Testament." *MAARAV* 3: 217–29.

"Thoughts of Zimri-Lim." *BA* 47: 110–20.

"Zimri-Lim Takes the Grand Tour." *BA* 47: 246–51.

1985

"Boaz." "Boundary stones." "Chileab." "Chilion." "Elimelech." "Eliphelet." "Mahlon." "Mara." "Mari." "Waters of bitterness." *Harper's Bible Dictionary*. New York City: Harper Collins.

[Remarks on ikribum Vows at Mari.] *RA* 79: 91–92.

"Unlocking the Poetry of Love in the Song of Songs." *BRev* 1: 10–19.

"welōʾ yitbōšāšû (Gen 2,25) and Its Implications." *Biblica* 66: 418–21.

"Yarim-Lim's War Declaration." Pages 237–55 in *Miscellanea Babyloniaca: Mélanges offerts à Maurice Birot*. Edited by J. M. Durand and J. R. Kupper. Paris: Editions Recherches sur les Civilisations.

"'Year: Zimri-Lim Offered a Throne to Shamash of Mahanum': An Overview of One Year at Mari. Part I: The Presence of the King." *MARI* 4:437–52.

1986

"On Recently Published Administrative Tablets." *BiOr* 43: 114–48.

"Review: 'Archives Royales de Mari,' XXI: Textes administratifs des salles 134 et 160 du Palais de Mari, par Jean-Marie Durand." *BiOr* 43, no. 1 (January 1): 113–42.

1987

"Love's Roots: On the Redaction of Genesis 30:14–24." Pages 205–9 in *Love and Death in the Ancient Near East: Essays in Honor of Marvin H. Pope*. Edited by Robert M. Good. Guilford: Four Quarters Publishing Co.

"A Major Contribution to Song of Songs Scholarship." *JAOS* 107: 733–39.

"Notes brèves." *NABU*: "A Satisfying Oath," 2: #39 (page 22). "ARM IV, 20," 2: #40 (pages 22–23). "ARM X 97," 3: #83 (page 44)."Yasmakh-Addu's Letter to God (ARM I:3)," 4: #109 (pages 63–64).

"On Mesha's Sacrifice of His Son: A Response." *BAR* 13: 12–15, 60.

"Ruth." Pages 321–28. "Esther." Pages 335–42 in *The Literary Guide to the Bible*. Edited by Robert Alter and Frank Kermode. Cambridge, MA: Harvard University Press.
"Ruth and Naomi." *Encyclopedia of Religion* 12: 491–92.
"'Year: Zimri-Lim Dedicated His Statue to the God Addu of Halab': Locating a Year in the Reign of Zimri-Lim." *MARI* 5: 577–89.

1988

"The Numerical Progression in Keret I:15–20: Yet Another Suggestion." *SEL* 5: 181–88.
"Shunukhra-Khalu." Pages 329–51 in *A Scientific Humanist*. Edited by Erle Leichty et al. Philadelphia: The University Museum.
"Who Cut Samson's Hair? (And Other Trifling Issues Raised by Judges 16)." *Prooftexts* 8: 333–46.

1989

"Artisans … Artists: Documentary Perspectives from Mari." Pages 21–27 in *Investigating Artistic Environments in the Near East*. Edited by Ann C. Gunter. Washington, DC: Arthur M. Sackler Gallery.
Ruth: A New Translation, with Philological Commentary and a Folkloristic-Formalist Interpretation. Revised ed., with comments. Sheffield: Almond Press.
"Zimri-Lim's Letter to Tish-ulme." *NABU* 3: 91–92.

1990

Jonah: A New Translation with Introduction, Commentary and Interpretations. AB 24b. Garden City: Doubleday.
"Mari Historiography and the Yakhdun-Lim Disc Inscription." Pages 440–49 in *Lingering over Words: Studies in Ancient Near Eastern Literature in Honor of William H. Moran*. Edited by T. Abusch, J. Huehnergard, and P. Steinkeller. HSS 37. Atlanta: Scholars Press.

1992

"Afterthoughts on Writing a Bible Commentary." *Shofar* 11: 61–69.
"Gilgamesh Epic." *ABD* 2: 1024–27.
"Time is Pressing." *NABU* 72: 55.
"Time … to Begin." Pages 183–94 in "Shar'arei Talmon": *Studies in the Bible, Qumran, and the Ancient Near East Presented to Shemaryahu Talmon*. Edited by M. Fishbane, E. Tov, and W. W. Fields. Winona Lake, IN: Eisenbrauns.

1993

"Albright as an Orientalist." *BA* 56: 3–7.
"La cultura de Mari, crocevia per molti popoli." Pages 72–75 in *L'Eufrate e il tempo: Le civiltá del medio Eufrate e della Gezira*. Edited by O. Rouault and M. G. Maseti-Rouault. Milan: Electa.
"Marriage entre grandes familes." *NABU* 52: 43–44.

1994

"The Blood of Grapes: Viticulture and Intoxication in the Hebrew Bible." Pages 399–419 in *Drinking in Ancient Societies: History and Culture of Drinks in the Ancient Near East*. Edited by Lucio Milano. Padua: S.A.R.G.O.N. editrice e libreria.
"Divine divide: re, FM2:71." *NABU* 43: 5–9.
"The Posting of Letters with Divine Messages." Pages 299–316 in *Florilegium marianum, 2. Recueil d'études à la mémoire de Maurice Birot*. Mémoires de NABU 3. Edited by D. Charpin and J. M. Durand. Paris: SEPOA.

1995

Editor in chief. *Civilizations of the Ancient Near East*. 4 vols. New York: Charles Scribner's Sons.

"In the Time of Hammurabi: King Zimri-Lim of Mari." *Ideas: From the National Humanities Center* 3: 3–13.
"King Hammurabi of Babylon." Pages 901–15 in *Civilizations of the Ancient Near East*, vol. 4. New York: Charles Scribner's Sons.
"Mari Apocalypticism Revisited." Pages 285–95 in *Immigration and Emigration within the Ancient Near East: Festschrift E. Lipiński*. Edited by K. van Lerberghe and A. Schoors. Leuven: Peeters.
"Water beneath Straw: Adventures of a Prophetic Phrase in the Mari Archives." Pages 599–608 in *Solving Riddles and Untying Knots: Biblical, Epigraphic, and Semitic Studies in Honor of Jonas C. Greenfield*. Edited by Ziony Zevit, Seymour Gitin, and Michael Sokoloff. Winona Lake, IN: Eisenbrauns.

1996
"Akkadian Documents from Mari and Babylonia (Old Babylonian Period)." Pages 17–19 in *Near Eastern and Aegean Texts from the Third to the First Millennia BC*. Edited by A. Bernard Knapp. Altamont: Greece and Cyprus Research Center, Inc.

1997
"The Vow of Mutiya, King of Shekhna." Pages 483–98 in *Crossing Boundaries and Linking Horizons: Studies in Honor of Michael C. Astour on his 80th Birthday*. Edited by G. D. Young, M. W. Chavalas, and R. E. Averbeck. Bethesda: CDL Press.

1998
"About 'Mari and the Bible'." *RA* 92: 97–123.
"Canaan-Phoenicia, Religions of." "Inanna." Pages 136–39 and 466–67 in *Encyclopedia of Women and World Religion*. Edited by Serenity Young et al. New York: Macmillan Reference USA.
"The King and I: A Mari Kin in Changing Perceptions." *JAOS* 118: 453–70.

2000
Consulting editor. *The Ancient Near East: An Encyclopedia for Students*. Edited by Ronald Wallenfels. 4 vols. New York: Charles Scribner's Sons.
"The Lord of Hosts, Seated over the Cherubs." Pages 227–34 in *Rethinking the Foundations: Historiography in the Ancient World and in the Bible: Essays in Honour of John Van Seters*. Edited by S. L. McKenzie and Th. Römer. Berlin: de Gruyter.
"The 'Mother of All…' Etiologies." Pages 205–20 in *"A Wise and Discerning Mind": Essays in Honor of Burke O. Long*. Edited by Saul M. Olyan and Robert C. Culley. Providence: Brown Judaic Studies.

2001
"Absalom's Daughter: An Essay in Vestige Historiography." Pages 179–96 in *The Land That I Will Show You: Essays on the History and Archaeology of the Ancient Near East in Honor of J. Maxwell Miller*. Edited by J. Andrew Dearman and M. Patrick Graham. Sheffield: Sheffield Academic.
"Ancestors Divine?" Pages 413–28 in *Veenhof Anniversary Volume: Studies Presented to Klaas R. Veenhof on the Occasion of his Sixty-Fifth Birthday*. Edited by W. H. van Soldt, J. G. Dercksen, N. J. C. Kouwenberg, and Th. J. H. Krispijn. Leiden: The Netherlands Institute for the Near East.
"On Reading the Diplomatic Letters in the Mari Archives." *Amurru* 2: 329–38.
"The Road to Vanderbilt." Inaugural Address, Mary Jane Werthan Professor of Judaic and Religious Studies. *The Spire* 22: 28–32.

2002
"The Burden of Scribes." Pages 211–28 in *Riches Hidden in Secret Places: Studies in Memory of Thorkild Jacobsen*. Edited by Tzvi Abusch. Winona Lake, IN: Eisenbrauns.

Hebrew Origins: Three Lectures on the Historiography, History, and the God of Ancient Israel. Chuen King Lecture Series 4. Edited by Lung-Kwong Lo. Hong Kong: Theology Division, Chung Chi College.

"Mari." *Religion in Geschichte und Gegenwart*. 4th ed. 5: 795–97.

"On the Use of Images in Israel and the Ancient Near East." Pages 63–70 in *Sacred Time, Sacred Place: Archaeology and the Religion of Israel*. Edited by Barry M. Gittlen. Winona Lake, IN: Eisenbrauns.

"Ritual Wisdom? On 'Seething a Kid in its Mother's Milk'." Pages 294–308 in *Kein Land für sich allein: Studien zum Kulturkontakt in Kanaan, Israel/Palästina und Ebir nâri für Manfred Weippert zum 65. Geburtstag*. Edited by Ulrich Hübner and Ernst Axel Knauf. Freiburg: Universitätsverlag; Göttingen: Vandenhoeck & Ruprecht.

2003

"Forcing Morals on Mesopotamian Society?" Pages 329–40 in *Studies in Honor of Harry A. Hoffner, Jr., on the Occasion of His 65th Birthday*. Edited by Gary Beckman, Richard Beal, and Gregory McMahon. Winona Lake, IN: Eisenbrauns.

With Richard M. Heller and Toni W. Heller. "Mold. 'Tsara'at,' Leviticus, and the History of a Confusion." *Perspectives in Biology and Medicine* 46: 588–91.

"Should Cheeseburgers Be Kosher?" *Biblical Review* 19, no. 6 (December): 40–43, 50–51.

2004

"Doeg's Job." *Scriptura: International Journal of Bible, Religion, and Theology in Southern Africa* 3: 317–22.

"The Eyes of Eli: An Essay in Motif Accretion." Pages 171–90 in *Inspired Speech Prophecy in the Ancient Near East: Essays in Honor of Herbert B. Huffmon*. Edited by Louis Stulman and John Kaltner. London: T&T Clark International.

"The King's Table: Food and Fealty in Old Babylonian Mari." Pages 179–215 in *Food and Identity in the Ancient World*. Edited by Cristiano Grottanelli and Lucio Milano. Padua: S.A.R.G.O.N. editrice e libreria.

2005

"Comparative Observations on the Near Eastern Epic Traditions." Pages 215–32 in *A Companion to Ancient Epic*. Edited by John Miles Foley. Oxford: Blackwell's.

"Of Time & Immortality." *Biblical Review* 21, no. 3 (Summer): 32–41, 52–54.

"Wooing Rebekah: How Isaac Got a Wife." *The Loy H. Witherspoon Lectures in Religious Studies*. April 21. The University of North Carolina at Charlotte.

2006

"Mari and the Holy Grail." Pages 186–98 in *Orientalism, Assyriology & the Bible*. Edited by Stanley W. Holloway. Sheffield: Sheffield Phoenix Press.

"The Servant's Tale: How Rebekah Found a Spouse." *JNES* 65: 241–65.

"Utopian and Dystopian Images in Mari Prophetic Texts." Pages 27–40 in *Utopia and Dystopia in Prophetic Literature*. Edited by Ehud Ben Zvi. Helsinki: Finnish Exegetical Society; Göttingen: Vandenhoeck & Ruprecht.

2007

"Scruples: Extradition in the Mari Archives." Pages 453–73 in *Festschrift für Hermann Hunger zum 65. Geburtstag gewidmet von seinen Freunden, Kollegen, und Schülern*. Wiener Zeitschrift für die Kunde des Morgenlandes 97. Vienna: Institut für Orientalistik.

2008

"Another Wrinkle on Old Adapa." Pages 1–10 in *Studies in Ancient Near Eastern World View and Society Presented to Marten Stol on the Occasion of His 65th Birthday*. Edited by R. J. van der Spek et al. Bethesda: CDL Press.

"Oracle Inquiries in Judges." Pages 149–68 in *Birkat Shalom: Studies in the Bible, Ancient Near Eastern Literature, and Postbiblical Judaism Presented to Shalom M. Paul on the Occasion of his Seventieth Birthday*. Edited by Chaim Cohen et al. Winona Lake, IN: Eisenbrauns.

"Texts, Trade, and Travelers." Pages 95–100 in *Beyond Babylon: Art, Trade, and Diplomacy in the Second Millennium B.C.* Edited by Joan Aruz, Kim Benzel, and Jean M. Evans. New York: Metropolitan Museum of Art.

"Time and Mortality: Creation Narratives in Ancient Israel and In Mesopotamia." Pages 489–509 in *Papers on Ancient Literatures: Greece, Rome, and the Near East: Proceedings of the "Advanced Seminar in the Humanities," Venice International University 2004–2005*. Edited by Ettore Cingano and Lucio Milano. Padua: S.A.R.G.O.N. editrice e libreria.

2009

"Ethically Cultured Interpretations: The Case of Eglon's Murder (Judges 3)." Pages 571–95 in *Homeland and Exile: Biblical and Ancient Near Eastern Studies in Honour of Bustenay Oded*. Edited by Gershon Galil. Leiden: E. J. Brill.

"The Trouble with Nūr-Sin: Zimri-Lim's Purchase of Alahtum." Pages 193–203 in *Reconstruyendo el Pasado Remoto: Estudios sobre el P.O.A. en homenaje a Jorge R. Silva Castillo*. Edited by D. A. Barreyra Fracaroli and G. del Olmo Lete. Barcelona: Editorial AUSA.

2010

Co-editor with Alexandra Kleinerman. *"Why Should Someone Who Knows Something Conceal It?": Cuneiform Studies in Honor of David I. Owen on His 70th Birthday*. Bethesda: CDL Press.

"Coherence & Fragments: Reflections on the SKL and the *Book of Judges*." Pages 361–73 in *Opening the Tablet Box: Near Eastern Studies in Honor of Benjamin R. Foster*. Edited by Sarah C. Melville and Alice L. Slotsky. Leiden: E. J. Brill.

"On the 'Išhi-Addu' Seal from Qatna, with Comments on Qatna Personal Names in OB Period." Pages 243–49 in *Veysel Donbaz'a Sunulan Yazilar DUB.SAR É.DUB.BA.A: Studies Presented in Honour of Veysel Donbaz*. Edited by Şevket Dönmez. Istanbul: Ege Publications.

"Where Angels Fearlessly Tread: Mari Insights on Genesis 19." Pages 1163–83 in *Language in the Ancient Near East*. Edited by Leonid Kogan, Natalia Koslova, Sergey Loesov, and Serguei Tishchenko. Winona Lake, IN: Eisenbrauns.

2011

"'A Breeder or Two for Each Leader': On Mothers in Judges 4 and 5." Pages 333–55 in *A Critical Engagement: Essays on the Hebrew Bible in Honour of J. Cheryl Exum*. Edited by David J. A. Clines and Ellen van Wolde. Sheffield: Sheffield Phoenix Press.

"Mari Theomorphism: Intimation of Sacrality in the Royal Correspondence." Pages 195–212 in *u4 du11-ga-ni sá mu-ni-ib-du11: Ancient Near Eastern Studies in Memory of Blahoslav Hruška*. Edited by Luděk Vacín. Dresden: Islet.

2012

"Adapa." "Halab." "Zimri-Lim." In *Encyclopedia of Ancient History*. Edited by Roger S. Bagnall, Kai Brodersen, Craige B. Champion, Andrew Erskine, and Sabine R. Huebner. Hoboken: Wiley-Blackwell.

"Another Look at the Tenth Commandment." Pages 3–18 in *Focusing Biblical Studies: The Crucial Nature of the Persian and Hellenistic Periods. Essays in Honor of Douglas A. Knight*. Edited by Jon L. Berquist and Alice Hunt. London: Bloomsbury.

"Farewell to Mr. So-and-So (Ruth 4:1)?" Pages 251–56 in *Making a Difference: Essays on the Bible and Judaism in Honor of Tamara Cohn Eskenazi*. Edited by David J. A. Clines, Kent Harold Richards, and Jacob L. Wright. Sheffield: Sheffield Phoenix Press.

"'*Nothing so Swift as Calumny*': Slander and Justification at the Mari Court." Pages 525–41 in *Ancient Near East, A Life! Festschrift Karel Van Lerberghe*. Edited by T. Boiy, J. Bretschneider, A. Goddeeris, H. Hameeuw, G. Jans, and J. Tavernier. Leuven: Peeters Publishing and Eastern Studies Department.

2013

"'Beyond Babylon' Closing Remarks." Pages 312–17 in *Cultures in Contact: From Mesopotamia to the Mediterranean in the Second Millennium B.C.* Edited by Joan Aruz, Sarah B. Graff, and Yelena Rakic. New York: Metropolitan Museum of Art.

"'It is for this reason that I have not come down to my lord …': Visit Obligations and Vassal Pretexts in the Mari Archives." *RA* 107: 119–29.

"Jephthah: Chutzpah and Overreach in the Portrayal of a Hebrew Judge." Pages 405–19 in *Literature as Politics, Politics as Literature: Essays on the Ancient Near East in Honor of Peter Machinist*. Edited by D. Vanderhooft and A. Winitzer. Winona Lake, IN: Eisenbrauns.

"Prologues and Poets: On the Opening Lines of the Gilgamesh Epic." Pages 265–77 in *Beyond Hatti: A Tribute to Gary Beckman*. Edited by Billie Jean Collins and Piotr Michalowski. Atlanta: Lockwood Press.

"A Taste for Game (Parashat Toledot, Gen 27)." *Soul/Food Ikhlu re'im*. November 2.

2014

"Casus Belli in the Mari Archives." Pages 673–90 in *Krieg und Frieden im Alten Vorderasien*. Edited by Hans Neumann, Reinhard Dittmann, Susanne Paulus, Georg Neumann, and Anais Schuster-Brandis. Münster: Ugarit-Verlag.

Judges 1–12: A New Translation, with Introduction and Commentary. The Anchor Yale Bible 6D. New Haven: Yale University Press.

"On the Bible and the Ancient Near East." Pages 2137–43 in *The Jewish Study Bible*, 2nd ed. Edited by Adele Berlin and Marc Z. Brettler. New York: Oxford University Press.

2015

From the Mari Archives: An Anthology of Old Babylonian Letters. Winona Lake, IN: Eisenbrauns.

"Siege Mentality: Fighting at the City Gate in the Mari Archives." Pages 463–76 in *Marbeh Hokmah: Studies in the Bible and the Ancient Near East in Loving Memory of Victor Avigdor Hurowitz*. Edited by Sh. Yona, M. I. Gruber, E. L. Greenstein, P. Machinist, and Sh. Paul. Winona Lake, IN: Eisenbrauns.

2016

"Joseph and the Dreams of Many Colors." TheTorah.com Blog: December.

"The Wealth of Mari Era Kings." Pages 423–47 in *Libiamo ne' lieti calici: Ancient Near Eastern Studies Presented to Lucio Milano on the Occasion of his 65th Birthday by Pupils, Colleagues, and Friends*. Edited by Paola Corò, Elena Devecchi, Nicla de Zorzi, and Massimo Maiocchi. Münster: Ugarit-Verlag.

2017

From the Mari Archives: An Anthology of Old Babylonian Letters. Paperback reprint with additions and corrections. Winona Lake, IN: Eisenbrauns.

"Mari: A Taste for Diplomacy." The ASOR Blog: January.

PART I

Assyriological Studies

CHAPTER I

Kamiš at Ebla

Alfonso Archi
Università degli Studi di Roma "La Sapienza"

A MAJOR FOCUS of Jack's scholarly work could be described as a bridge between different cultures of the ancient Near East, and in particular between two privileged sources—the Hebrew Bible and Amorite Mari—a bridge built with sensitive insights, but without imposing any direct historical connections. These bridges are reflected also in his deft handling of the many complex interpersonal relations associated with his many responsibilities as president of two major international scholarly societies, done effectively without the imposition of his own personal views.

I am delighted to offer the following token of my appreciation to a colleague and friend whose middle name derives from Murat, the river that delimits the eastern border of the land to which I devoted my first scholarly efforts, and who was born in Aleppo, the very city where I began work on my second research field.

Kamiš (Chemosh as the god of Moab) was one of the most long-lived gods of the ancient Near East, and was even honored by Solomon, the wisest among kings. It seems, however, that he contaminated the Mount of Olives with "lustful orgies"; therefore, according to John Milton, Kamiš ended up miserably "driven to Hell," together with his associate Moloch, by "good Josiah."[1]

Kamiš's career started in northern Syria, where in the third millennium BCE he assumed the role of one of the major gods of Ebla.[2] Month IV of the Local Calendar took its name from him: iti nídba ^{d}*Ga-mi-iš*, "month of the offerings (to) Kamiš." The only few other deities who gave their name to a month were Adamma, spouse of Rašap (month I), Aštabil (month VI), and Hadda, the Storm-god (month VIII).

It seems unlikely that the name of the city of Karkamiš (which belonged to Ebla at least from the beginning of the twenty-fourth century) should be interpreted as *Kār-*$^{(d)}$*Kamiš*, "Harbor of the god Kamiš" (as Pettinato has suggested).[3] The canonical writing of this GN is *Gàr-ga-mi-iš*^{ki}, with the variants: *Gàr-ga-mi-su*^{ki}, *Gàr-ga-me-zu*^{ki}.

1. Special abbreviations: Ibr.: Ibrium, the last-but-one vizier: I.Z.: Ibbi-zikir, son of Ibrium, the last vizier; LL: Bilingual Lexical Lists, edited by Giovanni Pettinato, *Testi lessicali bilingui della Biblioteca L. 2769*, MEE 4 (Naples: Istituto Universitario Orientale di Napoli, 1982).

2. The later documentation concerning Kamiš has been discussed recently by Hans-Peter Müller, "Chemosh," in *Deities and Demons in the Bible*, ed. K. van der Toorn, B. Becking, and P. van der Horst, 2nd ed. (Leiden: Brill, 1999), 186–89. A list of passages from the texts of Ebla concerning this god has been collected by Francesco Pomponio and Paolo Xella, *Les dieux d'Ebla: Étude analytique des divinités éblaïtes à l'époque des archives royales du IIIe millénaire*, AOAT 248 (Münster: Ugarit Verlag, 1997), 175–79.

3. Giovanni Pettinato, "Carchemiš—Kār-Kamiš: Le prime attestazioni del III millennio," *OrAnt* 15 (1976): 147–48.

Two other writings should be considered anomalous: *Gàr-gàr-mi-iš*[ki] (ARET XIII 5 obv. II 19, Treaty with Abarsal, first decades of the twenty-fourth century), and *Gàr-ga-ga-mi-iš*[ki] (ARET VIII 540 XXIII 2, a tablet from the very last years).[4] There are no other GNs compounded with *Kār-*; moreover, another GN, *Ga-mi-sum/su*[ki], cannot be related to the god: it was a village that paid taxes to the central administration, 10 shekels of silver according to 75.1635 obv. VI 3–4, and cereals according to 75.10048(+) obv. II 1–4; 75.10209 obv. II 1. The documents never relate Kamiš to the city of Karkamish.

The documentation collected here below covers forty years (ca. 2375–2336 BCE): the last five years of king Irkab-damu, when the vizier was Arrukum, and the thirty-five years of Iš'ar-damu, when for the first eighteen years the vizier was Ibrium, and his son Ibbi-zikir for the following seventeen years.

1. The Yearly Offerings

There were two yearly festivals celebrated for Kamiš, both in his sanctuary in NIab, in months IV and X, as can be deduced from the twenty-two monthly lists of sheep offerings of the very last years of Ebla.[5] Other occasions for sheep offerings to the god, also inside the city of Ebla, were rather rare.

Month IV, iti nídba ^{d}*Ga-mi-iš (/ iti gi-*NI*)*

(TM.)75.(G.)1945. Just 4 and [x] sheep were offered to Kamiš in the city of Ebla, "in the due day of the offerings," from Za'aše, the spouse of the crown prince, and from a prince respectively (§§ 25, 32); moreover, 1 sheep (*by*) the TE.KAL GIŠ.RU of Kamiš (§ 41). The great celebration took place, instead, in NIab, the seat of the sanctuary of the god. 23 sheep were sacrificed from Ir'ak-damu, the crown prince "in the due day of the offerings," 5 from the king (presumably not present there), 2 from two princes, 2 from the king of Emar; and 2 from members of the šeš-ib-II confraternity (§§ 80–84).

(TM.)75.G.10168. Kamiš received 3 and 1 sheep in Ebla "in the due day of the offerings," from the queen and a prince respectively, and 1 sheep (*by*) the TE.KAL GIŠ.RU of Kamiš (§§ 19, 28, 33). The king went to NIab together with Ir'ak-damu, the crown prince, and they offered 20 + [x] sheep respectively; the god received 2 sheep from two princes, and a further 2 sheep from members of the šeš-ib-II confraternity (§§ 84–88). Another sheep was offered in the temple of the god, in relation with GIŠ-dug-DU.

Month X, iti ḫu-lu/ru$_{12}$*-mu (/ iti i-ba*$_{4}$*-sa)*

75.2075.[6] Kamiš received in the city of Ebla 2 sheep (§ 41); again 1 sheep (*by*) the TE.KAL GIŠ.RU of the god (§ 55); 1 sheep for the GIŠ-ḪUM pad zar(LAK.783)[ki]

4. For a list of references, see Alfonso Archi, Paola Piacentini, and Francesco Pomponio, *I nomi di luogo dei testi di Ebla*, Archivi Reali di Ebla Studi II (Rome: Missione Archeologica Italiana in Siria, 1993), 237–39.

5. Four of these lists have been published by Giovanni Pettinato, "Culto ufficiale ad Ebla durante il regno di Ibbi-Sipiš," *OrAnt* 18 (1982): 85–215.

6. Pettinato, "Culto," 146–59.

<of Kamiš> (§ 56). In NIab he received 2 sheep from the vizier Ibbi-zikir (§ 96); an omen (šu-du$_8$-máš) was taken by examining 2 sheep (§ 104); "in the due day of the offerings" 22 sheep from the king were sacrificed, 2 sheep [.....], [x] sheep from the crown prince, and a further 2 sheep from members of the šeš-ib-II confraternity (§§ 107–110). The king had a meal at NIab (§ 112).

75.2397. Kamiš received in the city of Ebla 8 and 2 sheep from the king and the queen respectively (§§ 6, 13); 1 sheep (*by*) the TE.KAL GIŠ.RU of the god (§ 54); and 2 sheep from a prince (§ 65). 22 sheep were given at NIab from Ir'ak-damu, the crown prince, and 6 from other princes "in the due day of the offerings" (§§ 99, 100); 2 other sheep from members of the šeš-II-ib confraternity (§ 101); 1 sheep (for) the GIŠ-ḪUM šuku *Zar* (*LAK* 198)^{ki} *in* NI-*ab*^{ki} (§ 102).

The names of two members of the šeš-II-ib confraternity who served Kamis during the time of vizier Ibrium were Ruzi-lim and Dubi, ARET XIX 20 § 10.

NI-*ab*^{ki} was a village in the close vicinity of Ebla. According to the wedding ritual, the royal train reached NIab on the second day, moving from Uduḫudu (ARET XI 1 § 42, 2 § 45). All the places mentioned in this ritual were presumably in the range of about 25 km from Ebla. The deities of NIab received offerings in this order: ^{d}*A-al$_6$-du* – ^{d}*Da-i-in* – ^{d}*Ga-mi-iš* (first version: ARET XI 1 §§ 45–49); ^{d}'*A$_5$-al$_6$-du* – [^{d}*Da-i-in wa* ^{d}*Ba-al$_6$*]-*tum* –^{d}*Ga-mi-iš wa* ^{d}*Ba-al$_6$-tum* (second version: ARET XI 2 §§ 48–52).

While A'aldu /ajjaltu/ is an epithet (see ARET XIX 20, no. 2 below) which does not seem to be attested in other texts, Da'inu and his spouse, "the Lady," appear in a few other documents.

2. Kamiš and the Deities of His Temple at NIab: ^{d}Da-i-in/nu, ^{d}BE-mí (^{d}Ba-al$_6$-tum, ^{d}Be-la-tum) dam-sù

Besides in the royal wedding ritual, the god Da'inu (cf. **dyn* "to judge")[7] was mostly associated with Kamiš, but only in some cases it is specified that his image and that of his "Lady" were kept in the temple of Kamiš in NIab. He generally received a dagger.

ARET XIX 20 §§ 61–64; 81: "1 mantle, 1 table of silver: gift to Kamiš. 2 ribbons: gift to (his) Lady (^{d}*Be-la-tum*). 1 girdle, 2 earrings of gold: gift to Aštar of (lú) Kamiš. 1 dagger of silver: gift to Da'in of NIab on the occasion in which the king came up to the temple of Kamiš (e$_{II}$ é ^{d}*G.*).... 1 skein of wool: for the invocation (for) the offering to Kamiš."

MEE 10, 29 obv. xxiv 33–xxv 24: "313 g of bronze to make 1 dagger of bronze decorated with 31 g of gold: gift to Kamiš. 1 eagle of gold of 23 g of gold: gift to the spouse of Kamiš. 1 brooch of 4 g of gold to ^{d}*A-ba*-babbar:kù. 1 dagger decorated with 16 g of gold to Da'inu. The king has given."

75.1934+10022 rev. vi 1–7: "1 dagger (decorated with) silver to Da'inu. 1 cloth, 1 brooch to his spouse. 2 clothes, 8 g of gold: 2 earrings to Aštar"; VIII 5–8: -]*mi*-[x-]*iš* lú e$_{II}$ é ^{d}*Ga-mi-iš*.

7. Pelio Fronzaroli, "Per una valutazione della morfologia eblaita," *Studi Eblaiti* 5 (1982): 115.

75.2462 rev. vii 7–viii 14: "157 g of gold to the mother of the king, when the 4 sons of the king (came) to visit the temple of Kamiš <in NIab > (*du-gu-lu* /duggulu/ é ^{d}*Ga-mi-iš*). 8 g of gold for two earrings: gift to Aštar of the Palace. 1 dagger decorated with 16 g of silver: gift to Da'inu. 1 ring decorated with 16 g of silver (for) 1 table: gift to Kamiš. 8 g of gold for 2 earrings: 1 brooch, gift to the Lady of Kamiš. 8 g of gold for 2 earrings; gift (to) Aštar, that is: when the 4 sons of the king (came) to visit (*du-gu-lu*) the temple of Kamiš."

75.2464 rev. ii 14–iii 7: "1 dagger decorated with 78 g of silver: gift to Da'in, and 1 table: gift to Kamiš on the occasion of the coming up (e_{11}) of the king to the temple of Kamiš."

75.2622 obv. xv 10–xvii 13: "16 g of silver: decoration of 1 dagger to Da'in. 16 g of gold: decoration of a tray. 681 g of tin to be melted with 6.13 kg of copper: decoration of 1 mace (šíta), 2.27 kg of copper; decoration of its [handle]. 117 g of silver for the circular stand of the horns of 2 bulls: offering to the temple of Kamiš. 117 g of silver: decoration of the face, hands and feet of 7 statues, 4 g of gold: its hairpin, 23 g of tin to be melted with 284 g of copper (for) 7 *gú-a-tum* (a small vessel) to ^{d}*Gú-ša-ra-tum* (the Birth-goddesses).[8] 12 g of silver: decoration of 1 statue of Aštar of NIab^{ki}.) 19 g of gold in addition (ab-si) to 1.175 kg of gold (for) a necklace (KA-dù-gíd): the queen has given to Kamiš (for her) purification (sikil). 313 g of gold for 1 plate, 2 bangles (GIŠ-DU), 2 *ti-gi-na*, 2 beautiful acorns (*rí-iš-da al*$_6$*-la-nu*) (and) 2 *ba-ga-ne-iš* for a necklace (KA-dù-gíd): (the crown prince) Ir'ak-damu has given."

75.2635 § 11: "4 sheep to Kamiš and Da'inu, Ir'ak-damu (the crown prince) has offered."

75.10159 obv. vii 12–viii 14: "1 mantle, 1 table (decorated with) silver: gift to Kamiš. 1 dagger (decorated with) silver: gift to Da'inu. 1 girdle, 2 earrings of 8 g of gold: gift to Aštar of NIab. 1 brooch of 8 g of gold, 2 ribbons: gift to the Lady (^{d}BE-mí) of Da'inu and gift to the Lady of Kamiš."

3. Kamiš at NI-ab^{ki}

Of the two yearly festivals celebrated for Kamiš at NIab, the one in month X prescribed a rite by a "(grain) heap," zar^{ki} (75.2075, see § 1 above, and here below, from the third text onwards.

1. 75.1729 obv. iv 8–12: 1+1 gar(ments): gift of the king to Kamiš of NIab.
2. 75.10253 rev. iii 1–10:] of Ibal GIŠ.DUG.DU of the king (to?) the temple of Kamiš. 1 skein of wool for the invocation for the offering (to) Kamiš of NIab.
3. ARET VIII 527 xxii 5–14: 1+1+1 gar. <PN> *Mar-ra-du*^{ki} GIŠ-LUM pad zar^{ki} of Kamiš has received in NIab. (I.Z.; month XI).
4. 75.2275 rev. x 4–10: 1+1+1 gar. *Ìr*-NI-*ba* GIŠ-LUM pad zar^{ki} of Kamiš in NIab. (I.Z.; month XI).

8. On these Birth-goddesses, see Jacopo Pasquali, "Eblaita ^{d}*gú-ša-ra-tum* = ugaritico *kṯrt*," *NABU* (2006): 64; Alfonso Archi "Eblaite ^{d}*Gú-šar* and ^{d}*Gú-ša-ra-tum*—Ugaritic *kṯr* and *kṯrt*," *NABU* (2018): 1–3.

5. 75.2439 rev. iii 14–IV 2: 1+1+1 gar. *Du-bí ʾÀ-ru$_{12}$-gú*^{ki} GIŠ-LUM pad zar^{ki} of Kamiš. (I.Z.; month [x]).
6. 75.10184 rev. v 6–14: 1+1+1 gar. *Du-bí* GIŠ-LUM pad zar^{ki} of Kamiš has received in NIab; vii 6–14: 1 *zi-rí* siki du$_{12}$-ga nídba ^{d}*Ga-mi-iš*^{ki}. (I.Z.; month X).
7. ARET XX 6 § 33: rev. i 12: 1 gar. *Ìr*-NI-*ba* pad zar^{ki} of Kamiš. (I.Z.$^{?}$; month [x]).
8. 75.1763 rev. iv 10–14: 1+1+1 gar. *Du-bí ʾÀ-ru$_{12}$-gú*^{ki} pad zar^{ki} of Kamiš has received in NIab. (I.Z.; month [x]).
9. 75.1216 rev. vii 25-viii 5: 1+1+1 gar. NE-*gi*-NE *Kab-lu$_5$-ul*^{ki} pad zar^{ki} of Kamiš. (I.Z.; [x]).
10. 75.2257 obv. ix 2–7: 1+1 gar. *I-si-rúm Da*-NE-*na-du*^{ki} pad zar^{ki} of Kamiš. (Ibr.; month XI).
11. 75.2358 obv. viii 14–18: 2 gar. *Iš-ra-ì* pad zar^{ki} of Kamiš; XI 5–8: 1 *zi-rí* siki du$_{11}$-ga nídba ^{d}*Ga-mi-iš*^{ki}. (Ibr.; month [x]).
12. 75.2527+2528 rev. xvii 1'–xviii 3:] *Da*-NE-*na-ad*^{ki} pad zar^{ki} of Kamiš; xviii 1'–xix 1–3: 1 *zi-rí* siki du$_{11}$-ga nídba ^{d}*Ga-mi-iš*^{ki}. (I.Z.; month [x]).
13. 75.10272 obv. x 7–11: 1+1 gar. *Sá-mu-um* pad zar^{ki} of Kamiš. (I.Z.; month X).
14. 75.12585 II' 4':] pad zar^{ki} of Kamiš. (month [x]).
15. ARET XIX 5 § 27: 1+1 gar. NE-*zi* dum-nita *A-ti-ir ʾà-ti-bù* zar^{ki} of Kamiš. (Ibr.; month [x]).
16. 75.1351 obv. i 1–6: 1+1 gar. *Du-bí Ša-du-úr*^{ki} *ʾà-ti-bù* zar^{ki} of Kamiš. (Ibr.; month XI).
17. 75.1522 rev. vi 1'–vii 1: [(PN)] *ʾà-ti-bù* zar^{ki} of Kamiš has received. (Ibr.; month X).
18. 75.1524 obv. xi 8–11: 1+1 gar. *ʾà-ti-bù* zar^{ki} of Kamiš. (Ibr.; month XI).
19. 75.1704(+) rev. iv 4–10: 1+1 gar. *Ma-kul Da-gú-du*^{ki} *ʾà-ti-bù* zar^{ki} of Kamiš has received. (Ibr.; month X).
20. 75.1795+10125 obv. iii 14–IV 2: 2 gar. *I-ti-il ʾà-ti-bù* zar^{ki} of Kamiš. (Ibr.; month XI).
21. 75.1885 obv. ix 9–14: 1+1 gar. dumu-nita Íl-gú-uš *ʾà-ti-bù* zar^{ki} of Kamiš; rev. viii 6–9: 1 *zi-rí* siki du$_{11}$-ga nídba ^{d}*Ga-mi-iš*^{ki}. (Ibr.; month [x]).
22. 75.2267 rev. ii 1–8: 1+1 gar. *Ru$_{12}$-zi-lum* maškm *En-na-il* di-kud *ʾà-ti-bù* zar^{ki} of Kamiš. (Ibr.; month XI).
23. 75.2368 obv. x 5–10: 1+1 gar. *En-na*-bàd^{ki} *Da-gud*^{ki} *ʾà-ti-bù* zar^{ki} of Kamiš. (Ibr.; month X).
24. 75.10049 rev. x 4–9: 1+1 gar. *Ù-ba-an Ša-ma-ga-lu ʾà-ti-bù* zar^{ki} of Kamiš. (Ibr.; month X).
25. 75.10150 rev. iii 14–IV 7: 1+1+1 gar. *I-si-lum Da*-NE-*na-ad*^{ki} *wa* nagar *Zú-ba-núm ʾà-ti-bù* zar^{ki} of Kamiš; IX 2–5: 1 *zi-rí* siki du$_{11}$-ga nídba of Kamiš. (Ibr.; month X).
26. 75.10153 obv. vii 3–7: 1+1 gar. *Iš$_{11}$-gàr-du ʾÀ-ne-ig*^{ki} *ʾà-ti-bù* zar^{ki} of Kamiš; rev. ix 2–5: 1 *zi-rí* siki du$_{11}$-ga nídba of Kamiš. (Ibr.; month X).

These passages could be interpreted in the following way: "clothes (to) PN (of GN), (who provided) the top (GIŠ-LUM) to cover the grain heap of Kamiš."

GIŠ-LUM could be something like a "canopy, shelter," and pad "to cover; covering," referred to the zar^{ki}. The word pad alternates with *ʾà-ti-bù*, a term which appears in the dual, *'à-ti-ba*, qualifying 2 zag "2 sides" in a fragmentary passage, ARET XII 1304 obv. ii 1–2. The term zàr(SUM) "strictly means 'sheaf', but metonymically designates also the pile of sheaves or stack."[9] The term zar-du_8 means "to pile up the sheaves."[10] The Ebla documents invariably use ZAR(LAK.783).[11] The bilingual Lexical Lists have ZAR (not ZÀR, contrary to MEE 4, no. 1197a, b), and one of them adds the equivalent *gur-nu-um*, cf. Akk. *q/gurunnum* "heap, mound."

The rite by the heap is also attested in passages the 3–26 quoted above, all from monthly documents concerning the distribution of garments, dated either to month X or to the following month, XI. It does not appear in any of the documents of this genre for the five years of vizier Arrukum (published in ARET XV). It began to be registered, therefore, from a not verifiable year of Ibrium. The number of years in which Ibrium and his son Ibbi-zikir served as viziers were 18 + 17; therefore, some of such registrations have not yet been recognized or are lost.

This rite of month X in the temple of NIab, as well as the different one of month IV, required that an offering (nídba) be accompanied by an invocation (du_{11}-ga). The person who pronounced this invocation received a skein of wool. In many documents the invocation for Kamiš follows that for Kura, the city-god. These passages are listed below.

1 *zi-rí* siki du_{11}(-ga) (nídba) ^{d}*Ga-mi/me-iš* "1 skein of wool (for whom performed) the invocation (for) Kamiš": ARET I 17 § 62; ARET II 54 § 3 (?); ARET III 92 iii 4–7 (after du_{11}-ga for Kura); 118 rev. iii 2–5; 328 i 4–7; 375 rev. iii 4–6; 538 rev. iii 6–8; 734 rev. iv 1–4; ARET IV 1 § 119 (after du_{11}-ga for Kura); 8 § 30 (after du_{11}-ga for Kura); 18 § 99 (after du_{11}-ga for Kura); 19 § 50; ARET XII 364 rev. v 2–3; XII 699 rev. viii 11–14: (after du_{11}-ga for Kura); XII 887 rev. ii 1–2(?); ARET XV 6 § 51; XV 39 § 47; XV 41 § 89; ARET XIX 3 § 73; ARET XX 16 § 86; MEE 2, 11 rev. ii 5–8; MEE 7, 24 rev. ix 8–11; MEE 10, 21 rev. xiii 9–12; MEE 12, 18 § 22 (after du_{11}-ga for Kura); 75.1703 obv. xiii 6–9; 75.1725 rev. viii 1–4; 75.1745 rev. ix 5–7; 75.1755 rev. viii 5–8; 75.1890 rev. xii 3–6; 75.1936 rev. iii 1–2; 75.1942 rev. ix 12–16; 75.1944 rev. x 21–23 (after du_{11}-ga for Kura); 75.2241 rev. viii 4–7: 2 *zi-rí* siki du_{11}-ga nídba ^{d}*Ku-ra* ^{d}*Ga-mi-iš*; 75.2330 rev. vii 7–12: 2 *zi-rí* siki du_{11}-ga nídba ^{d}*Ku-ra wa* ^{d}*Ga-mi-iš*; 75.2337 rev. vi' 1–6: 2 *zi-rí* siki du_{11}-ga nídba ^{d}*Ku-ra wa* ^{d}*Ga-mi-iš*; 75.2358 obv. xi 5–8; 75.2400 rev. v 4–7 (after du_{11}-ga for Kura); 75.2499 rev. vi 6–13: 2 *zi-rí* siki du_{11}-ga nídba ^{d}*Ku-ra wa* ^{d}*Ga-mi-iš*; 75.2527+2528 rev. xviii 1'–xix 1–3; 75.10150 rev. ix 2–5; 75.10153 rev. ix 2–5; 75.10160 rev. x 8–17: (du_{11}-ga for Kura), 2 *zi-rí* siki du_{11}-ga nídba ^{d}*Ga-mi-iš wa* ^{d}*Ra-sa-ap gú-nu*; 75.10184 rev.vii 6–14; 75.10272 rev. vi 1–4; 75.12588 rev. v 6–9.

The invocation in month IV is registered, e.g., in ARET I 17; IV 1, 8, 18; XV 6; MEE 7, 24; 12, 18; 75.1755; 75.1942; 75.2241; 75.2330; and 75.2400. The invocation in month X is registered in ARET XIX 3; XX 16; 75.1703; 75.1725; 75.10150; 75.10153; 75.10160; 75.10184; and 75.10272.

9. Miguel Civil, *The Farmer's Instructions: A Sumerian Agricultural Manual*, Aula Orientalis Supplements 5 (Sabadell: Editorial AUSA, 1994), 91.

10. Kazuya Maekawa, "The Agricultural Texts of Ur III Lagash of the British Museum (IV)," *Zinbun* 22 (1986): 95.

11. This sign is always written without the upper horizontal wedge which closes the sign SUM / ZÀR in a box; it is not LAK.302: LAGAR×SUM.

4. zar^{ki} "Granary"

Some passages, all referring to Ibrium, require zar^{ki}, meaning "heap (of grain), granary." It was placed in Atenatu, where the family of the vizier owned a residence with presumably a landed estate. Abba, a man from Ibal, was its "keeper," en-nun-ak / ME-sig.[12]

75.1741 rev. x 5–16: 1 gu-dùl-TÚG *Ab-ba Ib-al*$_6$^{ki} ME-sig zar^{ki} *Ib-rí-um* lú *A-te-na-at*^{ki} 6 dam-túg 6 íb-iii-mí-TÚG [x-x-]LUM^{ki} *in A-te-na-at*^{ki} šu-ba$_4$-ti

75.1785 rev. vi 2–18: 1 gu-dùl-TÚG *Ab-ba Ib-al*$_6$^{ki} en-nun-ak zar^{ki} *Ib-rí-um* lú *A-te-na-at*^{ki} 2 zara$_6$-TÚG dam *Ib-rí-um wa* ama-gal *al*$_6$*?-sù* x-x-x du[mu-mí] *Ib-r*[í-um] *A-te-na-d*[*u*^{ki}]

75.2489 rev. xi 1–13: 1 gu-dùl-TÚG *Ab-ba Ib-al*$_6$^{ki} en-nun-ak zar^{ki} *Ib-rí-um* lú *A-te-na-at*^{ki} 1 gu-dùl-TÚG dam *A-te-na-du*^{ki} *Ib-rí-um* ì-na-sum.

75.10254. obv. xi 1'–9': 1 gu-dùl-TÚG dam *A-te-na-du*^{ki} 1 gu-dùl-TÚG *Ab-ba Ib-al*$_6$^{ki} en-nun-ak zar^{ki} *Ib-rí-um* [lú *A-te-na-at*^{ki}].

ARET III 628 ii 2–4:] zar^{ki} *Ib-rí-um* lú *A-te-na-at*^{ki}.

The following passage, MEE 10, 29 rev. viii 13–22, elucidates the preparation of a "heap," ZAR: 2 ma-na babbar:kù níg-sa$_{10}$ a-a tar 5 gín DILMUN babbar:kù níg-sa$_{10}$ še-in zar 1 ma-na 18 gín DILMUN babbar:kù níg-sa$_{10}$ še-in šè ì-dím gá^{ki} en, "940 g of silver: the price of the *watered* (*plaster*); 274 g of silver: the price of the straw (*for*) the heap; 611 g of silver: the price of the straw to build the chapel of the king."

5. The Rites at the zar^{ki} of the God Enki /Ea

A rite at "the heap," zar^{ki}, is attested not only for Kamiš, at NIab in month X, but also for Ḫay(y)a (Ea / Enki).[13] The latter fell in month XII,[14] and took place in the city of Ebla, at the gate of the administrative complex, SA.ZA$_x$^{ki} (see below). In the rite for

12. On en-nun-ak / igi-sig / ME-sig "keeper," see Pelio Fronzaroli, "Divinazione a Ebla (TM.76.G.86)," in *Miscellanea Eblaitica* 4, ed. Pelio Fronzaroli (Florence: Università di Firenze, 1997), 4; Alfonso Archi, "Minima eblaitica II: More on en-nun-ag = igi-sig / ME-sig 'to guard: keeper; to be kept,'" *NABU* (1998): 87. For a prosopographic study of these officials see Amalia Catagnoti, "Sorveglianti e custodi nei testi di Ebla, fra lessico e prosopografia," *Asia Anteriore Antica* 1 (2019): 21–41.

13. This rite has already been described by Alfonso Archi, "The God Ḫay(y)a (Ea/Enki) at Ebla," in *Opening the Tablet Box: Near Eastern Studies in Honor of Benjamin R. Foster*, ed. Sarah C. Melville and Alice L. Slotsky (Leiden: Brill, 2010), 15–35 = Alfonso Archi, *Ebla and Its Archives: Texts, History, and Society*, SANER 7 (Boston/Berlin: de Gruyter, 2015), 660–75, where the documentation is collected. Notice that Jacopo Pasquali, "AN.EN(.KI) en tant que lieu de sépolture à Ebla," *NABU* (2009): 24, has interpreted AN.EN.KI as ^{d}en^{ki} "lieu de repos des rois défunts," and sticks to his interpretation; see Jacopo Pasquali, "Éblaïte *za-ni-tum*, 'prostituée'," *NABU* (2015): 60. The present writer believes, instead, that this cluster of signs should be read ^{d}En-ki, referring to the god Enki / Ea, because it is related to three different GNs; moreover, it is the theophoric element in six PNs, one of which, *A-ku-*^{d}En-ki "Ea / Enki is reliable," is that of the "servant, (i.e.) priest," *pa*$_4$-šeš, of the god (Archi, "God Ḫay[y]a," 19, 23–24 = Archi, *Ebla and Its Archives*, 660, 664). On Ea, see Archi "God Ḫay(y)a," 32 n. 45 = Archi, *Ebla and Its Archives*, 672–73 n. 45. The god Enki also appears in the offering lists from Mari of the same period, see Dominique Charpin, "Tablettes présargoniques de Mari," *MARI* 5, 99.

14. The registration of the offerings and gifts on the occasion of this rite for Ea / Enki was sometimes postponed to the following month, I; see the passages in Archi, "God Ḫay(y)a," 21–22 = Archi, *Ebla and Its Archives*, 661–63.

Kamiš only the "covering," *'à-ti-bù* / pad, of the zar^{ki} is mentioned, registering the wool given to the man who performed this action. The rites for Ea, on the other hand, receive many details, although their meaning remains rather obscure. In the case of Ea, a reference to "the covering (pad) of the heap" was not considered necessary, and this is mentioned only in five of the over twenty preserved passages, adding: "on the occasion of the GIŠ-BU" (see below). This action has to be considered implied in all the other passages.

1. 75.2511+10139 obv. ix 14–rev. i 4: clothing and wool, 1 toggle-pin of bronze to Tašzi; clothing to Aku-Enki, the servant of Enki; clothing to a woman consigned (gaba-ru), clothing to a man consigned (to Enki); white and black wool: the emblem LAK.390; wool for 6 women and 4 boys: the dancers (ne-di); 1 gu-mug-túg cloth of a she-goat (ùz) on the occasion of the major offering (nídba), but she (Tašzi) does not receive anything on the occasion of the minor offering; clothing: Aku-Enki, the servant of Enki, has received by the guarantor to *cover* the veil of Tašzi (for) the vaticination; no regular offering (*a-bí-iš* pad-TÚG *Taš-zi* u_9*-za áš-da* ku-tu nu-sá-du$_{11}$-ga); clothing to Ilum-bal for covering the heap of Enki on the occasion of the GIŠ-BU of the major offering (pad zar$^{<ki>}$ ^{d}En-ki *in* ud lú GIŠ-BU nídba maḫ). (month XII).
2. 75.2524 obv. v 6–vii 7: clothing to Aku-Enki, the servant of Enki; clothing to a woman consigned (gaba-ru) and clothing to a man consigned (to) Enki; white and black wool: the emblem LAK.390; wool for 6 women and 4 boys: the dancers; wool (to) seat the Sun (tuš ^{d}Utu); 1 gu-mug-túg cloth of a she-goat (ùz); wool, 1 toggle-pin of bronze, 1 stole (*du-rúm*): the girl (i.e. Tašzi) has received on the occasion of the major offering, but on the occasion of the minor offering she does not receive anything concerning Enki; clothing to Aku-Enki, the servant of Enki, no regular offering (nu-sá-du$_{11}$-ga): it is what the queen has given; clothing to Enna-i(l) for covering the heap of Enki on the occasion of the GIŠ-BU (pad zar$^{<ki>}$ ^{d}En-ki *in* ud lú GIŠ-BU); x 4–14: clothing (which) 3 representatives of the king of Emar have received on the occasion of the offering to Enki. (month [x]).
3. ARET XII 131 rev. i 2–5:] p[ad] zar^{ki} ^{d}En[-ki] lú GIŠ-B[U] x[. (month [x]).
4. 75.2647+2650 obv. iv 5–vi 13: clothing to Aku-Enki for the *ransom* (níg-du$_8$) of the king and the queen for (*in*) the GIŠ-DU; clothing to Aku-Enki for the *ransom* of the crown-prince Ir'ak-damu for (*in*) the GIŠ-DU; clothing to Dubi-zikir; clothing, 1 toggle-pin, wool (to) Tašzi (for) the vaticination (u_9*-za*); clothing to Aku-Enki the servant of Enki; clothing to 1 man and 1 woman consigned (gaba-ru) (to) Enki; 1 cloth for a she-goat; wool (to) seat the Sun (al$_6$-tuš ^{d}Utu); white and black wool: the emblem LAK.390; wool to 6 women and 4 boys, the dancers for the major offering [to Enki]; ix 1–8: clothing to Magal, the representative of Ilzi, the lord of the house <of the king> for covering the heap (pad zar^{ki}) of Enki. (month I).
5. 75.10278(+) obv. vi 19–viii 7: clothing, 1 toggle-pin of bronze <to Tašzi> (for) the vaticination (u_9*-za*); wool for 1 stole (*du-rúm*); clothing to Aku-Enki, the servant of Enki; clothing to a woman, clothing to a man consigned (gaba-ru),

[and to a woman ... clothing to] Ra'izu; clothing to Badulum of EN-ŠID for covering the heap (pad zar[ki]) of Enki. (month [x]).

There were two main performers: the "servant," *pa*$_4$-šeš, of the god, that is his priest, and a "young woman" who had to obtain an omen. At the time of Arrukum, the priest of Ea was Baluzu, followed by his son Enna-il, who acted in the period of the vizier Ibrium.[15] Aku-Enki was priest for an undeterminable number of years in the period of Ibbi-zikir; he received, significantly, the name from his god: "Enki/Ea is reliable."[16] The "young woman" who acted beside Aku-Enki was Tašzi.

a. Only in relation with 75.2647+2650 (text no. 4, above) it is specified that Aku-Enki had to perform the "ransom," níg-du$_8$, of the king and the queen, as well as of the crown prince Ir'ak-damu, "for (*in*) the GIŠ-DU": an act whose meaning is obscure.[17]

b. The sequence of the actions in the early text (of the period of Arrukum), ARET XV 38 §§ 41–47, is the following: a man and a woman "consigned the Sun-goddess" (šu-mu-tag$_4$ ^{d}Utu)—they "arranged" (tuš) the Sun-goddess—1 gu-mug-túg cloth to a "she-goat" (ùz-sal)—"the gate of the Palace (which included the residence of the king was closed" (*za-ga-rí-iš* ká SA.ZA$_x$^{ki})[18]—garments to the priest and "the slaves" (ir$_{11}$-ir$_{11}$) of Ea—a girl: a prostitute, received a cloth—"when they did know the vaticination of (the previous king) Igriš-Ḫalab" (*in* ud *u*$_9$*-zú Ig-rí-iš-Ḫa-lab*$_x$ *du-da-ù*).

c. A second text of the time of Arrukum, ARET XV 12 §§ 56–57, has a different formulation: a man and a woman who *face* (the priest) Baluzu and the god, guruš / dam gaba-ru *Ba-lu-zú* / dingir. The verb gaba-ru is always used in the later passages: "1 woman, 1 man consigned (to) Ea" (cf. nos. 2, 4, above).[19] The "placing," (al$_6$-)tuš, of the Sun-goddess is also mentioned in ARET XV 12 § 58, 75.1436, 75.2511+, 75.2524, 75.2647+. A better understanding of this formulation is in 75.2372 obv. iii 7–11, where the Sun-goddess and Enki were placed one behind the other (al$_6$-tuš ^{d}Utu ^{d}En-ki) by one or two women who received 2 toggle-pins of bronze.

15. For *Ba-lu-zú* see: ARET XV 12 §§ 55, 56; 38 § 45; 75.1922 rev. i 6–10: *En-na-il* lú *Ba-lu-zú* šeš:*pa*$_4$ ^{d}En-ki.

16. Archi, "God Ḥay(y)a," 25 = Archi, *Ebla and Its Archives*, 665.

17. On níg-du$_8$ "ransom," see Alfonso Archi, "Minima eblaitica 17: níg-du$_8$ 'price for release; ransom'," *NABU* (2003): 70. This document has to be dated to the year Ibbi-zikir II, because it registers the death of the priestess Tirin-damu, also mentioned in the yearly document 75.2462. According to the inner chronology, the "ransom" could refer in this case (only as a hypothesis, however!), to a rite concerning the birth of Ir'ak-damu, who married Za'aše, the daughter of the vizier Ibbi-zikir, about 16 years later. In 75.1436 rev. x 1–4 (a later text of the time of Ibbizir, not of Ibrium, contrary to was stated in Archi, "God Ḥay[y]a," 20 = Archi, *Ebla and Its Archives*, 661), is Aku-Enki to be in charge of the GIŠ-DU for the king and the queen (PN en *wa ma-lik-tum*). GIŠ-DU is a jewel, perhaps a bangle, made of two elements, as *ti-ki-na* "*torque*" with which it is listed in sequence, see ARET II: 125; VII: 213. The Lexical Lists, no. 362, have: GIŠ-DU = *ši-a-du*.

18. Pasquali (2009: 77) has explained *za-ga-rí-iš* deriving it from **sgr*, cf. Akk. *sekēru*. Notice that the text has: ká, not dag, contrary to the edition.

19. The Lexical Lists, no. 947, have: gaba-ru = *ma-ḫa-lu-um/lum* (**mḫr*). For the meaning of gaba-ru in this passage one has to consider the parallel passage ARET XV 38 § 42: šu-mu-tag$_4$ ^{d}Utu "he/she consigned the Sun-goddess." The term gaba-ru is used as a verb: "to meet," see ARET XVI: 231. As a noun, it means "allotment, allocation; receipt," e.g. in the passages listed in ARET IX: 385. See, further, ARET IV 13 § 31: "2 garments to PN ur$_4$ and a girl: allocation (gaba-ru) (to) Ibrium in GN"; 75.2333 rev. iii 2–7: "[x] + 3 + 2 + 20 bracelets of copper: allocation (gaba-ru) (to) the house of the king"; 75.2560+6032 rev. V 8–11: "160 jars of wine: allotment (gaba-ru) (to) the house of Karkamiš: its provision (šuku-*sù*)."

d. 6 female and 4 male "dancers/jugglers," ne-di, were present.

e. An emblem (LAK.390) of white and black wool was requested (cf. nos. 2, 4, above).

f. While according to ARET XV 38 § 44, 2 garments túg-NI.NI were given "(to he who) closed the gate of the Palace," in the later 75.2372 obv. iii 12–15, the same garments were given "(to he who) closed the gate of the king (towards) the suburbs," (*zi-ga-rí-iš* 1 ká en eri-bar). It was just a matter of orientation: the gate towards the interior or the exterior of the Palace.

g. The she-goat, ùz-sal, received a cheap cloth, gu-mug-TÚG. A ùz-sal also appears in the royal wedding ritual as a scapegoat sent into the steppe with a thin silver ring of 8 g around its neck. The purpose was to purify (**ḥll* / tu_{22}:a) the mausoleum in NEnaš, where the king and the queen celebrated the royal ancestors for three cycles of seven days each, ARET XI 1 §§ 53–54, 2 §§ 56–57. Although only two texts mention the closing of the gate, and not every passage registers the expenditure for the she-goat, one has to deduce that a similar rite of purification was requested regularly also for the ritual of Ea.[20]

h. A prostitute is mentioned in only two documents: 75.2372 obv. iii 14–15: "1 cloth (to) a prostitute," (1 túg-NI.NI géme-kar-kid); ARET XV 38 § 47: "1 cloth (for) the girl, a prostitute. When they did know the vaticination of (the previous king) Igriš-Ḫalab," 1 túg-NI.NI *za-ni-tum in* ud *u_9-zú Ig-rí-iš-Ḫa-lab$_x$ du-da-ù̯*.[21] It is quite possible that the celebrations of the other years also requested the presence of this woman.

i. A "vaticination" (*u_9-zu*) was requested by a woman: *Taš-zi*.[22] Her name is followed by *u_9-zu* without any other clarifying element (see passages nos. 1, 2 and 4 above). She was in service during the period of the vizier Ibbi-zikir and is mentioned by name in three monthly documents. ARET IV 5 § 4 lists five "women of the king," dam en, one of his sisters, and "Tašzi of the vaticination," *Taš-zi u_9-zu*, who receive clothing "on the occasion of the minor offering (to) En(ki)." The other two passages are 75.2372 obv. iii 5–6, and 75.2511+10139 obv. ix 15–16. She appears, furthermore, in two yearly accounts datable to Ibbi-zikir, years V and IX, with the same synthetic formulation. MEE 10, 29 obv. XIII 5–6: a large number of beads for a total of 300 g of gold, *Taš-zi u_9-zu*; MEE 12, 37 § 111': 2 toggle-pins of 156 g of silver, *Taš-zi u_9-zu*. In some texts she is referred to simply as a "girl," dumu-munus: 75.2497 obv. x 17, and

20. This rite in the wedding ritual has been explained by Fronzaroli, ARET XI: 39–40. The expenditure of the silver for this ring was registered in an annual document of the expenditure of precious metals, MEE 7, 34 rev. vii 6–13 (Ibr. XIV). It was Pasquali ("Graphie") who explained the function of the goat in the ritual of the god Ea.

21. One of the Lexical Lists, no. 1412, has géme-kar-kìd = *za-ni-tum* /zāniytum/, from **znh/y* (Viganò by Miguel Civil, "Bilingualism in Logographically Written Languages: Sumerian in Ebla," in *Il bilinguismo a Ebla: Atti del Convegno Internazionale [Napoli, 19–22 aprile 1982]*, ed. Luigi Cagni [Naples: Istituto Orientale di Napoli, 1994], 89, n. 18; see further: Francesco Pomponio, "géme-kar-kìd, the Sumerian Word for Prostitute," *Oikumene* 5 [1986]: 63–66; Jerrold S. Cooper, "Prostitution," *RlA* 11 [2006/2008]: 13a; Jacopo Pasquali, "Éblaïte *za-ni-tum*, 'prostituée'," 60). Curiously, Ebla is perhaps the only cuneiform source to have transmitted the personal name of a prostitute, apart from the Gilgameš Epic, where Šamḫat, "Voluptuous (woman)," initiated Enkidu. In ARET XIII 14, a "document" (dub) concerning the city of DU^{ki}, representatives of Mari, Nagar, Emar, Kablu, and Ebla are mentioned; they had to face also the problem that Maniya, a prostitute of the small centre of Nabratu, had offended the god Hadda (§§ 61, 62, 64).

22. The term *u_9-zu* has been explained as a kind of vaticination by Pasquali "Graphie," who derives this term from **ḥzy* "to see, to observe as a seer" in Hebrew; "to observe birds" in Arabic (*HALOT*³: 288–89). This root is also attested in the Lexical Lists no. 216: ka-a:zu_5 = *'à-za-zu* /ḥazzāzu(m)/ "seer" (Conti, *Sillabario*, 98).

75.2525 obv. vi 6; the identification with Tašzi is proven by the fact that only she, in these contexts, receives a "stole," *du-rúm*, of wool. In MEE 7, 14 obv. ii 1–4 only her function is given: "1 toggle-pin of bronze, wool (for) 2 stoles: (Tašzi, for) the vaticination, u_9-*zu*." Two other texts ARET I 3 § 69 and IV 5 § 9 mention just the object she received, "1 toggle-pin and 1 stole," without a recipient or an explanation! She is the only person to whom precious objects were given.

The term for vaticination is often in the dual: u_9-*za*, 75.2372 obv. iii 6; 75.2511+10139 obv. ix 16, xi 14; 75.2647+2650(+) obv. v 5; 75.10278(+) obv. v 20. An oracle from *extispicio* is excluded, because this practice was reserved to the diviner, lú-máš.[23] The passage in ARET XV 38 § 47, "when they did know the vaticination of (the previous king) Igriš-Ḫalab," *in* ud u_9-*zú Ig-rí-iš-Ḫa-lab*$_x$ *du-da-ù*,[24] was an act of necromancy.[25]

According to the inner chronology, Igriš-Ḫalab died six years before Arrukum became vizier. ARET XV 38 is to be dated to one of the five years of Arrukum (his name appears in §§ 28, 53, 69). Igriš-Ḫalab is mentioned in another two documents of this period, ARET XV 27 § 6 and 47 § 88, because he receives clothes on the occasion of the funerary rite for some presumably important people. This was a usual custom concerning the ancestors of the family, including in some cases even members of the royal house.[26]

Two passages relating to the rites for Ea (of the period of Arrukum) are introduced by a delivery to Ti'a-damu: ARET XV 12 § 54: "1 mantle, 1 túg-gíd cloth, 1 toggle-pin, 1 skein of wool (to) Ti'a-damu." The parallel passage, ARET XV 38 § 40, has: "1 mantle, 1 toggle-pin, 1 skein of wool to cover (/kuppurum/)[27] the head of Ti'a-damu," 1 zara$_6$-túg 1 *bu-di* 1 siki na$_4$ *gú-bù-rúm* sag *Ti-a-da-mu*.[28]

j. The last section, ARET XV 38 § 47, seems to relate the prostitute with the vaticination, and the deceased king Igriš-Ḫalab: 1 túg-NI.NI dumu-mí *za-ni-tum in* ud u_9-*zú Ig-rí-iš-Ḫa-lab*$_x$ *du-da-ù*. Because nothing similar is found in the other passages, the translation has instead to be: "1 cloak (for) the girl, the prostitute. When they did know the vaticination of Igriš-Ḫalab." It was Tašzi who performed the vaticination, not the prostitute.

k. 75.2357 rev. iii 18–iv 6 adds at the end of the section concerning the rites for Ea: "6 skeins of wool (for 6?) women, the dancers/jugglers—the stele (*zi-ga-nu*)—the minor offering (to) Ea." The function of this stele is not explained. The phonetic writing of *sikannu* is attested in two other texts, ARET III 858 rev. ii 3–6: PN lú-mul

23. Alfonso Archi, "Divination at Ebla," in *Festschrift Gernot Wilhelm anläßlich seines 65. Geburtstages an 28. Januar 2010*, ed. Jeanette C. Fincke (Dresden: ISLET Verlag), 46–48 = Archi, *Ebla and Its Archives*, 688–91.

24. For *du-da-ù*, a D form from **wdˁ* "to make known," see Pelio Fronzaroli, ARET XI: 45.

25. See Pasquali, "Graphie," and here below.

26. For the later periods, see Alfonso Archi, "Cult of the Ancestors and Funerary Practices at Ebla," in *(Re-)Constructing Funerary Rituals in the Ancient Near East: Proceedings of the First International Symposium of the Tübingen Post-Graduate School "Symbols of the Dead" in May 2009*, ed. Peter Pfälzner, Herbert Niehr, Ernst Pernicka, and Anne Wissing (Wiesbaden: Harrassowitz Verlag), 23–25 = Archi, *Ebla and Its Archives*, 559–64.

27. From **kpr*, Ar., Heb. "to cover." The meaning "to purify" for *kuppurum*, suggested by Jacopo Pasquali, "Éblaïte *gú-ba-rúm* = akkadien *kuppurum*, '(rite de) purification'," *NABU* (2015): 88 (who refers to "la cérémonie biblique du *ym kpr*"), seems to the present writer unsuitable in this context.

28. This Ti'a-damu cannot be identified with the lady of this name, a "woman" of the vizier Ibrium, who died in the year Ibbi-zikir I, MEE 10, 20 rev. xvi 21–24 ([*s*]*i-in* é×pap).

zi-ga-na-su in ud [; ARET XII 731 ii 3–5: PN ugula GN *zi-ga-nu-su*. Instead of the phonetic writing, one often has na-rú,[29] as in ARET XIII 2, a document of King Irkab-damu, dated to the "year of the offering of the stele (na-rú) of Igriš-Ḫalab, king of Ebla; delivery of PN," that is, on the occasion of a funerary offering.

l. The last action of the rites for Ea was the covering of the heap (pad zar^{ki}) on the occasion (*in* ud) of the GIŠ-BU.

That the vaticination was obtained by necromancy is deduced only by ARET XV 38 § 47, where u_9-*zu* is referred to the deceased king Igriš-Ḫalab. It is a datum that cannot be ignored. Irkab-damu and Arrukum died in about the same period, when the vizier had concluded his fifth year at the head of the administration. This means that Tašzi had to obtain the vaticination from at least another deceased king also. This could explain the dual of u_9-*za* in some passages. The absence of the quotation of the deceased kings could be attributed to the terse redaction of these administrative documents.

The rites for Ea where performed *in limine* (ká) of the Palace (SA.ZA$_x^{ki}$), in month XII (iti MA×GÁNATENÛ-EGIR$_x$); they could be registered also in a tablet of month XI, or of month I. It was in month I (iti *i-si*) that the rites of "the purification of the house of the king" were celebrated, a-tu$_{22}$ é en (cf. ARET IV 1 § 24; 15 § 51), performed by the priest (pa_4-šeš) of the god Kura.[30] Was the vaticination (u_9-*zu*/*za*) in month XII the necessary previous act before the purification of the house of the king?

There is, however, a problem in relation with the vaticination by necromancy in the city of Ebla. In the West Sector of the Royal Palace G the Hypogeum G4, consisting in two rooms, was found completely empty. For this reason, it has been suggested that this hypogeum was built by Iš'ar-damu, the king who died as a victim of the conquest of his city, and was therefore never used.[31] This hypothesis is also based on the fact the ritual of the royal wedding prescribed three rites of seven days each in the "mausoleum," é *ma-tim* **bayt-i mawt-im* (Fronzaroli, ARET XI: 144), at NEnaš, close but outside Ebla. In the ritual for the wedding of Irkab-damu, the sacrifice of a sheep was presented there one by one to three ancestors: Sagišu, 'Amana, and Igriš-Ḫalab (ARET XI 1 § 97). That for the wedding of Iš'ar-damu lists: Sagišu, Igriš-Ḫalab and [Irkab-damu] (ARET XI 2 § 107). This seems to be clear proof that these kings were buried in NEnaš.

If it is true that Ea is sometimes associated with Rašap, the god of the Netherworld, there are also elements in favour of Ea as provider of prosperity: a god of life as his name (**ḥyy*) says.[32]

6. Kamiš without Geographic Determinations

A decoration of 258 g of silver for a "statue," an-dùl, devoted to Kamiš is registered for the time of vizier Arrukum, 75.1872 rev. vii 10–14. Again, in this period, a statue

29. See Alfonso Archi "The Stele (na-rú) in the Ebla Documents," in *Written on Clay and Stone: Ancient Near Eastern Studies Presented to Krystyna Szarzyńska on the Occasion of Her 80th Birthday*, ed. Jan Braun, Krystyna Łyczkowska, Maciej Popko and Piotr Steinkeller (Warsaw: AGADE, 1998), 15–24 = Archi, *Ebla and Its Archives*, 711–20.

30. Alfonso Archi, "Eblaita *pāšišu* 'colui che è addetto all'unzione; sacerdote purificatiore; cameriere al servizio di una persona'," *Vicino Oriente* 10 (1996): 44–56.

31. Archi, "Cult of the Ancestors," 11–12 = Archi, *Ebla and Its Archives*, 534–38.

32. Archi, "Cult of the Ancestors," 30–35 = Archi, *Ebla and Its Archives*, 670–75.

received a girdle (íb-lá) of 117 g of gold, ARET XV 41 § 89. About twenty years later (the 6th year of vizier Ibbi-zikir), a statue of the god was decorated with 55 g of silver and 15 g of gold, 75.10074 rev. iv 34–42. One mantle was given by the vizier Ibbi-zikir, 75.10072 obv. v 1–4.

The god received 3 daggers (gír mar-tu) decorated with 12 g of gold, ARET II 2 § 10; (see also 75.10271 obv. viii 2–3, and § 2 above), and owned a mace (*ḫa-bù* / šíta):

ARET XII 344 rev. iii 6–9: 1 cloth, 1 table, 1 mace (šíta) of bronze decorated with gold (to) Kamiš, v 1–5: 1 chain (-]NE-*tum* KA-dù-gíd) the queen has given to Kamiš.

75.2464 rev. xvii 20–27: 117 g of tin (to be melted with bronze), decoration of 1 mace (*ḫa-bù*), the king has given (to) Kamiš.

75.2596 rev. vi 2–6: 47 g of gold: decoration of the handle of the mace (*ḫa-bù*) of Kamiš.

75.2622 obv. xv 17–22: 681 g of tin to be melted with 6.13 kg of copper: decoration of 1 mace (šíta), 2.27 kg of copper; decoration of its [handle] (see § 2 above).

75.3481(+) rev. v 12–16: 94 g of silver: decoration of the mace (*ḫa-bù*) of Kamiš.

75.10040 obv. i 1–II 3: 7.05 kg of bronze: decoration of 1 mace (*ḫa-bù*) of Kamiš.

A human-faced bull was placed in the temple beside the image of the god. 75.1402 obv. ii 7–iii 4: 860 g of silver to make a bull with human face (lu_x) for the temple of Kamiš.[33] A precious seat was made for the god, 75.2182 obv. iv 5–rev. i 3: 4.46 kg [of silver] for a seat (tuš) of Kamiš. Cf. 75.2465 rev. v 24–VI 1: 78 g of silver al_6-tuš ^{d}*Ga-mi-iš*, the king has given. The queen devoted to Kamiš (probably for his Lady) a brooch decorated with a hawk made from 8 g of gold, 75.10088(+) rev. v 5–9.

For a reason not mentioned, 22 people were assigned (perhaps temporarily) to the god, ARET X 124 obv. i 1–4: 22 *na-se*$_{11}$ maḫ ti-la *Su-ma-ì* ^{d}*Ga-mi-iš* ì-na-sum "22 adult people: present, Suma-i(l) has given to Kamiš" (ti-la is in opposition to zàḫ "escaped").

The queen of Emar, Tiše-lim, from the royal family of Ebla, received clothes when she came for the offering (nídba) (to) Kamiš, presumably to NIab, 75.2417 rev. v 4–11.

Finally, the fragmentary condition of the following passages prevents any interpretation: ARET III 61 iii 3–4: *in* ud ùsan(?) ^{d}*Ga-mi-iš*; ARET III 667 ii 1–3:] ^{d}*G. si-in* É×PAP.

7. The Other Hypostases of Kamiš

ʾÀ-RA-DU^{KI}

75.2506 rev. ii 17–iii 4: 1 cloth (to) Kamiš of ʾAradu: Šu-malik, the man of the oxen (lú gud-gud), has delivered.

DA$_5$*-RÚM*^{KI}

A XV 22 § 20: 1 cloth: request (al_6-du_{11}-ga) of Kamiš of Darum.

33. Lucio Milano, "Due rendiconti di metalli di Ebla," *Studi di Ebla* 3 (1980): 2.

GA-RA-MA-AN^{KI} (in the Region of Ibal)

1 *zi-rí* siki du$_{11}$(-ga) (nídba) ^{d}*Ga-mi/me-iš Ga-ra-ma-an*^{k}, "1 skein of wool (for who performed) the invocation (for) Kamiš of Garaman": ARET IV 16 § 62; ARET XV 19 § 92; XV 28 § 26; XV 37 § 10; 75.12634 ii 2–8.

IB-AL$_6$^{KI} (and) ŠA-DA-BA-AN^{KI}: KAMIŠ and ^{D}ḪAR-SI-IN/NU

ARET XV 9 § 35: 1 NE.LI of bronze (to) Kamiš of Ibal: 6 clothes (to) the servant, *pa*$_4$-šeš (of the god) of Ibal.

75.2241 rev. iv 11–v 2: 1+1 clothes (for) a boy: gift of the queen (to) Kamiš of Ibal.

ARET XIII 13 (treaty with Ibal) § 7: "the son of Bugada (with) Iga-lim (king of Ibal) and Aba-il (of Ibal) found an agreement in front of Kamiš of Šadaban."

ARET XII 450 III 1–8: [2 daggers] decorated with gold: gift of the king (to) Kamiš and ḪARsin <of Ibal>.

MEE 12, 35 § 45b: 1 big dagger of 3 kg of bronze decorated with 446 g of gold to Kamiš of Ibal; § 45c: 1 dagger of 1.19 kg of bronze decorated with 157 g of gold to ^{d}ḪAR-*si-nu* <of Ibal>.

MEE 12, 37 § 109: 2 daggers of 705 g of bronze decorated with 55 g of silver and 11 g of gold (to) Kamiš of Ibal and ḪARsin.

75.1515:[34] "2 oxen 7 sheep (to) Kamiš; 1 ox 3 sheep to ḪARsin: offering (from) the king. 1 ox 5 sheep (to) Kamiš, 1 ox 2 sheep (to) ḪARsin: offering (from the vizier) Ibbi-zikir. Month IV." (Offering performed presumably at NIab.)

KUR^{KI} "THE MOUNTAIN REGION"

75.2462 rev. xii 37–xiii 5: 1 eagle of 8 g of silver: gift of the queen to Kamiš of the mountains.

8. The Market (ki-lam$_7$) of Kamiš

On the occasion of the festival of a god, a market (ki-lam$_7$) was organized, where also the central administration acquired raw materials, objects and animals.[35] The "market of Kamiš" is mentioned in the following passages: ARET III 19 iii 1–2; III 890 rev. ii 7–8; MEE 7, 34 rev. x 16–17; MEE 10, 20 rev. ii 4–5, iii 5–6; 75.1390 rev. vi 1; MEE 12, 18 rev. ii 11–12; 75.1390 rev. vi 1; 75.1413 obv. iii 2–3, vii 4; 75.1464 rev. i 1–2; 75.1705 obv. vii 8–9; 75.2359 obv. ii 6–7; 2362 obv. xv 14–15; 75.2462 rev. iv 6–7; 75.2465 rev. v 18–21; 75.2502 rev. xii 20–21, xiii 10–11; 75.2503 rev. vii 8; 75.2630 obv. v 1; 75.2632 rev. vii 4; 75.10143 obv. xvii 12–13; 75.10148 obv. xii 11–12; 75.10210 rev. vii 5–6; 75.10253 rev. iii 8; 75.11548 obv. v 10.

34. Alfonso Archi, "Allevamento e distribuzione del bestiame ad Ebla," *Studi Eblaiti* 7 (1984): 50–51.

35. For the markets organized on the occasion of the festival of a god, see Maria Giovanna Biga, "Les foires d'après les archives d'Ébla," in *Recueil d'études à la mémoire d'André Parrot*, ed. Dominique Charpin and Jean-Marie Durand, Florilegium marianum 6 (Paris: SEPOA, 2002), 277–88.

9. The Theophoric Names with Kamiš

Kamiš appears as a theophoric element in only three names. Of these, Iti-Kamiš was largely diffused, while the only reference to Ibdu-Kamiš is to a man who married Zaneḫi-Mari, a "daughter of the king," surely of Irkab-damu. Amu-Kamiš ("Kamiš is the uncle / father in law") was a tribal chief of Ibal, a region where the cult of Kamiš was well acknowledged.

A-mu-^{d}*Ga-mi-is* ugula *Wa-za-ru*$_{12}$^{ki} lú *Ib-al*$_{6}$^{ki} "Amu-Kamiš, (one of the 7) chiefs of Wazaru, (a settlement) of Ibal," MEE 2, 39 obv. vi 2–11.
Ib-du-^{d}*Ga-mi-is* 75.1776 obv. i 2, 12.
I-ti-$^{(d)}$*Ga-mi-iš*.[36]

10. Toward a Definition of Kamiš

The center of the cult of Kamiš was in NIab, a small settlement in the vicinity of Ebla. This explains why the monthly lists register scanty offerings of sheep to the god in the city of Ebla. There were two yearly festivals of the god, in months IV and X. The rite of the "heap," zar^{ki}, fell in month X. Only in 75.2075 (see § 1 above) is it stated that this rite was celebrated at NIab; in the other passages (see § 3 above) no location is mentioned. We therefore have to deduce that many other references concerning Kamiš were intended for his temple at NIab. Both yearly festivals requested an "invocation," du$_{11}$-ga; a skein of wool was given to whoever pronounced it. The monthly documents concerning the expenditures of clothing and wool often register the "invocation" addressed to Kamiš after that for Kura, the god of the city (see § 3 above). This is a sign of the high devotion addressed to Kamiš, and is a further element that proves that his temple in NIab was in the environs of Ebla.

Kamiš was the major god of Ibal and its region (Garaman, Šadaban, Wazaru). The name of Ibal refers to a confederation led by eight/nine "chiefs," ugula, at whose head was a "king," en, to be located south-southeast of Salamiye/east of Qatna, in a semi-arid area: there was an Ibal "of the steppe," edin, "of the canal," pa$_{5}$, "of the water-store," a-tuk, besides several other settlements.[37] In a treaty of Ebla with Ibal, ARET XIII 13, dated to the years immediately following King Irkab-damu's death, when Iš'ar-damu and Ibrium had become respectively king and vizier (Ibrium is quoted in ARET XIII 14 § 40), Iga-lim, king of Ibal, after having conquered Šadaban, swore an agreement with Aba-il, a local chief, in front of Kamiš of Šadaban. In a following campaign, Iga-lim conquered Garaman, an event which affected also the relations between Ebla and Mari (§§ 13–19; see the commentary by Fronzaroli, ad loc.).

ḪARsinu appears in connection with Kamiš of Ibal in several documents (see § 7 above). The cult of this god was presumably introduced in NIab: it is in fact probable that the offerings of oxen and sheep to Kamiš and ḪARsinu from the king and the

36. Manfred Krebernik, *Die Personennamen der Ebla-Texte: Eine Zwischenbilanz* (Berlin: Dietrich Reiner Verlag, 1988), 209.

37. Archi, Piacentini, and Pomponio, *Nomi di luogo*, 291–99.

vizier for month IV, registered in 75.1515, might refer to one of the yearly celebrations prescribed for the temple in NIab in this month. It is instead possible that the two remarkable daggers devoted to Kamiš of Ibal and ḪARsinu in the year Ibbi-zikir VIII (the first weighed 3 kg of bronze to which about ½ kg of gold was added, and the second more than 1 kg of bronze and 157 g of gold; MEE 12, 35 § 45b), as well as the other ones given in the following year (MEE 12, 37 § 109; § 7 above), were sent to Ibal in relation with a diplomatic agreement.

The royal wedding ritual (ARET XI 1, 2) proves that another divine couple was worshiped at NIab besides Kamiš and his Lady: that of Da'inu "the Judge" and his Lady, together with A'aldu (§ 1 above). All the occurrences of Da'inu associate him with Kamiš and NIab (§ 2 above).

The Gušaratum, the seven Birth-goddesses known from the Ugaritic texts as Kôṯarātu, were worshiped at NIab as well (75.2622, see § 2 above). They are mentioned only in three other documents without specifying if they had their own cult place.[38] They do not belong to the deities who received sheep offerings according the monthly lists.

While the dagger was a common attribute for a male deity, the mace, *ḫa-bù* (šíta), characterized a warrior-god, and was a prerogative of the Storm-gods Hadda, Rašap, 'Adabal, and Kamiš. The dagger devoted to the temple in NIab, registered in 75.2622 obv. XV 17–22, is remarkable for its dimension: 6.81 kg of bronze, and its handle was decorated with 2.27 kg of copper (see § 6 above). Kamiš received also the horns of two bulls (although only once: 75.2622; see § 2 above), as Hadda, Rašap, 'Adabal.[39]

This characterization as a warrior god contrasts with an interpretation of Kamiš as an agricultural god, suggested by the yearly rite at the "heap," zar^{ki}, celebrated in NIab in month X, if this would concern the farming cycle (as suggested above, § 3). Unfortunately, no element is given in this respect, contrary to the rite for Ea (see above, § 5). The wedding ritual prescribed an offering to a royal ancestor, 'Amana (the fifth of the king list) at Uduḫudu (ARET XI 1 § 40–42, 2 § 42–45), in the vicinity but not at NIab. Therefore, this heap was not the tumulus of a divinized ancestor. When Tište-damu, a daughter of King Iš'ar-damu, gave birth to a child, this one received several gifts in NIab (MEE 12, 36 §§ 29f–h), meaning perhaps that the newborn, a male, was presented to Kamiš. No other deductions are possible.

38. See n. 8 above.

39. On the mace of the Storm-god, see Alfonso Archi, "Hadda of Ḫalab and His Temple in the Ebla Period," *Iraq* 72 (2010): 11–12 = Archi, *Ebla and Its Archives*, 585–87. Ammarik, a mountain god, and the Lord of Ganana also received a mace, although only once.

CHAPTER 2

"Not Tonight, Josephine!" Women at War in Third-Millennium BCE Syria?

Maria Giovanna Biga

Università degli Studi di Roma "La Sapienza"

ACCORDING TO BRITISH LORE, Napoleon is alleged to have said to his beloved wife, "Not tonight, Josephine," thus rejecting his consort's amorous advances, perhaps before deciding upon some important military intervention. In any case, Josephine always remained in Paris, waiting for her partner to return from his military campaigns.[1] Thus, even Napoleon left his beloved wife at home when going on military expeditions.[2]

It is also true that history and legend have recorded several female figures who participated in wars personally and directly, foremost of all the Amazons, the female warriors of Greek mythology. One finds in Rome, on top of the Janiculum hill, the equestrian statue of Garibaldi and, below, the statue of his wife Anita (who followed him in battles and died trying to escape on her horse in the marshes of Comacchio) with a gun in her hand.

It is possible also to note additional examples of warrior women such as Eleanor of Aquitaine, who had a life full of adventures, bore ten children, and followed her first husband in the second crusade together with other crusaders' wives and women. While pregnant and with exposed breast, she participated in sieges, while riding against enemies. One might also note ʿA'isha, a wife of Mohammad, who in 656 CE fought on horseback against ʿAli ibn Abu Talib and his supporters.

These, and other historical women who participated directly in military expeditions, have been idealized often as particularly courageous, heedless of danger. Others resided in military camps with the young brides. Beatrice of Provence who, at the age of 12, married Charles of Anjou in 1246, accompanied him on the crusade of 1248–50; and Anna Margareta von Haugwitz married Carl Gustav Wranger in a military camp in Germany in 1640 when she was 18 years old and he 26, a major general in the Swedish army. Then, during the siege of Leipzig two years later, she gave birth to their daughter Margarete Juliana.

Unlike the women noted above, this was not the case with Syrian women of the third millennium BCE, who, according to the Ebla texts, waited at home for news

Author's note: To Jack, dear friend, prolific scholar, first president of the International Association for Assyriology, I dedicate this short article with the hope he will enjoy it!

1. He wrote her several erotic love letters, especially when he was coming back from military campaigns, giving her precise instructions about what to do while waiting for him and how to prepare her body in such a way that his victorious return would be rewarded.

2. After the conquest of Egypt he was ready to dispatch a ship to bring Josephine to Egypt to stay with him; he wrote a letter, but she answered that she was not in good health, perhaps because, according to rumors, she had a young lover in Paris!

about the military campaigns of their sons and husbands. There is no evidence from Ebla that women, of any rank, participated in military expeditions. This appears to remain the custom in Syria at least through the period of Mari texts of the eighteenth to seventeenth centuries BCE, as indicated by the fact that the mother and wives of its last king, Zimri-Lim, remained at home during his military campaigns. When the king, while traveling outside of Mari, was accompanied by a woman, she was likely his favorite concubine. There remains no indication that any queen of Mari ever accompanied the king when he went to war.

The last king of Ebla, Išar-damu, became king when still a child. For several years, his vizier Ibrium was the general of the Eblaite army and conducted several military expeditions almost every year. Finally, when Išar-damu was probably about 19–20 years old, he participated in at least one expedition with Ibrium. During his 16th year as vizier, Ibrium conducted a military campaign against the kingdom of Zaḫiran, which is documented in monthly records of textile deliveries, namely TM.75.G.1707 (month *ga-sum*), TM.75.G.1834 (month lost), and by the annual account of deliveries of metals TM.75.G.2465, which parallels both textile accounts. On this campaign, Išar-damu, the king of Ebla, also took part with Ibrium, the first time that this king participated in a military campaign. Upon the victory of the Eblaite army the news was brought immediately to the queen mother (who was likely anxious for news).

> TM.75.G.1707 (parallel to TM.75.G.2465, Ibrium 16, month *ga-sum*) obv. I 7–16: 1 *ʾà-da-um*-TÚG-I 1 sal-TÚG 1 íb+IV-TÚG-gùn *Zi-ir-a-ḫu* maškim *I-lul-za*$_x$*-ma-lik* níg-AN.AN.AN.AN ama-gal en *Za-ḫi-ra-an*^{ki} en šu-ba$_4$-ti
>
> 1 *ʾàdaum*-textile, 1 *aktum*-textile, 1 *íb*-textile to Zir-aḫu *maškim*-functionary of Ilulza-malik who brought to the mother of the king the news that the king took Zaḫiran.

The news of the victory was brought also to the Eblaite court by a second messenger. In TM. 75.G. 1834 (month lost) rev. V 6–12:

> 1 sal-TÚG *Zi-mi-na-ba-al*$_6$ maškim / ⸢x⸣- [...]-⸢x⸣ níg-AN.AN.AN.AN *Za-ḫi-ra-an*^{ki} šu-ba$_4$-ti
>
> 1 textile to Zimina-bal *maškim*-functionary of ... who brought the news that Zaḫiran was taken.[3]

However, according to Archi, king Išar-damu never went to war with vizier Ibrium.[4]

3. For this military campaign and the participation of the king see already Maria Giovanna Biga, "War and Peace in the Kingdom of Ebla (24th Century B.C.) in the First Years of Vizier Ibbi-zikir under the Reign of the Last King Ishar-damu," in *ana turri gimilli: Studi dedicati al padre Werner R. Mayer, S.J., da amici e allievi*, ed. Maria Giovanna Biga and Mario Liverani, Vicino Oriente Quaderni 5 (Rome: Dipartimento di Scienze Storiche, Archeologiche e Antropologiche dell'Antichità, Università di Roma La Sapienza, 2010), 39–57.

4. See Archi, "Who Led the Army of Ebla? Administrative Documents vs. Commemorative Texts," in *Krieg und Frieden im Alten Vorderasien: 52e Rencontre assyriologique internationale*, ed. Hans Neumann et al., AOAT 401 (Münster: Ugarit Verlag, 2014), 22, where he writes: "In the 14th year of Ibrium the marriage of the king Išar-damu was celebrated, who must have reached adulthood. Notwithstanding this, no

After the death of vizier Ibrium, his son Ibbi-zikir became vizier and commanded the army. The first three years of Ibbi-zikir as vizier are well documented by three annual accounts of metals and their correlated monthly accounts of deliveries of textiles. Over several years I collected around 36 monthly accounts of textiles pertaining to the first three years of vizier Ibbi-zikir. Several of them are the fruit of joins that I was able to make thanks to the reconstruction of the relative chronology.[5] In the third year of Ibbi-zikir as vizier, the annual account of metals 75.G.10088+75.G.10182+75.G.5291 and some related monthly documents of textiles record two campaigns which receive great attention, one against Ilwum and the other against Bagara. Neither city is identified on a map, although they are probably not too far from Ebla, and they are either pertaining to the kingdom of Armi or on the road to Armi. If my interpretation is correct, the campaign against the city of Ilwum is the second occasion on which king Išar-damu participates in a military expedition, with of course the presence of vizier Ibbi-zikir. Some years before, as we saw, in the year Ibrium 16, he went to war with vizier Ibrium, and the news of the victory was received in Ebla by the queen mother.

The account of textiles, TM.75.G.2499, written in the month gi-NI, is a well-preserved tablet of 11 columns on the obverse and 11 columns on the reverse. The text records several deliveries of textiles to different kings of kingdoms allied with Ebla, such as Kakmium, Zaburrum, and to their *maškim* and *mazalum*-functionaries. It is possible that these kings helped the Eblaite army during the military campaigns. At obv. IV 5–11 there is another sequence of deliveries possibly related to the campaign:

> 1 TÚG-NI.NI 2 *gú-li-lum* kù-gi-II níg-ba ^{d}KU-*ra* 1 aktum-TÚG 1 gír mar-tu ka-ak ^{d}ʾ*A*$_{5}$*-da-bal ʾÀ-ma-at*^{ki}

> 1 textile, 2 bracelets gift for the god KUra, 1 textile 1 *martu*-dagger for the god Adabal of the sanctuary of Amat.

These are possibly offerings to the deities to thank them for the victory. And immediately after at obv. IV 12–V 11:

> 2 *ʾà-da-um*-TÚG 2 aktum-TÚG 2 íb+III-TÚG-sa$_{6}$- ⌜gùn⌝ 4 kù-gi 4 geštu$_{x}$-lá/ *I-bí-zi-kir*/ ama-gal en/ *ma-lik-tum*/in-na-sum 1 níg-lá-gaba 1 íb+IV-TÚG-sa$_{6}$-gùn sag en *in* ud tuš-LÚxTIL *in Íl-wu-um*^{ki}

> 2 *ʾadaum*-textiles, 2 *aktum*-textiles, 2 *ib*-textiles 4 (shekels of) gold for 4 earrings, to Ibbi-zikir, the mother of the king and the queen have given, 1 band for the breast, 1 *ib*-textile for the head of the king when they (Ibbi-zikir and the king) resided in the city of Ilwum (that they conquered and occupied).

It is uncertain if the gift given, respectively, for the gods KUra and Adabal were to thank them for the victory. However, it is certain that the mother of the king and the queen each gave textiles and earrings to Ibbi-zikir when he resided in Ilwum after the

document registers the presence of the king on any military expedition during the following four years in which Ibrium was still minister. He preferred therefore to stay at home."

5. For all these texts of the three first years of Ibbi-zikir as vizier, see Biga, "War and Peace," 39–57.

conquest. The king also received 2 textiles while he was in Ilwum, which he had just conquered and occupied.

In the same text, TM.75.G.2499 obv VI 16–VII 17, we read:

> 2 *'à-da-um*-TÚG 2 aktum-TÚG 2 íb+III-TÚG-sa$_6$-gùn 4 kù-gi 4 geštu$_x$-lá *In-gàr* lú *A-da-mu* níg.AN.AN.AN.AN ama-gal en *wa ma-lik-tum* en tuš-LÚxTIL *in Íl-wu-um*^{ki}
>
> 2,2,2 textiles 4 (shekels) of gold for 4 earrings for Ingar of the family of Adamu who brought to the mother of the king and to the queen the news that the king was in Ilwum (which he conquered and occupied with vizier Ibbi-zikir).

This passage is similar to the one quoted above regarding the first military campaign of King Išar-damu. Considering all the passages on military campaigns in the Ebla texts known to me, this seems to be the only translation possible for these passages.

In an earlier article,[6] Archi offered a contrary view and wrote that these "passages which show that Dusigu, the king's mother, resided together with the queen in Ilwum, a town which was defeated in the third year of minister Ibbi-zikir." He translated the two passages respectively as: "(2+2+2 garments, 4 earrings) Ibbi-zikir gave to the king's mother (and) queen, (1+1 garments for) the head of the king when they resided in Ilwum," and: "(2+2+2 garments, 4 earrings to) Ingar of Adamu who brought the news that the king's mother (and) queen (together with) the king resided in Ilwum." This interpretation is improbable since it is unlikely that this happy family, the king with his mother and wife, were all together in a just-conquered city! Furthermore, Ibbi-zikir, after other military campaigns, received this type of gift such as earrings.[7]

Other persons that quite probably participated in the war and occupied Ilwum with the king and Ibbi-zikir are quoted in the text as receiving textiles. In another monthly account, TM.75.G 2510, (month lost) of textiles written in the same year (the third year of Ibbi-zikir as vizier), other people are quoted as present in Ilwum and receiving textiles. However, the queen mother and the queen were not in Ilwum since the mother of the king and the queen receive news in Ebla that the king was living in Ilwum, which he had occupied. In addition, the formula used by the scribe is the same as the one used by the scribe in text TM.75.G. 1707, just as recorded for the expedition against Zaḫiran. Thus, it is difficult to imagine that the women of the royal family followed the generals of the army during the military campaigns or even visited the conquered town. In fact, Ilwum was conquered and occupied by the Eblaites in

6. Archi, "Who Led?" 21 n. 6.

7. While many lists of gifts from the king and the queen or from the queen to Ibbi-zikir or to other people who contributed to the war remain unpublished, many passages of this type have been published already. See, for example, Maria Giovanna Biga, "Prosopographie et datation relative des textes d'Ebla," in *Mari, Ebla et les Hourrites*, ed. Jean-Marie Durand, Amurru 1 (Paris: Editions Recherche sur les Civilisations, 1996), 53, where Ibbi-zikir received from the queen a gift, including earrings, for his victory at the city of Nabu, with the same formula used. See also Maria Giovanna Biga, "Au-delà des frontières: guerre et diplomatie à Ebla," *Or* 77 (2008): 321. Several additional texts quote the gift given from the king, the queen, and the queen-mother to the messenger(s) bringing the good news of a victory; see Biga, "Au-delà," 317–22. See also Maria Giovanna Biga, "The Geographical Scope of Ebla: Commerce and War," in *History & Philology*, ed. W. Sallaberger and I. Schrakamp, Associated Regional Chronologies for the Ancient Near East and the Eastern Mediterranean 3 (Turnhout: Brepols, 2015), 181–90.

a campaign conducted by Ibbi-zikir and the king, where the king then resided. The news of the victory reached Ebla and was brought to the mother of the king and to the queen, who were anxious for news exactly as was recorded of the mother of the king some years earlier. Ibbi-zikir received also several gifts from the queen-mother and from the queen, and the king received gifts as well. It thus would be surprising if the two most important women at the Eblaite court, the queen mother, who was certainly no longer young (at least for the parameters of the time!), and the queen, both followed the king into battle to be immediately ready, after the victory and the conquest of the city, to visit the newly conquered town!

Of these two women, we know only about trips outside of Ebla to visit sanctuaries of the goddess Išhara at Zuramu, Uguaš and MaNE, all in the territory controlled by Ebla. For these carefully prepared journeys they received textiles for themselves, their equids, and chariots.[8]

Similarly, M. V. Tonietti, while studying especially Zugalum, a queen of Harran, discussed the military campaign of vizier Ibbi-zikir against the city of Ašdarlum, and also the quotation of Tišalim, queen of Emar in a similar military context: "We do not have sufficient elements to ascertain the terms of this presence, which does not imply direct participation in the military action in either case. We can instead imagine that it was a question of military support for the campaigns in term of men and equipment, on the part of each realm."[9]

The queen of Harran, the Eblaite princess Zugalum, is well known from many texts that can be ordered chronologically and that permit us to reveal many events in her life.[10] Accordingly, we can follow her giving birth at least three times after her marriage, during approximately the first 6 years of vizier Ibbi-zikir, and receiving gifts from the Eblaite court. It is noteworthy that there were several wet-nurses at the service of the women of the Eblaite court and their infants, although it remains to be determined if the women of the court breastfed the infants by themselves or used only wet-nurses. However, nothing indicated that the court women were not breastfeeding their own infants and were supplemented by the wet-nurses who also provided additional services.[11] Thus one can conclude that it was improbable that the queen of Harran went on a military campaign while she was still breastfeeding! It is possible also that the queen of Harran and the queen of Emar provided help for the military campaign either by permitting the Eblaite army to pass through their territory, or by sending men and provisions. Certain texts seem to confirm this hypothesis, but this requires another study!

8. For these pilgrimages see Maria Giovanna Biga, "Pellegrinaggi a santuari del regno di Ebla (Siria, XXIV sec. a.C.)," in *Giornate di studio L'archeologia del sacro e l'archeologia del culto: Sabratha, Ebla, Ardea, Lanuvio, Roma Accademia dei Lincei 8–11 ottobre 2013: Ebla e la Siria dall'Età del Bronzo all'età del Ferro*, ed. Paolo Matthiae, Atti dei convegni Lincei 304 (Rome: Accademia dei Lincei, 2016), 161–77.

9. Maria Vittoria Tonietti, "The Expedition of Ebla against Ašdar(um) and the Queen of Harram," *ZA* 100 (2010): 56–85.

10. For Zugalum queen of Harran see also Biga, "War and Peace," 39–57; and Maria Giovanna Biga, "More on Relations between Ebla and Harran at the Time of the Eblaite Royal Archives (24th Century B.C.)," in *Veysel Donbaz'a Sunulan Yazilar DUB.SAR É.DUB.BA.A: Studies Presented in Honour of Veysel Donbaz*, ed. S. Dönmez (Istanbul: Ege Yayinlari, 2010), 159–65.

11. The Eblaite court was not Versailles, where, at the court of Louis XIV, several children were born and immediately given to wet-nurses outside Versailles. There were no children allowed in Versailles!

CHAPTER 3

L'élection du P. Scheil au Collège de France en 1905

Dominique Charpin
Collège de France, Université Paris Sciences et Lettres

ON SAIT QUE JULES OPPERT fut qualifié de "père de l'assyriologie" par Rawlinson—qui aurait pu lui-même prétendre à ce titre—dans son discours au deuxième congrès international des Orientalistes à Londres, le 14 septembre 1874:[1]

> If any one has a right to claim the paternity of Assyrian science, as it exists at the present day, it is certainly this distinguished scholar, who, having enjoyed the advantage of a personal investigation of the Assyrian and Babylonian ruins, now twenty-three years ago, devoted himself on his return to Europe to the prosecution of cuneiform studies with a vigour and ingenuity, neither deterred by opposition nor discouraged by neglect, which ultimately led to a complete success, gaining as he did for himself the Quinquennial Prize of the French Academy, and thus obtaining the attestation of the first critical body in Europe to the genuineness and importance of the studies on which he was engaged. This, indeed, may be considered the turning-point of cuneiform research; hitherto there had been doubt and disparagement; henceforth Assyriology took its place

Note de l'auteur: Toute ma gratitude va au P. Jean-Jacques Pérennès, directeur de l'Ecole biblique et archéologique française de Jérusalem, qui m'a communiqué la copie d'une lettre inédite de P. Painlevé ici publiée.

Je dois également des remerciements à A. Chatelier, Directrice des réseaux et partenariats documentaires au Collège de France et, au sein du service des archives dirigé par C. Guttinger, à Mme F. Pailladès: j'ai pu, non seulement avoir accès en ligne aux documents numérisés sur le site Salamandre (https://salamandre.college-de-france.fr) mais aussi, pour ceux qui sont seulement catalogués, les consulter sur place. Ma contribution contient de nombreuses citations de ces documents inédits.

Il me faut dire aussi le bénéfice que j'ai retiré de la consultation des sites *Gallica* de la Bibliothèque nationale de France (surtout pour la presse de l'époque) et *Persée* (pour les Comptes rendus de l'Académie ou les Annuaires de l'École Pratique des Hautes-Études [EPHE]), qui m'a épargné de longues et fastidieuses recherches—que je n'aurais sans doute pas entreprises.... W. Feuerhahn mérite également d'être remercié pour m'avoir communiqué trois articles qui m'ont permis d'aller plus loin dans l'utilisation de la presse. En commençant cette recherche, je ne me doutais pas de l'ampleur qu'elle prendrait: il y aurait là matière à un livre, plus complet dans son étude de la presse de l'époque, et qui pourrait comporter un portrait plus détaillé de tous les protagonistes. Peut-être l'écrirai-je un jour, si le temps m'en est donné. Je pense en tout cas utile de livrer dès à présent le dossier dans son état actuel.

Cette recherche a fait l'objet d'une communication lors de la Journée d'études organisée au Collège de France par J.-L. Fournet à l'occasion des 150 ans de l'EPHE, le jeudi 6 septembre 2018; on en trouvera la vidéo sur https://www.college-de-france.fr/site/jean-luc-fournet/symposium-2018-09-06-10h45.htm. La présente publication est beaucoup plus complète.

1. H. Rawlinson, "The Semitic Session: Address," in *Transactions of the second session of the international congress of orientalists*, ed. R. K. Douglas (Londres, 1876), 21. Le prix auquel Rawlinson fit allusion fut donné à Oppert en 1863; voir D. Charpin, "Renan, un sémitisant au berceau de l'assyriologie," in *Ernest Renan: La science, la religion, la République,* ed. H. Laurens (Paris, 2013), 77–99 (p. 91).

within the recognized pale of Oriental science, and the study of the inscriptions steadily advanced.

De fait, les contributions d'Oppert au déchiffrement du cunéiforme ont été décisives et il dut parfois tenir tête à ses contradicteurs, qu'il s'agisse de Renan à ses débuts sur le caractère sémitique de l'"Assyrien," ou plus tard face à Halévy qui niait l'existence du sumérien. Oppert mourut en août 1905, âgé de 80 ans; la retraite n'existant pas à l'époque, il occupait toujours au Collège de France la chaire de "Philologie et archéologie assyriennes" qui avait été créée pour lui en 1874, plus de trente ans auparavant.[2] Sa succession fut ouverte lors de l'Assemblée des professeurs le 5 novembre, qui votèrent pour le maintien de la chaire. Pas moins de cinq candidats se présentèrent, dont les titres et travaux furent examinés lors de l'Assemblée suivante, le 17 décembre 1905. Cependant, l'histoire de l'élection et de la nomination du successeur d'Oppert n'appartient pas seulement à l'histoire de notre discipline: elle rencontra en effet la grande histoire, en l'occurrence celle de la séparation des églises et de l'État qui marqua ces années de la Troisième République.

Je suis très heureux d'offrir ce fragment d'histoire de l'assyriologie française à Jack Sasson, qui a été professeur au Collège de France en octobre–novembre 2009.[3] Lui qui a écrit un article sur la calomnie dans les textes de Mari[4] trouvera, je l'espère, un certain plaisir à lire la présente contribution, qui contient—une fois n'est pas coutume—, non pas la publication d'une lettre de Mari du début du XVIIIe siècle avant notre ère, mais celle d'une lettre écrite à Paris en 1905 de notre ère.

1. Les candidats à la succession d'Oppert

L'Administrateur du Collège de France était à cette époque le géographe et économiste Émile Levasseur. Il reçut cinq lettres de candidature: par ordre alphabétique, celles de Charles Fossey, Joseph Halévy, Vincent Scheil, François Thureau-Dangin et Charles Virolleaud. Je les présenterai dans un ordre différent.

2. Contrairement à ce qui a parfois été écrit, Oppert ne devint pas professeur au Collège de France en 1867 ou 1869. Avant son élection au Collège, il était professeur de sanscrit et de philologie comparée à l'École des langues de la Bibliothèque nationale (ancêtre de l'actuel INALCO). "En décembre 1868, il joignit au cours élémentaire de sanscrit un cours de philologie et archéologie assyriennes, qu'il professa d'abord près la Bibliothèque, puis près le Collège de France (14 janvier 1869), après que l'École des langues orientales y eut reçu l'hospitalité dans les derniers jours de 1868" (B. Haussoullier, "Notice sur la vie et les œuvres de M. Jules Oppert, membre de l'Académie," *CRAIBL* 50 (1906): 567–92, spéc. p. 582 [https://www.persee.fr/doc/crai_0065-0536_1906_num_50_9_71937]). La chaire de "Philologie et archéologie assyriennes" a été créée au Collège de France en janvier 1874, manifestement sur le modèle de la chaire de "Philologie et archéologie égyptiennes" créée en 1869. Oppert y a été nommé en mars 1874, l'occupant un peu plus de 30 ans, jusqu'à sa mort en août 1905.

Il ne s'agit pas du record en assyriologie, puisque son successeur Charles Fossey fut professeur pendant plus de 33 ans, de 1906 à 1939. Viennent ensuite René Labat (23 ans, de 1952 à 1974), puis Jean-Marie Durand (13 ans, de 1999 à 2011), Paul Garelli (10 ans, de 1986 à 1995), et Edouard Dhorme (6 ans, de 1946 à 1951).

3. https://www.college-de-france.fr/site/thomas-romer/guestlecturer-2009-10-22-15h00.htm.

4. J. M. Sasson, "'Nothing so Swift as Calumny': Slander and Justification at the Mari Court," in *The Ancient Near East, A Life! Festschrift Karel Van Lerberghe*, ed. T. Boiy, J. Bretschneider, A. Goddeeris, H. Hameeuw, G. Jans & J. Tavernier, OLA 220 (Louvain/Paris/Walpole, 2012), 525–42.

Joseph Halévy, né en 1827, avait … 78 ans; il était toujours Directeur adjoint à l'École pratique des Hautes Études. Il s'était rendu célèbre dans son combat contre Oppert, refusant d'admettre l'existence de la langue sumérienne.[5] Les archives du Collège conservent une carte de visite où, suite à sa lettre de candidature, il écrivait à l'Administrateur:[6]

> Mon grand âge avec le cortège de douloureux rhumatismes, me mettant hors d'état de faire les visites coutumières à l'occasion de ma candidature au Collège de France, je viens vous prier instamment de vouloir bien accepter par ces lignes l'expression de mon plus profond regret de cet empêchement et le tribut de mes sincères hommages que j'aurais été si heureux de vous apporter de vive voix.

On ne saurait mieux se tirer une balle dans le pied[7] …

À l'inverse, **Charles Virolleaud** était le plus jeune des candidats: il n'avait alors que 26 ans et avait pourtant déjà publié plusieurs livres et articles, notamment des textes sumériens de Tello copiés en 1900 au musée de Constantinople et des tablettes divinatoires de Ninive conservées au British Museum.[8] Dans sa lettre de candidature du 31 octobre, il indiquait[9]:

> Mes titres à recueillir une aussi glorieuse succession [i.e. celle d'Oppert] sont peu de choses encore, je le sais; aussi mon ambition ne va-t-elle qu'à souhaiter figurer au nombre des candidats du second rang.

Il se ravisa dans une seconde lettre, datée du 9 novembre, où après avoir rappelé sa candidature du 31 octobre, il ajoutait:

> Ayant depuis lors, minutieusement comparé, dans un esprit de grande sincérité, et en réelle connaissance de cause, les titres de mes concurrents, je me suis fait cette conviction, qu'en dépit du nombre encore très restreint de mes travaux imprimés, ma candidature méritait d'être prise en sérieuse considération par MM. les Professeurs du Collège de France; et, si je ne sentais pas combien un

5. Voir notamment J. Cooper, "Posing the Sumerian Question: Race and Scholarship in the Early History of Assyriology," in *Velles Paraules. Ancient Near Eastern Studies in Honor of Miguel Civil on the Occasion of his Sixty-Fifth Birthday*, ed. P. Michalowski, P. Steinkeller, E. C. Stone & R. L. Zettler (Barcelone, 1991), 47–66.

6. Archives du Collège de France, dossier 4 AP 345; la carte de visite est estampée "Collège de France archives G-iv-g 27C."

7. Et pourtant, Halévy ne mourut qu'en 1917, dans sa quatre-vingt-dixième année. Voir la nécrologie que lui a consacrée A. Meillet dans *École pratique des hautes études, Section des sciences historiques et philologiques. Annuaire 1917–1918* (Paris, 1917): 54–56 (https://www.persee.fr/doc/ephe_0000-0001_1917_num_1_1_9343).

8. Voir A. Dupont-Sommer, "Notice sur la vie et les travaux de M. Charles Virolleaud, membre de l'Académie," *CRAIBL* (113e année, 1969): 588–606, spéc. p. 591 (https://www.persee.fr/doc/crai_0065-0536_1969_num_113_4_12447). On peut notamment citer son *Premier supplément à la liste des signes cunéiformes de Brünnow* (Paris, 1903); ses *Fragments de textes divinatoires assyriens* (Londres, 1903); *Comptabilité chaldéenne* (Poitiers, 1903); et *Di-Tilla. Textes juridiques chaldéens de la seconde dynastie d'Our transcrits et commentés* (Poitiers, 1903).

9. Archives du Collège de France, cote 4 AP 345.

pareil langage peut paraître déplacé, venant d'un candidat, je dirais que, dans ma pensée, les destinées de la philologie assyrienne en France sont liées intimement à l'accueil que le Collège réserve à ma demande.

La suite de sa carrière scientifique montra que la haute conscience qu'il avait de lui-même n'était pas injustifiée. Mais en 1905, cette valse-hésitation et l'absence totale de soutien à sa candidature expliquent sans doute pourquoi il fut le seul à n'avoir bénéficié d'aucune voix lors du vote.

Le choix réel se porta en effet sur les trois autres candidats: Thureau-Dangin, Fossey et Scheil. Le plus jeune des trois était **François Thureau-Dangin**, qui avait alors presque 34 ans.[10] Il était depuis 1902 attaché au Département des antiquités orientales du musée du Louvre et bénéficia d'une lettre de soutien de Léon Heuzey, son directeur. Ses travaux étaient notamment liés aux fouilles de Tello, dans le Sud de l'Irak actuel, ce qu'on appelait alors la "Mission de Chaldée." Il s'est très vite affirmé comme le meilleur connaisseur de la langue sumérienne, publiant aussi bien un ouvrage de *Recherches sur l'origine de l'écriture cunéiforme* dès 1898 (à 26 ans!), que des documents d'archives dans son *Recueil de tablettes chaldéennes* en 1903, ou des inscriptions commémoratives dans son édition des *Cylindres de Goudea*, publiée chez Leroux en 1905.[11] Sa bibliographie comptait également une quarantaine d'articles.

Charles Fossey n'était l'aîné de Thureau-Dangin que de deux ans et demi, il avait donc alors 36 ans. La liste de ses travaux commence par rappeler qu'il était "ancien élève de l'École normale supérieure, agrégé des lettres, ancien membre de l'École française d'Athènes et de l'Institut français d'archéologie orientale du Caire, docteur es-lettres, chargé de cours à l'Ecole des Hautes Etudes (5e Section)." Il avait écrit peu d'articles, mais il était l'auteur de trois livres.[12] Le premier, une *Grammaire assyrienne*, publié en 1901, avait Scheil comme co-auteur: Fossey prit soin d'indiquer la part qui revenait à chacun des deux auteurs, ce qui n'est curieusement pas mentionné dans l'ouvrage, façon un peu mesquine de montrer qu'il avait écrit deux fois plus de pages que son ancien maître....[13] En 1902 était parue sa thèse de doctorat sur *La Magie*

10. Dans ses écrits les plus anciens, il ne mettait pas de trait d'union dans son nom (par exemple, dans sa lettre de candidature autographe au Collège de France); mais par la suite, il l'écrivit Thureau-Dangin, forme consacrée par l'usage et sous laquelle je le désigne donc ici.

11. Curieusement, la liste de ses travaux déposée par Thureau-Dangin comporte *Les Cylindres de Goudea*, publié chez Leroux en 1905 (un compte rendu par Pinches fut publié dès octobre 1905 dans *JRAS* 37/7, 862–864); mais pas *Les Inscriptions royales de Sumer et d'Akkad*, ouvrage pourtant paru chez Leroux avec le même millésime 1905.... Je ne m'explique pas cette situation, sauf par un retard dans l'impression du livre; noter qu'à l'époque la mention de la date d'"achevé d'imprimer" n'était pas une obligation légale comme aujourd'hui.

12. Je ne compte pas comme ouvrage son opuscule de 38 pages intitulé *Syllabaire cunéiforme* (Paris, 1901), bien qu'il soit cité parmi les "Ouvrages du même auteur" après le faux-titre de son livre sur *La Magie assyrienne*. J'observe que la liste de ses "Travaux scientifiques" omet d'en indiquer le nombre de pages, contrairement aux autres titres (archives du Collège de France, 4 AP 345).

13. "Grammaire assyrienne. 1 vol. in 8°. 112 pages, en collaboration avec Scheil; la phonétique (pp. 1–32), la morphologie moins le verbe (pp. 50–71), la bibliographie (pp. 107–112) par C. Fossey; le verbe (pp. 33–50) et la syntaxe (pp. 72–81) par V. Scheil." Il n'indique pas à qui sont dus les paradigmes (pp. 84–105). Perfidie pour perfidie, Maspero dans sa Présentation des titres et travaux de Scheil indiqua: "La part de celui-ci [Fossey] dans l'œuvre commune est celle d'un élève" (CDF 4 AP345 5 1, p. 3).

assyrienne[14] et en 1904 le tome I de son *Manuel d'assyriologie*.[15] L'Administrateur reçut en sa faveur une lettre d'Émile Bourgeois, ancien Maître de conférences à l'Ecole normale, qui était devenu en 1904 professeur d'histoire à la Sorbonne.

Le P. **Vincent Scheil** était, avec ses 48 ans, le plus âgé des trois candidats qui retinrent l'attention. Il était alors Directeur adjoint à la Section des sciences historiques et philologiques de l'École pratique des Hautes Etudes.[16] Les archives du Collège n'ont pas conservé de liste de ses travaux,[17] mais on peut la reconstituer. Il avait publié en 1889 les inscriptions du roi assyrien Šamši-Adad V,[18] et l'année d'après il publiait les inscriptions de Salmanasar III dont il avait entamé l'étude avec son maître Amiaud.[19] En 1898, il acheva son rapport sur les fouilles de Sippar qu'il avait menées en 1894; la publication en fut repoussée jusqu'en 1902.[20] Entre temps était paru en 1900 son premier volume issu de son travail en Iran, sur le site de Suse, dans la série des *Mémoires de la Délégation en Perse*,[21] suivi par un autre dès 1901.[22] En 1902, son principal titre de gloire fut la publication du Code de Hammu-rabi:[23] il assura son déchiffrement en à peine trois mois, un tour de force qui fut internationnalement reconnu.[24] Dès

14. Ch. Fossey, *La Magie assyrienne. Étude suivie de textes magiques transcrits, traduits et commentés* (Bibliothèque de l'École des Hautes Études Sciences religieuses 15, Paris, 1902). Noter la dédicace "A JULES OPPERT MON MAITRE *en témoignage d'affectueuse reconnaissance*."

15. Il y annonçait que "l'ouvrage formera neuf volumes" et que "les tomes II (les sources) et III (langues sumériennes et assyriennes) sont en préparation." En réalité, il ne publia par la suite que le tome II ("Evolution des cunéiformes"), et seulement vingt-deux ans plus tard, en 1926....

16. Le titulaire était J. Oppert. Celui-ci n'entra à l'EPHE que bien après son élection au Collège, le 19 janvier 1883, avec une direction d'études intitulée "Langue et antiquités assyriennes." Selon le témoignage de Bernard Haussoullier, "en notre Ecole un directeur d'études qui n'enseigne pas ne dirige rien du tout: or Jules Oppert n'y a jamais enseigné" ("Notice sur la vie et les œuvres de M. Jules Oppert," 585). De fait, Oppert fut d'abord suppléé par Arthur Amiaud, qui eut le titre de "maître de conférences," à partir de 1883; après le décès d'Amiaud le 22 mai 1889, la direction d'études disparaît de l'Annuaire jusqu'en 1895–1896. À partir de cette date, elle refait surface sous l'intitulé "Philologie assyrienne," Oppert étant désormais suppléé par le P. Scheil, comme "maître de conférences" jusqu'en 1902, puis "directeur adjoint" à partir de 1901–1902. À partir de 1905–1906, suite au décès d'Oppert, seul figure le nom de Scheil sous l'intitulé de la direction d'études, avec le titre de "directeur d'études" dès l'année 1907–1908.

17. Maspero dans sa Présentation des titres et travaux de Scheil dit qu'elle fait "huit pages in 8°" (CDF 4 AP 345 5 1, p. 2).

18. V. Scheil, *Inscription assyrienne archaïque de Šamšî-Rammân IV, roi d'Assyrie (824–811 av. J.-C.) transcrite, traduite et commentée* (Paris, 1889).

19. A. Amiaud & V. Scheil, *Les inscriptions de Salmanasar II, roi d'Assyrie (860–824 av. J.-C.) transcrites, coordonnées, traduites et commentée*s (Paris, 1890).

20. V. Scheil, *Une saison de fouilles à Sippar* (Mémoires publiés par les membres de l'Institut français d'Archéologie orientale du Caire, t. I, Le Caire, 1902). L'ouvrage avait en fait été achevé des années plus tôt, si l'on en croit l'indication qui figure p. 141: "Paris, juin 1898."

21. V. Scheil, *Textes élamites-sémitiques. Première série* (MDP 2, Paris, 1900).

22. V. Scheil, *Textes élamites-anzanites. Première série* (MDP 3, Paris, 1900).

23. V. Scheil, *Textes élamites-sémitiques. Deuxième série* (MDP 4, Paris, 1902). La publication du Code a été faite dans le chapitre intitulé "Code des lois (Droit Privé), de Hammurabi roi de Babylone, vers l'an 2000 av. J.C.," 11–162. Elle comprend de magnifiques héliogravures reproduisant l'original; les cuivres ayant servi à l'impression se trouvent aujourd'hui exposés à l'Ecole biblique de Jérusalem. Pour le procédé technique, cf. les indications de R. de Mecquenem: "Le moulage en fut aussitôt fait sur des plaques de gutta percha qui par galvanoplastie permirent des planches en héliogravure bien lisibles" (R. de Mecquenem, "Les fouilleurs de Suse (avec avant-propos par P. Amiet)," *Iranica Antiqua* 150 [1980]: 1–48, spéc. 13).

24. Je me fie ici au témoignage de J. de Morgan: "Un document de cette importance réclamait une publication rapide et complète. Dès son arrivée à Paris en avril 1902 il fut livré à l'assyriologue de la Délégation

1904 parut un nouveau livre de textes susiens,[25] suivi par un autre en 1905.[26] Au total donc, la bibliographie de Scheil comportait pas moins de 8 livres, dont 5 de textes susiens, sans compter d'innombrables articles. Le plus frappant était l'étendue de ses travaux, qui ne portaient pas seulement sur le cunéiforme en Mésopotamie et au-delà, qu'il s'agisse d'El-Amarna en Egypte, de Hattuša en Anatolie,[27] ou de Suse en Iran; il fut aussi à ses débuts helléniste, publiant les papyri de deux traités de Philon d'Alexandrie, ou des inscriptions palmyréniennes, sans parler de ses contributions égyptologiques. Scheil était par conséquent un savant très complet, qui avait travaillé comme épigraphiste dans les musées, mais aussi sur le terrain. Ajoutons que le grand public put prendre connaissance des travaux de Scheil à l'occasion de l'exposition des découvertes de la Délégation en Perse qui eut lieu au Grand Palais en 1902, avant que les principaux objets ne soient installés au Louvre en 1904 dans une salle particulière.[28]

On doit ajouter à cette présentation que le milieu des assyriologues avait été—une fois de plus—marqué par de vives controverses dans les années 1903–1904; il est vrai qu'Oppert approchait des 80 ans et que sa succession n'apparaissait plus comme bien lointaine. Ce fut Fossey qui ouvrit les hostilités. Dans sa recension du livre de King qui rectifiait la fausse lecture par Scheil du nom de Kedorlaomer dans une lettre de Hammu-rabi, il indiquait en 1903:[29]

> M. King (...) conclut que "la découverte du Père Scheil est sans valeur, d'autant que sa lecture était fautive." De pareilles déconvenues ne sont pas à craindre avec M. King, qui a philologiquement établi l'exactitude de traductions faites sans arrière-pensée apologétique.

---

et le 15 septembre de la même année apparaissait l'œuvre magistrale de mon collaborateur, œuvre sans précédent par la rapidité et par l'excellence de son exécution, œuvre qui suffirait à elle seule pour rendre à jamais illustre le nom de l'interprète de Khammourabi vis-à-vis du monde moderne. Pleine et entière justice est accordée au savant auquel nous devons ce grand service. En deux ans l'Angleterre, l'Amérique, l'Allemagne, l'Italie, l'Autriche, la Suisse ont rendu hommage à la valeur de notre traducteur et si en France il s'est mêlé à l'admiration quelques plaintes jalouses, nous n'y devons répondre que par le dédain" (J. de Morgan, *Histoire et travaux de la Délégation en Perse 1897–1905* [Paris, 1905], 143). J'ignore d'où vient l'affirmation de B. André-Salvini: "Il [= Scheil] est à Suse lorsque le "code de Hammurabi" est découvert (décembre 1901– janvier 1902)." ("SCHEIL, Jean-Vincent"). Selon R. de Mecquenem, Scheil était reparti en France en 1899 et ne revint à Suse qu'en novembre 1902 (R. de Mecquenem, "Les fouilleurs de Suse," p. 11 et 13); c'est G. Jéquier qui était présent lors de la découverte.

25. V. Scheil, *Textes élamites-anzanites. Deuxième série* (MDP 5, Paris, 1904).

26. V. Scheil, *Textes élamites-sémitiques. Troisième série* (MDP 6, Paris, 1905).

27. On corrigera cette indication: "(...) Vincent Scheil, qui participe en 1893 aux fouilles d'Ernest Chantre à Boghazköy (...)" (A. Spycket, "SCHEIL, Vincent," in *Dictionnaire biographique des frères prêcheurs. Dominicains des provinces françaises (XIXe–XXe siècles)* § 3 (https://journals.openedition.org/dominicains/1632) En réalité, Scheil publia deux textes trouvés par Chantre lors de ses fouilles et conservés au musée de Constantinople où il les étudia. Voir V. Scheil, "Description des textes II," in E. Chantre, *Mission en Cappadoce 1893–1894* (Paris, 1898), 58–61.

28. Ce fut à cette occasion que J. de Morgan publia son *Histoire et travaux de la Délégation en Perse 1897–1905* (Paris, 1905), disponible sur https://gallica.bnf.fr/ark:/12148/bpt6k6207526t/f1.image.texteImage. Il y exposa en détail les raisons pour lesquelles il confia la publication des découvertes épigraphiques de Suse à Scheil (p. 33–34).

29. Compte rendu de L. W. King, *The letters and inscriptions of Hammurabi, king of Babylon*, Londres, 1898–1900, in *Revue archéologique* IVe série t. I (1903): 97–98 (p. 98).

L'attaque n'était même pas voilée. Dans son *Manuel* de 1904, il mentionna le Code de Hammu-rabi (avec référence p. 76 à MDP IV, p. 3–15), mais la bibliographie omit de citer cette publication sous le nom de Scheil pour l'année 1902 (p. 417).[30] On y relève aussi cette flèche:[31]

> Heureusement les fouilles françaises de Suse (v. p. 62) nous ont déjà rendu de nombreux textes susiens; d'autres encore reviendront à la lumière, et l'on peut espérer que, le jour où les documents trouvés et publiés par la mission Morgan, seront étudiés par un philologue, la plupart des difficultés seront surmontées.

Une fois de plus, Scheil n'est pas nommé, mais implicitement considéré comme un éditeur de textes auxquels il ne comprend rien.... Fossey s'en prit également à un des élèves de Scheil, l'abbé François Martin, professeur à l'Institut catholique, qui avait fait paraître en 1903 un recueil de *Textes religieux assyriens et babyloniens.*[32] L'abbé Martin avait été candidat à un prix de l'Académie en même temps que Fossey pour sa *Magie assyrienne* et c'est ce dernier qui reçut le prix Saintour.[33] L'abbé Martin se plaignit de l'irrégularité de la procédure, car à la date de la proclamation du prix, le 13 mai 1904, le livre de Fossey n'avait toujours pas été publié—seules des épreuves avaient été déposées le 31 décembre 1903. Du coup, la polémique enfla entre les deux savants dans le *Bulletin critique*: à la plainte de F. Martin, Ch. Fossey répondit par une lettre très méprisante, à laquelle Martin répliqua en accusant notamment Fossey de n'avoir pas mentionné l'aide qu'il avait reçue de Scheil dans la rédaction de sa *Magie.*[34] Ces attaques de Fossey n'étaient pas dues à un mauvais caractère: il agissait manifestement par stratégie, se positionnant dans le camp des anticléricaux.

30. On notera également que dans son compte rendu des quatre premiers volumes des *Mémoires de la Délégation en Perse*, Fossey ne mentionna que J. de Morgan, omettant systématiquement le nom de Scheil (Ch. Fossey, "Les fouilles de la délégation française en Perse," *Journal des Savants* (1904): 344–59; disponible sur gallica.fr). On relèvera surtout p. 356: "La trouvaille la plus importante de la Délégation française en Perse est, jusqu'à présent, celle d'un énorme caillou de diorite, sur lequel est gravé un code de lois compilé et promulgué par Khammourabi. En haut, une scène ménagée en bas-relief représente le roi recevant les tables de la loi [sic] des mains du dieu Chamach. Le monument est déjà célèbre, et je ne m'attarderai pas à en faire ressortir l'importance historique." On notera le mépris que dénote le terme de "caillou" pour désigner la stèle du Louvre, de 2,25 mètres de haut ... encore une façon de minimiser cette découverte et indirectement de rabaisser Scheil.

31. *Manuel* I, p. 148.

32. F. Martin, *Textes religieux assyriens et babyloniens. Transcription, traduction et commentaire* (Paris, 1903).

33. Voir le *Journal des Savants* 1903, p. 410.

34. La controverse débuta par une lettre de F. Martin dans la *Correspondance* du *Bulletin critique* du 5 octobre 1904. Elle se poursuivit dans le numéro suivant, p. 696 sous le titre "Contribution aux recherches de M. Martin." On trouve d'abord une lettre de Fossey, publiée avec cette note: "Le ton de cette réponse nous eût permis de refuser l'insertion; nous avons préféré la publier telle quelle; elle fera juger son auteur." On trouve ensuite une "*Réponse de M. Martin.*" Ces deux dernières pièces figurent aux archives du Collège de France dans le dossier de C. Fossey.

2. L'Assemblée du 17 décembre 1905

Lors de l'Assemblée des professeurs du 17 décembre 1905,[35] un seul parla pour Thureau-Dangin,[36] un autre, fort mollement, en faveur de Halévy.[37] Personne ne se prononça pour Virolleaud.[38] Deux professeurs prirent le parti de Scheil,[39] et Marcelin Berthelot lut également la longue et très louangeuse "Note de présentation" de l'égyptologue Gaston Maspero, qui était absent.[40] La question du statut religieux du P. Scheil ne semble pas avoir été explicitement discutée lors de l'assemblée, mais elle était dans tous les esprits: si Scheil était élu, le ministère le nommerait-il? La présentation de Maspero avait été sur ce point très habile, en rappelant que

35. On trouvera le fac-similé du procès-verbal de cette Assemblée sur le site Salamandre (4 AP 345); j'en ai transcrit un large extrait ci-dessous (Annexe 1). Il commence, comme il se doit, par énumérer les présents:

"Procès-verbal de l'Assemblée tenue par M.M. les Professeurs du Collège de France le Dimanche 17 décembre 1905 et à laquelle ont assisté sous la présidence de M. Levasseur, M.M. Berthelot, Boissier, Mascart, Barbier de Meynard, Foucart, Réville, P. Leroy-Beaulieu, d'Arbois de Jubainville, Lafenestre, Jordan, Flach, Leger, Havet, Maurice Lévy, Cagnot, Clermont-Ganneau, Longnon, Berger, M. Croiset, Chavannes, d'Arsonval, Sylvain Lévy, R. Duval, Izoulet, H. Le Chatelier, Henneguy, Bergson, Brillouin, Janet, Charrin, Bédier, Wyrouboff, A. Lefranc, A. Le Chatelier, Michel Lévy, François-Franck, C. Jullian." Rappelons que, selon les usages du Collège de France, l'énumération des noms suit l'ordre chronologique d'élection.

36. Rubens Duval ("Langue et littérature araméennes").

37. Philippe Berger (chaire "Langues et littératures hébraïques, chaldaïques et syriaques"); il appuya en réalité surtout la candidature de Fossey, un soutien de poids puisque Berger était le successeur de Renan.

38. Et comme personne ne vota pour Virolleaud, son nom n'apparaît pas dans le décompte des voix. On corrigera sur ce point E. Lehoux: "Quatre candidats se présentent ce qui selon les sources "prouve l'importance de la chaire," (2 AP 11, assemblée 17 décembre 1905, p. 122): J.-V. Scheil, C. Fossey, F. Thureau-Dangin et J. Halévy. J.-V. Scheil obtient vingt-et-une voix au premier tour et "paraît le plus apte pour la chaire d'assyriologie» (2 AP 11, assemblée 17 décembre 1905, p. 124) mais C. Fossey est finalement élu, soutenu par S. Lévi et E. Chavannes. La notice biographique de Scheil mentionne qu'il y eut une cabale contre lui (André-Salvini, 2010)" (E. Lehoux, "Qu'est-ce que l'"archéologie" au Collège de France (XIXe-milieu du XXe siècle)?," in *La politique des chaires au Collège de France*, ed. W. Feuerhahn, Docet Omnia 2 (Paris, 2017), 295–315, spéc. p. 307 n. 37). Le chiffre de quatre candidats est inexact, mais personne n'ayant parlé ni voté pour Virolleaud, cela explique que son nom n'apparaisse pas dans le procès-verbal de l'Assemblée du 17 décembre 1905, apparemment la seule source utilisée par E. Lehoux. Comme on le verra plus bas, il faut aussi corriger "C. Fossey est finalement élu" en "est finalement nommé." La notice à laquelle il est fait allusion est celle de B. André-Salvini, "SCHEIL, Jean-Vincent," in *Dictionnaire critique des historiens de l'art*, ed. P. Sénéchal et C. Barbillon (Paris, 2010) (https://www.inha.fr/fr/ressources/publications/publications-numeriques/dictionnaire-critique-des-historiens-de-l-art/scheil-jean-vincent.html).

Il faut de même corriger sur ce point la notice, par ailleurs bien faite, de R. Faraco Benthien, "Les durkheimiens et le Collège de France (1897–1918)," *Revue européenne des sciences sociales,* accessible en ligne sur http://ress.revues.org/3345 (p. 206–8). Fossey a intéressé les Durkheimiens en raison des quatre comptes rendus qu'il fit paraître dans *L'année sociologique* (2 dans le t. 6, 1901/2 et 2 dans le t. 7, 1902/3), portant sur les mythes et rites babyloniens, mais cette collaboration ne se poursuivit pas par la suite et ne me paraît pas significative. J'observe que dans la même période, il publia bien plus de recensions (4 en 1900, 2 en 1901, 2 en 1902 et 8 en 1904) dans la *Revue de l'histoire des religions*, qui avait alors pour directeur Jean Réville, le fils d'Albert Réville, ce dernier ayant soutenu Fossey.

39. M. Barbier de Meynard ("Langues et littératures arabes") ainsi que M. Flach ("Histoire des législations comparées").

40. Rappelons que Gaston Maspero avait été nommé au Collège de France lors de l'Assemblée du 15 mars 1874, en même temps qu'Oppert (archives du Collège de France, 4 AP 176). Il était depuis 1881 également directeur des Antiquités d'Egypte et je suppose que c'est en Egypte qu'il était retenu le 17 décembre 1905; c'était l'époque de son combat pour le sauvetage des monuments menacés par le réhaussement du premier barrage d'Assouan décidé par les Britanniques.

> [Scheil] fut, en Novembre 1895, nommé maître de conférences pour l'Assyrien à l'Ecole des Hautes Etudes, sur la recommandation de M. Guieysse alors Ministre des Colonies, par M. Combes alors Ministre de l'Instruction Publique.

Sous-entendu: le Ministère actuel ne peut pas être plus radical que Combes ne l'a été naguère. C'est toutefois la candidature de Fossey qui reçut le plus grand nombre de soutiens, puisque pas moins de six professeurs la défendirent.[41]

Comme il arrive parfois, le résultat du vote ne reflèta pas les prises de parole.[42] Le procès-verbal de l'Assemblée indique:

> Il est procédé au vote.
> Votants 38 – Majorité 20.
> M. Scheil obtient au 1er tour 21 voix
> M. Fossey " " 12 "
> M. Thureau Dangin " " 4 "
> M. Halévy " " 1 "
> En conséquence M. Scheil est présenté comme premier candidat.
> Pour la présentation en seconde ligne, le nombre des votants est encore de 38, la majorité de 20.
> Au 1er tour M. Fossey obtient 23 voix
> M. Thureau Dangin " 13 "
> Il y a 2 bulletins blancs.
> En conséquence M. Fossey est présenté comme second candidat.

Ce vote peut paraître étonnant de façon rétrospective—mais c'est parce que nous connaissons la suite.... Aujourd'hui, il nous paraît évident qu'il aurait fallu élire Thureau-Dangin, qui était—et de loin—le meilleur assyriologue, mais largement autodidacte. N'oublions pas qu'en 1905 il avait seulement 34 ans, et venait tout juste de faire paraître le volume des *Inscriptions royales de Sumer et d'Akkad*—c'est sa traduction en allemand en 1907 qui en assura la renommée.[43] Gageons que si Oppert était mort deux ans plus tard, les choses eussent été différentes.... À l'inverse, si Oppert était mort dès 1901, Scheil n'aurait pas encore accompli son plus bel exploit, l'édition du Code de Hammu-rabi.... C'est donc de manière somme toute assez logique qu'on assista à un duel entre le plus ancien, Scheil, au palmarès impressionnant, et Fossey, au cursus universitaire impeccable.[44]

41. Philippe Berger (chaire "Langues et littératures hébraïques, chaldaïques et syriaques"), Albert Réville ("Histoire des religions"), Sylvain Lévy ("Langue et littérature sanskrites"), qui lut également une lettre de M. Chuquet ("Langues et littératures d'origine germanique"), M. Chavannes ("Langue et littérature chinoises et tartare-mandchoues"), ainsi que L. Havet ("Philologie latine").

42. Je ne peux m'empêcher de relever certains silences, notamment celui de Charles Clermont-Ganneau, directeur d'études à l'EPHE et titulaire au Collège de la chaire d'"Epigraphie et antiquités sémitiques."

43. F. Thureau-Dangin, *Die sumerischen und akkadischen Königsinschriften*, VAB 1 (Leipzig, 1907). Je ne peux par ailleurs m'empêcher de me demander si la candidature de François Thureau-Dangin n'a pas souffert, dans le contexte de cette élection, de la personnalité de son père Paul, secrétaire perpétuel de l'Académie française, connu pour ses opinions de "catholique libéral." François Thureau-Dangin lui-même avait fait ses études secondaires dans le célèbre collège Stanislas et s'était ensuite formé à l'Institut catholique. Pour sa réputation de catholique fervent, cf. ci-dessous l'opinion de G. Monod, Annexe 6).

44. On peut écarter sans hésitation une interprétation qui ferait de Fossey le candidat de la Section des sciences religieuses de l'Ecole pratique, face à Scheil qui aurait été le candidat de la Section des sciences

3. Les réactions au vote du Collège de France

Le *Figaro* rendit compte du scrutin de façon assez neutre dans son édition du 18 décembre:[45]

> Les professeurs du Collège de France se sont réunis hier sous la présidence de M. Levasseur, pour désigner les successeurs de MM. Oppert et Michel Bréal aux chaires de philologie assyrienne et de grammaire comparée. Ils présentent, en première ligne, pour la chaire de M. Oppert, M. Scheil, et, en seconde ligne, M. Fossey; pour la chaire de M. Bréal, en première ligne, M. Meillet et, en seconde ligne, M. Grammont. Cette double liste sera soumise au ministre de l'instruction publique, dont la préférence coïncide généralement avec celle des professeurs.

Dans son édition du mardi 19 décembre 1905, le journal *La Croix*, sous la rubrique "Les candidats du Collège de France," après avoir reproduit les résultats, ajoutait de manière plus partisane:[46]

> M. l'abbé Scheil a publié de nombreux ouvrages d'assyriologie; il a pris une part importante aux travaux de la mission de Morgan aux ruines de Suse. Il faut espérer que le gouvernement renoncera aux interventions de la politique sectaire dans le haut enseignement, dont le ministère Combes a fait un très fâcheux précédent lors de la candidature de M. Brunetière et qu'il ratifiera le choix du Collège de France.

De fait, les "laïques" s'agitaient dans les coulisses du pouvoir.

Grâce à l'amabilité du P. Jean-Jacques Pérennès, directeur de l'Ecole biblique et archéologique française de Jérusalem, j'ai eu connaissance d'une lettre inédite de Paul Painlevé.[47] Ce mathématicien est célèbre pour avoir été notamment député du Ve arrondissement de Paris de 1910 à 1928, et à partir de 1917 ministre de la Guerre, puis président de la Chambre des députés et président du Conseil.[48] En 1905, il avait 42 ans et il était membre de l'Académie des sciences, professeur à la Faculté des sciences de l'université de Paris et à l'Ecole polytechnique. Cette lettre est adressée à Anatole France, qu'il n'est pas besoin de présenter; je me contenterai de dire que les deux hommes, membres de la Ligue des Droits de l'Homme, étaient fort proches.[49] Voici ce document:[50]

---

historiques et philologiques, même si l'histoire postérieure des élections au Collège de France a connu des configurations de ce genre.

45. https://gallica.bnf.fr/ark:/12148/bpt6k2871992/f1.

46. https://gallica.bnf.fr/ark:/12148/bpt6k256327h/f3.item (p. 3).

47. Il s'agit d'une transcription dactylographiée, qui comporte cette annotation: "Retrouvé dans des archives… P. Tournay." J'ignore où se trouve l'original.

48. Rappelons que ses cendres reposent au Panthéon et que la place devant la Sorbonne côté rue des écoles lui doit son nom.

49. À l'annonce de la mort d'Anatole France le 12 octobre 1924, Paul Painlevé, alors président de la Chambre des députés, déclara: "Le niveau de l'intelligence humaine a baissé cette nuit-là."

50. Les passages en italique sont soulignés dans l'original. La lettre est datée simplement de "Vendredi." Il s'agit sans doute du vendredi 22 décembre, puisque Painlevé ignorait encore le vote de l'Académie, qui eut lieu le vendredi 29 décembre.

Vendredi

Cher et illustre Maître,

Etes-vous averti du vote récent du Collège de France, relatif à la chaire d'assyriologie? Vous savez sans doute que le collège a présenté en première ligne le Dominicain Scheil, en 2e ligne Fossey, "laïc" de dix ans plus jeune et d'une intelligence tout à fait supérieure. Il n'est pas douteux, d'après son esprit que l'Académie des Inscriptions présentera, elle aussi, Scheil en première ligne. Scheil a pour lui d'avoir déchiffré les lois d'Amourabi; mais il faut dire qu'il avait obtenu de son ami de Morgan, le *monopole* des fouilles de Suse. C'est un boeuf de labour, excellent professeur de b.a ba assyrien, qui a déchiffré quantité d'inscriptions sans aucun sens critique. Fossey a déchiffré beaucoup moins, mais d'une façon beaucoup plus sûre et pénétrante. C'est de plus une intelligence très synthétique, qui a publié les trois premiers volumes d'une encyclopédie assyriologique, oeuvre de tout premier ordre. Il a aujourd'hui 37 ans et a consacré toute son activité à ce travail. Il l'eût sans doute emporté sur Scheil, si Maspero (qui a la jalousie inconsciente de toute intelligence synthétique comme la sienne) ne l'eut combattu avec passion, entraînant derrière lui Berthelot.

Or il y a, dans le débat, une question de principe qu'on ne peut négliger. Est-il admissible qu'on confie une chaire de libre critique scientifique, intéressant l'exégèse biblique, à un Dominicain *qui ne peut publier une ligne sans l'imprimatur de ses supérieurs*? Le cas de l'abbé Loisy est significatif.—Une certaine histoire du père Scheil, que peut-être vous connaissez, ne l'est pas moins à un autre point de vue. Le père Scheil, dans les inscriptions de Suse, a cru déchiffrer le nom d'un certain Kedorlagomer [lire: Kedorlaomer (DC)], cité dans la Bible comme battu par Abraham au temps d'Amrafé. Identifiant Amrafé et Amourabi, Scheil en déduisait une preuve formelle de l'historicité de la Bible. Le malheur est qu'un Anglais King, relisant les inscriptions, a montré qu'au lieu de "Kedorlagomar," il fallait lire "Innouhsamar." La dernière syllabe seule était exacte, King ajoute que l'inscription a subi un grattage, soit par accident, soit autrement (or otherwise).

Si Scheil était nommé, toutes les chaires analogues seront bientôt encombrées de religieux que les congrégations élèveront ces années à la brochette jusqu'au jour où la chaire guettée deviendra libre.

Si vous trouvez que j'ai raison, voudriez-vous saisir Combes de l'incident et lui demander d'en parler à Bienvenu-Martin, qui peut parfaitement nommer Fossey. Je crois savoir que Clémenceau dira un mot de l'affaire dans l'Aurore. Il serait indispensable d'agir au plus vite.

Pardon de ces quatre longues et ennuyeuses pages. J'espère vous voir dimanche, et vous prie de me croire, cher et illustre Maître, votre très affectueusement dévoué,

Paul Painlevé

Les attaques sur la valeur de Scheil et sa probité scientifique étaient mesquines. Il est vrai que Scheil publiait vite, souvent trop vite. Mais tous les assyriologues furent unanimes à saluer l'exploit que fut l'édition du *Code* de Hammu-rabi découvert à Suse dans l'hiver 1901–02 et publié par Scheil quelques mois plus tard seulement. L'emploi du mot monopole est perfide, car il fait écho à une réalité différente: le monopole que la France avait obtenu des recherches archéologiques en Iran depuis 1895, et en particulier des fouilles de Suse dont le directeur était alors Jacques de Morgan.[51] L'affaire du déchiffrement du nom de Kedorlaomer dans une lettre de Hammu-rabi à Sin-iddinam est montée en épingle:[52] de fait, Scheil commit une erreur, mais il fut suivi par d'autres savants d'envergure comme Hommel, avant que King ait accès à une photo de la tablette de Constantinople, dont il proposa une nouvelle lecture ... grâce à un parallèle du British Museum.[53] De manière générale, Scheil se tint à l'écart des débats très vifs à l'époque concernant l'historicité de la Bible, ne contribuant à son habitude que par la publication de textes nouveaux, avec des commentaires réduits au minimum, comme le fragment du récit du déluge qu'il publia en 1898.[54] On doit d'ailleurs souligner qu'un des professeurs favorables à Scheil avait tenu lors de l'Assemblée du 17 décembre à citer une lettre du dominicain pour qui (je cite) "les livres de l'Ancien testament, comme genre historique et au point de vue scientifique, ne se diffèrent en rien de tout autre document, de même époque, étranger au peuple d'Israel."[55] Écrire (comme le fait Painlevé en soulignant) qu'en tant que dominicain Scheil "ne peut publier une ligne sans l'imprimatur de ses supérieurs" n'était pas exact: seul le premier livre de Scheil comporte un *imprimatur*.[56] Par ailleurs, les mérites de Fossey sont manifestement

51. N. Chevalier, "France and Elam," in *The Elamite World*, ed. J. Álvarez-Mon, G. P. Basello & Y. Wicks (Londres, 2018), 41–62. J. de Morgan avait écrit en 1905: "J'avais remis à V. Scheil toute la partie assyriologique de notre expédition, lui donnant pouvoir absolu dans le choix de ses collaborateurs s'il jugeait utile de s'en adjoindre" (J. de Morgan, *Histoire et travaux de la Délégation en Perse 1897–1905* [Paris, 1905], 34). Cette phrase fit manifestement du tort à son épigraphiste, celui-ci n'ayant d'ailleurs pas jugé avoir besoin de collaborateurs pour ce qui était des textes cunéiformes.

52. Painlevé commet d'ailleurs une confusion: le texte en question ne provient nullement de Suse, il s'agit d'une tablette de Larsa conservée au musée de Constantinople; cf. V. Scheil, "Notes d'épigraphie et d'archéologie assyriennes XXIII. Correspondance de Hammurabi, roi de Babylone, avec Sin-idinnam, roi de Larsa, où il est question de Codorlahomor (40–44)," *Recueil de Travaux* 19 (1897): 40–41 (p. 41 n. 4).

53. L'indication de King mérite d'être citée: "the surface of the tablet at the end of the sign appears to have been scratched by some sharp instrument, accidentally or otherwise" (L. W. King, *Letters and Inscriptions of Hammurabi, King of Babylon*, t. I (Londres, 1898), p. xxxv. Le sous-entendu est fort désagréable pour Scheil, car King donne l'impression qu'il le soupçonne d'avoir volontairement abîmé la tablette; c'est d'autant plus injuste que King disposait d'un parallèle bien conservé (la tablette de Scheil est aujourd'hui AbB 5 135: 6, le parallèle de King AbB 2 26: 9; les deux textes peuvent être consultés sur https://www.archibab.fr). Par ailleurs, P. Painlevé n'a pu avoir connaissance du livre de King que grâce à un assyriologue—on ne peut s'empêcher de songer qu'il s'agit de Fossey, directement ou indirectement.

54. Scheil participa au fameux congrès de Fribourg de l'été 1897 ("Notes d'épigraphie et d'archéologie assyriennes. Un fragment d'un nouveau récit du déluge de l'époque du roi Ammizaduga, vers 2400 av. J.-C.," in *Compte rendu du quatrième Congrès scientifique international des catholiques, tenu à Fribourg (Suisse) du 16 au 20 août 1897* (Fribourg, 1898), 173–78. Il publia ce texte par deux fois: "Un fragment d'un nouveau récit babylonien du déluge de l'époque du roi Ammizadouga, vers 2140 av. J.-C.," *RB* 7 (1898): 5–9 (avec copie en signes néo-assyriens) et surtout "Notes d'épigraphie et d'archéologie assyriennes XXX. Un fragment d'un nouveau récit du déluge de l'époque du roi Ammizaduga," *RT* 20 (1898): 55–59 (avec photographies et copie autographe).

55. Cette lettre n'a pas été jointe au dossier de l'Assemblée du 17 décembre 1905.

Scheil avait été nommé en 1903 par Léon XIII membre de la Commission pontificale des Études Bibliques, ce qui est plutôt le signe de son ouverture d'esprit, reconnue par le prédécesseur de Pie IX; comme on sait, Léon XIII avait également encouragé le P. Lagrange, fondateur de l'Ecole biblique à Jérusalem, dont les malheurs datent de 1907.

56. V. Scheil, *Inscription assyrienne archaïque de Šamšî–Rammân IV, roi d'Assyrie (824–811 av. J.-C.)* (Paris, 1889). Contrairement à ce qui figure dans la notice de B. André-Salvini ("SCHEIL, Jean-Vincent"),

exagérés: les "trois premiers volumes d'une encyclopédie assyriologique, oeuvre de tout premier ordre" sont en réalité les trois parties d'un seul livre paru en 1904: *Manuel d'assyriologie. Tome premier. Explorations et fouilles, déchiffrement des cunéiformes, origine et histoire de l'écriture*. Ce livre de 468 pages ne se caractérise certainement pas par une "intelligence synthétique": il ne s'agit que d'un résumé des découvertes et controverses du demi-siècle écoulé.

4. Le vote de l'Académie

Dans sa séance du vendredi 29 décembre, l'Académie des inscriptions et belles-lettres confirma partiellement le vote du Collège de France:[57]

> Pour la chaire de philologie et d'archéologie assyrienne, le R. P. Scheil est présenté en première ligne par 26 suffrages contre 7 donnés à M. Fossey et 1 à M. Thureau-Dangin.
> Et en seconde ligne, M. Thureau-Dangin par 19 suffrages, contre 14 donnés à M. Fossey.

On peut sans doute voir dans le vote pour la seconde ligne, en faveur de Thureau-Dangin et non de Fossey, la marque de l'influence de Maspero,[58] mais aussi de Léon Heuzey. Celui-ci, membre de l'Académie depuis 1874, avait écrit à l'Administrateur du Collège une lettre de recommandation très chaleureuse en faveur de Thureau-Dangin. En mettant Thureau-Dangin devant Fossey en seconde ligne, les Académiciens avaient été plus clairvoyants que les professeurs du Collège … mais ils ne furent pas écoutés par le ministère.

5. Les réactions à ces votes

L'élection en première ligne de Scheil au Collège de France et sa confirmation par l'Académie provoquèrent en effet un émoi terrible dans le camp des radicaux: il faut se rappeler que le 7 juillet 1904 le Président du Conseil Émile Combes avait interdit l'enseignement aux congrégations religieuses, et surtout que la loi de séparation des églises et de l'État venait tout juste d'être promulguée, le 9 décembre 1905.

P. Painlevé terminait sa lettre à A. France en indiquant: "Je crois savoir que Clémenceau dira un mot de l'affaire dans l'Aurore." Ce fut plus qu'un mot: dans le

---

ce livre n'est pas paru dans la "Bibliothèque de l'École des hautes-études." Il a été édité conjointement par "H. Welter, Libraire éditeur 59, rue Bonaparte, 59" et les "bureaux de l'*Année dominicaine* 94, rue du bac, 94." Son auteur est présenté comme "LE P. V. SCHEIL, LECTEUR EN THÉOLOGIE DE L'ORDRE DE SAINT-DOMINIQUE" et comporte l'*Imprimatur* du Fr. AIMO NESPOULOUS O. P. Prov." Les 14 articles de Scheil (et 6 recensions) parus dans la *Revue Biblique* entre 1892 et 1905 furent également soumis à l'*imprimatur*. Noter que Scheil cessa de publier dans la *Revue Biblique* après 1905: je ne peux m'empêcher de penser que ce n'est pas un hasard.

57. "Informations générales," in *CRAIBL* (49e année, N. 6, 1905): 794–95; http://www.persee.fr/doc/crai_0065-0536_1905_num_49_6_85265.

58. Voir ci-dessous n. 60.

numéro de *L'Aurore* du samedi 30 décembre 1905, Clémenceau consacra à l'affaire ... pas moins de deux colonnes à la une, sous le titre "Saint Dominique au Collège de France." En voici les principaux extraits, entrecoupés de commentaires:[59]

> La chaire d'assyriologie du Collège de France étant à pourvoir, les professeurs de cet établissement se sont réunis, selon l'antique privilège, pour indiquer au ministre un candidat de leur goût. Mais, là où il fallait apparemment un assyriologue, ils ont préféré choisir un dominicain.
>
> Si le Révérend Père Scheil avait été désigné par une assemblée seulement composée d'orientalistes, le choix qu'on a fait de lui signifierait du même coup sa compétence. Mais l'assemblée des professeurs du Collège de France comprend une majorité de mathématiciens, de physiciens, de chimistes, de naturalistes, de latinistes et d'hellénistes. Ces savants se sont donc trouvés dans la même obligation qui se fût imposée au premier venu, de s'enquérir, à cette occasion, des titres du candidat. Par quel éclat de mérite leurs suffrages ont-ils été déterminés?

Ici, on ne peut s'empêcher de s'étonner: l'air de rien, Clémenceau remet en effet en question le mode d'élection des professeurs au Collège de France.... Il poursuit:

> Le dominicain a d'abord bénéficié de ce premier argument que sa candidature passait pour n'être point déplaisante à M. Maspero. L'éminent égyptologue est un peu porté, un peu trop porté, dit-on, à se considérer comme un roi nécessaire, en une matière où, d'ailleurs, il a marqué de façon si lumineuse son action personnelle: il préfère trop évidemment des sujets à des rivaux, des égaux.

Il est vrai que Maspero avait soutenu Scheil de tout son poids—mais on doit rappeler qu'il n'était pas présent lors du vote.... D'ailleurs, ses collègues n'ont pas totalement suivi Maspero. Celui-ci avait commencé par écrire:

> À mon avis, Scheil devrait être présenté en première ligne et Thureau Dangin en seconde au choix du Ministre.

Maspero n'avait pas tort, mais ne fut pas suivi par ses collègues pour la seconde ligne.[60] Clémenceau attaque ensuite Berthelot, lui reprochant de s'en être remis au jugement de Maspero, mais du coup d'avoir entraîné nombre de ses collègues—implicitement, il voulait dire: ceux d'entre eux qui étaient comme Berthelot libres penseurs. Clémenceau dénonce alors le rôle joué par Louis Liard, vice-recteur de l'académie de Paris—j'ajoute: et connu comme franc-maçon, donc traître à la cause ... Clémenceau continue:

59. Le lecteur intéressé pourra retrouver l'intégralité du texte sur le site Gallica de la Bibliothèque nationale de France; je l'ai ici transcrit dans l'Annexe 2.

60. Comme on l'a vu, il fut en revanche suivi par ses confrères de l'Académie, dont il était membre depuis 1883, même s'il ne fut pas présent lors de la séance du 29 décembre.

> La décision dernière reste néanmoins à M. Bienvenu-Martin. Quelque nomination qu'ait pu lui suggérer l'assemblée des professeurs du Collège de France, et de quelque appui que l'Académie à son tour se soit empressée de soutenir le Révérend Père Scheil, le ministre peut et doit se refuser à installer le dominicain dans la chaire d'Oppert. (…)
>
> Que si, au contraire, M. Bienvenu-Martin reste soucieux de documentation personnelle, en vue d'un choix éclairé, il ne pourra malheureusement pas prendre l'avis du seul homme qui eût été absolument autorisé en l'affaire. Mais enfin si Oppert n'est plus, les paroles d'Oppert restent, ses écrits de même. Et le premier universitaire venu sera à même d'apprendre à M. Bienvenu-Martin que l'opinion de M. Oppert sur celui dont certaines intrigues voudraient faire son successeur, allait de l'une à l'autre de ces deux alternatives: ou un imposteur, ou un ignorant.

On pourrait s'étonner de ce que Clémenceau écrivit à propos du jugement d'Oppert sur le P. Scheil: en effet, c'est Oppert qui choisit en 1895 de faire de Scheil son Adjoint à l'Ecole pratique, après la mort prématurée d'Arthur Amiaud en 1889. En consultant la base Léonore, i.e. les archives en ligne de la Grande Chancellerie de la Légion d'Honneur, je me suis également aperçu que Scheil reçut les insignes de Chevalier en janvier 1901 des mains d'Oppert, qui était Officier de l'ordre et avait été à l'initiative de cette décoration.[61] Mais dès lors la jalousie d'Oppert à l'égard de Scheil se développa: on a fait remarquer qu'"il est à peine croyable que le code de Hammourabi n'ait jamais fait l'objet d'une communication à l'Académie":[62] il aurait fallu qu'Oppert y invitât Scheil. Les comptes rendus de l'Académie de mai–juin 1904 contenaient un "Appendice" d'Oppert, où il reprochait à Scheil d'avoir publié une inscription sans identifier le nom du roi achéménide qui s'y trouvait et—pire—d'avoir ensuite répondu à Oppert en refusant de suivre les corrections que celui-ci avait entre-temps proposées.[63] Oppert fut tout sauf courtois dans son attaque, comme ici:

> La hâte avec laquelle il [= "le savant dominicain"] achève ses publications paraîtrait ne pas lui laisser le loisir de s'informer de leur contenu ni d'en examiner le sens.

Cependant, malgré l'affirmation de Clémenceau, Oppert ne traita pas directement Scheil d'ignorant. Il écrivit:

> Le monument conservé à Mossoul [la copie sur pierre par un faussaire d'un original perdu, publiée par Scheil] a été fabriqué pour tromper les acheteurs et les ignorants.

Il termina de cette façon:

61. http://www2.culture.gouv.fr/LH/LH143/PG/FRDAFAN84_O19800035v0462239.htm.
62. B. Haussoullier, "Notice sur la vie et les œuvres de M. Jules Oppert," 591.
63. J. Oppert, "Sogdien, roi des Perses (second article)," *CRAIBL* 48 (1904): 385–92 (doi: https://doi.org/10.3406/crai.1904.1).

> Nous reconnaissons volontiers que le P. Scheil a contribué à l'extension de nos connaissances par ses fouilles et par la publication des textes inédits, et qu'il a ainsi contribué aux découvertes de ses prédécesseurs et maîtres. Nous nous garderons bien de ne pas reconnaître ses mérites et nous n'imiterons pas notre disciple dans la discrétion qu'il a observée à l'égard de ses devanciers. Nous n'oublions pas que le droit qu'on veut enlever aux autres, on le leur donne contre soi-même. Quand on veut diminuer la valeur de quelqu'un, on amoindrit la sienne propre dans la proportion même dont on se sert contre autrui. C'est l'application morale de la loi d'Archimède que le poids de l'objet diminue autant que pèse le volume d'eau déplacé par l'immersion.

Dans cette formulation plutôt laborieuse, Oppert se crut certainement spirituel;[64] l'assyriologue allemand Peiser prit aussitôt fait et cause pour Scheil, qualifiant à la une de l'*Orientalische Literatur Zeitung* l'attitude d'Oppert d'*Invidia doctorum*[65].... Il est difficile de ne pas penser que, ce faisant, Oppert voulut écarter Scheil de sa succession:[66] sur ce point, Clémenceau avait raison.[67] Il fait ensuite ses choux gras de l'affaire de Kedorlaomer dont on a déjà parlé—et qu'Oppert lui-même évoquait dans sa publication de l'Académie. Clémenceau ajoute:

> L'aventure de l'abbé Loisy a d'ailleurs assez prouvé qu'en matière d'Ecriture, de Révélation, de Dogme, il faut ou renoncer à penser librement, ou rompre avec l'Unité romaine. Mais le Révérend Père Scheil n'a jamais eu à craindre de se trouver en un tel embarras, toute sa prétendue science assyriologique n'étant utilisée par lui que comme un moyen plus moderne de propagation de la foi.
>
> Si le dominicain l'emportait sur ses concurrents laïques,—car il en est, et dont les titres supportent avec les siens une comparaison plutôt avantageuse—il serait

64. On notera ce passage de l'obituaire d'Oppert que publia G. Maspero dans le *Journal des débats* du 25 août 1905: "Il aimait la discussion, et comme la nature l'avait bien armé pour la polémique, il ne la redoutait jamais. Il avait la voix incisive, la répartie prompte, et quand le mot vif lui venait à la bouche il ne résistait pas toujours au plaisir de le laisser partir." Et il ajoutait: "Les Assyriologues des générations nouvelles étaient pour lui comme autant de descendants qu'il traitait avec l'indulgence parfois mêlée de sévérité d'un grand-père pour ses petits-enfants." On a le sentiment que Maspero essayait ici de faire oublier le compte rendu de l'Académie où Oppert fustigea Scheil, que lui-même allait soutenir peu après au Collège....

65. F. E. Peiser, "Invidia doctorum," *OLZ* 7 (1904): 457–462. À cette occasion, Peiser écrivit: "Die meisten neuen Materialien verdanken wir in neuerer Zeit zweifellos der rührigen Tätigkeit von Scheil, der bis vor kurzem von allen in voller Tätigkeit stehenden Fachgenossen der einzige war, dem es vergönnt gewesen ist, seine Fachkenntnisse auch in praktischer Weise im Orient selbst zu verwerten und dessen Arbeit nicht zum mindesten deshalb reiche Frucht getragen hat" (col. 459).

66. Ses confrères le comprirent sans doute ainsi—et leur vote montre qu'ils ne tinrent nullement compte de ce qui pouvait passer pour son avis....

On retiendra le témoignage de Haussoullier dans sa nécrologie d'Oppert: "Depuis lors, j'ai souvent revu M. Jules Oppert (...). Je l'ai surtout revu chez lui, quand je m'étais mis en tête de rétablir, à défaut d'entente cordiale, au moins les apparences de la paix entre lui et l'assyriologue que nous avions, sur son conseil, admis à l'École des Hautes-Études." (B. Haussoullier, "Notice sur la vie et les oeuvres de M. Jules Oppert," 568). Qu'il s'agisse d'une allusion au P. Scheil se confirme quelques lignes plus bas. On sait que B. Haussoullier avait fait partie des savants invités par J. de Morgan à participer aux travaux de la Délégation en Perse (J. de Morgan, *Histoire et travaux de la Délégation en Perse 1897–1905*, 136); à ce titre, il connaissait très bien le P. Scheil.

67. Voir également le témoignage d'A. Réville, reproduit ci-dessous.

donc acquis que l'établissement fondé par François Ier pour lutter contre la Sorbonne cléricale du seizième siècle et défendre la libre critique contre l'esprit dogmatique, s'est adjoint un disciple du fondateur de l'Inquisition.

Clémenceau reprend lui aussi la thématique de l'Institut catholique se préparant à placer "une troupe de jeunes abbés" dans toutes le prochaines chaires vacantes à l'université et il conclut:

> Une seule excuse pourrait être invoquée par l'Université laïque en train de faire appel à ses pires ennemis: le fait d'une compétence indiscutable, absolue, unique. Comme ce n'est pas du tout le cas, je fais à M. Bienvenu-Martin l'honneur de supposer qu'il sera à la hauteur de son devoir. Il ne suffit pas de rhétoriquer l'anticléricalisme, il faut encore être capable de le vivre.

L'article de Clémenceau ne resta pas sans écho. Le 5 janvier 1906, *Le Temps* sous le titre "L'incident Scheil," après avoir présenté la situation en brocardant "les journaux socialistes et radicaux," encourageait le Ministre à respecter le vote des deux institutions qui s'étaient prononcées.[68] De son côté, Marcelin Berthelot ne s'exprima pas directement, mais ce fut son fils qui le fit pour lui—plus ou moins adroitement—dans *La Libre Parole*. En outre, un démenti parut dans les colonnes du *Matin* du 6 janvier:[69]

> Nous croyons savoir que la nomination du R. P. Scheil n'est nullement décidée par le ministre de l'instruction publique. D'autre part, contrairement à ce qui a été dit, cette nomination n'a jamais été demandée à M. Bienvenu Martin par M. Marcellin Berthelot.

Parallèlement, Barbier de Meynard, qui avait présenté la candidature de Scheil, s'exprima dans *l'Eclair.* La presse provinciale ne fut pas en reste. On pouvait lire ainsi dans le *Journal de Roubaix* du 6 janvier 1906:[70]

> Un fait véritablement scandaleux vient de se produire, à propos de la succession d'une chaire vacante au Collège de France. Les politiciens ont fulminé contre la "cléricalisation" de l'université, l'introduction de "Saint Dominique au Collège de France" et ont adjuré le ministre de sauver une fois de plus la République en ne tenant aucun compte des présentations des professeurs et de l'Académie. Pour réduire à leur juste valeur ces tristes allégations, il suffit de faire remarquer que la candidature du savant très remarquable qu'est le Père Scheil a été patronnée par M. Berthelot, peu suspect de tendresse envers l'Église, aux yeux du Bloc.

68. L'article est transcrit ci-dessous dans l'annexe 3. J'ai aussi relevé un article de J. Ernest Charles, "La revanche des Congrégations," *Gil Blas* (1er janvier 1906) (https://gallica.bnf.fr/ark:/12148/bpt6k7521146t/f1).

69. https://gallica.bnf.fr/ark:/12148/bpt6k5678399/f2.

70. J'en dois connaissance à l'article de F. Wirth, "Jean-Vincent Scheil ou l'incroyable itinéraire d'un villageois mosellan," in *Dominicos Labor intelectual, lingüística y cultural 800 annos,* ed. Bueno García et al. (Valladolid, 2016), 465–84 (traduccion-dominicos.uva.es/caleruega/pdf/28_WIRTH.pdf).

Face à toutes ces interventions en faveur de Scheil, Clémenceau reprit la plume le 7 janvier, avec à nouveau deux colonnes à la une de *l'Aurore*.[71] Avec sa causticité coutumière, il donna à son article le titre "L'Enseignement Laïque par les dominicains" et s'en prit férocement à Marcelin Berthelot et au fils de celui-ci, ainsi qu'à Barbier de Meynard. Sa mauvaise foi est manifeste, car l'accent est mis à nouveau sur cette malheureuse affaire de Chedorlaomer; et on notera le passage au pluriel ("les textes assyriens"), alors que l'erreur de Scheil avait porté sur une seule tablette....

Deux jours plus tard, dans le *Matin* du 9 janvier, un professeur du Collège de France hostile à Scheil enfonçait le clou, donnant sa version de l'élection—tout en souhaitant prudemment garder l'anonymat.[72] La fin de l'interview est d'une grande perfidie, lorsque le professeur indiqua au journaliste:

> Ajoutez que le Père Scheil, s'il sait bien lire l'assyrien, ne sait guère que cela, j'entends qu'il manque absolument de culture générale. Croiriez-vous, par exemple, qu'il n'est même pas bachelier?
> – Que me dites-vous là? Un homme qui n'est pas bachelier pourrait enseigner au Collège de France?
> – Quel que soit le dédain que nous affections pour les diplômes, conclut l'éminent professeur, il est certain qu'il y aurait là un paradoxe un peu fort....

Le professeur en question se gardait bien de dire que Scheil avait écrit un mémoire en latin[73] et qu'il avait publié des manuscrits grecs.... Parler du "manque absolu de culture générale" de Scheil constituait donc une calomnie pure et simple—mais c'était une manière indirecte de mettre en valeur le doctorat ès-lettres de Fossey....

Gabriel Monod eut plus de courage. Il ne se cacha nullement derrière l'anonymat pour expliquer dans *Le Temps* du 10 janvier pourquoi il avait défendu Scheil—ce qui n'avait pas manqué de surprendre certains, étant donné qu'il avait été un Dreyfusard de la première heure et que la *Revue historique*, qu'il avait fondée et qu'il dirigeait, faisait preuve d'un esprit plutôt positiviste. Mais il était président de l'Ecole pratique des hautes études et c'est à ce titre qu'il se rendit au ministère protester contre la campagne de diffamation dont un des professeurs de son établissement était victime. Il voulut témoigner en faveur de son collègue:[74]

> On semble aussi oublier que Scheil enseigne depuis dix ans à l'Ecole des hautes études; qu'il a formé d'excellents élèves, et en première ligne Fossey. Tous les collègues de Scheil peuvent témoigner de la liberté de son esprit, de la loyauté cordiale de son caractère. Jamais aucun de ses élèves ne s'est aperçu que ses opinions religieuses eussent la moindre influence sur son enseignement.

Il fallait aux adversaires du "dominicain" allumer un contre-feu. *Le Siècle* avait déjà publié sous le titre "Une nomination impossible" un long article dans son édition

71. Cet article est reproduit intégralement ci-dessous dans l'annexe 4.

72. Voir ci-dessous Annexe 5. Je n'ai pas trouvé d'indice permettant de lever cet anonymat.

73. Il traite des origines germaniques du nom de famille de saint Dominique (Gusman): *De origine gothica Guzmanorum gentis germanicae disseruit Scheil* (Mayence, 1889); cf. B. André-Salvini, "SCHEIL, Jean-Vincent."

74. L'intégralité de cet article est transcrite dans l'Annexe 6.

du 10 janvier.[75] Il revint à la charge dès le 11, montrant que l'*imprimatur* du livre du P. Lagrange *Etudes sur les religions sémitiques* de 1903, était précédé d'un texte signé par le maître général de l'Ordre, où le P. Scheil était cité comme censeur. Il concluait:[76]

> Ainsi donc, le P. Scheil n'est point dégagé de son ordre. Il est le subordonné docile de son supérieur général qui siège à Rome. Il l'est *notamment en matière scientifique*. Il reçoit de son supérieur général le *mandat* de rechercher si les manuscrits peuvent ou non être imprimés tels quels. Ce mandat, le P. Scheil l'accepte. Il le remplit. Au nom de son institut, il poursuit l'hérésie dans les livres.
>
> Peut-on rien imaginer qui soit plus contraire à l'esprit scientifique—et à l'esprit fondamental du Collège de France? N'avons-nous pas raison d'insister pour qu'on nous épargne cette tristesse: voir figurer et parler dans une chaire du Collège de France *un inquisiteur de livres*?

Dans le contexte de l'époque, l'attaque était particulièrement injuste: en réalité, le P. Scheil avait aidé le P. Lagrange à faire passer ses idées auprès d'un public élargi, idées "libérales" qui lui valurent bien des tracas peu après.[77] *Le Siècle* publia dans l'édition du lendemain l'approbation d'un abonné ("membre distingué de l'enseignement supérieur," lui aussi courageusement anonyme). Celui-ci ajoutait que dans l'*Annuaire pontifical* l'assyriologie figurait dans la section "théologie" et concluait:[78]

> L'*assyriologie* est une science auxiliaire de la *théologie*: telle est la doctrine orthodoxe dont le P. Scheil est non seulement un partisan, mais encore—vous nous l'avez appris—un agent.

De son côté, *L'Aurore*, dans son édition du 11 janvier, publia un entretien avec Louis Havet, répondant directement à G. Monod et très hostile à Scheil.[79] Ce spécialiste de littérature latine, directeur d'études à l'École pratique des Hautes Études, était professeur au Collège de France depuis 1885 et membre de l'Académie des inscriptions et belles-lettres depuis 1893; il était également membre du Comité central de la Ligue des Droits de l'Homme. C'est L. Havet qui, lors de l'Assemblée du 17 décembre 1905, avait victorieusement présenté la candidature de A. Meillet; il avait également parlé pour Fossey, mais cette fois il souhaitait clairement torpiller la candidature de Scheil.

Ce nouvel article de *L'Aurore* suscita bien entendu des réactions, à commencer par celle de *L'Univers* du 12 janvier, où Eugène Tavernier se moqua de ses confrères en ces termes:[80]

> L'*Aurore* et le *Siècle* publient des dissertations sur la science assyriologique. M. Clemenceau pourfend à la fois Chodorlaomor et le Père Scheil. Bientôt les articles du Bloc seront imprimés en caractère cunéiformes.

75. Paul Desachy, "Une nomination impossible," *Le Siècle* (10 janvier 1906) https://gallica.bnf.fr/ark:/12148/bpt6k746395z/f1).

76. https://gallica.bnf.fr/ark:/12148/bpt6k746396b/f1.

77. Voir B. Montagnes, *Marie-Joseph Lagrange. Une biographie critique* (Paris, 2004).

78. https://gallica.bnf.fr/ark:/12148/bpt6k746397q/f1.

79. L'intégralité de cet article est transcrite dans l'Annexe 7.

80. https://gallica.bnf.fr/ark:/12148/bpt6k712574p/f1.

On peut encore mentionner l'intervention en faveur du P. Scheil de A. de Lapparent, géologue membre de l'Académie des sciences et qui ne cachait pas ses convictions religieuses,[81] dans *L'Univers* du 16 janvier.[82] Dans l'autre camp, Albert Réville se confia au quotidien *Le Matin* du 15 janvier et concluait :[83]

> Tout ce que je puis dire, c'est que M. Oppert regardait M. Fossey comme son meilleur élève et le plus digne de lui succéder....

La Lanterne fit écho à cet interview dès le lendemain, sous le titre "Le dominicain":[84]

> Chaque jour, une nouvelle voix s'élève contre la candidature du P. Scheil et proteste contre l'intrusion de ce moine parmi les savants du Collège de France.
>
> On est même étonné que, devant la réprobation unanime qui a accueilli la décision des professeurs, M. Bienvenu-Martin ne se soit pas hâté de trancher la question et de donner satisfaction à l'opinion.
>
> M. Réville, qui enseigne au Collège de France l'histoire des religions, déclarait hier à un de nos confrères, que l'assyriologie et l'exégèse biblique ont des rapports trop étroits pour que l'on puisse oublier que M. Scheil appartient à l'ordre de saint Dominique. M. Réville affirme, d'autre part, que M. Oppert, le professeur décédé, n'avait jamais pensé que le P. Scheil, qui, nous l'avons vu, était pour le savant défunt "un imposteur ou un ignorant," put un jour lui succéder. C'était M. Fossey que, depuis longtemps, M. Oppert avait désigné comme le plus digne de prendre sa place.
>
> Peut-on admettre qu'après avoir recueilli tous ces renseignements, M. Bienvenu-Martin ait la faiblesse de céder à la cabale cléricale ourdie en faveur du dominicain?

La "réprobation" n'était pas si "unanime" que le prétendait *La Lanterne*: on avait clairement deux camps qui s'affontaient, mais qui ne correspondaient pas complètement aux lignes de fracture habituelles entre "cléricaux" et "laïques": Gabriel Monod et Marcelin Berthelot soutenaient le P. Scheil, alors qu'ils ne faisaient nullement partie des catholiques hostiles à la loi de 1905.

6. La décision du Ministre et ses suites

La situation devenait politiquement dangereuse et le Ministre ne pouvait plus repousser sa décision. Il faut rappeler qu'en ce début de l'année 1906 se déroulait une autre crise, dite "l'affaire des inventaires": suite à la loi de Séparation de 1905, les agents de l'État devaient faire l'inventaire du contenu de toutes les églises de France, ce qui suscita

81. Voir A. de Lapparent, *Science et Apologétique*, Conférences faites à l'Institut Catholique de Paris, mai–juin 1905 (Paris); cf. https://gallica.bnf.fr/ark:/12148/bpt6k54777704.

82. Voir ci-dessous Annexe 9.

83. L'intégralité du texte est transcrit dans l'annexe 8. L'interview fut intégralement reprise dans *L'Aurore* du 17 janvier (https://gallica.bnf.fr/ark:/12148/bpt6k7398741/f2).

84. https://gallica.bnf.fr/ark:/12148/bpt6k7505015m/f1.

de nombreuses résistances.[85] Contrairement à ce qu'on croit parfois, Combes n'était plus Président du Conseil depuis près d'un an: il avait été remplacé le 24 janvier 1905 par Maurice Rouvier. Au sein de son Cabinet (dit "Maurice Rouvier II," qui dura jusqu'au 18 février 1906), le "Ministre de l'Instruction Publique et des Beaux-Arts" était M. Jean-Baptiste Bienvenu-Martin. Comme Clémenceau et d'autres le lui avaient suggéré, et comme il en avait le pouvoir,[86] il choisit de nommer Fossey professeur sur la chaire de "Philologie et Archéologie Assyriennes"—et ce dernier accepta; le décret de nomination date du 17 janvier 1906.[87]

Cette décision ne passa naturellement pas inaperçue. Je me limiterai à citer la brève dépêche de l'*Express du Midi* du 20 janvier 1906, sous le titre "Par ordre de M. Clemenceau":

> Le *Journal officiel* publie la nomination de M. Fossey, docteur ès-lettres, comme professeur de la chaire d'assyriologie au collège de France.
>
> Ainsi, malgré le choix de l'Académie des inscriptions et belles-lettres qui le portait en première ligne, les suffrages des professeurs du collège de France, en dépit même de l'appui de M. Berthelot qui patronnait hautement sa candidature, le Père Scheil est définitivement exclu d'une chaire pour laquelle il réunissait tous les titres.
>
> M. Bienvenu Martin a cédé aux menaces du Bloc et baissé pavillon devant les hautaines sommations de M. Clemenceau.

Le même journal réitéra le 26 janvier:[88]

> M. Denys Cochin, député de Paris, adressera une question à M. Bienvenu-Martin, lors de la discussion prochaine du budget de l'instruction publique, sur les motifs qui ont déterminé le ministre à écarter du collège de France le P. Scheil, qui avait été proposé au premier rang par l'Institut pour la chaire d'assyriologie.
>
> De plus, la candidature du P. Scheil avait été appuyée par le Collège de France. Ajoutons que l'Institut doit, paraît-il, prochainement protester contre la décision du ministre à l'égard du P. Scheil en ouvrant ses portes au savant assyriologue.

Finalement, le Ministre dut s'expliquer à la Chambre des députés, comme le rapporte le *Journal des débats* du 10 février 1906:[89]

85. Voir notamment J.-M. Mayeur, "Religion et politique: géographie de la résistance aux inventaires," *Annales: Economies, sociétés, civilisations* (21e année, N. 6, 1966): 1259–72 (doi: https://doi.org/10.3406/ahess.1966.421481).

86. Suite au décret de 1852 intégré au règlement du Collège de France du 8 octobre 1857.

87. On corrigera sur ce point l'indication du P. Vosté: "Quelques années plus tard il [Scheil] fut désigné par les professeurs du Collège de France et les membres de l'Institut, en premier lieu et à de fortes majorités, pour succéder à J. Oppert († 1905) dans la chaire d'assyriologie au Collège de France; mais M. Combes, alors ministre de l'instruction, se refusa de ratifier cette nomination" (J.-M. Vosté, "Essai de bibliographie du Père Jean-Vincent Scheil O. P.," *Or* 11 (1942): 80–108, p. 81 avec renvoi n. 1 à A. Lemonnyer, "Le Père Scheil," *L'Année Dominicaine,* 46e année, mai 1906, 211–19 [article auquel je n'ai pas eu accès]).

88. https://rosalis.bibliotheque.toulouse.fr/ark:/12148/bpt6k5359548f/f11.item.zoom.

89. http://bibliotheque-numerique.diplomatie.gouv.fr/ark:/12148/bpt6k482214r/f1.item.r=assyriologie.texteImage.zoom.

Deux chaires du Collège de France ont été hier l'occasion d'un débat à la Chambre. (...) Le cas de la seconde chaire est exactement opposé. Cette fois la chaire existait, et aussi l'homme capable de la bien occuper. La chaire est celle d'assyriologie, l'homme est le père Scheil, qui est un assyriologue de valeur incontestée. Le Collège de France et l'Académie des inscriptions avaient présenté cet assyriologue pour cette chaire d'assyriologie. Le ministre en a nommé un autre, un assyriologue qui a sans doute de l'avenir, mais qui a peu de passé. L'abbé Gayraud[90] a demandé les raisons de cette préférence, et M. Bienvenu Martin ne s'est pas fait prier pour les donner. Le P. Scheil est un assyriologue qui est en même temps un dominicain. Il y a, paraît-il, incompatibilité. M. Bienvenu Martin n'a pas été jusqu'à contester la compétence spéciale du P. Scheil, mais il ne lui reconnaît pas "l'entière indépendance scientifique" qui est nécessaire à un professeur au Collège de France." Le P. Scheil connaît la Bible et il est tenté de mettre les textes assyriens qu'il découvre en concordance avec le texte du Pentateuque. La preuve, a ajouté M. Bienvenu Martin, c'est qu'au séminaire romain, l'assyriologie est considérée et traitée comme une branche de la théologie. Et il a brandi l'Annuaire pontifical.[91] Est-ce suffisant? Cela prouve à la rigueur que le Séminaire romain n'a pas les mêmes idées que le Collège de France en matière de classification des sciences, et nous n'en sommes pas très surpris; mais le P. Scheil professe déjà à l'Ecole des Hautes Etudes, aux côtés de M. Monod et autres savants qui n'ont aucune préoccupation confessionnelle et il ne fait pas mauvaise figure en leur compagnie. Quand il s'agit de déchiffrer un texte assyrien, le premier point est de savoir l'assyrien. Si ce texte est en contradiction avec la Bible, aucun déchirement n'en résulte pour le croyant. Et il y a bien d'autres textes en désaccord avec la foi. L'assyriologue constate ce désaccord, l'enregistre comme un fait matériel, et s'il est ecclésiastique, il n'y a pas de quoi l'empêcher de dire sa messe ni de faire son cours.

Le cas Scheil / Fossey n'était pas le premier. J'ai déjà cité l'allusion de *La Croix* à l'affaire Brunetière de 1904, mais le contexte était plutôt celui des suites de l'affaire Dreyfus et les choses se passèrent de façon très différente.[92] Antoine Compagnon a bien voulu m'indiquer un cas beaucoup plus proche. En 1903, pour la chaire d'histoire générale des sciences, le candidat favori à la succession de Pierre Laffitte était Paul Tannery, mais le ministre de l'Instruction publique de Combes, qui était alors Joseph Chaumié, lui préféra le candidat proposé en seconde ligne par le Collège et l'Académie des sciences, Grégoire Wyrouboff, cristallographe positiviste sans titre d'historien.[93]

90. Pour en savoir plus sur cet ecclésiastique, ancien dominicain, qui fut député de 1897 à 1911, voir la notice qui lui a été consacrée par M. Dumont dans le *Dictionnaire biographique des frères prêcheurs. Dominicains des provinces françaises (XIXe–XXe siècles)* (https://journals.openedition.org/dominicains/2413).

91. On voit que le ministre avait lu *Le Siècle* du 12 janvier (cf. supra note 75).

92. On trouve aussi une allusion à cette affaire dans *Le Siècle* du 10 janvier (cf. supra note 75). Voir W. Feuerhahn, "Le Collège de France et la "liberté de transformation" des chaires," in *La Politique des chaires au Collège de France*, ed. W. Feuerhahn, Docet omnia 2 (Paris, 2017), 109–26 (p. 119–21).

93. Ajoutons que par la suite, lorsque le débat de 1905–1906 se fut apaisé, des ecclésiastiques furent élus et nommés au Collège de France, comme l'abbé Rousselot ("Phonétique expérimentale," 1923–1924), l'abbé Breuil (chaire de "Préhistoire," 1929 à 1947) ou le chanoine Drioton ("Philologie et archéologie

La nomination de Fossey relança les polémiques dans la presse. "*L'Eclair* (le 21–1–1906) affirme notamment que les travaux de Fossey ont dû être entièrement supervisés par le P. Scheil et que 'c'est à lui qu'il doit le peu qu'il sait en assyriologie.'"[94] La presse lorraine cita longuement Marcelin Berthelot, qui n'hésita pas à expliquer pourquoi il avait soutenu Scheil en dépit de leurs "idées différentes sur le terrain religieux" et pourquoi il regrettait que le ministre ait eu "la main forcée par des gens que la robe de dominicain du P. Scheil effrayait et gênait."[95]

Au moment où Fossey fit sa "leçon inaugurale" (selon la terminologie actuelle), en mars 1906, l'Administrateur eut peur de manifestations d'hostilité. Les archives du Collège conservent une "Lettre de l'administrateur au préfet de police en vue de prévenir des troubles au cours d'ouverture de C. Fossey."[96] Je n'ai pas trouvé d'éléments indiquant que les événements redoutés se soient produits: l'Institut catholique ne lâcha pas ses hordes de "jeunes abbés," les "moines" restèrent dans leurs couvents....

Scheil eut cependant des lots de consolation. Les professeurs de l'École pratique voulurent réparer l'injustice faite à leur collègue. Scheil n'était à la mort d'Oppert que Directeur adjoint: dès l'année 1907–1908, il apparaît dans l'*Annuaire* avec le titre de Directeur d'études.[97] Enfin, en décembre 1908, l'Académie des inscriptions et belles-lettres l'accueillit comme membre, avec le beau score de 30 voix sur 33.[98]

égyptiennes," 1957–1961). J'exclus bien entendu de cette liste Alfred Loisy, puisque lors de son élection au Collège en 1908 il avait été excommunié; il occupa la chaire d'"Histoire des religions" de 1909 à 1932.

94. Ph. Besnard, "Durkheim, les Durkheimiens et le Collège de France," Études Durkheimiennes, 1re série 3 (1979): 4–7 (http://nabu.fmsh.fr/file/misc/images-FR075FMSH_000000038/FMSH_PB2327_2D2_03.pdf), p. 6. Malheureusement, le journal *L'Eclair* n'a pas encore été numérisé par la Bibliothèque nationale de France.

95. Voir l'Annexe 10. Que cet article soit paru dans un supplément à *L'Austrasie – Revue de Metz et de Lorraine* n'étonne pas, puisque Scheil était natif de Kœnigsmacker en Moselle. Le journaliste qui signa sous le pseudonyme "d'Assour" n'indique malheureusement pas d'où il tenait les propos de M. Berthelot qu'il reproduisit.

96. Voir sa publication ci-dessous dans l'Annexe 11.

97. Pour l'enseignement de Scheil à l'École pratique, voir D. Charpin, "Une figure de la Section: le P. Vincent Scheil (1858–1940)," in *Conférence d'ouverture de Mme Sophie Démare-Lafont* (Paris, 2002), 27–37 (http://digitorient.com/?p=76). Scheil enseigna à l'École pratique jusqu'en 1933, moment où il eut une double déconvenue. Il fut alors contraint de prendre sa retraite, dont l'âge avait été en 1928 fixé à 75 ans. De plus, il souhaitait que lui succède le Dr. Contenau, chargé de conférence depuis 1929. Mais finalement ce fut un élève de Fossey, René Labat, qui fut élu en 1933, à 29 ans. G. Contenau succéda cependant à Scheil à la direction de la *Revue d'assyriologie* (cf. D. Charpin, "À l'occasion du centième volume: éléments pour une histoire de la Revue d'Assyriologie," *RA* 100 [2006], 5–12), mais aussi à la publication des textes de Suse (cf. la nécrologie de R. de Mecquenem par Contenau dans *Syria* 35, 1958, p. 427a).

Contenau co-rédigea avec F. Thureau-Dangin (de manière anonyme) la nécrologie de Scheil (*La Revue d'Assyriologie*, "A la mémoire du R. P. Vincent Scheil," *RA* 37, (1940): 81–82), publiant sous son nom celle, plus brève, qui parut dans la *Revue archéologique* (G. Contenau, "Le R. P. VINCENT SCHEIL [1858–1940]," *RAr* 17, (1941): 229–30), et celle, beaucoup plus développée du *Journal des Savants* (G. Contenau, "Le R. P. Vincent Scheil (1858–1940)," *Journal des savants* (Juillet-septembre 1940): 129–32); on notera dans cette dernière la façon dont Contenau évita soigneusement de mentionner les noms d'Oppert (quand il fait allusion p. 130 à sa controverse avec Halévy) et de Fossey (p. 130: "Il publia [1901], en collaboration, une *Grammaire assyrienne*..."). On relèvera par ailleurs la description que fit Contenau du caractère d'Oppert dans son article "L'Assyriologie," in *Société asiatique: Le livre du Centenaire (1822–1922)*, ed. E. Senart (Paris, 1922), 91–104 (p. 95): "Oppert, d'un esprit très vif et d'une grande érudition, joignait, il faut le reconnaître, à ses réels mérites de graves défauts; son enthousiasme, son ardeur dans le prosélytisme, sa foi dans sa méthode étaient balancés par une vivacité de caractère confinant à la violence; impatient de toute critique, il ne sut pas conserver la sérénité qui convenait à de tels débats, et la part qu'il fit, dans ses écrits, à la littérature de combat réduisit d'autant celle qu'il consacra aux recherches scientifiques."

98. M. Barbier de Meynard, qui avait présenté Scheil au Collège, avait préparé le terrain lors de sa présentation du volume 9 des *Mémoires de la Délégation en Perse* à l'Académie, dans la séance du 14 juin

7. Conclusion

On voit donc comment en 1905 l'histoire de l'assyriologie rencontra l'histoire de France et comment le P. Scheil fut victime de cette collision… Il est intéressant de constater que dans la presse de l'époque "le cas Scheil" prit presque autant de place que l'"affaire des inventaires," qui seule est restée digne de l'attention des historiens contemporains. Je terminerai en citant ce que Franz Cumont écrivit dans sa nécrologie du P. Scheil et qui me semble garder toute sa valeur:[99]

> Il [Scheil] préférait offrir aux savants ces primeurs plutôt que de consacrer ses soins à effacer les taches de son œuvre. *Ubi plura nitent, non ego paucis offendar maculis*. Il laissait aux critiques, non sans quelque dédain, la tâche de ratisser son jardin. Certains érudits gardent par devers eux durant des années les inédits sur lesquels ils croient avoir un droit de propriété, et ils finissent quelquefois par disparaître sans les avoir communiqués à personne. Le souci de la perfection dont ils se targuent n'est souvent que le voile d'une pusillanimité qui appréhende les bévues dont souffrirait une réputation mal assise. Mais celui qui, comme le traducteur du Code d'Hammourabi, a conscience de la valeur de ce qu'il apporte, ne recule point devant le risque de se fourvoyer sur quelque point.

Annexes

1. Procès-verbal de l'Assemblée des professeurs du 17 décembre 1905[100]

L'ordre du jour appelle la discussion des titres des candidats à la chaire de philologie et archéologie assyriennes.

M. Philippe Berger expose les titres de MM. Fossey et Halévy. Ce qui prouve l'importance de la chaire, c'est le nombre des candidats, tous dignes d'occuper la chaire. M. Berger rend hommage aux travaux du P. Scheil et à ceux de M. Thureau Dangin. M. Fossey a publié des travaux d'un caractère bien personnel. Ancien élève de l'Ecole Normale supérieure chargé d'une mission en Syrie, M. Fossey a été l'élève

---

1907: "(…) C'est ainsi que renfermé dans sa laborieuse retraite, loin des compétitions mondaines, et sans se plaindre de la méconnaissance de ses titres scientifiques, M. Scheil continue à maintenir l'École française au rang d'initiatrice qu'elle n'a cessé d'occuper depuis les premières fouilles de Botta (…) Qu'il me soit permis d'espérer, en lui offrant ce nouveau témoignage de l'activité scientifique de l'auteur, qu'elle [l'Académie] en tiendra compte le jour où elle devra s'adjoindre dans cet ordre d'études, le savant le plus digne de les représenter" (*CRAIBL* p. 310 https://www.persee.fr/doc/crai_0065-0536_1907_num_51_6_72098).

99. F. Cumont, "Commémoration du Père Scheil," in *Atti della Pontificia accademia romana di archeologia III, Rendiconti XVII* (1914): 1–8 [p. 7]; la citation latine est de Horace, *Art poétique*, vers 351 et peut se traduire: "Là où brillent un grand nombre de beautés, je n'irai pas m'offusquer de quelques taches." J'ai eu connaissance de ce texte grâce à H. Danési, "SCHEIL, Jean-Vincent, R. P.," *Annuaire prosopographique: la France savante, Comité des travaux historiques et scientifiques* (http://cths.fr/an/savant.php?id=111526#) et je remercie C. Bonnet de m'en avoir procuré la copie.

100. Archives du Collège de France, cote 4 AP 345, consultable en ligne sur le site Salamandre (https://salamandre.college-de-france.fr/federee-results.html?base=ead&base=ead2&rbase=ead%3Bead2&fede=true&sf=pos&champ1=fulltext&op1=AND&search_type=simple&query1=4+AP+345&ssearch-submit-npt=Envoyer). On peut également lire en ligne les notes de présentation des candidats par les professeurs qui les présentaient.

de M. Berger pour l'hébreu et l'élève préféré de M. Oppert pour l'assyriologie. Ses travaux nombreux et importants comprennent notamment une Grammaire assyrienne, une Magie assyrienne, un Manuel d'Assyriologie, premier essai de synthèse des études assyriologiques, une contribution au dictionnaire summérien [sic]. Il [sic] révèlent de rares qualités scientifiques comme des aptitudes remarquables à l'enseignement.[101]

M. Halévy a tenu à rester dans l'ombre pendant la vie de M. Oppert. M. Berger signale surtout en lui un initiateur. Si le Collège le nomme, il récompensera ses services passés et son originalité.

M. Barbier de Meynard expose en son nom et au nom de M. Maspero les titres de M. Scheil. Il lit une note de M. Maspero. Le P. Scheil a été l'élève d'Amiaud, d'Oppert, de Maspero. Attaché à l'Institut archéologique du Caire, il en est parti pour faire ses premières explorations dans les pays de l'Euphrate. Professeur à l'Ecole des Hautes Etudes depuis 1895, il a été attaché comme assyriologue à la mission de M. Morgan. Son œuvre est considérable. De l'avis des savants français et étrangers, elle est caractérisée par l'étendue et la variété, la sureté de l'information, l'originalité des idées, la largeur des vues et l'indépendance de l'esprit. Il a recueilli et condensé les cours d'Amiaud, il a rédigé une Grammaire assyrienne qu'il a imprimée en collaboration avec M. Fossey. Il a découvert et classé nombre de faits nouveaux relatifs aux vieilles dynasties d'Agané [Agadé], de Babylone, d'Our, de Larsam, de Nichine [Isin], il a rendu dix à quinze siècles d'annales à l'Elam; il a contribué au déchiffrement d'une des langues à qui les cunéiformes ont servi d'expression dans les inscriptions non sémitiques de l'Arménie primitive. Ses publications sur la ville antique de Sippar où il a dirigé des fouilles, sur le Code de Hammourabi qu'il a traduit lui ont donné une notoriété auprès des lettrés français, comme des spécialistes de tout pays.

M. Barbier de Meynard lit en terminant une lettre du P. Scheil, pour qui "les livres de l'Ancien testament, comme genre historique et au point de vue scientifique, ne se diffèrent en rien de tout autre document, de même époque, étranger au peuple d'Israel."

M. Reville appuie la candidature de M. Fossey dont il a pu apprécier le mérite, puisqu'il est chargé d'un cours libre à l'Ecole des Hautes Etudes, il a une haute culture générale et un grand talent de parole.

M. Rubens Duval expose les titres et travaux de M. Thureau Dangin. Il a un esprit curieux et perspicace, qui le porte à l'étude de problèmes considérés avant lui comme insolubles, une pénétration profonde, une méthode rigoureusement exacte. Des savants étrangers, comme M.M. Zimmern et Jensen en font le plus grand cas. Depuis 1895, M. Thureau Dangin est attaché à la conservation des antiquités orientales du Louvre et associé aux travaux de la Mission en Chaldée. M. R. Duval analyse ses principales publications: Recherches sur l'origine de l'écriture cunéiforme, Recueil de tablettes chaldéennes, les Cylindres de Goudea, Les inscriptions de Sumer et d'Akkad, etc. dont il fait ressortir l'importance et dont il montre l'influence pour les progrès réalisés en assyriologie pendant ces dernières années.

101. Il faut ici signaler que le procès-verbal ne reproduit pas la conclusion qu'on trouve dans la Note de Ph. Berger jointe au dossier dans les archives du Collège de France (4 AP345_3_0001). Sa présentation de Fossey s'achève par cette phrase: "Il (= Ph. Berger) rappelle que M. Oppert considérait M. Fossey comme son successeur désigné." La phrase fut-elle prononcée en séance? Il est aujourd'hui impossible de le dire.

M. Sylvain Lévy communique une dépêche de M. Chuquet qui se rattache à la candidature de M. Fossey. En son propre nom, M. Sylvain Lévy ajoute quelques paroles pour défendre cette candidature.

M. Chavannes appuie la candidature de M. Fossey. C'est le seul candidat qui soit docteur ès-lettres, à la culture générale il joint à [sic] une préparation philologique et à [sic] des qualités d'historien.

M. Havet insiste sur la formation classique de M. Fossey, élève de l'Ecole Normale Supérieure.

M. Flach prend la parole en faveur de la candidature de M. Scheil qui, par ses travaux notamment par la traduction du Code de Hammourabi, lui paraît le plus apte dans la chaire d'assyriologie, à diriger et à mettre en œuvre les découvertes poursuivies en Asie.

M. Berthelot communique une lettre de M. Maspero, témoignant de nouveau en faveur de l'œuvre du P. Scheil.

Il est procédé au vote.

Votants 38 – Majorité 20.

M. Scheil obtient au 1er tour 21 voix
M. Fossey " " 12 "
M. Thureau Dangin " " 4 "
M. Halévy " " 1 "

En conséquence M. Scheil est présenté comme premier candidat.

Pour la présentation en seconde ligne, le nombre des votants est encore de 38, la majorité de 20.

Au 1er tour M. Fossey obtient 23 voix
M. Thureau Dangin " 13 "

Il y a 2 bulletins blancs.

En conséquence M. Fossey est présenté comme second candidat.

2. Georges Clémenceau, "Saint Dominique au Collège de France," L'Aurore du 30 décembre 1905[102]

La chaire d'assyriologie du Collège de France étant à pourvoir, les professeurs de cet établissement se sont réunis, selon l'antique privilège, pour indiquer au ministre un candidat de leur goût. Mais, là où il fallait apparemment un assyriologue, ils ont préféré choisir un dominicain.

Si le Révérend Père Scheil avait été désigné par une assemblée seulement composée d'orientalistes, le choix qu'on a fait de lui signifierait du même coup sa compétence. Mais l'assemblée des professeurs du Collège de France comprend une majorité de mathématiciens, de physiciens, de chimistes, de naturalistes, de latinistes et d'hellénistes. Ces savants se sont donc trouvés dans la même obligation qui se fût imposée au premier venu, de s'enquérir, à cette occasion, des titres du candidat. Par quel éclat de mérite leurs suffrages ont-ils été déterminés?

Le dominicain a d'abord bénéficié de ce premier argument que sa candidature passait pour n'être point déplaisante à M. Maspero. L'éminent égyptologue est un

102. https://gallica.bnf.fr/ark:/12148/bpt6k7296881.item.

peu porté, un peu trop porté, dit-on, à se considérer comme un roi nécessaire, en une matière où, d'ailleurs, il a marqué de façon si lumineuse son action personnelle: il préfère trop évidemment des sujets à des rivaux, des égaux.

Quant à M. Berthelot—dont l'appui fut le second titre du dominicain—il est à craindre que l'incomparable chimiste n'ait été trop porté à penser qu'il devait, en l'espèce, accepter sans discussion le protégé d'autrui, comme en d'autres matières de sa compétence spéciale il penserait justement que doivent être acceptés ceux desquels il se porterait garant. Si seulement M. Berthelot n'avait agi que dans la mesure de son vote individuel! Mais chacun juge assez quelles incertitudes sont tombées, quelles résistances se sont évanouies, lorsque le président de l'Association nationale des libres penseurs s'est venu porter caution du Révérend Père Scheil.

Toutefois, le mérite décisif du dominicain fut, sans conteste, la protection dont l'entoura le vice-recteur de l'académie de Paris, M. Liard; assez ouvertement pour que le bruit en soit parvenu à des oreilles profanes, [il] allait jusqu'à annoncer que le ministre de l'instruction publique et des cultes verrait plutôt d'un œil favorable l'élection du moine. Les professeurs du Collège de France furent appelés à voter sur cette impression,—sous cette pression, serait-il peut-être plus exact de dire. Car l'opinion de M. Bienvenu-Martin, laquelle pourrait être en soi peu de choses, devient chose de poids lorsqu'elle est aussi l'opinion de M. Liard, le ministre étant bien moins recteur de l'académie de Paris que son vice-recteur n'en est ministre.

La décision dernière reste néanmoins à M. Bienvenu-Martin. Quelque nomination qu'ait pu lui suggérer l'assemblée des professeurs du Collège de France, et de quelque appui que l'Académie à son tour se soit empressée de soutenir le Révérend Père Scheil, le ministre peut et doit se refuser à installer le dominicain dans la chaire d'Oppert. Par l'issue de cette aventure, nous vérifierons s'il est exact que le fait pour M. Liard d'avoir autrefois déterminé la nomination de l'abbé Duchêne comme directeur de l'Ecole française de Rome, et quelques autres faits de même signification à l'actif du vice-recteur, ont paru à M. Bienvenu-Martin une raison suffisante d'abdiquer toute initiative en faveur de son subordonné.

Que si, au contraire, M. Bienvenu-Martin reste soucieux de documentation personnelle, en vue d'un choix éclairé, il ne pourra malheureusement pas prendre l'avis du seul homme qui eût été absolument autorisé en l'affaire. Mais enfin si Oppert n'est plus, les paroles d'Oppert restent, ses écrits de même. Et le premier universitaire venu sera à même d'apprendre à M. Bienvenu-Martin que l'opinion de M. Oppert sur celui dont certaines intrigues voudraient faire son successeur, allait de l'une à l'autre de ces deux alternatives: ou un imposteur, ou un ignorant. Nous nous garderons bien, pour notre compte, de prétendre imposer au lecteur une opinion toute faite. Mais certains détails permettront à chacun de constater que le Révérend Père Scheil peut revendiquer l'une et l'autre à la fois des deux épithètes dont M. Oppert le qualifiait successivement.

On sait combien les études assyriologiques sont étroitement liées à l'éxégèse biblique. Il est maintenant établi, par exemple, que les récits de la Genèse sur la création, la chute de l'homme, le déluge, ont été empruntés au cycle des légendes babyloniennes. De telles découvertes montrent forcément les Livres Saints sous un jour un peu différent de celui sous lequel un ecclésiastique est tenu de les regarder. Les dogmes catholiques en reçoivent à l'occasion de terribles accrocs. C'est ainsi que la comparaison du livre de Daniel avec les documents authentiques de l'époque de Nabuchodonosor a démontré que ce livre était en réalité très postérieur au sixième siècle avant Jésus-Christ, qu'il est de l'époque des Séleucides, c'est-à-dire contemporain des faits qu'il prétend prédire. C'est le plus rude coup qui ait été porté au dogme de l'inspiration prophétique. Il est donc nécessaire qu'un assyriologue sérieux soit un esprit absolument indépendant.

Le Révérend Père Scheil l'est si peu qu'en 1896 il lut sur une brique: "*Au jour de la défaite de Chedorlaomer*" dans un texte qui portait: "*Les troupes commandées par Inuhsamar*." Il voulait par là établir la valeur historique du chapitre XIV de la Genèse dans lequel est mentionné un roi d'Elam du nom de Chedorlaomer et dont la critique avait démontré le caractère légendaire.

L'erreur tendancieuse du Révérend Père Scheil ayant été amplement réfutée, comment s'en est tiré notre homme d'Eglise, alors qu'il avait à présenter au Collège de France, en même temps qu'il faisait acte de candidature, une bibliographie de ses travaux? Son article de Chedorlaomer avait paru sous le titre: "*Correspondance de Hammurabi, roi de Babylone, avec Sin-Idinnam, roi de Larsa,* OU IL EST QUESTION DE CHEDORLAOMER." Il en a tronqué le titre, tout simplement. Il a écrit: "*Correspondance de Hammurabi, roi de Babylone, avec Sin-Idinnam.*" On ne fait pas de meilleure grâce un aveu de mauvaise foi.

L'aventure de l'abbé Loisy a d'ailleurs assez prouvé qu'en matière d'Ecriture, de Révélation, de Dogme, il faut ou renoncer à penser librement, ou rompre avec l'Unité romaine. Mais le Révérend Père Scheil n'a jamais eu à craindre de se trouver en un tel embarras, toute sa prétendue science assyriologique n'étant utilisée par lui que comme un moyen plus moderne de propagation de la foi.

Si le dominicain l'emportait sur ses concurrents laïques,—car il en est, et dont les titres supportent avec les siens une comparaison plutôt avantageuse—il serait donc acquis que l'établissement fondé par François Ier pour lutter contre la Sorbonne cléricale du seizième siècle et défendre la libre critique contre l'esprit dogmatique, s'est adjoint un disciple du fondateur de l'Inquisition.

Et qu'on ne dise pas que ce serait un incident sans conséquence. Outre qu'il est assez grave en lui-même pour émouvoir les esprits libres, il serait surtout désastreux par les suites qu'il comporte. Le moment est en effet venu de déclarer si l'enseignement de l'Etat sera laïque, ou si l'enseignement congrégationiste n'a été frappé que pour être aussitôt rétabli avec l'estampille officielle. Les moines, en prévision même de la fermeture de leurs établissements, se sont préparés depuis plusieurs années à s'introduire dans les établissements publics. L'Institut catholique notamment nourrit une troupe de jeunes abbés, un pour chaque chaire d'enseignement supérieur, tout comme il y avait autrefois à Stanislas un élève "chauffé" pour chaque prix du concours général. Et il est évident que ces prêtres, débarrassés par la générosité des âmes pieuses, de tous les soucis de l'existence matérielle, peuvent dans le même temps fournir une production scientifique bien supérieure à celle des universitaires obligés par surcroît d'enseigner et d'élever une famille. Si les tendances antiscientifiques de l'esprit clérical ne devaient pas entrer en compte, si la probité de la pensée et l'indépendance de l'esprit n'étaient plus rien, ce ne serait même pas la peine de laisser les produits de l'Institut catholique accaparer un par un les postes du Collège de France d'abord, de la Sorbonne ensuite: mieux vaudrait commencer par fermer tout de suite ces deux établissements, comme faisant double emploi avec l'Institut catholique.

Est-ce pour de tels résultats que M. Bienvenu-Martin a contribué de son effort à la lutte anticléricale de ces dernières années? Aux premiers temps de cette bataille, beaucoup de républicains demandaient le monopole de l'enseignement, conçu par eux comme une conséquence naturelle de la suppression des enseignements congrégationistes. Nous avons repoussé le monopole, alléguant qu'il était vain de vouloir refouler par la compression des intelligences certaines tendances de pensée. Que les moines de tout froc, plus ou moins mal laïcisés, continuent d'enseigner librement, mais ailleurs qu'au service de l'Etat, et aux frais des contribuables.

Une seule excuse pourrait être invoquée par l'Université laïque en train de faire appel à ses pires ennemis: le fait d'une compétence indiscutable, absolue, unique. Comme ce n'est pas du tout le cas, je fais à M. Bienvenu-Martin l'honneur de supposer qu'il sera à la hauteur de son devoir. Il ne suffit pas de rhétoriquer l'anticléricalisme, il faut encore être capable de le vivre.
G. CLEMENCEAU

3. "L'incident Scheil," Le Temps du 5 janvier 1906[103]

Il paraît que nous sommes menacés d'une nouvelle forme de cléricalisme: le cléricalisme cunéiforme. A vrai dire, il n'est pas probable qu'il se répande beaucoup dans les masses. Voici de quoi il s'agit. L'assemblée des professeurs du Collège de France a présenté en première ligne, pour succéder à M. Oppert, professeur d'assyriologie, décédé, un savant naturellement peu connu du grand public, mais abondamment pourvu de titres scientifiques et déjà chargé d'un cours à l'Ecole des hautes études. Ce même savant a été également désigné en première ligne par l'Académie des inscriptions et belles-lettres. Il ne reste plus, semble-t-il, au ministre de l'instruction publique qu'à signer, conformément aux usages et au bon sens, une nomination réclamée par les hommes compétents. C'est toujours ainsi que les choses se passent en pareil cas. Théoriquement, le ministre a le droit de ne pas nommer le candidat qui lui est présenté en première ligne par le Collège de France et par l'Institut. En fait, il n'use jamais de ce droit et ne se donne pas le ridicule de prétendre réformer le jugement des érudits dans des matières de haute érudition.

Mais cette fois il y a une difficulté. Les journaux socialistes et radicaux, où l'on possède une connaissance approfondie des questions assyriologiques et où l'on déchiffre couramment les caractères cunéiformes, ont décrété que le choix du Collège de France et de l'Académie des inscriptions était absurde et inadmissible. Ces journaux ont déclaré que non seulement le candidat désigné n'entendait rien à l'assyriologie, mais qu'il était incapable d'y rien comprendre. Et pourquoi? Parce que ce candidat, M. Scheil, est un ecclésiastique qui appartenait naguère à l'ordre des dominicains et s'appelait le R. P. Scheil. Confier la chaire du regretté M. Oppert à un ancien moine, n'est-ce pas humilier le principe laïque, livrer la science à l'Inquisition, nous ramener aux plus sombres jours du moyen-âge, — où l'on n'était d'ailleurs pas très fort en assyriologie? Et d'abord, il n'est pas possible qu'un frocard soit assyriologue:

103. https://gallica.bnf.fr/ark:/12148/bpt6k238487z/f1.

ces gens-là représentent nécessairement l'ignorance et l'obscurantisme. Cette tentative d'ingérence cléricale dans le domaine des cunéiformes cache quelque ténébreux dessein contre la libre pensée. Qui sait si le P. Scheil ne rêve pas de transformer le Collège de France en établissement congréganiste?

Ces craintes et ces colères, sincères ou affectées, sont surtout risibles. Premièrement, il n'y a plus de R. P. Scheil, puisque M. Combes a dissous l'ordre de Saint-Dominique. Il n'y a même plus d'abbé Scheil, puisque l'Eglise est séparée d'avec l'Etat et que les prêtres, devant nos lois, ne sont plus que des citoyens comme les autres. Nous ne connaissons que M. Scheil, citoyen français. Quant à sa religion, c'est une affaire de conscience, une affaire individuelle et privée, qui ne regarde personne. Les combistes devraient être les premiers à trouver tout naturel qu'un ancien religieux s'efforce de se faire une carrière dans la vie civile. Quant à la cléricalisation du Collège de France, on peut se rassurer, M. Scheil n'a pas cléricalisé, que nous sachions, l'Ecole des hautes études, où il enseigne depuis plusieurs années. Les auditeurs des cours aussi spéciaux et aussi ardus que celui d'assyriologie sont généralement peu nombreux. Renan avait un peu de monde à son cours d'hébreu, parce qu'il était, lui, Renan, une curiosité parisienne, figurant au programme des clients de l'agence Cook. Mais les maîtres qui traitent de sujets aussi ésotériques n'ont pas besoin, en général, qu'on organise un service d'ordre à la porte de la salle où ils professent. On en cite qui gardent leur fiacre à l'heure et font entrer leur cocher, pour faire nombre. M. Scheil, s'il est nommé,—et l'esprit de libéralisme et de justice de l'honorable M. Bienvenu Martin permet de penser qu'il le sera, — aura très rarement l'occasion de haranguer des foules, et l'aspect de son auditoire suffira à lui rappeler qu'il ne succède pas à Pierre l'Ermite, mais à M. Oppert."

4. Georges Clémenceau, "L'Enseignement Laïque par les dominicains," L'Aurore du 7 janvier 1906[104]

Le ministre de l'instruction publique n'ayant pas encore osé nommer un dominicain à la chaire d'assyriologie au Collège de France, la famille Berthelot est dans les larmes. Quel gilet plus propice à recevoir ces pleurs que le surplis de la *Libre Parole*? Seulement, M. Marcelin Berthelot, président académique de toutes les libres pensées, souffre trop de souffrir des malheurs de la Congrégation pour pleurer de ses propres yeux sur le Père Dominicain Scheil, où il voit le plus pur représentant de la laïcité. C'est par les orbites de son fils, M. Daniel Berthelot, qu'il juge préférable d'épancher le plus pur de ses pleurs. Spectacle attendrissant, dont l'effet ne peut manquer d'être irrésistible sur les glandes lacrymales de M. Bienvenu-Martin!

Parmi les hoquets déchirants, les sanglots, le rédacteur de la *Libre Parole* a pu distinguer ces paroles entrecoupées de tragiques silences:

"Mon père a, en effet, proposé la candidature du P. Scheil et a voté pour lui. Il le considère comme le premier assyriologue de France et est d'avis que sa place est dans notre première chaire d'assyriologie.

Il ne comprend même pas que des questions d'opinion ou de convictions religieuses ou autres puissent être soulevées en pareille matière.

104. https://gallica.bnf.fr/ark:/12148/bpt6k7398652/f1.

Il voit l'homme, le savant, sans tenir compte d'aucune autre considération.

Le P. Scheil est un homme de très haute science: il a fait des travaux d'assyriologie de tous points remarquables, et mon père le connaît depuis longtemps.

"Vous n'ignorez pas, sans doute, que l'archéologie a de nombreux points connexes avec la chimie. C'est ainsi, par exemple, qu'en analysant les objets de bronze on arrive à déterminer leur succession chronologique par les proportions et les matières de l'alliage. Mon père a donc eu à collaborer avec le P. Scheil, et c'est alors qu'il apprit à le connaître et à l'apprécier.

– Et croyez-vous que le P. Scheil soit nommé?

– Je l'ignore: nous savons que le ministre est vivement sollicité en sens contraire. Mais mon père espère que M. Bienvenu-Martin saura se dégager de ces influenecs et, conscient de sa responsabilité, saura faire œuvre de justice et de bon sens en confiant au P. Scheil la chaire à laquelle il a plus de droit que tout autre."

Que le grand chimiste me pardonne de le lui dire, mais avant de décerner au Père Dominicain un brevet d'aptitude assyriologique, il aurait bien fait de se demander à quel titre il s'instituait lui-même juge dans un domaine auquel il est étranger. Qu'il s'affuble de palmes vertes et d'une épée de bois pour collaborer au dictionnaire que l'Académie ne fait pas, c'est son affaire. Tout homme, fût-il de haute intelligence, est libre de se ridiculiser à ses heures dans la mesure qu'il lui peut convenir. Mais s'il nous estime assez dépourvus de sens pour nous laisser influencer par sa robe de Sorbonne et son bonnet carré quand il prononce en des matières où le monde entier se plaît à reconnaître son ignorance, il commet une impardonnable erreur.

Le *magister dixit* n'est plus de notre temps. Il faut donner des raisons, et les raisons de M. Berthelot sont dignes de Purgon lorsqu'il nous explique que c'est en analysant des bronzes assyriens qu'il a découvert la capacité supérieure du Dominicain dans la discipline de l'assyriologie. Si le Père Dominicain prétendait juger la chimie de M. Berthelot sur sa propre aptitude à déchiffrer les caractères assyriens, cela ferait rire jusqu'aux Académies. Quand c'est M. Berthelot qui découvre, par la composition d'un bronze, le génie d'un fils de saint Dominique en matière d'assyriologie, cela fait rire encore, mais pas aux dépens du Dominicain. M. Berthelot lui-même a fini, sans doute, par le comprendre, puisque, au risque de démentir les paroles de son fils, il a confié au *Matin* qu'il n'avait jamais demandé à M. Bienvenu-Martin la nomination du Père Scheil à la chaire d'assyriologie.

C'est M. Barbier de Meynard, administrateur de l'Ecole des langues orientales, qui se présente pour porter secours à M. Berthelot en détresse, par le moyen d'une conversation avec un rédacteur de l'*Eclair*.

M. Barbier de Meynard, lui, n'a pas besoin de truchement. Il parle, il discute même. Mais de quelle façon!

"On reproche au Père Scheil, dit M. Barbier de Meynard, d'avoir commis une erreur de lecture dans un texte où il faisait intervenir à tort le roi Chedorlaomer. Je voudrais bien voir ses détracteurs déchiffrer quelques écritures idéographiques: cela modifierait peut-être un peu leur assurance. On a d'ailleurs rapporté cette confusion en la gratifiant d'une perfidie: on a prétendu qu'elle était volontaire et que le P. Scheil l'avait sciemment perpétrée, afin de corroborer le chapitre XIV de la Genèse, où il est précisément question de ce Chédorlaomer. Or, la bonne foi du P. Scheil est hors de doute, et il faut laisser le bénéfice de cette indélicatesse à ceux qui l'ont inventée."

Avouez qu'il faut être bien à court d'arguments pour chercher la justification des "erreurs" du Père Scheil dans l'incapacité où se trouve la généralité des humains (y compris M. Bienvenu-Martin et M. Berthelot lui-même) de déchiffrer les textes d'Hamurabbi[sic]. Je ne sais pas l'assyrien, aussi ne suis-je pas candidat à la chaire d'assyrien au Collège de France. Le Dominicain Scheil est candidat et il commet dans ses lectures de documents des fautes si grossières qu'il fournit des traductions tendancieuses, absolument erronées, dont le seul avantage est de concorder, *par hasard!* avec le livre sacré de la Congrégation. M. Barbier de Meynard ne veut pas qu'il y ait là trace de "perfidie." Je ne demande pas mieux que de dire comme lui. Seulement, il faudra bien alors me concéder que l'enseignement du Père Scheil est trop sujet à caution pour que nous prenions le parti de livrer nos jeunes laïques aux interprétations fantaisistes de ce très faillible Dominicain.

Ce n'est pas, d'ailleurs, que M. Barbier de Meynard ne se rende compte de la fausse situation d'un Père Dominicain dans une chaire où s'offre à lui le contrôle de ses mythes sacrés:

"A coup sûr, observe-t-il, si la chaire vacante avait été celle d'exégèse biblique, ou une autre analogue, nous n'aurions jamais pensé à y mettre un religieux. Mais la chaire d'assyriologie n'a que de très lointains rapports avec la Bible, et les idées philosophiques du professeur n'ont aucun point commun avec les études qu'il dirige."

Ainsi M. Barbier de Meynard confesse ingénuement que l'idée ne lui serait point venue de confier la chaire d'exégèse biblique à un religieux, dont l'esprit, en ce cas, ne lui paraît pas suffisamment libéré. Mais comment peut-il alors soutenir que *"l'assyriologie n'a que de très lointains rapports avec la Bible"* lorsque chacun sait que le caractère mythique de la Genèse a été mis en relief par la comparaison avec les traditions babyloniennes, et lorsque son candidat, le Père Scheil, a été précisément surpris dans l'acte de fausser—en toute innocence!—la lecture des textes assyriens, ainsi mis par ses soins pieux dans un état de concordance biblique tout à l'édification des fidèles?

De quel poids peut-il être, en ce cas, que le Père Scheil ait fait "une déclaration très catégorique et très libérale" à son avocat, M. Barbier de Meynard,—*arabisant*—dont le parti pris n'avait certainement pas besoin de l'état de cette assurance. Le plus clair de son libéralisme, c'est qu'il reste, a-t-il dit, *"intégralement fils de saint Dominique,"* gloire de l'Inquisition. Cela en dit assez. Le Père Scheil est tellement libre qu'il n'a pas le droit de publier une ligne sans l'*imprimatur* du général des Dominicains, et si peu suspect d'hérésie qu'il lui est arrivé de siéger dans les commissions de censure chargées d'examiner les ouvrages de ses frères en saint Dominique.

Le *Temps*, il est vrai, a fait une trouvaille qui résout toutes les difficultés. M. Combes, ayant dissous l'ordre de Saint-Dominique en France, il n'y a plus de *Père* Scheil, puisqu'il n'y a plus de Dominicains chez nous. Sans doute l'ordre des Dominicains subsiste avec son général à qui l'obéissance du corps et de l'esprit est due, et cette obéissance, le Père Scheil en fait publiquement profession en déclarant qu'il demeure *"intégralement fils de saint Dominique."* Il suffit, en effet, de nier l'évidence pour que la nomination du Dominicain au Collège de France puisse se justifier par ce tour d'escobarderie. Nous n'aurions ainsi frappé les congrégations et séparé l'Eglise de l'Etat que pour supprimer les barrières qui pouvaient gêner les progrès du cléricalisme enseignant, pour faciliter, moyennant un simple changement de costume, l'entrée de la Congrégation dans l'enseignement laïque de l'Etat.

Il m'est arrivé parfois d'avoir l'amitié sévère pour M. Bienvenu-Martin. Je dois dire pourtant que ceux qui l'ont approché le déclarent incapable de toute compromission cléricale. Nous allons bien voir. Car c'est M. Bienvenu-Martin qui est ministre de l'instruction publique, non M. Liard, non M. Barbier de Meynard, non M. Berthelot, non le général des Dominicains, troupe bigarrée des apologistes du "Révérend Père." C'est M. Bienvenu-Martin qui a l'autorité, partant la responsabilité. Il prononcera sur lui-même autant que sur le Dominicain.

5. G. Téry, "Le cas du Père Scheil," Le Matin du 9 janvier 1906[105]

Un professeur du Collège de France explique comment le Révérend Père fut "présenté" au ministre de l'instruction publique, et pourquoi sa nomination paraît très difficile.

Un professeur au Collège de France a bien voulu nous donner quelques renseignements inédits sur le "cas du Père Scheil," qui vient de provoquer des polémiques si vives.

– Ne me nommez point, nous a dit l'illustre savant; je désire que mon nom ne soit pas mêlé à cette discussion; mais puisque l'opinion publique a été saisie de l'incident, il importe qu'elle se prononce en connaissance de cause, et, au point où nous en sommes, je me ferais scrupule de ne pas vous aider à l'éclairer….

– Alors, cher maître, si la question ne vous semble pas indiscrète, dans quelles conditions le Père Scheil a-t-il été "présenté" par l'assemblée des professeurs du Collège de France?

– Le père Scheil a obtenu 21 voix, M. Fossey 12 et M. Thureau-Dangin 4. Mais ne soyez pas trop "impressionné" par ces chiffres et surtout n'allez pas croire que M. Scheil est le candidat désigné par les hommes compétents.

– Nous imaginions pourtant que vos collègues, cher maître….

Il acheva lui-même en souriant:

– Tous mes collègues sont comme moi des savants hors ligne, c'est entendu; et chacun, dans sa spécialité, a beaucoup de talent; mais n'oublions pas que ce sont tous des spécialistes. Chimistes, physiciens, mathématiciens, latinistes, hellénistes, sinologues, biologistes, psychologues, tous sont "très forts dans leur partie," nul ne le conteste, mais tous ne le sont pas également en assyriologie, et vous soupçonnez sans peine que beaucoup de raisons étrangères à la science peuvent déterminer leur choix…. Or, puisqu'il s'agit de compétence, il est très remarquable que les voix des deux hommes les plus compétents, M. Rubens Duval, professeur d'arménien, et M. Berger, le successeur de Renan dans la chaire d'hébreu et d'exégèse biblique, leurs voix, dis-je, ne sont pas allées au Père Scheil.

– La question de la laïcité de l'enseignement fut-elle posée au Collège de France?

105. https://gallica.bnf.fr/ark:/12148/bpt6k5678420/f2.

– Elle le fut, du moins dans nos conversations particulières, et elle ne pouvait pas ne pas l'être. Pourquoi l'enseignement supérieur ne serait-il pas laïque, tout comme le secondaire et le primaire, qui s'en inspirent? Il y aurait là non seulement une absurdité, mais un péril. Car, il faut le dire nettement, si étrange que la chose paraisse au premier abord: un dominicain, qui ne peut rien écrire sans l'assentiment de son général, n'a pas l'esprit assez libre pour garder dans ses recherches scientifiques, quelle que soit la science à laquelle il s'adonne, l'impartialité indispensable.... Rappelez-vous les mésaventures récentes de l'abbé Loisy, en butte aux rigueurs du pape, parce qu'il s'était permis d'émettre sur l'Ecriture sainte quelques hypothèses où le Vatican flaira l'hérésie. De même, le Père Hahn, professeur de physiologie à Louvain, dut faire amende honorable en cour de Rome, parce qu'il avait eu l'impertinence d'insinuer que sainte Thérèse, d'après ses écrits, présentait tous les symptômes de l'hystérie....

– Pourtant, cher maître, pensez-vous que l'antagonisme entre la science et la foi puisse provoquer dans l'âme d'un assyriologue des conflits bien douloureux?

– Je ne sais pas comment le dogme et la méthode critique peuvent s'accorder dans son esprit; ce qui est sûr, c'est que l'assyriologie a permis d'établir scientifiquement le caractère mythique de la Genèse, et qu'un dominicain doit être singulièrement gêné pour faire une pareille démonstration.... Ajoutez que le Père Scheil, s'il sait bien lire l'assyrien, ne sait guère que cela, j'entends qu'il manque absolument de culture générale. Croiriez-vous, par exemple, qu'il n'est même pas bachelier?

– Que me dites-vous là? Un homme qui n'est pas bachelier pourrait enseigner au Collège de France?

– Quel que soit le dédain que nous affections pour les diplômes, conclut l'éminent professeur, il est certain qu'il y aurait là un paradoxe un peu fort.... Et puis, le ministre de l'instruction publique ne saurait oublier que son prédécesseur, M. Chaumié, a interdit, l'année dernière, l'accès du concours d'agrégation aux ecclésiastiques. Après leur avoir fermé les portes de nos lycées et de nos facultés, il serait vraiment incompréhensible qu'on leur ouvrit toutes grandes celles du Collège de France!"

6. "La chaire d'assyriologie au Collège de France," Le Temps du 10 janvier 1906[106]

A la suite de la vacance de la chaire d'assyriologie au Collège de France, par suite du décès de M. Oppert, l'assemblée générale de cet établissement a présenté en première ligne le P. Scheil et en seconde ligne M. Fossey. L'Académie des inscriptions, qui a également droit de présentation, a ratifié le premier de ces choix.

Il semblait donc que le ministre de l'instruction publique n'eût qu'à nommer le P. Scheil; mais dans un certain nombre de journaux, une campagne a été menée pour forcer la main de M. Bienvenu Martin.

Le P. Scheil, qui fut un des élèves de M. Oppert, professa à l'Ecole des hautes études. Au début de la polémique engagée sur son nom, M. Gabriel Monod en qualité de président de l'Ecole des hautes études, est allé protester auprès du ministre contre les accusations dont le P. Scheil était l'objet.

106. https://gallica.bnf.fr/ark:/12148/bpt6k238492d/f3.

Nous sommes allés voir M. Gabriel Monod, qui nous a fait sur la question de la chaire d'assyriologie au Collège de France les déclarations suivantes:

– C'est, il me semble, nous a-t-il dit, faire injure à M. Bienvenu Martin que de le croire capable de tenir pour non avenue la volonté de deux corps aussi indépendants que Collège de France et l'Institut et de s'imaginer qu'ils ont présenté Scheil par cléricalisme. Si le ministre le croyait, c'est le ministre qui ferait du cléricalisme à rebours.

Dans les conjonctures présentes, j'aurais été personnellement très heureux du succès de Fossey, qui a été mon élève, qui est mon ami, dont j'apprécie beaucoup la vaste étendue de connaissances et de vues. Mais la question de personnes doit passer au second plan, lorsqu'il s'agit d'examiner des titres.

Le choix du P. Scheil s'est imposé par son âge, par l'éclat de ses missions en Perse et par l'importance de ses publications et traductions de textes assyriologiques.

– Mais n'a-t-on pas émis des doutes sur la valeur scientifique des travaux du P. Scheil?

– Il est incroyable, nous a répondu M. Monod, de voir des journalistes contester la compétence en assyriologie du P. Scheil, alors qu'il a été ouvertement patronné par Maspero et qu'il a une réputation universelle comme assyriologue.

Il y a même très peu d'assyriologues vivants, il n'y en a peut-être pas qui aient autant traduit que lui. Naturellement, quand on traduit le premier des textes inédits, on commet des erreurs; il est beaucoup plus aisé de corriger une traduction que de la faire.

Quant à l'erreur dont les journaux ont fait si grand bruit, la fausse lecture *Chedorlaomer* sur une brique, c'est une mauvaise plaisanterie! Cette brique était abîmée. Scheil n'a pas été seul à lire un nom. On a ensuite trouvé une autre inscription semblable intacte. On a lu le vrai nom et Scheil a reconnu son erreur.[107]

– On a prétendu que les préoccupations religieuses n'étaient pas étrangères à cette erreur de première lecture.

– L'idée qu'il ait inventé cette lecture par préoccupation religieuse—parce que le nom se trouve dans la Bible—n'est pas moins absurde. Il y a tant de relations entre les traditions d'Assyrie et celles de Palestine qu'il est tout naturel d'être parfois suggestionné, dans le déchiffrement si difficile des cunéiformes, par des souvenirs bibliques.

En quoi la religion serait-elle fortifiée parce que le même nom historique se trouverait ici et là? Est-ce que le fait d'avoir retrouvé le nom de Sargon dans une inscription a donné plus de valeur aux prophéties d'Isaïe? Au contraire, c'est précisément des similitudes entre les traditions assyriennes et juives qu'on a tiré les meilleurs arguments contre l'autorité religieuse des traditions bibliques.

Ce qui est ridicule, c'est que si M. Thureau-Dangin avait été élu au lieu de M. Scheil, personne n'aurait dit un mot contre sa nomination. Il est pourtant aussi bon catholique que M. Scheil, et peut-être qu'un laïque croyant est plus gêné qu'un prêtre libéral par les questions apologétiques.

Alors, c'est la robe qu'on poursuit? Mais puisque nous avons séparé l'Eglise de l'Etat, soyons conséquents et nous, Etat laïque, ne tenons plus aucun compte du caractère ecclésiastique des gens. Cela ne nous regarde plus: cela fait partie de la vie privée.

107. G. Monod ne fait que résumer l'exacte vérite: pour le parallèle qui permit à King de rectifier la lecture de Scheil, voir ci-dessus note 53.

On semble aussi oublier que Scheil enseigne depuis dix ans à l'Ecole des hautes études; qu'il a formé d'excellents élèves, et en première ligne Fossey. Tous les collègues de Scheil peuvent témoigner de la liberté de son esprit, de la loyauté cordiale de son caractère. Jamais aucun de ses élèves ne s'est aperçu que ses opinions religieuses eussent la moindre influence sur son enseignement.

En terminant, M. Gabriel Monod nous dit:

Je ne crois pas que le gouvernement de la république puisse faire à deux grands corps savants l'affront de considérer leur avis comme sans valeur, et cela au moment où, après avoir refusé au Collège de France des créations de chaires sous prétexte d'impossibilité budgétaire, il projette de créer d'autres chaires que le Collège n'a pas souhaitées.

7. François Crucy, "Le R. P. Scheil candidat," L'Aurore du 11 janvier 1906[108]

M. Gabriel Monod, ayant défendu la compétence assyriologique du R. P. Scheil, est contredit par un savant qui dénie cette compétence

Le R. P. Scheil, dominicain, qui postule la chaire d'assyriologie au Collège de France, se place sous l'égide de patrons influents.

Après M. Berthelot, M. Gabriel Monod *palabre* en faveur du dominicain. Il se fâche parce qu'on ose élever quelques objections contre la candidature du R. P. Scheil.

On a mis en doute les facultés critiques du R. P. Scheil: M. Gabriel Monod se porte garant "de la liberté de son esprit."

On a cité une erreur grave commise par le R. P. Scheil: M. Gabriel Monod explique "qu'il est tout naturel qu'on soit parfois *suggestionné*."

Et M. Gabriel Monod conclut que la chaire d'assyriologie au Collège de France doit être occupée par le R. P. Scheil.

A cet effet, M. Gabriel Monod presse le ministre. M. Gabriel Monod ne veut pas croire "que le gouvernement de la République puisse faire à deux grands corps savants l'affront de considérer leur avis comme sans valeur."

A la vérité, M. Gabriel Monod ne fait partie ni de l'*assemblée des professeurs du Collège de France*, ni de l'*Académie des inscriptions et belles-lettres*. Il semble donc qu'il est peu qualifié pour presser le gouvernement au nom des "deux grands corps savants."[109]

Au surplus, et M. Gabriel Monod ne doit pas l'ignorer, la candidature du R. P. Scheil a rencontré dans l'une et l'autre de ces assemblées une assez vive opposition.

A ce sujet, il nous a paru intéressant de questionner un savant qui siège à la fois à l'Académie des inscriptions et à l'assemblée des professeurs du Collège de France.

Les déclarations que M. Louis Havet a bien voulu nous faire s'opposent de tous points, ainsi qu'on va le voir, aux assertions de ceux qui, dupes ou candides, patronnent le R. P. Scheil.

108. https://gallica.bnf.fr/ark:/12148/bpt6k739869k/f1. François Crucy est le pseudonyme de Maurice-François-Marie Rousselot (cf. http://data.bnf.fr/11000494/francois_crucy/).

109. La pique se veut spirituelle, mais omet de dire que G. Monod était membre de l'Institut, quoique d'une autre Académie (celle des sciences morales et politiques).

M. Louis Havet explique pourquoi il est hostile à la candidature du R. P. Scheil

M. Gabriel Monod s'est emporté contre les journalistes qui avaient osé contester la compétence en assyriologie du R. P. Scheil.

Il recevra sans doute avec plus d'attention et moins de dédain les objections de M. Louis Havet, dont l'impartialité ne saurait être contestée.

M. Louis Havet avait primitivement refusé de donner publiquement son avis sur la candidature du R. P. Scheil. Comme nous l'interrogions hier de nouveau, il nous expliqua les raisons pour lesquelles il croyait désormais pouvoir causer de ce sujet.

"Ayant participé à la discussion sur la chaire d'assyriologie au Collège de France d'abord, nous dit-il, à l'Académie des inscriptions ensuite, je m'étais imposé le silence. Cette réserve n'a plus de raison d'être, maintenant qu'un de mes collègues les plus anciens et les plus âgés a permis à son fils de répondre à la *Libre Parole*, que deux autres de mes collègues ont accordé des interviews, l'un à l'*Eclair*, l'autre au *Matin*.

J'ai l'honneur d'être, à l'Ecole pratique des hautes études, le collègue du R. P. Scheil, et j'ai avec lui les relations personnelles les plus courtoises. Lorsqu'il m'a fait sa visite de candidat, je ne lui ai pas caché que sa robe m'interdisait de voter pour lui. Lui-même m'avait prévenu qu'elle me paraîtrait un obstacle, car son premier mot fut une protestation d'indépendance de l'esprit, protestation qu'un savant laïque n'eût jamais imaginé de me faire."

– Vous estimez donc, demandons-nous, qu'un homme portant l'habit religieux, ayant prononcé des "vœux," n'offre pas toutes les garanties d'impartialité qu'on est en droit d'attendre d'un éducateur, à plus forte raison d'un critique?

– J'estime en effet qu'un religieux ou un prêtre, en prenant envers autrui des engagements qui lient sa conscience, et en marquant par son costume qu'il ne les a ni répudiés en lui-même ni dénoncés à ceux qui les avaient reçus, est manifestement dans un état de dépendance spirituelle. La séparation de l'Eglise et de l'Etat n'y fait rien, quoiqu'en ait dit à cet égard, dans le *Temps*, mon ami Gabriel Monod. Ce n'est pas le Concordat qui a créé l'état monastique et le sacerdoce. La chose, d'ailleurs, ne semble pas contestée par les patrons du R. P. Scheil. Le principal d'entre eux parmi les professeurs à Paris, celui qui a présenté ses titres devant le Collège et l'Académie, reconnaissait qu'il y aurait difficulté à confier à un dominicain une chaire d'exégèse biblique. La seule question qui puisse se poser sérieusement, c'est de savoir si l'assyriologie est une branche d'enseignement où la dépendance spirituelle soit tolérable.

"Je ne pouvais le supposer, quand j'ai reçu la visite du R. P. Scheil. Un religieux assyriologue a, en effet, deux pièges à éviter: d'une part, il faut qu'il soit prêt à reconnaître aux fables de ses Saintes Ecritures une origine étrangère et païenne; d'autre part, il faut qu'il échappe à la tentation de faire cadrer ensemble, par force, des éléments d'histoire vraie, consignés dans les textes cunéiformes, et la sainte histoire des héros mythologiques de la Genèse. Je n'étais point assez optimiste pour espérer que mon savant collègue se tirât des deux difficultés à la fois; je lui ai exprimé mes craintes à lui-même.

"Un peu plus tard, ces craintes ne furent que trop justifiées. Je pris connaissance du travail d'un assyriologue anglais, M. King, sur la prétendue découverte du R. P. Scheil touchant Chedorlahomer, roi d'Elam. Ce personnage ayant capturé Loth, neveu d'Abraham, le père mythique des Juifs et des Arabes, le poursuivit et le vainquit (avec un personnel de 318 hommes, car la Genèse sait le compte exact). Contre toute critique, contre toute prudence, par un emballement d'imagination que sa robe seule explique et qu'elle excuse, le P. Scheil avait identifié avec le Chedorlahomer de la Bible, un personnage connu par une brique babylonienne, et dont le nom, en partie effacé sur la brique, semblait présenter avec *Chedorlahomer* des analogies matérielles (d'ailleurs inexactement déchiffrées).

"La fable tendancieuse de la Genèse, favorable jadis aux prétentions nationales du peuple juif, se trouvait prendre corps par une méprise non moins tendancieuse, favorable à l'orthodoxie moderne. L'erreur était d'ailleurs incontestable, le P. Scheil ayant, dans la liste imprimée de ses travaux, supprimé un titre et tronqué un autre titre, de façon à en éliminer tout souvenir de Chedorlahomer.

"Je n'ai pas besoin de vous dire que je n'ai pas voté pour mon savant collègue, que sa terrible mésaventure ne m'empêche pas d'estimer comme homme, ni au Collège, ni à l'Académie. Bien plus, je crus de mon devoir de mettre au courant ceux de mes collègues que j'ai eu l'occasion de rencontrer avant le jour de la séance. Si tous avaient pu savoir les faits, je ne doute pas qu'il n'y eût eu modification sérieuse du vote du Collège.

– Ceux de vos collègues, et ceux de vos amis qui soutiennent la candidature du R. P. Scheil affirment que ce religieux est le premier assyriologue de son pays. C'est même pour cette raison, disent-ils, que le choix du Révérend Père s'impose?

M. Havet répond:

"Aucun de nous (aucun absolument) n'est compétent en assyriologie; tous sans exception (sans exception aucune) sont capables de juger exactement l'importance et la nature tendancieuse de l'erreur, ainsi que la conséquence qui en résulte avec évidence, et qu'il était trop facile de prévoir, sur ce qui manque à un religieux pour envisager l'histoire lointaine avec la liberté qui convient."

On ne saurait mieux dire les raisons que l'on a de s'opposer à l'entrée du R. P. Scheil au Collège de France.

M. Louis Havet a raison: chacun devrait savoir *ce qui manque à un religieux pour envisager l'histoire lointaine avec la liberté qui convient.*

Pourquoi faut-il que M. Gabriel Monod paraisse l'ignorer?... Et comment M. Gabriel Monod ose-t-il affirmer qu'il n'y a point d'esprit plus libéral, plus dépourvu de toutes idées préconçues que l'esprit de "son" dominicain.

C'est à peine, dit-il, si le R. P. Scheil se laisse parfois *suggestionner!*

8. "Le cas du Père Scheil," Le Matin du 15 janvier 1906[110]

Qu'en pense M. Réville, qui enseigne l'histoire des religions au Collège de France—Pourquoi la candidature du Père Scheil doit être écartée.

Avec la délicieuse et malicieuse bonhomie du professeur Bergeret, M. Réville, l'illustre maître qui enseigne, au Collège de France, l'histoire des religions, nous a tenu ce propos:

110. https://gallica.bnf.fr/ark:/12148/bpt6k5678488/f2.

– Le Père Scheil n'est pas le premier ecclésiastique qui s'adonne à l'assyriologie. L'abbé Quantin n'a-t-il pas naguère occupé de même ses loisirs? C'est un précédent d'autant plus remarquable que, il y a quelques années, cet abbé fut admis à faire des conférences au Collège.

– Est-ce un argument en faveur du Père Scheil?

– Vous allez en juger vous-même. Un jour, nous laissâmes à l'abbé le soin de rédiger une notice pour l'annuaire que publie notre section.... L'abbé Quantin composa un petit mémoire sur une inscription assyrienne, qui relatait un miracle accompli par la déesse Istar, au temps du roi Assurbanipal.... La déesse avait arrêté les flots du Tigre pour permettre à une armée de passer le fleuve à pied sec.... L'abbé avait fait là-dessus quelques plaisanteries innocentes. "Vous raillez agréablement la déesse Istar, lui disje: on voit que vous avez lu Voltaire, monsieur l'abbé.... Mais ne vous êtes-vous pas aperçu que vos justes et fines réflexions sur le passage du Tigre s'appliqueraient fort bien au passage de la mer Rouge et à celui du Jourdain? Prenez garde qu'on ne vous accuse d'avoir tourné en dérision les miracles rapportés par la Bible...." Bien qu'il ne fût pas d'une orthodoxie très farouche, l'abbé Quantin en laissa paraître un vif émoi.... Il reprit sa notice pour y faire des corrections, et ... elle n'a jamais vu le jour....

– Si vous évoquez ce souvenir, cher maître, ce n'est donc pas pour plaider la cause du révérend Père?

– Non, certes. Je n'ai jamais eu avec lui que des relations courtoises; mais, puisque la question de principe a été posée par le *Matin*, et qu'à cette heure toute la presse la discute, je n'ai aucune raison de cacher que je me suis prononcé très nettement contre la candidature du Père Scheil.... L'assyriologie et l'exégèse biblique ont des rapports trop étroits pour que l'on puisse oublier que M. Scheil *appartient* à l'ordre de saint-Dominique. N'est-il pas, d'ailleurs, chargé par la Congrégation de l'Index d'examiner, au point de vue confessionnel, la valeur des livres qui traitent des langues sémitiques?

– Voilà, dis-je, une fonction malaisément conciliable avec celle de professeur au Collège de France. Mais, puisqu'il s'agit de savoir présentement à qui reviendra la chaire de M. Oppert, ne pourriez-vous nous faire connaître ce que le maître défunt pensait de ses successeurs éventuels? Est-il vrai, notamment, qu'il tenait en très médiocre estime les connaissances assyriologiques du Père Scheil?

M. Réville sourit.

– Tout ce que je puis dire, c'est que M. Oppert regardait M. Fossey comme son meilleur élève et le plus digne de lui succéder....

9. Robert Duval, "La chaire d'assyriologie au Collège de France," L'Univers du 16 janvier 1906[111]

M. de Lapparent fait l'éloge du Père Scheil

Le Père Scheil est désigné par les corps savants, comme l'on sait, pour succéder à feu M. Oppert, l'ancien titulaire de la chaire d'assyriologie au Collège de France. Malheureusement, le Père Scheil porte la soutane et fût-il entouré du respect et de l'admiration de tous les hommes compétents, c'est là un impardonnable défaut.

111. https://gallica.bnf.fr/ark:/12148/bpt6k7125786/f1.

Le Père Scheil n'est pas bachelier, le Père Scheil ne peut enseigner l'assyriologie intégralement sans être préoccupé de faire concorder le caractère mythique des textes avec celui des Livres saints, le Père Scheil manque de culture générale, Oppert l'avait pris en grippe, enfin le Père Scheil est un Dominicain!...

Voilà donc le grand mot lâché! Le Père Scheil est un dominicain, et cela suffit pour faire oublier sa merveilleuse traduction du Code d'Hammourabi, ses belles pages sur le roi assyrien Kadorlakomer, ses mémoires, ses innombrables travaux, ses recherches multiples qui depuis longtemps l'ont signalé à l'attention des égyptologues et des assyriologues du monde entier. Et, cependant, un tel monument s'effondre auprès de cette constatation: le Père Scheil n'est pas bachelier, ou de cette autre: il est Dominicain! Le mot a été dit par M. Havet qui se figure encore qu'un religieux se trouve dans l'impossibilité d'enseigner l'histoire avec la liberté qu'il convient. Un sceptique doit nécessairement tomber dans le même cas. Faut-il demander alors la révocation immédiate de tous les professeurs du Collège de France qui ne pensent pas exactement comme M. Havet en philosophie, en morale, ou même en politique!

Le titulaire de la chaire d'assyriologie au Collège de France ne doit pas se proposer pour programme d'amener ses auditeurs à partager ses sentiments sur telle ou telle controverse scientifique, M. Havet le sait bien. Pourquoi veut-il que le Père Scheil qui, dans une multitude d'ouvrages, a donné l'exemple d'une si belle loyauté et d'une si noble indépendance scientifique change subitement d'attitude et prêche du haut de la chaire du Collège de France une croisade quelconque! Mais en faveur de qui, M. Havet? Du roi Hammourabi ou de Kodorlamor. Permettez-moi d'en douter.

M. Maspero qui doit s'y connaître un peu, M. Gabriel Monod qui ne nous paraît pas suspect de cléricalisme, M. Longnon, qui, bien que membre de l'Institut et professeur au Collège de France, n'est pas bachelier non plus, en doutent aussi avec nous. Avec nous, ils rendent hommage aux mérites du P. Scheil.

Et quant à M. de Lapparent qui, lui aussi, n'est pas l'une de nos moindres célébrités scientifiques, il a bien voulu nous déclarer ce matin très simplement, mais avec cette autorité spéciale qui s'attache à ses moindres déclarations:

– *Vous pouvez dire que j'ai, personnellement, toutes raisons de regarder le Père Scheil comme un savant éminent.*

La campagne que l'on mène actuellement contre lui n'est, en somme, qu'un douloureux épisode, ajouté à tant d'autres, et qui viennent nous démontrer, hélas! qu'en France il n'y a jamais de justice à attendre des hommes de parti!

Le débat nous semble donc définitivement clos. L'illustre savant qui conduisit la science géologique au point où elle en est aujourd'hui, faisant un si flatteur éloge du Père Scheil, cela nous dispense d'en dire plus long.

L'opinion publique est désormais renseignée. Elle sait de quel côté sont les sectaires intransigeants et les hommes de parti.

Le Père Scheil, quoi qu'il advienne, peut sortir la tête haute du débat actuellement engagé. Si quelques sectaires professionnels, si quelques intransigeants tapageurs viennent de faire entendre une note discordante, du moins des savants aussi autorisés que ceux dont nous venons de parler, ne voulant obéir qu'à des sentiments de solidarité dans le talent et d'admiration réciproque lui ont-ils rendu un témoignage unanime, témoignage dont il a le droit d'être légitimement fier.

10. Assour, "Le P. Scheil," Supplément au N° 3 de L'Austrasie, janvier 1906[112]

"Le P. Scheil"

"L'Austrasie," dans son premier numéro,[[113]] avait rappelé à ses lecteurs l'œuvre du P. Scheil, originaire de Kœnigsmacher, ses explorations scientifiques en Perse, sous la direction de M. de Morgan, et les découvertes précieuses que l'on doit à notre compatriote, comme la traduction de textes chaldéens jusqu'ici indéchiffrables et la connaissance d'une langue d'Orient ignorée avant lui, l'anzanite. Ces titres désignaient le P. Scheil à la chaire d'assyriologie du Collège de France, qui était vacante. Le Collège de France, comme on le sait, se recrute lui-même et propose l'élu de son choix au ministre de l'Instruction publique.

D'un commun accord les professeurs du Collège avaient désigné le P. Scheil. Mais M. Bienvenu-Martin en a décidé autrement et, passant outre, il a donné la chaire d'assyriologie à M. Fossey, un élève du P. Scheil.

Cette petite iniquité a soulevé une violente indignation dans le monde scientifique parisien. Le P. Scheil, par une intrigue politique dont le bénéficiaire aurait tort d'être fier, se voit frustré d'un poste et d'un honneur auxquels le désignait une vie de labeur et de dévouement. Il s'en voit de plus injurieusement écarté pour un contre-sens dans une de ses traductions, le seul qu'on ait pu relever contre lui, dans son oeuvre immense, comme si Renan et tous ceux qui ont pratiqué les langues sémitiques n'en avaient jamais commis. En réalité le P. Scheil succombe à une basse vengeance de politiciens que sa robe blanche et son intégrité effarouchent. L'estime des savants lui reste. Voici en quels termes M. Berthelot, l'illustre chimiste, membre de l'Académie française, blâme la décision du ministre:

– Le père Scheil doit être profondément affecté de la décision qu'a prise envers lui le ministre de l'instruction publique; moi-même j'en suis aussi, non pas surpris, mais vraiment affligé. Je ne connais le père Scheil que très peu et je n'ai causé avec lui qu'une seul[sic] fois, le jour où il vint me faire sa visite de candidature.

Mais si je ne connaissais pas l'homme, je connaissais le savant dont la réputation est universelle et, bien que complètement ignorant en assyriologie, je savais que seul il était capable et digne de remplacer Oppert dans la chaire qu'il avait occupée au Collège de France.

Je me rappelle même lui avoir dit que si nous avions des idées différentes sur le terrain religieux nous pensions de même sur le terrain scientifique et qu'en lui je ne regardais pas le vêtement, mais l'homme dont la science était reconnue par tous. Il pouvait donc, en conséquence, compter sur ma voix et sur mon appui.

Il faut croire que je n'étais pas le seul à porter sur lui un semblable jugement, puisque tous les autres professeurs du Collège de France ont suivi mon exemple et ont voté en sa faveur.

112. https://gallica.bnf.fr/ark:/12148/bpt6k57315632/f15. Je remercie M. Patrick Mayer pour m'avoir indiqué cette référence, qui ne figurait pas dans son article sur "Le très Révérend Père Vincent Scheil," paru en ligne en novembre 2015 http://canner.fr/histoire/le-tres-reverend-pere-vincent-scheil).

113. Voir Assour, "Le P. V. Scheil, de Kœnigsmacher," *Supplément au N°1 de L'Austrasie* (juillet 1905): 14–16 (https://gallica.bnf.fr/ark:/12148/bpt6k57320056/f16). J'ignore qui se cachait derrière le pseudonyme Assour.

Cependant il était visible que cette nomination déplaisait à un certain clan, absolument étranger, heureusement au monde scientifique. C'est pourquoi on a essayé de rechercher la petite bête, et alors on a relevé contre le P. Scheil un contre-sens dans la traduction d'un texte assyrien!

Et voilà un gros grief! Qui peut se flatter, dans la vie, de n'avoir jamais fais[sic] de contre-sens? Cet argument est non seulement ridicule et sans fondement, mais il est encore méchant et mesquin.

M. Bienvenu-Martin a eu certainement la main forcée par des gens que la robe de dominicain du P. Scheil effrayait et gênait, et il a donné la chaire d'assyriologie à un homme, certes, de grande valeur, mais dont la science, à mon avis, est loin d'atteindre celle du P. Scheil.

Il est regrettable qu'à notre époque on juge encore les hommes sur l'habit; mais le P. Scheil doit savoir mieux que moi que la justice n'est pas de ce monde.... En tout cas, qu'il soit persuadé de posséder l'estime et l'admiration de tous les vrais savants!

Ajoutons que la Lorraine reste fière de lui.

11. Lettre de l'administrateur au préfet de police en vue de prévenir des troubles au cours d'ouverture de C. Fossey[114]

"Paris, le 9 mars 1906,

Monsieur le Préfet

Je n'avais pas pu donner hier à M. le Secrétaire l'heure exacte à laquelle aura lieu mardi prochain 19 mars l'ouverture du cours de M. Fossey (assyriologue). L'affiche porte 4 heures, parce que c'est à 4 heures que commencera ordinairement le cours dans la salle n° 4. Par exception sur la demande du professeur, la première leçon sera faite dans la salle n° 8 qui est notre plus grande salle. Mais comme cette salle est occupée par le professeur de littérature française de 2h3/4 à 3h3/4, et que nous devons aérer la salle dans l'intervalle de deux cours, M. Fossey ne commencera ce jour là qu'à 4 heures 1/4.

J'espère que le professeur fera sa leçon—qu'il lira—sans être troublé par aucune manifestation.

Cependant nous devons prévoir la possibilité du contraire. La presse s'est trop occupée des candidatures à la chaire d'assyriologie pour qu'il n'y ait pas encore des émotions persistantes et il peut arriver que ces émotions se traduisent pendant la leçon par des éclats bruyants d'auditeurs venus exprès pour désapprouver ou approuver la nomination.

J'ai recommandé et je recommanderai encore au professeur d'être calme, de lire sa leçon, sans sortir, quoi qu'il arrive, de son texte écrit. Je serai à côté de lui et s'il est nécessaire de prendre la parole pour rétablir l'ordre, c'est moi seul qui doit la prendre.

Pour éviter toute cause d'excitation, je vous prie, Monsieur le Préfet, de n'introduire aucun agent dans la salle et même de ne laisser apparaître aucune mesure spéciale de police dans la rue.

Il faut cependant, si nous avons besoin de l'aide des gardiens de la paix—ce que je ne crois pas et que j'éviterai autant que possible—il faut que nous puissions les

114. Archives du Collège de France, dossier C. Fossey (16 CDF 134; document actuellement non numérisé).

requérir. C'est à cet effet que j'ai remis à M. le Secrétaire un plan des lieux et désigné une salle située derrière la salle de cours, dans laquelle pourraient se tenir trois ou quatre gardiens de la paix.

J'aurai à côté de moi le Secrétaire du Collège que je chargerai d'aller les demander s'il était nécessaire de le faire.

Les gardiens de la paix pourront entrer, avant l'heure du cours, par la porte cochère de la rue Saint-Jacques qui conduit par le jardin à la susdite salle.

Je vous prie, Monsieur le Préfet, d'agréer l'assurance de ma parfaite considération.

Signé E. Levasseur

administrateur du Collège de France"

CHAPTER 4

Royal Hunt among the Semites, West and East: Fertility and Kingship in Myth and Ritual

Gregorio del Olmo Lete
University of Barcelona

IN A PREVIOUS STUDY we have suggested the various aspects that are common to Ugaritic and Old South-Arabian languages and societies (Del Olmo Lete 2012). Among them, the so-called cultural relationships are very significant. In this connection some mythological topics have been pointed out (conceptions and gods), although, inevitably, such topics must support ritual practices as well: myth and rite are never apart. However, Old South-Arabian religious performances are not very well known, except for the generic sacrificial praxis (Bron 2008; Höfner 1970). Here it will be suggested that the broad Ugaritic ritual praxis can help us to overcome the paucity of religious data on a topic that goes beyond the more familiar Ugaritic/South-Arabian tradition covering the whole Semitic world.

Gods' Hunting at Ugarit

The Divine Hunters and Hunt as Divine

In many a Ugaritic text different gods are said "to go hunting" (*hlk* + *ṣd*; *DUL* 767),[1] apparently to find the solution to some critical situation, either particular or general. Let us gather together and classify these texts.

KTU 1.5 VI 25–28, *åp ʿnt tlk w tṣd kl ġr / gbʿ*: ʿAnat goes in search of dead Baʿal through mountains and heights, namely, through the wilderness, to rescue him, her brother.

KTU 1.6 II 15–17, *ån ìtlk w åṣd kl ġr / gbʿ*: the god Mot engages in the same task, anxious to satiate his hunger, also in the wilderness, where he finds Baʿal dead and devours him.

KTU 1.12 I 34, *bʿl ytlk w yṣd påt mdbr*: following the same cliché, Baʿal goes to the wilderness, but in this case the yearning to appease his hunger is not the main reason (see later).

KTU 1.23:16, *tlkm rḥmy tṣd*: in a context of "banquet" in which products from the fields and livestock (*lḥm / yn*, *ḥlb / ḫmåt*, bread / meat and wine, milk and butter,

1. See particularly *KTU* 4.408:5: [g]*mrn ṣd b gllt*[ky], "PN hunter in TN," maybe as a job indication; see Bog. Akk. PN LÚ *šāʾidu*. The attempt to give the base **ṣd* in Akkadian, Ugaritic and Emariote the meaning "to dance" must be deemed out of place; see Del Olmo Lete 2015a.

ll. 6–7, 14 [leaving aside the more ambiguous *gd // ảnnḫ*]; *DUL* 78f., 290) are provided. Meanwhile the "Damsel" (probably ʿAṯtart, in any case a goddess) "goes hunting" (l. 16), we can assume, to the open country (*šd*), the space celebrated as belonging to them (*wšd šd ỉlm šd ảtrt and rḥmy*, l. 13). This contrast between the cultivated land and the wild open country is even more enhanced in the behavior of the voracious gods whose birth is sung in the text. Once born, they devour bird and fish,[2] but remain unsatiated (l. 64); once settled in their own habitat, "the holy desert" (*mdbr qdš*, ll. 65–66), they go hunting (*ṣd*) there as well.

KTU 1.23:67–68, *ttlkn šd tṣdn pat mdbr*; the text offers in this connection the much discussed and illuminating parallel *šd / mdbr* (see also *KTU* 1.14 II 51–III 1; Wyatt 1998, 370 n. 3),[3] confirming it as the hunting place of the gods. From there, they penetrate into the sown land getting its "bread and wine" (ll. 71ff.), with which the text opens (l. 6).

KTU 1.114:23, *ʿnt wʿṯtrt tṣdn*: the goddesses ʿAnat/ʿAṯtart go hunting as well, probably to the open country (šd…/[*mdbr*] *qdš*, ll. 23–24), to find a remedy to solve the awkward situation into which their father *ʾIlu* finds himself. In this case the "hunted" piece is a plant/herb from the "holy desert(?)."[4]

KTU 1.22 I 11, *km tdd ʿnt ṣd*: in a completely different scenery, a celestial banquet, the goddess ʿAnat adds the fruit of her hunting ability, birds from the sky, to the human menu of domesticated beasts: bovids (*ảlpm*, *ṯrm*, *ʿglm*) and sheep (*ṣỉn*, *ỉlm*, *ỉmr*, *llm*).

As can be readily seen, the hunting activity of the gods has in these texts a mythological (Baʿalic) or ritual setting aiming at solving a rather serious situation: finding a disappeared god, appeasing a god's voracious hunger, or finding an efficacious remedy for a god's hangover.[5]

Another couple of texts, *KTU* 1.108:12 (*ỉl šd yṣd*[) and *KTU* 1.92:2 (*ʿṯtrt ṣwd*[*t*), seem to attest to the divine ability or pleasure for hunting. The latter text could be interpreted as the official qualification of the goddess in this regard. But the unfortunate fragmentary state of this text precludes any valid conclusion beyond the general witnessing to hunting as a divine activity; many lexical references (*mdbr*, *aylt*, *ṯr bʿl yḥmd*, *qrn* etc.) prompt a connection with *KTU* 1.12.[6]

The first thing to point out is that the actual and grammatical *subject* in these religious-literary or mythical texts is always *a deity*: *ʿnt-ʿṯtrt-rḥmy*, seven times; *ỉl-bʿl*, three times; the "beautiful gods," once. We leave aside the texts from the ʾAqhat Legend, such as *KTU* 1.17 VI 40; 1.18 I 27, 29, in which, however, such activity is attributed

2. On these species as wild food see Del Olmo Lete 2015c, 225 n. 28.

3. For discussion on the meaning of *mdbr*, "desert, steppe…," see Del Olmo Lete 2007a.

4. For the interpretation of this Ugaritic text, Del Olmo Lete 2015c, 227, 235 (alternative versions). See also the previous note.

5. See in this regard Cornelius 2004, 205ff., plates, with the numerous representations of the goddess holding (both separate and together) wild animals (gazelles?), birds and plants in her hands; Del Olmo Lete 1988, 62–63 n. 33.

6. See in this regard Margalit 1989, 75, although I disagree with his general interpretation of the text. For a comprehensive and very balanced discussion see Wyatt 1998, 370–74 ("It seems that … Athtart returns from a hunting expedition …").

to ʿAnat herself, who is by the way ready to teach it to the human hero; in this text, as well as in *KTU* 4.408:5, we are dealing with an empirical hunt, notwithstanding the epic context.

Secondly, the *hunting space*, when expressly mentioned, is the *wild space*, open country/desert (*ġr/gbʿ*, *šd/mdbr*), whereas pen, stable, livestock, sown land, and vineyards form the natural space from where "human" or domestic food is obtained. It is possible to presuppose an a priori sense of taboo here, namely a forbidden entry for humans into the divine hunting space.

Thirdly, *wild food* (birds, fish, wild beasts, and, of course, also plants/herbs [*gd/ ånnḫ*?]) seems to be the gods' "natural" food, even if they highly appreciate the "human," domestic food (livestock meat, bread and wine: see the banquet set up to celebrate the completion of Baʿal's palace: *KTU* 1.4 VI 38ff.). But evidently the potentialities of these two sorts of food must be extremely different.[7] A text like *KTU* 1.23:14b: *gd b ḥlb ånnḫ b ḫmåt*, may imply the fusion of both kinds of food to be presented as a repeated perfumed offering (*dġṯt*), not as a dish to be eaten; but the interpretation of this text is disputed (see Smith 2006, 52ff.).

Finally, the primary aim of going out to hunt has obviously at its basic seme the capture of edible stuff, but in some cases the base **ṣd* seems to reflect only the intense *searching movement* characteristic of the hunting activity. In fact, this semantic shift is a Palachian "Universal Semantic" (Del Olmo Lete 2003, 140ff.) to be found in many languages, as in the Spanish expression "ir a la caza de," said of any attempt to reach a goal (with or without a gun), whether a most needed scientific datum or the purpose of a running thief. This semantic extension[8] is also made clear in the Ugaritic syntagma/ hendiadys **hlk* + **ṣd*, common in the texts mentioned above. Indeed, the same formula is used by ʿAnat (*ʿnt tlk w tṣd kl ġr/gbʿ*) and Mot (*ån ỉtlk w åṣd kl ġr/gbʿ*) in search of the disappeared Baʿal, one in order to bury him (generic seme of "movement"), the other to devour him (specific seme of "hunting").

ʿAnat the Huntress

In contrast, the three abovementioned texts from the ʾAqhat Legend, in which the topic appears, directly point to the semantic field of empirical hunting activity. ʾAqhat, in turn, in a clearly human 'machista' pose, excludes women from this activity (*KTU* 1.17 VI 40: *ht tṣdn tỉnṯt*). Nevertheless, it is the goddess ʿAnat who appears fond of hunting and shows sufficient expertise to practice it (*KTU* 1.18 I 27: *lk tlk b ṣd*), so as to be able

7. In this regard the behaviour of the Hebrew Patriarchs is very telling: to welcome the visiting deities warmly Abraham gets a nice calf (*ben bāqār rak wāṭôb*) from his cattle (Gen 18:7); but to transfer the inheritance blessing Isaac asks his son Esau to bring and offer him a piece of game from the open country (*ṣēʾ haśśadeh weṣûdāh lî ṣēdāh*, Gen 27:3), although he had a large herd of domestic animals. We are in the last case in the presence of a ritual ceremony (cf. Del Olmo Lete 2007b, 167), while in the first it was only a question of normal hospitality behavior. See in this regard Bron 2008, 457, but correct Esau for Jacob. One can even see here a proleptic overcoming of pagan practices by the new Israelite faith (in fact the animal offered came from the domestic flock: *lēk-nāʾ ʾel haṣṣōʾn weqaḥ-lî miššām šᵉnê gᵉḏāyê ʿizzîm ṭōbîm*; the Israelite sacrificial system will not accept wild beasts, but only domestic cattle, sheep and goats and some birds. See the sacrificial law (Lev 1ff.) and commentary by de Vaux 1960, 291ff.; also Borowski 2002.

8. See Kogan 2015, 218: "One can hypothesize that the original meaning of PS **ṣwd* was 'to go to and fro.'"

to teach ʾAqhat about a dimension of the art he himself ignores (*KTU* 1.18 I 29, *ảlmdk ṣ[d]*), and which is indeed beyond his youthful vanity. The young hero is unconsciously and dangerously flirting with *hubris*, the most mortal of all sins, and will eventually pay for it. In this legendary account ʾAqhat is about to cross the border and break, with a marvelous and divinely mounted bow, the taboo of an activity and space reserved for the goddess ʿAnat, the Canaanite Diana, the divine huntress (see formerly, *ʿṯtrt ṣwd[t]*). Jealous of her prerogative, she demands of him the delivery of such a magnificent bow that threatens her monopoly: hunting (especially, hunting in the "divine desert") is a divine activity that Kôthar's thoughtless (or positively intended?) favor was about to alter. We are possibly in the presence of a historical moment when the desacralization of hunting begins or is simply recalled.[9] In any case, ʾAqhat's attempt fails and the bow gets broken; ʿAnat's prerogative is safe. As we will see later, this divine prerogative of ʿAnat-ʿAṯtart is sanctioned by Baʿal, who accepts her in his own prototypical hunting activity (*KTU* 1.12).

But this is another matter. We will for the moment set apart these epic texts of ʾAqhat and will only take into account the other quoted mythological texts.

Baʿal, the Hunter **kat'exoché***: Myth and Ritual*

Besides and beyond these specific uses of the formula for hunting activity, the Ugaritic text *KTU* 1.10/12 develops a whole mytheme, that of "Baʿal as hunter" with ritual overtones, which in my opinion has not been granted the attention it deserves.[10] I will analyze this text in detail below, as it is especially and more relevant to the present topic than any of the other ones. Its beginning, namely *KTU* 1.10 II 1–9, becomes programmatic in this respect, even though the base "to hunt" (**ṣd*) does not appear:

....

3	*w tʿnyn.ġlm.bʿl*	And Baʿal's pages answered:
	ỉn.bʿl.b bthh{t}	Baʿal is not at his house,
5	*ỉl.hd.bqrb.hklh*	the god Hadad in his palace.
	qšthn.ảḫd.bydh	He took his bow in his hand,
	qṣʿth.bm.ymnh	his arrows in his right hand.
	ỉdk.lytn.pnm	Then he set his face
	tk.ảḫ.šmk.mlả<t>.rủmm	towards the Shamak's banks,
		full of wild bulls.
10	*tšủ knp.btlt.ʿnt*	The Virgin ʿAnat soared up (<raised the wing>)
	tšủ.knp.wtr. bʿp	soared up and ran away on flying
	tk.ảḫ.šmk.mlảt.rủmm	towards the Shamak's banks
		full of wild bulls.
	wyšủ.ʿnh. ảlyn.bʿl	And Baʿal, the Almighty, raised his eyes

9. Hunting is indeed a very old and general activity in Prehistory. But even then it seems to have undergone a certain process of ritualization, as may be guessed from representations of hunting scenes, hunters and symbols, from the most remote prehistoric times.

10. Gray's tentative approach (Gray 1951) is an exception. See Wyatt 1998, 155ff., 162ff. (with bibliographic references).

wyšu ʿnh wyʿn	he raised his eyes and saw,
wyʿn.btlt.ʿnt	he saw, yes, the Virgin ʿAnat,
nʿmt,bn.åḫt.bʿl	the prettiest among Baʿal's "sisters."
lpnnh.ydd.wyqm	In her presence he hastened to stand up,
lpʿnh.ykrʿ.wyql	at her feet he prostrated falling down.
wyšů.gh.wyṣḥ	And he raised his voice on saying:
ḥwt.åḫt.wnark	Live, sister, long indeed!
qrn.dbåk.btlt.ʿnt	Thy vigorous horns, Virgin ʿAnat,
qrn.dbåk.bʿl.ymšḥ	thy vigorous horns Baʿal will anoint,
bʿl.yšmḥ.hm.bʿp	Baʿal will anoint them on flying
nṭʿn.bårṣ.ỉby	to destroy together on earth my enemies
wbʿpr.qm.åḫk	on the dust the adversaries of your brother.

According to my restoration of the fragmentary col. I of this text, the goddess ʿAnat makes herself up in order to meet and allure Baʿal at his house/palace and therefore gain his fertility, thus bringing activity on earth and people. After a break of some thirty lines, we see her arriving at Baʿal's abode and asking for him. But Baʿal is gone. Evidently, according to his servants' answer, he has gone hunting, armed with his bow and arrows, a fact that is corroborated by the (hunting) place where he has directed his steps: the *Semakonitis* swamps, full of wild animals. Baʿal then sees his sister ʿAnat arriving and comes out to meet her with extreme courtesy. But Baʿal's aim seems to turn the simple hunting party into an apparent combat against his ever-present enemies. He will partner with his sister in this hunt-fight.[11]

The following scene (*KTU* 1.10 I 26–35) seems to introduce Anat's hunting search and finding of wild animals, but the fragmentary state of the text does not allow any certain conclusion. We leave aside *KTU* 1.11, which deals with another theme (from hunting with bow and arrows a bond is made to amatory sexual dealings, eventually resulting in birth). Next, we can see in *KTU* 1.12 the thematic sequence of *KTU* 1.10 I quoted above. In a first scene, the birth of some voracious tauromorphic beings is described: apparently divine sons of 'Il like Shahar-Salim, whose name 'Il proclaims (ll. 30–34) and "who had horns and hump like bulls and also Baʿal's face"; they are risen by the supreme god's decree/nomination to the category of divine actors in the Baʿalic seasonal drama. These will turn out to be the enemies of which Baʿal spoke in *KTU* 1.10 II 24–25 (see above) and whom Baʿal will search and find in his hunting march. In fact, the following scene opens with the well-known hunting formula and specification of the hunting wild place, about which reference was also made above. This is the place where these voracious gods were born and live. Actually, the god 'Il, his putative father, tells the mother to give birth to them in *mdbr ỉl šỉy* (*KTU* 12 I 21–22), "in the desert of the assassin gods," the spot where Baʿal will be murdered by his divine brothers.

11. The goddess is figured out as "horned" and used to hunt flying. See in this regard ʿAnat's image in 'Aqhat's epic, that of a hunting and flying goddess: *KTU* 1.18 IV 20ff (*bn nšrm arḫp ånk* …); also, *KTU* 1.22:10f. (*tdd ʿnt ṣd tštr ʿpt šmm*); *KTU* 1.108:6 (*dỉ dỉt rḫpt*). The "horned" characterization of ʿAnat goes together with her appellation as "Baʿal's heifer" (*ʿnt årḫ bʿl*; *KTU* 1.13:29; maybe 1.5 V 18. *ʿglt*). See Kapelrud 1969, 105ff.; Walls 1992, 122ff.

bʿl.ytlk w yṣd	Baʿal went hunting,
yḥ pat mdbr	proceeded to the desert fringes.
wn ymġy. ảklm	and, look, he met the "devourers,"
wymẓả ʿqqm	he found the "voracious."
bʿl.ḥmdm.yḥmdm	Baʿal ardently coveted them,
bn.dgn.yhrmm	the Dagan's son became inflamed for them.
bʿl.ngṯhm.bpʿnh	Baʿal approached them on his foot,
wỉl hd.bḫrẓʿh	the son, yes, of Dagan at his step.

At this moment one would expect to find Baʿal walking out victorious from this encounter, his appetite satiated, but fatally the logic of the myth comes into the scene, and the hunter becomes hunted: Baʿal has to follow his destiny of a dying god before becoming the resurrected vivifying deity; he has to succumb to his "stationary" enemies, namely Mot and his hirelings, here personified in the voracious divine monsters of the wilderness who always threaten life, the Baʿalic prerogative. Baʿal must surrender to them so as to come back to life again later. But this is another story.

For us it is enough to consider that at Ugarit there was a myth of a divine hunt (**ṣd*) fully integrated in the more general canonical Baʿalic myth. Hunting, on the other hand, as the ʾAqhat Legend makes clear, is a divine prerogative. When men attempt to break this taboo, they are severely punished. Human society in Bronze Age Ugarit was a sedentary urban society that lives on farming and cattle breeding. Hunting meant the invasion of an alien space, abode of evil spirits in which even the protective god, who guarantees the living standard, succumbs. Life there, whether vegetal or animal, belongs to the gods, who keep their own symbolic "pets": lions, gazelles, wild bulls (buffaloes).[12] Entering this area in order to "hunt" (them) is fatally dangerous. This mythical qualification imposes some kind of ritualization/desacralization of a practice we nevertheless know was common in the ancient Near East, like in any other area from the most remote times.

At this point the contemporary texts from Emar attest to the existence of a ritual performance called "The hunt of the Storm-god." It is reasonable to suppose that a similar celebration took place at Ugarit as well, even though it is not hinted at in the cultic literature. We will come back to this later.

Ritual Hunting in Ancient Southern Arabia

In contrast, this hunting ritualization is largely witnessed by the tradition of Ancient South Arabia, both medieval and modern, thus revealing a new cultural link between late Bronze Age Syria (Ugarit) and Old South Arabia; the ancient Canaanite tradition preserves a trace within it (Del Olmo Lete 2012).

Beeston (1948) already reported on this ritual practice.[13] He analyzed some eight inscriptions (of a group of some eighteen, as later pointed out) in which it is possible

12. See Watanabe 2002; Collins 2002; Cingano, Ghersetti, and Milano 2005. We will come back to this topic below in the discussion of Assyrian royal hunting.

13. Beeston's interpretation was taken up and positively appraised by J. Ryckmans 1976, 259–308.

to find clear references to it. Very significant in this regard is the inscription *RES* (7) 4177:

yṯʿʾmr byn bn smhʿly mkrb	"Yatharʿʾamar Bayin son of Sumhuʿalay, *mukarrib*
sbʾ	of Sabaʾ,
qf qyf ḫlfy nwmm	erected the altar-stele (*qyf*)[14] at the gates of *Nwmm*,
ywm ṣd ṣyd ʿṯtr wkrwm	on which occasion he celebrated the hunt of the game of ʿAṯhtar and *Krwm*."[15] (*CIS* [IV/II] 571; Beeston 1948, 184–85; Sima 2000–2001, 85f.).

Two more inscription can be added, not recorded by Beeston in his study of 1948. One was discovered by the Italian Mission at *Wādī Yalā* and edited and translated by Garbini:

yṯʿʾmr byn bn smhʿly	"Yatharʿʾamar Bayin son of Sumhuʿalay,
mkrb sbʾ ṣd dnm wʾrdy y=	*mukarrib* of Sabaʾ hunted at *Dnm* and *ʾryd*
ywm ṣd ṣd ʿṯtr w krwm	when he made the hunt of ʿAṯhtar and *Krwm*." (Y.95. AQ [7]; Garbini 1988, 26f.; Beeston 1991, 54; Sima 2000–2001, 86).

The second was found by the German Archaeological Mission in 1979, and also edited and translated by Garbini:

yṯʿʾmr byn bn smhʿly mkrb sbʾ q=	Yatharʿʾamar Bayin son of Sumhuʿalay *mukarrib* of Sabaʾ
f qyf ʿṯtr wkrwm ywm ṣd ṣyd krwm	made a *qyf* for ʿAṯhtar and *Krwm* when he made the hunt of *Krwm* (Y.85 Y/1; Garbini 1988, 37; Sima 2000–2001, 86).

These three texts are similar in wording and commemorate a sacred hunt carried out by *Yṯʿʾmr Byn*, *mukarrib* of Sabaʾ. Some other inscriptions speak of hunts by the *mukarrib* (for instance Y.85AQ/8, Garbini 1988, 27, mentions the hunt of the famous *mukarrib* Karibʾil Watar; also, Maraqten 2015, 222) or by court personnel, but no hint is given of the sacred character of such activity. A secular meaning of **ṣd* // **šʾk* must be presumed here.[16] The following inscription, which mentions the hunt by the king of Sabaʾ, Karibʾil Watar's son, is to be added to our dossier:

ḏmrʿly ḏrḥ mlk sbʾ wḏrydn	Ḏmrʿly Ḏrḥ, king of Sabaʾ and ḏu-Raydān,
bn krbʾl wtr [ṣd] *ʿʾrr ḥr…*	Karibʾil Watar'son, hunted in the mountains of Ḫr-

14. See the commentary by Garbini 1988, 37f. on this inscription and on the sacred hunt in general carried out under Yathaʾʿmar Bayin, *mukarrib* of Sabaʾ. On standing stones in the ancient Near East see Durand 2005; Steimer-Herbert, ed., 2011.

15. This last clause seems to be formulaic (Beeston 1991, 53ff.); see also *RES* (6) 3946:7: *wywm ṣd ṣyd krwm* (Maraqten 2015, 222; Sima 2000–2001, 85). See later n. 55 on the meaning of *ṣd krwm*.

16. See in this regard Sima 2000–2001, 84f.; and below, n. 24. On the verb **šʾk* see the discussion by Beeston 1991, 54ff.

[*wbkl ʾbˀ*]*rṯ ṣyd*	[and in all] hunting places(?),
ywm ṣyd ṣyd ʿṯtr wkrwm…	when he carried out the hunt of ʿAṯhtar and *Krwm* (Ry. 544; Beeston 1956, 109–12; Sima 2000–2001, 86 according to Sima's version).

Two things catch the eye after a close reading of these inscriptions: the hunting practice (**ṣd*) mentioned here concerns the deity ʿAṯhtar (a god well known in the Ugaritic Baʿalic myth, and in fact the counterpart of Baʿal in Old South Arabia, see later) and is carried out by the sovereign (*mukarrib*) of the kingdom of Sabaʾ. The ritual character of the activity is suggested by its connection with the sacred stele which focused on the cultic practice of the Old South-Arabians and of which so many exemplars are preserved. As in the Ugaritic cult texts, the king is the actual High Priest of this liturgy. As we will see later, in the famous reliefs showing the Assyrian kings hunting wild beasts, the commemorations are ritual in nature, rather than heroic or sport-like; thus, the South Arabian ritual would be the reflection and continuation of an ancient royal ritual tradition.

On the other hand, the inscription above seemingly refers to the hunting of the specific animal symbolically ascribed to this deity. In fact, the relationship of the ancient near Eastern deities with specific animals is well known.[17] The text literally states: "on the occasion/day he hunted the hunt-piece (*ṣyd*) of ʿAṯhtar" (Beeston's version is a periphrasis), which we know was a gazelle/antelope (but also a wild bull).[18] It is reasonable to suggest that this hunt was performed as a ritual sacrifice of the animal to be offered as a victim to his god and lord on the erected altar-stele.

However, ʿAṯhtar, although the main god, is not the only deity mentioned in this connection. The long inscription *RES* (7) 4176:6–7 states:

wʾl śn smʿy hḫbn ṣyd tʾlb	"and the *Smʿy* tribe is the responsible for the game of *Tʾlb*" (*RES* [7] 4176; Beeston 1948, 186; Sima 2000–2001, 91).

On the significance of this god I will return later. "Here again," says Beeston, "the expression 'hunt of *Tʾlb*' shows that the phrase has definitively religious associations." The sacrificial character of the South-Arabian "hunt" is also clear from the inscription *CIS/CIH* 571, in which Lady *Šms* (the Sun goddess) orders her servant to carry out a "hunt" for her, accompanied by other yearly ritual practices, including song-rituals, lasting several days. Here we have another deity who claims his own "hunt," the celebration of which will secure divine blessing:

… *wl yṣdn šr=*	… and let the hunt on these days be performed by Šr=
ḥʾl hmt ymtn fw ʿqbh=	*ḥʾl* or his deputy,
hw drm drm bʾḥd ḫrfn	turn by turn in each year alternately

17. See Watanabe 2002, 22ff., 89ff.; Borowski 2002. On the other hand, as I will point out later, wild animals are gods' property and, as symbols, they embody divine strength and efficiency. See Scurlock 2005, 361–87.

18. For the different animals as divine symbols see Serjeant 1976, 74.

bdd ḫrfhn lwśfhmw šm=	over two years, in order that Šams may grant them,
[*sm*] *ʿbdh šrḥl wʾdmh bn*	her servant *Šrḥʾl* and her servitors the *Beni*
[*btʿ*] *nʿmtm wʾḥlllm* …	*Btʿ*, bounty and booty … (*CIS* II:361–63, nº 571; Beeston 1948, 187–89; Sima 2000–2001, 91).

The ritual hunt in honor of Šams, performed by its *mukarrib*, was also practiced in Qatabān, according to the inscription *CIAS* 47.91/r 3 // *CSAI* I–III 1076, edited and translated by Pirenne:

[1]*ydʿʾb ḏbyn bn šhr mkrb qtbn*	*Yadaʿʾb Ḏubyān*, fils de *Šahr*, *Mukarrib* de Qatabān
[2]…… *ṣyd lšms*	…… a chassé pour (la déesse) *Šams* (Pirenne, Jacqueline, and Robin 1977: I.165–67; Sima 2000–2001 87; Avanzini 2004, 500).[19]

If we saw earlier how the *mukarrib* of Sabaʾ was involved in a ritual hunt, now it is the Shaikh of the *Banu Bataʿ* (*bn btʿ*) who is performing this act, as well as the *mukarrib* of Qatabān. According to some Hadhramauti inscriptions, the kings of Hadhramaut also went hunting on the occasion of sacral ceremonies celebrating the completion or restoration works of some sacred or public building:

ydʿʾl byn mlk ḥḍrmt ...	"*Ydʿʾl Byn*, king of Hadhramaut …
wyṣdw ʿšry ʾwymm	and they hunted for twenty days
whrgw ʾrbʿt ʾnmrm …	and slew four panthers and …" (Ingrams' version; Beeston's version, Beeston 1948, 189–90; Beeston 1982, 8–10; Pirenne 1990 92f.; but see Robin 1992b).

y[*d*]*ʿʾl byn m*[*l*]*k ḥḍrmt* ….	"*Ydʿʾl Byn*, king of Hadhramaut …
whrgw ḫmšt wšlty bqrm	and they slew 35 oxen (*bqrm*)[20]
wṯty wṯ[*m*]*nhy hwrw*	and 82 sheep (*hwrw*)
wḫmst wʿšry ẓbym	and 25 gazelles
wṯmnwt ʾfhd bgndln ʾnwdm	and 8 leopards at the fortress of *ʾnwdm*" (Philby 84; *RES* (7) 4912; Beeston's version, Beeston 1948, 190–91; Pirenne 1990, 111f.; but see Robin 1992b).

However, in these cases, we are not sure of the sacred character of the hut. In the second inscription we do not even have the verb **ṣd*, although the presence of wild animals may hint at a hunting activity on the occasion of dedication and offering ceremonies. On the other hand, it is significant to see domestic as well as wild animals offered at the same time as sacrificial victims, a praxis completely absent from the Ugaritic sacrificial liturgy where only domestic animals[21] are offered (as in the Israelite sacrificial system, which follows this as well as other aspects of the Canaanite model).

19. Sima 2000–2001, 90/91, quotes a further couple of fragmentary inscriptions which mention Šams' hunt.

20. According to Serjeant 1976, 71, *bqr* stands for "Ibex" (!).

21. See Del Olmo Lete 2014, 30f. ("Material for Sacrifice"); on the Israelite practice see above n. 7. The sacrificial character of the hunting is clear in the inscription Gl. 621; *RES* (7) 4912; Höfner 1938, 213;

But possibly the most striking example in connection with the South Arabian ritual hunt and its religious bearing as a sacral duty is the inscription *CIS* [IV/II] 547,[22] because of the different thematic and even mythic implications it presents:

[1]*<ʾḫ>l ʾmr*^{m} *w-ʾhl ʿṯtr*	<Le cla>n Amīr^{um} et le clan ʿAṯhtar
[2]*<tn>(ḫ)y(w) w-tnḏr l-Ḥlf*^{n}	<se sont con>fessés et ont fait pénitence à Ḥalfān
[3]*hn ʾl hwṭy-hw mṭrd-*	parce qu'ils ne se sont pas acquittés envers lui de sa chasse
[4]*hw b-ḏ-Mwṣb*^{m} *ʾḏ ẓʿn=*	au (mois de) Mawṣab^{um} quand ils se son réfugés/ rituelle (?)
[5]*w l-Yṯl b-ḍr Ḥḍrmt*^{m}	à Yathill durant la guerre de Ḥaḍramawt^{um},
[6]*w-ḥgw ḏ-S*^{1}*mwy b-Yṯl w-*	tandis qu'ils ont fait le pèlerinage de dhū Samawī à Yathill et
[7]*nsʾw mṭrdn ʿd ḏ-ʿṯ=*	ont remis à plus tard la chasse rituelle (?) jusqu'au (mois de)
[8]*tr [f]-ʾl hwfy-hmw *m*fg=*	*dhū-ʿAṯhtar*. Alors, Il ne leur a pas accordé la mise en eau de leur réseau
[9]*r s*^{2}*rg-hmw b-dṯʾ*^{n} *w-ḫr=*	d'irrigation au printemps et à l'au-
[10]*f*^{n} *mn nw*^{m} *qll*^{m} *(w)-b*l*=*	tomne, à cause d'une eau en faible quantité à l'ex-
[11]*lm f-l ḥḏrn mn mṯl-*	trême; et qu'ils se gardent de (faire) la même chose
[12]*h ʾʾḫr w-Ḥlf*^{n} *l-yṯwb-*	une autre fois. Quant à Ḥalfān, qu'il leur accorde
[13]*hmw ṯwb ynʿm ʿrt tn=*	la reconpense d'être favorable en échange de la con-
[14]*hytn ḥyn ḏ-Mḫẓdm qd=*	fession. Au temps de dhū-Makhẓd^{um}, le pre-
[15]*mt*^{n} *w-kwnt ḏt tnḫt*^{n} *b-*	mier. Cette confession eut lieu sur
[16]*ʾmr Ḥlf*^{n}.	l'ordre de Ḥalfān.

From this inscription the following implications stand out: first, the hunt is a religious duty to be carried out at a fixed moment in the lunar calendar and cannot be changed by any other ritual, not even in case of urgent need. Secondly, it is an obligation that a certain god claims; in case of negligence, punishment follows, imposed by the deity *Ḥlfn* (in the fourth case we meet him already claiming a ritual hunt of his own). Thirdly, this punishment will bring about the scarcity of water supply in the two rain periods, namely spring and autumn, which coincide with the early and late rains, according to the Hebrew Bible account. The ritual hunt appears, then, as an unmistakable fertility ritual.[23] Finally, confession, repentance, and intent to amend will bring back the divine plentiful blessing, in accordance with the most orthodox Catholic

Beeston 1956, 193f.; Bron 1989, 123–26, according to Beeston's interpretation. If the deity claims it, we can deduce that the hunt has sacrificial importance, to which he cannot renounce.

22. See Robin's version in Robin 1992a, 74–76; also, Beeston 1948, 191–93; Sima 2000–2001, 91. On this type of "Confessions," see G. Ryckmans 1945; Bron 2008, 462f., 465. In this inscription the root **ṣd* does not appear, but the meaning of *mṭrd*, "ritual hunt," seems reasonable sure; see Beeston et al. 1982, 154.

23. See Maraqten 2015, 221: "The religious motivation seems to have been to guarantee continued fertility."

penitential doctrine. As we will see later, the connection of the ritual hunt with rain flow has persisted in these regions until modern times.[24]

Beeston summarizes the information drawn from these texts as follows:[25]

a. "hunting was practiced *only* as a religious act, since that culture was preeminently an agricultural one";[26]
b. "the purpose of the act was specifically to secure divine favor and bounty";
c. "failure to perform it at the proper season was believed to entail divine wrath";
d. "normally it appears to have been an annual event," although "it was also sometimes undertaken as part of the ritual performed on some special solemn occasion";[27]
e. "the office of the huntsman seems generally to have been occupied by persons of high religious standing: either the Priest-King himself or a religious collegium … or a person of standing";[28]
f. "it seems very likely that the act may have been often accompanied by a dance-ritual performed around a stele or *ṭawāf*-stone."[29]

To these I would add two aspects that must be taken into account:

a. The personality of the god involved:

Four gods appear connected with this ritual according to the texts preserved, making thus clear the diversified sacral character of the hunt: ʿAṯtar, *Tʾlb*, *Šms* and *Ḥlfn* (see Maraqten 2015, 222), corresponding to the canonical triad assumed for this Semitic people: the Venus star, the Moon and the Sun.[30]

ʿAṯtar is the well-known supreme god of the South Arabian Pantheon, astral deity and the patron of artificial irrigation,[31] the typical South Arabian system that includes

24. A recently published inscription (see Maraqten 2015, 220–21) mentions a hunting party (*bkn s^{1}bʾ w lṣyd bqr ḥ^{2}n / ln s^{1}bʾ w lṣyd wḥs^2*, lin. 6–7/13) led by "the governor of the tribe of Saba'" (*wzʿ s^{3}ʿbn s^{1}bʾ*), but seemingly without ritual character. Nevertheless, the dedication of a statue to Almaqah on this occasion should be taken into consideration in this regard. See also the late recently discovered Himyarite inscription recorded by Al-Salami 2011, 12–20, also an apparent non-ritual hunt (?) expedition by the Himyaritic king Abū Karib Asʿad.

25. See also in this regard Sima 2000–2001, 88–90 ("Ablauf und Durchführung der Jagd"); 93–95 ("Zusammenfassung und kritische Evaluation des Begriffs 'rituelle Jagd'").

26. Not to get food; see Serjeant 1976, 73.

27. See Bron 2008, 458: "(chasse) qui avait lieu, semble-t-il, une fois par an, au mois nommé, précisément, 'mois de la Chasse'"; also J. Ryckmans 1976, 277, quoting Beeston 1956, 16, who in turn sends back (p. 43) to his own article of 1948: "the following also may refer to cult-practices: HAD *ṣyd*, with reference to a ritual hunt" (p. 16). And more explicitly: "Only one Hadrami month-name is known, attested in R. 3968/14 *wrḫn/ṣyd*" (p. 15). See also Maraqten 2015, 225f.: "Of significance is the fact that there was a specific month for hunting in the Sabaean and Qatabanian calendar called *ḏ-ṣyd*"; "Several South Arabian inscriptions also mention hunting seasons, and a particular season was dedicated to the sun-goddess (*ṣyd ḫnwn*)."

28. So Serjeant 1976, 69; Garbini 1988, 23, 32 on the use of **ṣd* and **šʾk* as hunt terminology. On the "royal" category of hunt see the sytagm *ṣyd mlkn* in an unpublished inscription designating apparently a "commander of the Royal Hunt" (Maraqten 2015, 219).

29. But, evidently, we were not in front of a simple ritual dance; on such meaning proposed for the base /ṣ-d/ see above n. 1. Furthermore, a sacred hunting space of the deity is sometimes hinted at; see Maraqten 2015, 222, 225f.

30. See Höfner 1970, 248.

31. See ^{11}*sqy / w-hšfqn / kl / rḥbtn / w-h* ^{12}[*g*]*rnhn / w-kl / mlk / ʾlmqh*, "Reichlich mit Wasser versorgte die ganze weite Flur und die zwei Ebene und den ganzen Besitz des ʾAlmaqah" (Fa 71, Fakhry 1952; Beeston's

rain supply, dams, and reservoirs to collect water and channels to distribute it. In this regard, ʿAṯtar turns out to function as the "South Arabian Baʿal." He occupies here the preeminent first place in the pantheon he was unable to obtain at Ugarit.[32] This is the distinctive feature that relates both mythological systems: water being the supreme element that catalyzes the divine providence for agricultural societies, in one case as a fixed seasonal abundant rain that pours down, and in the other as an artificial system that allowed the collection of the more sporadic and less rich water rain flow, taking profit from it at the right moment. In both cases, however, rainwater was the first and most decisive epiphany of the divine. We will see later how the correlation of hunting ritual and rain water supply has lasted until the present time, as pointed out earlier.

In this connection, the deity *T'lb* (*Ta'lab) is particularly interesting.[33] He is taken by Höfner as "eine Erscheinungform des Mondgottes" ('Almaqah), his symbolic animal being the "Steinbock" ("Ibex, bouquetin, cabra montés"), that is supposed to be also the meaning of his name[34] and who in later periods has the surname of "lord of the fresh

---

version—I thank Professor P. Stein for the reference). This patronage will be transferred later to *ʾAlmaqah*. See Höfner 1970, 352; Bron 2008, 455. As a good synthesis on the historical treatment of ʿAṯtar's mythological character see Smith 1995.

32. See Del Olmo Lete 1981, 66, 107f., 137f., 147.

33. See Höfner 1970, 254ff.; Bron 2008, 458; Müller 1997.

34. This has become a very common opinion among South-Arabists. See Höfner 1965, 542, according to Glaser (1923, 69f.), who quotes the ancient Arabic lexicographic sources (*Qamūs* and *Lisān*) that proposes *t'lb* = *waʿil* (not recorded in *AEL* either under *ʾlb or *ta'lab*; in *AEL* Supplement 3056, *waʿil* = *ʾalb*, according to the *Qamūs*, has the aspect of a metathesis; maybe a scribal error for *ʿayr*, "onager"?). The linguistic base is very weak. Actually, the word has not found its way into the normative, ancient and modern Arabic lexicography and the suggested late "lexicographic" value must be considered an idiosyncratic semantic expansion of the base *ʾlb, as many others exist ("to drive, pursue, chase, hunt with vehemence," "body of hostile people" < *hum ʿalayhi ʾalb wāhid / waʿ[i]l wāḥid*, a common idiomatic expression; see *AEL* 78; *DAF* 1569: *hum ʿalynā waʿ[i]lān wāḥid*). However, other meanings are also provided by the *Lisān*, the first and more determinant: *ta'lab = al-šadīd al-ġalīṯ al-muğtamiʿ min ḥumuri al-waḥši*, "a compact/sturdy, rough flock (composed) of onagers"; *miṯāl al-ṯaʿlabi*: "like a fox"; *šağar*, "a tree"; this last seme being the only one recorded under the entry *t'lb*. We cannot be sure about these idioms going back pre-Islamic times. On the other hand, the *Lisān* itself (the *Qamūs* does not add anything else: see above) interprets the meaning of *ta'lab*: "tau added to the expression: *ʾalaba l-ḥimāru ʾutunahu*, the onager *joined* (to) his females," with a seeming sexual meaning, applied in any case to "onager," not ibex, as extension of base for "to be gathered, to gather" in the field of husbandry and maybe hunting. In my opinion this lexicographic Arabic material has nothing to do with the Old Arabian DN T'lb/Ta'lab. The firmer alternative would be then to take *ṯa'lab*, a normal /taqtal/ derivation of *ʾlb, as a noun of function: "gatherer" (either of animals [flock], water [pond] or clouds [storm cloud]) or its effect: "gathering" (see Lipiński 1997, 219f.). In this connection Serjeant's proposal (Serjeant 1976, 76), suggested already by Jamme (1947, 79), is worth remarking: he interprets the DN *T'lb* as a feminine preformative form of the base *ʾlb (*samāʾ* is feminine), as a transformation of the Ar. postpositive syntagm *ʾalabati-ssamāʾ*, "the sky rained with long continuance" (see *AEL* 78; Al Lisān: *wa'alabaṯi l-sammā'u ṯa'libu, wahiya ʾalûbun*: *dāma maṭaruha*). This original Ar. seme of *ʾlb ("was or became collected or compact/to collect") strongly recalls Zeus' epithet *nephelē-gerétal/ēs* and maybe, according to a likely opinion, the Ugaritic Baʿal's title *rkb ʿrpt* (see Del Olmo Lete 2016). In this regard, Jamme's interpretation ("qui rassemble les nuages et qui donne la pluie") was very felicitous, in my opinion. One could also venture to suggest a cultural loan of OSA *t'lb* from Persian *tālāb*, "a pond" (*PED* 276; a loan itself from Ar. *ʾlb, "to gather"?), a meaning well-fitting as an epithet of a water-providing god in the context of an artificial irrigation system.... Nevertheless, the etymological question is rather of less bearing and must remain open (could it be an abstract noun?), taking above all into account that this god appears now as a masculine deity, whose wife was probably Nawsham (Bron 2008, 460); this fact cannot be disregarded in any etymological proposal.

grazing land" (*bʿl mḥlym*)[35] and substitutes the lunar deity *Samāʿ* in the *Samāʿy* region, according to the epigraphic evidence. This deity appears then related to the rain season.

As seen above, the goddess *Šms* (Šams), "the Sun," claims also her own ritual hunt, from the celebration of which hang divine providence and blessing. This, in accordance with what has been said, would be the rain supply in due time.

Finally, the DN *Ḥlfn* (Ḥālifān) of the later Haram inscription is taken also by Höfner as a "Gestalt des *ʿAṯtar*,"[36] so invoked in this land and time, and owner of his ancient temple. This deity also, as was seen earlier, requests the right celebration of his hunt and justifies his punishment, the shortage in water supply, because of deficiency in this regard.[37]

b. The connection of this ritual with the water supply during the agricultural annual seasons:

The four gods and their ritual hunts turn out to be involved with providing rain as the main religious concern.[38] This is confirmed by the bynames attributed to the main deities in connection with water: *ʿAṯtar* is invoked as *mtbnṯyn*, "Zuteiler des Wassers," and "*ʿAṯtar* der Fülle" (*ḏ-rḥbh*); der Sun goddess *Šams*, as "die Überfluss Spendende" (*ḏt-ġḏrn*); the lunar god *ʾAlmaqah*, as "der fliessender" (*ḏ-hrn*)[39] (on his counterpart *Taʾlab* see above).

Ritual Hunting in Medieval and Modern South Arabia

On this topic of the ritual hunt, R. B. Serjeant has gathered together a good deal of textual evidence, poetic and narrative, from pre-Islamic to modern Arabia, as well as personal field work of ritualization of hunting among modern South Arabian tribes of Hadhramaut, where this practice has survived (Serjeant 1976, 4). Already in Muhammad's times, hunting wild animals was taboo in some sacred areas, especially in the two "Haramain" of Mecca and Medina, where a certain ritualization of hunting, carried out away from them, apparently took place in those days and where the horns of hunted animals were hung, and votive images of wild animals kept,[40] horns being in general a sacral religious symbol.[41]

35. See Höfner 1965, 543: "Herr der frischen Weide"; Serjeant 1976, 74; Biella 1982, 202 (*mḥlym*, "green pastures"; also Höfner, 1954, 29–36, "Patron der Kleinviehhirten").

36. See Höfner, 1970, 250f.

37. In a fragmentary late inscription, recently published by M. A. Al-Salami (2011, 11–20), a dedication to "the Lord of Heaven" (Raḥmanān?) is also mentioned; see Maraqten 2015, 222f.

38. See Bron 2008, 457; Maraqten 2015, 223: "Such practices suggest that the 'hunt of ʿṯtar' and some other types of ritual hunting were, in principle, *istisqāʾ*, prayers for rain and fertility."

39. For these epithets see Höfner 1970, 250, 252, 258.

40. See Serjeant 1976, 5–7: "It could possibly be that in pre-Islamic times a ritual hunt was associated with the worship of Allāh in Mecca, Allāh protecting the game in his *ḥaram*, but the game being lawful to the hunter outside it, and the ritual hunt being a special ceremony distinguished from ordinary hunting. In the case of the ritual hunt (it may be suggested perhaps even in ordinary hunting) tribute of the spoils of the game would be presented to Allāh at the Kaʿbah."

41. See in this regard for instance Bernett and Keel 1988. Almaqah, the lunar deity, patron god of the Saba kingdom is called "Lord of the Ibexes," *bʿl ʾwʿln* [*baʿl ʾawʿālan*]), *waʿl* being the well-known horned animal (Ar. *waʿ[i]l*, Heb. *yāʿēl*).

Poets and chroniclers of the early Islamic period preserve echoes of this old religious conception. But it is often difficult to set them apart from references to hunting as a normal way of getting food and from its civil regulations regarding hunting space and social implications of such activity, or even from the respect and pity (when killing for instance females with young) towards the free wild animals man is obliged to kill. "The hunt has to be prepared for by certain laws rather like the laws of the Prayer," summarizes a sentence recorded by Serjeant from among the modern Tarim people (Serjeant 1976, 15). Possibly the best proof of the old, pagan, and pre-Islamic nature of such tradition is to be seen in the opposition such regulations found in orthodox Muslim circles. Nevertheless, the ritualization of the lion hunt[42] seems to have lasted for centuries in the Islamic Oriental Khalifat and can be deduced from poetic references as well as from the totemic representation of wild game on the rocks, and dancing celebrations on the occasion of their hunting. The hunting zones were furthermore strictly delimited and jealously defended by each tribe, something that may not have a sacral connotation at all, as well as many other manifestations that accompany the successful hunt (Serjeant 1976, 29),[43] ending in the community's sharing of it, following a strict hierarchical order. In this connection, it is worth recalling the offering to god of a succulent part of the game as a sacrifice of expiation and communion (Serjeant 1976, 31). However, the hunting activity itself developed social feasting far away already from the original ritualized sacral celebration (with processions and dances) and its original meaning.

The most significant feature of some of these medieval Islamic witnesses of an ongoing ritual hunt was possibly the not infrequent connection they establish between hunting and the pouring of rain, as a divine blessing: "If we did not hunt the rain would not come to us and there would be drought," is an old belief among modern *wāḥidī* people (Serjeant 1976, 36; Beeston 1991, 49f.).[44] It is the same kind of connection we saw expressed by the Haram inscription (*CIH* 547/Haram 10) quoted above. An old religious tradition is at work here. Even the mere appearance of wild game is an infallible omen of rain as if wild animal, god's animals, witnessed by themselves the divine blessing.

The Emar Link

From Ugarit we gather a wide mythological representation of hunting as a divine activity intimately connected with the fertility Baʿalic myth, and consequently with

42. On the ritual lion hunting among the Eastern Semites see later. Can a certain echo of the Assyrian ritual lion hunting be heard here? The hunted lion is also present in the Ethiopian coronation festival of the new Emperor (see Bron 2008, 474). On the lion hunting in the Hebrew Bible, see Strawn 2005, mainly pp. 54ff. ("Royal Lions: The Lion and the Monarch/Mighty One"), although no royal hunting scene of the Hebrew kings is described; see also G. Gerleman 1946. In the Hebrew Bible, hunting is more a source of poetic imagery than the subject of an actual activity. This hints to the possibility of a royal ritual lion hunting in this area, witnessing to a certain confluence of the North West Semitic and East Semitic traditions of the fertility and kinship myths embodied in the ritual hunt. On that, see below.

43. The inscription published by Robin and Gajda 1994 belongs into this category of "civil" hunting without ritual overtones; see Maraqten 2015, 213.

44. We can very likely assume, according to this author (p. 69), "that the contemporary Ḥaḍrami Hunt is essentially the same ceremony" as the one reconstructed by Beeston starting from the above quoted inscriptions (Beeston 1991: 49). See also Maraqten 2015, 223: "The Hadrami hunt is not only a social ritual but it also seems to have a religious purpose, given that a successful hunt is thought to ensure rain."

his function as rain-providing god (see *KTU* 1.4 V 6–7: *wn åp ʿdn mṭrh*). However, we have no actual description of the ritual execution of such hunting at an empirical level, or, in other words, of how Baʿal's hunting was carried out as a ritual celebration. If the goddess ʿAṯtart/ʿAnat goes hunting in search of a remedy to cure the intoxicated father ʾIlu (mythic references and account, *hieròs lógos*), the remedy employed to cure empirical persons (factual search-hunt) is an empirical one (i.e. the product, either vegetal or animal, called *šʿr klb*),[45] but no text tells us how the remedy was obtained; it is taken for granted. We do not even know whether a secular hunt was practiced in this connection besides the ritual performance. The evidence for the connection between myth, rite, and hunting activity is missing at Ugarit.

In contrast, from the South Arabian inscriptions, old and recent, we have a fairly detailed account (space, hunting system, occasion, consequences of the practice, gods involved, connection with annual rain flow, etc.) of the ritualized activity,[46] but the mythic account is completely missing: we have no evidence of the gods going hunting. Of such an account, only the reference to the human hunting as a duty claimed by certain deities as "his hunting" remains, as well as the description of certain animals as the particular symbolic property of the gods.

There are, nevertheless, some common features (the verbal connection **ṣd*, royal agent, wild place, deity, effect, etc.). This supports the hypothesis of the preservation of the ancient mythical ideology in the Arabian praxis, although duly transfigured: from a mythological-polytheistic representation (NWS) to a less mythological and more reductionist, henotheistic conception (OSA), and finally to a more or less implicit theological monotheistic assumption (MSA). We have, however, to bear in mind that the medieval-modern ritual hunting is alien to Islamic tradition and rejected by the Islamic orthodoxy, as was pointed out. It goes back then to a pre-Islamic tradition of which the Old South Arabian inscriptions are the irrefutable witnesses. Thus, there is a fairly well assured persistence of such tradition from the early first centuries BCE to the early first centuries CE and later to the present day.

To establish the cultural religious link between the Ugaritic mythical ideology and the Old South Arabian praxis, like in the case of the unexpected and astonishing invention of a HLḤ (South Arabian) order alphabet at Ras Shamra,[47] we can resort also to the relevant Emar ritual praxis.

The text Emar 446/Msk 74280a+74291a:85'–94',[48] namely, the six-month rites agenda, states the following:

> The month of *Marzaḥānu*: The *Bugarātu* fall on the 14th day.
> On the 16th day Aštar-ṣarba goes out in procession.
> A sheep, provided by the city, and the divine axe

45. In this connection it is well worth remarking that while the "pendentif d'ʿAshtarté" (AO 14714; Yon 1977, 176f.) shows the fertility goddess holding in her hands a couple of small caprine animals, on other objects of the same kind (AO 14716, 14717, Alep 4576) she is represented as holding two plant stalks; see Del Olmo Lete 1988, 58–63 n. 33.

46. See Maraqten 2015, 225f. ("Hunting organization and hunting expedition …").

47. See Bordreuil and Pardee 1995, 855–60; Del Olmo Lete 2010, 180ff.

48. See Arnaud 1986, 422, 424 (at l. 90' Arnaud's version reads: "c'est la chasse de Baʿal"); Fleming 2000, 149, 274.

> follow Aštar-ṣarba.[49]
> The hunt of Ištar/Aštart falls on the very same day.
> The hunt of the Storm-god falls on the 17th day.
> They burn at the Hurrian (?) temple one sheep from the *nuppuḫannū* men.
> The *Marzaḫū* men of the fellowship (?)
> bring a standard loaf to the gods. Half of the one sheep
> belongs to the diviner. (Fleming 2000, 275)

We have here evidence of the ritualization of the myth as developed in *KTU* 1.114. This is a menology of rituals and the context (processions and sacrifices) is undeniably ritual. On the other hand, the correlations with the Ugaritic text are extraordinarily surprising: the same setting, the *marzeaḥ* gathering (*md*) (Del Olmo Lete 2015b), identical mention of ʿAṯtart's hunt in both cases (along with that of the Storm-god/Baʿal, the rain-providing deity), sacrifice-banquet celebration with the offering of a particular animal victim (the UDU *ša nu-pu-ḫa-an-ni* sheep), and a likewise peculiar vegetal item (the ninda*na-ap-ta-na* bread); the reference to the "Hurrian" temple and the "diviner,"[50] the moment, the full Moon of the month *Marzaḫānu*, in accordance with the role played by Yarḫu in the Ugaritic text. We should bear in mind that we are dealing with coetaneous and geographically very close evidence of the same religious ideology, of which Ugarit provides the mythical conception, and Emar the ritual scenery. It is reasonable to presume that the Emariote liturgy was a sort of ritual parody (see the previous mention of Aštar-ṣarba's procession[!]) of the actual hunting party carried out in the goddess' name by the *Marzeah* men and of which the OSA inscription would bear witness.

On the other hand, the presence of Aštar/ʿAṯtar links the ritualized OSA empirical praxis with the pure Emariote cultic-ritual *mise-en-scène*; and, more astonishing yet, the connection of the ritual hunt with its seasonal rain pouring down as a divine blessing links Old and Modern South Arabian ritual praxis with the fertility Baʿalic mythology we saw epically displayed in the Ugaritic Text *KTU* 1.12. Here, Baʿal went through the unavoidable passion to accomplish his seasonal cycle, while, in Hadhramaut, ʿAttar, firmly established already in his heavenly throne, provides the badly needed rain to his people who faithfully carry out his ritual hunt. He can finally take over the role of the fertility god he was unable to obtain in the Ugaritic mythology, although he was considered *ʿrẓ*, "terrible,"[51] according his mother ʾAṯiratu's opinion (*KTU* 1.6 I 54–55), but not enough as to be able to become Baʿal's substitute at Ugarit. We are facing two divergent mythologies, based on two divergent water systems as a source of fertility: direct seasonal rain, artificial irrigation by water gathering and canalization.

Although Baʿal and ʿAṯtar represent two divergent mythologies, ʿAṯtar is, as far as we can say, the Baʿal of Ancient Arabia. Furthermore, he absorbs the Ugaritic (and NWS in general) ʿAṯtart's role, becoming in some way an "androgynous" deity, at the

49. See Oliva Mompeán 1993.

50. In accordance this last datum with the place where the Ugaritic text was found and the *marzeaḥ* gathering was probably celebrated, the house of Agapṯarri, the diviner; see Del Olmo Lete 2015c, 224–25: "3. Archeological Context."

51. For this and other interpretations, see *DUL* 182; Wyatt 1998, 132 ("the Brilliant").

same time the morning and evening star Venus' epiphany, in accordance with the Akkadian tradition of the goddess Ishtar, a feminine character, while at Ugarit ʿAṯtar was a masculine god.[52]

The Hadhramaut inscriptions suggest that the ritualization was the symbolic religious dressing of an actually secular activity. In this regard, we have the textual and historical evidence of this ongoing religious praxis: the myth from Ugarit, the ritual from Emar, the activity from Old South Arabia, from which Modern South Arabia would be its surviving evidence: Ugarit/Emar/OSA–MSA.

At this point, one should ask a further question: Would it be possible to integrate into this scheme the Assyrian (ritual) royal hunt? The Assyrian reliefs of hunting kings had no doubt also a symbolic meaning. Obviously, we will meet here a different tradition, as different in fact as the fertility system: river irrigation. In this case water does not come directly from the sky at seasonal intervals, nor is it collected by dams; instead, it is flowing along the earth on a permanent riverbed.

The Assyrian Royal Ritual Hunt

The Royal Hunt is (or was, before fanatic stupidity surfaced on Mesopotamian soil) magnificently displayed in the wall reliefs of the Throne Room of the West Palace of the Assyrian Kings at Nimrud/Kalḫu (IX–VII c. BCE).[53] The local setting tells enough about the royal ideology ascribed to the event (Watanabe 2002, 69f.). Furthermore, the display consists of two hunting scenes: that of bulls and that of lions respectively, a duality not merely aesthetic, as can too easily be supposed according to what we saw formerly and will say later.[54] On the other hand, the libation scenes beneath the hunt scenes tell enough about the "ritual" sense of the royal hunting carried out by the Sovereign. The text inscribed in between describes the royal hunt as one the most significant royal activities in which the king acts as a priest, according to the Assyrian Royal inscriptions, for instance:

> ^{d}NIN.IB ù ^{d}IGI-DU ša šangu-ti i-ra-am-mu
> MÁŠ.ANŠE EDIN ú-šat-li-mu-ni-ma e-piš ba-ʾa-ri iq-bu-ni

> "Ninurta and Nergal who love my priesthood, gave me wild animals of the steppe and commanded me to hunt" (IM 54669 IV 40–42)
> (Watanabe 2002, 70).

52. On the androgynous character of the OSA *ʿAṯtar*, see Höfner 1965, 498; Robin 2011.

53. The Nineveh palaces, beside numerous monumental effigies of bulls and lions, also have wall-panels that represent usually military campaigns of conquest carried out by the Assyrian Kings in the neighboring territories; fallen wall-panels showing scenes of lion-hunts were found in room S of Aššurbanipal's North Palace; see Reade *RLA*, 410–19. Hunting parties in general, of lions and other beasts, are also found at Nineveh, but their sacred character is not ascertained; see the original report by Feer 1864, 168ff.: "Les principals animaux contre lesquels elle (la Grande chasse) était dirigée étaient le buffle et le lion, précisement ceux qui forment la partie essentielle des animaux symboliques placés aux portes des palais assyriens" (p. 168). "Les sculptures de Koyoundjek nous représentent deux chasses principals: la chasse au cerf et la chasse au lion" (p. 169).

54. See Breniquet 2002, 161: "The Lion, which, with the bull, is the supreme animal, is closely related to royal power…," and that from the Sumerian art representations on.

Leaving aside other interpretations of these representations (either assertion of the king's divine power against his enemies, religious duty that proves the king's power over the wild world, or presenting the king as the protecting "shepherd" of his people and of domestic animals from wild beasts), all of them partially valid at an empirical consequent level, we accept Watanabe's interpretation that sees in the bull hunt, as its final aim, a late representation and actualization of an old mythological motif, going back to the late third (Sumerian) millennium tradition for which the reliefs are not merely a secular hunt representation of a more or less wild animal, but that of a "symbolic" one (Watanabe 2002, 74f.); according to this view, through hunting, the Assyrian king imitates and assumes the rank of the legendary kings of Ur (III) and Uruk, who killed the "Bull of Heaven," the supreme ambiguous divine incarnation of destruction and fertility, thus embodying above all the legendary Gilgamesh, the record of whose exploits was kept in the palace library. The iconographic representation becomes in this way the supreme expression of the royal ideology befitting its ceremonial setting, the throne room.

Following the same pattern, the royal lion hunt, more significant still than the former and therefore more abundantly represented, has to be viewed from the mythological perspective. Here, even the offering table and the incense burner that accompany the libation scene attest to the ritual character of the hunt, in which the king, who offers and receives the libation at the same time, plays the role of the central divine agent of the exploit, at the same time man and god (Watanabe 2002, 76ff.). The scene has the meaning of a sacrifice, giving back an animal victim to its divine owner, implicit already in the libations after the bull hunt, as pointed out earlier. As for the mythological representation at work in this case, the myth of Ninurta, the main god of the capital Kalḫu, comes to the foreground, killing the winged leonine monster Anzu. His exploit appears repeatedly represented in seals and reliefs, and the palace library keeps also the record of it. The king's embodiment of the god of the capital of the kingdom is more significant than that of the legendary, but nevertheless human, kings. Contemporary evidence shows the Assyrian king explicitly playing the role of the god Ninurta either in literary descriptions or in iconographic representations of his war exploits, riding on a war chariot or on foot, as well as in the representations of the ritual footrace. "After Ninurta vanquishes his enemies, the god acquires his kingship.... Thus, it is likely that," concludes Watanabe, "the Assyrian royal hunt has the same structure as the rite of Ninurta: the king establishes and reinforces his kingship by killing lions in the same manner as Ninurta achieves his divine kingship by slaying monsters" (Watanabe 2002, 81f.).

It not easy to draw a parallel between the hunt of the Old Sumero-Akkadian myth, and its Assyrian political ritualization, and the corresponding NWS ʿAṯtart-ʿAnat's // Baʿal's hunts. A certain parallelism may be seen between the lion hunt with its subjacent Ninurta's mythology and Baʿal's hunt and his fight and slaughter of Yam and his helping monsters (see *KTU* 1.2 IV 20ff.; 1.4 I 1–3). This parallelism was seemingly perceived and professed at Emar by the concealment of the City God's name under Ninurta's Sumerogram (Beckman 2008, 6f.). On the other hand, the bull hunt, besides overshadowing the tauromorphic aspect of Baʿal's enemies (see *KTU* 1.12 I 30–32), includes the bull as a fertility symbol (and the Moon's symbolic animal), which in a certain sense could relate the ES and NWS conceptions. In Mesopotamia, however, these mythic ritualizations have a clear and almost exclusive meaning of reaffirmation of kingship, and in any case no hint can be found in them of rain as the main fertility concern of the ritual, due to the different ecological system, as pointed out above. We are facing in this case two partially divergent myths and rituals, and two different main socio-political concerns: one of them (a big expansive empire) in which kingship and its divine mediation are reinforced by victory over the enemies; in the other (a small vassal kingdom) it is done through the fertility of the land. Neither of these aspects, however, is completely exclusive of them. Baʿal's myth is also the myth of his royal affirmation over gods and men, but such kingship must pass through his death and resurrection; his victory is an annually renewed fight against his enemies, unlike his Mesopotamian counterparts, whether gods or heroes. Their victories are unique and everlasting.

Conclusion

Summing up, one can confidently conclude about the existence of a ritual hunt within the whole North West Semitic world, from the second millennium BCE to our days. Such praxis appears linked on the one hand to the sacral character of the wild or open country and its animals as particular property of the gods. To enter this space a ritually conditioned behavior must be observed, and the booty obtained must be considered sacrificial material to be offered to the gods, their lords, and shared in communion sacrificial banquet. This sacral ritual practice becomes the condition to obtain from the gods the blessing of the seasonal rains, given the peculiar powerful efficiency those victims show as divine animals in opposition to the domestic "human" victims commonly offered in the temples. Moreover, their hunt recreates Baʿal's own death in the desert at the hands of his voracious enemies, as a premise to the resurrection and seasonal vivification of the world.

On the other hand, one has to resort to the deserted open country, the ritual hunt scenery, and to its godly energetic products (herbalist pharmacopoeia), to obtain remedies to get out from especially hard situations, like the one implied by the *marzeaḥ* practices and its intoxicating consequences, seen as "demonic" experiences. To overcome them, common "human" or domestic remedies are useless. As a matter of fact, the Ugaritic and Emariote texts link together the *marzeaḥ* practice and the ritual hunt (*KTU* 1.114 // Emar 446), placing the divine hunts in a peculiar moment of the seasonal monthly cycle, the *Marzaḫānu* month, and at the most suitable moment of the monthly lunar sequence, the 15–17th days of this month, the Full Moon.

Nothing is therefore arbitrary in this regard; everything is accurately regulated. In matters of fertility and contact with the spirits (both supernatural parameters), the most powerful divine assistance is requested. And such assistance must be searched in the area where the gods and the spirits abide: the *mdbr qdš*; only from there efficiently active means can be obtained.

Moreover, the different ecologic and mythological bases notwithstanding, there appears a structural feature that relates the mythical account and the ritual performance to each other, in the West and in the East. We have all the way through from Ugarit to modern Hadhramaut a more or less clear-cut *basic duality of hunts*:

At Ugarit we find:

- Baʿal's hunt (see above); and the hunted animals are mainly wild bovids;
- ʿAṯtart-ʿAnat's hunt (see above); and the hunted animals seem to be, in the specific case of ʿAnat, mainly birds (see *KTU* 1.10 II 23 [*b ʿp*], 1.22:11 [*ʿpt*] and the whole incident in the Daniel's epic) or more or less magical *phármaka* from the steppe (see *KTU* 1.114:23). Other attested hunts are either variants of ʿAnat's hunt (*KTU* 1.23:16; 1.22 I 11, in the same banquet context) or the pendant of Baʿal's hunt in the context of the fertility myth (see the same motif in the case of the "voracious" enemies of Baʿal or of the insatiable Šaḥar/Šalim who open their voracious mouth, from sky to earth, like the god Mot; *KTU* 1.5 II 2–4; 1.23 61–63).

At Emar we have a clear distinction, which was more or less hinted at Ugarit:

- the hunt of Ištar/Aštart;
- the hunt of the Storm-god, with no clear indication, however, of the kind of hunted animals or products; animal (but domestic!) and vegetal (bread, domestic also[?], but of a particular sort) products are offered to the gods. The hunt is a ritual performance rather than an empirical hunt in the steppe; there are no "hunted" animals.

In Old South Arabia we have textual and contextual evidence of two different kinds of hunt:

- the hunt of ʿAṯtar (Halifān) and *krwm*;[55]
- the hunt of *Tʾlb* / Šams (see above), the difference stemming from the different astral deities (Venus-Star, dual itself / Moon–Sun) involved. There might be a difference of hunt according to the animal hunted: cervid-caprine / wild beasts (panther, leopards, lions ...), which could also point to another distinction: hunt of ibex / by bow or net, hunt of wild beast / by ambush pit[56] (?).

In Modern South Arabia, where the polytheistic differentiation is no more possible, a strong distinction is made by the animal hunted, reflecting in this way an old

55. The meaning of *krwm* is most disputed: (1) "feast" (< **krw*, Akk. *karū*, "to entertain"; Heb. *kārāh* [2 Kgs 6:23], "to give a feast"); Ar. ʾakrā (**krw*), "to keep a sacred vigil" (Driver, Beeston [1948]); (2) "pit for trapping game," Ar. *karā* (**krw*), "to dig a pit" (Glaser, Rodokanakis, J. Ryckmans [1976]; Beeston [1982]; Brunner); (3) a DN *Karwām < the North-Arabian DN Attarquruma (Müller, J. Ryckmans [1993], Bron); Serjeant adds two more proposals: (a) the bird-game *karawān*; (b) "festal riding in circles" > **krr*. See Beeston 1948, 185; Beeston et al. 1982, 79; J. Ryckmans 1976, 270f.; Serjeant 1976, 72; and more recently Müller 1986a; 1986b; Beeston 1991, 51ff.; J. Ryckmans 1993, 373f. n. 86; Bron 2008, 475. I follow the opinion of these last scholars, taking *Krwm* as an avatar or epithet of ʿAṯtar, possibly with a meaning derived from one the values assigned to the base **krw*. The copulative syntactic structure of the syntagma (*ṣyd ʿṯtr w krwm*) favors the parallelism between the referents ʿAṯtar // *Krwm*. It is also worthwhile remarking that according to the inscriptions *RES* (6) 3946: 7 and Y.85.Y/1, quoted above, the syntagma *ṣyd krwm* may stay for *ṣyd ʿṯtr wkrwm*, as an abbreviation(?). On his turn, Maraqten (2015, 222ff.) sees in *Krwm* the DN of ʿAṯtar's spouse. But this way "divine coupling" is rather unusual in the OSA inscriptions.

56. On the ambush pit in Mesopotamia and Hadhramaut, see J. Ryckmans 1976, 270f.; Grayson 1964; Maraqten 2015, 228ff.

polytheistic differentiation through the symbolic identification of the animals with the different gods.

- the "bouquetin/ibex" hunt;
- the "lion" hunt, a distinction attested in both Ancient and Modern South Arabia.[57]

In Assyria, a double sort of ritual hunt carried out by the king is attested, as we saw above. The distinction is based on the different animal being hunted and on the different mythic background such difference implies, as well as a clear purpose of reaffirmation of the king's divine power and character:

- the bull hunt;
- the lion hunt.

This close coincidence of motifs and structure was kept in spite of the different ecological system of Ugarit and Emar, let alone the different landscape of Ugarit and South Arabia, and the different socio-political and ecological frames prevailing in Ugarit and Assyria. In Ugarit there was no desert, and there were neither ibexes nor lions. The mythical motif of Baʿal's hunt would come from the common Old Amorite nomadic layer, that was literarily developed, but was of difficult ritual performance. In contrast, Emar, and even more so South Arabia, were situated on the fringe of the desert and consequently the ritual hunt had an easy performance.

The Amorite origin of this ritual conception and performance should be traced in the Mari documentation, but the relevant evidence coming from these archives is very scanty. Viewed from the ecological and socio-politic situation, Mari could be expected to be the best witness of such ritual practice: a rural society with a strong nomadic component (Charpin and Ziegler 2003), but organized as a monarchy, with a territory in the fringe of the desert and full of any kind of wild animals. However, actually, no direct and clear evidence of a ritual hunt is to be found among the huge corpus of Mari letters. Only a couple of them (ARM II 106; XIV 1) seem to suggest that hunting and slaughtering of lions was the king's privilege: "il me faut le (the hunted she lion) faire parvenir vivant chez mon Seigneur" (ARM XIV 1), writes Yaqqim-Addu to his lord. The beast suddenly dies, and the faithful clerk solemnly states: "Je jure que l'on n'y a pas touché, selon l'interdiction de mon Seigneur" (ARM XIV 1), what is not said of any of the many species of animals sent to the royal palace. And when a lion is killed instead of being hunted alive, the man in charge sent the killer to the king (ARM A.438).[58] It is legitimate to see here the echo of the mythic images that were present in the Assyrian royal ideology and manifested in the royal ritual lion hunt (see above). The Mari rulers rapidly assimilate the royal ideology, namely Baʿal's version of it, as becomes evident from the letter A.1968 where Adad recalls the king of Mari: "Je t'ai

57. See J. Ryckmans 1976, 298ff. ("La chasse au bouquetin" // "La chasse au lion"); Sergeant 1976, 95. The representation of lions and ibexes together is frequent in the Mesopotamian glyptic: see Keel 1972, 50, 62, 74f.

58. For the text, translation and commentary see Durand 1997, 344–52. See also Corò 2005 ("Animali destinati al re per 'diritto di rango': il caso del leone"). In Zimri-Lim's epic no mention is made of royal hunting.

ramené sur le trône de ton père et les armes avec lesquelles je m'étais battu contre la Mer (*Têmtum*), je te les ai données" (Durand's version). Hunting and killing the hunted lions could become a ritual performance of this mythical ideology as a profession of the royal ideology, as was the case in Assyria.

However, beyond these basic diachronic coincidences, the topic remains open and raises many questions derived from the comparison of the different texts. To begin with the answer to the general twofold question whether ʿAṯtart-ʿAnat's hunt in *KTU* 1.114:22–23 and Baʿal's hunt in *KTU* 1.12:1ff. are the same as the one of the goddess Ishtar/ʿAshtart and that of the Storm-god in the Emar Menology, it must be: yes! But others are not so evident, in particular: what is the actual functional relationship between a "god's hunt" and the *marzeaḥ* celebration, and what is, if any, the relationship of the two *marzeaḥ*s, as supposed by the Emariote month dual name *Marzaḫānu*, and the two attested hunts, the ones of Ishat/ʿAshtart and the Storm-god? Are they also two different kinds of *marzeaḥ* celebrations?

From the general perspective of ancient Semitic religious conceptions, a clear distinction, and possibly an historico-religious shift, seems to impose itself: the primitive ritual hunt as an apotropaic ceremony to implore from the Storm-god the fertilizing seasonal rain[59] was turned, in the new monarchical societies, into a royal ritual hunt, the king being the godly personification and mediating instance of the fertility blessing. The ritual hunt becomes then a sacral manifestation of royal power and a means of renewing it. This fusion of traditions can be appreciated in the constant presence, textually attested in all periods, of the king or his equivalent as the main agent of this ritual practice. In kingship societies, where the rain had no significance as the main fertilizing means, as was the case in Mesopotamia, made explicit by the Assyrian iconography, the mythological royal ideology actually overrode the fertility aim of the original ritual hunt. In the NWS Syrian monarchic societies, in the "Land of Baʿal" we could say,[60] both traditions go together, possibly unfolded into two separate celebrations: the hunt of Baʿal (the king of gods and men) and the hunt of ʿAṯtart-ʿAnat (Baʿal's "sister" and strongest supporter of the fertility god in his fight against his enemies, Yam, Mot and company).[61]

In this connection, the ceremonial plate (RS 5.031 / AO 17208)[62] offers in the Ugaritic context an eloquent representation that anticipates the Assyrian reliefs of the Kalḫu Palace. It is difficult to take it as the representation of a royal Ugaritic bull (and lion) hunt; it may rather be of foreign inspiration or perhaps execution, an artistic and exotic reverie, by no means a realistic recreation. This could be the case even for the Baʿal hunts on foot at Ugarit, and the chariot in Ugarit appear only as a military implement. In any case, the scene attests to an idealized common Eastern praxis with a

59. See J. Ryckmans 1993, 373: "la chasse sacrée pratiquée comme rite de fertilité."

60. The denomination "Baʿalsland" has entered the Arabic lexicography with the general meaning of "plateau irrigated only by seasonal rain"; see *AEL* 228.

61. See in this connection the Heb. expression: *ʿašt*ᵉ*rōt-ṣōʾn* Deut 7:13; 28:4, 18, 51, in relation with the flock fecundity; see *HALOT* 2:899.

62. See Schaeffer 1949 ("La patère et la coupe en or de Ras Shamra"; "Patère ornée d'une chasse royale," according to Yon 1997, 175). These are a couple of pieces found in the archeological context of Baʿal's shrine in the Acropolis, the represented animals being bulls and lions (I have serious doubts about the image of a dog being represented in the "patère" (attacking the chariot!).

prototypical ritual meaning.[63] On the other hand Ugaritic glyptic is full of animal hunt scenes (mainly of bulls, lions and cervids) that bear witness to this tradition.[64] In this connection the "Pendentif d'Ashtarté" (RS 3.185 (AO 14714), interpreted sometimes as a representation of the "pótnia therōn,"[65] may also echo the tradition of ʿAṯtart's hunt.

BIBLIOGRAPHY

Al-Salami, Mouhamed Ali. 2011. *Sabäische Inschriften aus dem Ḫawlān*. Wiesbaden: Harrassowitz.

Amiet, Paul. 1969. "Quelques ancêtres du chasseur royal d'Ugarit." Pages 1–8 in *Ugaritica VI*. Edited by Claude Frédéric Armand Schaeffer. Paris: P. Geuthner.

Arnaud, Daniel. 1986. *Recherches au pays d'Aštata Emar VI.3. Textes sumériens et accadiens: les textes de la pratique: transcriptions et traductions*. Paris: Editions Recherches sur les Civilisations.

Avanzini, Alessandra. 2004. *Corpus of South Arabian Inscriptions I–III. Qatabanian, Marginal Qatabanian, Awsanite Inscriptions*. Pisa: Edizioni Plus, Università di Pisa.

Beckman, Gary. 2008. "La religion d'Émar." Pages 11–22 in *Mythologie et Religion des Sémites Occidentaux*. Vol. 2, *Émar, Ougarit, Israël, Phénicie, Aram, Arabie*. Edited by Gregorio del Olmo Lete. Leuven: Uitgeverij Peeters.

Beeston, Alfred Felix Landon. 1938. "The Philby Collection of Old-South Arabian Inscriptions." *Le Muséon* 51: 311–33.

———. 1948. "The Ritual Hunt. A Study in Old South Arabian Religious Practice." *Le Muséon* 61: 183–96.

———. 1956. *Epigraphic South Arabian Calendars and Dating*. London: Luzac.

———. 1982. "Observations on the texts from al-ʿUqla." *Proceedings of the Seminar for Arabian Studies* 12: 7–13.

———. 1991. "The Sayhadic Hunt at Siʿb al-ʿAql." Pages 49–57 in *Études sud-arabes. Recueil offert à Jacques Ryckmans*. Edited by Christian Robin. Louvain-la-Neuve: UCL Institut Orientaliste.

Beeston, Alfred Felix Landon, M. A. Ghul, W. W. Müller, J. Rykmans. 1982. *Sabaic Dictionary* (*English–French–Arabic*). Louvain-la-Neuve: Éditions Peeters: Beirut: Librairie du Liban.

Bernett, Monika, and Othmar Keel. 1988. *Mond, Stier und Kult am Stadttor*. Fribourg: Universitätsverlag; Göttingen: Vandenhoeck & Ruprecht.

Biella, Joan Copeland. 1982. *Dictionary of the Old South Arabic. Sabaean Dialect*. Chico, CA: Scholars Press.

Bordreuil, Pierre, and Dennis Pardee. 1995. "Un abécédaire du type süd-sémitique découvert en 1988 dans le fouilles archéologiques françaises de Ras Shamra-Ougarit." *Comptes rendues de l'Académie des inscriptions et belles-lettres*: 855–60.

Borowski, Oded. 2002. "Animals in the Religion of Syria-Palestine." Pages 405–24 in *A History of the Animal World in the Ancient Near East*. Edited by Billie Jean Collins. Leiden: Brill.

63. "Une koiné artistique—un 'climax' culturel commun—regroupant aux xive et xiiie siècle av. J.-C. l'Égypte, le Monde Egéen et le Proche-Orient, se manifeste dans la technique de décor repousée et puis regravé, dans le choix des motifs ainsi que dans leur disposition en frises concentriques"; see Caubet and Stucky 1983, 160; Caubet 2002, 220f.: "It is possible that the zoomorphic figures on the gold cup also represent divinities from the Ugaritic mythological epics…"; "Among images of wild animal … the lion is the most common. This contrasts sharply with its very limited presence in the remains of the actual fauna. The image and the myth of the lion go well beyond that reality." See also the golden cup RS 5.032 (Musée d'Alep inv. 5472) "Coupe ornée d'animaux" ("lions et toureaux"); Schaeffer 1949, 24; Yon 1997, 174; Caubet and Stucky 1983, 160 ("lions terrassant des taureaux").

64. Seal impressions representing animals, above all bulls and lions, are common in the oriental glyptic.

65. See above n. 41.

Breniquet, Catherine. 2002. "Animals in Mesopotamian Art." Pages 145–68 in *A History of the Animal World in the Ancient Near East*. Edited by Billie Jean Collins. Leiden: Brill.
Bron, François. 1989. "L'inscription sabéenne RES 4782." *Studi epiegrafici e linguistici* 6: 123–26.
———. 2008. "Les dieux et les cultes de l'Arabie du Sud préislamique." Pages 447–81 in *Mithologie et Religion des Sémites Occidentaux*. Vol. 2, *Émar, Ougarit, Israël, Phénicie, Aram, Arabie*. Edited by Gregorio del Olmo Lete. Leuven: Uitgeverij Peeters.
Brunner, U. 1989. "Jemen-Report." *Mitteilungen der Deutsch-Jemenitischen Gesellschaft* 20: 23–25.
Caubet, Annie. 2002. "Animals in Syro-Palestinian Art." Pages 211–34 in *A History of the Animal World in the Ancient Near East*. Edited by Billie Jean Collins. Leiden: Brill.
Caubet, Annie, and R. Stucky. 1983. "Les deux coupes d'Or de Ras Shamra." Pages 158–60 in *Au pays de Baʿal et d'Astart. 10.000 ans d'art en Syrie*. Edited by Jacqueline Dentzer-Feydy. Paris: Musée du Petit Palais.
Charpin, Dominique, and Nele Ziegler. 2003. *Mari et le Proche-Orient à l'époque amorrite. Essai d'histoire politique*. Paris: Société pour l'Etude du Proche-Orient Ancien.
Cingano, Ettore, Antonella Ghersetti, and Lucio Milano, eds. 2005. *Animali. Tra zoologia, mito e letteratura nella cultura classica e orientale*. Padua: Sargon.
Collins, Billie Jean, ed. 2002. *A History of the Animal World in the Ancient Near East*. Leiden: Brill.
Cornelius, Izak. 2004. *The Many Faces of the Goddess: The Iconography of the Syro-Palestinian Goddesses Anat, Astarte, Qedeshet and Ashera c. 1500–1000 BCE*. Fribourg: Academic Press; Göttingen: Vandenhoeck & Ruprecht.
Corò, Paola. 2005. "Il 'bestiario' di Mari. I. Le valenze simboliche." Pages 39–43 in *Animali: Tra zoologia, mito e letteratura nella cultura classica e orientale*. Edited by Ettore Cingano, Antonella Ghersetti and Lucio Milano. Padua: Sargon.
Del Olmo Lete, Gregorio. 1981. *Mitos y Leyendas de Canaán según la tradición de Ugarit*. Madrid: Ediciondes Cristiandad.
———. 1988. "Typologie et syntaxe des rituelles ugaritiques." Pages 41–63 in *Essais sur le rituel, I. Colloque du Centenaire de la Section des Sciences Religieuses de l'École Pratique des Hautes Études*. Edited by Anne-Marie Blondeau and Kristofer Schipper. Louvain, Peeters.
———. 2003. *Questions de linguistique sémitique. Racine et lexème. Histoire de la recherche (1940–2000)*. Paris: Jean Maisonneuve.
———. 2007a. "La ambivalencia de lo divino en Ugarit. A propósito de un estudio reciente sobre *KTU* 1.23." *AuOr* 25, no. 1: 347–55.
———. 2007b. "Mito y magia en Ugarit: recetas médicas y conjuros." *AuOr* 25, no. 1: 155–68 = a revised version of an essay published in M. Dietrich and O. Loretz, eds., *Studien zu den ugaritischen Texten I. Mythos und Ritual in KTU 1.12, 1.24, 1.96, 1.100, 1.114*. Münster: Ugarit-Forschung.
———. 2010. "Ugarítico." Pages 169–221 in *Lenguas y Escrituras en la Antigüedad*. Edited by Juan-Pedro Monferrer Sala and Manuel Marcos Aldón. Córdoba: Catedra UNESCO, Universidad de Córdoba.
———. 2012. "Ugaritic and Old(-South)-Arabic: Two WS Dialects?" Pages 5–23 in *Dialectology of the Semitic Languages: Proceedings of the IV Meeting on Comparative Semitics, Zaragoza 06/9–11/2010*. Edited by Federico Corriente, Gregorio del Olmo Lete, Ángeles Vicente, and Juan-Pablo Vita. Sabadell: Editorial AUSA.
———. 2014. *The Canaanite Religion According the Liturgical Texts of Ugarit*. Münster: Ugarit-Verlag.
———. 2015a. "Glosas Ugaríticas VI: Ug. /sd/, ¿'salir a la caza de' o 'danzar'?" *AuOr* 33, no. 1: 179–85.
———. 2015b. "Glosas Ugarítica VII: ug. *md*, la corporación del *mrzḥ*." *AuOr* 33, no. 2: 371–72.

———. 2015c. "The Marzeaḥ and the Ugaritic Ritual System: A Close Reading of *KTU* 1.114." *AuOr* 33, no. 2: 221–41.

———. 2016. "Hebrew *šᵉpattāyim* (Ps. 68:14): In Search of an Etymology." *AuOr* 34, no. 1: 177–79.

De Vaux, Roland. 1960. *Les Institutions de l'Ancien Testament, II*. Paris: Les Éditions du Cerf.

Durand, Jean-Marie. 1997. *Documents épistolaires du Palais de Mari, Tome I*. Paris: Les Éditions du Cerf.

———. 2005. *Le Culte des pierres et les monuments commémoratifs en Syrie amorrite*. Paris: Société pour l'étude du Proche-Orient Ancien.

Fakhry, Ahmed. 1952. *An Archaeological Journey to Yemen. Part II*. Cairo: Gouvernment Press. (With the inscriptions, studied by Gonzague Rykmans.)

Feer, Léon. 1864. *Les ruines de Ninive ou description des palais détruits des bords du Tigre, suivie d'une description du musée assyrien du Louvre*. Paris: Société des Écoles du Dimanche.

Fleming, Daniel E. 2002. *Time at Emar: The Cultic Calendar and the Ritual from the Diviner's House*. Winona Lake, IN: Eisenbrauns, 2000.

Garbini, Giovanni. 1988. "The Inscriptions of Ši'b al-'Aqal, al-Ǧafnah and Yalā/ad-Durayb." Pages 21–40 in *The Sabaean Archeological Complex in the Wādī Yalā (Eastern Ḫawlān aṭ-Ṭiyāl, Yemen Arab Republic): A Preliminary Report*. Edited by A. de Maigret. Rome: Istituto italiano per il Medio ed Estremo Oriente.

Gerleman, Gillis. 1946. "Contributions to the Old Testament Terminology of the Chase." *Bulletin de la Société Royale des Lettres de Lund 1945–1946*: 79–90.

Glaser, Eduard. 1923. *Altjemenische Studien, I*. Leipzig: Hinrichs.

Gray, John. 1951. "The Hunting of Ba'al: Fratricide and Atonement in the Mythology of Ras Shamra." *JNES* 10: 146–51.

Grayson. A. K. 1964. "Ambush and Animal Pit in Akkadian." Pages 90–94 in *Studies Presented to A. Leo Oppenheim*. Edited by R. D. Biggs and J. A. Brinkman. Chicago: Oriental Institute of the University of Chicago.

Höfner, M. 1938. "Die Inschriften aus Glasers Tagebuch XI." *Wiener Zeitsschrift für die Kunde des Morgenlandes* 45: 7–37.

———. 1944. *Die Sammlung Eduard Glaser: Verzeichnis der Glaser-Nachlass, sonstige südarabische Materialbestände und seiner Sammlung anderer semitischer Inschriften*. Vienna: Brünn.

———. 1954. "Ta'lab als Patron der Kleinviehhirten." *Serta Camtabrigensia*: 29–36.

———. 1965. "Südarabien (Saba, Qatabān u.a.)." Pages 483–552 in *Götter und Mythen im vorderen Orient*. Edited by Hans Wilhelm Haussig. Stuttgart: Ernst Klett Verlag.

———. 1970. "Die vorislamischen Religionen Arabiens. A. Südarabien." Pages 233–402 in *Die Religionen Altsyriens, Altarabiens und der Mandäer*. Edited by Harmut Gese, Maria Höfner, and Kurt Rudolf. Stuttgart: Kohlhammer.

Ingrams, W. H. 1935. "A Dance of the Ibex Hunters in the Hadramaut." *Man* 37: 12–13.

Jamme, Albert. 1947. "Le Panthéon sud-arabe préislamique d'après les sources épigraphiques." *Le Muséon* 60: 57–147.

Kapelrud, Arvid S. 1969. *The Violent Goddess: Anat in the Ras Shamra Texts*. Oslo: Universitetsforlaget.

Keel, Othmar. 1972. *Die Welt der altorientalischen Bildsymbolik und das Alte Testament: Am Beispiel der Psalmen*. Zurich: Vandenhoeck & Ruprecht.

Kogan, Lenid. 2015. *Genealogical Classification of Semitic: The Lexical Isoglosses*. Berlin: de Gruyter.

Lipiński, Eduard. 1997. *Semitic Languages: Outline of a Comparative Grammar*. Leuven: Peeters.

Macdonald, Alexander W. 1955. "Quelques remarques sur les chasses rituelles de l'Inde du nord-est et du centre." *Journal Asiatique* 243: 101–15.

Maraqten, Mohammed. 2015. “Hunting in Pre-Islamic Arabia in Light of the Epigraphic Evidence.” *Arabian Archaeology and Epigraphy* 26: 208–34.

Margalit, Baruch. 1989. “*KTU* 1.92 (Obv.): A Ugaritic Theophagy.” *AuOr* 7, no. 1: 67–80.

Müller, W. W. 1986a. “KRWM im Lichte einer sabäischen neuentdeckten Jagdinschrift aus der Oase von Mārib.” *ABADY* 3: 101–7.

———. 1986b. “The Meaning of Sabaic KRWM.” Pages 89–96 in *Arabian Studies in Honour of Mahmoud Ghul: Symposium of Yarmouk University, Dec. 8–11 1984*. Wiesbaden: Harrassowitz.

———. 1997. “Das Statut des Gottes Ta’lab von Riyam für seinen Stamm Sumʿay: Zur Interpretation der sabäischen Felsinschrift RES 4176 seit der Erstveröffentlichung durch Nikolaus Rhodokanakis.” Pages 89–110 *Aktualisierte Beiträge zum 1. Internationalen Symposium Südarabien interdisciplinär an der Universität Graz mit kurzen Einführungen zu Sprach- und Kulturgeschichte: In Memoriam Maria Höfner*. Edited by R. G. Stiegner. Graz: Leykam.

Nebes, Norbert, ed. 2016. *Der Tatenbericht des Yiṯaʿʾamar Watar bin Yakrubmalik aus Ṣirwāḥ (Jemen): Zur Geschichte Südarabiens im frühen 1. Jahrtausend vor Christus*. Tübingen: Wasmuth.

Oliva Mompeán, Juan. 1993. “*Aštar sarbat* in Ebla.” *NABU*: 42.

Pirenne, Jacqueline. 1990. *Les témoins écrits de la région de Shabwa et l’histoire: Fouilles de Shabwa, I*. Paris: Librairie Orientaliste Paul Geuthner.

Pirenne, Jacqueline, and Christian Robin, eds. 1997. *Corpus des inscriptions et antiquités sud-arabes. Tome I, Section I. Inscriptions*. Louvain: Peeters.

Reade, J. E. “Ninive.” *RlA* 9:388–433.

Robin, Christian. 1992a. *Inventaire des inscriptions sudarabiques. Tome I/Fascicle A: Les documents*. Paris: Diffusion De Bocard; Rome: Herder.

———. 1992b. “Review of Jacqueline Pirenne, *Les témoins écrits de la région de Shabwa et l’histoire*, 1990.” *Bulletin critique des annales islamiques* 6: 205–13.

———. 2011. “*ʿṯtr* au féminin en arabe mérdionale.” Pages 333–66 in *Orientalische Studien zu Sprache und Literatur: Festgabe zum 65. Geburtstag von Werner Diem*. Edited by Ulrich Marzolph. Wiesbaden: Harrassowitz.

Robin, Christian, and Iwona Gajda. 1994. “L’inscription du Wādī ʿAbadān.” *Raydān* 6: 13–137.

Ryckmans, Gonzague. 1945. “La confession publique des péchés en Arabie Méridionale préislamique.” *Le Muséon* 58: 11–14.

———. 1957. “Inscriptions sud-arabes. Quinzième série.” *Le Muséon* 70: 97–126.

Ryckmans, Jacques. 1976. “La chasse rituelle dans l’Arabie du Sud ancienne.” Pages 259–308 in *Al-Bahit. Festschrift Joseph Henninger*. Edited by the Anthropos-Institut. Bonn: Verlag des Anthropos-Instituts.

———. 1993. “Sacrifices, offrandes et rites connexes en Arabie du Sud pré-islamiques.” Pages 355–80 in *Ritual and Sacrifice in the Ancient Near East*. Edited by J. J. Quaegebeur. Leuven: Uitgeverij Peeters.

Schaeffer, Claude F. A. 1949. “La patère et la coupe en or de Ras Shamra.” Pages 1–48 in *Ugaritica II. Nouvelles études relatives aux découvertes de Ras Shamra*. Edited by Claude F. A. Schaeffer. Paris: Librairie Orientaliste Paul Geuthner.

Scurlock, JoAnn. 2005. *Magico-Medical Means of Treating Ghost-Induced Illness in Ancient Mesopotamia*. Leiden. Brill.

Serjeant, R. B. 1976. *South Arabian Hunt*. London: Luzac.

Sima, Alexander. 2000–2001. “Die Jagd im antiken Süarabien.” *Welt des Orients* 31: 84–109.

Smith, Mark S. 1995. “The God Athtar in Ancient Near East and His Place in *KTU* 1.6 I.” Pages 627–40 in *Solving Riddles and Untying Knots: Biblical, Epigraphic, and Semitic Studies in Honor of Jonas C. Greenfield*. Edited by Ziony Zevit, Seymour Gitin, and Michael Sokoloff. Winona Lake, IN: Eisenbrauns.

———. 2006. *The Rituals and Myths of the Feast of the Goodly Gods of KTU/ CAT 1.23: Royal Constructions and Opposition, Intersection, and Dominion*. Atlanta: SBL.

Steimer-Herbert, Tara, ed. 2011. *Pierres levées, stèles anthropomorphes et dolmens / Standing Stones, Anthropomorphic Stelae and Dolmens*. Lyon: Maison de l'Orient.

Strawn, Brent A. 2005. *What Is Stronger than a Lion? Leonine Image and Metaphor in the Hebrew Bible and the Ancient Near East*. Fribourg: Universitätsverlag; Göttingen: Vandenhoeck & Ruprecht.

Walls, Neal H. 1992. *The Goddess Anat in Ugaritic Myth*. Atlanta: SBL/Scholars Press.

Watanabe, Chikako E. 2002. *Animal Symbolism in Mesopotamia: A Contextual Approach*. Vienna: Institut für Orientalistik der Universität Wien.

Wyatt, Nicolas. 1998. *Religious Texts from Ugarit: The Words of Ilimilku and His Colleagues*. Sheffield: Sheffield Academic.

Yon, Marguerite. 1997. *La cite d'Ougarit sur le tell de Ras Shamra*. Paris: Éditions Recherche sur les Civilizations.

CHAPTER 5

Heurs et malheurs de la vie conjugale en Mésopotamie: La séparation de corps dans quelques sources cunéiformes

Sophie Démare-Lafont
Université Panthéon-Assas, Paris
École Pratique des Hautes Études, Université Paris Sciences et Lettres

CE QUE NOUS SAVONS AUJOURD'HUI des aspects juridiques du mariage mésopotamien repose largement sur les œuvres pionnières de Koschaker[1] puis de Driver et Miles,[2] complétées par l'étude désormais classique de Westbrook.[3] S'appuyant sur les sources législatives et les actes de la pratique, ces recherches majeures ont dégagé les conditions de la formation et de la dissolution de l'union matrimoniale. Telle est en effet l'alternative présentée par les textes juridiques, qui décrivent la manière de conclure une alliance ou de la rompre, ainsi que les conséquences juridiques qui s'y rattachent. Or, la documentation épistolaire, peu mobilisée dans ces travaux, décrit un troisième scénario qui a échappé jusqu'ici à l'attention des historiens du droit: la séparation de corps.

L'enquête présentée ici est dédiée au grand spécialiste des lettres de Mari qu'est Jack Sasson, dont les commentaires ont toujours restitué la profondeur historique de ces lettres en s'attachant à l'esprit et au contexte de leur rédaction. Quelques exemples tirés de la correspondance des princesses de Mari et de Tell al-Rimah, auxquelles Jack Sasson a consacré certaines de ses publications, ont servi de point de départ à une relecture de plusieurs dispositions législatives croisées avec des attestations puisées dans les actes de la pratique et les textes judiciaires.

Mais avant d'aborder ces occurrences, il faut définir la séparation de corps. Cette notion s'entend d'un relâchement – et non d'une rupture – du lien conjugal, qui dispense les époux de la vie commune tout en maintenant les autres droits et devoirs du mariage (fidélité, secours, nom). Elle suppose des motifs réels et sérieux – le plus souvent des problèmes de santé ou de comportement – constatés par un juge, ce qui la distingue de la séparation de fait, consécutive au départ temporaire d'un conjoint après une dispute par exemple. Commune à de nombreux systèmes juridiques anciens et modernes,[4] la sépa-

Note de l'auteur: Abréviations spécifiques utilisées dans cet article: CH = Code de Hammurabi; CLI = Code de Lipit-Ishtar; LA A = Lois assyriennes tablette A; LE = Lois d'Eshnunna.

1. Paulo Koschaker, *Rechtsvergleichende Studien zur Gesetzgebung Hammurapis* (Leipzig: Veit, 1917), 130–49; et "Eheschließung und Kauf nach altem Recht mit besonderer Berücksichtigung der älteren Keilschriftrechte," *ArOr* 18/3 (1950): 210–96.

2. Geoffrey R. Driver et John C. Miles, *The Assyrian Laws* (Oxford: Clarendon Press, 1935), 134–271; et *The Babylonian Laws*, 2 vol. (Oxford: Clarendon Press, 1952 et 1955), 245–324.

3. Raymond Westbrook, *The Old Babylonian Marriage Law* (Horn: Berger & Söhne, 1988).

4. Cf. Jean Gaudemet, *Le mariage en Occident: Les mœurs et le droit* (Paris: Le Cerf, 1987), 249–51, 373–74, 404, 416, 427. On parle aujourd'hui de "limited divorce" ou de "legal separation" en droit américain,

ration de corps a joué un rôle social important dans les cultures juridiques interdisant ou décourageant la dissolution de l'union matrimoniale. Elle apparaît en effet comme un moyen d'aménager les relations familiales tout en sauvant les apparences. Elle n'est plus guère utilisée aujourd'hui du fait de la libéralisation du divorce et persiste principalement pour satisfaire les convictions religieuses de certains couples.

Les attestations mésopotamiennes de cette institution présentent des traits assez similaires à ce tableau contemporain, notamment en ce qui concerne les causes de la séparation et l'intervention des autorités publiques pour homologuer les conventions décidées par les époux. Par hypothèse, la séparation de corps n'intervient que lorsqu'une communauté de vie a été préalablement instaurée entre les époux, ce qui n'implique pas forcément qu'ils soient ensemble tous les jours mais au moins qu'il y ait un domicile conjugal. En Mésopotamie, cette circonstance correspond plutôt à la phase du mariage complet (et non pas seulement inchoatif), dont les effets juridiques sont pleinement réalisés.[5] La maison familiale a ainsi une dimension à la fois matérielle, en tant que lieu de vie quotidienne, et juridique, comme expression de l'autorité maritale et signe tangible de l'existence du mariage. Les officiers administratifs envoyés dans une circonscription éloignée ou les marchands circulant loin de chez eux ont souvent d'autres résidences à côté de leur véritable foyer, qui reste l'élément le plus visible de leur statut matrimonial.

L'établissement séparé des conjoints prend des formes variées. La plupart du temps, c'est la femme qui part s'installer ailleurs, pour une durée indéterminée et dans un endroit que lui désigne son mari ou qu'elle choisit avec lui. Elle reste astreinte au devoir de fidélité, ses allées et venues sont contrôlées et son entretien incombe toujours à son conjoint. Seule disparaît l'obligation de vie commune. En tout état de cause, elle ne retourne jamais dans sa propre famille, cette éventualité étant typique de la répudiation.

Sur le plan technique, aucune formalité ne semble requise si ce n'est peut-être une publicité de la décision, en particulier lorsqu'elle résulte d'un accord des deux parties. La rédaction d'un document n'est pas exigée – pas plus que pour un mariage ou un divorce – et ce d'autant moins que, en dehors des raisons médicales, le nouvel état des époux était sans doute perçu comme temporaire et non pas définitif.

Les sources juridiques et judiciaires rassemblées ici se répartissent en trois groupes correspondant aux trois motifs de séparation recensés dans le corpus cunéiforme: l'absence, la maladie et l'incompatibilité d'humeur. Le premier cas est bien attesté dans les dispositions législatives à propos de l'absence involontaire, un fait sans doute fréquent bien qu'il soit difficile à déceler dans les lettres ou les actes juridiques. La seconde hypothèse, celle de la maladie, figure dans les codes babyloniens ainsi que dans quelques textes judiciaires de la fin du IIIe et du début du IIe millénaires avant n.è. Le troisième motif, l'incompatibilité d'humeur, est évoqué dans les milieux princiers en lien avec les mariages diplomatiques, mais il apparaît aussi en arrière-plan de certaines dispositions normatives babyloniennes et assyriennes.

---

de "judicial separation" en droit britannique, et de "Ehetrennung" en droit allemand. Certains pays de l'Union européenne, comme la Suède ou l'Autriche, ignorent la séparation de corps.

5. Par opposition à la phase dite inchoative, qui crée le mariage à l'égard des tiers mais reste imparfait entre les époux. Sur ce vocabulaire, inauguré par Driver et Miles, *Babylonian Laws* I, 249–50, 322–24, cf. Westbrook, *Marriage Law*, 29, 34–38.

L'absence

La circonstance la plus fréquente conduisant à une séparation de corps était sans doute l'absence du conjoint,[6] en général le mari. Cette situation ne doit pas être confondue avec l'éloignement ponctuel d'un individu, par exemple un marchand voyageant pour ses affaires, un soldat muté ou un dignitaire administratif en poste en province: tous peuvent être localisés et se manifestent plus ou moins régulièrement auprès de leur famille. L'absent au contraire, comme le disparu, est celui dont on n'a plus de nouvelles.

Les sources du Proche-Orient ancien envisagent des cas d'absence volontaire (désertion, fuite) ou involontaire (capture, rapt, service) auxquels sont attachés des effets différents. Seul celui qui est retenu contre son gré conserve sa personnalité juridique et retrouve donc ses prérogatives à son retour; le déserteur et le fugitif sont au contraire déchus de leurs droits et en quelque sorte effacés de la communauté civique. En pratique, il est souvent difficile de faire la différence entre ces deux états opposés. Le critère déterminant semble être l'attitude des proches: tant que l'absent est attendu ou recherché, il est présumé vivant, ce qui suscite des difficultés au-delà d'un certain délai, notamment lorsque la famille de l'absent n'a plus les moyens de subsister. Les lois cunéiformes organisent donc l'attente, sa durée et ses effets, en particulier à l'égard du mariage. La règle générale qui ressort des dispositions législatives est que, au retour du mari, l'absence involontaire est rétroactivement analysée comme une séparation de corps, tandis que l'absence volontaire opère automatiquement un divorce.

Le principe est énoncé aux §§ 29–30 LE et 133–136 CH. Le déserteur ne peut revendiquer son épouse s'il est parti par haine de sa ville et de son seigneur (§ 30 LE; § 136 CH); sa fuite volontaire valide le second mariage, quel que soit le temps passé au loin. Inversement, le captif civil ou militaire reprend sa femme quand il revient, même si entretemps elle a trouvé un nouvel époux et a eu un enfant de ce second lit (§ 29 LE; § 135 CH). Le retour du premier mari réalise ainsi une sorte de résurrection juridique du disparu. La fiction rétroactive d'une séparation de corps prolongée permet de ranimer l'union suspendue par l'absence et de rompre le remariage. Le droit hammurabien ajoute une condition de ressources: seule l'épouse indigente est autorisée à prendre un nouveau conjoint (§ 134 CH); celle qui a les moyens de subsister doit attendre tant qu'elle a de quoi vivre, sous peine d'être punie de la noyade, châtiment typique de l'adultère (§ 133 CH). En s'installant avec un autre homme, elle ne "contrôle pas son corps" (*pagarša la iṣṣur*, § 133 CH ll. 19–20), une expression qui renvoie à une forme de liberté sexuelle d'autant moins acceptable qu'elle est en quelque sorte financée par les revenus du mari absent. La permanence du lien matrimonial est donc liée au maintien de l'obligation alimentaire, qui traduit vis-à-vis des tiers l'existence – en l'occurrence virtuelle – du mari. Tant que ses ressources permettent d'entretenir l'épouse, celle-ci vit en état de séparation de corps et doit respecter le devoir de fidélité attaché à sa condition.

Le droit assyrien (§§ 36 et 45 LA A) fixe un délai plutôt qu'un critère de ressources pour permettre le remariage. Lorsqu'elle est privée de soutien financier, la femme du

6. Sur ce thème, cf. S. Démare-Lafont, "L'absence dans les droits cunéiformes," in *Le monde de l'itinérance en Méditerranée de l'Antiquité à l'époque moderne: Procédures de contrôle et d'identification*, ed. Claudia Moatti, Wolfgang Kaiser et Christophe Pébarthe (Bordeaux: Ausonius, 2009), 275–305.

captif de guerre doit attendre deux ans grâce à un emploi fourni par la communauté à laquelle elle appartient, après quoi elle est considérée comme une veuve et peut se choisir un nouvel époux (§ 45 LA A ll. 45–71). Comme en droit babylonien, cette situation prend fin avec la réapparition du premier mari, qui reprend sa femme, ses enfants et les biens qu'il a fallu vendre pour sortir du dénuement (§ 45 LA A ll. 69–88). Le délai est porté à cinq ans lorsque l'homme voyage pour affaires à l'étranger sans procurer à son épouse les moyens nécessaires à sa subsistance (§ 36 LA A ll. 82–92); il perd alors du même coup le droit de la réclamer à son retour (ll. 97–102). Seul le retard dû à des causes extérieures à sa volonté l'autorise à la récupérer, à condition toutefois de fournir une femme équivalente au second conjoint (ll. 103ss). Enfin, la présence d'enfants en âge de prendre leur mère en charge (ll. 93–96) et l'envoi en mission sur ordre du roi (ll. 4–9) interdisent le remariage quelle que soit la durée de l'absence.

La séparation de corps est donc le cadre juridique gouvernant la situation matrimoniale du captif, du père de famille en voyage et du mari retenu contre son gré. On observera au passage que le couple du § 36 LA A vit déjà séparé, puisque la protase décrit une femme ne résidant pas avec son époux mais chez son père (*ina bēt abīša*, l. 82) ou ailleurs (*ana batte*, l. 83). L'allusion au domicile paternel pourrait renvoyer à un mariage inchoatif mais la seconde expression, plutôt vague, paraît s'appliquer à une simple séparation de fait, due aux déplacements du mari pour son activité commerciale. Il y aurait là un écho aux lettres paléo-assyriennes des femmes de marchands, qui vivent seules une grande partie de l'année et réclament des subsides à leurs maris circulant à l'étranger ou installés dans un second foyer avec une Anatolienne.[7]

La Bible apporte un éclairage complémentaire sur le thème de l'absence et ses ambiguïtés, à travers l'histoire de David qui, après avoir épousé Mikal, fille du roi Saül, fut obligé de fuir pour échapper aux émissaires de son beau-père venus le tuer (I Sam. 19:11). Durant cet exil politique, Mikal, fut remariée à Paltiel, fils de Laïsh (I Sam. 25:44), la première union étant réputée dissoute par la fuite de David, conformément au droit commun oriental. Mais, alors que des pourparlers d'alliance avec Saül étaient en cours, David posa comme préalable à toute négociation le retour de Mikal (II Sam. 3:13–15). Paltiel fut contraint d'accepter (II Sam. 25:16) et Mikal rejoignit, peut-être en qualité d'épouse principale, les autres femmes et concubines que David avait prises depuis sa séparation. De son point de vue en effet, il avait agi par nécessité et non par choix, son départ ayant été motivé par le complot de Saül. En rappelant le don nuptial (*mohar*) qu'il avait versé (sous la forme de cent prépuces de Philistins exigés par Saül, I Sam. 18:25), David insistait sur la pérennité du mariage régulièrement contracté, et se considérait donc comme séparé de corps et non pas divorcé.

L'épouse de l'absent involontaire ne revient donc pas vivre dans sa propre famille mais attend le retour de son mari au domicile conjugal, sauf si ses ressources ne le lui permettent pas – ou plus. Il y a bien, implicitement, l'idée que le mariage perdure, même si l'un de ses éléments distinctifs, la cohabitation, fait défaut, ce qui caractérise justement la séparation de corps. Les autres droits et obligations des conjoints sont maintenus: le mari assume l'entretien de son épouse, laquelle doit lui rester fidèle. Faute de revenus ou à l'expiration d'un délai légal, le remariage est autorisé, mais

7. Cf. la correspondance féminine paléo-assyrienne éditée par Cécile Michel, *Correspondance des marchands de Kanish* (Paris: Le Cerf, 2001), 419–511.

toujours de manière transitoire, suspendu au retour éventuel du premier mari, qui réactive une union en quelque sorte "dormante."

La maladie du conjoint

Ce motif de séparation de corps est envisagé uniquement à l'égard de l'épouse dans les textes législatifs,[8] dans le souci de protéger la femme malade contre l'attitude immorale de l'époux qui voudrait se débarrasser d'elle. Les attestations issues de la pratique judiciaire montrent que la décision est prise souvent d'un commun accord.

Les textes législatifs

Les codes de Lipit-Ishtar et de Hammurabi évoquent ce motif de séparation de corps dans des espèces assez semblables, bien que les circonstances médicales qu'ils décrivent ne soient pas complètement claires.

Le § 28 CLI envisage le cas d'une épouse principale qui, au cours du mariage, perd son attractivité ou est frappée de paralysie.[9] Le mari n'est pas autorisé à la répudier mais il peut prendre une seconde femme tout en assurant l'entretien de la première. Dans une autre version de ce texte, la charge de subvenir aux besoins de la malade incombe à l'épouse qualifiée de "saine" (GALAM),[10] sans doute par analogie avec la pratique de la bigamie attestée dans les clauses de certains contrats paléo-babyloniens.[11]

À première vue, il n'est pas question ici de séparation de corps puisque la loi ordonne au contraire le maintien de l'infirme dans la maison. Ce terme doit être pris cependant au sens non pas du bâtiment lui-même mais plus largement de la maisonnée (incluant les biens et les personnes). La loi interdit ainsi l'expulsion hors de la belle-famille sans pour autant forcer les protagonistes à cohabiter, comme le suggère la comparaison avec le Code de Hammurabi.

D'après les §§ 148–149 CH en effet, l'épouse malade, atteinte d'une affection chronique (*la'bum*) peut choisir de partir avec sa dot (§ 149) ou de rester à la charge de son mari tout en conservant son rang, auquel cas une résidence à part sera aménagée pour elle (§ 148).[12] Au quotidien, le couple vivra donc séparé, ce qui a été compris comme une mesure prophylactique visant à empêcher la contagion du reste de la famille.[13] Mais ce pourrait être aussi une manière d'épargner à l'épouse principale,

8. Les Lois assyriennes évoquent la maladie du mari à propos du vol domestique (§ 3 LA A); cf. Martha T. Roth, *Law Collections from Mesopotamia and Asia Minor* (Atlanta: Scholars Press, 1997), 155.

9. Pour ce second sens, Miguel Civil, "Enlil and Namzitarra," *AfO* 25 (1970): 65–71, 70 (qui corrige la traduction antérieure du même auteur, "New Sumerian Law Fragments," in *Studies in Honor of Benno Landsberger*, eds. Hans G. Güterbock et Thorkild Jacobsen [Chicago: University of Chicago Press, 1965], 2, envisageant la cécité); cf. aussi Marten Stol, *Epilepsy in Babylonia* (Groningen: Styx Publications, 1993), 143; et Roth, *Law Collections*, 31.

10. Cf. Civil, *Law Fragments*, 2 et n. 7.

11. Cf. Westbrook, *Marriage Law*, 103–11.

12. § 148 ll. 79–80 "elle résidera dans une maison qu'il (le mari) aura construite".

13. Stol, *Epilepsy*, 143 avec bibliographie; Civil, *Law Fragments*, 2 n. 12 pense à un euphémisme pour la lèpre.

déjà diminuée par la maladie, l'humiliation de la présence d'une autre femme d'un rang inférieur au sien. Là encore, l'obligation d'entretien viager incombant au mari marque la permanence du lien matrimonial, malgré la dispense de vie commune. Le Code instaure donc une séparation de corps perpétuelle, qui ne pourra évoluer à terme en divorce que si la femme y consent.

La pratique judiciaire

La solution retenue par les législateurs babyloniens reprend une tradition attestée dès l'époque néo-sumérienne dans la pratique des tribunaux. Les sources montrent que les juges interviennent de manière gracieuse, en dehors de tout litige, pour donner à la décision des époux une autorité indiscutable à l'égard des tiers.

Une affaire intervenue dans le milieu des prêtres purificateurs sous le règne de Šu-Sin en apporte une première illustration.[14] Une nommée Lalagula, veuve remariée, tomba malade, saisie par le démon-*asakkum*. Elle fit ratifier par le tribunal l'accord qu'elle avait passé avec son mari, portant d'une part sur le choix d'une seconde femme issue du même cercle socio-professionnel et d'autre part sur le montant des rations viagères versées à Lalagula. Rien dans le texte n'indique un conflit entre les parties, qui font plutôt valider par les juges l'arrangement qu'elles avaient conclu entre elles, hors de la présence de témoins. L'objectif était bien sûr d'éviter toute contestation future, notamment du mari et de sa famille, de veiller à la réputation de Lalagula vis-à-vis de son entourage, et de lui garantir une existence décente malgré son état de santé diminué.

Deux documents paléo-babyloniens évoquent aussi la maladie de l'épouse avec, en filigrane, la séparation de corps, écartée cependant dans les deux cas pour des raisons différentes.

Le premier texte est un acte mettant fin au statut d'enfant légitimé d'un certain Ipiq-Annunitum.[15] Sa mère, Takkubi, avait épousé en secondes noces un certain Marduk-naṣir, qui l'avait accueillie avec ce fils né d'un premier lit. Saisie par la "possession divine" (*kišitti ilim*), Takkubi s'était rendue avec son mari devant les juges, qui avaient entériné sa répudiation. Par voie de conséquence, Ipiq-Annunitum rompit le lien de filiation à l'égard de son beau-père en prononçant les *verba solemnia* ("Tu n'es pas mon père") devant douze témoins, renonçant ainsi à ses droits successoraux sur le patrimoine de son beau-père. La rupture de l'union matrimoniale peut s'interpréter de deux manières. La demande pourrait émaner de la femme elle-même, bien que cette circonstance ne soit pas explicitement indiquée. Il y aurait là, ainsi que l'a proposé Westbrook,[16] une application du § 149 CH, Takkubi choisissant de quitter son mari plutôt que de subir la séparation prévue au § 148 CH et le sort dégradant de l'épouse

14. *NSGU* 6; traduction française par Bertrand Lafont, "Les textes judiciaires sumériens," in *Rendre la justice en Mésopotamie: Archives judiciaires du Proche-Orient ancien (IIIe-Ier millénaires avant J.-C.)*, ed. Francis Joannès (Saint-Denis: Presses Universitaires de Vincennes, 2000), no. 5.

15. BE 6/1 59, provenant de Sippar et daté du début du règne de Samsu-iluna (Si 16). Cf. les traductions de Josef Kohler et Arthur Ungnad, *Hammurabi's Gesetz* III (Leipzig: E. Pfeiffer, 1909), no. 739; Moses Schorr, *Urkunden des altbabylonischen Zivil- und Prozessrechts* (Leipzig: J. C. Hinrich, 1913), no. 232; et Westbrook, *Marriage Law*, 112–13.

16. Cf. Westbrook, *Marriage Law*, 78, contre l'interprétation de Driver et Miles, *Babylonian Laws* I, 311, qui voient dans ce texte une contradiction avec le § 148 CH.

reléguée à l'écart de la maison. Il est vrai que le trouble dont elle souffre ici n'est pas décrit par le terme *laʾbum* et pourrait recouvrir une autre pathologie, peut-être l'épilepsie[17] ou la malaria.[18] Dans le premier cas, la veuve aurait caché sa maladie au second mari, qui aurait alors demandé le divorce;[19] dans le second cas, le juge aurait prononcé d'office la fin du mariage en raison d'un risque médical. Mais si l'épilepsie constitue bien un "vice caché" dans les contrats de vente d'esclaves,[20] il n'est pas établi qu'elle constitue une cause de divorce lorsqu'elle est dissimulée au mari. Quant à la mesure d'éloignement sanitaire, elle aurait été parfaitement compatible aussi avec la séparation de corps, qui implique la résidence séparée des deux époux. Il est donc plus plausible d'envisager ici un refus de la séparation de corps par l'épouse.

Le second exemple est rapporté dans une série de dépositions particulièrement longues et détaillées faites sous le règne de Samsu-iluna à Nippur, concernant la naissance d'un fils posthume.[21] Les faits peuvent être reconstitués de la manière suivante: Ninurta-ra'im-zerim naquit après le décès de son père Enlil-bani, survenu pendant la grossesse de sa mère Sin-nada. Sa grand-mère paternelle fit venir une sage-femme pour l'accouchement et, craignant que la filiation légitime ne soit contestée plus tard, fit constater la naissance par deux personnes. Une tablette fut rédigée ensuite devant l'emblème divin mais, ayant été écrite sans témoins ni serment, sa validité pouvait être contestée. Parvenu à l'âge adulte, et alors que sa grand-mère et sa mère étaient certainement mortes elles aussi, Ninurta-ra'im-zerim engagea une procédure pour régulariser sa situation et faire établir un nouvel acte en bonne et due forme. Il est difficile de savoir si cette démarche s'inscrit dans le cadre d'un conflit successoral avec ses oncles ou s'il s'agit seulement d'une mesure préventive. Quoi qu'il en soit, il saisit les "chargés de mission" (*šūt têrētim*) et les juges de Nippur, qui auditionnèrent neuf personnes dont quatre femmes. Leurs déclarations unanimes permirent d'établir définitivement la filiation légitime de Ninurta-ra'im-zerim. Parmi tous ces témoignages, celui d'Etel-pi-Ištar, associé ou ami du défunt, est particulièrement intéressant pour le sujet qui nous occupe. Il raconte que son inquiétude sur l'état de santé d'Enlil-bani finit par alerter Sin-nada, qui tomba elle-même gravement malade,[22] au point que son mari voulut la renvoyer dans sa famille pour qu'elle termine sa grossesse dans de bonnes conditions. La maladie du conjoint et ses répercussions sur la santé de la femme semblent être un juste motif de séparation de corps, mais en l'occurrence, le départ de l'épouse enceinte aurait fait peser sur elle une suspicion de faute, en particulier d'adultère.[23] Pour assurer la filiation légitime de l'enfant à naître, Sin-nada devait rester au domicile conjugal.[24]

17. En ce sens, *CAD* v° *kišittu.*

18. Driver et Miles, *Babylonian Laws* 1, 311.

19. Stol, *Epilepsy*, 143.

20. Stol, *Epilepsy*, 132–38.

21. PBS 5 100; cf. Martha T. Roth, "Reading Mesopotamian Law Cases PBS 5 100: A Question of Filiation," *JESHO* 44, no. 3 (2001): 243–92 (avec bibliographie antérieure).

22. PBS 5 100 iii 3–5 *kīma Sin-nāda aššat Enlil-bāni libbī ana Enlil-bāni mutīša īmuru ītanaslahma*, "Lorsque Sin-nada, l'épouse d'Enlil-bani, vit mon inquiétude pour Enlil-bani son mari, elle s'enfonça dans la maladie"; cf. Roth, "Reading Mesopotamian Law Cases," 258, qui rend la forme IV/3 de *salāʾu* par "to become depressed," reflétant un état de souffrance permanente; le *CAD* v° *salāʾu* B, 97a cite ce passage et traduit "she was always falling ill."

23. Le décès d'Enlil-bani aurait même pu apparaître rétrospectivement comme un assassinat organisé par l'épouse, à l'instar de la situation décrite au § 153 CH.

24. Roth, "Reading Mesopotamian Law Cases," 273.

Tel fut en substance l'argument invoqué par Etel-pi-Ištar,[25] qui réussit à convaincre Enlil-bani et vint s'installer chez lui jusqu'à l'accouchement, assurant l'entretien de la femme grâce à une rente versée par le mari. Cette curieuse situation aurait pu elle aussi prêter à confusion, mais manifestement personne ne mit en cause la sincérité des motifs de l'ami bienveillant.

Dans les deux espèces qui viennent d'être citées, la maladie aurait pu conduire à une séparation de corps. Cette option n'a pas été retenue soit parce que l'épouse l'a refusée (BE 6/1 59) soit parce que le mari l'a écartée pour ne pas porter préjudice à sa femme (PBS 5 100).

L'incompatibilité d'humeur

Cette expression recouvre toutes sortes de comportements récurrents, violents ou humiliants, allant au-delà de la simple dispute et constituant une menace pour l'équilibre psychologique et financier du ménage. Cependant, il est souvent difficile de mesurer la gravité des faits invoqués. Le seuil de ce qui est tolérable ou acceptable dépend en grande partie des circonstances mais aussi du rang social et des enjeux politiques du mariage.

Dans les recueils législatifs

Le Code de Hammurabi décrit, aux §§ 141–42, les critères juridiques retenus à l'égard de chaque conjoint pour qualifier une vie commune intolérable: l'épouse se constitue un pécule sur les biens du ménage, dilapide son propre patrimoine et tente de rejeter la responsabilité de la crise conjugale sur son mari (§ 141 CH);[26] l'homme quant à lui se montre intraitable et humiliant (§ 142 CH). Mais ces comportements constituent, au regard du droit babylonien, de justes motifs de divorce et non de séparation de corps.[27] Alternativement, le mari bafoué peut décider de prendre une autre femme et de réduire la première au rang d'épouse secondaire[28] (§ 141 CH), ce qui en tout état de cause n'empêche pas la vie commune avec la fautive.

Seules les Lois assyriennes envisagent, de manière incidente, l'incompatibilité d'humeur entre les époux. Le § 24 LA A traite de l'abandon temporaire du domicile conjugal par l'épouse, lié manifestement à sa mauvaise entente avec son mari.[29]

25. PBS 5 100 iii 9 *ina bītikunu libbum imarraṣ*, "(On va penser qu')il y a des conflits dans votre maison."

26. Cf. l'interprétation de Westbrook, *Marriage Law*, 76–77, avec la bibliographie antérieure.

27. *Contra* David Heinrich Müller, *Die Gesetze Hammurabis und ihr Verhältnis zur mosaischen Gesetzgebung sowie zu den XII Tafeln* (Vienne: Alfred Hölder, 1903), 123–24, qui analyse le départ de l'épouse au § 142 CH comme une séparation de corps judiciaire, l'épouse ne pouvant accéder selon lui au divorce. Sur cette question du droit de l'épouse au divorce, cf. Westbrook, *Marriage Law*, 79–83.

28. Pour cette interprétation de l'expression *kīma amtim* (§ 141 CH l. 57), cf. Westbrook, *Marriage Law*, 108.

29. Pour d'autres exemples d'abandon du domicile conjugal, cf. Sophie [Démare-]Lafont, *Femmes, droit et justice dans l'Antiquité orientale: Contribution à l'étude du droit pénal au Proche-Orient ancien* (Fribourg-Göttingen: Vandenhoeck & Ruprecht, 1999), 384–96, incluant l'analyse du § 24 LA A; Brigitte Lion, "Les textes judiciaires du royaume d'Arrapḫa," in *Rendre la justice en Mésopotamie. Archives*

En soi, le fait de passer "trois ou quatre nuits" chez une amie n'est pas constitutif d'une séparation de corps mais plutôt d'une atteinte à l'autorité de l'époux. De telles séparations consécutives à des scènes de ménage devaient être plutôt ordinaires à en juger par la description qu'en fait le texte. On en trouve un écho dans la Bible, avec l'épisode dramatique de la femme d'un Lévite d'Ephraïm qui avait séjourné pendant quatre mois chez son père avant que son mari ne vienne l'y rechercher (Juges 19:1–3) et qui fut violée et tuée sur le chemin du retour (Juges 19: 22–30).[30] Une mésentente similaire est peut-être à l'origine de l'histoire rocambolesque racontée dans une lettre de Mari, évoquant la fuite d'une nommée Qabiṣatum, épouse d'un certain Zuzum, cachée sous la paille d'un grenier pour échapper aux autorités qui tentaient de la ramener à son mari.[31]

Ce qui paraît rattacher l'espèce assyrienne au sujet qui nous occupe est la mention du lieu où se réfugie l'épouse: elle séjourne dans la maison d'une amie "soit à Aššur même, soit dans l'une des villes voisines où il (= son mari) lui avait assigné une résidence" (§ 24 LA A ll. 43–45).[32] Il est donc envisagé, dans la seconde hypothèse, que le couple ait vécu séparément dans deux villes différentes, probablement à la suite de disputes répétées et non pas pour des raisons pratiques liées par exemple à l'activité économique de l'homme. C'est lui qui prend la décision d'attribuer un logement distinct à sa femme, ce qui implique qu'il doit aussi pourvoir à son entretien. Le lien matrimonial est donc maintenu, si bien que cette seconde habitation apparaît comme une extension du domicile conjugal, probablement une résidence secondaire appartenant à l'homme. Quoique dispensée de vie commune, l'épouse n'en devient pas pour autant libre de ses mouvements et se doit de respecter la conduite attendue d'une femme mariée. En découchant temporairement à l'insu de son conjoint, elle commet une faute qu'il peut punir en la chassant après l'avoir mutilée,[33] ce qui souligne la continuité de son autorité malgré la distance géographique. L'expression utilisée ici, [*la*] *ilaqqe* "il [ne] la (re)prendra [pas]," écarte le rétablissement de la cohabitation, élément central de la vie conjugale, mais n'implique pas forcément le divorce immédiat. En évitant l'emploi du *terminus technicus ezēbu* "quitter," le scribe paraît considérer que l'attitude de la femme ne constitue pas une cause de répudiation sans frais et relève seulement de l'exercice de la juridiction domestique. Le mari bafoué pourra donc infliger un châtiment corporel à son épouse et prolonger la séparation de corps

judiciaires du Proche-Orient ancien (IIIe-Ier millénaires avant J.C.), ed. Francis Joannès (Saint-Denis: Presses Universitaires de Vincennes, 2000), no. 107.

30. Le motif du départ de la femme est, dans la version grecque, une dispute avec le mari, tandis que la version massorétique parle d'infidélité, voire de prostitution.

31. A.3935+, édité par Francis Joannès, "La femme sous la paille ou les déboires d'un intendant," in *Florilegium Marianum: Recueil d'études en l'honneur de Michel Fleury*, ed. Jean-Marie Durand (Paris: SEPOA, 1992), 81–92; cf. aussi Jean-Marie Durand, *Documents épistolaires du palais de Mari* t. I (Paris: Le Cerf, 1997), no. 83; et Jack M. Sasson, *From the Mari Archives: An Anthology of Old Babylonian letters* (Winona Lake, IN: Eisenbrauns, 2015), 328–29 (6.5.b.vi.).

32. KAV 1 iii 43–45 *lu ina libbi āle ammiemma lu ina ālāni qurbūte ašar bēta uddûšenni*. La première partie de la phrase peut aussi être comprise "soit dans la même ville"; en ce sens, Driver et Miles, *Assyrian Laws*, 395; Guillaume Cardascia, *Les lois assyriennes* (Paris: Le Cerf, 1969), 144; et Roth, *Law Collections*, 161.

33. KAV 1 iii 54–55 *aššasu* [*unakkasma la*] *ilaqqe*, "[il mutilera] sa femme, il [ne] la (re)prendra [pas]." La restitution de la négation est appelée par le cas inverse prévu à la fin du texte (ll. 76–81), où le mari pardonne son épouse et la reprend; cf. Roth *Law Collections*, 193 n. 18.

(ll. 54–55) ou renoncer à toute sanction et réintégrer sa femme au domicile principal (ll. 76–80).

Dans l'entourage royal

La mésentente entre époux n'est certes pas typique des cercles du pouvoir, mais il se trouve que nous en avons conservé davantage de traces écrites dans le monde politique en raison des implications que de telles situations pouvaient avoir sur l'équilibre des relations internationales. La correspondance royale donne ainsi plusieurs exemples de crises conjugales provoquant la séparation du couple, ce qui mettait en péril les alliances politiques et incitait les familles à retarder la rupture en favorisant la réconciliation par toutes sortes de moyens. Les multiples rebondissements du drame qui conduisit au décès mystérieux de l'épouse du roi Ammistamru d'Ugarit, au XIVe s. avant n.è., montrent toute la complexité de ces affaires où se mêlent diplomatie et vie privée.[34]

Il est souvent difficile de distinguer, dans les récits qui nous sont parvenus, ce qui relève de la séparation de corps de ce qui constitue un véritable divorce. Ainsi dans l'un des épisodes de l'histoire d'Ammistamru la rupture apparaît-elle définitive puisque le roi hittite, constatant l'incompatibilité d'humeur entre les deux époux, prononça la répudiation à l'initiative du mari et ordonna la restitution des biens propres de l'épouse en nature ou en valeur.[35] Pourtant, la femme revint ensuite à Ugarit et Ammistamru envisagea de reprendre la vie commune, au grand scandale de son entourage qui fit pression pour qu'elle fût renvoyée.[36] Le mari avait-il été pris de remords ou les torts de la femme étaient-ils seulement passibles d'une séparation de corps ?[37] La première réponse paraît plus plausible, compte tenu notamment de la terminologie typique du divorce[38] employée dans le texte.

De même certains rites sont-ils clairement l'expression d'une rupture, en particulier celui qui consiste à couper la frange ou la cordelette du vêtement.[39] Kiru, l'une des filles du roi de Mari Zimri-Lim, fut ainsi répudiée par Haya-Sumu, l'un des vassaux de son père, qui la lui avait donnée en mariage peu après sa propre sœur, Šimatum, à l'issue d'un conflit politico-conjugal envenimé par la rivalité des deux épouses.[40]

34. Cf. l'édition du dossier par Gary Beckman, *Hittite Diplomatic Texts*, 2nd ed. (Atlanta: Scholars Press, 1999), 165–69; et Sylvie Lackenbacher, *Textes akkadiens d'Ugarit* (Paris: Le Cerf, 2002), 120–25; bibliographie et commentaire dans Trevor Bryce, *The Kingdom of the Hittites* (Oxford: Oxford University Press, 1998), 344–47; et [Démare-]Lafont, *Femmes*, 35–37.

35. RS 17.159 (jugement de Tudhaliya IV), ll. 3–21: "Ammistamru, roi de l'Ugarit, avait pris pour femme la fille de Pendi-šena, roi de l'Amurru. Elle n'a cherché qu'à faire du mal à Ammistamru. Ammistamru, roi de l'Ugarit, a répudié la fille de Pendi-šena pour toujours. Tout ce que la fille de Pendi-šena a apporté à la maison de Ammistamru, qu'elle le reprenne donc et qu'elle quitte la maison de Ammistamru. Tout ce que Ammistamru aurait aliéné, que des fils de l'Amurru en témoignent par serment pour que Ammistamru le leur rembourse" (Lackenbacher, *Textes*, 116). Un jugement postérieur d'Ini-Teššub (RS 17.396) exclut de cette restitution les biens mobiliers acquis par la femme en Ugarit; cf. Beckman, *Diplomatic Texts*, nos. 36A et 36B; et Lackenbacher, *Textes*, 117.

36. RS 16.270 et RS 1957.1; cf. Lackenbacher, *Textes*, 118–19, 121.

37. Le premier éditeur de ces textes, Jean Nougayrol, pensait à une séparation amiable (cité par Lackenbacher, *Textes*, 110).

38. Cf. l'emploi de *ezēbu* (RS 17.159, l. 10).

39. Cf. Jacob J. Finkelstein, "Cutting the *sissiktu* in Divorce Proceedings," *WO* 8 (1976): 236–40.

40. ARM 10 33; cf. Jean-Marie Durand, *Documents épistolaires du palais de Mari*, t. III (Paris: Le Cerf, 2000), no. 1230; et Sasson, *Mari Archives*, 115 (1.8.b.vi).

Mais avant d'en arriver à cette extrémité, il y avait parfois une étape intermédiaire au cours de laquelle les époux cessaient la vie commune.

Deux dossiers célèbres que Jack Sasson connaît bien, ceux d'Inib-šarri à Mari et de Belassunu à Tell al-Rimah, apportent un éclairage concret sur la procédure de séparation de corps. Le premier a été étudié surtout comme témoin des particularités de la correspondance féminine dans le milieu éduqué des cours amorrites.[41] Le vocabulaire des sentiments y est très présent, et le ton parfois exalté des princesses a pu être compris comme une emphase excessive.[42] Les interprétations plus récentes développent plutôt les aspects politico-historiques des faits relatés dans ces lettres, et soulignent aussi le désespoir de ces femmes mariées souvent contre leur gré et obligées d'assumer un destin décidé par leur père au nom d'alliances politiques plus ou moins solides.[43]

Les démêlés d'Inib-šarri avec Ibal-Addu sont rapportés dans une dizaine de lettres[44] où l'on perçoit clairement la dégradation parallèle des relations entre les époux d'une part, et entre Ašlakka et Mari d'autre part.[45] Inib-šarri prit prétexte d'une obligation religieuse pour retourner voir son père et lui présenter ses griefs, dénonçant la présence au palais d'une autre femme jouant à sa place le rôle de reine.[46] La démarche de réconciliation tentée par Zimri-Lim sembla porter ses fruits puisqu'Ibal-Addu promit de renvoyer sa favorite et de donner à Inib-šarri le rang royal qu'elle revendiquait.[47] Convaincu par ces belles paroles et malgré les réticences de sa fille, le roi de Mari la fit donc repartir à Ašlakka. Mais contrairement à ce qu'il avait déclaré, Ibal-Addu chassa la princesse et la plaça en résidence à Nahur (ARM 10 76 et ARM 2 113), où elle dut passer l'hiver sans chauffage ni nourriture. Le sort d'Inib-šarri rappelle les circonstances décrites dans la protase du § 24 LA A, où le mari attribue à son épouse un logement dans une autre ville, en raison sans doute d'une mésintelligence. Dans les deux cas, l'initiative revient au conjoint, qui fait acte d'autorité pour écarter sa femme et lui imposer une séparation de corps.

Humiliée et abandonnée, Inib-šarri écrivit à son père pour être rapatriée à Mari, mais Zimri-Lim lui ordonna au contraire de revenir à Ašlakka pour préserver la décence et les convenances.[48] Ce n'était pas la séparation de corps elle-même qui

41. Cf. la très riche analyse de Jean-Marie Durand, "Trois études sur Mari," *MARI* 3 (1984), 162–72 pour le dossier de Kiru et 174–78 pour l'étude de la langue et du style des lettres féminines de Mari; voir aussi Dominique Charpin, "L'akkadien des lettres d'Ilân-ṣurâ," in *Reflets des deux fleuves: Mélanges offerts à André Finet*, eds. Marc Lebeau et Philippe Talon (Leuven: Peeters, 1989), 38–40.

42. Cf. par exemple Reuven Yaron, "Stylistic Conceits: The Negated Antonym," *JANES* 22 (1993): 141–48, 145.

43. Pour une vue d'ensemble de la correspondance des princesses de Mari, cf. Durand, *Documents épistolaires* III, 422–79.

44. Une première étude du dossier avait été proposée par Jack Sasson, "Biographical Notices on Some Royal Ladies from Mari," *JCS* 25 (1973): 65–67; voir maintenant Durand, *Documents épistolaires* III, 462–79; et Michaël Guichard, "Le remariage d'une princesse et la politique de Zimrī-Lîm dans la région du Haut Ḫabur," *RA* 103 (2009): 19–50 (avec la bibliographie); ainsi que la traduction anglaise récente de Jack Sasson, *Mari Archives*, 116–17 (1.8.c.i.); et le résumé de Marten Stol, *Women in the Ancient Near East* (Boston/Berlin: de Gruyter, 2016), 507.

45. Sasson, "Biographical Notices," 63.

46. Durand, *Documents épistolaires* III, 462–63.

47. ARM 28 68, ll. 9–13 "Je ferai partir cette femme-là (la rivale) pour Hummatum et elle (Inib-šarri) aura pleinement son trône et son pays." Guichard, "Remariage," 27, place cette lettre et ARM 28 67 à la fin de toute l'histoire, lorsqu'Inib-šarri est définitivement revenue à Mari; Ibal-Addu tenterait cyniquement une dernière démarche pour la faire revenir à Ašlakka.

48. ARM 10 76, l. 7 et ARM 2 113, l. 5 *šumma ul rittum* "Je t'assure que la décence le demande" en suivant Durand, *Documents épistolaires* III, 467 note a) plutôt que Guichard, "Remariage," 26 ("Si cela

risquait de faire scandale, mais plutôt l'éviction d'Inib-šarri par une simple favorite,[49] suscitant les médisances et aggravant un contexte politique apparemment tendu entre les deux royaumes. La seule issue convenable pour sauver les apparences et faire taire les rumeurs était donc de rétablir la vie commune, quelles que fussent les brimades qu'Inib-šarri dût subir. Et effectivement, lorsqu'elle se résolut à obéir et qu'elle réintégra le palais d'Ibal-Addu, sa rivale la relégua "dans un coin" (*ina tubqim* ARM 10 74, l. 17)[50] et se comporta en reine, recevant les cadeaux diplomatiques et monopolisant la table du roi, tandis qu'Inib-šarri passait pour une "sotte" (*lellatum* ARM 10 74, l. 19). Nous ne connaissons pas le dénouement de cette triste histoire, mais il est très vraisemblable qu'Inib-šarri finit par quitter définitivement son époux alors qu'il organisait une insurrection contre le roi de Mari, lequel attaqua Ašlakka, déporta sa population et poursuivit son ancien vassal en fuite.[51]

La documentation de Tell al-Rimah, contemporaine de celle de Mari, fait aussi allusion à un cas de séparation de corps concernant une femme proche du pouvoir, nommée Belassunu, qui fit jouer toutes ses relations pour obtenir l'autorisation de quitter son époux Abdu-šuri.[52] Elle s'adressa ainsi plusieurs fois à la princesse Iltani, épouse du devin Aqba-Hammu, bras droit (et beau-frère) du roi de Karana Asqur-Addu. Une seule de ces lettres nous est parvenue (OBTR 141), dans laquelle elle mentionne ces courriers répétés restés sans réponse. Iltani semble avoir répercuté ces demandes réitérées à une certaine Azzu, sans doute pour lui demander d'intervenir, à quoi l'intéressée répliqua (OBTR 143) qu'elle-même ne pouvait rien faire, étant trop éloignée de la personne compétente pour dénouer la situation. C'est finalement le frère de Belassunu, Yarim-Lim, qui intercéda pour elle à Babylone, auprès du général et conseiller de Hammurabi, Mut-hadkim (OBTR 161).

Les trois textes de ce petit dossier nous montrent très concrètement comment s'opérait une séparation de corps. La mésentente entre les époux est clairement indiquée par Azzu, qui se dit préoccupée par le harcèlement constant que le mari faisait subir

---

ne convient pas"), *CAD* v° *rittu* B, 389a ("if this is not possible"); et Sasson, *Mari Archives*, 116 (1.8.c.i.2, "if it is not feasible"), qui comprennent que Zimri-Lim laisse à sa fille une porte de sortie en l'autorisant à revenir à Mari s'il n'y a pas d'autre solution.

49. Dans sa lettre (ARM 10 74, ll. 13–27), Inib-šarri décrit les vexations infligées par l'intruse (et non par Ibal-Addu), manifestement d'un rang inférieur et qu'elle appelle par dérision "Madame l'épouse d'Ibal-Addu" (MUNUS *aššat Ibal-Addu*, l. 13; cf. l. 23 MUNUS *aš*[*šatišu*]). Yahdun-Lim se comporta de la même manière, en installant au palais ses maîtresses à la place de ses épouses en titre, ce qui choqua profondément la cour et les familles royales; Yasmah-Addu fut empêché de l'imiter par deux rappels à l'ordre sévères de son père Samsi-Addu; cf. A.2548 et A.4471 édités par Jean-Marie Durand, "Documents pour l'histoire du royaume de Haute-Mésopotamie II," *MARI* 6 (1990): 290–94; traduction anglaise par Sasson, *Mari Archives*, 105 et note 203 (1.7.a.iv.1.).

50. ARM 10 74 ll. 17–18 "Quant à moi, elle m'a reléguée dans un coin"; cf. *CAD* v° *lillu* A, 189b; Sasson, *Mari Archives*, 116 hésite entre le mari et l'épouse rivale ("she/he has set me in a corner"). Sur le "coin" (*tubqum*) comme synonyme du harem, cf. Jean-Marie Durand, "La question du harem royal dans le palais de Mari," *Journal des savants* (1980, no. 4), 253–80.

51. Guichard, "Remariage," 27–28.

52. Editio princeps: Stephanie Dalley *et al.*, *The Old Babylonian Tablets from Tell al Rimah* (London: British School of Archaeology in Iraq, 1976), nos. 141, 143 et 161; outre la traduction anglaise récente de Sasson, *Mari Archives*, 327–28 (6.5.b.v.), on pourra se reporter à l'étude d'ensemble d'Anne-Isabelle Langlois, *Les archives de la princesse Iltani découvertes à Tell al-Rimah (XVIIIe siècle av. J.-C.) et l'histoire du royaume de Karana/Qaṭṭara*, 2 vol. (Paris: SEPOA, 2017), 129–30, 251. Sur l'identification de cette Belassunu avec la fille d'Iltani, voir Jack Sasson, compte rendu de Dalley *et al.*, *Tablets*, *JAOS* 100 (1980): 453–60, 458a–59b; Jesper Eidem, "Some Remarks on the Iltani Archive from Tell al Rimah," *Iraq* 51 (1989): 74–75; et Langlois, *Archives* 1, 130, 251.

à son épouse.[53] Mais pour pouvoir le quitter, une démarche officielle était nécessaire, consistant en une déposition devant le roi lors de son passage dans la ville de Ṣarbat où Belassunu semblait résider.[54] La procédure a un caractère plus administratif que judiciaire, notamment parce qu'elle ne paraît pas inclure de confrontation avec l'époux. Il est probable que, comme dans l'espèce néo-sumérienne précitée (*NSGU* 6, cf. *supra*), la séparation fut préalablement négociée entre les conjoints et dut être ensuite ratifiée par les autorités publiques. Il fut convenu que Belassunu irait vivre avec ses enfants dans sa belle-famille à Andarig, ce qui rappelle la solution envisagée par Enlil-bani lorsqu'il tomba malade (PBS 5 100, cf. *supra*). En restant parmi ses alliés, l'épouse conservait son droit aux aliments, qu'elle pourrait exercer contre son mari s'il se montrait récalcitrant. Comme dans d'autres domaines touchant à l'état des personnes, la prise en charge financière est la manifestation la plus évidente du statut, en l'occurrence marital.[55] Belassunu attendit donc impatiemment d'être autorisée à partir et finit apparemment par obtenir gain de cause.[56]

Toutes ces affaires apportent à l'analyse du mariage une profondeur sociologique que les dispositions législatives ne peuvent évidemment pas restituer, et permettent de nuancer l'image plutôt binaire que ces recueils transmettent. Les couples ne sont pas seulement mariés ou divorcés, ils peuvent aussi être séparés de corps, dans des circonstances très diverses. Prévoir une alternative à la rupture traduit l'attachement de la société mésopotamienne à l'institution matrimoniale, artificiellement maintenue dans la séparation de corps pour des raisons juridiques (absence), charitables (maladie du conjoint) ou politiques (mariages princiers). Il y a là une nouvelle illustration de la flexibilité du droit, capable de s'adapter aux attentes des familles en aménageant, entre le blanc du mariage et le noir du divorce, une zone grise où les époux restent mariés sans pour autant vivre ensemble.

Annexe: Textes

1. Recueils de lois

§ 28 CLI

> [27]tukum-bi [28]lú-ù [29]dam-nitadam-a-ni [30]igi-ni ba-ab-gi$_4$ [31]ù šu ba-an-lá-lá [32]é-ta nu-ub-ta-è [33]dam-a-ni [34]dam galam-na (var. dam-2-kam-ma) [35]ba-an-du$_{12}$-du$_{12}$ [36]dam-egir-ra (var. -ke$_4$) [37]dam-nitadam [38]in-íl-íl

53. OBTR 143, ll. 21–24 "Abdu-šuri son mari la presse constamment et je suis donc préoccupée par ses plaintes."

54. OBTR 141, ll. 7–11 "Le roi m'a parlé ainsi: 'Réside à Ṣarbat jusqu'à ma venue. Uṣi-nawir ira avec moi et te fera déposer.'"

55. C'est de cette manière par exemple que les parents conservent leur autorité parentale lorsqu'ils confient l'enfant à une nourrice: ils lui versent un revenu et payent en même temps les frais d'éducation; cf. Josef Fleishman, "Child Maintenance in the Laws of Eshnunna," *ZAR* 7 (2001): 374–84. Le lien familial se traduit aussi par l'obligation alimentaire entre parents et enfants; cf. Marten Stol et Sven P. Vleeming, eds., *The Care of the Elderly in the Ancient Near East* (Leiden: Brill, 1998).

56. Mut-hadqim semble en effet affirmer qu'il imposera au mari récalcitrant la décision que son épouse attend; cf. OBTR 161, ll. 18–21: "Même s'il (= le mari) ne la laisse pas partir, elle entrera dans les termes de ma tablette."

$^{27–29}$Si l'épouse principale d'un homme ^{30}perd son attractivité ^{31}ou est frappée de paralysie, ^{32}elle ne quittera pas la maison. $^{33–35}$Son mari pourra prendre une épouse saine (var. une seconde épouse). $^{36–38}$La seconde épouse (var. Il = le mari) entretiendra l'épouse principale.

§ 29 LE

^{38}*šum-ma* LÚ *i-na* KASKAL-*an še-eh-ṭim* ^{39}*ù sa-ak-pi-im it-t*[*a-aš-la-al*] ^{40}*ù lu na-ah-bu-tum it-ta-ah-ba-at* ^{41}[u_4-*m*]*i ar-*[*ku-tim i-na ma*]*-tim ša-ni-tim-ma* ^{42}[*it-ta-ša-ab aš-ša-su*] *ša-nu-um* ^{43}[*i-ta-ha-az ù* DUMU] *it-ta-la-ad* ^{44}[*i-nu-ma it-tu-ra-a*]*m* ^{45}[*it-ta-ab-ba-al*]

$^{38–39}$Si un homme est fait prisonnier pendant un raid ou une invasion/patrouille ^{41}ou s'il est enlevé, $^{41–42}$s'il réside longtemps dans un autre pays $^{42–43}$(et) que sa femme épouse un autre (homme) et ^{43}enfante, $^{44–45}$quand il rentrera il reprendra sa femme.

§ 30 LE

^{8}*šum-ma* LÚ URU^{ki}-*šu ù be-el-šu i-ze-er-ma it-ta-ah-bi-it* ^{9}*aš-ša-su ša-nu-ú-um-ma i-ta-ha-az i-nu-ú-ma it-tu-ra-am* ^{10}*a-na aš-ša-ti-šu ú-ul i-ra-ag-ga-am*

^{8}Si un homme hait sa ville et son seigneur et s'enfuit (et) ^{9}qu'un autre épouse sa femme, lorsqu'il rentrera, ^{10}il ne revendiquera pas sa femme.

§ 133 CH

^{7}*šum-ma a-wi-lum* ^{8}*iš-ša-li-il-ma* ^{9}*i-na* É-*šu* ^{10}*ša a-ka-lim* ^{11}*i-ba-aš-ši* ^{12}[*aš*]*-ša-sú* ^{13}[*a-di mu*]*-sà* [*lu-up-pu*]*-tu* ^{14}[*pa-gar*]*-ša* ^{15}[*i-na-ṣa*]*-ar* ^{16}[*a-na* É *ša-ni*]*-im* ^{17}[*ú-ul i-ir*]*-ru-ub* ^{18}*šum-ma* MUNUS *ši-i* ^{19}[*pa*]*-gar*$_9$*-ša* ^{20}*la iṣ-ṣur-ma* ^{21}*a-na* É *ša-ni-im* ^{22}*i-te-ru-ub* ^{23}MUNUS *šu-a-ti* ^{24}*ú-ka-an-nu-ši-ma* ^{25}*a-na me-e* ^{26}*i-na-ad-du-ú-ši*

$^{7–8}$Si un homme est emmené comme butin et $^{9–11}$qu'il y a de quoi manger dans sa maison, ^{12}son épouse $^{13–15}$[surveill]era son [corps tant que] son [mari sera retardé]. $^{16–17}$[Elle n']entrera [pas dans la maison d'un au]tre. $^{18–20}$Si cette femme ne surveille pas son corps et $^{21–22}$est entrée dans la maison d'un autre, ^{23}cette femme $^{24–26}$ils la convaincront et ils la jetteront dans l'eau.

§ 134 CH

^{27}*šum-ma a-wi-lum* ^{28}*iš-ša-li-il-ma* ^{29}*i-na* É-*šu* ^{30}*ša a-ka-li-im* ^{31}*la i-ba-aš-ši* ^{32}*aš-ša-sú* ^{33}*a-na* É *ša-ni-im* ^{34}*i-ir-ru-ub* ^{35}MUNUS *ši-i* ^{36}*ar-nam ú-ul i-šu*

$^{27–28}$Si un homme est emmené comme butin et que $^{29–31}$dans sa maison il n'y a pas de quoi manger, $^{32–34}$son épouse entrera dans la maison d'un autre. $^{35–36}$Cette femme n'a pas de faute.

§ 135 CH

[37]*šum-ma a-wi-lum* [38]*iš-ša-li-il-ma* [39]*i-na* É-*šu* [40]*ša a-ka-li-im* [41]*la i-ba-aš-ši* [42]*a-na pa-ni-šu* [43]*aš-ša-sú* [44]*a-na* É *ša-ni-im* [45]*i-te-ru-ub-ma* [46]DUMU.MEŠ *it-ta-la-ad* [47]*i-na wa-ar-ka* [48]*mu-sà it-tu-ra-am-ma* [49]URU-šu [50]*ik-ta-áš-dam* [51]MUNUS ši-i [52]*a-na ha-wi-ri-ša* [53]*i-ta-ar* [54]DUMU.MEŠ *wa-ar-ki* [55]*a-bi-šu-nu* [56]*i-il-la-ku*

[37–38]Si un homme est emmené comme butin et que [39–41]dans sa maison il n'y a pas de quoi manger (et que) [42]avant son retour [43–45]son épouse est entrée dans la maison d'un autre et [46]qu'elle a enfanté des enfants, [47–48]et que après son mari est revenu et [49–50]a rejoint sa ville, [51–53]cette femme retournera chez son époux. [54–56]Les enfants succèderont à leurs pères (respectifs).

§ 136 CH

[57]*šum-ma a-wi-lum* [58]URU-*šu id-di-ma* [59]*it-ta-bi-it* [60]*wa-ar-ki-šu* [61]*aš-ša-sú* [62]*a-na* É *ša-ni-im* [63]*i-te-ru-ub* [64]*šum-ma a-wi-lum šu-ú* [65]*it-tur-ra-am-ma* [66]*aš-ša-sú* [67]*iṣ-ṣa-ba-at* [68]*aš-šum* URU-*šu* [69]*i-ze-ru-ma* [70]*in-na-bi-tu* [71]*aš-ša-at mu-na-ab-tim* [72]*a-na mu-ti-ša* [73]*ú-ul i-ta-ar*

[57–59]Si un homme rejette sa ville et s'enfuit et que [60]après son départ, [61–63]son épouse est entrée dans la maison d'un autre, [64–67]si cet homme est revenu et a saisi son épouse, [68–70]parce qu'il a détesté sa ville et s'est enfui, [71–73]l'épouse du fugitif ne reviendra pas chez son mari.

§ 141 CH

[33]*šum-ma aš-ša-at a-wi-lim* [34]*ša i-na* É *a-wi-lim* [35]*wa-aš-ba-at* [36]*a-na wa-aṣ-im* [37]*pa-ni-ša* [38]*iš-ta-ka-an-ma* [39]*si-ki-il-tam* [40]*i-sà-ak-ki-il* [41]É-*sà ú-sà-ap-pa-ah* [42]*mu-sà ú-ša-am-ṭa* [43]*ú-ka-an-nu-ši-ma* [44]*šum-ma mu-sà* [45]*e-zé-eb-ša* [46]*iq-ta-bi* [47]*i-iz-zi-ib-ša* [48]*ha-ra-an-ša* [49]*ú-zu-ub-bu-ša* [50]*mi-im-ma* [51]*ú-ul in-na-ad-di-iš-ši-im* [52]*šum-ma mu-sà* [53]*la e-zi-ib-ša iq-ta-bi* [54]*mu-sà* MUNUS *ša-ni-tam* [55]*i-ih-ha-az* [56]MUNUS *ši-i* [57]*ki-ma* GEME$_2$ [58]*i-na* É *mu-ti-ša* [59]*uš-ša-ab*

[33–35]Si l'épouse d'un homme, qui habite dans la maison de l'homme, [36–38]décide de sortir et [39–40]fait une acquisition (et) [41]dilapide sa (fém) maison (et) [42]rabaisse son mari, [43]on le prouvera contre elle et [44–46]si son mari dit qu'il veut la quitter, [47]il la quittera ; [48–51]il ne lui donnera rien pour ses frais de voyage ni pour son indemnité de divorce. [52–53]Si son mari dit qu'il ne veut pas la quitter, [54–55]son mari pourra épouser une autre femme. [56]Cette femme [57–59]résidera dans la maison de son mari comme servante.

§ 142 CH

[60]*šum-ma* MUNUS *mu-sà i-zi-ir-ma* [61]*ú-ul ta-ah-ha-za-an-ni* [62]*iq-ta-bi* [63]*wa-ar-ka-sà* [64]*i-na ba-ab-ti-ša* [65]*ip-pa-ar-ra-ás-ma* [66]*šum-ma na-aṣ-ra-at-ma*

[67]*hi-ṭi-tam* [68]*la i-šu* [69]*ù mu-sa* [70]*wa-ṣi-ma* [71]*ma-ga-al* [72]*ú-ša-am-ṭa-ši* [73]MUNUS *ši-i* [1]*ar-nam ú-ul i-šu* [2]*še-ri-ik-ta-ša* [3]*i-li-qí-ma* [4]*a-na* É *a-bi-ša* [5]*it-ta-al-la-ak*

[60]Si une femme hait son mari et [61–62]dit: "Tu ne me prendras pas," [63–65]ses antécédents seront investigués dans/par son quartier et [66–68]si elle se surveille et n'a pas de faute, [69–70]mais que son mari est sorteur et [71–72]la rabaisse beaucoup, [73]cette femme [1]n'aura pas de punition. [2–3]Elle prendra sa dot et [4–5]elle s'en ira dans la maison de son père.

§ 148 CH

[65]*šum-ma a-wi-lum* [66]*aš-ša-tam* [67]*i-hu-uz-ma* [68]*la-ah-bu-um* [69]*iṣ-ṣa-ba-as-sí* [70]*a-na ša-ni-tim* [71]*a-ha-zim* [72]*pa-ni-šu* [73]*iš-ta-ka-an* [74]*i-ih-ha-az* [75]*aš-ša-sú* [76]*ša la-ah-bu-um* [77]*iṣ-ba-tu* [78]*ú-ul i-iz-zi-ib-ši* [79]*i-na* É *i-pu-šu* [80]*uš-ša-am-ma* [81]*a-di ba-al-ṭa-at it-ta-na-aš-ši-ši*

[65–67]Si un homme a épousé une épouse et que [68–69]la maladie-*laʾbum* l'a saisie [70–73]et qu'il décide d'épouser une autre (femme), [74]il l'épousera. [75–77]Son épouse que la maladie-*laʾbum* a saisie, [78]il ne la répudiera pas. [79–80]Elle résidera dans la maison qu'il a construite et [81]tant qu'elle vivra, il l'entretiendra.

§ 149 CH

[1]*šum-ma* MUNUS *ši-i* [2]*i-na* É *mu-ti-ša* [3]*wa-ša-ba-am* [4]*la im-ta-gar* [5]*še-ri-ik-ta-ša* [6]*ša iš-tu* É *a-bi-ša* [7]*ub-lam* [8]*ú-ša-lam-šim-ma* [9]*it-ta-al-la-ak*

[1]Si cette femme [2–4]n'est pas d'accord pour résider dans la maison de son mari, [5–8]il compensera en totalité sa dot qu'elle avait apportée de la maison de son père et [9]elle s'en ira.

§ 36 LA A

[82]*šum-ma* MUNUS *i-na* É *a-bi-ša-ma us-bat* [83]*lu-ú mu-us-sa* É *a-na ba-at-te* [84]*ú-še-ši-ib-ši* [85]*ù mu-us-sà a-na* A.ŠÀ *i-it-ta-lak* [86]*la-a* Ì.GIŠ *la-a* SÍK.MEŠ *la-a lu-bu-ul-ta* [87]*la-a ú-ku-ul-la-a* [88]*la-a mi-im-ma e-zi-ba-áš-še* [89]*la-a mi-im-ma šu-bu-ul-ta* [90]*iš-tu* A.ŠÀ *ú-še-bi-la-áš-še* [91]MUNUS *ši-i-it* 5 MU.MEŠ *pa-ni mu-ti-ša* [92]*ta-da-gal a-na mu-te la-a tu-uš-šab* [93]*šum-ma* DUMU.MEŠ-*ša i-ba-áš-ši* [94]*in-na-gu-ú-ru ù e-ek-ku-lu* [95]MUNUS *mu-us-sa tu-ú-qa-a* [96]*a-na mu-te la-a tu-uš-šab* [97]*šum-ma* DUMU.MEŠ-*ša la-áš-šu* [98]5 MU.MEŠ *mu-us-sa tu-qa-ʾ-a* [99]6 MU.MEŠ *i-na ka-ba-a-si* [100]*a-na mu-ut* ŠÀ-*bi-ša tu-uš-šab* [101]*mu-us-sà i-na a-la-ki la-a i-qar-ri-ba-še* [102]*a-na mu-ti-ša ur-ke-e za-ku-at* [103]*šum-ma a-na qa-at* 5 MU.MEŠ [104]*ú-hi-ra-an-ni i-na ra-mi-ni-šu* [105]*la-a ik-kal-ú-ni lu-ú qa-a-li* [106]*iṣ-ba-at-sú-ma in-na-bi-[it]* [107]*lu-ú ki-i sa-ar-[te]* [108]*ṣa-bi-it-ma ú-ta-ah-[hi-ra]* [1]*i-na a-la-ki ú-ba-a-a[r]* [2]MUNUS *ša ki-i* DAM-*šu id-dan* [3]*ù* DAM-*su i-laq-qé*

[82]Si une femme habite chez son père, [83–84]ou (si) son mari l'a installée dans une maison ailleurs, [85]et que son mari est allé à l'étranger [86–88]et ne lui a laissé ni

huile ni laine ni vêtements ni nourriture ni quoi que ce soit (d'autre et) [89–90]ne lui envoie rien pour subsister depuis l'étranger, [91–92]cette femme attendra son mari pendant cinq ans; elle n'habitera pas avec un (autre) mari. [93]Si elle a des enfants, [94]ils seront employés et gagneront leur vie. [95–96]La femme attendra son mari; elle n'habitera pas chez un (autre) mari. [97]Si elle n'a pas d'enfants, [98]elle attendra son mari pendant cinq ans. [99]Au début? de la sixième année, [100]elle habitera chez un mari de son choix. [101]Son (premier) mari, en revenant, ne la réclamera pas. [102]Elle est quitte envers son précédent mari. [103–105]S'il s'est attardé au-delà de cinq ans mais n'est pas retenu de sa propre volonté, soit qu'un … [106]l'ait saisi et qu'il se soit enfui, [107–108]soit qu'il ait été saisi par erreur et qu'il ait été retardé, [1]à son retour il (en) rapportera la preuve. [2]Il donnera une femme équivalente à son épouse [3]et il reprendra son épouse.

§ 45 LA A

[45][*šum-m*]*a* MUNUS *ta-ad-na-at* [46][*ù*] *mu-us-sa na-ak-ru il-te-qé* [47]*e-mu-ša ù* DUMU-*ša la-áš-šu* [49]2 MU.MEŠ *pa-ni mu-ti-ša ta-da-gal* [50]*i-na* 2 MU.MEŠ *an-na-te šum-ma ša a-ka-le* [51][*l*]*a*-[*áš*]-*šu tal-la-ka-ma ta-qa-ab-bi* [52][*šum-ma*] *a-la-i-tu ša* É.GAL-*lì ši-i-it* [53][x x]-*ša ú-ša-kal-ši* [54][*ši-pa*]-*ar-šu te-ep-pa-áš* [55][*šum-ma* DAM *ša-a*] *hu-ub-še ši-i-it* [56][… *ú*]-*ša*-[*kal*]-*ši* [57][*ši-pa-ar-šu te-ep-pa-áš*] [58]*ù* [*šum-ma* …] [59]A.ŠÀ *ù* […] [60]*tal-la-ka*-[*ma a-na* LÚ.DI.KU$_5$.MEŠ *ta-qa-ab-bi*] [61]*ma a-na a-ka*-[*a-li la-áš-šu*] [62]LÚ.DI.KU$_5$.MEŠ [*ha-z*]*i-a-na* GAL.MEŠ *ša-a* URU [63]*i-ša-'-ú-lu* [64]*ki-i* A.ŠÀ *i-na* URU *šu-a-tu il-lu-ku-ú-ni* [65]A.ŠÀ *ù* É *a-na ú-ku-la-i-ša* [66]*ša* 2 MU.MEŠ *ú-up-pu-šu* [67]*i-id-du-nu-né-eš-še* [68]*us-bat ù ṭup-pa-ša i-šaṭ-ṭu-ru* [69]2 MU.MEŠ *tu-ma-al-la a-na mu-ut lìb-bi-ša* [70]*tu-ú-uš-ša-ab* [71]*ṭup-pa-ša ki-i al-ma-te-ma i-šaṭ-ṭu-ru* [72]*šum-ma i-na ar-kàt* U$_4$.MEŠ *mu-us-sa* [73]*hal-qu a-na ma-a-te it-tu-ú-ra* [74]DAM-*su ša a-na ki-i-di* [75]*ah-zu-tu-ú-ni i-laq-qé-áš-ši* [76]*a-na* DUMU.MEŠ *ša a-na mu-ti-ša ur-ki-e* [77]*ul-du-tu-ú-ni la-a i-qar-rib* [78]*mu-us-sa-ma ur-ki-ú i-laq-qé* [79]A.ŠÀ *ù* É *ša ki-i ú-kul-la-i-ša* [80]*a-na* ŠÀM *ga-me-er* [81]*a-na ki-i-di ta-di-nu-ú-ni* [82]*šum-ma a-na dan-na-at* LUGAL *la-a e-ru-ub* [83]*ki-i ta-ad-nu-ni-ma id-dan* [84]*ù i-laq-qé* [85]*ù šum-ma la-a it-tu-ú-ra* [86]*i-na ma-a-te ša-ni-te-em-ma me-e-et* [87]A.ŠÀ-*šu ù* É-*šu a-šar* LUGAL [88]*id-du-nu-ú-ni i-id-dan*

[45]Si une femme a été donnée (en mariage) [46]et l'ennemi a pris son mari (et) [47]qu'elle n'a pas de beau-père ni d'enfants, [4]elle attendra son mari pendant deux ans. [50–51]Pendant ces deux années, s'il n'y a pas de quoi manger, elle ira (le) déclarer. [52]Si elle est une villageoise du palais, son … la nourrira; [54]elle travaillera pour lui. [55]Si elle est l'épouse d'un soldat-*hupšu*, [56]… la nourrira. [57]Elle travaillera pour lui. [58]Et [si …] un champ et … [60–61]elle ira et parlera aux juges en disant: "Je n'ai rien à manger." [62–64]Les juges interrogeront le maire et les Grands de la ville sur ce que vaut un champ dans cette ville. [65–67]Ils vendront le champ et la maison pour son entretien pendant deux ans. [68]Elle (y) résidera et on rédigera sa tablette. [69–70]Elle accomplira deux années (puis) elle habitera

chez le mari de son choix. [71]On lui rédigera sa tablette comme pour une veuve. [72–73]Si par la suite son mari absent revient au pays, [74–75]il reprendra sa femme qui est mariée au dehors. [76–77]Il ne revendiquera pas les enfants qu'elle a enfantés pour son mari suivant. [78]C'est son mari suivant qui (les) prendra. [79–81]Le champ et la maison qu'elle avait vendus au-dehors pour prix complet au titre de son entretien, [82]si ce n'est pas entré dans le domaine royal$^{?}$, [83–84]il payera l'équivalent de ce qui avait été payé et il (les) prendra. [85–86]Et s'il ne revient pas et meurt dans un autre pays, [87–88]le roi vendra le champ et la maison là où il voudra (les) vendre.

2. Lettres et documents juridiques

ARM 2 113

[1]a-na be-lí-ia qí-bí-ma [2]um-ma ^{f}i-ni-ib-LUGAL [G]EME2-ka-a-[m]a [3]be-lí i-na pa-ni-tim ú-wa-e-ra-an-ni [4]al-ki É-ki šu-ta-aṣ-bi-ti-ma [5]šum-ma ú-ul ri-it-tum qa-qa-ad-ki [6]ku-ut-mi-ma at-la-ki-im [7]be-lí an-ni-tam ú-wa-e-ra-an-ni [8]ù a-na-ku be-lí ki-a-am a-pu-ul [9]um-ma a-na-ku-ma I_{7} ha-bu-ur^{ki} [10]i-ti-iq-ma a-wa-at be-lí-ia [11]a-na wa-ar-ki-šu i-na-an-di [12]a-wa-tam ša a-na be-lí-ia aq-bu-ú [13]ik-tu-un ki-ma ta-ar-ni-ip^{ki} [14]ik-šu-du um-ma šu-ú-ma [15]ki-ma be-el-ki ta-am-hu-ri [16]a-al-ki be-el-ki-ma [r17]a-na áš-la-ka-a^{ki} [18]li-še-re-eb-ki ù a-na eš-ri-ia-m[a]* [19]a-na na-hu-ur ú-še-ri-ba-an-ni [20]iš-tu u_{4}-mi-im ša i-na ma-ha-ar [21]be-lí-ia ú-ṣú-ú [22]NINDA ù ^{giš}šu-ru-up-tam ú-za-am-ma [23]e-li ša pa-na-nu wa-ar-ku-tum [24]i-te-ed-ru be-lí li-iš-ša*-pí*-ma [25]li-it-r[u-ni]-in-ni mu-ru-úṣ* [26]li-ib-[bi-ia e]-li ša pa-na-nu° [27]im-ti-i[d i-na-an-n]a $še_{20}$-tú-ti [28]i-ia-tam ú-[u]l il-qé [29]qa-qa-ad a-ia-ab be-lí-ia [30]^{I}i-ba-al-^{d}IŠ[KUR]* [31]ú-qa-li-il [32]ù i-túr-ás-du ik-šu-dam-ma [33]2-šu 3-šu aš-šu-mi-ia [34]a-na i-ba-al-^{d}IŠKUR iš-pu-ur-ma [35]da-'a_{4}-at a-wa-ti-šu i-ba-al-^{d}IŠKUR [36]ú-ul i-ša-al

[1–2]Dis à mon Seigneur: ainsi parle Inib-šarri ta servante. [3]Auparavant, mon Seigneur m'avait ordonné: "[4]Allons! Fais mettre en route ta maison! [5–6]Je t'assure que la décence le demande! Couvre-toi de ton voile et pars!" [7]Voilà ce que mon Seigneur m'avait ordonné. [8]Et moi j'avais répondu ceci à mon Seigneur: [9–11]"Une fois qu'il aura traversé le Habur, il laissera derrière lui la parole de mon Seigneur." [12–13]Il a confirmé ce que j'avais dit à mon Seigneur. [13–14]Lorsqu'il a eu atteint Tarnip, il a dit: [15]"Maintenant que tu as rencontré ton Seigneur, [16–18]allons, que ton Seigneur te fasse donc entrer à Ašlakka!" [18–19]Et il m'a fait entrer à Nahur dans mes appartements. [20–21]Depuis le jour où j'ai quitté mon Seigneur, [22]je suis privée de pain et de bois de chauffage. [23–25]La suite a dépassé ce qui s'était passé avant. Je veux bien que mon Seigneur continue à se taire mais alors, qu'on me ramène! [25–27]Mon ressentiment est plus grand qu'avant. [27–28]Ne m'a-t-il pas considérée avec mépris ? [28–31]Ibal-Addu a-t-il humilié (autant) l'ennemi de mon Seigneur ? [32]Par ailleurs, Itur-Asdu est arrivé et [33–34]il a écrit deux à trois fois à Ibal-Addu à mon propos mais [35–36]Ibal-Addu ne prête pas attention à ce qu'il dit.

ARM 10 74

1 [a-na be-lí-ia qí-bí-ma] 2 [u]m-m[a i-ni-ib-LUGAL] 3 GEME$_2$-[ka-a-ma] 4 aš-šum mu-ru-uṣ [l]i-ib-bi-ia 5 1-šu 2-šu ⌜a⌝-[na ṣe]-er be-lí-ia 6 aš-pu-ra-am ⌜ù⌝ b[e-l]í ki-a-am 7 iš-pu-ra-am um-ma-[m]i [a]l-ki 8 a-na áš-la-ak-ka-a^{ki} er-bi-ma 9 la ta-ba-l[a*-ka-ti-ni a]l*-ki be-lí an-ni-tam 10 iš-pu-ra-am ⌜i-na⌝-an-na a-na áš-la-ak-ka-a^{ki} 11 e-ru-ub-ma mu-ru-uṣ li-ib-bi-im 12 ma-di-iš a-⌜na⌝-aṭ-ṭà-al 13 MUNUS aš-ša-at i-ba-al-^{d}IŠKUR 14 ši-ma šar-ra-at ù MU.DU.[HI.A 15 a-lim^{ki} áš-la-ka-a^{ki} ù a-la-⌜né-e⌝ 16 MUNUS ši-ma im-ta-na-ah-ha-ar 17 ù i-ia-ti i-na tu-ub-qí-im 18 ú-še-ši-ba-an-ni-ma 19 ki-ma MUNUS le-el-la-tim 20 i-na qa-ti-ia le≤-ta≥-ti-i[a*] 21 uš-ta-aṣ-bi-ta-an-n[i] 22 ⌜a⌝-ka-al-šu ù ša-te*-[šu] r23 i-na ma-ha-ar MUNUS aš*-[ša-ti-šu] 24 ka-ia-an i-na-ia [da-al-pa] 25 ù pí-ia bi-te-[ru-ú] 26 ma-aṣ-ṣa-ar-tam e-l[i*-ia] 27 ud-da-an-ni-in-m[a]* ša*-n[i*-tam] 28 šu-um be-lí-ia ⌜du*-un*-nu*-un⌝* 29 ù a-na-ku an-ni-k[e-em°] 30 mu-ru-uṣ li-ib-[bi]-im a-na-aṭ*-[ṭà]-al 31 1 nam-ha-ra-am ù 2 G[AL.HI.A KÙ].GI* 32 ša be-lí a-na ṣe-er i-ba-al-^{d}IŠKUR 33 ú-te-er-ra-aš-šum 34 ú-ul él-qí-ma nam-ha-ra-am 35 ⌜ù⌝ GAL.HI.A ši-na-ti ú-ul id-di-n[am] 36 šum-ma-an ši-ir be-lí-ia i-r[a-am] 37 [ù] ⌜i⌝-ia-ti-ma-an GEME$_2$-ka {x} ha*-[aš]-ha*-[a]n*-ni 38 ša-[ni-tam a-n]u-um-ma a-na ṣe-er be-lí-ia 39 x [o o o o wu]-⌜ú⌝*-ri-im 40 [...]-im (lacune de six lignes) 1' [ki-ma a-i]a*-bi be-lí-ia**-[ma] 2' [be-lí ÌR.MEŠ-šu]-ma 3' [li]-iṭ-[r]u-dam-ma 4' ù a-na ṣe-er be-lí-ia 5' l[i-i]t-ru-ni-in-ni$_5$* 6' ù** pa**-ni** be-lí-ia lu-[mu]-u[r]

1–3 Dis à mon Seigneur: ainsi parle Inib-šarri ta servante. 4–6 J'ai écrit au moins deux fois chez mon Seigneur à propos de mes griefs. 6–10 Il m'avait répondu: "Va! Entre à Ašlakka ; pas de désobéissance! Va!" Voilà ce qu'il m'avait écrit. 10–12 Maintenant, je suis entrée à Ašlakka et j'ai encore plus de sujets de mécontentement. 13–14 Madame l'épouse d'Ibal-Addu, elle seule, est reine. 14–16 Et les envois de la ville d'Ašlakka et des différentes cités, c'est toujours cette dame qui les reçoit! 17 Quant à moi, elle m'a placée à résidence dans le harem et 19–21 elle me fait tenir les joues dans mes mains comme une simplette. 22–24 C'est toujours devant Madame son épouse qu'il prend sa nourriture et sa boisson. 24–25 Toujours mes yeux larmoient et ma bouche a faim. 26–27 Elle vient de renforcer sa garde sur moi. 27 Autre chose. 28 Le renom de mon Seigneur est très fort 29–30 mais moi, ici, je ne vois que sujets de mécontentement. 31–34 Je n'ai pas pris le récipient ni les deux vases de luxe en or que mon Seigneur m'a envoyés en retour chez Ibal-Addu; 34–35 il ne m'a pas donné le récipient ni ces vases de luxe. 36 S'il aimait la personne de mon Seigneur, 37–38 alors il me désirerait moi, ta servante! 38–39 Autre chose: voici que pour envoyer … chez mon Seigneur … (Lacune de six lignes) 1' Il se comporte tel un ennemi de mon Seigneur. 2'–6' Il faut que mon Seigneur m'envoie ses serviteurs pour me ramener chez lui, de sorte que je (re)voie son visage.

ARM 10 76

1 a-na be-lí-ia qí-bí-ma 2 um-ma ^{f}i-ni-ib-LU[GAL] 3 GEME$_2$-ka-a-[ma] 4 i-na pa-ni-tim [um-ma at-ta-ma] 5 ⌜a⌝-al-ki wa-ar-[ka-at] 6 a*-wa-ti-ki pu-ur-s[i]-[im] 7 šum-ma ú-ul ri-it-tum 8 qa-qa-ad-ki ku-ut-mi-ma 9 at-l[a]-ki-im r10 ⌜e⌝*-l[i* ša

pa-n]a-nu-um [11]*[w]a-ar-ki-t[um]* [12]*i-te-et-ru iš-[tu* ^{i_7}*h]a-bu-ur*$^{\{ki\}}$ [13]*i-ti-qú wu-ur-t[i be-lí-ia]* [14]*i-zi-ib-ma* ⸢*ù*⸣ *[be-lí]* [15]*a-na na-hu-ur*[^{ki}] [16]*ú-še-ri-ba-an-ni* [17]*i-na-an-na be-lí* [ÌR.MEŠ-*šu*] [18]*li-iš-pu-ur-ra-am-[ma]* [19]⸢*ù*⸣* [*l*]*i-it-ru-ni-[in]-ni*

[1–3]Dis à mon Seigneur: ainsi parle Inib-šarri ta servante. [4]Auparavant, tu m'as dit: [5–9]"Va! Vois ce qu'il en est de ta situation. Je t'assure que la décence le demande! Couvre-toi de ton voile et pars!" [10–12]La suite a été pire que ce qui s'était passé avant. [12–14]Une fois qu'il a eu traversé le Habur, il a oublié l'or[dre de mon Seigneur] et [14–16]et mon Seigneur (= mon mari) m'a fait entrer dans Nahur. [17–19]Maintenant, il faut que mon Seigneur envoie [ses serviteurs] pour qu'on me ramène.

BE 6/1 59

[1]SIG-*an-nu-ni-tum* DUMU [2]*ša* KI *ta-ak-ku-<bi>* ⸢AMA⸣.[A.NI] [3]*a-na* É ^{d}AMAR.UTU-*na-ṣir* DUMU *az-*[x-*i*]*a* [4]*i-ru-bu-ú* [1]*ta-ak-ku-bi* [5]*ki-ši-it-ti i-lim ik-šu-us-sí-ma* [6]*a-na* DI.KU_5 *is-ni-qú-ma* [7]DI.KU_5 *e-ze-eb-ša iq-bu* [8I]SIG-*an-nu-ni-tum a-na* ^{d}AMAR.UTU-*na-ṣi-ir* [9]*ki-a-am iq-bi um-ma šu-ma* [10]*ma-ri pu-uz-zu-lim-ma* [11]*a-na-ku ú-ul a-bi at-ta* [12]U_4.KÚR.ŠÈ SIG-*an-nu-ni-tum* DUMU *pu-zu-lim* [13]*a-na i-din-*^{d}NIN.ŠUBUR DUMU ^{d}AMAR.UTU-*na-ṣir* [14]*a-na* A.ŠÀ É *ù mu-za-az* [15]KÁ.GAL.MEŠ [16]KA NU.GÁ.GÁ.A [17]MU ^{d}UTU ^{d}AMAR.UTU *sa-am-su-i-lu-[na]* [18]*ù* ^{uru}UD.KIB.NUN^{ki} *it-mu-ú* [19–31]12 témoins [32–34]Date (Si 16)

[1]À propos d'Ipiq-Annunitum, fils de [Puzzulum], [2]qui, avec Takkubi sa mère [3–4]était entré dans la maison de Marduk-naṣir, fils d'Az[zi?]ia. [4–5]La possession divine a saisi Takkubi et [6]ils ont approché le juge et [7]le juge a prononcé son divorce. [8–9]Ipiq-Annunitum a dit à Marduk-naṣir: "[10–11]Moi, je suis bien le fils de Puzzulum. Tu n'es pas mon père". [12]À l'avenir, Ipiq-Annunitum fils de Puzzulum [16]ne revendiquera pas [13]contre Idin-Ninšubur fils de Marduk-naṣir [14–15]à propos du champ, de la maison et de (la charge de) gardien des Grands Portes (de la ville). [17–18]Ils ont juré par Šamaš, Marduk, Samsu-iluna et Sippar. [19–31]Témoins [32–34]Date (Si 16).

NSGU 6

[1]di til-la [2]làl-la-gu-la dumu e-la $gudu_4$ nu-mu-su ì-me-àm [3]ur-^{d}ig-alim dumu lugal-igi-huš $gudu_4$-ke_4 [4][ba]-an-tuku [5][làl]-la-gu-la á-sàg ba-an-⸢sàg⸣-a [6][m]u-bi-šè ⸢ur-^{d}⸣ig-alim-ra [7][igi]-ni in-ši-gar^{ar} [8][ge]me_2-^{d}ba-ba_6 dumu lú-$giri_{17}$-zal $gudu_4$ tuku-ba-an [9][ù] gá-e še-ba siki-ba ha-dab_5 in-na-du_{11} [10][igi di-ku_5]-ne-šè nu-ù-kúr-r[u-da] [11][ur-^{d}ig]-alim-[ke_4 mu lugal-bi in-pà] (cassure) [12'][...] x [13'][...]-da [14'][... x ma]-na siki [15'][ur-^{d}ig]-alim-ke_4 [16'][x x x]-a [17'][é ur]-^{d}ig-alim-ta [18'][làl]-la-gu-la ì-dab_5 [19'][ur]-^{d}lamma dumu kal-la maškim [20'][lú-^{d}]$šara_2$ [21'][ur]-^{d}iš-taran [22'][lú]-dingir-ra [23']Date (ŠS 5)

[1]Affaire terminée. [2]Lalagula, fille d'Ela le prêtre purificateur, était veuve. [3–4]Urigalim, fils de Lugaligihuš le prêtre purificateur, l'a épousée. [5]Lalagula a été

frappée par le démon-azag. [6–7]Pour cette raison, elle s'est présentée devant Urigalim (et) [9]lui a dit: "[8–9]Épouse Gemebaba, la fille de Lugirizal le prêtre purificateur (et) quant à moi je recevrai de l'orge et de la laine. [10–11]Devant les juges, Urigalim a juré par le roi de ne rien changer. (…) [12'–14'][x rations d'orge] [et x mi]nes de laine. [15'–16']Urigalim … [17'–18']Lalagula recevra de la maison d'Urigalim (les rations). [19']Urlama fils de Kala, commissaire ; [20'–23']Lušara, Urištaran (et) Ludingira, juges. [24']Date (ŠS 5).

OBTR 141

[1]*a-*⸢*na be-el*⸣*-ti-ia* [2]*qí-bí-ma* [3]*um-ma* ^{f}*be-le-sú-nu-ma* [4]*iš-tu e-bu-ri-*{x x}*im* [5]*aš-ta-na-ap-pa-ra-ak-ki-im-ma* [6]*mi-im-ma-a-ma ú-ul* ⸢*ta*⸣*-pa-li-in-ni* [7]LUGAL *ki-a-am iq-bé-em um-ma* ⸢*šu*⸣*-ma* [8]*i-na ṣa-ar-ba-at*⸢^{ki} *ši*?⸣*-bi* [9]*a-di a-la-ki-ia ú-ṣ*[*í-n*]*a-wi-ir* [10]*it-ti-ia i-la-kam-*⸢*ma* [11]⸢*uš*⸣*-ta-ka-an-ki* [12]*i-na-an-na am-mi-nim ši-ip-pa-at* [13]*ú-lu-ma ú-ul uš-ta-ka-an-na-an-ni* [14]*ú-lu-ma ú-ul ú-wa-aš-ša*?*-ra-an-ni* [15]*aš-ra-nu-um a-na a-wi-li-im* [16]⸢*qé*⸣*-er-bé-ti šu-up-ra-ma* [17]*a-na a-wi-lim li-it-ru-ni-in-ni* [18]*m*[*i-nam*] ⸢*e*⸣*-pu-úš am-mi-nim* [19]*pa-ni-*⸢*ki tu*⸣*-ka-ab-bi-tim-ma* [20]*a-wa-ti* ⸢*ú-ul ta-da*⸣*-ab-bu-bi* [21]*ma-an-nu-um* ⸢*it**⸣*-*[*ra*]*-an-*⸢*ni**⸣ [22]*ù ma-an-nu-um š*[*u***-ma*]*-am* [23]⸢*iš-ku*⸣*-n*[*a-an*]*-ni*

[1–3]Dis à ma maîtresse, ainsi parle Belassunu. [4–6]Depuis la moisson, je t'écris sans cesse et tu ne me réponds rien. [7–9]Le roi m'a dit ceci: Réside? à Ṣarbat, jusqu'à ma venue. [9–11]Uṣi-nawir viendra avec moi et te fera témoigner. [12–14]Maintenant pourquoi es-tu silencieuse ? Il ne me fera pas témoigner ni ne me libèrera. [15–17]Là où tu es, tu es proche du "patron," écris pour qu'on me ramène au "patron"! [18–20]Qu'ai-je fait ? Pourquoi as-tu eu honte et ne plaides-tu pas ma cause ? [21–23]Qui m'a emmenée et qui m'a fait une (telle) réputation ?

Note: la traduction "patron" pour *awīlum* (ll. 15 et 17) renvoie au sens utilisé dans le monde romain à propos du clientélisme.

OBTR 143

[1]⸢*a-na*⸣ ^{f}*il-*⸢*ta*⸣*-ni* [2]*qí-bí-*⸢*ma*⸣ [3]*um-ma* ^{f}*az-zu-*⸢*ma*⸣ [4]*aš-šum* ^{f}*be-la-ás-sú-*[*nu*] [5]*la ta-áš-ta-ap-*⸢*pa*⸣*-*[*ri-im*] [6]MUNUS *ši-i an-ni-ke-e-*⸢*em*⸣ [7]*a-na mu-tim wa-ša-ba-am* [8]*ú-ul ha-aš-ha-at* [9]*qa-du-um* DUMU.MEŠ*-ri-*⸢ša⸣ [10]*a-na* É *ia-ba-mi-ša* {x} [11]*li-il-li-ik* [12]*at-ti a-ša-ri-iš* [13]⸢*qé*⸣*-er-bé-ti* [14]*a-na-ku ru-qa-a-ku-ma* [15]*ša-pa-ra-am a-na ṣe-er*! [16]⸢*mu-tu*⸣*-ha-ad-qí* [17]*ú-ul* ⸢*e*⸣*-le-em* [18]MUNUS *ši-i a-na*! *an-da-ri-ig-ma* [19]*a-la-kam*! *ha-aš-ha-at* [20]*ša-ni-tam* ^{f}*be-la-sú-nu* [21]*ab-du-šu-ri mu-us-s*[*à*] [22]*ka-ia-an-tam ú-ba-za-ah-ši* [23]*ù* ⸢*i*⸣*-na ta-zi-ma-ti-ša* [24]*a-ta-šu-úš* [25]⸢MUNUS *ši-i*⸣ *ma-ah-ri-ia* [26]⸢*qé*⸣*-er-bé-et*

[1–3]Dis à Iltani, ainsi parle Azzu. [4–5]Ne m'écris plus sans cesse au sujet de Belassunu! [6–8]Cette femme ne désire pas/plus résider ici chez son mari. [9–11]Qu'elle aille avec ses enfants à la maison de son beau-père. [12–13]Toi, là où tu es, tu es proche. [14]Moi, je suis loin et [15–17]je ne peux pas écrire chez Mutu-hadqi. [18–19]Cette femme désire aller à Andarig. [20]Autre chose. Belassunu, [21–22]son mari Abdu-šuri la presse constamment [23–24]et je suis donc préoccupée par ses plaintes. [25–26]Cette femme est proche de moi.

PBS 5 100 (extrait)

Ninurta-ra'im-zerim, né après la mort de son père Enlil-bani, fait régulariser le document établissant sa filiation posthume, le précédent titre ayant été dressé sans témoins. Neuf personnes, dont quatre femmes, affirment sous serment que Ninurta-ra'im-zerim est bien le fils d'Enlil-bani. Le quatrième témoin, proche du défunt, évoque les circonstances qui ont précédé sa mort.

col. iii [1]^{I}*e-til*-KA.EŠ$_4$.TÁR DUMU *še-ep*-^{d}EN.ZU [2]KU.LI ^{Id}EN.LÍL-*ba-ni um-ma šu-ma* [3]*ki-ma* ^{d}EN.ZU-*na-da* DAM ^{d}EN.LÍL-*ba-ni* [4]*li-ib-bi a-na* ^{d}EN.LÍL-*ba-ni mu-ti-ša* [5]*i-mu-ru it-ta-na-ás-la-ah-ma* [6]*um-ma* ^{d}EN.LÍL-*ba-ni mu-us-sà-ma* [7]*a-na bi-it a-bi-ša a-di ul-la-du* [8]*lu-uṭ-ru-us-sí um-ma a-na-ku-ma* [9]*i-na bi-ti-ku-nu li-ib-bu-um i-ma-ar-ra-aṣ* [10]*ki-ma aq-bu-šum ú-ul iṭ-ru-us-sí* [11]3 (PI) x *a-na ri-ši-i-ša ku-ul-li-im* [12]*id-di-nam* ^{Id}EN-ZU-*na-da a-na bi-ti-šu-nu* [13]*ú-ul il-li-ik a-di ul-du* [14][*a-n*]*a-ku ú-ši-ib* ^{I}*ha-ba-an-na-tum* [15]*qá-du* 1 MUNUS ŠÀ.ZU *il-li-kam-ma ú-wa-al-li-sí* [16]*ki-ma* ^{Id}NIN.URTA-*ra-i-im-ze-ri-im* [17][*r*]*i-hu-ut* ^{Id}EN-LÍL-*ba-ni i-di iq-bi*

col. iii [1–2]Etel-pi-Ištar, fils de Šep-Sin, associé d'Enlil-bani, a déclaré: "[3–5]Lorsque Sin-nada l'épouse d'Enlil-bani a vu mon inquiétude pour Enlil-bani son mari, elle est tombée malade et [6]Enlil-bani son mari a dit: "[7–8]Je veux l'envoyer chez son père jusqu'à ce qu'elle accouche". Mais j'ai dit: "[9] Il y aura des conflits dans vos maisons!". [10]Parce que je lui ai dit (cela), il ne l'a pas renvoyée. [12]Il m'a donné [11]3 pi … pour son entretien. [12–13]Sin-nada n'est pas allée dans leur maison. Jusqu'à l'accouchement, [14]moi-même je suis resté. Habannatum (mère d'Enlil-bani) [15]est venue ici avec une sage-femme et elle l'a délivrée. [16–17]Je sais que Ninurta-ra'im-zerim est la descendance d'Enlil-bani". (Voilà ce qu')il a dit.

CHAPTER 6

"Si ce n'est toi, c'est donc ton frère ..."

Jean-Marie Durand

Académie des Inscriptions et Belles-Lettres, Institut de France

1.

La société amorrite était, comme partout au Proche-Orient à l'époque, un lieu de violences. Plusieurs anecdotes sont restées qui montrent que le statut de la personne dépendait en fait de la puissance du groupe auquel elle appartenait et de la place qu'elle y tenait. Être libre n'était donc pas un statut définitif mais une qualité précaire qui pouvait être remise en question selon le milieu où l'on se trouvait et la place qu'on y avait. Cela n'a pas toujours été compris par la recherche moderne qui a souvent opposé des "gens libres," les *awîlum*, à des esclaves, les *wardum*, voire même à des "semi-libres," les soi-disant *muškênum*, comme si l'on appartenait à l'une ou l'autre catégorie de façon stable et durable.

Un groupe humain était constitué de "familles." Dans ces dernières, le père était plus libre que les gens qui lui coexistaient puisqu'il pouvait en disposer. Ainsi pouvait-il mettre en gage les gens de sa famille, mais lui-même pouvait en dernier recours aliéner sa propre liberté. En ce sens l'homme riche pourrait être considéré comme plus libre que celui qui était nécessiteux, ou au moins courir moins de risques de changer de statut.

En fait tout le monde était menacé de tout perdre. On connaît, en effet, les aléas de la guerre qui pouvaient faire vendre à l'encan la population d'une ville conquise et l'on imagine qu'alors les premiers de la cité devenaient aussi bien esclaves que leurs propres serviteurs, même si la plupart du temps on est mal renseigné sur de tels événements: que sont devenus les citoyens de grandes cités comme Ébla au milieu du IIIe millénaire ou de Mari au milieu du XVIIIe siècle, une fois leur ville conquise? On imagine le massacre de la famille royale ou la fuite en exil de certains de ses membres, comme cela s'était produit pour Kurdâ ou Mari avec l'avancée des troupes victorieuses d'Ékallatum. Mais le sort du restant de la population n'est pas plus connu que les circonstances précises de la chute de ces anciennes métropoles.

L'intérêt des textes de Mari est de documenter, même de façon anecdotique, le sort de certains de ces gens qui ne tiennent pas une grande place dans les récits des archives royales. Il semble en effet que le fait d'avoir été reconnu à un moment comme de condition libre n'était pas complètement aboli par les aléas de l'histoire. Ainsi voit-on

Note de l'auteur: Le passage complet de la fable de Jean de la Fontaine (X 1) dont est extrait ce titre ("Si ce n'est toi, c'est donc ton frère.—Je n'en ai point!—C'est donc quelqu'un des tiens.") illustre à la fois la loi du plus fort, mais aussi la notion de solidarité du groupe. Merci pour leur relecture à mes jeunes collègues G. Chambon et M. Guichard.

rappeler à propos d'une femme qu'elle a été mariée avec don de *terhatum*, le présent fait par le mari à son épouse, ce qui est considéré comme la preuve qu'elle a été une femme libre, avant le sort de captive où elle se trouve réduite.[1]

Une autre lettre[2] signale qu'une femme qui se trouve dans la maison d'un marchand fait partie de la *nešûtum*[3] d'un roi et qu'il faut donc la racheter. Par la même occasion on est informé que des gens de Mari étaient prisonniers. Les marchands semblent avoir joui à l'époque d'une sorte d'extra-territorialité qui leur permettait d'ignorer les conflits locaux. Ils étaient donc encouragés à racheter les prisonniers de guerre dont ils avaient connaissance mais ils étaient dédommagés pour cela.[4]

Les Mâr yamîna qui ont été faits prisonniers sont rachetés par leurs parents proches, comme le montre ARM VIII 1 et son commentaire *MARI* 1, p. 93, n. 1. De façon générale on consultera l'exposé de P. Villard dans ARMT XXIII, p. 476–506.

On pourrait multiplier ainsi les exemples. Toutes ces actions entrent en fait dans la catégorie des manifestations de la "solidarité" tribale ou familiale. On ne rend pas leur liberté à ceux qui l'ont perdue, on ne fait que les réintégrer dans un milieu où ils seront protégés. Le prix versé pour eux porte le nom d'*ipṭirum*, ce qui leur rendra la liberté de partir (*paṭârum*, *wuššurum*) de là où ils sont détenus (*kalûm*).

Dans plusieurs situations, la conception que l'on avait du groupe était susceptible de s'élargir. Une occurrence particulière est fournie par la pratique du *salîmatum*. Ce terme est traduit généralement par "ally, alliance, friendship." En fait *salîmum* signifie non pas la paix mais la non-guerre. Il faut poser un terme *salîmatum* qui est un singulier et désigne la contrée avec laquelle un accord *salîmum* a été conclu. L'établissement de "l'état de non-guerre" signifie qu'il n'y aura plus de pillage de biens entre eux (surtout à propos de troupeaux), mais également de personnes.

De fait plusieurs anecdotes existent, surtout dans les moments où l'État n'est pas fort, qui montrent que l'étranger est un "gibier."[5]

Des anecdotes assez nombreuses existent qui recourent majoritairement au verbe *suppûm* signifiant "suborner" pour désigner les tentatives de détourner quelqu'un vers ce qu'il pouvait tenir pour une vie meilleure.[6] Le terme signifie en fait "faire des promesses," en l'occurrence trompeuses. Cette "mobilité provoquée" d'un individu cachait effectivement, la plupart du temps, un piège.

Certains semblent s'être fait à l'époque une source de revenus dans le trafic d'êtres humains. Si l'autorité politique considère de tels cas comme scandaleux en soi, elle a

1. Ainsi la lettre du roi Yarkab-Addu, dans ARM XXVIII 36: "L'épouse de Hâlî-hadnû, cette femme est une citoyenne du Yamûtbâl. Identifie-la et laisse-la aller. Cette femme n'est pas une esclave. Elle a été faite prisonnière, alors qu'il y avait eu une *terhatum*. Les Bédouins mâr sim'al et le Yamûtbâl sont en communauté de sang (*hupšum*). Ils peuvent contracter entre eux une alliance familiale (*salûtum*). À présent, identifie-la et laisse-la aller. Il ne faut pas que le pays se plaigne."

2. ARM XXVIII 161, texte repris dans ARMT XXXIII.

3. La *nešûtum* était une autre sorte de famille d'alliance.

4. Pour le genre de tractations que cela entrainait, on peut voir ARM VIII 78 avec son commentaire, *MARI* 1, p. 119.

5. Plusieurs textes de ARMT XXXIII narrent des anecdotes dans ce sens, datant du début du règne. Ainsi la tablette A.582$^+$ raconte l'histoire de deux hommes du Numhâ et d'un homme du Nurrugum assassinés sur les berges de l'Euphrate. Leurs femmes et leurs chevaux sont emmenés pour être vendus par les assassins. La tablette M.5414 parle de déportés rançonnés par des locaux alors qu'ils essayaient de rentrer chez eux.

6. On en trouvera plusieurs exemples dans Lafont, 2002, p. 69 sq.

été plusieurs fois obligée d'en être complice, ne serait-ce que pour étouffer l'affaire et prévenir que les étrangers ne viennent plus dans le royaume vendre ce dont localement on était dépourvu.[7]

2.

Le texte offert à notre jubilaire est un exemple de plus de ces pratiques de l'époque amorrite qui peuvent aujourd'hui heurter notre sentimentalité. Il s'agit d'une lettre d'Idin-Annu, une personnalité du début du règne de Zimrî-Lîm dont on trouvera la correspondance dans ARM XXXIV, car elle est particulièrement signifiante pour l'époque de la révolte des Mâr yamîna (*aka* Benjaminites). La présente anecdote est malaisée à dater, d'avant ou d'après la rébellion. On remarque cependant que le fonctionnaire mariote a été capable de faire arrêter le coupable dans la ville de Zalpah,[8] chose qui aurait été fort difficile, voire impossible, pendant la rébellion, puisque le cours du Balih était alors une zone de dissidence et que, dans cette période, les rapports de Mari étaient exécrables avec les royaumes du Zalmaqum, à l'amont du Balih.

Idin-Annu avait son district—appelé d'ailleurs de son nom, ce qui est exceptionnel et peut-être dû au fait qu'il était un devin—sur le Moyen-Euphrate, peut-être sur la rive gauche de l'Euphrate,[9] mais il pouvait s'occuper plus précisément de la zone de Ziniyân. Yumhammû qui, d'après le présent texte, faisait partie de son *halṣum* (l. 5) désignait à la fois un toponyme de la province de Saggâratum et un clan mâr sim'al. Il pouvait ne s'agir que d'un campement de Nomades installé dans un endroit de la vallée propice à la pâture des ovins.

L'affaire est sous le signe de l'anonymat, comme trop souvent. Nul ne sait plus aujourd'hui de qui il est question. Un homme libre a été "volé"[10]—nous dirions "kidnappé"—et vendu, mais son nom n'est pas donné: il n'est connu que comme le frère du porteur du document. Le nom du coupable est également tu: c'est celui dont le frère doit être amené en définitive au roi par le frère de l'homme vendu. En fait, comme le roi devait juger par lui-même et poser les questions qu'il voudrait, il aurait devant lui plaignant et coupable et pourrait savoir tout ce que nous ignorons de nos jours par la lecture du présent texte.

Il ne nous est rien expliqué en ce qui concerne le "vol." Nous ne sommes ainsi informés ni de l'âge ni de la spécialisation de l'homme vendu, s'il en avait une, ce qui pouvait lui donner sa valeur.[11] Le simple fait qu'on parle de lui en disant lú (homme) et non lú-tur (jeune homme) pourrait néanmoins indiquer qu'il s'agissait d'un homme fait, non d'un enfant, ni d'un adolescent. S'il s'agit bien d'un adulte, on a pu lui faire miroiter une vie meilleure ou plus rentable ailleurs.

7. On en trouvera plusieurs exemples dans Durand 2000, p. 165–258.

8. Pour une identification avec le site moderne de Tall Ḫammām at-Turkumān, cf. les références regroupées dans Ziegler 2016, p. 420–21.

9. Cf. ARM XXVI, p. 241 & n. 51.

10. Le terme de *šarraqânum* ("voleur") qu'utilise le document est surtout attesté, pour l'époque paléo-babylonienne, par le Code d'Hammu-rabi, où il désigne celui qui est formellement accusé d'un larcin, ce qui convient parfaitement ici.

11. Ainsi dans ARMT XXVI 453, texte repris dans ARMT XXXIII, l'individu suborné était-il un barbier.

L'intérêt de ce texte consiste surtout dans sa dimension psychologique et dans ce qu'il révèle de la "simplicité" de la mentalité bédouine: le coupable ne se défend pas plus qu'il n'explique son geste. C'est manifestement son mode de vie: il a été pris et accepte sa peine. Il y a donc conscience d'une faute morale, mais il appliquait le principe du "pas vu, pas pris." De la même façon, il s'enfuit sans se soucier le moins du monde que son frère doive subir la peine à sa place.

Il n'y a pas de demande de retrouver l'individu kidnappé et on n'envisage pas le cas de son rachat. Sans doute même a-t-il été vendu sur un marché d'esclaves auquel les autorités mariotes n'ont pas accès. Il n'est question que de la perte subie du fait de son rapt et de sa compensation. Si l'on ne sait rien de la famille lésée, on peut penser que celle de l'esclavagiste avait des moyens: on peut le déduire de l'argent proposé par le frère et, surtout, de l'existence d'un *nîšum* où pourront être pris les garants.

L'accusation portée contre le coupable était, en fait, particulièrement grave: il ne s'agit pas d'avoir vendu "en pays étranger" quelqu'un "d'un pays étranger";[12] l'individu était de plus manifestement un contribule, puisque son origine géographique le marque comme mâr sim'al. C'est cela qui est qualifié de *dîn napištim*, une cause capitale qui ne peut pas donner lieu à un arrangement[13] (l. 26). L'argent que proposait le frère du coupable devait consister à rembourser à la famille le prix obtenu par la vente de l'individu et sans doute comptait-il éteindre, par la même occasion, la plainte car le rôle du juge dans ces régions semble avoir été surtout d'appliquer un tarif pour la faute commise.[14] C'est ainsi que peut s'expliquer la demande du frère que le roi ne soit pas impliqué dans l'affaire et que cette dernière fasse l'objet d'un règlement entre particuliers (l. 25 sq.).

Manifestement l'opération, déjà jugée sévèrement en elle-même, se doublait du fait qu'on avait contrevenu à la solidarité tribale.

La procédure représente une adaptation de la conduite de la "vengeance" (*niqmum*) à une procédure nouvelle où le roi intervient.[15] Le coupable n'est en effet pas remis à la force publique ou à une autorité gouvernementale, mais simplement confié au plaignant qui devra non pas régler ses comptes avec lui mais l'amener au roi. Il ne peut plus y avoir de règlements entre particuliers, car c'est au roi d'assurer le verdict,[16] surtout quand la cause est importante et que le *dîn napištim* pourrait entraîner une condamnation à mort. On remarque néanmoins que du moment qu'il y a quelqu'un sur qui exercer la vengeance familiale, il n'est plus dans les urgences de poursuivre le fugitif.

Le fonctionnaire souligne néanmoins la nécessité de faire un exemple pour que l'ordre règne dans le royaume. Les gens de la sorte du voleur sont catalogués comme des *sarrûtum* (l. 40), c'est-à-dire comme des "rebelles."

12. Cf. Durand 2000, n° 1056 (= ARM XIV 79), affaire de Halâ-kumu.

13. Les textes recourent aussi à l'expression *ûl ša bulluṭim* pour indiquer qu'il ne peut y avoir de pardon pour une faute.

14. Cf. dans ARMT XXXIII commentaire à A.1075 où la nomination de juges est légitimée par le fait que "l'argent (que procurent) les juges ne doit pas manquer" (l. 32–33: *ù* kù-babbar lú-meš *da-ia-*[*ni*], *la i-ma-aṭ-ṭì*).

15. Cf. pour ces questions Durand 2002, p. 39 sq.

16. C'était la leçon du texte sur la vengeance, Durand 2002; cf. en outre Lafont 1999.

3.

[A.697]

Idin-Annu au roi. Demande d'enquête par un individu suite au kidnapping de son frère vendu comme esclave. Le kidnappeur a été arrêté à Zalpah. Le frère de ce dernier propose une somme d'argent pour que le coupable ne soit pas envoyé chez le roi. Idin-Annu la refuse mais le kidnappeur s'enfuit. C'est donc son frère que l'on envoie à sa place chez le roi. Il faut veiller à ce que l'incivisme ne se multiplie pas.

a-na be-lí-ia
2 *qí- bí- ma*
um-ma i-din-an-nu ìr-*ka-a-ma*
4 lú *wa-bi-il ṭup-pí-ia an-ni-i-im*
dumu *ha-al-ṣí-ia i-na yu-um-ha-mi-i*^{ki}
6 *wa-ši-ib il-li-kam-ma*
um-ma šu-ú-ma a-hi i-na ha-al-ṣí-ka
8 *ša-ri-iq-*⸢*ma*⸣ *a-na* kù-babar *na-di-in*
wa-ar-ka-tam pu-ru-ús
10 *aš-pu-ur ú-ba-'*u_5*-ni-iš-šu-ma*
[l]ú *ša-ra-qa-an a-hi-šu*
12 *i-na za-al-pa-ah*^{ki} *iṣ-ba-tu-ni-iš-šu*
a-na ṣe-ri-ia ir-du-ni-iš-šu
14 *aš-t*[*a*]-⸢*a*⸣*-al-šu um-ma a-na-ku-ú-ma*
am-⸢*mi*⸣*-ni* lú *a-na* {LÚ} kù-babar *ta-di-in*
Tr.16 *um-ma šu-ú-ma ad-d*[*i-i*]*n-šu*
ša e-li-ka ṭà-bu e-⸢*pu*⸣-[*úš*]
<*um-ma a-na-ku-ma*>
18 *mi-nu-um ša e-li-ia ṭà-bu*
Rev. *a-na ṣe-er* lugal *ta-la-a*[*k*]
20 *ša-at qa-tim am-ha-sú-ma*
a-na qa-at be-el a-wa-ti-šu
22 *ap-qí-da-aš-šu um-ma a-na-ku-ú-ma*
a-lik° *a-na ṣe-er* lugal *ri-di-*[*š*]*u*
24 *it-bi-ma a-hu-šu um-ma šu-ú-ma*
a-hi lugal *la i-ka-ša-ad*
26 kù-babar *lu-ud-di-in*
um-ma a-na-ku-ú-ma a-šar di-in
28 *na-pí-iš-ti-i*° kù-babar
im-ma-ha-ar kù-babar *ak-su*°*-šu-ma*
30 *a-na qa-at be-el a-wa-ti-šu ad-di-iš-šu*
i-na-an-na lú *uh-ta-li-iq*
32 *aš-pu-ur ni-ši-šu ú-pa-hi-ru-ni-*[*i*]*m-ma*
a-na qa-ta-tim ad-di-in
34 *ù a-ha-šu a-na qa-at be-el a-wa-ti-/šu*
ap-qí-da-am-ma a-na ṣe-er [*b*]*e-lí-ia*

Tr. 36 *aṭ-ṭà-ar- dam*
be-lí ša e-li-šu ṭà-bu
38 *li-pu- úš*
C. i lú *šu-ú ú-ul úš-ta-ha-at-ma*
40 *sa-ru-tum i-na ha-al-ṣí-im*
i-mi-du
ii (anépigraphe.)

Dis à mon seigneur: ainsi parle Idin-Annu, ton serviteur.

L'homme porteur de cette tablette de moi est quelqu'un de mon district, habitant à Yumhammû. Il était venu me dire: "Mon frère se trouve avoir été kidnappé dans ton district et vendu. Fais une enquête!"

J'ai envoyé un message(r). On l'a recherché et on s'est emparé du kidnappeur de son frère à Zalpah. On me l'a conduit. Je l'ai interrogé, en disant: "Pourquoi as-tu vendu l'homme?" Il a dit: "Je l'ai vendu. Fais ce qui te plaira!" <J'ai dit>[a)]: "Ce qui me plaît? Tu iras chez le roi!" Je lui ai mis des menottes et je l'ai remis à son adversaire, en disant: "Allons! Conduis-le chez le roi!" Alors son frère s'est levé et a dit: "Il ne faut pas que le roi arrête[b)] mon frère! J'accepte de payer." J'ai dit: "Dans un jugement capital, de l'argent être reçu? de l'argent[a)]?" Je l'ai ligoté et l'ai remis à son adversaire.

En fait, l'individu s'est enfui. Sur message de moi, on m'a réuni sa famille dont j'ai fait les garants[c)]. Alors, j'ai confié son frère à son adversaire et je (les) expédie chez mon seigneur.

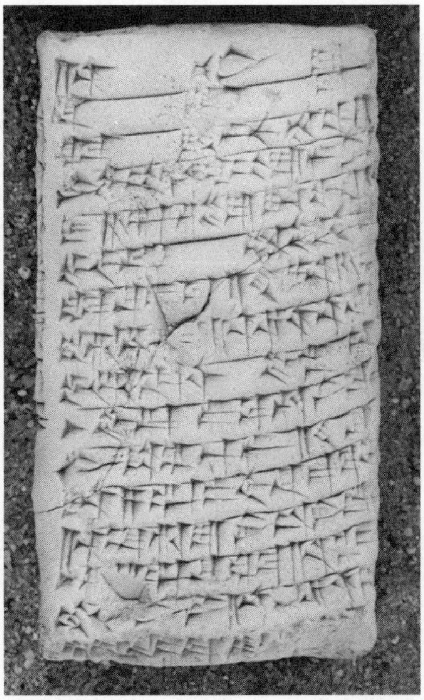

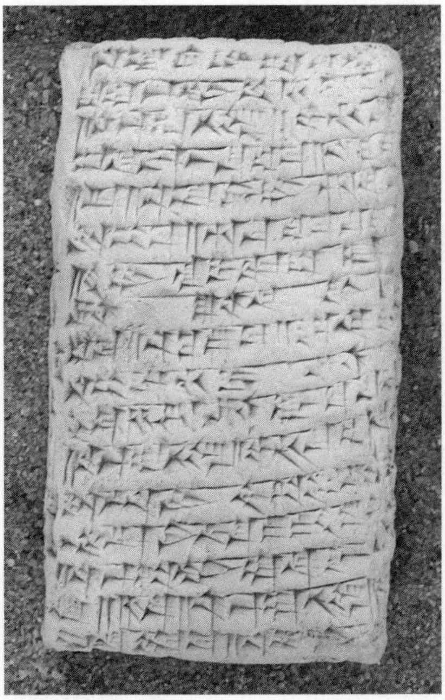

PLANCHE 6.1. A.697, obverse. Photographie de l'équipe de Mari.

PLANCHE 6.2. A.697, reverse. Photographie de l'équipe de Mari.

Que mon seigneur fasse ce qui lui paraîtra bon.

Si on ne fait pas peur à l'individu, les hors-la-loi[d] seront légions dans le district.

a) Ces passages sont manifestement du style parlé qui représente l'indignation du fonctionnaire mariote et qui font l'économie d'expressions plus rhétoriques.

b) Pour *kašâdum* signifiant "arrêter," cf. *CAD* K, p. 278.

c) Pour cette expression *ana qātāti nadānu* "to give as guarantee," cf. *CAD* Q, p. 169b.

d) Le terme *sarrum* désigne au propre un "menteur," surtout quelqu'un ou quelque chose à qui ou en quoi on ne peut avoir confiance. Un *sarrum* est donc un homme malhonnête, mais *sarrârum* désigne couramment à Mari le rebelle en tant qu'il représente le Bédouin non inféodé. Cf. Durand 2000, index, p. 584b.

BIBLIOGRAPHIE

Durand, Jean-Marie. 2000. *Documents épistolaires du Palais de Mari*. LAPO 18. Paris: Les éditions du Cerf.

———. 2002. "La Vengeance à l'époque amorrite." *Florilegium Marianum* VI. SEPOA.

Lafont, Sophie. 1999. "Un cas royal à l'époque de Mari." *RA* 91: 109–19.

———. 2002. "Enlèvement et séquestration à l'époque paléo-babylonienne." *Florilegium Marianum* VI. SEPOA.

Ziegler, Nele. 2016. *Les toponymes paléo-babyloniens de la Haute-Mésopotamie*. SEPOA.

CHAPTER 7

Albrecht Goetze: Three Mid-Century Reflections on Cuneiform Studies and Linguistics

Benjamin R. Foster
Yale University

IN HIS MONUMENTAL *Civilizations of the Ancient Near East*, Jack Sasson had the novel idea of asking senior scholars, including an Assyriologist and a Hittitologist, to reflect on their professional careers and fields of interest.[1] Because very few cuneiformists write memoirs or autobiographies, and because many of them would consider their professional activity a narrative separate from the stages of their personal lives, broad, individual perspectives on the discipline, such as Jack Sasson elicited, are not easily found.[2] The three essays published here are intended to add to that slender but fascinating dossier of retrospection, with gratitude and admiration for the labors of the "man of Mari-ouest," not to mention the founder of Agade.

The life and professional career of Albrecht Goetze (1897–1971), one of the most versatile and productive scholars of cuneiform studies of the twentieth century, is well documented. The writer saw to his inclusion in the *American National Biography* and has discussed aspects of his role in American Assyriology; Harald Maier-Metz has told the story of his life in Germany and his personal heroism, leading to his dismissal in 1933 from his professorship at Marburg as politically unreliable.[3] All he had to do was to keep silent and carry on his work, as most of his generation of German academics was content to do, but Goetze spoke out against the suppression of scholarly values and freedom of inquiry and public expression of opinion he saw around him with the rise of Nazism, and that cost him his livelihood and nearly his life. His enormous correspondence, now in the Yale University Archives, is a wonderfully rich source of comment, discussion, and debate on the personal and scholarly issues that engaged his attention.[4] His professional papers, from which the essays below are drawn, currently

1. "Retrospective Essays," in *Civilizations of the Ancient Near East*, ed. Jack M. Sasson, with John Baines, Gary Beckman, and Karen S. Rubinson (New York: Scribner's, 1995), Part 11.

2. Autobiographies include Friedrich Delitzsch, "Mein Lebenslauf," *Reclams Universum* 36 (1920), heft 47; Samuel Noah Kramer, *In the World of Sumer: An Autobiography* (Detroit: Wayne State University Press, 1986); I. M. Diakonoff, *Kniga Vospominanii* (St. Petersburg: European University, 1995); Cyrus Gordon, *A Scholar's Odyssey* (Atlanta: SBL, 2000). An interesting retrospective on the world of scholarship Goetze knew as a student is Carl Brockelmann's "Die morgenländischen Studien in Deutschland," *ZDMG* 76 (1922): 1–17.

3. Benjamin R. Foster, "Goetze, Albrecht," *American National Biography* (Oxford: Oxford University Press, 1999), 9:166–67; "*Journal of Cuneiform Studies*: The Early Years," *JCS* 65 (2013): 3–12; Harald Maier-Metz, *Entlassungsgrund: Pazifismus, Albrecht Goetze, der Fall Gumbel und die Marburger Universität 1930 bis 1946* (Münster: Waxmann, 2015); the most evocative personal reminiscence of the man is Jacob J. Finkelstein, "Albrecht Goetze, 1897–1971," *JAOS* 92 (1972): 197–203.

4. Yale University Archives, Yale Record Group 648.

housed in the Yale Babylonian Collection, not to mention his extensive bibliography, bear witness to his awe-inspiring research capacity.[5]

The three talks presented here, intended for general audiences, are Goetze's reflections on three now separate disciplines of which he was grand master: Assyriology, Hittitology, and Linguistics. For Assyriology, the narrative is one of the dizzying pace of discovery, particularly of new text material, that sets this discipline apart from any other concerned with the ancient world. If Assyriology of 1918 bore little resemblance to Assyriology of 1949, the pace has by no means slowed, so the Assyriology of 1979 seems now remote from that of 2009, as the honoree will surely agree. What Goetze singled out here first was loss of a sense of unity: if "Classics" was still an identifiable agenda focused on two languages and two closely related civilizations, Cuneiform Studies embraced many more languages, a vastly longer time, and a more diverse geographical horizon, plus avalanches of new primary sources. Goetze had seen this happen in his own lifetime.[6]

The reader may also be struck by what Goetze does not say. That he could talk for an hour about "Cuneiform Studies" while mentioning the Bible only as relevant to an early phase of the discipline emphasizes his conviction that the ancient Near East was much more than the "biblical world." For him, the importance of the discoveries at Nuzi, to choose an example he mentions, was their revelation of a distinctive local culture, rather than alleged conditions of the patriarchal age; the discoveries at Ugarit revealed a native Syrian kingdom in an international, rather than an alleged prebiblical, milieu ("forerunners of the Phoenicians"); the Mari archives enlarged what little had been known of Amorite Western Asia compared to what was known when his predecessor at Yale imagined an Amorite empire and sought to find and excavate Mari.[7] For Goetze, the importance of the biblical connection was comparative perspective, which kept Cuneiform Studies, as he wanted to call it, from becoming too isolated and self-sufficient.

As for Hittitology, for him a major question was whether or not it would blossom into a full-fledged discipline, like Assyriology. He himself undertook to write a Hittite dictionary, a desideratum mentioned in his talk, but it was never published.

Since he began as a linguist, Goetze's views on the protean field of Linguistics have the advantage of decades of close engagement with its habitual issues of self-definition. If his pen was not quite so fluent on such an abstract level as it was in other kinds of discourse, his comments are the more interesting because he seldom expressed himself in such a mode.

Goetze was noted in his own lifetime for his crisp, concise essays. If in these pieces the Saxon substrate is still apparent, one can only admire his determination, in the maturity of his years, to turn away from his native language for scholarly purposes. Had he intended these remarks for publication, he no doubt would have edited them, as even the oral versions were extensively revised throughout before presentation.

5. For Goetze's published works, see Jacob J. Finkelstein, "Bibliography of Albrecht Goetze (1897–1971)," *JCS* 26 (1974): 2–15.

6. Brockelmann, like Goetze, looked back on a dissolved unity, but in his case it was the entire "Orient" as a single scholarly agenda ("Die morgenländischen Studien," 3).

7. Albert T. Clay, "Dr. Clay's Story of His Oriental Journey," *BASOR* 13 (1923): 5–10; Albrecht Goetze, "Professor Clay and the Amurrite Problem," *Yale University Library Gazette* 36, no. 3 (1962): 133–37.

As a philologist, however, he would have appreciated a text without emendations or alterations, so I have left the wording as he did, with a minimum of trifling correction.

Cuneiform Studies Today (1949)

(Delivered to the Connecticut Academy of Arts and Sciences)

Those who have taken out time to meditate a little on the title which I have chosen for tonight's presentation may have wondered about its implications. Both parts of the title "Cuneiform Studies Today" may have raised questions in their minds. Does it have a special meaning when a professor of "Assyriology" proposes to talk on "Cuneiform Studies"? Does the "Today" hint at his belief that the present state of his field of scientific endeavor is in important, perhaps essential, respects different from what it had been yesterday? The answer to these questions, I hope, will become more apparent in the course of this short hour. Let it be understood, however, from the outset that an antithesis between today and yesterday is indeed intended. Assyriology, as the branch of research which I represent was called when it first came into being, cannot help but being affected by general trends in modern thinking. Being a young field—barely a hundred years old—it is more susceptible to such influences than older fields in which well-established traditions exist. The more so as it is a field which is still growing, in which almost daily new material is added to the old in a manner which is at the same time cause for exultation and of despair.

I am just about old enough to have witnessed, and to have actively participated in, the work of thirty years, the normal span of a generation. To estimate the change which has taken place in this time I have only to compare what I was taught when I was a student with what I am myself teaching the students of today. The change is tremendous, not only quantitatively, but—much more significant—as regards scope and outlook.

The time when one and the same man was able to master the intricacies of Egyptian hieroglyphs and also those of the cuneiform system of writing had already passed. There were still a few scholars of this almost mythical generation at work. A man like Eduard Meyer, the great German historian, could still write a history of the ancient world out of the original sources all by himself, a task for which the *Cambridge Ancient History* had to enlist the help of a dozen or so scholars. But by and large specialization had already set in. Materials had become so unwieldy, the difficulties of their interpretation and evaluation so great that no single man could hope anymore to be an Egyptologist and a Cuneiformist at the same time. Thus the wide horizons became obstructed, the universalistic outlook was more and more narrowed down. Scholars had barely time to do more than struggle with the problems, more difficult all the time, of philological restitution of texts, of grammatical analysis of not one but several more or less unknown languages.

In this respect, the fact must not be forgotten that Assyriology started out from literally nothing. There was no living tradition about the ancient languages, as in other fields, to help it along. The few texts that existed at the beginning were not only incomprehensible, they could not even be read. First came the long drawn-out process of deciphering the script; it led to Assyro-Babylonian, as we now say, Akkadian, only by way of Old Persian which fortunately could be understood thanks to its close relationship to Vedic India and the language of the Avesta. Then followed the incredibly difficult task to establish its vocabulary. The fact that the second language tackled proved to be related to the Semitic languages facilitated the work, although in the long run it led to many misconceptions which are only gradually being eliminated.

It must be considered as an extremely lucky accident that bilingual texts existed at all and that they could be made to talk to us. It is almost equally miraculous that very early in the history of Assyriology a whole library of clay tablets was recovered, the library which Assurbanipal, one of the last kings of Assyria, assembled for himself in the 7th century BC. This find has never been equaled thereafter, and one wonders where Assyriology would stand today without that favor bestowed upon it by fate. Another important step—not to mention the thousands upon thousands of inscribed clay tablets which found their way into museums and into the hands of competent scholars—was the recovery of the stela inscribed with the laws of Hammurapi, king of Babylonia; it taught us Old Babylonian, as we now know the Classical phase of the Akkadian language.

With the First World War a stage was reached when most people thought that the preliminary work had been done and wider goals could be set. There apparently existed adequate grammars of the Assyro-Babylonian language (or, as it then became the fashion to call it), of Akkadian. Reasonably inclusive dictionaries had been worked out. Moreover, the pre-Semitic language of ancient Mesopotamia, Sumerian, was being analyzed. A corpus translating the most important inscriptions composed in that language had been presented.

It goes without saying, that, while all this philological work was being pursued, those mainly interested in the history of ancient Mesopotamia had not remained idle. It is a matter of public record that during this period a whole series of histories was written, in America as well as in the European countries. Studies in civilization, or in phases of civilization, also began to be made; the history of religion, or art, social and economic history aroused considerable interest.

In particular, of course, the history of religion. This is due to the particular milieu in which Assyriology developed. At its beginning it was intimately tied up with biblical studies; you may call it an offspring of biblical studies. Before the decipherment of the cuneiform script and the recovery of authentic Mesopotamian writings, the books of the Bible—besides the scanty tradition preserved by classical authors—had been the only source material for ancient Near Eastern history. The popular appeal of the new field depended to no small extent on the circumstances that personalities known from the Scriptures as, e.g., Cyrus and Darius, Nebuchadrezzar and Nabonidus, Sennacherib and Tiglath-Pileser emerged from the records; that Creation Stories or that of the Flood found a Babylonian counterpart. With the help of the new documents the background could be drawn against which biblical history stood out much more clearly than before. In the circumstances it is not surprising that, up to the First World War, almost all Assyriologists started out as biblical scholars.

This had advantages and disadvantages. I count it a very great advantage that by virtue of the described fact of scientific history the comparative, more or less unconsciously, was introduced from the very beginning, that attention was paid to cultural connections and to differences in civilization, that questions of cultural diffusion were discussed. The disadvantages are also apparent; it was not favorable to an objective and unbiased evaluation of the newly discovered facts that they were being fitted in a framework which sometimes changed with the religious convictions of the various workers. Moreover, the connections with the Bible too eagerly stressed gave Assyriologists a certain slant towards Palestine, a slant which tended to overemphasize a part of the Near East which was relatively unimportant and in many respects backward (by the way one of the reasons which enabled it to make essential contributions to the spiritual history of the world). There was the definite danger of wrong perspectives. It was overcome by what you may call the secularization of Cuneiform Studies. It is now time to urge that the positive aspects of the earlier state of affairs are not entirely lost sight of.

The historical picture which the earlier Assyriologists had worked out consisted of a number of successive states in a more or less rectilinear development and embraced the centuries from about 2600 to 500 CE. The remark may be inserted here that their ideas about chronology were exaggerated and that the figures I have just given represent an adjustment to modern views; dates have continually come down till at present the time has arrived when we may call a halt to some excessive lowerings in this field. Mesopotamian history, as it was then summarized, began with the Sumerians, an extremely gifted people, still enigmatic as to its relationships, which created Mesopotamian civilization in most of its aspects and, e.g., invented the mode of writing on clay in what gradually became wedge-writing, cuneiform script. After having been superseded for some time by Semites under the Akkad empire around 2400, the Sumerians experienced a renaissance under the so-called IIIrd Dynasty of Ur, which ended around 2000. Afterward the leadership passed definitely to the Semites who inherited Sumerian civilization, the peculiar script included. The first part of the second millennium stood under the sign of the Amurrites—Western Semites—who created a very large number of ever-shifting states in the entire area from the Persian Gulf to the Mediterranean. Assyria and Babylonia are only two of them. Hammurapi, king of Babylon, famous for his laws, lived during the Amurrite period and assembled an ephemeral empire. From ca. 1650 on there follows a period of foreign domination out of which Assur and Babylon emerged as the two rivals for supremacy. Both remained unaffected by the great upheaval around 1200 after which we find Assyria struggling for the road to the Mediterranean and the control of Upper Mesopotamia and Syria. Its success resulted in the great Assyrian empire which existed until it was brought down by Iranian newcomers under Kyaxares in 612. For a century afterward the Iranians had to tolerate the prosperous Neo-Babylonian state; it too finally succumbed to Cyrus. Thereby the leadership in the Near East passed to Indo-Europeans, the Persians, under the Achaemenian dynasty.

This was about the stage which Assyriology had reached when the First World War interrupted all field work and a good deal of other research. The name Assyriology was then already outmoded. It was coined when early excavations had brought to light the inscriptions of Assyrian kings and the palaces where they had lived. The splendor of the reliefs with which they were adorned and the riches of Assurbanipal's library were so impressive that the term was not changed after the mound of Babylon toward the south also began to furnish antiquities and tablets. The only concession that was occasionally made was to speak of Assyro-Babylonian. A similar compromise was devised when the munificence of the older Morgan enabled Yale University in 1910 to establish the chair which I now occupy. The professorship is for "Assyriology and Babylonian literature."

If it were to be named today, it could only be called a chair for "Cuneiform Studies." For, in the meantime, an almost inconceivable widening of the sphere of "Assyriology" has taken place which makes the old term totally inadequate. This is in part due to the spectacular increase in material which in addition now covers a much larger area geographically and a much longer period of time than could have been imagined a hundred years ago. To a more significant part it is due to a change in our outlook and a change in the aims which the new branch of research has set for itself.

The widening of the field in the geographic sense and its increase in historical depth cannot be separated from each other. Both developments have always been simultaneous. They have started far back before the First World War (it is rare in the history of science as in history generally that periods are clear cut; there are always overlaps). Thus, a spectacular step toward a wider concept of Assyriology had been taken as far back as 1888. It was enforced upon us by the discovery at Tell el-Amarna in Egypt of an archive of clay tablets, representing the remnants of the correspondence of the pharaohs Amenophis III and Amenophis IV (Akhnaton) with the contemporary rulers of Mesopotamia, Syria, and Palestine. More than any other discovery made theretofore it emphasized the "one-world" aspect of those remote times. It also showed the necessity for wide horizons on the part of the historians without which historical reality could no longer be caught and apprehended.

Connected with the Amarna find in a sense is another discovery which, although made before the First World War, became a factor in the scientific situation only thereafter; I mean the recovery of the Hittite archives at Boghazköy in the center of Anatolia. The smaller part of these archives could easily be read and understood since they were composed in Akkadian; the larger part posed new problems. These texts, up to 10,000 of them, were legible but composed in an unknown language. It had to be deciphered. This has been done and the language is now called Hittite. It is related to the Indo-European languages and the documents composed in it testify to the existence in Asia Minor between 1800 and 1200 of a Hittite civilization with very marked characteristics of its own. Here an entirely new province had been added to Cuneiform Studies.

We had known before about the Hittites and the Amarna letters had already hinted at the place they occupied in ancient Near Eastern history. As often happens in such cases, they had served for some time as a stop-gap factor to which everything otherwise unexplained could be ascribed. With the decipherment of their language this became impossible and it became apparent that certain phenomena so far called Hittite could no longer be so classified. With the Boghazköy tablets at our disposal we could now proceed to isolate still another element in the already complicated pattern: the Hurrians. Documents in their language survive among the Bog. tablets as well as the archive from El-Amarna. Proper names of Hurrian characteristics are known otherwise from many parts of second millennium Mesopotamia and also from Palestine, thus underlining the importance of the Hurrian element. It has since been recognized that Urartian, the language of the kings of Urartu who from their capital at Van in the 9th cent. CE compete with Assyria for world domination, is a younger Hurrian dialect.

The role of the Hurrians has been put into greater relief still by the discovery at Nuzu, near Kerkuk—the modern oil center in Iraq—of thousands of tablets of legal content the language of which is Akkadian, but the people mentioned in them bear overwhelmingly Hurrian names. Hurrian kings we now know, around the middle of the second millennium, reigned over most of Upper Mesopotamia. The Hyksos conquest of Egypt around 1720 CE may be connected with the movement which carried the Hurrians into Syria, Upper Mesopotamia, Assyria and Nuzu.

They thereby disrupted the intimate connections which had existed between Assur and Asia Minor and had formed the foundation of early Assyrian power and wealth. We know about it from another large group of clay tablets, those from Kultepe near Kaisari in Anatolia. Single pieces of that kind had been known since 1881, but large collections became first available in 1919. These tablets, from the 19th cent. BC, were composed in an early Assyrian dialect, markedly different from contemporaneous Babylonian; they testify to the activities of Assyrian merchants among native Anatolians.

Other great discoveries were to follow. It seems that there is one about every decade. On the coast of northern Syria at Ras Shamra, as we now know the site of ancient Ugarit, a remarkable phase of second millennium civilization has been unearthed. Ugarit was situated at the crossroads of the world. Consequently Mesopotamian and Egyptian, Hittite and Hurrian, Minoan and Anatolian elements are here fused together to an astonishing extent. A whole new literature has emerged between 1929 and 1939. It is written in a new form of cuneiform which is actually a forerunner of the alphabet. It contains mythological tales of the Semites indigenous to the area. Most scholars declare them to be early Canaanites; others think they are an independent branch of the great Semitic family, possibly related to the Amurrites.

This latter term, Amurrites, gives me the cue for pointing to another recent find of great significance: the archives from the royal palace at Mari. Consisting of the correspondence of the king of Mari with his contemporaries, among them Hammurapi of Babylon, it will make it possible for us in due time to draw a detailed and vivid picture of the political intrigues which preceded the creation of Hammurapi's kingdom. Its importance is enhanced by the position of Mari as an intermediary between Lower Babylonia and Syria. We learn that the whole territory was split up between literally hundreds of kinglets who formed rival groups and waged war against one another. Despite all that friction, however, nevertheless there existed a more or less uniform civilization in the whole area in which the Akkadian language was used as the normal vehicle of communication. The relations of Mari at that time extended not only to Ugarit and Byblos on the Mediterranean coast, but beyond that to Egypt, Crete, and Anatolia. It is a point worthy of emphasis that thus the chasm which yawned between Mesopotamia and Egypt, and consequently also between Assyriologist and Egyptologist, is about to be closed.

The picture which I have drawn would be incomplete in an essential detail, if I were not to mention a fact which is not so much the consequence of new discoveries, but of patient study of old finds. I mean the reconstruction of Sumerian literature. The importance of the singular role played by the Sumerians in the cultural evolution of the Near East can hardly be overrated. Sumerian monuments have long since taught us to look upon this nation as creative artists of no mean proportions. The recovery of their literature, the oldest in the world, confirms this impression. The *disjecta membra* had been stored away in our museums for at least forty years. It is only now that our increasing knowledge of the Sumerian language has made it possible to re-assemble and to interpret them.

The research completed in the period between the two wars thus has enormously widened the field of Assyriology (still so called), it has made Sumerology possible in a deeper sense, it has created Hittitology (not to speak of some minor -ologies). It has brought Old Babylonian and Old Assyrian to our knowledge and thereby opened the way to a historical treatment of Akkadian. It has also filled in the framework of history and added some new provinces to the old. It has also forced the Assyriologist to enter, some may say to encroach upon, the sphere of the prehistorian. Mesopotamia is one of the places in the world where civilization can be traced back to very early times, perhaps further than anywhere else. Almost automatically therefore Assyriology posed the question: who were those Sumerians, how long had they lived in Mesopotamia, what is their background? They began to dig down in the mounds and did not stop till they had reached the virgin soil. In doing so they far outran historical times, they discovered the origin of wedge writing, and still continued digging and set up a relative chronology of prehistoric Mesopotamia which, if one may dare and estimate, doubles the span of time with which we were accustomed to reckon. The first script appears about 3500 CE and before that still lie some of the finest achievements that have ever been made.

Let me stop here and not complicate the picture any further. You will agree that a relatively simple pattern of 1918 has been replaced by a seemingly disorderly quilt work patched together in an almost crazy fashion.

To the Sumerians and the Akkadians who had been known before numerous new elements have been added. The Amurrites in the early second millennium and before, the Hittites and Hurrians after them; on the Syrian coast those forerunners of the Phoenicians. Within Mesopotamia proper we have gained depth, but thereby dissolved the seeming unity, e.g., Akkadian has fallen apart into several strands which exist in several stages. Thus Cuneiform Studies seem to be in grave danger of disintegration and atomization. All the tools which seemed adequate thirty years ago are today utterly outmoded. It is no longer possible to maintain the unity of Akkadian, neither in grammar nor in dictionary. What we need is a whole series of grammars, simply because no language remains the same for more than 2000 years. The same is true of Sumerian, which was a spoken language for at least a millennium and lived on as a learned and sacred language, much as Latin did in the Middle Ages. To this you must add the multifarious problems posed by Hittite, Hurrian, Urartian, Ugaritic and several minor languages. Each of these languages has its literature with which to cope. And this does not take into account the archaeological material.

It is commonplace in other fields that scholars specialize as philologians, as archaeologists, as historians, and that they cooperate with one another when the need arises. This is possible in a field where a long tradition has clarified matters where a basis for common work has been established. In Cuneiform Studies such is hardly possible and would be detrimental. History can only be established when the historian is his own philologian as well as his own archaeologist. There is no grammar and no dictionary to rely on; archaeology cannot do without attention paid to philology; its results must be integrated with the results of philology, and the philologian needs monuments to understand the deeper sense of his documents. It is an almost superhuman effort.

It can only be sustained when we do not lose sight for a moment of the goal toward which we are striving: the reconstruction of ancient civilization, or rather a multiplicity of ancient civilizations, in their growth, their interplay, and their decay. It is not enough to understand the languages as words, as sentences, as structure. We must try to penetrate to what is behind the language, what the language signifies, its meaning in the deepest sense of the term. This meaning must be integrated with all the other evidence at our disposal. Out of documents and monuments we must reconstruct, as completely and as vividly as possible, the world in which they originated.

The Future of Hittite Studies (1942)

(Occasion of presentation unknown)

The range of Hittite studies is much more difficult to define than that of Egyptological or Assyriological studies. If we accept the respective systems of writing, hieroglyphic on the one hand, cuneiform on the other, as the main determining factor (it coincides of course with a basic difference in language and culture), we have to admit: there is no third system of writing comparable to these two which would allow us to define the realm of Hittite studies. It is true, there are the so-called Hittite hieroglyphs, but they do not cover all the various periods which we call Hittite. In fact, the most important part of Hittite writings is executed in the cuneiform system which was borrowed from Mesopotamia.

The terms "Hittites" and "Hittite" are ambiguous. We call "Hittite" certain monuments found mostly in northern Syria, but extending all the way into Anatolia, which are characterized by a certain style and in many cases accompanied by inscriptions in "Hittite" hieroglyphs; they belong to a period which goes back to about 1400 CE and continues down to 700 when the last Hittite territory was absorbed by the Assyrian empire.

We likewise call "Hittite" a mighty culture culminating in an empire which we must assign to the preceding historical period from 1900 to 1200 CE. It centered in Asia Minor and wrote with Mesopotamian cuneiform an Indo-European language known commonly as "Hittite."

These Hittites themselves, however, applied the term to a still older layer in the population of Asia Minor and its language; modern science has to distinguish them as "Khattic" from "Hittite" and the "Hittites." This layer dates back to at least the third millennium CE. It left some remnants of its language (the relationships of which cannot be determined); our information as to its culture is almost exclusively provided by archaeology.

The situation just described is characteristic for the conditions to which any civilization was subjected in Asia Minor. The geographical position of the country results in an incessant mingling of eastern and western elements; it does not allow for a steady and uninterrupted growth of civilization which is so characteristic of Egypt.

The basic conditions resemble more those which prevailed in Mesopotamia. With one significant difference. In Mesopotamia civilization had reached such a height from the very beginning that it impressed itself on every invader who managed to gain political supremacy. Thus, in Mesopotamia the change in the ethnical make-up does not mean the end of one culture and the beginning of another; it simply means the continuation, though naturally a revaluation, of the old culture on the part of the newcomers. In Asia Minor, on the contrary, higher civilization was grafted upon an indigenous culture of a lower order and it is generally questionable whether, and to what extent it really embraced the whole nation, or remained the prerogative of the ruling class. In consequence, the annihilation of the rulers here meant the extermination of their culture and the coming of something entirely new.

This situation cannot fail to affect the position of Hittitology when compared with Egyptology and Assyriology. Hittitology is not only the younger sister of the other two sciences, younger by almost a century. There is another factor involved which in the near future will decide the status of the new branch of Near Eastern studies. Whatever value we ascribe to the archaeological material—and I cannot be blamed [= impugned, BRF] for having neglected this kind of evidence—it is an undeniable fact that history, cultural history as well as political history, must primarily be based on written sources, on literature and its philological interpretation. There is an abundance of written sources in both Egypt and Mesopotamia. In Hittite territory, however, there is only one hoard of written documents, the royal archives from Boghazköy. Will there ever be more? The answer to this question, positive or negative, will decide the future of Hittite studies within the larger field. If the answer is negative, Hittitology can never expect to attain the significance which Egyptology as well as Assyriology can rightly claim for themselves. I personally believe that the chances for more finds, perhaps even surprising finds, are good. Cuneiform writing was not only practiced at the royal court but also by numerous vassals of the kings in Asia Minor and Syria. It was also used throughout the country by the royal administration and, above all, by the priests for their sacred literature. Excavations have established the fact that written documents can be found practically everywhere in the capital. There are already indications that the same is true of other Hittite sites. The problem then is this, to go out and to find the centers of other Hittite countries, e.g., the capitals of Kizzuwatna and Arzawa, or religious centers like Šamuha, or Arinna. The chances are that archives of cuneiform tablets are to be found there.

For the time being, we have to content ourselves with what we have. There is much work to do. Quite naturally the work will concentrate on the written sources from the *Hittite empire*. Only a fraction of the actually excavated tablets has so far been made available by publication. My estimate is that about three quarters of it still rests unpublished in the museums of Berlin and Ankara. The unpublished material will certainly increase our basis for the understanding of the language. But, the available quarter suffices to construct the framework of both grammar and dictionary. The grammars which we possess, particularly that of Sturtevant, are invaluable tools. Nevertheless the fact remains that the scientific and exhaustive descriptive grammar of Hittite (Sturtevant's grammar has comparative purposes) is still unwritten. With only one quarter of the material published no one has yet undertaken the task of writing a dictionary of the language. Sturtevant's glossary is an index to the literature on certain words which has accumulated rather than a dictionary and has never claimed to be more than a provisorium. As matters stand now it becomes more and more doubtful whether we older men will ever see the complete dictionary which was prepared concurrently with the publication of the texts in the Berlin museum. Hence, a dictionary which is based on all the published material is a desideratum.

The last aim of Hittite philology must be to prepare all available written sources for the historian and his interpretation. This implies the reconstruction of Hittite literature as a more immediate aim. The goal must be to reconstruct from the fragments which individual tablets present complete works, in the same way as Assyriology has reconstructed e.g. the Gilgamesh epic. So far one has succeeded only in rare cases, but they can be multiplied and will certainly be multiplied when new material becomes available. It will already be a great gain when the literary genera which exist will have been described.

The literary problems connected with Hittite texts are of far-reaching importance. The fact may be recalled that Hittite historiography is the oldest in existence. Another interesting case is that of the Hittite ritual which is clearly different from the Babylonian ritual. It has its counterpart, however, in the Assyrian ritual (much as Hittite annals in Assyrian annals) and certain ritual texts recovered recently in Mari seem to form the missing link. Tablets describing the etiquette to be observed at court and at religious festivals have no Babylonian counterparts.

Certain parts of Hittite literature are unquestionably connected with Mesopotamia. One needs only mention the numerous omen texts which by their Akkadian terminology betray their origin. Another important example is the Gilgamesh epic. The ways remain to be more accurately described by which Mesopotamian lore and wisdom reached Anatolia. The solution of this problem can only come from excavations in northern Syria. The Hurrian problem looms in the background. I cannot do more here than point to its existence.

The *late Hittites* left to us among other things a great number of inscriptions in hieroglyphs. They are mostly inscribed on stone, not on clay tablets, some of them on pieces of lead. The decipherment of these inscriptions, for a long time enigmatic, seems to be well under way. What we need most urgently is a new corpus of the available material, and furthermore a summary of the results of the decipherers. When, as can be hoped, the last difficulties of the decipherment are overcome, it will be possible to describe the language which is used in these inscriptions. Even now it is clear that the language is related to the Hittite of the imperial age, and also to Luwian, a language contemporaneous with imperial Hittite.

Here open great vistas for the comparative linguist. Not one, but a whole group of ancient languages belonging to the Indo-European family has been recovered. It goes without saying that this situation must have its influence on Indo-European linguistics, the more so as these languages are in part older than anything Indo-European which has hitherto been known.

When we turn to the *Khattic period*, the philological material becomes negligible. There are a few remnants of Khattic texts which suffice to recognize the general characteristics of the language; it operates with prefixes and is unrelated to any known language. But obviously, Khattic was already in the days of the Hittite empire a dead language which had survived only in the cult of the Khattic gods. Even the Hittites had difficulty to understand it, and the modern interpreter benefits by their attempts to translate Khattic texts into Hittite. It goes without saying, that every scrap of Khattic is precious and should be published, but we cannot hope to become proficient in Khattic unless sensational new discoveries are made. For us the Khattic period will probably remain a prehistoric period into which we can gain insight only by archaeological methods.

So far I have not said very much about archaeology. But is obviously true that it plays its part in all periods of Hittite history. Whoever tries to obtain a complete picture of Hittite civilization (complete as far as the evidence goes) cannot afford to neglect the findings of the excavators. It is unfortunate that so little is published. Excavations were carried out in Boghazköy, Alişar, Hüyük, Malatya, Kargamiš, Sencirli (partly as far back as the 90s of the last century). Only for Alişar an adequate publication has been provided, Boghazköy was in course of publication when the war started, Hüyük is too new as to let us expect an adequate report, but the rest is silence; it must be stated with emphasis that unpublished excavations are worse than no excavations.

In the circumstances much remains to be done, unfortunately little that we in this country can do. It will depend on the outcome of the present war what the prospects are for the future. Turkey, in whose territory most of the promising sites are situated, has made great efforts in recent years to solve the problems of her past; the Turks in fact consider themselves the descendants of the Hittites and had therefore begun to investigate the innumerable hüyüks where Hittite civilization lies buried. If this can be continued we shall gradually obtain not only information as to the material culture of the Hittites, of their predecessors and their successors, but also information as to the extent of the various cultures involved both in space and in time. Archaeology will thus provide material for political history as well as for cultural history.

In the foreground are naturally the external relationships of the various cultures. The Hittite language is Indo-European; hence the question is justified, does Hittite civilization show European affinities, or are there are least European elements in Hittite civilization? If so, can the way by which they entered Asia Minor be determined? Where did they first consolidate on Anatolian soil? It is only in this way that the problem of the immigration of the Hittites into Anatolia can be solved. So far little more is known than the fact of their coming to Asia Minor. The opinion cannot even strictly be disproved that they came across the Bosphorus and the Dardenelles. It is even hard to disprove the often expressed notion[? BRF] (which is improbable) that they entered across the Caucasus.

One of the most important results of archaeological research in Turkey is the establishment of the Caucasian relations of the Khattic culture. I am referring to the spectacular finds from the tombs underneath the Hittite layers in Hüyük. There can be little doubt that this culture, which the historian will not hesitate to connect with the Khattians, shows definite affinities with the prehistoric cultures of the Caucasus. Its more precise nature remains to be defined.

To sum up. The problems presented by the Hittites and by the ancient civilizations of Asia Minor have been vigorously attacked from all possible angles in the past twenty-five years. A rough framework has been established which already enables us to see the main facts of history, of the ethnical and linguistic set-up in their proper context. All finer work remains to be done in the future.

[BRF: The date of the next piece is unknown, but, judging from the typewriter used, it is at least a decade later than the two preceding. It may be associated with Goetze's active role in the Linguistic Society of America, of which he served as president in 1947. Various manuscript prompts and additional notes suggest that the present manuscript was not so finished as the two preceding, but since it shows his thinking in a quite different mode, I have reproduced it here.]

Linguistics as a Science

In order to obtain an answer to the question, is linguistics a natural science?, we have first to try to find out what it is that characterizes natural sciences.

The essence of natural sciences seems to me is the endeavor to describe phenomena of nature in terms of quantities of matter, of time and of space. Differences within one and the same type of phenomena are reduced to differences in these factors. With the perfection of the measuring processes so-called exactness is obtained, and phenomena become predictable, as soon as the factors that go into it are known.

The principal concepts with which the natural sciences operate are completely different from the principal concepts we are accustomed to work with in the humanities. We may use the same or similar terms; the more necessary is it to recognize the difference. As the term "humanities" implies, the human factor enters the field. I maintain that the field of human life and human experience remains inaccessible to the mentioned concept with which the natural sciences work and upon which they rest.

Let us compare the terms I have mentioned: quantity of matter, time, and space with the corresponding terms in the humanities.

The natural sciences deal with matter, the humanities with living organisms. Matter is homogeneous and accessible to measurement in quantities. Living organisms are not homogeneous. Every single one is an individuum with characteristics that distinguish it from any other individuum. These individuals may form groups, called society, peoples or nations which in themselves again are different from other similar groups of the same magnitude.

The time of the natural sciences would better be called duration. Historical time has no duration; it simply fixes the moment of an event within a set of events which can never repeat themselves. History emphasizes the individual and the unique. The application of the time concept of the natural sciences to history results in teleological speculations or in Spenglerism operating with biological concepts like growth, floruit, decay, and death.

The space of the natural sciences expresses itself in the three dimensions. The humanities deal with geographical and geopolitical space, with continents and oceans, with cultural provinces and spheres of influence.

The approach of the natural sciences is always through the typical, the general, the measurable. The approach of the humanities is through the individual and the unique. As far as mass processes are involved, its field is accessible only to the statistical approach. And this is valid only for large numbers, and results not in precise predictions but only in probabilities.

These are the fundamental differences between natural sciences and the humanities, or as I would say it with German terms between *Naturwissenschaft* and *Kulturwissenschaft*.

It is immediately obvious now that in some respects linguistics occupies in this scheme an intermediary position. As far as the physical processes of speaking and hearing are concerned, linguistics is a natural science. Everybody will admit that this part of linguistics, interesting as it may be, is not its central part. The difference between language and *langue*, between *Sprechen* and *Sprache*, between speech and language is familiar to all of us.

The central fact about language, I should say, is this: it is a symbolism. With this statement I mean: language is an organism in which certain forms are coordinated with certain meanings. It is the purpose of the language to enable a person to communicate something meaningful, generally speaking a meaning, to another person. Form and meaning are indivisible. Nobody can deal with meaning alone without considering the form, unless he is a mystic or perhaps a philosopher. And whatever he is, he must emancipate himself from language.

The possible ways in which linguistic form and linguistic meanings are correlated are infinite. The best that perhaps can be done is to set up a limited number of types. They will help to bring a certain order into an otherwise incomprehensible multitudinous. The system of forms that a certain language uses to express certain meanings is called its grammar. Seen in the inverse direction the grammar enables us to reconstruct the categories of thinking which a certain people employs. No two will prove identical (therefore it is so difficult to translate from one language to another). The system of meanings that emerges in a certain language is conditioned by the life of the people among which the language is spoken, I know only one term that would cover it, by culture.

Language is a phenomenon of human life. It is almost trivial to state that all processes of human life have proved evasive to the natural sciences.

Language is furthermore a phenomenon not alone of individual life, but of life on a multiple scale. It is a sociological and cultural phenomenon. As such it is accessible to certain general laws of human behavior, which may or may not be considered as falling into the field of the natural sciences.

What seems important to me is this: regardless of the psychology with which you work (and there exist many psychologies, just as there exist many religions), the best you can expect to do is to describe retrospectively (i.e. as history) what has happened. One psychologist will use one set of terms, another a different one. You may claim some probability for this or that reaction to certain "impressions" or "stimuli"; however the complexity of life will prevent you from making exact predictions. This means, you will be forced to remain in the field of the humanities, of *Kulturwissenschaft*. You deal not only with logical processes (and what is logical?), you deal, and you deal prominently, with a jungle of emotional processes vastly different from individuum to individuum, and different with the same individuum from moment to moment. With will, desire, prejudices, superstitions, opinions, beliefs, valuations, and ideals. No two people are alike at any one moment. Every single one is made up differently by heritage, background, environment, education, experience and last, but not least, the whim of the moment. That is why so-called psychological reactions can be used, and are widely used, for a judgment on an individual's abilities and character.

There does not exist a single utterance without the whole scala or processes I have just mentioned. The more highly organized the individuum, the less predictable his behavior. If we search for its root, we meet a set of conditions which with a broad term are called culture. Language is a mirror of culture, of personal and individual culture as well as geographically and historically circumscribed culture. Therefore, nobody will understand any language without a thorough knowledge of the culture of which it is a manifestation. This sentence can also be reverted, although it must then be taken into account that besides language there are other cultural phenomena which also are worth our attention; nobody will understand culture unless he knows intimately the language in which it manifests itself.

If it is true that language is a mirror of culture, if it is furthermore true that form and meaning in language cannot be isolated from each other without destroying what is called language, if hence even grammar is rooted in the culture of the respective people, it follows: the science which deals with language, linguistics, is a *Kulturwissenschaft*, not a *Naturwissenschaft.*

Much is being made in discussions like ours, and has been made here tonight, of the so-called phonetic law and its exceptionlessness. Let it be said therefore that the exceptionlessness is merely a *petitio principii*. In reality there is no phonetic law without exceptions. I do not doubt the value of the phonetic law; it has proved its usefulness. But it must not be forgotten that the success of the *Junggrammatiker* rests on an arbitrary abstraction. The phonetic law prescribes that under the same conditions the same result is obtained. Two things are always added, (1) the mechanically prescribed development is in many cases prevented by psychological factors, the so-called analogy. Analogy is unpredictable. Here even the *Junggrammatiker* admit the existence of exceptions, (2) [left blank, BRF]. It is always added: other times other laws, and other places other laws. The question arises: what is meant with "time" and "place" in these statements? It is certainly not the time and space of the natural sciences, it is the time and place of the cultural sciences. In reality, they can never have been the same more than once. The whole statement is senseless. It is applicable only in approximation; predictions based on it are not exact (like those of the natural sciences), but probable (like statistical calculations). The real test comes when the question is put: what period of time and what territory shall be considered as the same? If an answer is at all possible, it can only be made in terms of history and geography, i.e. of *Kulturwissenschaft.*

If the contention is advanced, that the exceptionlessness of phonetic laws (absolute or relative) proves that linguistics is a natural science, I consider this a fallacy. It is a circular argument by which the very premises that went into a conclusion are regained from the conclusion.

[The typed version ends here. Of several swatches of manuscript notes attached to the typescript, this one may serve as a conclusion, BRF:]

The modern tendency of linguistics to declare itself a "science" is detrimental. Language by itself means little unless it penetrates to what is behind it. Hindsight may be a peculiar way of thinking, of interpreting the world in which it exists, and as such it is a cultural science. Factor in civilization. It also is an expression of the civilization in which it grew. Language and its differences are a measuring stick for differences in civilization.

CHAPTER 8

A New Manuscript of Gilgamesh, Enkidu, and the Netherworld

Alhena Gadotti and Alexandra Kleinerman
Towson University and Cornell University

CUNES 49-03-356 IS an Old Babylonian Sumerian literary text preserved in the Jonathan and Jeannette Rosen Ancient Near Eastern Seminar Room at Cornell University.[1] It is a single column tablet (i.e., an imgida) containing sections of *Gilgamesh, Enkidu, and the Netherworld* (henceforth GEN), one of five published Sumerian tales detailing the deeds of Gilgamesh, the mythical king of Uruk.[2]

GEN is a complex composition, as its plotline is convoluted, with several changes of scene and various characters involved. At its core, GEN is not just a text about Gilgamesh's heroic deeds, but also about the Netherworld itself.[3] The story opens at the dawn of time, before major civilization markers have been established. After the main deities of the pantheon—Anu, Enlil and Ereshkigal—divide heaven, earth and the netherworld in allotted portions, the god of wisdom, Enki, undertakes a challenging trip to the land of the dead, which seems to have repercussions on the realm of the living. Here, along the Euphrates River, the goddess Inana happens upon the halub-tree, seemingly eradicated by a storm caused by Enki's travel.[4] She retrieves it and brings it back to Uruk, where she cares for it poorly. As a consequence, the tree becomes infested with three creatures: a snake immune to charms, the Anzu-bird and a succubus. Worried she might be unable to use the wood of the tree, Inana asks for help from the gods, but only Gilgamesh hears her plea and rids the tree from its inhabitants. Thereafter, he has a bed and a chair manufactured for Inana and a ball and a stick for himself. With them, he begins a relentless game that tires the inhabitants of Uruk so much that the gods have to intervene to rid the city of Gilgamesh's two playthings, which fall into the netherworld. Gilgamesh laments the loss of his toys. Enkidu, attempting to alleviate his king's despair, offers to retrieve these objects from

1. We would like to thank David I. Owen for granting us permission to publish this tablet, and for his continuing and unwavering support. In addition, we are forever grateful to Jonathan and Jeannette Rosen for providing us with many interesting and challenging tablets over the years and the support with which to work on them. Many thanks to Dr. Jeremiah Peterson, who provided us with speedy and helpful feedback and did so with his usual generosity. Our thanks also go to Laura Johnson-Kelly for producing the plates for this article.

2. An Ur III manuscript preserving an otherwise unknown tale was identified by G. Rubio, *Sumerian Literary Texts from the Ur III Period* (Winona Lake, IN: Eisenbrauns, forthcoming).

3. Our understanding and reconstruction of the plotline relies on A. Gadotti, *Gilgamesh, Enkidu, and the Netherworld and the Sumerian Gilgamesh Cycle* (Boston and Berlin: de Gruyter, 2014).

4. For the identity of this tree see N. Miller and A. Gadotti, "The Khalub-tree in Mesopotamia: Myth or Reality?" in *From Foragers to Farmers: Papers in Honour of C. Gordon Hillman*, ed. A. Fairbarn and E. Weiss (Oxford: Oxbow Books, 2009), 234–38.

the land of the dead. Unfortunately, he remains trapped there when he fails to follow Gilgamesh's instructions as to the proper behavior to adapt when visiting the netherworld. Only the intervention of the god of the sun, Utu, frees Enkidu, who returns to Gilgamesh, seemingly without the ball and the stick, but with plenty of information on the afterlife, about which Gilgamesh asks endless questions. One version of the story ends with Gilgamesh motivated to go out and set a name for himself after having heard the fate that awaits mortals in the realm of Ereshkigal.[5]

GEN is relatively well understood when compared to other Sumerian stories about Gilgamesh. In part, this is due to the fact that the composition is preserved on seventy-four manuscripts. Of these, the vast majority (55) has been uncovered at Nippur. Thirteen were discovered at Ur, two at Me-Turan, and one each in Sippar, Isin and Uruk. Two additional manuscripts are of unknown provenience and are currently housed in the Schoyen Collection, Oslo.[6] Like the two texts in the Schoyen Collection, the provenance of CUNES 49-03-356 is unknown.

Understanding this new manuscript requires some preliminary remarks regarding the portions of GEN preserved therein. CUNES 49-03-356 contains the section of GEN in which Gilgamesh chases the occupants from the halub-tree and manufactures the ball and the stick for himself. These correspond to ll. 134–40+ (obverse) and ll. 164–74+ (reverse) of the story. Generally speaking these sections are both well understood and relatively stable within the manuscript tradition. Some lines are attested only in one manuscript (for instance 172a), while others are preserved in manuscripts from different find-spots (for instance 134–36).[7] Occasional mechanical errors and lexical variants are attested, as is to be expected. Indeed, since GEN was part of the so-called House F Fourteen, a group of compositions preferred by the teachers who operated out of House F, in Nippur, the presence of variations connected with the advanced stage of scribal education is not at all surprising.[8]

CUNES 49-03-356 complicates this scenario, as the manuscript presents significant deviations by adding, omitting and inverting the order of the lines. While line inversion is not surprising and can easily be explained via mechanical errors, the addition of several lines otherwise unattested in the extant GEN manuscripts is surprising. Only after line 266 of the composition do we see the same level of textual fluidity in the manuscripts. Interestingly, the student who authored this tablet was clearly familiar with, and possibly confused by, other Sumerian stories about Gilgamesh, as evidenced by his use of epithets for Gilgamesh found outside of GEN only in the *Death of Gilgamesh* and by the interpolation of a short section of *Gilgamesh and Huwawa* A. We are delighted to present the study of this manuscript to Jack Sasson who has always been extremely supportive of our careers, while also providing amusing anecdotes about our advisors.

5. Gadotti, *Gilgamesh, Enkidu, and the Netherworld*, 126.

6. A discussion of GEN manuscript tradition is available in Gadotti, *Gilgamesh, Enkidu, and the Netherworld*, 129–51.

7. The textual matrix of the relevant sections can be found in Gadotti, *Gilgamesh, Enkidu, and the Netherworld*, 197–205.

8. For House F Fourteen see E. Robson, "The Tablet House: A Scribal School in Old Babylonian Nippur," *RA* 95 (2001): 39–66.

FIGURE 8.1. CUNES 49-03-356.

CUNES 49-03-356

Measurements: 85*×64×31
Obverse

1. [...N]E$^{?}$ áĝ ⸢x x⸣ [...]
2. [...N]E$^{?}$ áĝ ⸢x x⸣ [...]
3. u[d-bi-a] ⸢en⸣ tur-re en ^{d}[gilgameš$_{2}$]
4. kug ^{d}inana-ra inim mu-u[n...] = GEN l. 134
5. dumu ù-tu-da ^{d}⸢nin⸣-[súmun$^{?}$-ka$^{?}$]

6. ^{d}gilgameš$_{2}$ en kul-aba$_{4}$⸢^{ki}⸣ [...]
7. ud-bi-a en tur-re en ^{d}[gilgameš$_{2}$]
8. kug ^{d}inana-ra inim mu-un-x-[...] = GEN l. 134
9. kug ^{d}ga-ša-an-na mu ér ⸢e-ne ba-še$_{8}$-še$_{8}$⸣ = l. 133
10. íb-ba-ru ninnu-àm šag$_{4}$-bi ⸢x⸣ ba-an-[x] = l. 136
11. ninnu-àm ^{túg}EŠ-dára ba-an-AK-x$^{?}$ = l. 137
12. ^{urudu}ha-zi-in-na-nam ⸢har⸣-[ra]-⸢an-na⸣-ka-a-⸢ni⸣ = l. 138
13. imin gún imin ma-na-⸢ka-ni⸣ šu-ni-a ba-⸢an-dab$_{5}$⸣ = l. 139
14. ⸢x x x⸣ MIN-bi-ta ⸢x⸣ ba-an-ak
15. $^{ĝeš!}$kiri-ĝi-edin-na ĝir-ni bí-gub$^{!}$ = GH 56
16. [^{ĝeš}esi ^{ĝeš}ha]-lu-úb ^{ĝeš}hašhur ^{ĝeš}taskarin im-ma-ni-sàg$^{?}$-ge$^{?}$-eš = GH 57
17. [...]-x- sàg$^{?}$ pa-bi šu$^{?}$ bí$^{?}$-in-ĝar = l. 144$^{?}$
18. [...] ⸢šu ba-an-ra⸣
19. [... šu$^{?}$] ba-ab-ti

Reverse

1. i-⸢^{d}⸣[utu ki-sikil tur-ra-ta] = l. 163
2. ^{ĝeš}ellag-a-ni ^{ĝeš}e-ke$_{4}$-ma-⸢ni dúr kur⸣-[ra-šè ba-an-šub] = l. 164
3. abul ^{d}ganzer igi kur-ra {4 erased signs} <<na>> ~ <<x>> si sá ⸢ba-an-tuš⸣ = l. 167a
4. šu-ĝu$_{10}$ mu-ni-in-du sá nu-mu-⸢un-da⸣-du = l. 165
5. ĝìri-ĝu$_{10}$ mu-ni-in-⸢du sá nu-mu-un-da-du⸣ = l. 166
6. abul ^{d}ganzer igi kur-ra-ka dúr im-ma-ni<-in-ĝar> = l. 167
7. ér im-ma-an-pàd sig$_{7}$-sig$_{7}$ ì-ĝá-ĝá = l. 168
8. a ^{ĝeš}ellag-ĝu$_{10}$ a ^{ĝeš}e-ke$_{4}$-ma-ĝu$_{10}$ = l. 169
9. ^{ĝeš}ellag la-la-bi nu-mu-un-gi$_{4}$-a-ĝu$_{10}$ = l. 170
10. ešemen(KI.E.NE.DI) di nu-mu-un-⸢x-x-a⸣-[ĝu$_{10}$] = l. 171
11. ud-bi-a ^{ĝeš}ellag-⸢ĝu$_{10}$⸣ é nagar-ra-ka ⸢nu⸣-[uš-ma-da-ĝál-la] = l. 172
12. <<ama nagar>> ama nagar-ĝu$_{10}$-gin$_{7}$ nu-uš-[ma-da-ĝál-la] = l. 173
13. <<nin nagar>> nin nagar-ĝu$_{10}$-gin$_{7}$ [nu-uš-ma-da-ĝál-la] = l. 174
14. [...] ⸢x x x x⸣ [...]

Obverse

1. ...
2. ...
3. At that time, the young lord, lord Gilgamesh,
4. son born of Ninsun
5. spoke to bright Inana:
6. Gilgamesh, lord of Kulaba, ...
7. At that time, the young lord, lord Gilgamesh
8. spoke to bright Inana,
9. bright Inana, how she was weeping.
10. He ... a fifty (minas) ibbaru-garment around his hips.

11. The fifty (minas of the ibbaru-garment) he *tied it* on.
12. It was indeed his bronze ax from his military campaigns,
13. weighing seven talents and seven minas, that he took in his hand.
14. …
15. He went into the dark grove of the steppe
16. And he fell [the ebony tree, the ha]lub-tree, the apricot tree and the box tree.
17. [As for the tree] he pulled [it out of its roots] and carried away its branches.
18. … he struck.
19. … he accepted.

Reverse

1. and the outcry of the young maidens,
2. his ball and his stick fell down to the bottom of the netherworld.
3. At the gate of Ganzer, in front of the netherworld, he sat up straight.
4. He stretched out his hand but he could not reach it.
5. He stretched out his foot but he could not reach it.
6. At the gate of Ganzer, in front of the netherworld, he sat down.
7. He wept, he was sobbing.
8. "O my ball, O my stick
9. my ball, whose pleasure I have not yet fully enjoyed
10. game in which I had not lost interest
11. If only at this time my ball were still there for me in the carpenter's house
12. The mother of my carpenter, if only she were still there for me
13. The sister of my carpenter, if only she were still there for me."

Remarks

Obverse

1, 2. The surviving signs do not indicate parallels with the known tablets of GEN.

3, 7. This refrain is never attested in the other surviving manuscripts of GEN but is nevertheless well attested in the Me-Turan version of the *Death of Gilgamesh*, as well as in one version of from Nippur.

5. This particular combination is not attested elsewhere in the Sumerian Gilgamesh stories, although it does occur in reference to Shulgi in Shulgi A l. 7, and variants of it are attested in the Gilgamesh stories.

6. Although not attested in GEN, this epithet occurs in one version of the *Death of Gilgamesh* from Nippur, as well as in *Gilgamesh and Aga*.

10. The expected verbal form is kár or dù. Here, however, it appears that the scribe opted for a compound verb, but the traces do not allow us to identify which one.

11. For the new interpretation of this line see J. Peterson, "Thirty Shekels No More: On the Noun and Auxiliary Expression $^{(\text{túg})}$EŠ-dara$_{2/4}$ … (AK)," *NABU* (2018) no. 03, 3–4.

15–16. These lines parallel *Gilgamesh and Huwawa* Version A, ll. 56–57. In this composition, the lines occur in a similar context. Gilgamesh has just collected weapons from the blacksmith in preparation for his expedition to the Cedar Forest (ll. 54–55). Thereupon, he goes to the nearby steppe and selects a grove upon which to test these weapons. It is therefore not surprising that the scribe of the CUNES tablet inserted these lines, otherwise unattested in the extant GEN manuscripts, in this particular section. Here, too, Gilgamesh prefers to ensure his weapon is in full working order before dealing with the halub-tree directly.

16. It seems that our scribe skipped several lines thus omitting the expulsion of the succubus and the anzu bird from the tree. Instead, he focused directly on the manufacturing the pukku and the mekku, the latter presumably described in the poorly preserved l. 17.

17. The manuscript tradition for this line is very complex, as discussed by Gadotti, *Gilgamesh, Enkidu, and the Netherworld*, 264. It is therefore not surprising that the author of this tablet used semantic variants to describe the actions of pulling out the tree from the ground and cutting its branches.

Reverse

3. This line is a variant of l. 167, which is preserved correctly later in the tablet.

3, 6. Note ^{d}ganzer, which elsewhere is attested only from the Ur manuscript, not in the Nippur tradition.

4, 5. Expect šu-ni and ĝiri-ni.

CHAPTER 9

Prière à Itûr-Mêr pour le salut de Zimrî-Lîm

Michaël Guichard
École Pratique des Hautes Études, Université Paris Sciences et Lettres

UN PETIT NOMBRE D'ŒUVRES "LITTÉRAIRES" a été retrouvé dans le palais de Mari, la principale étant l'*Épopée de Zimrî-Lîm*[1] un hymne doublé d'un récit épique qui n'aura pas manqué d'intéresser Jack Sasson tant ce chef d'œuvre unit étroitement Histoire, Religion et Littérature. Zimrî-Lîm est cependant encore le protagoniste d'un hymne plus modeste et resté jusqu'ici inédit.

G. Dossin le transcrivit en premier dans ses cahiers et lui avait attribué le numéro d'inventaire A.2790. Il était mal conservé et d'ailleurs un peu perdu au milieu d'une documentation essentiellement épistolaire. J.-M. Durand a décidé en fin de compte de m'en confier la publication ce dont je lui suis reconnaissant. Je n'ai pas eu moi-même l'occasion de collationner directement la tablette. Je suis donc parti de la transcription de G. Dossin et de l'édition préparatoire de J.-M. Durand, ainsi que des clichés qui ont été réalisés par l'équipe de Mari (tirage papier et clichés numérisés dans le cadre du programme de DIGIBARCHI dirigé par D. Charpin). L'état lacunaire de la tablette et le genre particulier de son contenu expliquent que l'établissement du texte en soit difficile. Nous avons pensé que ce petit trésor mariote, véritable unicum, serait un bel hommage à un connaisseur et ami de Mari.

La forme irrégulière de la tablette évoque avec ses coins arrondis un texte préparatoire, voire un exercice ou une copie. L'écriture n'est pas partout très lisible. Plusieurs lignes sont en effet endommagées, certains signes difficiles à identifier. Le texte présente toutefois peu de repentirs. Malgré cet état lacunaire, les caractéristiques générales du document sont assez claires.

Il se compose de 26 lignes ou vers répartis en 4 sections, 3 strophes comptant chacune 8 vers. Les deux lignes finales sont à moitié conservées. Il s'agit donc de la conclusion du poème, quoiqu'on ne puisse pas exclure que la composition soit restée inachevée. Le revers est en grande partie anépigraphe. Les strophes sont visuellement matérialisées par deux traits de séparation, une disposition déjà connue ailleurs. L'unité de l'ensemble est renforcée par le refrain de la 8e ligne de chacune de ces strophes.

La formule d'adresse du premier vers ("Je veux louer Itûr-Mêr, le puissant!") est classique dans les hymnes akkadiens. Une expression similaire est reprise pour le début de la deuxième strophe ("Je veux chanter Itûr-Mêr et proclamer sa force …!").

1. Michaël Guichard, *L'Épopée de Zimrī-Lîm*, Florilegium marianum XIV, Mémoire de N.A.B.U. 16 (Paris: SEPOA, 2014).

Cette manière de commencer un poème ou chant ainsi que le contenu tout à la gloire du dieu Itûr-Mêr suffisent pour classer A.2790 dans la catégorie des hymnes. Le refrain rompt le mouvement, le texte passant de la troisième personne à la seconde. Le "récitant" interpelle le dieu pour qu'il accorde sa bénédiction. Malheureusement l'état de la tablette ne permet pas de reconstituer ce refrain, qui est une prière, dans son intégralité.[2] Seul le début et la fin de la phrase sont assurés. G. Dossin avait identifié le nom de Zimrî-Lîm ce qui nous semble toujours valable. La mention de ce nom est donc une donnée essentielle car elle confirme qu'il s'agit bien d'une œuvre mariote et elle permet de comprendre la fonction du poème. La louange à Itûr-Mêr est destinée à être bénéfique au roi. En ce sens, elle ne déroge pas au genre. Seul son procédé est-il peut-être plus original.

Non seulement l'hymne a été composé à l'époque du dernier roi de Mari, mais il peut également être compté dans la catégorie particulière des hymnes qui associent étroitement le nom du roi à celui d'un dieu, dans la lignée de l'hymne sumérien à Gudéa (dit A) consacré à la déesse Baba,[3] le premier du genre connu à ce jour. Un petit hymne à Enki récemment publié se termine par une demande concernant un roi de Larsa qui tient en une ligne comme pour A.2790:[4] "Enki (et) Niraḫ—*au nom* de Gungunum—donne<z> lui tout spécialement la grande sagesse!"[5] C'est donc inspiré par une telle tradition qu'un scribe a composé à Mari un hymne en l'honneur de son roi.

Itûr-Mêr dieu poliade de Mari a été étudié en détail par J.-M. Durand.[6] L'hymne met en valeur son rôle de dieu de la Justice et des serments. Il y est question du jugement et de la peine infligée aux impies qui ne le craignent pas. Tandis que la deuxième strophe lacunaire semble traiter d'un tribunal divin présidé par le dieu, la troisième annonce la répression féroce des parjures, ceux qui ont violé leur serment. Si le nom de la ville de Mari n'apparaît pas explicitement c'est probablement à elle que fait référence la mention de *ribîtum* "capitale" (l. 3), sens courant de ce terme dans les archives mariotes. Ses habitants sont invités à arrêter leurs activités (allusion à un jour férié à l'occasion d'une fête religieuse ou seulement à l'arrêt des hostilités?) puis à franchir la porte d'Itûr-Mêr, c'est-à-dire à entrer dans son temple où un tribunal divin doit siéger.

Le ton martial de l'ensemble de la pièce ainsi que la vigueur de la punition infligée aux parjures soulignent que la prière s'adresse aussi à un Itûr-Mêr, dieu impitoyable à la guerre. C'est pourquoi il est désigné comme *qardum* "héroïque" ce qui fait pendant à l'épithète qui lui est accolée dans l'*Épopée de Zimrî-Lîm* iii 34: "(Zimrî-Lîm) avait

2. J.-M. Durand a donné sa version dans "Itûr-Mêr, dieu des serments" in *Jurer et maudire: Pratiques politiques et usages juridiques du serment dans le Proche-Orient ancien*, éd. Sophie Lafont (Paris: L'Harmattan, 1997), 57–69.

3. *STVC* 36; cf. Michaël Guichard, *Résumé des conférences et travaux, 149e année 2016–2017* (Paris: Annuaire de l'École Pratique des Hautes Études, Section des sciences historiques et philologiques, 2018), 16–24.

4. Mark E. Cohen, *New Treasures of Sumerian Literature* (Bethesda: CDL Press, 2017), 13.

5. ^{d}en-ki ^{d}niraḫ mu*$^{?}$-gu-un-gu-nu-um-ma $^{giš\text{-}tug}{}_{2}$ĝeštug-daĝal e-ne-^{ra} šum$_2$-mu-na-ab.

6. Durand, "Itûr-Mêr, dieu des serments," 57–69: "La religion amorrite en Syrie à l'époque des archives de Mari," dans *Mythologie et Religion des Sémites Occidentaux*, Vol. I, éd. Gregorio del Olmo Lete, OLA 162 (Leuven-Paris-Dudley: Peeters, 2008), 192–94.

pour aide Itûr-Mêr le vaillant" (*uršânu*).[7] L'association entre la guerre et le thème du serment donne au poème un caractère politique renforcé par la récurrence du nom du roi de Mari. Le lien entre l'éloge d'Itûr-Mêr et la bénédiction de Zimrî-Lîm n'est cependant qu'implicite. On peut comparer cette façon d'intégrer le roi avec celle de l'hymne à Ištar paléo-babylonien où le roi Ammî-Ditana apparaît également.[8] L'éloge de la déesse qui occupe la plus grande part du poème sert en fin de compte à souligner son rôle déterminant dans l'obtention auprès des dieux, à la cour d'Anu, de la protection et de la bienveillance divine à l'égard de son protégé. La partie finale de l'hymne est donc la plus cruciale. L'hymne à Nanaya datant de Samsu-iluna emploie déjà une technique similaire, elle-même visible dans des prières sumériennes antérieures des rois de Larsa,[9] comme si la mention du roi venait s'ajouter à l'éloge divin.[10]

En ce qui concerne l'hymne à Itûr-Mêr, si le thème central est celui de la protection divine des serments (politiques), l'éloge a comme finalité première d'attirer les bonnes grâces du dieu de Mari sur le régime en place, voire de conforter ses choix politiques et ses actions militaires. Les serments accomplis à Mari mentionnaient naturellement le nom de Zimrî-Lîm, en sorte que le dieu de Mari et son roi étaient étroitement solidaires. Or, le refrain est volontairement décroché du reste du poème ce qui met en valeur le roi dont le nom est au centre du vers. Ce nom n'est pas donc pas inséré dans l'hymne de la même manière que pour les deux importants hymnes babyloniens mentionnés ci-dessus. Le procédé est plus sophistiqué. Si la répétition d'un vers ressemble à un slogan qu'on martèle, c'est l'efficacité de la prière elle-même qui est plutôt recherchée. Le texte s'adressait d'abord à la divinité et était secondairement entendu par un auditoire inconnu de nous. Enfin, la proximité et la réitération des noms Itûr-Mêr et Zimrî-Lîm servaient à les présenter comme inséparables. La répression des impies, qui ne craignaient pas le dieu de Mari,—une action divine en soi intemporelle—se confondait avec les guerres royales, légitimées par l'impiété consubstantielle à la révolte du rebelle dont la faute première était d'avoir transgressé son serment.

Rien dans le contenu ne permet de dater précisément la prière. A-t-elle été conçue pour être récitée à l'occasion d'une cérémonie qui avait (eu) lieu dans le temple d'Itûr-Mêr avant ou après une victoire? G. Dossin, suivi par J.-M. Durand, y avait reconnu un péan de victoire. L'un des derniers vers (l. 23) de la troisième strophe déclare en effet que le dieu a égorgé (*iṭbuh*) les méchants comme s'il faisait référence à l'écrasement d'une armée ennemie. L'évocation concomitante du sang répandu sur le sol correspond aussi à une image de la guerre. Le cadre privilégié de l'action est ici la ville (*ribîtum*, *sûqum r*[*apšum*], *bîtum*), contrairement à l'*Épopée de Zimrî-Lîm* qui situe de préférence l'action dans la nature suivant en cela sûrement une norme de la poésie épique. Le style adopté, à la fois très général et intemporel, est propre au genre. Il visait peut-être aussi à permettre au texte de servir plus d'une fois et d'échapper au moment historique.

7. Cf. Guichard, *L'Épopée de Zimrī-Lîm*, 21.

8. François Thureau Dangin, "Un hymne à Ištar," *RA* 22 (1925): 169–77.

9. Cf. par exemple l'hymne B de Rîm-Sîn (UET 6 101).

10. Pour cette composition, cf. Michael P. Streck et Nathan Wasserman, "More Light on Nanāya," *ZA* 102 (2012): 183–201.

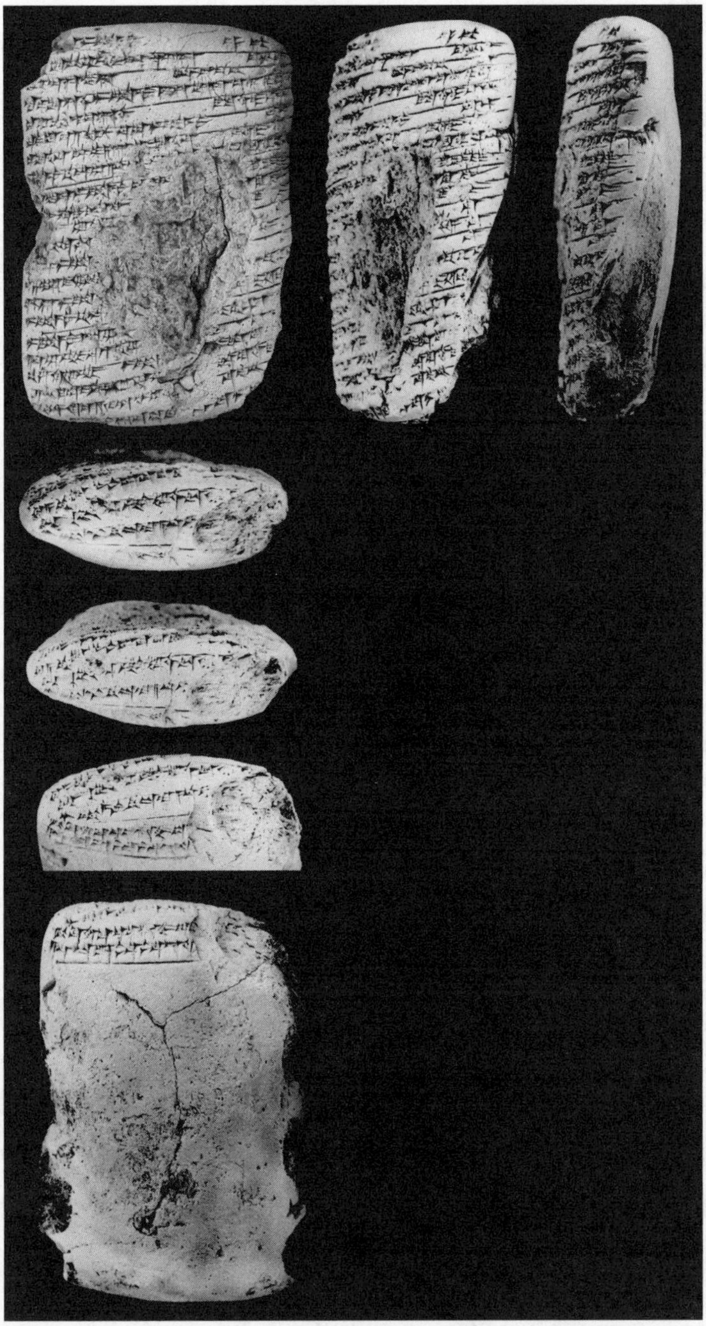

PLANCHE 9.1. A.2790. Cliché de l'équipe de Mari.

Enfin, le contenu du document ainsi que le lieu de sa découverte (le palais) confirment s'il en était besoin qu'il s'agit d'un produit littéraire destiné à servir le pouvoir royal en place, la religion et le culte étant, comme toujours, utilisés pour le légitimer. Même composée à l'ombre du palais, cette pièce reste quand même un bel exemple de l'activité et la créativité scribales de Mari et de l'époque paléo-babylonienne.

A.2790

[lu-na-'ì-i]d ^{d}*i-túr-me-er* kal-ga
2 *[mu-h]a-li-iq ra-gi-im i-na qé-re-eb ma-ti-šu*
[m]u-⸢*ša*⸣*-ab-ši me-še-ri i-na ri-bi-ti-šu*
4 *la pa-li-hu-ut* ^{d}*i-túr-me-er ip-HU-uṣ-ma ma* {x}*-as-sú-nu*
ma-ra-am ù ma-ar-tam i-te-ki-im-šu-nu-ti
6 *šu-up-ka-ma a-ah-ku-nu ba-ab* ^{d}*i-túr-me-er et-qa*
pa-li-hi-šu i-na-aṣ-ṣa-ar [l]a pa-li-hi-šu i-ki-im bi-s[ú?-n]u?
8 ^{d}*i-túr-me-er qar-du-um a-na z[i-i]m-*⸢*ri-li-im*⸣ {⸢ME?⸣}*š[ar?]-*⸢*ri-im*⸣
k[i-t]a!-ra-ab da-ri-⸢*iš*⸣

[lu-u]z-mu-ur ^{d}*i-túr-me-er du-un-n[a-šu* o o o o]-⸢x⸣ *lu-še-pí-i*
10 *[da-a]-in di-in i-*⸢*šar*⸣ (HI.IZ)⸢?⸣*-tim* [o o o o o o o *l*]*a?-at-tim*
[ša-pí-i]r ṣe-eh-⸢*ri*⸣*-i[m ù ra-bi-im* o o o o o o] *i-*[o]*-im*
12 *[da-mi-i]q di-nim* [o o o o o o o o o o o o]*-šu*
⸢x-x-x⸣ ^{d}*i-túr-m[e-er* o o o o o o o o o o ^{gi}]^{š}gu-za-*šu*
14 *iz-za-az-zu i-mi-it-[tam ù šu-me-lam* o o o o o]*-šu*
wa-ši-ib ^{d}*i-túr-me-[er* o o o o o o o o *li-i]b?-bi ra-g[i-im]*
16 ^{d}*i-túr-me-er qar-du-[um a-na zi-im-ri-li-im ša]r?-ri-im ki-ta-[ra-ab da-ri-iš]*

---

^{d}*i-túr-me-er me-ša-ra-a[m* o o o o *ra-g]a-am iz-zu?-u[r]*
18 *a-na ra-gi-im sú-qa-am ra-[ap-ša-am i-la-a]k? ma-[D]I?-*⸢x⸣
bi-ir-ki ra-gi-im ^{d}*i-túr-me-*⸢*er*⸣ x [o-I]M *i-na-sú-u[k]*
20 *e-ti-qú-um* Ú[11] NA ZA ⸢A⸣ x *šu-*⸢*ba?*⸣-[o o o o]-⸢*x*⸣ *i-na-ad-di-i*
i-hi-il ki-ma ha-i-il-tim ra-g[u-um i-na] šu-ub-ti-šu
22 *ki-a-am li-[i]n-né-ep-šu ša i[t-mu]-*⸢*ú*⸣ *ni-iš* ^{d}⸢*i*⸣*-t[úr-me-er]*
iṭ[12]*-bu-u[h r]a-gi er-ṣe-tam da-mé-*⸢*šu-nu*⸣ *[iš-qí]*
24 ^{d}*i-túr-me-er qar-du-um a-na z[i-im-ri-li-im šar?-ri-im ki-ta-ra-ab da-ri-iš]*

---

ik-su ki-ma iṣ-ṣú-ri-im ša [...]
26 *a-na du-un-ni-šu ni-šu re-de-e[t? zi-im-ri-li-im lu-ú ta-ak-la* (?)]

Je veux louer Itûr-Mêr, le puissant,
2 Qui anéantit le méchant au sein de son pays,
Qui instaure la justice dans sa capitale!
4 Ceux qui n'ont pas respecté Itûr-Mêr, il a brisé leur pays.
Fils et fille, il les en a privés!
6 Cessez vos activités! Passez la porte d'Itûr-Mêr!

11. Il faut peut-être lire pa car le passage a été réécrit.
12. Signe effacé {X}.

Ceux qui le respectent il (les) protège: ceux qui ne le respectent pas, il s'empare de leur demeure.
8 Héroïque Itûr-Mêr donne à Zimrî-Lîm *le roi* ta bénédiction pour toujours!

Je veux chanter Itûr-Mêr et proclamer sa force ...!
10 Lui qui rend (toujours) un jugement équitable [...].
Qui gouverne les petits [*et les grands*, ...]
12 *La bonne conduite* du jugement, il a ... son [...]
... Itûr-Mêr ... son trône.
14 Se tiennent à (sa) droite [*et à (sa) gauche les dieux*], *ses* [...]
Siégeant, Itûr-Mêr [...] le cœur du méchant.
16 Héroïque Itûr-Mêr donne à Zimrî-Lîm *le roi* ta bénédiction pour toujours!

Itûr-Mêr [*aime*] la justice: il a maudit le méchant.
18 *Il va* par la *grand'*rue contre le méchant ...
Itûr-Mêr frappe les genoux du méchant [...].
20 Le passant ... *il (lui) tend une embuscade.*
Il a été pris de doulers telle une femme en couches le méchant dans sa demeure!
22 Qu'ainsi deviennent ceux qui avaient prêté serment par Itûr-Mêr!
Il a égorgé les méchants. [Il a abreuvé] la terre de leur sang.
24 Héroïque Itûr-Mêr donne à Zimrî-Lîm *le roi* ta bénédiction pour toujours!

Il a mis en cage, tel un oiseau, celui qui [*avait été parjure*, ô *Itûr-Mêr*].
26 [Que] les gens qui suivent [Zimrî-Lîm *se confient*] à sa force!

l. 2: *muhalliq raggim* est une expression déjà bien attestée dans des contextes similaires à A.2790: concernant un seigneur de Dêr dans une inscription dédiée à Ištaran (YOS 9 62: 12:[13] *mu-uš-te-še-er ha-ab-lim ù ha-bi-*il_5*-tim, ša-ki-in me-ša-ri-im, mu-ha-li-iq ra-gi-im*): une prière à Šamaš (4R 17, r. 15:[14] *mu-hal-liq rag-gi* etc.).

l. 3: le passage est très proche de l'inscription royale de Dêr YOS 9 62 cité ci-dessus). Curieusement *mêšeru* revient plus bas, mais avec la variante *me-ša-ra-*[*am*] (l. 17),[15] *mîšarum* "justice." Il n'est donc peut-être pas exclu que *mêšeru* ait un autre sens quoique construit sur la même racine *ešêrum*. Ce serait le strict opposé de *raggum* "méchant, scélérat," normalement *kênum* en akkadien:[16] "Celui qui supporte le(s) juste(s)" (?).

13. Douglas Frayne, *Old Babylonian Period (2003–1595 BC)*, The Royal Inscriptions of Mesopotamia Early Periods 4 (Toronto: University of Toronto Press, 1990), 676.

14. Cf. Benjamin R. Foster, *Before the Muses*, Vol. II (Bethesda: CDL Press, 1993), 666.

15. Toutefois on notera que le terme pourrait comme au début du poème être opposé à *raggum* "personne inique."

16. *CAD* R raggu, 69 et *CAD* K kīnu, 391 (*mušēšir kēni*).

l. 4: pour J.-M. Durand *ip-'u$_5$-uṣ* est la variante en (u) sur *pa'âṣum* (a) "frapper." Le verbe est attesté dans un inédit qu'il compte publier prochainement (ARM XXXIII). Le roi donne l'ordre suivant: *ú-qú-ur pu-'u$_5$°-[uṣ], úš-ši ša* bàd$_3^{ki}$ *ku-šu-[ud]*: "Détruis, brise et atteint les fondations du mur." Il est obéi par le fonctionnaire qui lui répond: *a-di e-pé-ri ša* bàd^{ki} *ik-šu-du, ú-ša-ap-'ì-iṣ-ma* "j'ai fait briser la structure du mur (*ša dûrim*) jusqu'à atteindre la terre meuble."

l. 8: la restitution hypothétique de {⸢ME⸣} ⸢*šar*⸣*-ri-im* repose sur la comparaison des lignes 8 et 16 qui est synthétisée par l'autographie composite suivante (les signes dans les pointillés sont restaurés):

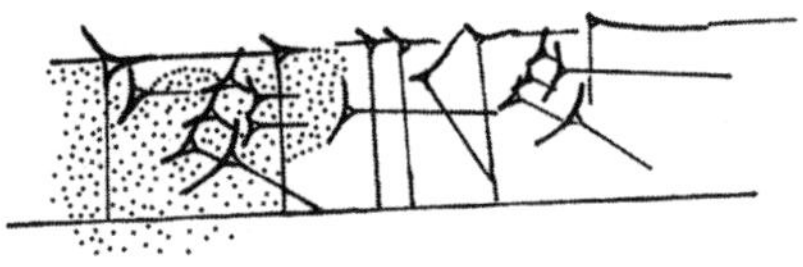

l. 10: on pourrait aussi restituer [*ša-ki*]*-in di-in*...

l. 21: le motif de la parturiente se retrouve (exprimée presque mot pour mot comme dans A.2790) dans l'épopée de Sargon comme expression de la sauvagerie du combat (Joan Goodnick Westenholz, *Legends of the Kings of Akkade*, Mesopotamian Civilizations 7 [Winona Lake, IN: Eisenbrauns, 1997], 64). Il est possible que l'auteur de l'hymne l'ait emprunté à ce registre. Mais il l'a replacé dans un contexte différent bien moins valorisant pour l'ennemi qui a trouvé pour dernier refuge sa maison: il termine sa vie atrocement dans une mort qui le prive de toute qualité virile. L'allusion à l'accouchement est donc ici ironique.

l. 23: pour ce thème et cette restitution, cf. Guichard, *L'Épopée de Zimrī-Lîm*, 38.

l. 26: cette restitution s'appuie sur des expressions similaires documentées par *CAD* T, p. 68: *ana emûqam/gipšam/gupšam takâlu.*

CHAPTER 10

Royal Women Sages in Aramaic Literature: The Unnamed Queen in Daniel 5 and Saritrah in the "Revolt of Babylon"

Tawny L. Holm
Pennsylvania State University

COURT NOVELLAS ARE A PROMINENT GENRE in the ancient Aramaic literature of the first millennium BCE. From the *Story of Aḥiqar* to the biblical Daniel narratives and the Qumran *Tales from the Persian Court* (4Q550), the use of Aramaic for narratives set in the royal court fit an ancient Near Eastern world, in which Aramaic was regarded as the language of empire due to its administrative use in the Neo-Assyrian and subsequent empires. It is in these court novellas that we find two major female characters of Aramaic literature. Both of them are, appropriately, Mesopotamian royalty and each of them are advisors to kings: the unnamed queen of Babylon in the well-known "Writing on the Wall" story in biblical Daniel 5; and Saritrah, the Assyrian princess in the "Revolt of Babylon" on Papyrus Amherst 63 (cols. xviii–xxiii). While the model for the unnamed Babylonian queen may be either the mother of King Nabonidus, Adad-guppi (d. 547 BCE), or perhaps a composite of multiple figures, Saritrah is primarily based on the historical Šērūʾa-ēṭirat, sister of the royal brothers Assurbanipal and Shamash-shum-ukin who were rivals in the seventh century BCE. The two stories thus represent an Aramaic stage in the transmission of lively traditions concerning first-millennium Mesopotamian royal women, some of whom had long afterlives in Greek and other languages.

While evidence is not abundant, the basic outlines of some royal Neo-Assyrian and Neo-Babylonian women's historical lives have become slightly clearer with new discoveries and analyses. For instance, the queen Sammu-rāmat—known to the Greeks as *Semíramis*—seems to have led the Assyrian empire alongside her son Adad-nīrārī III (810–783 BCE) after the death of her husband Shamshi-Adad V (823–311 BCE), perhaps in an effort to stabilize the succession while her son was young.[1] Certain inscriptions

Author's note: It is a great pleasure to offer this contribution as a small tribute to Jack Sasson, a beautiful and kind human being, whose own work on the Hebrew Bible and the ancient Near East has long been an inspiration. All translations from Aramaic are my own.

1. The name is either Sammu-rāmat ("Sammu is exalted") or Sammu-ramāt ("Sammu is beloved"); see J. R. Novotny, "Sammu-rāmat or Sammu-ramāt," in *The Prosopography of the Neo-Assyrian Empire*, vol. 3/I, ed. Heather D. Baker (Helsinki: The Neo-Assyrian Text Corpus Project, 2002), 1083. For recent studies of the historical Sammu-rāmat, see the following, among others: Reinhard Bernbeck, "Sex/Gender/Power and Šammuramat: A View from the Syrian Steppe," in *Fundstellen: Gesammelte Schriften zur Archäologie und Geschichte Altvorderasiens ad honorem Hartmut Kühne*, ed. Domink Bonatz et al. (Wiesbaden: Harrassowitz, 2008), 351–69; Robert Siddall, *The Reign of Adad-nīrārī III: An Historical and Ideological Analysis of An Assyrian King and His Times* (Leiden: Brill, 2013): 86–100; and Saana Svärd, *Women and Power in Neo-Assyrian Palaces*, SAAS 23 (Helsinki: The Neo-Assyrian Text Corpus Project, 2015), 48–51.

demonstrate that she was held as an authority within the central administration,[2] and the Pazarcık stele from Turkey commemorating her and her son's crossing of the Euphrates to quell Western rebels testifies that she was known across the empire (RIMA 3 A.0.104.3).[3] Moreover, Queen Naqīʾa (Assyrian Zakūtu), the wife of Sennacherib (704–681 BCE) and the best-documented Mesopotamian woman, served as queen mother for her son Esarhaddon (680–ca. 669 BCE).[4] She wrote numerous letters and documents in her own name, and, after her son's death, the so-called Treaty of Zakūtu (SAA 2 8) ensured that the throne went to Assurbanipal, Esarhaddon's son and her grandson. Letters to her indicate that officials and even King Esarhaddon followed her commands (SAA 10 313; SAA 13 76, 77, and 188; SAA 16 2), and some letters to her seem to involve her in politics (e.g., SAA 18 85 and 102). Furthermore, Naqīʾa's intelligence and wisdom were sometimes lauded with the same accolades elsewhere given only to kings. For example, in a letter written by a court exorcist to her son (SAA 10 244: 5a–9), the author claims: "the mother of the king is as able as (the sage) Adapa!" Another letter (SAA 10 17), probably addressed to Naqīʾa herself, claims that whatever she says "is as final as that of the gods. What you bless, is blessed; what you curse, is cursed" (r. 1–5).[5]

That not only queens but women throughout the Assyrian royal family were expected to be educated is demonstrated by a letter to Libbāli-šarrat, wife of Assurbanipal, from Šērūʾa-ēṭirat, Assurbanipal's sister. In it, Šērūʾa-ēṭirat asks her sister-in-law to live up to family expectations by "writing her tablets and reciting her exercise." The princess seems to be speaking with some authority over the wife of her brother, who was then the crown prince. She suggests that any failure of Libbāli-šarrat to educate herself would lead observers to ask, "Is this the sister of Šērūʾa-ēṭirat, the eldest daughter of the succession palace of Aššur-etel-ilāni-mukinni [Esarhaddon's throne name], the great king, the legitimate king, king of the world, king of Assyria?"[6] That Šērūʾa-ēṭirat herself may have had a role in politics, like the great Naqīʾa—who may have been her grandmother—is apparent from the mention of her alongside the kings of Babylonia and Elam in one letter (see below). As for Queen Libbāli-šarrat herself, she along with Sammu-rāmat were two of only three Assyrian queens who had stelae installed for them in the royal row of stelae at Assur, perhaps indicating her role in state affairs as well.[7]

2. Not only did Sammu-rāmat have a stele amongst the royal row of stelae at Assur (RIMA 3 A.0.104.2001), but a governor of Kalhu dedicated two Nabû statues to both her and her son (RIMA 3 A.0.104.2002). See A. Kirk Grayson, *Assyrian Rulers of the Early First Millennium BC II (858–745 BC)*, RIMA 3 (Toronto: University of Toronto Press, 1996), 226–27; and also Siddall, *Reign of Adad-nirari III*, 91.

3. She was thus the only Neo-Assyrian woman known to take part in a military campaign. See Veysel Donbaz, "Two Neo-Assyrian Stelae in the Antakya and Kahramanmaraş Museums," *Annual Review of the Royal Inscriptions of the Mesopotamian Project* 8 (1990): 5–24, esp. 9–10; Grayson, *Assyrian Rulers*, 205; and for a recent translation, now Charles Halton and Saana Svärd, *Women's Writing of Ancient Mesopotamia: An Anthology of the Earliest Female Authors* (Cambridge: Cambridge University Press, 2018), 174–76.

4. S. C. Melville, *The Role of Naqia/Zakutu in Sargonid Politics*, SAAS 9 (Helsinki: Helsinki University Press, 1999), 5–11.

5. For a list of Naqīʾa's correspondence, see Melville, *Role of Naqia*, 5–7, and Natalie N. May, "Neo-Assyrian Women, Their Visibility, and Their Representation," in *Studying Gender in the Ancient Near East*, ed. Saana Svärd and Agnès Garcia-Ventura (University Park: Eisenbrauns, 2018), 251.

6. Translation by Alasdair Livingstone "Ashurbanipal: Literate or Not?" *ZA* 97 (2007): 98–118, esp. 103–104; see also Halton and Svärd, *Women's Writing of Ancient Mesopotamia*, 149–50.

7. The third may have been Sennacherib's mother; for the reading of her name as Raʾīmā, see Eckart Frahm, "Family Matters: Psychohistorical Reflections on Sennacherib and His Times," in *Sennacherib at*

The power of Neo-Assyrian royal women seems to have increased from the time of Sennacherib onward, perhaps as part of a move by Sennacherib to reduce the power of officials.[8] Military units were attached to the queen's household, and her office increasingly used its own distinct seal with the symbol of a scorpion.[9] Moreover, for queens and other Neo-Assyrian royal women, the stability of the kingdom and royal house was obviously a paramount concern. Both Queen Naqī'a/Zakūtu and Queen Libbāli-šarrat, wife of Assurbanipal (668–ca. 627 BCE), commissioned votives on behalf of themselves and their husbands, in which the text mentions a wish for the "stability of her *palû*," a word that frequently means "reign," but can also have the sense of "dynasty."[10] The daughters and sisters of Sargonid kings also contributed to this effort: they were essential participants in state rituals for Assur, the patron deity of the state, and were married to foreign rulers for diplomatic purposes.[11]

The same concern with the continuance of a dynasty is also associated with the Neo-Babylonian queen Adad-guppi, the long-lived mother of the last king of Babylon, Nabonidus (556–539 BCE), who is best known from her twin funeral stelae at the temple of Sîn in Ḫarrān. Although the pseudo-autobiography contained on these stelae was written after her death in ca. 547 BCE, probably by her son, it uses the first-person and portrays her as a woman with independent agency.[12] In these stelae, the kingship of her son, who was a usurper, is legitimized through her and her great piety toward the Moon-god Sîn. The stelae claim that she herself introduced her son to the court of the previous kings, Nebuchadnezzar and Neriglissar, monarchs who, according to the stelae, treated Adad-guppi like a daughter. Moreover, she is also said to have offered funerary offerings for those two kings after their deaths, rituals that were traditionally performed only by direct descendants.[13] In making the pious Adad-guppi an heir to Nabonidus' predecessors, the stelae thus aim to validate her son's accession to the throne.

The memories of these powerful Assyrian and Babylonian women lived on after the fall of their empires in muddled legends that made their way across the Near East.

---

the Gates of Jerusalem (701 B.C.E.): Story, History and Historiography, ed. Isaac Kalimi and Seth Richardson, CHANE 71 (Leiden: Brill, 2014), 179–80. Libbāli-šarrat is also depicted in the Garden Scene relief at Nineveh from ca. 645 BCE, in which she dines with King Assurbanipal after a victory over the Elamites (The British Museum, ME 124920).

8. Karen Radner, "Seal of Tašmētum-šarrat, Sennacherib's Queen, and Its Impressions," in *Leggo! Studies Presented to Frederick Mario Fales on the Occasion of His 65th Birthday*, ed. Giovanni B. Lanfranchi et al., LAS 2 (Wiesbaden: Harrassowitz, 2012), 694.

9. Karen Radner, "The Delegation of Power: Neo-Assyrian Bureau Seals," in *L'archive des Fortifications de Persépolis*, ed. Pierre Briant et al., Persika 12 (Paris: De Boccard, 2008), 510; Sherry Lou Macregor, *Beyond Hearth and Home: Women in the Public Sphere in Neo-Assyrian Society*, SAAS 21 (Helsinki: The Neo-Assyrian Text Corpus Project, 2012), 73–77; and Saana Svärd, "Changes in Neo-Assyrian Queenship," *SAAB* 21 (2015): 163–64.

10. *CAD* P 73–74; Siddall, *Reign of Adad-nīrārī III*, 93–94.

11. Macregor, *Beyond Hearth and Home*, 68–71; May, "Neo-Assyrian Women," 265.

12. Saana Svärd, "Female Agency and Authorship in Mesopotamian Texts," *KASKAL* 10 (2013): 269–80, esp. 275. For translations of Adad-guppi's stela, see Hanspeter Schaudig, *Die Inschriften Nabonids von Babylon und Kyros' des Grossen samt den in ihrem Umfeld entstandenen Tendenzschriften: Textausgabe und Grammatik*, AOAT 256 (Münster: Ugarit-Verlag, 2001), 500–513; and Halton and Svärd, *Women's Writing of Ancient Mesopotamia*, 168–74.

13. Svärd, "Female Agency," 276–78. For more on Adad-guppi and Nabonidus' origins, see Paul-Alain Beaulieu, *The Reign of Nabonidus, King of Babylon (556–539 BC)*, YNER 10 (New Haven: Yale, 1989), 68–78.

Before modern discoveries, the Assyrian Sammu-rāmat/Semiramis was known primarily through what was passed down by Greek authors, such as Berossos, Herodotus, Diodorus (relying on Ctesias, Athenaeus, and others), and Nicolaus of Damascus, but even these traditions may mix cultural memories of her with that of other Mesopotamian women.[14] To Herodotus in the fifth century BCE and Ctesias of Cnidus in the fourth (as reported by Diodorus in the first century BCE), Semiramis was the semi-divine wife of the fictional Ninus who founded Ninus/Nineveh, and who ruled on her own after his death. She was said to have conquered Asia and North Africa, built Babylon and other cities, and to have fought a war with India.[15] Moreover, it is either Adad-guppi or a composite of more than one Mesopotamian woman—such as Sammu-rāmat and/or Naqīʾa—who is behind the "Nitocris of Babylon" described in Herodotus 1.185–88, where that woman is designated the mother of the last king of Babylon, Labynetus (Nabonidus), who ruled over the Assyrians(!).[16] This "Nitocris" fortified Babylon's defenses, especially by digging canals and rerouting the Euphrates (as Semiramis was also said to have done), and constructed her own tomb over the main gate. On the other hand, the Greek Sardanapallos legend, a garbled tradition about the self-immolation of an Assyrian king, which conflates kings' names and events, does not include any major female character in spite of the fact that an Aramaic version of the tale, the "Revolt of Babylon" discussed in this study, did include a princess in a major role.[17]

The "Writing on the Wall" story in Daniel 5 and the "Revolt of Babylon" on Papyrus Amherst 63 are part of this transmission of traditions about intelligent and powerful Mesopotamian royal women, but in Aramaic. Moreover, in these fictional accounts, each character plays a similar pivotal role of royal counselor with regard to matters of state. Biblical Daniel 5, whose setting is the Neo-Babylonian period of the sixth century BCE, was probably finalized in about 164 BCE, although it could have been originally composed in the later Persian or early Hellenistic periods.[18] As for the "Revolt of Babylon" on Amherst 63, the manuscript itself probably dates to the fourth century BCE, but the narrative may have been originally composed as early as the end

14. Armenian traditions of this queen as Şamiram may or may not be independent of the Greek traditions (Bernbeck, "Sex/Gender/Power," 352).

15. Herodotus 1.184 and Ctesias of Cnidus's *Persika*, as preserved in Diodorus Siculus 2.4–21. For a translation of the former, see David Grene, *The History of Herodotus* (Chicago: The University of Chicago Press, 1987), 116; and for the latter, see Lloyd Llewellyn-Jones and James Robson, *Ctesias' History of Persia: Tales of the Orient* (London: Routledge, 2010), 116–30. See also S. Compoli, "Die Darstellung der Semiramis bei Diodorus Siculus," in *Geschlechterrollen und Frauenbild in der Perspektive antiker Autoren*, ed. R. Rollinger and C. Ulf (Innsbruck: Studien Verlag, 2002), 223–71. For more on the legendary afterlife of Sammu-ramāt/Semiramis, see Julia Asher-Greve, "From 'Semiramis of Babylon' to 'Semiramis of Hammersmith,'" in *Orientalism, Assyriology, and the Bible*, ed. Steve W. Holloway, Hebrew Bible Monographs 10 (Sheffield: Sheffield Phoenix, 2006), 322–73.

16. For the view that she must be one of the Assyrian queens, see A. Nichols, "The Complete Fragments of Ctesias of Cnidus: Translation and Commentary with an Introduction" (PhD diss., University of Florida, 2008), 133.

17. The story of the decadence and/or self-immolation of Sardanapal(l)os/Sardanapal(l)us appears in Greek and Roman authors from the fifth century BCE onward, including Herodotus (2.150.9). See also below.

18. Cf. John J. Collins, *Daniel: A Commentary on the Book of Daniel*, with an essay, "The Influence of Daniel on the New Testament," by A. Yarbro Collins, Hermeneia (Minneapolis: Fortress, 1993), 254.

of the Neo-Assyrian period, after Assurbanipal's suppression of Shamash-shum-ukin's revolt in Babylon and the latter's death in 648 BCE.[19]

The Unnamed Queen in the "Writing on the Wall" (Daniel 5)

It is not surprising that the only woman with a speaking role in canonical Daniel is Belshazzar's queen in Aramaic Daniel 5. It is a story in which dynastic succession (or the end of it) matters, and in which the queen advises the king, and her knowledge of state affairs and court history forms a narrative hinge. The character herself is a literary creation, who may or may not be modeled on a specific woman. Earlier biblical literature provides some Israelite exemplars, most famously Queen Bathsheba, the wife of King David and mother of King Solomon.[20] However, since the setting is Babylon and since traditions behind Daniel 5 may well have been based on the historical Nabonidus, the last king of Babylon, then the author could have had in mind Adad-guppi, that king's mother.[21] Ancient interpreters seem to have thought that the biblical queen was intended to be either Belshazzar's mother (so Origen) or grandmother (so Josephus in *Antiquities* 10.11.2), rather than his wife, with the apparent exception of Porphyry in the third century, who mocked the fact that the king's wife knew more than her husband.[22] In the story, however, the woman is simply called "the queen" (*malkĕtāʾ* in Aramaic), and she stands apart from the other women of Belshazzar's court who are mentioned in Dan 5:2, 3, and 23: i.e., *šēgĕlātēh*, "his royal consorts," and *lĕḥēnātēh*, "his concubines."[23]

19. For an overview of the dates that have been suggested, see Tawny L. Holm, "Nanay and Her Lover: An Aramaic Sacred Marriage Text from Egypt," *JNES* 76 (2017): 3.

20. On the role of the queen mother in the Hebrew Bible (Hebrew *gĕbîrāh*, but *šēgal* in Ps 45:10), see Niels-Erik A. Andreasen, "The Role of the Queen Mother in Israelite Society," *CBQ* 45 (1983): 179–94; Zafrira Ben-Barak, "The Status and Right of the Gĕbîrâ," *JBL* 110 (1991): 23–34; Susan Ackerman, "The Queen Mother and the Cult in Ancient Israel," *JBL* 112 (1993): 385–401; and Nancy R. Bowen, "The Quest for the Historical *Gĕbîrâ*," *CBQ* 63 (2001): 597–618. On the *šēgal* in Ps 45:10, see Brooke Lemmons Deal, "Divine Queenship and Psalm 45" (PhD diss., Brite Divinity School, 2007), 174–76.

21. Note that the historical Belshazzar was the son of Nabonidus, but he never ruled independently from his father. For a discussion of Belshazzar's role in Daniel, see Giulia F. Grassi, "Belshazzar's Feast and Feats: The Last Prince of Babylon in Ancient Eastern and Western Sources," *KASKAL* 5 (2008): 187–210. On the ancient Jewish interest in and use of Nabonidus traditions generally, see Carol A. Newsom, "Why Nabonidus? Excavating Traditions from Qumran, the Hebrew Bible, and Neo-Babylonian Sources," in *The Dead Sea Scrolls: Transmission of Traditions and Production of Texts*, ed. Sarianna Metso et al., Studies of the Texts of the Desert of Judah 92 (New York: Brill Academic, 2010), 57–80.

22. This is according to Jerome in his commentary to Dan 5 (*Jerome's Commentary on Daniel*, translated by Gleason L. Archer Jr. [Grand Rapids: Baker, 1958], 58). The Old Greek version of Daniel 5 may also presume the queen is Belshazzar's wife, since it includes no other women in the story.

23. The perspective that the *malkāh* is a "queen mother" has some support from Palmyrene Aramaic, in that Queen Zenobia of Palmyra is called "Septimia Batzabbay, the illustrious, the queen, mother of the king of kings" (Aramaic *spṭymyʾ btzby nhyrtʾ mlkltʾ ʾmh dy mlk mlkʾ*), in an inscription from probably the third century CE (*PAT* 317:6 = C3971.1.6; Delbert R. Hillers and Eleanora Cussini, *Palmyrene Aramaic Texts* [Baltimore: The Johns Hopkins University Press, 1996], 74). The ambiguity of the term *malkāh*, however, still does not completely rule out the possibility that she is the king's principal wife and that "his royal consorts" (*šēgĕlātēh*) are secondary wives ranking between the queen and "his concubines" (*lĕḥēnātēh*). In this regard, cf. the position of Athalya Brenner, in "Self-Response to 'Who's Afraid of Feminist Criticism?'," in *Prophets and Daniel: A Feminist Companion to the Bible*, ed. Athalya Brenner, Feminist Companion to

The basic plot of Daniel 5 is well known, although the centrality of the unnamed queen's role is often overlooked. Belshazzar, the last king of Babylon (according to the author), is feasting with his lords, royal consorts, and concubines, when he commands that the temple vessels of gold and silver transported from Jerusalem by his father Nebuchadnezzar be brought in so that all might drink from them. This is done, and the assembled group drunkenly praises "the gods of gold and silver, bronze, iron, wood, and stone" (v. 4). It is then that the fingers of a human hand appear out of nowhere and begin to write on the plaster of the palace wall. The king is watching as the hand writes, and is terrified—perhaps he alone sees the hand, since the text says nothing about anyone else at the feast observing it. His face changes, his knees knock together, and the "knots of his loins" give way (5:6)—perhaps, but not necessarily, a euphemism for incontinence or impotence.[24] He calls for the collective sages of Babylon and offers a reward for anyone who can read the writing and tell the interpretation (cf. Dan 2). None of them is able to do so, and the king becomes even more terrified, while his lords are said to be "perplexed" (Aramaic *mištabbĕšîn*). When the queen becomes aware of the commotion, she enters the banquet hall unannounced, to say in vv. 10–12:

> O king, live forever! Do not let your thoughts terrify you or your features be altered. There is a man in your kingdom in whom is the spirit of holy gods, and in the days of your father, enlightenment, understanding, and wisdom like the wisdom of gods were found in him. King Nebuchadnezzar, your father, appointed him chief of the magicians (*rab ḥarṭummîn*), enchanters, Chaldeans, and diviners,[25] because an excellent spirit, knowledge, and understanding, as well as the ability to interpret dreams, reveal riddles (*ʾaḥăwāyat ʾăḥîdān*), and solve problems (*mĕšārēʾ qiṭrîn*, literally "loosen knots") were found in him, in this Daniel, whom the king named Belteshazzar. Now, let Daniel be called that he may reveal[26] the interpretation.

This is the sum total of all the queen says and does before she disappears from the narrative, but her role is central to the plot, since without her, Daniel would not enter the story. Her use of the stock phrase, "O king, live forever!" could be either polite or

the Bible 8 (Sheffield: Sheffield Academic, 2001), 245–46. As for the Aramaic term *šglh*, it is from Akkadian *ša ekalli* or *sēgallu* (written logographically as MÍ.É.GAL, literally "woman of the palace"; *CAD* E 61–62).

24. For the view that this is a reference to incontinence, see Al Wolters, "Untying the King's Knots: Physiology and Word Play in Daniel 5," *JBL* 110 (1991): 117–22. Athalya Brenner, however, suggests that the king has been made impotent, since the male loins are the seat of male virility, and are "symbolic of military and political (that is, male) competence" ("Who's Afraid of Feminist Criticism?," in Brenner, ed., *Prophets and Daniel*, 238–39). By contrast, Carol Newsom thinks that the expression simply describes a typical "gut reaction" to bad news or bad events (C. A. Newsom with Brennan W. Breed, *Daniel: A Commentary*, OTL (Louisville, KY: Westminster John Knox, 2014], 70).

25. The second occurrence of the phrase *ʾbwk mlk*, "your father the king," in the Masoretic text is probably a scribal error, and is omitted here.

26. Some of the other versions as well as two Qumran Daniel manuscripts seem to preserve the additional phrase "and read the writing" (4Q112 10–11 3 and probably 4Q113 1–4 i 8, i). This matches Dan 5:7–8, which requires first the actual reading of the writing before its interpretation. On this point, see Michael Segal, "Rereading the Writing on the Wall (Daniel 5)," *ZAW* 125 (2013): 161–76, esp. 171; and idem, *Dreams, Riddles, and Visions: Textual, Contextual, and Intertextual Approaches to the Book of Daniel*, BZAW 455 (Berlin: de Gruyter, 2016), 64.

sarcastic.[27] Her wish that the king's thoughts not terrify him or contort his face may be superficially comforting, but mostly serve to point out that she has closely observed his reaction. Her penetrating gaze does not miss the other physical changes wrought by the king's terror either, for in her recommendation of Daniel to the king, she says that Daniel is able to literally "loosen knots" (*měšārēʾ qiṭrîn*), an unsubtle allusion to the humiliating collapse of the "knots" (*qiṭrîn*) of the king's loins.

The queen also sets up a contrast between him and his father, whom she repeatedly calls "the king." She mentions his father's establishment of Daniel, perhaps nudging an insecurity complex by urging Belshazzar to utilize one of his father's old advisors since none of his own are competent. Moreover, she is the only one in the king's inner circle who is not in a state of anxiety and who calmly presents a solution, in the form of Daniel, whose abilities she alone recalls. Furthermore, the queen seems to know stories about Daniel that are not in the book. For instance, before this point, the reader has only known Daniel to answer questions (ch. 1) and to solve dreams (chs. 2 and 4), but there has been no previous riddle-solving or knot-loosening. The latter term has to do with magical abilities,[28] as does the title "chief of the magicians," granted to Daniel first by Nebuchadnezzar in 4:9 and used again by the queen here.[29] In fact, the queen's speech firmly links chs. 4 and 5 in the Masoretic text by echoing Nebuchadnezzar's description of Daniel: not only is he "chief of the magicians," but he is "endowed with the spirit of the holy gods" (cf. Dan 5:11 to 4:5–6, 15 [English 4:8–9, 18]). While she knows from Nebuchadnezzar's experience that Daniel's interpretations are to be dreaded, there is no other way forward for the good of the kingdom but to call upon him to interpret the omen, just as he had interpreted Nebuchadnezzar's ominous dream in ch. 4. Before she exits the scene, the queen herself seems to command subordinates to summon Daniel, because he immediately appears without the king uttering a word.[30]

Belshazzar does not respond directly to the queen, but his testy conversation with Daniel suggests that her words have stung. Rather than calling Daniel by the

27. Subordinates also say "O king, live forever!" to King Nebuchadnezzar in 2:4; 3:9; and 6:7, 22 (English 6:6, 21) when they perceive his anxiety, but no one except the queen of Daniel 5 dares to actually describe to the king what they observe of his physical state.

28. The Aramaic phrase *měšārē qiṭrîn*, "untie knots," is used in magic incantations, such as the Seleucid-era Aramaic incantation in cuneiform script from Uruk. See M. J. Geller, "The Aramaic Incantation in Cuneiform Script (AO 6489 = TCL 6,58)," *JEOL* 35–36 (1997–2000): 127–46; Christa Müller-Kessler, "Die aramäische Beschwörung und ihre Rezeption in den mandäisch-magischen Texten," in *Charmes et sortilèges: Magie et magiciens*, ed. Rika Gyselen, Res Orientales 14 (Bures-sur-Yvette: Groupe pour l'étude de la civilisation du Moyen-Orient, 2002), 193–208. Cf. also the Akkadian expression *kiṣrū paṭāru/puṭṭuru*, "untie knots" (*CAD* K 436–37; Wolters, "Untying the King's Knots," 117–22; and Shalom Paul, "Decoding a 'Joint' Expression in Daniel 5:6, 16," *JANES* 22 [1992]: 126–27).

29. On the Hebrew-Aramaic term **harṭōm*, borrowed from Egyptian *ḥr-tb*, "reciting priest, magician," see Tawny L. Holm, *Of Courtiers and Kings: The Biblical Daniel Narratives and Ancient Story-Collections*, EANEC 1 (Winona Lake, IN: Eisenbrauns, 2013), 98–114. The term also appears in biblical stories set in Egypt, wherein Egyptian magicians called *ḥartummîm* (Hebrew) are unable to beat Israelites in either contests of dream interpretation (see the Joseph story in Gen 41:8, 24) or wonder deeds (see the Moses story in Exod 7:11, 22; 8:3, 14, 15; 9:11).

30. One should note that the Old Greek edition of Daniel 5 reduces the independence of the queen but amplifies the respect that Belshazzar has for her: she does not enter the hall unannounced, but is summoned by King Belshazzar specifically to show her the writing, which he calls a "sign" (σημεῖον), as if he may value her opinion on the matter.

Babylonian name Belteshazzar, the name given him by Nebuchadnezzar and used by the queen, Belshazzar addresses him by Hebrew "Daniel," and in doing so, he reveals that he remembers perfectly well who Daniel is. He has not forgotten Daniel, so much as he has willfully ignored him (v. 13; cf. v. 22). He knows that Daniel was one of the exiles of Judah, and in saying that Nebuchadnezzar had "brought" Daniel from Judah, he implicitly and dismissively compares him to the temple vessels that his father had also brought from Jerusalem. Moreover, he is reluctant to fully accept what the queen has told him about Daniel. When he meets him, he says "*I have heard* that you can give interpretations and solve problems" (v. 14, cf. Dan 4:9), and, "Now *if you are able* to read the writing and tell me its interpretation ..." (v. 16). Nevertheless, Belshazzar does vow to give Daniel the reward if he should succeed.

Daniel responds to the king abruptly: "Keep your gifts to yourself, and give your presents to another!" (v. 17). Then, before reading and interpreting the writing, he reviews for Belshazzar all that happened to his father Nebuchadnezzar as a result of his hubris. Just as the queen had done, Daniel starkly contrasts the father with the son. He notes that Nebuchadnezzar's power was divinely granted, and that, although he was punished with madness for a time because of his pridefulness, Nebuchadnezzar had accepted the Most High God, as opposed to Belshazzar, who worships idols. Daniel then chastises Belshazzar for knowing all of this past history (5:22), but still refusing to humble himself before the Lord of Heaven.

Daniel finally reads the mysterious words, which form a short phrase: "*Mĕnēʾ, mĕnēʾ, tĕqēl, ûparsîn*" (as vocalized in the Masoretic text). His interpretation of the omen sharply critiques Belshazzar's shortcomings: "*Mĕnēʾ*, God has numbered your kingdom and brought it to an end; *Tĕqēl*, you have been weighed on the scales and found wanting; *Pĕrēs*, your kingdom has been divided and given to the Medes and Persians." Interpreters have long noted the layers of meaning and ambiguity in the riddle. The words themselves in the riddle phrase seem to suggest measures or monetary values: a *minah*, a shekel (1/60th of a *minah*), and the plural or dual of *pars* (a half-*minah*), but the interpretation given by Daniel plays on the roots as verbs. As nouns for ancient measures, the words probably signify the relative valuation of previous Neo-Babylonian kings in comparison to Belshazzar, the least of these.[31] The polysemy of the Semitic roots also suggests multiple wordplays or puns besides those in Daniel's explicit interpretation: e.g., **prs* means "Persia" as well as "to divide"; **mnʾ/y* may connote "fate" as well as "to count" or "number"; and the root **tql* means "to be light" as well as "to weigh." Belshazzar has no reaction upon hearing the omen, and there is no hint that he considers mending his ways as Nebuchadnezzar had done. He simply gives Daniel his reward, and in that very night, Belshazzar is killed and Darius the Mede "received the kingdom" (Dan 5:31/6:1).[32]

31. See, for instance, L. F. Hartman and A. A. Di Lella, *The Book of Daniel*, AB 23 (New York: Doubleday, 1978), 189–90. One should note that the Old Greek preface to ch. 5 seems to highlight this interpretation by listing the weights or measures in decreasing order: *minah*, *pars*, *tekel*.

32. The historical last king of Babylon, Nabonidus, was likely not killed, but sent into exile somewhere in Persia. The fate of Belshazzar, Nabonidus' son, is unclear, although Xenophon's *Cyropaedia* 7.5.20–30 claims he was killed by a former governor named Gobryas, on behalf of Cyrus the Persian. On these events, see Beaulieu, *Nabonidus*, 219–32.

The wise queen's role and agency in all this is pivotal. Without her appearance in the narrative, there would be no Daniel to understand the ominous writing, no advance knowledge of the fall of Babylon, and not much of a story. She has the authority to enter the court unannounced (unlike Queen Esther in another Eastern court). She is a dignified stateswoman who knows court history, and she alone thinks to summon the skilled and divinely inspired Daniel. She speaks her mind to King Belshazzar with perspicacity and wit: she notices his extreme physical reaction to the mysterious hand and its writing immediately, but saves mentioning the worst effect of his fear—his "loose joints"—to utilize in an ironic description of Daniel's knot-loosening abilities, thus insinuating that the king will find Daniel and his interpretation just as terrifying as the mysterious writing itself. That the queen is correct in all that she says, including her implicitly negative comparison of Belshazzar to his father Nebuchadnezzar, is borne out by Daniel's own words and the fall of Babylon.

In making the queen an advocate of Daniel, the biblical author aligns her with Daniel and his God, and with the humbled Nebuchadnezzar of ch. 4, and sets her against Belshazzar, who is either her offspring or spouse. Moreover, the author satirizes the pagan Belshazzar's ineptitude by contrasting it with the calm intelligence and efficiency of the queen. Here, as elsewhere in Daniel 1–6, the author is subverting the foreign powers who conquered and controlled Judah by mocking them. According to Athalya Brenner, the ridicule in this chapter is predominantly achieved through portraying the obtuse Babylonian king's "moral, mental and intellectual inferiority to a social subordinate, a woman."[33] The underlying sexist humor, however, does not fully explain the queen's presence in the story, nor does it do justice to the authority of her actions. The author seems to have also played on the audience's expectations about ancient queenship, and its associations with wisdom, knowledge, and competence in state affairs. Finally, the fact that it is the queen who recommends Daniel to Belshazzar, rather than a royal steward (cf. Arioch in Dan 2), serves to accentuate the disaster represented by the king's death. Instead of being the guardian of kingship and her dynastic line, the queen is portrayed as an agent, at least narratively speaking, in Belshazzar's death and the fall of Babylon.[34]

Saritrah in the "Revolt of Babylon" on P. Amherst 63

Šērū'a-ēṭirat, sister of the two brothers, Assurbanipal of Assyria and Shamash-shum-ukin of Babylon, appears as the character Saritrah (Aramaic *Sr*[*y*]*trh*) in the "Revolt of Babylon" on P. Amherst 63 (cols. xviii–xxiii), a manuscript from Egypt written in Aramaic language using Demotic Egyptian script.[35] In the narrative, Saritrah is called upon twice

33. Brenner, "Who's Afraid?" 240.

34. David M. Valeta also views her as an "agent in her son's death," in *Lions and Ovens and Visions: A Satirical Reading of Daniel 1–6* (Sheffield: Sheffield Phoenix, 2008), 103.

35. For an introduction to the papyrus as a whole, see Tawny L. Holm, "Nanay and Her Lover: An Aramaic Sacred Marriage Text from Egypt," *JNES* 76 (2017): 1–4; eadem, *Aramaic Literary Texts*, WAW (Atlanta: SBL, forthcoming). For the first full transliteration and translation of the story, with an Aramaic normalization, see Richard C. Steiner and Charles Nims, "Ashurbanipal and Shamash-shum-ukin: A Tale of Two Brothers from the Aramaic Text in Demotic Script, Part 1," *RB* 92 (1985): 60–81, which was updated most recently in Steiner and Nims, "The Aramaic Text in Demotic Script: Text, Translation, and

to advise her brothers, or mediate between them, in a long section in the middle (xix 15–xxi 15) and again at the end (xxiii 1–8). Because the story is not as well known as Daniel 5 and the reading of the text is subject to some disagreement, portions of it are presented below in both transliteration of the Demotic script and an Aramaic normalization.

The story is a literary rendering of the historical rivalry between the two royal Assyrian brothers, Assurbanipal (668–ca. 627 BCE) and Shamash-shum-ukin (667–648 BCE), which ended in a revolt of the latter against his brother that lasted from 652 to 648 BCE. Although Shamash-shum-ukin was older than Assurbanipal, their father Esarhaddon (680–669 BCE) designated Assurbanipal heir to the primary throne of Assyria while making Shamash-shum-ukin heir to the throne of Babylonia.[36] Esarhaddon's Succession Treaty stipulated these conditions in a pact with his vassals (SAA 2 6), while the Zakūtu treaty of the powerful Naqīʾa/Zakūtu, wife of Sennacherib and mother of Esarhaddon (SAA 2 8), reinforced them after Esarhaddon's death in 669.[37] In the latter, Naqīʾa made Shamash-shum-ukin, his other brothers, relatives, officials, and citizens of Assyria swear an oath of allegiance to Assurbanipal, her grandson. As a result, Shamash-shum-ukin was a legitimate but dependent monarch overshadowed by Assurbanipal, under whose highly successful reign Assyria would reach the zenith of its power. Nevertheless, both the Succession Treaty and the Zakūtu Treaty refer to Shamash-shum-ukin as a *talīmu*, "(close or beloved) brother," a term also used by both brothers for each other in their official correspondence.[38]

After sixteen years, however, Shamash-shum-ukin decided to revolt along with various allies.[39] The rebellion had limited military success, and eventually Shamash-shum-ukin and his forces retreated to Babylon in 650 BCE. The city was then besieged for two years, before it fell to Assurbanipal's forces in 648. The historical death of Shamash-shum-ukin in a fire is known primarily from Assurbanipal's inscriptions, although the exact circumstances are unclear.[40] Assyrian texts claim that the gods were responsible, but in historical terms this might mean his death was the result of anything from suicide or an accident, to homicide.

The legend of an Assyrian king who immolated himself in a palace fire during the final siege of his city is also found in Classical traditions about the decadent ruler

---

Notes," Feb. 28, 2017, retrieved from: https://yeshiva.academia.edu/RichardSteiner. For translations only, see Steiner in *COS* 1.99, and S. P. Vleeming and J. W. Wesselius, *Studies in Papyrus Amherst 63: Essays on the Aramaic Texts in Aramaic/Demotic Papyrus Amherst 63* (Amsterdam: Juda Palache Instituut, 1985), 1:31–37. For the first publication in print of a transliteration and translation of the entire papyrus, without Aramaic normalization, see Karel van der Toorn, *Papyrus Amherst 63*, AOAT 448 (Münster: Ugarit-Verlag, 2018), with the story on pp. 79–86 and 215–39.

36. Grant Frame, *Babylonia 689–627 B.C.: A Political History*, PIHANS 69 (Leiden: Nederlands Historisch-Archaeologisch Instituut, 1992), 196.

37. For these two treaties, see Simo Parpola and Kazuko Watanabe, eds., *Neo-Assyrian Treaties and Loyalty Oaths*, SAA 2 (Helsinki: Helsinki University Press, 1988), 28–58 and 62–64.

38. *CAD* T, 94–96; Frame, *Babylonia*, 108 n. 36.

39. For an overview of the revolt, see J. A. Brinkman, *Prelude to Empire: Babylonian Society and Politics, 747–626 B.C.*, Occasional Publications of the Babylonian Fund 7 (Philadelphia: University Museum, 1984), 85–104; and Frame, *Babylonia*, 131–90.

40. See especially RINAP 5, Asbpl 6 (aka Prism C): ix 21′–24′; Asbpl 7 (aka Prism Kh): viii 55′–61′; Asbpl 8 (aka Prism G): viii 16''''b–20'''' (see Jamie Novotny and Joshua Jeffers, *The Royal Inscriptions of Ashurbanipal [668–631 BC], Aššur-etel-ilāni [630–627 BC], and Sîn-šarra-iškun [626–612 BC], Kings of Assyria, Part 1*, RINAP 5/1 [University Park, PA: Eisenbrauns, 2018], 133, 158, 175). Cf. RINAP 5, Asbpl 11 (aka Prism A): iv 46–52 (ibid, 242).

Sardanapal(l)os or Sardanapal(l)us, starting in the fifth century BCE (e.g., Herodotus 2.150.9), and even found in the works of Cicero.[41] The standard version of the "Sardanapallos legend" in Greek, however, came to be that in Ctesias' *Persika* from ca. 400 BCE, as cited in the first-century BCE Diodorus Siculus' *Bibliotheca* 2.23–28 and other ancient authors.[42] This extensive story, which emphasizes the hedonism of the king and conflates names and events, is further from history than the Aramaic version, which seems to preserve a number of accurate details.[43] In the accounts attributed to Ctesias, there is no royal sister or brothers; there is only one king: the last king of Assyria, Sardanapallos, who is besieged by Arbaces the Mede and Belesys the Babylonian.

The main characters in the Aramaic narrative include the two brothers, their sister *Šērūʾa-ēṭirat* (seemingly to be rendered in Aramaic as *Sr*[*y*]*ṭrh*, "Saritrah"), and an unnamed military "commander-in-chief" (Aramaic *twrtn* < Akkadian *turtānu*).[44] The names Assurbanipal and Shamash-shum-ukin (Assyrian *Assūr-bāni-apli* and *Šamaš-šuma-ukīn*) are represented in Aramaic as Sarbanabal (*srbnbl*) and Sarmugy (*Srm*[*w*]*gy*).[45] In contrast to historical evidence, the story presents the former as older

41. See Maridien Schneider, "SARDANAPAL(L)OS / *Sardanapal(l)us*: Gleanings from ancient Assyria in Cicero," *Acta Classica* 43 (2000): 119–27.

42. For the text and French translation, see Dominique Lenfant, *Ctésias de Cnide: La Perse, l'Inde, autres fragments. Collection des Universités de France publiée sous le patronage de l 'Association Guillaume Budé* (Paris: Les Belles Lettres, 2004), 54–64, 71–77. See also Llewellyn-Jones and Robson, *Ctesias' History of Persia*, 133–38 (Ctesias as reported in Diodorus Siculus); 144–47 (fragments in other authors, such as Athenaeus, Aristotle, etc.). Other early versions of the story include that of Berossos, the early third-century BCE Babylonian scholar, paraphrased in accounts by Alexander Polyhistor and Abydenus, as preserved in Eusebius' *Chronographia* (for Polyhistor's account, see *Brill's New Jacoby* [=*BNJ*] 680 F 7c; for Abydenus' account, see *BNJ* 685 F 5, 1911; see also Paul Schnabel, *Berossos und die babylonisch-hellenistische Literatur* [Leipzig/Berlin: Teubner, 1923], 268–70).

43. For example, the Aramaic author includes more historical characters, such as two royal brothers, the military commander, the sister, and envoys. On the use of envoys by Shamash-shum-ukin and Assurbanipal during the seventh-century revolt, see Frame, *Babylonia*, 138; Simo Parpola, "Desperately Trying to Talk Sense: A Letter of Assurbanipal Concerning His Brother Šamaš-Šumu-ukin," in *From the Upper Sea to the Lower Sea: Studies on the History of Assyria and Babylonia in Honour of A. K. Grayson*, ed. G. Frame and L. S. Wilding, PIHANS 101 (Leiden: Nederlands Instituut voor het Nabije Oosten, 2004), 227–34; and Sanae Ito, "Royal Image and Political Thinking in the Letters of Assurbanipal" (PhD diss., University of Helsinki 2015), 201–11. For the suggestion that the Aramaic author was translating directly from a cuneiform text, see Ingo Kottsieper, "Die literarische Aufnahme assyrischer Begebenheiten in frühen aramäischen Texten," in *La circulation des biens, des personnes et des idées dans le Proche-Orient Ancien*, eds. D. Charpin and F. Joannès, Actes de la XXXVIIIe Rencontre Assyriologique Internationale, Paris, 8–10 juillet 1991 (Paris: Editions Recherche sur les Civilisations, 1992), 283–89.

44. While Assurbanipal had a number of high officers, the historical *turtānu* who was in charge of Assurbanipal's battle for Babylon was a certain Aššur-da[*ʾinanni*?], whose name is only partially preserved in ABL 571, a letter from Assurbanipal to the Babylonians after the siege had begun (Parpola, "Desperately," 220). In the letter, Assurbanipal urges Assyrian loyalists in Babylon to go to the commander's side. On the office of *turtānu*, see Raija Mattila, *The King's Magnates: A Study of the Highest Officials of the Neo-Assyrian Empire*, SAAS 11 (Helsinki: Neo-Assyrian Text Corpus Project, 2000); for the names of other *turtānu*s who served during Assurbanipal's reign, see 111–12.

45. The latter name is similar to its form *Sammougēs* or *Samogēs* in Berossos' early third-century BCE work, *Babyloniaca*, as reported in Eusebius' *Chronographia* (BNJ 680 F 7c). In the Aramaic form on the papyrus, the /r/ before /m/ can be explained simply as a result of the dissimilation of gemination /-mm-/ through /r/, which is attested elsewhere in Semitic in, for instance, the name *Dammeśeq* > *Darmeśeq* (a dialectal form of Damascus); see Eduard Lipiński, "Dissimilation of Gemination," in *Loquentes linguis: Studi linguistici e orientali in onore di Fabrizio A. Pennacchietti*, ed. Pier Giorgio Borbone et al. (Wiesbaden: Harrassowitz, 2006), 440.

than the latter (xviii 5–13). As for Šērū'a-ēṭirat, she was the eldest daughter of Esarhaddon, and was apparently quite important in the family hierarchy because she is named immediately after Assurbanipal and Shamash-shum-ukin and before other brothers in some lists of siblings.[46] As noted above, she seems to have been well educated and may also have been involved in politics, particularly the politics of the south, since she is mentioned alongside Kandālanu (the puppet king of Babylonia installed after the death of Shamash-shum-ukin) and the king of Elam in a letter (*CT* 53 966:9–10).[47] While we have no evidence for historical attempts by Šērū'a-ēṭirat to mediate between the brothers during the revolt, the actions of Saritrah in the Aramaic story are likely based on at least some knowledge of the princess' prominence.

In the narrative, Sarbanabal (consistently titled "the king") sends Sarmugy to Babylonia to live well and to ensure that its tribute is paid to Assyria. After some time doing just that, Sarmugy surprisingly dispatches envoys from Babylon to Nineveh to command that Sarbanabal pay tribute to Sarmugy instead of the reverse.[48] Sarbanabal imprisons Sarmugy's envoys for this impudence, but the king's *turtānu*, the commander-in-chief, cautions the king that this is against tradition and advises that he release them. After doing so, Sarbanabal summons Saritrah (xix 15–17) and tells her to go to Sarmugy to counsel him: "Go to the reprobate (*šryḫ'*), speak (and) tell him; let him know, <let him> listen to your words, and let *him* (lit. you) attend to your advice" (ll. 1b–8a).[49] Upon her arrival in Babylon, she is challenged by its sentinels, to whom she responds that she is the sister of the "twin" brothers (xx 12; Aramaic *tymy'*).[50] Sarmugy himself begins to converse with her, and the dialogue that follows consists of three parts: Saritrah advises Sarmugy three times to go to Sarbanabal in subservience, receiving only mockery in return at first, and then silence. I give the full dialogue, with my Demotic transliteration, Aramaic normalization, and translation below (xx 12b to xxi 11a), starting with Sarmugy's response to Saritrah's statement that she is sister to the brothers.[51]

46. J. Novotny and J. Singletary, "Family Ties: Assurbanipal's Family Revisited," in *Of God(s), Trees, Kings, and Scholars: Neo-Assyrian and Related Studies in Honour of Simo Parpola*, ed. M. Luukko et al., Studia orientalia 106 (Helsinki: Finnish Oriental Society, 2009), 167–77. On the name, and a list of documents that mention her, see Heather D. Baker, "Šērū'a-ēṭirat," in *Prosopography of the Neo-Assyrian Empire* 3/II, ed. Heather D. Baker (Helsinki: Neo-Assyrian Text Corpus Project, 2011), 1264.

47. Frame, *Babylonia*, 195.

48. There seems to be no evidence, however, that the historical Shamash-shum-ukin was expected to pay his brother Assurbanipal tribute, or vice versa (Frame, *Babylonia*, 238–39).

49. For *šryḫ'*, cf. *śrḥw*, "rottenness," used twice in *Aḥiqar* (*TAD* C1.1: 106, 180), from the root **s/śrḥ*, meaning "to rip apart, ruin." One might be tempted to suggest that the Demotic (**šryḫ'•**) is an attempt to produce a rendition of the well-known Assyrian moniker *lā aḫu*, "no-brother," which was used by Assurbanipal in regard to his brother (see below). (Note that the Demotic **r** on the papyrus can represent either Aramaic /r/ or /l/.) In turn, *lā aḫu* would constitute an abbreviated form of a Aramaicized Assyrian sentence *ša lā elīya aḫu* ("one who is not a brother to me"), in which the Akkadian preposition *eli* would have been used with the usual function of the Aramaic preposition *lī*, in a simple case of calque-like linguistic interference. Such an Aramaicized Assyrian sequence would have been pronounced **šal(al)i/ayāḫ* or the like by Aramaic speakers in the reductive articulation of *Allegrosprache* (**šalalī'aḫ* > **ša lā* [*e*]*līya aḫ*[*u*]), without the definite article. However, this is quite speculative.

50. Steiner suggests restoring *<l>* for *t<l>ymy'*; cf. Late Aramaic *tlym*, "brother," and Akkadian *talīmu* (Steiner and Nims, "The Aramaic Text," 79).

51. The Demotic transliteration follows my key in *Aramaic Literary Texts*, the forthcoming SBL-WAW volume, mentioned above. For an abbreviated key see the appendices of Holm, "Nanay and Her Lover," but the following is a short description of the major principles. An underline is used to designate Demotic multi-consonantal signs that are actually used multi-consonantally in the papyrus. On the other hand, Demotic multi-consonantal signs that are only used for a single Semitic segment are rendered by one consonant,

Part One (xx 12b–18)

Demotic

sr⌜mw⌝qy• 13) ʿʾn w$_2$ymʾr• nʾkrʾ q•ʿʾt• byn$_2$nʾ• byn$_2$ ⌜s⌝ʾrytʾ• ʾnp⌜y⌝hy• 14) ryẖʾw$_4$yʾnhy•
srytʾr$_2$ ʿʾn⌜t⌝• ʾ$_2$ʾmr• mn sʾmn^p qʾ⌜b⌝š rkryh̔ʾ• 15) sr⌜mw⌝qyʾ• ʾ$_2$ẖʾ• qʾt• bʾt•
ʾ$_2$ʾ⌜y⌝ʾtykʾ• wtʾbʾ• rʾẖʾ⌜w⌝ʾkʾ• 16) kʾ šmʿ• ʾrm mʾry• wʾtʾ•tʾb⌜• r⌝ʾ•ʾmr•ty sʾm^p ʾ$_2$ytʾ⌜y⌝
k• sʾkn^p 17) rʾkr⌜yk⌝ʾ• mnn kʾ• bʾrʾn• ʾ$_2$⌜ʾ⌝t ʿr mrkʾ• ʾ$_2$⌜ẖ⌝ʾk• t$_2$⌜ʾʿn⌝ny• 18) hʾ• ryʾ$_2$ẖm
bʾrʾk⌜ʾ•⌝ *vacat*

Aramaic

sr⌜mw⌝gy 13) ʿn(h) w(ʾ)ymr nkr/l kʿt byn{n}(y) <w>byn-⌜s⌝ryṭ<r>(h) ʾnp⌜y⌝hy
14) lyẖwynhy
sryṭr(h) ʿn⌜t⌝ ʾmr(h) mn smn(y) k⌜b⌝š-lgryh 15) sr⌜mw⌝gy ʾẖʾ gd bdy ʾ⌜y⌝tyk w(ʾ)
ṭb lʾẖ⌜w⌝k 16) k(y) šmʿ ʾl-mly wttb ⌜l⌝ʾmrty sm ʾyt⌜y⌝k sgn 17) lgr⌜yk⌝ mn-k(h)
bl-n(y) ʾt(y) ʿl mlkʾ ʾ⌜ẖ⌝k ṭ⌜ʿn⌝ny 18) h(w) lyʾẖm <g>br(w)k *vacat*

Translation

Sarmugy (13) spoke up to say, "Hostility/Deception[52] is now between me and Sarit<r>ah." His face[53] 14) he would not let her see.[54]

---

and when more than one multi-consonantal sign stands for the same segment or set of segments, subscript numerals are used. So, for instance, Demotic *r3* (mouth) is rendered as **r**$_2$ while Demotic *iri* is designated **r**$_3$, since both of these are only used consonantally (for /r/). I also assume that many of the ubiquitous *aleph*s represent a vowel sound, but behave as a consonant with certainty only at the beginning of a word. On the other hand, it is clear that these *aleph*s were used somewhat capriciously, in that some words have no *aleph*s at all. There are other peculiarities to the Demotic writing system and its interface with Aramaic, most notably that the Demotic system does not distinguish between voiced, voiceless, and emphatic consonants like /d/, /ṭ/, and /t/; or between /g/, /k/, or /q/; and it frequently does not distinguish between /l/ and /r/ (when **r**$_1$ is used). It does distinguish /ġ/ and /ʿ/, and /ḥ/ and /ẖ/, however. Furthermore, Demotic determinatives are rendered as superscript characters, with the exception of the ubiquitous man-with-hand-to-mouth sign, which is rendered as a dot (•) here. It is used (not always consistently) as a word-divider on this papyrus.

52. The Demotic may reflect an Aramaic noun from the root **nkr*, "to be foreign, distinct" (cf. the adjective *nwkry*, "alien," in Official Aramaic and later), or the common noun *nkl*, "guile, deception." Steiner and Nim's reading of "*Nikkal*" (italics theirs) seems unlikely, since that West Semitic goddess does not fit this Mesopotamian story (*The Aramaic Text*, 79). Van der Toorn has instead this reply from Sarmugy: "We will keep you in custody. Now it is between us en [*sic*] and between you" (*Papyrus Amherst 63*, 225). While the reading *nklk*, "we will keep you in custody," seems possible, the reading "between you" (*bynk*) is incorrect. What van der Toorn reads as a Demotic **k** is the left side of the **s** of "Sarit<r>ah."

53. This may be a case where the text exhibits Eastern features: *ʾnpyhy* (with */-ayhī/. the 3ms pronominal suffix) for *ʾnpwhy* (with */-awhī/); cf. *bnyh*, "his sons," in Palmyrene (PAT 0334:3; see Franz Rosenthal, *Die Sprache der Palmyrenischen Inschriften und ihre Stellung innerhalb des Aramäischen* [Leipzig: Hinrichs, 1936], 46–47). Steiner and Nims take this as *ʾnpy-hy*, "She (will not let her see) my face" ("The Aramaic Text," 79). Van der Toorn reads two verbs after this: *lyẖʾ wynhy* (> *lymẖʾ wynh*, the latter as the Haphel of **yny*), and translates "he actually slapped and he humiliated her" (*Papyrus Amherst 63*, 225–26), which seems unlikely.

54. The *-y* at the end of the pronominal suffix *-nhy* on *lyẖwynhy* is difficult to explain. For both the 3ms and 3fs pronominal suffixes, one would expect *-nh* (/-neh/ or /-nah/). Perhaps the scribe wrote this suffix on analogy with the 2fs suffix *-ky*. The verb itself, however, is a Pael Imperfect 3ms of **ẖwy*.

Saritrah replied, saying, "Who made me *your* (lit. her) footstool?[55] 15) Sarmugy, brother, fate has cheated you, but has been good to your brother.[56] 16) Truly, hear my words, and may you attend to my advice. Behave like (lit. make yourself) a governor, 17) take your feet from here. Come unto the king, your brother; he is to[lera]nt;[57] 18) he will not *take for himself* your <po>wer."[58]

Here Sarmugy acknowledges his broken relationship with Saritrah, and will not look at her. The historical Assurbanipal used several disparaging nicknames for Shamash-shum-ukin after he began his revolt, including ŠEŠ *nakri*, "hostile brother" (e.g., RINAP 5 Asbpl 9 [aka Prism F] iii 9 and elsewhere),[59] and perhaps the object that lies between Saritrah and Sarmugy and represents his ruptured relations with the Assyrian royal family is a noun meaning "hostility" from the root **nkr*, "to be foreign, distinct." Saritrah's response is sharp—she is not to be tread on—and she contrasts Sarmugy with his brother, whom fate has favored.[60]

Events here and to follow seem to rely on some historical knowledge, especially with regard to Esarhaddon's installation of Shamash-shum-ukin as a legitimate monarch alongside Assurbanipal, and the treaties enforcing oaths of loyalty to Assurbanipal as the superior king. For instance, Saritrah's assurances to Sarmugy that Sarbanabal will not take his power from him if he submits to the Assyrian king's authority, only make sense in light of the Succession Treaty, in which Esarhaddon himself designated Shamash-shum-ukin king of Babylonia. And in the Zakūtu Treaty, Shamash-shum-ukin and other Assyrians were sworn by Naqīʾa to support Assurbanipal, an oath that Assurbanipal believed his brother had broken: in Prism A, he describes Shamash-shum-ukin as "(my) unfaithful brother who did not honor my treaty" (RINAP 5

55. For the use of "footstool" to indicate a subjugated position, cf. the biblical Psalm 110:1: "I will make your enemies a stool for your feet (Hebrew *hdm lrglyk*)." Steiner and Nims have *k⸢q⸣š-<l>lgryh*, "like stubble <for> her feet" ("The Aramaic Text," 79), which seems less likely.

56. Instead of "fortune has cheated you, but has been good to your brother," van der Toorn reads, "When you treat your maidservant well, it will be good for your own life" (*Papyrus Amherst 63*, 226). This is incorrect, first of all because there is no Demotic **m** in the text for Aramaic *ʾmtyk*, nor does it make sense to have a *-y-* in this spelling. The word is to be read *ʾytyk*, the object marker plus *-k*. Secondly, the reading "for your own life" (his understanding of Demotic **r'ḫ'⸢w⸣'k'•**) is incorrect, because words from the root **ḥyy*, "to live," on this papyrus are always spelled with Demotic **ḥ** and not **ḫ/ḫ**$_2$.

57. Aramaic *ṭ*[*ʿn*]*ny* is restored on the basis of xxi 5: **d**$_2$**"n"n• h'•** = *ṭʿnn h*(*w*). The verb *ṭʿn* means "to bear, tolerate." The adjective has the afformative /-ān/; cf. *rḥmn*, "merciful"; in this line, it would seem to have a double afformative with *-y* as well (cf. BA *ʾymtny* [*ʾêmĕtanî*] "terrible," in Dan 7:7).

58. This is very difficult. Steiner and Nims emend this phrase to read Aramaic *l⸢y⸣ʾḫ<r>-b<q>⸢b⸣lk*, "⸢He⸣ will not del<ay> in <re>⸢ce⸣iving you," by restoring two missing consonants here, one of them based on the repetition of this phrase in xxii 5. In my text, nothing is emended accept the insertion of <q>, because it appears in xxii 5's repetition. The understanding of the verb *ʾḫm* here and in xxii 5 is that it is a biform of the Semitic **ḫmm*, "to gather to oneself" (cf. Akkadian *ḫamāmu*, which is used of power and offices; *CAD* Ḫ 58–49). Van der Toorn's reading of the Demotic in this line is incorrect (**lynḫm qb'r'k** = *lynḫm gbrk*—there is no Demotic **n** here, or any kind of Demotic **g/k/q**), but is correct in the parallel in xxii 5 (**ly'ḫm qb'r"**$_2$**k'**). However, his understanding of the Aramaic *yʾ/nḫm* as "(he) will not avenge" (Pael **nqm*) seems problematic (*Papyrus Amherst 63*, 226–27, 233).

59. Other nicknames included: ŠEŠ *la kēnu*, "unfaithful brother" (RINAP 5 Asbpl 11 [aka Prism A] iii 70); and *lā aḫu*, "no-brother" (in *ABL* no. 301; K2931; and elsewhere), as mentioned above. See Parpola, "Desperately," 232.

60. Cf. Assurbanipal's words in Prism F, in which he claims the great gods determined for him "a favorable destiny" (*ši-mat* SIG$_5$-*tim*; RINAP 5 Asbpl 11 iii 88).

Asbpl II: iii 93–100). Moreover, Saritrah's description of Sarmugy's unfavorable "fate" reminds one of the curse of an "evil fate" decreed by the god Assur in the curse section of Esarhaddon's Succession Treaty (SAA 2 6, 414–416). Furthermore, in a dream oracle reported in Prism A, the god Sîn condemns to a horrible death anyone who dares initiate sedition against Assurbanipal (RINAP 5 Asbpl II: iii 118–127). Other Assyrian texts also present Shamash-shum-ukin's ruin and destruction as something predicted by the gods. In SAA 3 44, a literary "letter from a god" that portrays Assur as its divine narrator, Assur claims that Shamash-shum-ukin violated his (Assur's) treaty and did not take seriously Assur's curse or any counsel regarding his life.

Part Two (xxi 1–5)

Demotic

1) srmwqy• ʿʾ⌜nw y⌝ʾmʾr$_2$ʾ• n$_2$ʾkb[ty] ⌜wʾ•ʾn⌝yḫytʾ• rʾ•sw$_2$⌜sʾ⌝•kʾ⌜n⌝• 2) rʾmʾ• qr•yr r$_2$•kʾbʾ•ky•
sʾryt⌜ʾ⌝[r]ʾ• ʿnt• ʾ$_2$mʾr$_2$ʾ• šʾmʿny• mr• šmʿn• 3) bʾr• ʾ$_2$ʾbr• t$_2$yr$_2$yʾn• mʾrkʾn• kʾpʾynʾ• mn$_2$trʾ• ḥʾtʾ• bʾhʾnʾ• 4) ʾ$_2$ḫʾ w$_2$ʾ$_2$ḫʾ⌜h⌝• nʾtsyn• mn$_2$trʾ• ḥʾt bʾh⌜ʾ⌝n• hnʾ• yšmʿn• mrky• ʿʾbr• mntʾt r• 5) nsw ʾrqn• sʾm^p ʾ$_2$ytyky^p sʾkn^p rʾkr⌜y⌝ky• mnn kʾ• bʾrʾ• ʾ$_2$tʾ• ʿr mrkʾ• ʾ$_2$ḫʾkʾ•

Aramaic

1) srmwgy ʿ⌜n(h) w⌝yʾmr ngb[ty] ⌜wʾn⌝yḫty lsw⌜s(y)⌝k⌜n⌝ 2) lm(h) qlyl rkbky sryṭ[r](h) ʿnt ʾmr(h) šmʿny mr šmʿn(y) 3) bl ʾbl tyryn mlkn kpyn mnṭl ḥd-bhn 4) ʾḫ-wʾḫ⌜h⌝ nṣyn mnṭl ḥd-bhn hn yšmʿn(y) mlky ʿbr mndt(ʾ) l- 5) nsw ʾlkn sm ʾytyky sgn lgr⌜y⌝ky mn-k(h) bl ʾt(y) ʿl mlkʾ ʾḫk

Translation

Sarmugy answered and would say/said,[61] "Have you rubbed down and rested your (pl.) horses? Why did you ride so swiftly?"[62]

Sarit[r]a(h) answered, saying, "Hear me, lord, hear me! 3) Truly, truly, two kings are being subverted on account of one *of* (lit. among) them. 4) A brother and his brother are quarreling on account of one *of* (lit. among) them. If my king will listen to me—disregard the tribute (that) 5) they did not bring to you. Behave like (lit. make yourself) a governor, take your feet from here! Come unto the king, your brother."

Here Sarmugy seems to mock Saritrah and her entourage for engaging so earnestly in a failed errand. In her response, she cleverly appeals to his royal common sense and

61. This is to be read as either ⌜*w*⌝*yʾmr* (Peal imperfect 3ms), or ⌜*w*⌝(ʾ)*ymr* (Peal perfect 3ms), as elsewhere.

62. Steiner takes the first two verbs in this line as 1cs, and reads "to hasten your (return) ride" (*lmqlyl*[*h*] *rkbky*; Steiner and Nims, "The Aramaic Text," 81).

perhaps his vanity. In calling Sarmugy a “king” alongside Assurbanipal, and reminding him that they are each a “brother” to the other, she is prompting him to remember not only that he is a member of the royal Assyrian family, but, again, that both brothers were legitimately installed as rulers of Assyria and Babylon respectively. The implication is that, while Sarmugy is at fault for starting the revolt, both kings and brothers are being undermined. Furthermore, by humoring Sarmugy and taking seriously his absurd desire to receive tribute from the king of Assyria, she is subtly hinting that he has the power to be “the bigger man,” by forgiving the perceived slight. She concludes with a repetition of her previous advice: that he should behave properly and act like a governor, submitting to his brother’s authority.

In the third and final section of this interaction, Sarmugy does not listen at all, and the only recourse left to Saritrah is to conclude with a very harsh ultimatum, in which the narrative reveals the author’s awareness of the divine penalties for violating loyalty oaths.

Part Three (xxi 6–11a)

Demotic

6) srmwqy• rhš’m‘• r’h• w$_2$r’t’• r’$_2$’mrt•
s’ryt• ‘nt• ’$_2$’mr• hn’• rt$_3$šm‘• 7) ’rm m’ry• w$_{\vee}$n$_{2\vee}$ r’t’t’b• r’’mr•ty ys’r k’• mnn byt• br^{d}
h’r’• mn byt• m’r’t’k• 8) y’bn rk^nw$_2$$^{\wedge’}$• byt• nwp’• byt• k’tw$_2$ k’ t’k• s’pt• wky•t’r$_2$’n’•
9) mnkr• w’bss’my• ‘’r$_2$b’• hnḫr• b’nyk’• w’bn’t’k• wr$_2$pyk’• 10) trh’b’k’• k$^{\wedge’\wedge}$t ḥ’s’•
mšḫ’• ‘’ryk’• ^y^š’rp š’t b’k• ‘⌜’⌝m• b’nyk’• 11) w’bn’t’k’• w$_2$r$_2$’pyk’• tr•⌜h⌝’b’k’•

Aramaic

6) srmwgy lh/{h}šm‘ lh wlt<b> l’mrt(h)
sryṭ ‘nt ’mr(h) hn ltšm‘ 7) ’l-mly w(’)n lttb l’mrty (’)yzl-(l)k mn-byt bl (l)hl’ mn-byt mrdk 8) ybn(y/w) lkwn byt-nwp byt-qṭw (w)k(y) tq<n> zpt wqyṭrn 9) mgr wbs{s}my-‘rb hnġl bnyk wbntk wrpyk 10) d(’)rhb(w)k k(d)-tḥz(y) mš(y?) ḫ(h?) ‘lyk yśrp (’)št bk ‘m-bnyk 11) wbntk wrpyk d(’)r⌜h⌝b(w)k

Translation

6) Sarmugy did not respond/listen to her, and did not pay atten<tion> to her advice.

Sarit spoke up, saying, “If you are not going to listen 7) to my words, and if you are not going to pay attention to my advice, go from the house of Bel, away from the house of Marduk![63] 8) Let be built for you a house of branches, a house

63. Van der Toorn suggests that the scribe wrote the wrong prepositions here as he did elsewhere (*Papyrus Amherst 63*, 228), and that the command is to go up “to” rather than “from” (*mn*) the temple. However, this phrase seems unlikely because the phrase is repeated in xxii 7–8. Moreover, the reading of Demotic **h’r’•** as Aramaic *’rw*, translated by van der Toorn as “indeed” in the command, “Go *up to* the House of Bel, indeed *to* the House of Marduk” [italics mine] does not seem likely.

of sticks—do constr<uct>.[64] Pitch and incense 9) throw down, and pleasing (OR: Arabian) perfumes. Bring your sons, your daughters, and your courtiers[65] 10) who incited you. Just as you realize it *has been measured* concerning you (OR: a *measuring* has come upon you),[66] you will be consumed (by) fire (lit. he will burn you [with] fire),[67] along with your sons, 11) your daughters, and your courtiers who incited you."

Saritrah's prophetic ultimatum makes explicit both the political and religious elements to Sarmugy's refusal to accept his brother's authority. For breaking fealty with Sarbanabal, he deserves divine punishment, and Saritrah's response predicts the wrath of the gods in a fiery death. One notes that the penalties for breaking the Succession Treaty included curses of death by fire through the fire god Gīru (SAA 2 6, 524, 608), and, in the dream oracle in Prism A mentioned above, the god Sîn's specific punishments for those who rebel included death by fire alongside other means (RINAP 5 Asbpl 11: iii 118–127). The sense of fate in the Aramaic text may be found in the phrase *mš(y)ḫ ʿlyk*, perhaps to be translated as "it has been measured concerning you," which recalls the judgments against Belshazzar in Daniel 5's omen (his kingdom was "numbered," he has been "weighed and found wanting," etc.). The source of the fire that is to be Sarmugy's fate is left unclear: the text merely states, "he/one will burn you (with) fire" (l. 10).

In a reexamination of the historical evidence, Shana Zaia notes that Assyrian texts are also ambiguous about Shamash-shum-ukin's death. Official documents avoid describing his demise in any detail, probably to circumvent any hint or accusation of Assyrian-on-Assyrian regicide or fratricide.[68] For instance, three of Assurbanipal's prisms charge the gods with Shamash-shum-ukin's death:

64. The restoration of a missing **n** to complete Aramaic *tqn* is based on the repetition of the phrase in xxii 9. The Greek legend of Sardanapallos in the account of Ctesias according to Athenaeus (12.38) has a detailed description of the wooden chamber built by the king: the huge funeral pyre built by Sardanapallos has a wooden room inside it, roofed with beams and pieces of wood in a circle so that he cannot get out.

65. Aramaic *rpyk* is understood here as literally "your physicians"—that is, some set of court officials or advisers whose skills included medicine (cf. Steiner and Nims' "counselors"). Note that court officials in both Mesopotamia and Egypt were often ritual specialists of all kinds (exorcists, diviners, magicians, priests, etc.; e.g., the courtiers in the book of Daniel). Ingo Kottsieper has suggested *rbyk*, "your officers," with an interchange of /b/>/p/: *rbyk* > *rpyk* ("Die literarische Aufnahme," 287 n. 20). Cf. Akk. *rabû*, "official," and the officer in the Aramaic *Story of Aḥiqar*, Nabusumiskun, who is called a *rby*. In the Greek legend of Sardanapallos according to Ctesias's account in Diodorus, Sardanapallos dies with his concubines and his eunuchs, but not his children, whom he had sent away (Diodorus 23.1–27.2).

66. Demotic **mšḫ'•** may represent either a Peal passive perfect or participle *mš*(*y*)*ḫ*(*h*?) from the common Aramaic root **mšḥ/ḫ* II, "to measure," or a fs noun *mšḫ(h)*, "measurement, measuring." On this root and the possibility that it ended in an original /ḫ/, differently from **mšḥ* I, "to anoint," see most recently Holger Gzella, "משח, *mšḥ*," in *Theological Dictionary of the Old Testament, Volume XVI, Aramaic Dictionary*, ed. Holger Gzella (Grand Rapids: Eerdmans, 2018), 451. Steiner and Nims read this as Aramaic *m*(*h*)-*šḫ*(*w*), "how (low) they have sunk on you" ("The Aramaic Text," 82–83; cf. eidem, "Ashurbanipal and Shamash-shum-ukin," 76). Note that the Demotic **t** of *kd* is doing double duty here to also indicate the Aramaic *t* of *tḥz(y)*.

67. The noun *ʾšt*, "fire," is feminine, and so is not the subject of the verb *yśrp*, which is masculine (contra Steiner and Nims, "The Aramaic Text," 83).

68. Shana Zaia, "My Brother's Keeper: Assurbanipal versus Šamaš-šuma-ukīn," *JANEH* (2018): 13.

> (As for) Šamaš-šu]ma-ukīn, (my) hostile brother who had planned murder against Assyria and uttered grievous blasphemies against (the god) Aššur, the god who created me, he (the god Aššur) determined for him a cruel death; he consigned him to a fire and destroyed his life.[69]

Another prism (Prism A) adds eleven other deities to the list of responsible parties, including Bel (Marduk), who "consigned Šamaš-šuma-ukīn, (my) hostile brother who had started a fight against me, to a raging fire (^{d}GIŠ.BAR *a-ri-ri*) and destroyed his life."[70] Furthermore, an inscription in the Ishtar/Mulissu Temple at Nineveh states that Marduk and two other deities saw the "evil deeds" of Shamash-shum-ukin and "made the fire-god (^{d}GIŠ.BAR) grasp his hands (and) had his body burned."[71]

Zaia further observes that other documents and iconography are also circumspect when they reference the events surrounding Shamash-shum-ukin's death. Assurbanipal's Babylonian inscriptions do not mention the end of Shamash-shum-ukin's reign at all, and some chronicles (e.g., the Shamash-shum-ukin Chronicle and the *Akītu* Chronicle) describe his defeat without even mentioning his name.[72] Moreover, in a relief in the North Palace of Nineveh portraying the aftermath of the conquest of Babylon in 648 BCE, Assurbanipal is handed symbols representing Shamash-shum-ukin's kingship (his Babylonian crown and royal insignia), but there is no depiction of the defeated one himself, very unlike typical Assyrian conquest iconography.[73] No sources dare suggest that any Assyrian, let alone his brother, killed Shamash-shum-ukin. Instead, they invoke *deus ex machina*, skirting the historical particulars. The Aramaic story seems to have inherited this Assyrian tendency.

What is even more striking in the Aramaic story, however, is that the task of reconciling the brothers and stopping the revolt is given by the king of Assyria to his sister, a strategy found nowhere else so far in the ancient records of historical events in the seventh century BCE. In addition, Saritrah's prophetic ultimatum that simultaneously commands Sarmugy to die in a particular fashion (if he will not submit to his brother) and foresees that he will, is solely credited to her, and not to Sarbanabal who sent her. Much as the historical Naqīʾa had mediated between the two royal brothers by imposing a treaty when their father died, Šērūʾa-ēṭirat—in the form of the fictional Saritrah—is portrayed as continuing the family tradition in her generation. Saritrah's words seem to be just as weighty as Naqīʾa's, whose utterances were said to be "as final as that of the gods," in that whatever she blessed was blessed, and whatever she cursed was cursed (SAA 10 17 r. 1–5; see above).

69. RINAP 5 Asbpl 6: ix 21′–24′ (Prism C from Assur); 7: viii 55′–61′ (Prism Kh from Kalhu); and 8: viii 16″″–20″″ (Prism G from Nineveh). Translation Novotny and Jeffers, *Royal Inscriptions,* 158.

70. RINAP 5 Asbpl 11: iv 46–52; translation Novotny and Jeffers, *Royal Inscriptions*, 243. In the latter case, as Zaia notes, it is divinized fire, the god Gīru, instead of simply Akkadian *išātu*, "fire" ("My Brother's Keeper," 17).

71. RINAP 5 Asbpl 23: 110–11; translation Novotny and Jeffers, *Royal Inscriptions*, 307.

72. Zaia, "My Brother's Keeper," 3.

73. Zaia, "My Brother's Keeper," 3 n. 8. For the relief, see Richard D. Barnett, *Sculptures from the North Palace of Ashurbanipal at Nineveh (668–627 BC)* (London: British Museum Publications, 1976), 46, pl. xxxv.

After the dialogue with her brother, Saritrah returns to Nineveh to report to Sarbanabal. When he asks her what the reprobate said to her, she responds, "The meeting was like a fiery debate (OR: fiery furnace); he belittled me." The clever wordplay involving fire—either *kd(y)n yqd*, "like a fiery debate," or *kʾt(w)n yqd*, "like a fiery furnace"—obviously foreshadows Sarmugy's conflagration.[74] Sarbanabal then commands his *turtānu* to gather his troops and go in force against Babylon, but to keep Sarmugy alive. The commander-in-chief goes to Babylon, and at first attempts to reason with Sarmugy, using Saritrah's exact words from xxi 2–5 (cf. xxii 3–5). The response of Sarmugy is short and to the point. In Demotic, his answer in xxii 5b–6a reads: **k'ṯ'• ksr'• ʿr pḥ• '$_2$r'ṯ'k• w$_4$ksr'• k'ṯ'•**, which is taken here as Aramaic *kd(y) gzr(h) ʿl pḥ(h) ʾltk wgzr(h) kd(y)*, "Just as your treaty (OR: treaty curses) has/have decreed concerning a governor, so it/they decreed" (xxii 5b–6a). The interpretation of Demotic **'$_2$r'ṯ'k•** is difficult.[75] It is understood here as *ʾltk*, a borrowing of the Canaanite word *ʾlh*, "treaty," or "oath, curse" (plus the pronominal suffix *-k*) in the sense of "a curse or oath as a sanction against the breaking of a treaty."[76] In addition to appearing several times in the Hebrew Bible (e.g., Gen 26:28; Deut 29:11, 13), the word is found in one or more texts from the Syrian realm. For instance, it has the meaning of both "pact" and "curse" in KAI 27, a seventh-century BCE Phoenician incantation from Arslan Tash in northeastern Syria, in which Assur and other gods are bound by oath to protect a house from creatures of the night.[77]

The impatient commander-in-chief seems to misunderstand Sarmugy's statement as a capitulation, because he tells Sarmugy to take his own advice and to depart the city. Instead of leaving, however, Sarmugy stubbornly follows Saritrah's ultimatum: he builds the wooden chamber and is burned with his sons, daughters, and courtiers.

The end of the story is fragmented. The bottom of column xxii is broken (it may be missing one full line, and nine lines are missing about one third of their content), and the final column, col. xxxiii, is in fragments, although these can mostly be joined with some small lacunae where 1–8 characters are missing.[78] After Sarmugy is burned in the fire, the commander-in-chief leaves, perhaps taking Sarmugy's body "with him" (xxii 12). The exact details of Sarmugy's death are not preserved. Karel van

74. The Demotic reads: **k'ṯ'n'• y'k't•**. Cf. the Aramaic phrase here to *ʾattûn nûrāʾ yāqidtāʾ*, "the furnace of blazing fire," in Daniel 3's story of Shadrach, Meshach, and Abednego.

75. Steiner and Nims originally understood the word to be an error for <*m*>{ʾ}*rdk*, "<M>arduk" ("Ashurbanipal and Shamash-shum-ukin," 78), and then Steiner decided it was *ʾrdk* (with *ʾrd* borrowed from Akkadian *ardu*, "servant," in *COS* 1.326; cf. van der Toorn, *Papyrus Amherst 63*, 233), but now thinks it should be *ʾltk*, "your goddess," in reference to *nkl*, "*Nikkal*," whose name he reads in xx 13 (Steiner and Nims, "The Aramaic Text," 86).

76. See *HALOT* 51 (cf. Old Babylonian *iʾlu*; *CAD* I–J 91). *ʾlh* may be either singular or plural here, and the verb *gzrh* is either the Peal participle fs or the Peal perfect 3fp.

77. KAI 27:1, 9, 13, 15–16. The Syrian inscription is written in an Aramaic script and its text appears to contain some Aramaisms; among others, see Blane W. Conklin, "Arslan Tash I and Other Vestiges of a Particular Syrian Incantatory Threat," *Biblica* 84 (2003): 89–101. The word *ʾlh* may also appear once in KAI 215:2, the Samʾalian inscription by Bar-Rakib of *Yʾdy* (Samʾal, modern Zincirli) for his father Panamuwa II, but other explanations of the word there are also possible (see Josef Tropper, *Die Inschriften von Zincirli: Neue Edition und vergleichende Grammatik des phönizischen, samʾalischen und aramäischen Textkorpus* [Münster: Ugarit-Verlag, 1993], 103; cf. *DNWSI* 60–61).

78. One half of the column is in the Morgan Library in New York City, and the other half, in four fragments, is in the Papyrology Collection of the University of Michigan, where it is labeled P. Amherst 43b.

der Toorn heavily reconstructs events at the bottom of col. xxii, and believes that the commander-in-chief himself sets fire to the walls of Babylon and burns the temple of Marduk, and that Saritrah returns to Babylon to try, unsuccessfully, to stop him. In his understanding of the last column, van der Toorn thinks it is the commander-in-chief who says that his hands are innocent of blood, in that he was only responding to Sarmugy's attacks.[79] However, this reconstruction does not seem likely. For instance, it relies on supplying not only the missing name "Saritrah" twice (in xxii 11 and 15), but also much of the lines in which the commander-in-chief supposedly sets fire to the walls. Moreover, the idea that Sarmugy dies in the temple of Marduk rests on van der Toorn's misreading of Saritrah's command "Go *from* the house of Bel," as "Go *up to* the House of Bel" (italics mine; see above note to xxi 7). Instead, in col. xxiii, it is probably the king who declares his hands innocent of Sarmugy's blood. Then, in a further attempt to distance himself from any responsibility for his brother's death, he sends word to Saritrah that he will banish anyone who overthrew Sarmugy.

Col. xxiii 1b–9

Demotic

[ḫr]⸢ʾ⸣mʾ• 2) ḫt qʾr$_2$ʾb• ⸢r⸣[ʾ$_2$]⸢ḫ⸣t⸢ʾ⸣• y^t$_3$^šʾrḥʾ• wy$_2$m⸢r⸣[• ql• ʿʾb]ty ty ʾ$_2$ʾn⸢n⸣ kʾphy•
ʾ$_2$tʾrt• 3) yʾthʾ• nsw ʿr⸢y ḫ⸣ʾyrʾhʾ• ⸢t⸣ʾny ⸢mw⸣[sq•]
[sʾr]⸢y⸣tr• ʿb⸢ʾ⸣kʾ• bʾmrkʾ• 4) šrḥʾ• ʿʾbkʾ• ⸢b⸣ʾmʾrk• m⸢s⸣pʾr$_2$ʾ• m⸢rt⸣ʾ[• tmy•] r$_2$ʾm•
y⸢ʿt⸣w$_2$ mn$_2$ krbʾtʾ• 5) ʾ$_2$ʾpr$_2$kʾ• t$_3$s⸢y⸣tʾn^y^ʾ• ⸢ʾ$_2$t$_3$⸣ʾbrʾ• sr⸢h⸣[n]⸢•⸣ ʿr ⸢k⸣[rsy•]
h⸢y⸣•krh⸢•⸣ [ʾ$_2$]skʾ⸢•⸣ [ʾ$_2$]⸢s⸣ʾr•
6) tʾkrʾ• rkn• ⸢m⸣sʾphʾ• t$_3$sʾb⸢r⸣[•] ⸢nʾ⸣[rʾ]kʾ ⸢t$_3$⸣mn$_4$ mn$_2$⸢s⸣qʾ⸢k⸣ rby[t]• t$_2$ʾmkʾ•
⸢š⸣[my]⸢n⸣^{d} 7) w$_4$ʾrkʾ•
mrkʾ⸢• ʿnw⸣[•] wymr$_2$ʾ• wy⸢mn⸣[rrʾ• r]⸢ʾ⸣t⸢wr⸣tʾ⸢n• ʾ$_2$s⸣[r•] m⸢y•⸣hkʾr⸢ʾ⸣• p$_2$ʾq[•]
8) tʾtʾkʾ• ⸢k⸣[ʾsʾr]⸢ʾ⸣tʾ• rʾ•⸢ʾ⸣rhʾ• ^⸢ʾn⸣py^{flesh}k⸢y⸣• ryḥʾ⸢s⸣[ny•]^ ⸢ʿr⸣ [ty• ʾ$_2$]ʾ⸢n⸣•
ʾ$_2$m⸢r$_2$⸣[t• rk]⸢•⸣ rbʾbl^{f} ymḫʾ⸢•⸣ 9) ʾ$_2$ḫy ḥʾy⸢•⸣ [sp]

Aramaic

[ġl]m 2) ḥd qrb ⸢l⸣[ʾ]⸢ḫ⸣t⸢(y)⸣ ytšlḥ wyʾm⸢r⸣ [kl ʿb]dy dy ʾn⸢n⸣ kp(w)hy ʾṭrd 3) ydh(n?) ns(y)/w ʿl⸢y ḫ⸣ylh ⸢t⸣ny ⸢mn⸣[zq]

[sr]⸢y⸣ṭr(h) ʿbq(h) bmlkʾ 4) šlḥ(h) ʿbq(h) ⸢b⸣mlk(ʾ) m⸢s⸣pr m⸢lt⸣(h) [t(ʾ)my] rm(ʾ) y⸢ʿd⸣w mn qrbt(y) 5) ʾprk d(ʾ)z⸢y⸣dny ⸢ʾt⸣br sr⸢h⸣[n] ʿl-⸢k⸣[rsy] hyklh [ʾ]sq [ʾ]⸢z⸣l

6) dkr(w)-lkn ⸢m⸣sph tsb⸢l(w)⸣(n) ⸢n(y)⸣[r]k<n> ⸢t⸣m(w)n m⸢s⸣qk lby[t] tmk ⸢š⸣[my]⸢n⸣ 7) wʾrqʾ

mlkʾ ⸢ʿn(h)⸣ w(ʾ)ymr wy⸢m⸣[ll l]t⸢wr⸣t⸢n⸣(ʾ) ⸢ʾz⸣[l] mh⸢y⸣klʾ pq 8) dtk ⸢g⸣[zr]t lʾlh(y) ⸢ʾn⸣pyk⸢y⸣ lyḥ⸢z⸣[ny] ⸢ʿl⸣ [dy ʾ]⸢n⸣(h) ʾm⸢r⸣[t lk] lbbl ymḫ(y/w) 9) ʾḫy (y)ḥy(y) [sp]

79. Van der Toorn, *Papyrus Amherst 6*, 236–37.

Translation

"Bring a [serva]nt near; to my [si]ster let him be sent and let him say, "[Any of] my [serva]nts that overthrew him, I will banish. 3) He/they has/have lifted his/their hand against me; his army has done incessant *h*[*arm*].'"[80]

[Sar]itrah hurried *unto* (lit. in) the king; 4) she sent hurriedly[81] *unto* (lit. in) the king to relate what he (Sarmugy) had said: "Let them remove [my] haughty [brother (lit. twin)] from my kinship.[82] 5) I will crush him who plotted wickedness against me;[83] I will break the[ir] prince. Unto the th[rone] of his palace [I will] ascend, [I will] go."

6) "You (others), remember his (Sarmugy's) end! You shall bear your yo[ke]; you shall swear[84] to go up to the hou[se] of the one who holds h[eav]en 7) and earth."[85]

The king ans[wered] and would say, and would add[ress] the commander-in-chief, "G[o] from the palace, leave! 8) I de[cree] your sentence by my god. May he never let [me] see your face (again), s[ince] I told [you], 'Let him/them attack Babylon, 9) (but) let him keep my brother alive.'" [*End.*]

My understanding of col. xxiii rests on Richard Steiner's basic insight that Saritrah's swift response to Sarbanabal is to be divided into two sections marked by the switch from a singular addressee to a plural in line 6.[86] The first part of her speech (lns. 4b–5) has the goal of attempting to save the commander-in-chief from the general banishment Sarbanabal has just announced for anyone responsible for Sarmugy's downfall. To do this, Saritrah reports part of a conversation with Sarmugy that she had not previously related in order to reveal the extent of his hubris and how far he had gone in plotting against Sarbanabal. If this interpretation is correct, then Saritrah fails to convince the king, because he does indeed banish the commander-in-chief in the last lines of the story. The second part of Saritrah's speech (lns. 6–7a) is an address to a larger group, presumably other potential rebels, warning them not to emulate Sarmugy's rebellion but to shoulder their yoke and behave properly. One may assume this warning meets with Sarbanabal's approval.

80. The Demotic sign **mw** can sometimes be read as Aramaic /mn/. On the difficulties of the sign, see Vleeming and Wesselius, *Studies*, 2:35–36. The verb *mnzq* is understood here as an Aphel participle 3ms, matching the Peal participle 3ms *tny*, "to do again, repeat."

81. There may not be room in the lacuna for *šlḥ(h)* (*contra* Steiner and Nims, "The Aramaic Text," 90); if the scribe meant to repeat both *šlḥ(h)* and *ʿbq(h)*, the first *šlḥ(h)* may have been skipped.

82. Cf. Syriac *qrybwtʾ*, "kinship." Cf. RINAP 5 Asrbl 11 iii 108, wherein Assurbanipal claims that Shamash-shum-ukin has broken off "brotherly relations" (ŠEŠ-*u-tu* or *aḫḫūtu*).

83. Perhaps this is the relative pronoun *d*- plus the Aphel perfect 3ms (or 3mp) of the root *zwd*, "to plot wickedness or haughtiness" (cf. *lahăzādā* in Dan 5:20), with a 1cs pronominal suffix.

84. Steiner and Nims have *mn-mn*⌜*s*⌝*q*⌜*k*⌝, "refraining from ⌜go⌝ing up" (literally "your going up"; *The Aramaic Text*, 91), but one would have expected a verb, such as *mnʿ*, "to refrain, keep from doing," with an *ʿayin*. Moreover, the left edge of a Demotic **t** is visible at the beginning of the word *tm(w)n*, the Peal imperfect 2mp of **ymy*, "to swear."

85. In Neo-Assyrian texts, the phrase "holds heaven and earth," may refer to cosmic entities, e.g., *ta-me-eḫ šamê u erṣeti* "(Marduk) who holds heaven and earth," in *KAR* 26:13 (*CAD* T 107).

86. Steiner and Nims, "The Aramaic Text," 90–91.

Pace Steiner's interpretation, however, Sarmugy's hostile intentions toward his brother concern deposing Sarbanabal from his throne, and have nothing to do with a usurpation of his role in a sacred marriage ritual held at the temple of Marduk, for which there is scant evidence in the text of the narrative.[87] Steiner's reading rests on his understanding of Saritrah's warning to potential rebels, which he takes as a command to "refrain" from going up to the house of Marduk, the "one who holds heaven and earth"; that is, to refrain from taking over the religious duties of the king of Assyria. However, a better reading is that, instead of refraining from going up to the temple, the addressees should "swear" to continue to do so, since the Demotic seems to represent Aramaic ⸢*t*⸣*m*(*w*)*n* (literally "you shall swear"). In Assurbanipal's annals, one of the crimes of Shamash-shum-ukin was to have discontinued or withheld offerings in the cult centers of Marduk and other deities in Babylon and elsewhere, and to have cut off Assurbanipal's access (e.g., RINAP 5 Asrbl 11 [aka Prism A] iii 107–17). The point in the Aramaic narrative is to renew the performance of offerings at the temple.

In sum, Saritrah's role in the "Revolt of Babylon" is not only to be Sarbanabal's mediator in the dispute between brothers, but to be an advisor to the great king himself. In her role as mediator, she attempts to persuade Sarmugy to keep his oath of fealty to Sarbanabal (cf. the Zakūtu Treaty), but also assures him that his brother will continue to view him as the legitimate king of Babylon if he returns to him in submission. Her role recalls that of the historical Naqīʾa/Zukūtu, who, after Esarhaddon's death, worked to stabilize the Assyrian empire and the Sargonid dynasty by imposing a treaty with Shamash-shum-ukin to compel his loyalty to Assurbanipal. Saritrah uses clever wordplay and intelligent persuasion, but is ultimately not successful with either Sarmugy or with Sarbanabal. Yet Saritrah's wisdom and intelligence—as apparent in her deft use of words, her privileged role in state affairs, and her awareness of the divine penalty for disloyalty—is a strong theme in the text, which continuously depicts Sarbanabal's respect for her and her counsel. Not only does he send her to Babylon as his mediator before the commander's military force, but he gives her advance notice of his plans to banish those who overthrew Sarmugy in col. xxiii. By telling her, it seems evident that he wants her opinion on the matter, even if he does not follow her full counsel in the end. Sarmugy's respect for his sister is not so uniform; he is as defiant toward her as he is toward Sarbanabal. In the end, however, he accepts her ultimatum as an immutable judgment, and he follows her instructions for his death precisely.

Like the "Writing on the Wall" in Daniel 5, the "Revolt of Babylon" models wise behavior and is concerned with sage advice. Moreover, the "Revolt of Babylon" contains some of the same "wisdom" themes as other Aramaic literature from Egypt. Its emphasis on loyalty and respect for royal authority is found in both the *Story and Proverbs of Aḥiqar* (*TAD* C1.1 col. vi) as well as the Aramaic copy of Darius' Bisitun inscription (*TAD* C2.1), both of which may have been used for scribal training at

87. Steiner understand cols. i–xvii of P. Amherst 63 as a liturgy for a New Year's festival, and he now sees the references to the temple of Marduk in the "Revolt of Babylon" to be connected to the sacred marriage text in col. xvii (Steiner and Nims, "The Aramaic Text," 90–91; see also Steiner, "The Aramaic Text in Demotic Script: The Liturgy of a New Year's Festival Imported from Bethel to Syene by Exiles from Rash," *JAOS* 111 [1991]: 362–63).

Elephantine.[88] Moreover, the idea of curses for vassals who rebel is also found in col. xi of the Aramaic copy of the Bisitun inscription (ll. 72–73). Furthermore, although no other royal women appear in Aramaic texts from Egypt, *Aḥiqar* demonstrates a certain respect for women. The proverbs of Aramaic *Aḥiqar* contain little to none of the misogyny of the later versions, and one proverb even declares that the name of a mother is as worthy to revere as the name of a father (*Aḥiqar* 138). In addition, it is either the abstract concept "Wisdom" or "Kingship" that *Aḥiqar* 79 depicts as a personified woman, who is "precious to the gods" and "is placed in heaven because the lord of the holy ones has lifted her up" (cf. Lady Wisdom in biblical Prov 8–9).[89]

Conclusion

With the unnamed queen in Daniel 5's "Writing on the Wall," and Saritrah in the "Revolt of Babylon" on P. Amherst 63, Aramaic literature preserved traditions or cultural memories about powerful Mesopotamian royal women and their abilities as stateswomen. In these court novellas, the women are portrayed as wise and intelligent, and are respected for their counsel and comprehension of national affairs. Both the unnamed Babylonian queen and Saritrah are observant and witty, and both are portrayed as just as clever or even cleverer than the male family member who is king and whom they counsel. In both stories, the women contrast two rulers against each other: the queen in Daniel 5 contrasts Belshazzar unfavorably with the great Nebuchadnezzar, and Saritrah contrasts Sarmugy unfavorably with Sarbanabal. Moreover, while they are concerned with protecting the royal house, both are present at the cusp of a royal downfall, which they seek to avoid. Neither is ultimately completely successful, but their stories demonstrate substantial respect for their formidable skills. The Babylonian queen succeeds in her first aim (producing Daniel to advise the king), but ultimately fails to prolong her dynasty, whereas Saritrah fails in her attempt to reconcile Sarmugy with Sarbanabal and her attempt to save the commander-in-chief from banishment, but probably finds approval from the king of Assyria in her warning to other potential rebels. Finally, both the unnamed Babylonian queen and Saritrah have a role in effecting a prophecy: the former facilitates Daniel's interpretation of the writing on the wall, and the latter compels Sarmugy to fully accept the divinely ordained fate for his rebellion.

It is possible that Mesopotamian traditions about royal female figures passed into Greek and later languages through lost Aramaic compositions, as has been suggested.[90]

88. See, for instance, André Lemaire, "Aramaic Literacy and School in Elephantine," *MAARAV* 21 (2014): 295–307; Ann-Kristin Wigand, "Politische Loyalität und religiöse Legitimierung: Überlegungen zur Textpragmatik der aramäischen Achiqarkomposition," *WdO* 48 (2018): 128–50.

89. See Seth Bledsoe, "Can *Ahiqar* Tell Us Anything about Personified Wisdom?" *JBL* 132 (2013): 119–36; idem, "Conflicting Loyalties: King and Context in the Aramaic Book of Ahiqar," in *Political Memory in and after the Persian Empire*, ed. Jason M. Silverman and Caroline Waerzeggers (Atlanta: SBL, 2015), 239–68; and James M. Lindenberger, "'Wisdom Is of the Gods': An Aramaic Antecedent to Proverbs 8 (or: 'The Case of the Vanishing Evidence!')," in *In the Shadow of Bezalel: Aramaic, Biblical, and Ancient Near Eastern Studies in Honor of Bezalel Porten*, ed. Alejandro F. Botta, CHANE 60 (Leiden: Brill, 2013), 265–75.

90. E.g., Stephanie Dalley, "Assyrian Court Narratives in Aramaic and Egyptian: Historical Fiction," in *Historiography in the Cuneiform World*, ed. T. Abusch et al. (Bethesda, MD: CDL, 2001), 149–61.

Since most texts in Aramaic were written on perishable material, only some of what was once probably a vast number of texts survive from the days when Aramaic was the language of empires from the late eighth century BCE onwards. Yet the place of the Aramaic narratives within the literary transmission is not clear, and the influence or dependence of Greek versions on the Aramaic or *vice versa* is difficult to determine. The Babylonian queen of Daniel 5 was never given a name in the biblical tradition or in the translations, and she may or may not have been modeled on Adad-guppi, the mother of Nabonidus, as Herodotus' Nitocris of Babylon would seem to have been. As for Šērūʾa-ēṭirat/Saritrah, there is no evidence so far that she was historically ever a mediator between the two Assyrian royal brothers, even if we know Šērūʾa-ēṭirat was historically a prominent woman; one may even wonder if the Aramaic story has not possibly mingled traditions about the powerful Naqīʾa with those about Šērūʾa-ēṭirat.[91] Yet neither woman was ever part of the Sardanapallos legend shaped by any of the classical authors. The account of the fiery death of an Assyrian king in Ctesias' *Persika* (dating to the fourth century BCE but only preserved in later authors) shares only a few elements of the Aramaic tale (on a papyrus from the fourth century BCE, but probably originally composed far earlier). It does not seem likely that the Aramaic story on P. Amherst 63 with two royal brothers and a sister is the source of the account of Ctesias of Cnidus, who could have heard some version of the tale when he served as a court physician in Persia. Certainly the earliest Greek versions of the Sardanapallos legend from the fifth century BCE are even more distant from history and from the Aramaic or even Ctesias' versions, in that the Sardanapallos there is simply the classical stereotype of a wealthy, decadent Eastern monarch (cf. the legends of Midas of Phrygia and Croesus of Lydia), and no fiery death is mentioned.[92]

In sum, the rich tapestries of traditions about Mesopotamian royal women and their formidable abilities as effective and intelligent stateswomen and as royal sages and counselors remain as fascinating as ever. The Aramaic renditions of their stories are especially intriguing in that they make these abilities pivotal to a plot.

91. See also Kottsieper, "Die literarische Aufnahme," 228.

92. See Julien Monerie, "De Šamaš-šum-ukin à Sardanapale: histoire d'un mythe de la décadence," *TOPOI* 20 (2015): 167–85. It is this version of the monarch as a hedonist who is behind the legend of Alexander the Great's reading of the epitaph on the tomb of Sardanapallos in Cilicia (see Walter Burkert, "Sardanapal Zwischen Mythos und Realität: Das Grab in Kilikien," in *Antike Mythen: Medien, Transformationen und Konstruktionen*, ed. Ueli Dill and Christine Walde [Berlin: de Gruyter, 2009], 502–31). On the idea that the Classical traditions had multiple Sardanapalli, see Schneider, "SARDANAPAL(L)OS / *Sardanapal(l)us*," 119–27.

CHAPTER 11

The Beginning of the Sumerian Epic "Gilgameš and the Bull of Heaven" and Its Possible Historical-Political Background

Jacob Klein and Yitschak Sefati
Bar-Ilan University

"Rightly has God, your God, chosen to anoint you
with oil of gladness (שמן שׂשון) over all your peers." (Ps 45:8)

To Jack, the unrivaled "king of agade,"
with warm friendship and deep appreciation

THE FIRST ATTEMPT TO RECONSTRUCT the beginning of the Sumerian epic "Gilgameš and the Bull of Heaven" is to be credited to the editors of this composition, Antoine Cavigneaux and Farouk Al-Rawi.[1] The editors offered two separate reconstructions of the text, based on the two major versions, that were available to them: 18 extremely fragmentary duplicates from Nippur, supplemented by a duplicate of unknown provenance in the Royal Museum of Berlin;[2] and the more complete but less reliable version from Meturan.[3]

Andrew George, in his translation of all known Gilgameš epics, offered a new translation of the beginning of our epic.[4] George's new interpretation greatly improved our understanding of the beginning of the epic, although due to the highly fragmentary state of the Nippur duplicates the plot of this section is still not entirely clear. George's translation is based on a composite edition, in which he merges the Nippur versions with that of Meturan, coming up with the following outline of the plot:[5]

1–8	Hymnic prologue.
9–18	Ninsun instructs Gilgameš to carry out his duties: bathing in the river (10), cutting his hair in the Ĝipar (13) and perhaps be seated there on a foremost seat (14). Afterwards he is to do some rowing with the oars in the reed bed (15–18).

1. Cavigneaux and Al-Rawi 1993 (see especially pp. 101–6, 121–23). Henceforth referred to as Cav.-AR.
2. See Cav.-AR., 100–4, 111–14.
3. See Cav.-AR., 104–6. The sigla used in this article for reference to the sources cited follows Cav.-AR., supplemented by our new edition of ll. 1–50 of the epic (Klein and Safati 2020).
4. George 1999, 169–71.
5. See his summary on pp. 167–68; and his translation on pp. 169–71 (the lines are not numbered in his translation). Note that the major differences between George's reconstruction of the plot and our reconstruction of the same are indicated by the use of bold text.

19–27 The above passage is repeated as a narrative, with Gilgameš carrying out his mother's instructions word by word.

28–29 Then Gilgameš seems to enter the Great Court and be engaged in some form of (*military/athletic*) contest.

30–38 Inana observes him from the "palace of Abzu" (30–32), she tries to detain him from fulfilling his secular functions (i.e. exercising judgment), and proposes marriage to him (33–38).

39–50 Gilgameš goes to his mother and repeats Inana's words.

51–54 Ninsun advises Gilgameš to reject Inana's proposal, lest she will render him politically (or physically) impotent.

55–58 Gilgameš asks Inana to release him; he offers to bring her abundant cattle and precious stones from the mountains.[6]

59–60 Inana's angry answer is introduced (her actual words are lost in the lacuna which follows).

George obtains this scenario by merging the Nippur versions with the Meturan version. However, if we follow the first editors of the epic, and separate the two major versions from each other, we discover that according to the fragmentary Nippur versions **Gilgameš rejects Inana's proposal outright, before going to his mother to tell her Inana's proposal, and before consulting her**. And this scenario is now confirmed by a duplicate from the collection of the late Shlomo Moussaieff, which was put at our disposal some years ago for study and publication.[7] This duplicate, which reasonably preserved the first 50 lines of the epic, corresponds in general to the Nippur versions. In this version, we find an uninterrupted dialogue between Inana and Gilgameš as follows: **Inana proposes marriage to Gilgameš with some restrictions of his freedom in exercising his duties as a king; Gilgameš politely rejects her proposal, offering her instead copious provisions of cattle and precious stones from the mountains. Thereupon, the goddess responds angrily, rejecting his counter proposal.** In this version, only thereafter does Gilgameš report Inana's words to his mother. The outline of the plot according to this new duplicate, supplemented by the Nippur versions is as follows:

1–7 Hymnal prologue.

8–11 Ninsun instructs Gilgameš to carry out his duties, including bathing in the river (9), going down to the garden, and shearing the sheep (or cutting his own hair) in the Ĝipar (10–11).

[11a–11l] *The end of the mother's instruction (ll. 11a–11f) and the beginning of carrying them out (ll. 11g–11l) are omitted in this tablet (to be supplemented by the Meturan and the Ur III Nippur version Na).*[8]

6. In George's reconstruction, Gilgameš's short (four-line) address to Inana, follows abruptly his mother's advice. We would expect the poet to mention another meeting between Inana and Gilgameš, and an introduction of his address to her. To account for the lacuna George adds the following remark: "Bilgames speaks to Inana:"

7. This source will be henceforth referred to as ShM.

8. The major part of the omitted passage is provided by text Na (11a–11e; 11h–11l); Ma adds to this passage only 4 lines (11f–11g; 11h–11i).

12–17 *The end of carrying out the mother's instructions:* Gilgameš takes a seat in a boat, and does some rowing with the oars in the reed bed.

18–19 Gilgameš seems to gather his warriors into the Great Court and prevails over them in some form of *military/athletic* contest.[9]

20–28 Inana observes him from the "palace of Abzu" (20–22). She proposes him marriage, which will involve exercising his secular duties as a king and a judge (only) in her temple (23–28).

29–33 Gilgameš rejects Inana's proposal: he asks her to release him, offering her instead copious gifts (or provisions) of cattle, sheep and precious stones from the mountains.

34–40+ Inana angrily rejects Gilgameš's offer.

41–49 (***Illegible lines: probably the end of Inana's answer, and the beginning$^?$ of Gilgameš's report to his mother of the dialogue between himself and Inana.***)

50 "My wild bull, ***be my*** man, I will not release you!"—she ***said to me***.[10]

In the last line of the Moussaieff Tablet (l. 50), which is fortunately legible, obviously Gilgameš quotes to his mother the first line of Inanna's proposal to him (i.e. l. 23).

The preserved, comprehensible part of the dialogue between Inana and Gilgameš, provided by the Mousaieff tablet and the Nippur versions, and reconstructed with the help of all the available duplicates of the epic, reads as follows (ll. 23–40):[11]

Inana proposes marriage (ll. 23–28):
"My wild bull, *you shall be our* (i.e. my) man, I will not release you,
Lord Gilgameš, my wild bull, *you shall be our* (i.e. my) man, I will not release you,
You will exercise judgment in the Eana, I will not release you,
You will render verdict in my holy *gipāru*, I will not release you,
You will exercise judgment in the Eana, the beloved (house) of An, I will not release you!
Gilgameš, may you be its lord, may I be its lady!"

Gilgameš rejects Inana' proposal, offering instead gifts/provisions (ll. 29–33):
"The (*marriage*) *gifts, Inana, will not be brought* into your *giparu*!
Ninegala—*you must not weaken me with* (*your*) valorous strength!
O lady Inana, you must not block my path!
Let me *trap* **the bulls of the mountains**, let me fill *your* stalls,
Let me *trap* **the sheep of the mountains**, let me fill your sheepfolds!
Let me fill your house with **silver, carnelian, lapis-lazuli** (*all*) *flashing* stones!"

9. These lines read: saĝ gul-gul-e-n[e]$^?$ kisal-⸢šè⸣$^?$ ⸢ba$^?$⸣-ni-x-x / kisal-maḫ-a mè nu-me-a lú im-mi-in-d[ab]$_5^?$-dab$_5^?$. "The smashers of heads .... *to the* courtyard. In the chief courtyard, without a fight, he *captured them*." P. Steinkeller (by private communication) prefers to translate l. 19 as follows: "even though it was not a battle, he grappled with men."

10. The Sum. original of this line reads: ⸢am⸣-ĝu$_{10}$ lú-⸢mu-un-dè-en⸣ šu nu-ri-bar-re / ⸢ma$^?$-an-du$_{11}$$^?$⸣.

11. The following translations are based on the original Sumerian text, which has been published in the edition of ll. 1–50 of the epic (see n. 3 above).

Inana rejects Gilgameš's offer (ll. 34–40):
The queen spoke, she gasped.
[Inana spoke], she gasped:
"Gilgameš, who told you that I do not have bulls from the mountains!?
Gilgameš, who told you that I do not have sheep from the mountains!?
Gilgameš, who told you that I do not have silver, carnelian, lapis-lazuli (*and all kind of*) *flashing* stones!?
The bulls of the mountain that you *bring* to me, ...
The sheep of the mountain that you *bring* to me, ...
Silver, carnelian, lapis-lazuli and (*and all kind of*) *flashing* stones that you *bring* to me,[12] ....!"

If our tentative reconstruction and interpretation of this episode are justified, the Meturan version sharply deviates from those of Moussaieff and the Nippur versions as to the encounter between Inana and Gilgameš. According to the Meturan version, Gilgameš does not offer any answer to Inana's proposal; instead he reports it to his mother, who advises him to reject it. According to the other versions, however, he immediately rejects Inana's proposal on his own initiative, making a counter proposal, which the goddess refuses to accept. In this respect, the plot in these versions partially corresponds to the narrative in Tablet VI of the Standard Version of the Akkadian Gilgameš epic, where the mother of the hero is not given any role in the Bull of Heaven episode. In that source, we are only told that Ištar proposed marriage to Gilgameš,[13] and rejected her proposal independently, without consulting anyone.[14]

Apparently, the expression níĝ-ba in Gilgameš's answer refers to marriage gifts,[15] assuming that he rejects Inana's offer, even before consulting his mother, telling her that marriage gifts will not be brought into her ĝipar. Accordingly, his request to be freed and his counter proposal may have meant an indirect refusal to marry the goddess. Consequently, we have to assume, that unlike the Gilgameš of the Akkadian epic, the hero of the Sumerian epic was mortally frightened by Inana's proposal, foreseeing the danger in rejecting it outright. Therefore he offers instead copious gifts or daily provisions to appease her.

That this may have been the case can be inferred from a close thematic parallel in the myth of Inana and Gudam.[16] After Gudam created havoc on the streets of Uruk, and was struck down by a fisherman of Inana, he began to grieve, and begged for his life (Seg. B, ll. 35–38):[17]

12. The principal clause of the last three subordinate sentences, now broken, probably said: "where do your gifts lead" or the like (cf. e.g. Enlil and Namzitara 21).

13. Epic of Gilgameš VI 6–21.

14. Ibid. VI 22ff (cf. George 2003, 619ff.; see also the MB Emar$_2$ fragment [333–37]).

15. For níĝ-ba (var. áĝ-ba) in the meaning "marriage gift," see, e.g., Šu-Suen A 13–14; Enlil and Sud 85. Although it is not attested in Ur III legal documents, the usual verb in this context is ba "bestow" (see Falkenstein 1956–57, 1:129).

16. For editions of this short and fragmentary myth see Römer 1991, 363–78; Alster 2004, 21–46; see also Gadotti 2006.

17. Line numbering after Alster 2004, 25.

gud-dam-e ér im-ma-an-pàd$^{!}$(RU) še$_x$(SIG$_7$)-še$_x$(SIG$_7$) ì-ĝá-ĝá
^{d}inana zi-ĝu$_{10}$ **šúm-ma-ab**
gud kur-ra ga-mu-ra-ab-šúm tùr-zu ga-mu-ra-ab-lu
udu kur-ra ga-mu-ra-ab-šúm$^{!}$ amaš-zu ga-mu-ra-ab-lu

Gudam began to weep, shedding tears:
"Inana, spare my life!
I will give you **bulls of the mountains**, I will make your cow-pen full!
I will give you **sheep of the mountains**, I will make your sheepfold full!"

In the light of this parallel, we may assume that Gilgameš, just like Gudam, was overcome with fear at Inana's proposal, and (contrary to the standard Babylonian epic) instead of rudely and boldly rejecting it, he offers the above gifts to appease her and save his life.[18]

Now, the question arises: Why did Gilgameš reject Inana's proposal to marry her, according to our epic?[19] This question is even more acute in the light of what we know from all other epics and myths about the ancient rulers from Uruk, who preceded Gilgameš. Assuming that there is some historical kernel in these sources, all three predecessors of Gilgameš on the throne of this city, Enmerkar, Lugalbanda and Dumuzi,[20] were considered, in one way or another, the human husbands or lovers of Inana, totally dependent on her favors.[21] Enmerkar competed with the Lord of Aratta over Inana's favors, and when she abandoned him, he had to give up his kingship,

18. Inana understands Gilgameš's answer as rejection of her proposal, and angrily rejects his offer of cattle and precious stones from the mountain (ll. 34–40+). Unfortunately, Inana's answer to Gudam's offer is extremely fragmentary, and we cannot determine with certainty whether she rejects his offer or accepts it. Although the editors of this myth assume that Inana accepts Gudam's proposal, and restore the break in the text accordingly (see Römer 1991, 376, comment to B Rev, 14; Alster 2004, 36, ll. 39–41), there is a possibility that Gudam's proposal was rejected by the goddess, just like that of Gilgameš. Furthermore, contrary to Alster's interpretation of the end of the story (Seg. B 42–44), we are not sure that Gudam was granted his life and was not sentenced by the goddess to death.

19. For former answers offered to this question, especially in relation to the rejection episode in the Standard Babylonian Gilgameš epic, see Karahashi's survey in her recent discussion of relevant Mesopotamian and Classical parallels (Karahashi 2006, esp. 100–101). See further Wilcke 1975, 57–59. Wilcke interprets our composition as an anti-Akkadian Inana myth. In his opinion, we have here a conflict between Inana (of Agade) with a Sumerian ruler who refuses to subject himself to her.

The hypothesis as to the possible historical background of the Sumerian epic, which we develop below, generally agrees with that of P. Steinkeller, who expresses very similar ideas in a recent article; see Steinkeller 2018.

20. For the First Uruk Dynasty in the King List see Jacobsen 1939, 85–93; Glassner 2004, 120. For the epics about Enmerkar and Lugalbanda, see Wilcke 1969 and 2012; Vanstiphout 2004; Mittermayer 2009; Römer 1980; Katz 1993 and 2017.

21. For a detailed discussion of the First Dynasty of Uruk in the Sumerian King List, and especially the successors of Enmerkar, see Heimpel 1992, 9–11; Steinkeller 1999, 104–11, and 2003, 284–86; and recently Steinkeller 2017, 82–104. We are aware of the universal consensus among students of Mesopotamian history as to the low value of the Sumerian King List for the reconstruction of the history of the First Dynasty of Uruk. See recently the extremely skeptical thoughts expressed in this regard by P. Steinkeller in Essay 3 of his recent publication, entitled "Mythical Realities of Early Babylonian History" (Steinkeller 2017, 167–97). Therefore, the following hypothetical reconstruction of the 'history' of the First Dynasty of Uruk is presented here with utmost reservation.

taken over by Lugalbanda, her new beloved male figure. Although Lugalbanda is considered in Sumerian literary sources to have been the husband of Ninsun from the ED III period,[22] at the end of his epic Inana speaks to him intimately as she would address her husband Amaušumgalana and her son Šara, turning to him with the affectionate, erotic, tone "my Lugalbanda!"[23] The unfortunate successor to Lugalbanda, Dumuzi, presumably also a husband and lover of Inana, was apparently abandoned by the goddess early in his reign, and killed or captured by Enmebaragesi, king of Kiš, as an archaic duplicate of the King List reports in a historical note.[24] Furthermore, if we accept the hypothesis as to the early political and religious systems in Sumer, we have to posit that in all of the prehistorical Sumerian city states the ruler bore the title en, and was dependent on the priestly establishment of the temple. Accordingly, this ruler was appointed, as well as removed from his office, by the religious authorities. In Uruk, and at least in some other Sumerian city-states, this involved marriage with the chief goddess in the sacred marriage rite, and living in a sacred shrine called ĝipar.[25] In the light of these precedents, it is all the more surprising to find Gilgameš refusing to become Inana's lover and husband.

The key to understanding Gilgameš's exceptional behavior, in our opinion, is to be found in the beginning of his own answer to Inana, in ll. 29–30:

níĝ-ba ^{d}inanna ĝi$_{6}$-pàr-zu-šè nam-ba-ni-ib-ku$_{4}$-ku$_{4}$
^{d}nin-é-gal-la á nam-ur-saĝ-ĝá-ke$_{4}$-éš nam-bi-dul-e

"The (*marriage*) *gifts, Inana, will not be brought* into your *giparu*!
Ninegala—*you must not* cover my valorous 'arm' *with cloth*!"

If we correctly understand these two difficult lines, the choice at issue is between the independence of the king, namely the political, secular ruler, from the authority of the priestly organization of the temple. As we pointed out before, all rulers of Uruk, prior to Gilgameš, carried the priestly title **en**, and this title was their official and only title. This fact is still reflected in the epic literature concerning Enmerkar and Gilgameš, composed in the Ur III period. A statistical survey of the epithets given to these two ancient rulers in epic literature reveals that they are referred to by their

22. In the Ur III royal hymns and other royal literature Lugalbanda is considered to have been the husband of Ninsun, and the father of Gilgameš. The mythological tradition about the marital relationship between Lugalbanda and Ninsun has some roots in an obscure myth from the ED III period (see Wilcke 1969, 51–53; Wilcke, *RlA* 7 [1987–90] 130–32, sub "Lugalbanda" 4.1.4–4.3).

23. Lugalbanda and the Anzu Bird 350–54 (for the religious-political meaning of this episode, see Heimpel 1992, 10–11). Furthermore, Wilcke found an indirect reference in the Lament for Sumer and Ur 219 to a shrine of Lugalbanda in Ku'ara, where Dumuzi also had a temple (Wilcke 1969, 53; but see Michalowski 1989, 48, with comment to l. 220 on p. 92).

24. For the "fisherman" Dumuzi, the predecessor of Gilgameš, and his possible identity to the "shepherd" Dumuzi of the Dumuzi-Inana myths, love songs and laments, see Klein 1991; 2008; 2010.

25. See Heimpel 1992; Steinkeller 1999, 112–16. For the theological ritualistic background of the sacred marriage rite see Steinkeller 1999, 129–36. Furthermore, according to Steinkeller's hypothesis in all of the prehistorical Sumerian city states the dominant political power was exercised by chief goddesses, who controlled the state from their temples, through a human male representative who bore the title en, and was considered to be the human husband of the goddess, in virtue of the sacred marriage rite. For a recent summary of the scholarly literature on the sacred marriage rite, see Brisch 2006, 168–70.

official title **en** much more frequently than by the title **lugal.**[26] Thus, while Enmerkar is designated as en (kul-aba$_4$^{ki}-a/unug^{ki}-ga), "the en (of Kulaba/Uruk)," 45 times,[27] he is referred to as lugal only 30 times.[28] Similarly, while Gilgameš is designated as en, "lord," 63 times,[29] he is referred to as lugal only 33 times.[30] From the contexts in which these two epithets are used it becomes clear that while **en** is used by the poets for these two rulers as their official religious and political title, **lugal** is used for them usually in relation to their subjects as their master and political and military leader.[31]

Contrarily, the ruler of Kiš, most probably bore the title lugal, "king," as documented historically in a royal inscription of Enmebaragesi, reading ME-bara$_2$-si lugal [k]iš.[32] And this is also corroborated by the epic of Gilgameš and Aga, where Aga is consistently referred to as ag-ga lugal kiš^{ki}, "Aga, the king of Kiš,"[33] whereas Gilgameš, is always designated by the narrator as ^{d}gilgameš en kul-aba$_4$^{ki}-a-ke$_4$, "Gilgameš lord of Kulaba."[34] Gilgameš is referred to, in this epic, as lugal, by Aga and by the royal guard Birḫurtura, to indicate his relation to his servant as his master.[35]

26. For the observation that the official title of Gilgameš was en (kul-aba$_4$^{ki}) see already Böhl, "Gilgameš" in *RlA* 3 (1957–71), 358.

27. For **en** see Enmerkar and the Lord of Aratta (ELA) 30, 33, 105 passim; Lugalbanda 1, Seg. A 24, 52; Lugalbanda 2, 326. For **en kul-aba$_4$^{ki}** see ELA 242, 267, 301 passim; Ensuhkešdana Seg. A 16. For **en unug^{ki}-ga (en kul-aba$_4$^{ki}-a)** see ELA 516, 562; Ensuḫkešdana Seg. A 22, 70 passim. Correspondingly, Enmerkar's opponent Enuḫkešdana is referred to as **en** no less than 28 times. A full documentation and discussion of the titles en and lugal in the Enmerkar and Giglameš epics will be provided in our forthcoming article on "The Two Principal Meanings of the Sumerian Term lugal."

28. A survey of the epics with regard to Enmerkar indicates that the title lugal is used in these compositions almost exclusively with a personal possessive suffix relating the servant (i.e. the messenger) to his master. For the compound **lugal-ĝu$_{10}$/zu/a-ni** see ELA 160, 176, 253, 626 passim; Lugalbanda 2, 285. For the extended epithet **lugal-ĝu$_{10}$/zu/a-ni en kul-aba$_4$^{ki}** (i.e. lugal + the official royal title) see ELA 217, 219, 301 passim. The independent neutral occurrence of this epithet, used by the poet, in the form of **lugal-e** occurs very rarely in these epics (see ELA 305, 315, 423; Lugalbanda 1, 20). All this indicates that lugal in the Enmerkar epics is not an official royal title, but merely an epithet whereby the messenger relates himself to his master, to be translated "(my/your/his) master."

29. For **en ^{d}gilgameš$_2$**, "lord Gilgameš," see Gilgameš and the Bull of Heaven Seg A 2, Seg. B 8, 45, 86; Death of Gilgameš Nippur version Seg B 6, 9 passim; Gilgameš and Huwawa (vers. A) 2, 45B, 47, 167. For the peculiar epithet **šeš gu$_5$-li-ni en ^{d}gilgameš$_2$** in the Šulgi hymns, see Šulgi D 292; Šulgi O Seg A 50 passim. For **(^{d}gilgameš$_2$) en kul-aba$_4$^{ki}** see Gilgameš and Aga 15, 40 passim; Death of Gilgameš Nippur version Seg. A 9, Seg. C 14 passim; Gilgameš and Huwawa (vers. B) 31; Sumerian King List 114 (en kul-ab-ba); Šulgi O Seg A 32, 42, 63. Note further the parallelism **lugal // en** in Gilgameš, Enkidu and the Nether World, MT seg. B 70–71; Gilgameš and the Bull of Heaven, Seg A 7, 8 and 9.

30. A survey of the epics with regard to Gilgameš (similarly to Enmerkar) indicates that the title lugal is used in these compositions also mostly with a personal possessive suffix relating the servant to his master, although the poet refers to him quite frequently with this title alone (the ration between the two usages is ca. 2:1). For **lugal-ĝu$_{10}$/a-ni/bi** "my/his/its master" see Gilgameš and the Bull of Heaven Seg A 8, B 90 passim; Gilgameš and Huwawa Vers A, 9 passim; Gilgameš and Aga 56, 69, 110; Gilgameš, Enkidu and the Nether World Nippur Vers. 177, 205. For **lugal(-e)** see Gilgameš and the Bull of Heaven Meturan Seg A 11, 28, 29 passim; Gilgameš and Huwawa Vers. B 57; Death of Gilgameš Seg. B 11; Gilgameš, Enkidu and the Nether World, Meturan Seg. A 12, Seg. B 70.

31. See already Katz 1993, 28–30; Steinkeller 1999, 112.

32. See Frayne 2008, 57, No. 2. As a matter of fact, the later addition of the component en to the name of this ruler may be an anachronism of the Ur III poets. In that case, en in this name is to be interpreted as a priestly-political title, and not as an integral part of the PN.

33. Lines 81; 99.

34. Lines 15; 40; 51; 100; 114.

35. Lines 56; 69–71. Accordingly, when the poet tells us in l. 56, that Birḫurtura "praised his **lugal**," he simply means to say that the servant praised his **master** (or lord). lugal is used in ll. 69–71 in the same

Similarly, when Gilgameš is addressed by his soldiers in ll. 35 and 110, they use this term in the same meaning.[36]

Furthermore, it has been observed a long time ago that some ED III rulers, who claimed sovereignty over other city states, adopted the title lugal Kiš$^{(ki)}$, "King of Kiš."[37] This titular difference was not meaningless. It probably meant that the early Uruk rulers were considered high priests, functioning under the authority of the religious establishment. That the marriage with Inana meant restriction of the political ruler's independence by getting under the temple's authority is clearly indicated by Inana's proposal, in which she says to Gilgameš "I will not release you" (ll. 23–27), as well as by telling him that once he becomes her man, he will exercise judgment (only) in the Ĝipar, located in the Eana temple (ll. 25–27).[38] According to our epic, therefore, Gilgameš's rebellion against Inana, was the first attempt of a ruler of Uruk to get rid of the title of en, and assume the title of lugal, in order to free himself of the temple's authority.[39]

That Gilgameš was successful in this endeavor, we learn from our epic, as well as from the epic of Gilgameš and Aga. In the latter epic, Gilgameš is elected as a king by the assembly of his warriors, under the threat of an invasion of Aga, and after freeing Uruk from the hegemony of Kiš.[40] In fact, in the royal hymn Šulgi O, Šulgi even praises Gilgameš **for having brought over kingship from Kiš to Uruk**; see Šulgi O Seg. A, 60: **nam-lugal kiš**$^{?\,ki}$-ta$^{?}$ **unug**$^{?\,ki}$-šè àm-mi-de$_6$, "You brought over the **kingship** from Kiš to Unug."[41]

Whether this reform of Gilgameš continued after his reign or not, and what was the political power of the rulers of Uruk in the succeeding generations cannot be determined with absolute certainty. However, in subsequent generations, the title

---

meaning, these lines to be translated: "Is that man your master (lugal)? That man is not my master (lugal)! Were that man my master (lugal)…."

36. Gilgameš is addressed by his soldiers (l. 35): saĝ mu-e-sì za-e lugal ur-saĝ(-bi)-me-en, "they (i.e. Uruk and the Eana) are entrusted to you, you are their master and warrior." The political meaning of this statement is that Gilgameš should detach himself from the authority of Inana and the temple, and acquire eventually the status of his opponent Aga, becoming an independent king. According to one manuscript of this epic (text h), the soldiers repeat word by word at the conclusion of the epic (l. 110) their statement in l. 35. According to another version (text b), it is Aga himself who affirms Gilgameš's authority over Uruk and the Eana, albeit with some reservation, by saying: "They (i.e. Uruk and the Eana) are entrusted to you. [Repay me m]y favor."

37. See Hallo 1957, 25–28; Falkenstein 1974, 10; Steinkeller 1999, 113 n. 33; Frayne 2008, 49–76. In addition to a number of rulers from unknown dynasties, we find this title carried by the following rulers: Eanatum, Enmetena from Lagaš; AnAgr.; AnHaf.; An.Kiš; Me-silim; Mesanepada of Ur.

38. Our interpretation of these three lines is based on two rather reliable duplicates (the Moussaieff tablet and Ng) which read respectively é-an-na-⌜kam⌝ di ì-ku$_5$-dè-en, "In the Eana will you exercise judgment," and ĝi$_6$-pàr kug-ĝá ka-aš ì-bar-re, "in my holy *gipāru* will you make decisions." Other, less reliable versions from Nippur offer a different reading, which may be forcibly translated "I will not release you, *to* exercise judgment in the Eana/in my holy *gipāru*." However, this reading hardly makes sense, because it assumes that by proposing him marriage, the goddess totally deprives Gilgameš from the privilege of exercising his royal duties."

39. See already Heimpel 1992, 11–13, 14. As already pointed out above, a very similar hypothesis is developed by P. Steinkeller (see n. 19).

40. For the politico-historical significance of this epic, as to the development of Sumerian hereditary kingship, see already Jacobsen 1957, 112–18; see further Römer 1980, 1–6; Katz 1987, 106–7, and 1993, 11–18.

41. See Klein 1976, 278, 288.

en, in most Sumerian city states, lost its political connotation, and became a purely priestly title.[42] In ED III city states, the ruler is usually designated with the title ensi(k); and when he claims sovereignty over other cities, he calls himself **lugal** or **lugal kiš**$^{\mathbf{ki}}$.[43] From the Ur III period, all absolute rulers carry the title lugal (Akk. ***šarrum***), and exercise their political authority in the "palace" (é-gal), which is clearly separated from the religious establishment, the temple (é). The title ensi(k) is reduced to designate only local rulers of cities under the authority of the king. Henceforth, contrary to the status of the ED III Uruk rulers, the temple and its priesthood are definitely subject to the king's authority, who financially upkeeps them, to assure divine and priestly support of his rule.

The most interesting development in the relationship between the Sumerian king and Inana can be observed from the Ur III period on. On a mythological religious level, the king becomes an incarnation of Dumuzi, Inana's first husband. As such, he unites with the goddess in the sacred marriage rite, ensuring abundance and prosperity to his land. Consequently, the Sumerian ruler claims now to carry both titles: **lugal**, "king," and **en**, "high priest." Accordingly, from Šulgi on, most Sumerian monarchs boast in their inscriptions and royal hymns that they were granted by the gods both "**kingship** and **en-ship**" (**nam-lugal** and **nam-en**). This notion is already anachronistically attributed to Sargon of Akkad, by the Ur III author of The Curse of Agade, who tells us as follows (ll. 4–6):

ki ud-ba šar-ru-gen$_6$ **lugal a-ga-dè**^{ki}-ra
sig-ta igi-nim-šè ^{d}en-líl-le
nam-en nam-lugal-la mu-un-na-an-šúm-ma-ta

"After to Sargon, king of Agade,
Enlil had given the **en-ship and kingship**
from south to north..."

Likewise, in Šulgi D 387 Enlil blesses Šulgi, saying: **nam-en nam-lugal-la** ud sud-da nam-šè gú-mu-rí-íb-tar^{ar}, "Let me decree for you long lasting en-ship and kingship as (your) fate!" In Urninurta E 40, on the other hand, it is An who blesses the king with the following words: ^{d}lamma sag$_9$-ga nam-en nam-lugal-la zid-dè-eš ḫa-ra-súg-ge-eš, "May the good protective deities of the ***en*-ship** and **kingship** stand faithfully at your side!"[44] Thus, notwithstanding the sinister fate of Dumuzi, and the historical background of the epic Gilgameš and the Bull of Heaven, all later Sumerian kings boast of being Inana's lover and husband in the sacred marriage rite. The most absurd outcome of this theological development is manifested in the royal hymns of Šulgi, which describe this king as the brother and peer of Gilgameš, on the one hand, and as the fervent lover and husband of Inana on the other hand.

42. See Steinkeller 1999, 116–29.

43. See above with n. 37. It should be pointed out, that according to Steinkeller, in ED Lagaš and other Sumerian city states, ensi(k) is the equivalent of lugal as to its political status (Steinkeller 1999, 112–16).

44. See further **Išmedagan** A+V seg A, 100–11; Ḫammurabi B 5–6.

BIBLIOGRAPHY

Alster, B. 2004. "Gudam and the Bull of Heaven." Pages 21–46 in *Assyria and Beyond: Studies Presented to Morgen Trolle Larsen*. Edited by J. G. Dercksen. Leiden: Netherlands Institute for the Near East.

Brisch, N. 2006. "The Priestess and the King: The Divine Kinship of Šū-Sîn of Ur." *JAOS* 126: 161–76.

Cavigneaux, A., and F. N. H. Al-Rawi. 1993. "Gilgameš et Taureau de Ciel (šul-mè-kam) (Textes de Tell Haddad IV)." *RA* 87: 86–129.

Falkenstein, A. A. 1956–57. *Die neusumerischen Gerichtsurkunden*, I–II. Munich: Verlag der Bayerischen Akademie der Wissenschaften.

———. 1974. *The Sumerian Temple City*. Los Angeles: Undena.

Frayne, D. R. 2008. *Presargonic Period (2700–2350 BC)*. RIME 1. Toronto: University of Toronto Press.

Gadotti, Alhena. 2006. "Gilgameš, Gudam, and the Singer in Sumerian Literature." Pages 67–83 in *Approaches to Sumerian Literature: Studies in Honour of Stip (H. L. J. Vanstiphout)*. Edited by P. Michalowski and N. Veldhuis. Cuneiform Monographs 35. Leiden: Brill.

George, Andrew. 1999. *The Epic of Gilgamesh: A New Translation*. London: Penguin.

———. 2003. *The Babylonian Gilgamesh Epic: Introduction, Critical Edition and Cuneiform Texts I–II*. Oxford: Oxford University Press.

———. 2010. "Bilgames and the Bull of Heaven: Cuneiform Texts, Collations and Textual Reconstruction." Pages 101–15 in *Your Praise Is Sweet: A Memorial Volume for Jeremy Black from Students, Colleagues and Friends*. Edited by H. D. Baker, E. Robson, and G. Zólyomi. London: British Institute for the Study of Iraq.

Glassner, J.-J. 2004. *Mesopotamian Chronicles*. Atlanta: SBL.

Hallo, W. W. 1957. *Early Mesopotamian Royal Titles: A Philological and Historical Analysis*. AOS 43. New Haven, CON.

Heimpel, W. 1992. "Herrentum und Königtum im vor- und frühgeschichtlichen Alten Orient." *ZA* 82: 4–21.

Jacobsen, Th. 1939. *The Sumerian King List*. Assyriological Studies 11. Chicago/London: The University of Chicago Press.

———. 1957. "Early Mesopotamian Development in Mesopotamia." *ZA* 52: 91–140.

Karahashi, Fumi. 2006. "Love Rejected: Some Notes on the Mesopotamian Epic of Gilgamesh and the Greek Myth of Hippolytus." *JCS* 58: 97–107.

Katz, Dina. 1987. "Gilgamesh and Akka: Was Uruk Ruled by Two Assemblies?" *RA* 81: 105–14.

———. 1993. *Gilgamesh and Akka*. Groningen: Styx Publications.

———. 2017. "Ups and Downs in the Career of Enmerkar, King of Uruk." Pages 201–10 in *Fortune and Misfortune in the Ancient Near East*. Edited by O. Drewnowska and M. Sandowitz. Winona Lake, IN: Eisenbrauns.

Klein, J. 1976. "Šulgi and Gilgameš: Two Brother-Peers (Šulgi O)." Pages 271–92 in *Kramer Anniversary Volume: Cuneiform Studies in Honor of Samuel Noah Kramer*. Edited by B. L. Eichler et al. AOAT 25. Neukirchen-Vluyn: Butzon & Bercker Kevelaer.

———. 1991. "A New Nippur Duplicate of the Sumerian Kinglist in the Brockmon Collection, University of Haifa." Pages 123–29 in *Velles Paraules: Ancient Near Eastern Studies in Honor of Miguel Civil*. Edited by P. Michalowski et al. Aula Orientalis Supplements 9. Sabadel: Editorial AUSA.

———. 2008. "The Brockmon Collection Duplicate of the Sumerian Kinglist (BT 14)." Pages 77–91 in *On the Ur III Times: Studies in Honor or Marcel Sigrist*. Edited by P. Michalowski. Journal of Cuneiform Studies Supplementary Series 1. Boston: American Schools of Oriental Research.

———. 2010. "The Assumed Human Origin of Divine Dumuzi: A Reconsideration." Pages 1121–34 in *Language in the Ancient Near East: Proceedings of the 53e Rencontre Assyriologique Internationale*, vol. 1, Part 2. Winona Lake, IN: Eisenbrauns.

Klein, J., and Y. Sefati, 2020. *From the Workshop of the Mesopotamian Scribe: Literary and Scholarly Texts from the Old Babylonian Period.* University Park, PA: Eisenbrauns.

Michalowski, P. 1989. *The Lamentation over the Destruction of Sumer and Ur*. Winona Lake, IN: Eisenbrauns.

Mittermayer, C. 2009. *Enmerkar und der Herr von Arata:Ein ungleicher Wettstreit.* Göttingen: Vandenhoeck & Ruprecht; Fribourg: Academic Press.

Römer, W. H. Ph. 1980. *Das Sumerische Kurzepos "Bilgames und Akka."* AOAT 209/1. Neukirchen-Vluyn: Neukirchener Verlag.

———. 1991. "Miscellanea Sumerologica II. zum Sog. Gudam-Text." *BiOr* 48: 363–78.

Steinkeller, P. 1999. "On Rulers, Priests and Sacred Marriage: Tracing the Evolution of Early Sumerian Kingship." Pages 103–37 in *Priests and Officials in the Ancient Near East.* Edited by K. Watanabe. Heidelberg: Univesitätsverlag C. Winter.

———. 2003. "An Ur III Manuscript of the Sumerian King List." Pages 267–92 in *Literatur, Politik und Recht in Mesopotamien: Festschrift für Claus Wilcke*. Edited by W. Sallaberger, K. Volk, and A. Zgoll. Wiesbaden: Harrasowitz.

———. 2017. *History, Texts and Art in Early Babylonia.* SANER 15. Berlin: de Gruyter.

———. 2018. "The Reluctant en of Inana—or the Persona of Gilgameš in the Perspective of Babylonian Political Philosophy." *JANEH* 5: 153–56.

Vanstiphout, H. L. J. 2004. *Epics of Sumerian Kings: The Matter of Aratta*. Leiden: Brill.

Wilcke, C. 1969. *Das Lugalbandaepos*. Wiesbaden: Harrassowitz.

———. 1975. "Politische Opposition nach sumerischen Quellen: Der Konflikt zwischen Königtum und Ratsversammlung." Pages 37–65 in *La voix de l'opposition en Mésopotamie*. Edited by A. Finet. Brussels: L'institut des hautes études de Belgique.

———. 2012. *The Sumerian Poem Enmerkar and Eh-suḫkeš-ana: Epic Play Or?* AOS 12. New Haven, CT: American Oriental Society.

CHAPTER 12

À propos d'une défaite de Mari et d'une négociation diplomatique

Bertrand Lafont
Centre National de la Recherche Scientifique, Paris-Nanterre

Pour contribuer à ce volume d'hommage à Jack Sasson et lui témoigner estime et amitié, c'est volontiers que je suis allé rouvrir certains de mes dossiers concernant Mari, sur lesquels j'ai pourtant moins eu l'occasion de travailler ces dernières années. Dans le style des notes que publie *NABU*, périodique que Jack nous a aidés à lancer et à promouvoir aux USA voilà plus de trente ans, qu'il me soit permis de lui dédier ces deux brèves contributions, en souvenir notamment de lumineuses journées que nous avons, en dernier lieu, partagées au Liban il y a quelque temps.

1. Mari à l'époque d'Ur III

Dans *NABU* 2013/23, P. Michalowski A ATTIRÉ L'ATTENTION sur un texte de Lagaš de l'époque d'Ur III, conservé au British Museum et tout juste publié, qui apportait une information nouvelle concernant Mari ; son caractère "sensationnel" justifiait en effet que l'on s'y intéresse : on y apprend qu'à la fin du règne de Šulgi, la grande métropole du Moyen Euphrate, que l'on croyait si puissante, aurait subi une défaite militaire. La tablette enregistre l'attribution d'une somme d'argent à un soldat (aga$_3$-us$_2$) nommé Ur-Šulpae, pour le récompenser "d'avoir apporté la nouvelle que Mari a été détruite" (mu a$_2$-aĝ$_2$-ĝa$_2$ ma-ri$_2$^{ki} hul-a mu-de$_6$-a-še$_3$). Détruite, vraiment ? Michalowski donne des arguments pour montrer que le verbe hul, si fréquent dans les noms d'année et les rapports de campagnes militaires, doit sans doute souvent se rapporter à une défaite plus qu'à une véritable "destruction." On notera d'ailleurs que D. I. Owen traduit régulièrement ce verbe par "to raid" (et non pas "to destroy"), ce qui convient mieux, en effet, quand on voit que hul est souvent utilisé pour rendre compte du désastre subi par une ville "pour la deuxième, la troisième ... ou la neuvième fois" ! Dans son lexique sumérien-français, P. Attinger propose de son côté une traduction "mettre à sac."

Si le laconisme de l'information donnée par cette tablette est somme toute assez frustrant, trois points peuvent cependant d'être soulignés :

1. Comme le rappelle l'auteur de la note, la recherche de ces vingt dernières années a surtout visé à montrer que les relations entre Ur et Mari avaient été excellentes d'un bout à l'autre de la période d'Ur III (mariages inter-dynastiques, échanges de messagers, présence de Mariotes dans le royaume d'Ur, culte funéraire entretenu à Uruk pour des dignitaires Mariotes, etc.). Des arguments ont même été avancés pour montrer que l'histoire des familles régnant dans chacune de ces deux capitales se

caractérisait par un réel enchevêtrement jusqu'à la chute des rois d'Ur (Michalowski 2004). Dans un tel contexte, la récompense donnée à un messager qui vient annoncer la nouvelle d'une défaite de Mari, à la fin du règne de Šulgi, apparaît pour le moins bizarre. D'autant que c'est précisément à partir de cette date et surtout au cours du règne suivant (Amar-Suen) que les échanges de messagers ont été les plus nombreux entre Ur et Mari et que la présence de Mariotes dans le royaume d'Ur et à la cour de ses rois a été la plus importante (Owen 1992, 140). Comment établir un lien entre l'annonce de cette défaite (dont on ignore la gravité) et la recrudescence des échanges entre les deux capitales ? Et pourquoi aucun nom de souverain de Mari n'est-il jamais mentionné dans les textes d'Ur III ? Bien des scénarios sont en réalité possibles….

2. Force est cependant de constater que l'on sait finalement très peu de choses sur ce qui s'est passé en Syrie et en Mésopotamie du nord pendant les règnes des cinq souverains d'Ur III. Beaucoup l'ont déjà remarqué : quand on examine la documentation disponible, il est frappant de voir combien nous avons peu d'information sur "l'ouest," à part les quelques textes de Drehem, souvent mis en avant, qui mentionnent parfois Ebla, Uršum ou Mari, et plus exceptionnellement Byblos ou Tuttul (Owen 1992, Sallaberger 2007, 438–39). Il est en réalité bien établi que la plupart des guerres qu'ont menées les rois d'Ur, telles qu'elles sont notamment mentionnées dans les noms d'année, ont conduit ces rois sur la façade *orientale* de leur empire : en Transtigrine, dans le Zagros et vers l'Elam et l'Iran (Sallaberger 2007, 433). Pourquoi, à la différence notoire des souverains d'Akkad, ceux d'Ur III n'ont-ils mené aucune campagne militaire en direction de l'Euphrate, au nord-ouest de leur royaume, ni plus loin vers la Syrie occidentale ? Aucune source textuelle n'est disponible pour documenter ces régions à ce moment-là, mais les travaux des archéologues ont bien montré, en revanche, à quel point la Syrie a connu, au cours du dernier siècle du IIIe millénaire (soit, précisément, la période d'Ur III), une sorte "d'effondrement," avec un net recul de l'urbanisation et un retour des populations à la vie nomade ou semi-nomade (Schwarz 2007, Pruß 2013) : les groupes tribaux amorrites qui se sont répandus à cette époque dans tout le domaine syro-mésopotamien ont sans doute profité du vide politique qui s'était alors créé, pour des raisons qui restent par ailleurs débattues (crise environnementale ?).

3. On pensait Mari avoir été forte et prospère à l'époque d'Ur III. Le doute est désormais permis, du fait notamment de cette tablette qui annonce une défaite, une mise à sac, sinon une destruction de la ville. Ce que l'on voudrait surtout connaître, bien sûr, c'est l'identité du ou des responsable(s) de cette débâcle militaire et on aimerait savoir si les autorités du royaume d'Ur s'en sont réjouis (comme on pourrait le penser du fait de la gratification accordée au messager porteur de la nouvelle) ou s'ils s'en sont désolés. Mais ce qui pourrait, à tout le moins, être remis en question, c'est la vision d'un royaume de Mari "grande puissance politique" de cette époque et "pièce maîtresse du système défense de l'empire d'Ur III" (Butterlin 2007, 228 et 240). On pourrait, au contraire, tout aussi bien imaginer un état de déliquescence de la région de Mari au temps des rois d'Ur face à la pression croissante des Amorrites, d'où la méfiance et l'absence de volonté et d'intérêt de Šulgi et de ses successeurs pour intervenir dans cette direction. Cette tablette de Lagaš vient, quoi qu'il en soit, nous rappeler à quel point notre ignorance demeure importante sur ce qui se passait à cette époque sur le Moyen Euphrate et dans le reste de la Syrie….

BIBLIOGRAPHIE

Butterlin, P. 2007, “Mari, les šakkanakku et la crise de la fin du troisième millénaire,” *in* C. Kuzucuoğlu et C. Marro (éds.), *Sociétés humaines et changement climatique à la fin du troisième millénaire : une crise a-t-elle eu lieu en Haute Mésopotamie ?*, Varia Anatolica XIX, Istanbul, p. 227–45.

Michalowski, P. 2004, “The Ideological Foundations of the Ur III State,” *in* J.-W. Meyer und W. Sommerfeld (eds.), *2000 v. Chr. Politische, Witschaftliche und Kulturell Entwicklung im Zeichen einer Jahrtausendwende*, CDOG 3, Saarbrück, p. 219–35.

———. 2013, “News of a Mari Defeat from the Time of King Šulgi,” *NABU* 2013/23.

Owen, D. I. 1992, “Syrians in Sumerian Sources from the Ur III Period,” *in*, M. W. Chavalas, J. L. Hayes (eds.), *New Horizons in the Study of Ancient Syria*, Bib. Mes. 25, p. 102–82.

Pruß, A. 2013, “The last centuries of the 3rd millennium in the Syrian Ǧezīra,” *in* W. Orthmann, M. al-Maqdissi, P. Matthiae (eds.), *Archéologie et Histoire de la Syrie, Volume I : La Syrie de l'époque néolithique à l'âge du fer*, SzVA 1, Wiesbaden, p. 137–45.

Sallaberger, W. 2007, “From Urban Culture to Nomadism: a History of Upper Mesopotamia in the Late Third Millenium,” *in* C. Kuzucuoğlu et C. Marro (éds.), *Sociétés humaines et changement climatique à la fin du troisième millénaire : une crise a-t-elle eu lieu en Haute Mésopotamie ?*, Varia Anatolica XIX, Istanbul, p. 417–56.

Schwarz, G. M. 2007, “Taking the Long View on Collapse: a Syrian perspective,” *in* C. Kuzucuoğlu et C. Marro (éds.), *Sociétés humaines et changement climatique à la fin du troisième millénaire : une crise a-t-elle eu lieu en Haute Mésopotamie ?*, Varia Anatolica XIX, Istanbul, p. 45–67.

2. Des négociations « de marchand de tapis »

Lorsque, en 2002, J.-M. Durand a publié son volume sur *Le culte d'Addu d'Alep et l'affaire d'Alahtum* (FM VII, Durand 2002), dans lequel il a édité une cinquantaine de nouvelles lettres de Mari, je venais moi-même d'achever un travail sur “les relations internationales et la diplomatie au temps des royaumes amorrites,” m'étant intéressé notamment aux aspects formels de la négociation et de la conclusion des alliances et traités entre les rois et notables de cette époque (Lafont 2001). La lettre FM VII, 8 a alors immédiatement attiré mon attention. Cette missive remarquable a été envoyée depuis Alep par Dariš-libur, dignitaire chargé par le roi de Mari d'une mission diplomatique délicate auprès du roi d'Alep : il s'agissait, au début du règne, de régler l'épineuse question des chefs benjaminites hostiles à Mari et réfugiés dans le royaume d'Alep, dont Zimri-Lim souhaitait l'extradition. Cette question du droit d'asile et des possibilités d'extradition a précisément intéressé Jack Sasson, qui lui a consacré tout un important article il y a quelques années (Sasson 2007 ; voir aussi Charpin 2009).

Reprenons alors, en résumé, le contenu de cette missive, en suivant la traduction et l'interprétation qu'en a données son premier éditeur. Dans la lettre écrite à son maître, Dariš-libur l'informe qu'il a transmis au roi d'Alep Yarim-Lim les demandes du roi de Mari concernant l'extradition de ses ennemis en exil et il lui rapporte les réponses successives que lui a faites Yarim-Lim.

1. L'ambassadeur ayant adressé une première fois sa requête, Yarim-Lim répond en repoussant formellement l'idée de venir en aide à Zimri-Lim dont il estime les demandes “dangereuses” (l. 12–23) ; il ne souhaite pas intervenir dans les démêlés du roi de Mari avec ses adversaires Benjaminites. Son premier argument : il a le soutien

du dieu Addu pour mener cette politique et ne veut pas le perdre, comme ce fut jadis le cas de son père.

2. L'ambassadeur étant revenu une deuxième fois à la charge, Yarim-Lim renouvelle son refus. Son second argument : le royaume d'Alep, du fait qu'il est le "pays d'Addu," est une terre d'asile pour les réfugiés politiques (cf. Charpin 2009) et doit le demeurer (l. 24–33).

3. L'ambassadeur ayant insisté avec une troisième intervention, Yarim-Lim se trouve cette fois à court d'arguments : il cède et obtempère, mais de façon indirecte, en prenant soin, sur la forme, de ne pas perdre la face, comme le montre le caractère alambiqué de son ultime réponse (l. 34–49).

C'est donc, en définitive, un succès pour l'ambassadeur de Zimri-Lim. Ce qui est ici intéressant c'est la forme prise par cette négociation. Le caractère théâtral de cette joute (quoique l'on n'entende ici la voix que d'un seul des acteurs) n'est pas sans faire penser à certaines autres négociations, parfois rugueuses, menées par d'autres ambassadeurs du roi de Mari, envoyés pour aller négocier avec des souverains voisins : que l'on songe par exemple aux tractations difficiles entreprises avec Hammurabi de Babylone à propos de "l'affaire de Hît" (*ARM* 26/2, 449, cf. Lafont 1992, 177).

La solennité de chacune des réponses du roi d'Alep est soulignée par la "mise en page" utilisée par le rédacteur de la tablette, avec des traits soigneusement tirés entre les paragraphes rapportant chacune des réponses royales. Ce mode de présentation a-t-il été adopté pour résumer et souligner les temps forts d'une longue négociation étalée sur plusieurs jours ? Ou bien, dans le cas où la négociation a eu lieu en une seule fois et le même jour, pour mettre en valeur chacun des arguments du roi d'Alep et leur évolution ? Jack Sasson estime pour sa part que : "The line divisions in FM 7 8 are the scribe's, suggesting a blocking of information, as if the document is in draft mode" (Sasson 2015, 89).

Quoi qu'il en soit, l'intéressant ici est surtout de constater que Dariš-libur ne dit jamais rien de l'argumentaire qu'il a utilisé pour obliger Yahdun-Lim à trouver, à chaque fois, de nouvelles justifications et pour le forcer à reculer, et finalement à céder. L'ambassadeur a dû pourtant revenir plusieurs fois à la charge de façon sûrement intelligente et subtile pour contraindre son interlocuteur à obtempérer. Il se garde cependant de rapporter à son maître comment il s'y est pris et quelle rhétorique il a utilisée pour faire pression sur le roi d'Alep : ses propres interventions sont complètement absentes de son compte rendu (ce qui n'est pas le cas dans la lettre FM VII 7, qui est un autre de ses rapports, relatif au même dossier).

À l'examen des réponses apportées par le roi d'Alep, on peut cependant supposer que Dariš-libur a utilisé une technique de négociation bien connue : celle du marchand de tapis. Elle consiste à pousser l'autre dans ses retranchements et à faire en sorte qu'il se trouve à court d'arguments ou de prétextes ; quand l'interlocuteur refuse ce qu'on lui propose, on l'oblige à trouver à chaque fois de nouvelles justifications pour défendre sa position, jusqu'à ce qu'il en soit démuni. Le marchand de tapis finit alors prendre le dessus, en se plaçant d'ailleurs souvent sur un registre affectif : il peut jouer sur les émotions, la pitié, le remords ou la culpabilité pour amadouer l'autre. C'est une tactique qui s'avère souvent payante, à condition de ne pas être utilisée trop tôt dans la négociation et que celui qui l'emploie soit suffisamment assuré de sa propre expertise dans l'usage qu'il peut en faire. Car, dans une situation délicate (et c'est précisément le cas ici), il faut éviter de provoquer la discorde : la négociation est préférable au conflit, mais elle peut aussi créer de vives animosités!

Cette technique de marchandage utilisée avec talent par Dariš-libur n'est pas sans faire penser, en définitive, à celle utilisée par Abraham dans le passage fameux de la Bible, qui relate sa négociation avec Yahvé pour le sauvetage de Sodome (Genèse 18, 16–33). Face à Yahvé, bien décidé au départ à détruire la ville, Abraham argumente pour qu'elle soit épargnée, avançant l'idée qu'il y aurait un risque d'injustice à "supprimer le juste avec le méchant" si jamais la ville entière devait être anéantie. Yahvé se dit prêt à accorder son pardon à la cité, pour peu que l'on y trouve 50 justes. Commence alors l'habile négociation menée par Abraham : priant son interlocuteur de pardonner son audace et se plaçant précisément sur un registre affectif, il revient cinq fois de suite à la charge, faisant faiblir un peu plus, à chaque tentative, la détermination divine. Il négocie pour 45, puis pour 40, 30, 20, et enfin pour 10 justes, jusqu'à ce que, finalement, Yahvé accède à sa demande : de guerre lasse, il abandonne la négociation et Abraham peut alors tranquillement rentrer chez lui.

On imagine un savoir-faire similaire chez Dariš-libur dont l'habileté dialectique parvint à faire progressivement céder le roi d'Alep sur cette délicate affaire d'extradition de réfugiés politiques.

BIBLIOGRAPHIE

Charpin, D. 2009. "Extradition et droit d'asile dans le Proche-Orient ancien : le cas du dieu de l'Orage d'Alep," *in* C. Moatti, W. Kaiser, C. Pébarthe (éds.), *Le monde de l'itinérance en Méditerranée de l'Antiquité* à l'*époque moderne. Procédures de contrôle et d'identification*, Ausonius éditions, Études 22, Bordeaux, p. 621–42.

Durand, J.-M. 2002. *Le culte d'Addu d'Alep et l'affaire d'Alahtum*, FM VII, Paris.

Lafont, B. 1992. "Messagers et ambassadeurs dans les archives de Mari," *in* D. Charpin et F. Joannès (éds.), *La ciculation des biens, des personnes et des idées dans le Proche-Orient ancien*, CRRAI 38, Paris, p. 167–83.

———. 2001. "Relations internationales, alliances et diplomatie au temps des royaumes amorrites. Essai de synthèse," *Amurru* 2, Paris, p. 213–328.

Sasson, J. M. 2007. "Scruples Extradition in the Mari Archives," *WZKM* 97, *Festschrift für Hermann Hunger*, p. 453–73.

———. 2015. *From the Mari Archives. An Anthology of Old Babylonian Letters*, Winona Lake.

CHAPTER 13

Paul Haupt: Between Two Worlds

Peter Machinist
Harvard University

I. Introduction

I discovered the name Paul Haupt when I was an undergraduate at Harvard University in the early 1960s. My Harvard teachers, Frank Moore Cross Jr., Thomas Lambdin, and G. Ernest Wright, had all been students of William Foxwell Albright of the Johns Hopkins University, and Albright, I learned, had been a student of Haupt at the same university. Indeed, Haupt, I read, had been one of the earliest appointees to the Johns Hopkins faculty and had founded there the "Oriental Seminary," a strange title to me since, still in the American parlance of my undergraduate days, "seminary" denoted either a theological school or a finishing academy for young women, to train them not only in academic subjects but in the social skills they were thought to need as adults. Only later did I find out that the title was a translation of the German "Orientalisches Seminar," arguably the basic unit of German higher education. The genealogy of Haupt–Albright–Cross/Lambdin/Wright and other Albright students whose names and work I gradually got to know appealed to me greatly as I was starting out on my studies, and in many ways the appeal remains. Here was a standard of erudition, wide-ranging but also deep-plunging, joined to a rigorous discipline of analysis, which in the first order concerned the ancient texts, but also—and this much more by Albright than by Haupt—the non-written evidence of excavation: the texts presented as the work of philology, the unwritten as the work of archaeology, and both combined in the reconstruction of history and society, or, more specifically, the recovery of the smell and feel of antiquity. But my very positive reception of Haupt and his "Hauptlings" came to be challenged when I read later a critique of Haupt's work that, while praising his early Assyriological studies, cast grave doubts on those that were non-Assyriological, especially the biblical. What to make of this critique bewildered me when I first encountered it, and it still does. The following paper, thus, will try to clarify it in the light of a broader evaluation of Haupt's career. I will begin with an overview of that career, and then consider, successively, the German and American phases of it. In so doing, I shall examine not only some of his major publications, but also his other professional activities, especially his teaching and curricular/programmatic contributions at Johns Hopkins. I will then look back over these career phases to ask about what divided and yet bound them together, and in so doing, finally, ponder

Author's note: To Jack, a master teller of stories, ancient and modern—with affection.

the legacy they left, particularly as this affected and was manifest in Haupt's best and most famous student, Albright, his Johns Hopkins successor.[1]

II. Paul Haupt: Biographical Overview

Paul Haupt lived for 68 years, born on November 25, 1858, in Goerlitz, German Silesia, the son of a police official, and dying in the United States, Baltimore, Maryland, on December 15, 1926.[2] The places of birth and death signal the two halves of his life and career: German and American. The first half, 1858–83, was spent in Germany, where he was educated and first taught; the second, 1883–1926, was in the United States, where he was a professor at Johns Hopkins; 1883–89 was an interim period involving both Germany and the States.

Haupt's talents were manifest early, both in music, which evidently was the first to engage his career imaginings, and in languages, which gradually became his focus in the classical gymnasium and then the university. His university studies moved rapidly and fully: two years (1876–78) to earn his doctorate at the University of Leipzig, as one of the earliest students of the dynamic young Friedrich Delitzsch in Assyriology, along with other fields of Semitics and history; then a year (1879) of further Semitics, including classical Ethiopic (Ge'ez), at the University of Berlin particularly under August Dillmann and Eberhard Schrader; concluding with his habilitation doctorate in Assyriology at the University of Göttingen, supervised by Paul de Lagarde (1880). He remained at Göttingen first as Privatdozent, and then after a year (1881) of copying tablets in the British Museum, supported by a fellowship that Lagarde had obtained for him, he returned to Göttingen to teach Akkadian, Sumerian, and Ethiopic (doubtless Ge'ez), becoming in 1883 Professor Extraordinarius, again with the help of Lagarde. The promotion was impelled by an offer of a professorship from Johns Hopkins: an offer, when Haupt was still 24 years old, which was made directly by the Johns

1. The present paper is based on published sources only; archives relating to Paul Haupt at the Johns Hopkins University, at the University of Göttingen, and elsewhere could not be consulted, and would doubtless refine the portrait here presented, though it is my hope that the archives would not change in a major way what I have tried to do. Dr. Felix Wiedemann of the Freie Universität Berlin has, as I have learned, been working on those archives for his own study of Haupt.

2. This overview draws mainly from the following: W. F. Albright, "Professor Haupt as Scholar and Teacher," in *Oriental Studies Published in Commemoration of the Fortieth Anniversary (1883–1923) of Paul Haupt as Director of the Oriental Seminary of the Johns Hopkins University*, ed. Cyrus Adler and Aaron Ember (Baltimore: Johns Hopkins University Press, 1926), xxi–xxxii; W. F. Albright, "In Memoriam Paul Haupt," *Beiträge zur Assyriologie und semitischen Sprachwissenschaft* 10/2 (1927): xiii–xxii; W. F. Albright, "Haupt, Hermann Hugo Paul," *Neue Deutsche Biographie* 8 (1969): 102f., http://www.deutsche-biographie.de/pnd116528036.html; George A. Barton, "Haupt, Paul," in *Dictionary of American Biography* (New York: Charles Scribner's Sons, 1931), 3:401–2; Rykle Borger, "Ein Jahrhundert Assyriologie an der Universität Göttingen," *Universität Göttingen Informationen* 6 (8 December 1980): 3–9; Benjamin R. Foster, "Haupt, Paul (25. November 1858–15. December 1926)," *American National Biography Online*, http://doi-org.ezp.prod1.hul.harvard.edu/articles/20/20-00452.html; Eckart Frahm, "Between Microphilology, Academic Politics, and the Aryan Jesus: Paul Haupt, Hermann Hilprecht, and the Birth of American Assyriology," in *Ex Oriente Lux et Veritas: Yale, Salisbury, and Early Orientalism*, ed. Karen Foster (New Haven: Yale Babylonian Collection, 2017), 53–72; Heinrich Zimmern, "Paul Haupt †," *ZA* 37 (1927): 295–96. Cf. also my earlier, brief review: "Paul Haupt (1858–1926)," *EBR* 11 (2015): 413–14.

Hopkins president, Daniel Coit Gilman, himself with Orientalist interests (he later became the president of the American Oriental Society [1893–1906]).[3]

Haupt's university years in Germany made him something of a Wunderkind: the rapidity of his progress reflecting not only his amazing appetite for languages and their detailed analysis, but also the fact that Assyriology was then a very new discipline in Germany, having been institutionalized only in the mid-1870s.[4] Thus, a dissertation of some 18 pages, offering a brief and partial edition of a cuneiform text, was not unacceptable in such pioneering days, particularly when the fuller form was published in the same year.[5] As it turned out, Haupt's two monographs were part of a rapid and abundant publication, totaling 18 articles and monographs by his Göttingen promotion and Johns Hopkins invitation in 1883. All this publication concerned Assyriology and the philology of its principal languages, Akkadian and Sumerian, though not occasionally with reference to issues in the comparative grammar of the Semitic languages.[6] Already marking Haupt in these early years—a mark observed by many—were an ambition and self-confidence that could be overweening.[7] But Haupt met his match in his habilitation adviser, Paul de Lagarde.[8] Lagarde was a pre-eminent scholar of diverse Semitic and non-Semitic languages and their texts, who, while mild, even withdrawn, in person, could exhibit a polemical, caustic, and sometimes vicious edge against colleagues in his publications. Eventually, he became even better known for his political writings, railing against the contemporary German Second Reich and what he perceived as its soulless industrialization of German society, and pouring his scorn on its putative agents, especially the Jews, in what was a conspicuous amount of anti-Semitic invective.[9] Despite his wide-ranging erudition, Lagarde had no serious

3. Albright, "Professor Haupt," xxv; Bruce Kuklick, *Puritans in Babylon: The Ancient Near East and American Intellectual Life, 1880–1930* (Princeton: Princeton University Press, 1996), 104.

4. See, with further references, Peter Machinist, "The Road Not Taken: Wellhausen and Assyriology," in *Homeland and Exile: Biblical and Ancient Near Eastern Studies in Honour of Bustenay Oded*, ed. Gershon Galil, Mark Geller, and Alan Millard, VTSup 130 (Leiden/Boston: Brill, 2009), 487–88 and nn. 43–44.

5. The dissertation was: *Sumerische Studien: Inaugural-Dissertation zur Erlangung des philosophischen Doctorgrades der Universität Leipzig* (Leipzig: Breitkopf und Haertel, 1879), with a note about the fuller form, which covered 87 pages: *Die sumerischen Familiengesetzte in Keilschrift, Transcription und Übersetzung nebst ausführlichem Commentar und zahlreichen Excursen: Eine assyriologische Studie* (Leipzig: Hinrichs, 1879).

6. See Aaron Ember, "Bibliography of Paul Haupt," in Adler and Ember, eds., *Oriental Studies*, xxxiii–lxx, especially xxxiv–xxxvi: Nos. 1–18.

7. See Borger, "Ein Jahrhundert," 6; and Ulrich Sieg, *Deutschlands Prophet: Paul de Lagarde und die Ursprünge des modernen Antisemitismus* (Munich: Carl Hanser Verlag, 2007), 147. For a later, Johns Hopkins view, see in Hugh Hawkins, *Pioneer: A History of the Johns Hopkins University, 1874–1889* (Ithaca: Cornell University Press, 1960), 159.

8. The most recent and fullest biography is Sieg, *Deutschlands Prophet*.

9. The prime written example is Lagarde's *Deutsche Schriften* (Göttingen: Dieterichsche Verlagsbuchhandlung, 1878, with at least four more editions through 1920). For discussion, see Sieg, *Deutschlands Prophet*, passim; and earlier, Fritz Stern, *The Politics of Cultural Despair: A Study in the Rise of the Germanic Ideology* (Berkeley: University of California Press, 1961), Chapter 1. Haupt also appears to have been affected by something of the anti-Semitism that was just in the air in the Europe of the latter nineteenth and twentieth centuries, as evidenced by a communication he sent to Lagarde, regarding Jewish "holier than thou" (*Pfaffen*) types in antiquity (p. 149), and perhaps later, by his curious effort—in which he joined others—to argue for a possibly "Aryan" ancestry for Jesus (e.g., "The Aryan Ancestry of Jesus," *The Open Court* 23/635 [April 1909]: 193–204; for the whole movement, see Peter M. Head, "The Nazi Quest for an Aryan Jesus," *Journal for the Study of the Historical Jesus* 2 [2004]: 55–89; Wolfgang Fenske, *Wie Jesus zum "Arier" Wurde: Auswirkungen der Entjudaisierung Christi im 19. und zu Beginn des 20. Jahrhunderts*

interest in Assyriology, and while he accepted Haupt for a habilitation dissertation in this field, he intended to organize it around a broader arena of classical Semitics, that is, Arabic, Aramaic, Ethiopic, and Hebrew in their several dialects and historical periods. Haupt certainly became familiar with these languages, as already indicated, but evidently not to the level that Lagarde expected for his oral examination of him, and Haupt, being apprised of this, decided to forego the examination in Semitics for one just in Assyriology, which Lagarde treated as "kaum mehr als eine Formalität." The result was that Lagarde decided to certify Haupt more narrowly in Assyriology, but not in Semitics overall.[10] The consequences, it appears, were substantial. Positions in Assyriology in Germany in the early 1880s were restricted to Berlin and Leipzig, and new positions—given the newness and, for some, still unclear nature of the field—were uncertain. One had to combine Assyriology with other fields, like Semitics or Old Testament—something for which Haupt certainly had the qualifications, but not the certification, that is, the *venia legendi* or license to teach in the Germanic world that a Semitics habilitation would have conferred on him. That, plus the animosity that Lagarde's personality had created among colleagues,[11] which Haupt's own behavior did not diminish, posed formidable obstacles for the young scholar.

All of these obstacles, thus, made the challenge of finding a permanent academic position in Germany extraordinarily difficult. It has to be said that Lagarde, despite the obstacle he placed before Haupt in not certifying him in Semitics, otherwise tried earnestly to be of assistance. In 1881, as we have seen, he gained for Haupt a grant to allow him to copy tablets in the British Museum. Two years later, with the publication of that grant work, Haupt's masterful volume of cuneiform texts and analysis entitled *Akkadische und sumerische Keilschrifttexte*,[12] and especially the offer (1883) of a permanent professorship at Johns Hopkins, Lagarde was able to convince his Göttingen colleagues to promote Haupt to a professorship extraordinarius, roughly equivalent to an American associate professorship. But this promotion came with a real catch: it was unpaid, and it carried a leave of absence for three years.[13] That Haupt did not dismiss the Göttingen promotion outright and move fully to Johns Hopkins indicates how

[Darmstadt: Wissenschaftliche Buchgesellschaft, 2005]; and Susannah Heschel, *The Aryan Jesus: Christian Theologians and the Bible in Nazi Germany* [Princeton: Princeton University Press, 2008]). It must be said, however, that Haupt's article does not convey any patent anti-Semitism; it reads as a scholarly inquiry, however problematic its discussion. Certainly, at Johns Hopkins, Haupt showed himself open and welcoming of Jewish students and colleagues into his department; compare also his interest, however complex his motives, in resettling Jewish refugees from Russian oppression (see below). Cf. Frahm, "Microphilology," 61–62.

10. Frahm, "Microphilology," 146–47.

11. Frahm, "Microphilology," 148 and passim; Borger, "Ein Jahrhundert," 5. One notable example, from the 1880s, concerns the feud between Lagarde and the German-Hungarian Jewish scholar, David Kaufmann, over Kaufmann's negative review of a dissertation by a student of Lagarde, which prompted a hateful response from Lagarde that, inter alia, impugned the ability of the Altmeister of German Jewish scholars, Leopold Zunz. Kaufmann, who revered Zunz as one of his mentors, responded in turn with a monograph-length attack on Lagarde and his competence in the study of classical Jewish sources: see Kaufmann's attack together with his initial review of Lagarde's student: *Paul de Lagarde's Judische Gelehrsamkeit: Eine Erwiederung* (Leipzig: Otto Schulze, 1887); and Sieg, *Deutschlands Prophet*, 243–45.

12. Paul Haupt, *Akkadische und sumerische Keilschrifttexte: Nach den Originalen im Britischen Museum copirt und mit einleitenden Zusammenstellungen sowie erklärenden Anmerkungen*, Assyriologische Bibliothek 1 (Leipzig: Hinrichs, 1881–82).

13. Sieg, *Deutschlands Prophet*, 147–48; Borger, "Ein Jahrhundert," 4.

poor his options were in Europe and how much he still wanted a place in the German academic hierarchy—which, after all, was the center of specialized graduate research in virtually all fields in the world at the time. So he worked out a compromise, in which he would take both offers, spending the fall and winter teaching at Johns Hopkins and the late spring and summer teaching at Göttingen, his Hopkins salary covering the two periods. In this way, he hoped to buy enough time to find a permanent position in Germany. But the hope was not to be realized: no German invitation appeared, the factors of personality and *venia legendi* focus perhaps remaining too strong.[14] In any case, in 1889 the Johns Hopkins trustees told Haupt that the financial situation of their university would no longer allow this dual professorship[15]—for which Haupt had become popularly known as the "Professor auf beiden Hemisphären"[16]—and so Haupt decided to settle in the United States and at Hopkins full-time, becoming W. W. Spence Professor of Semitic Languages and taking American citizenship soon thereafter.

Haupt had already begun to admit graduate students at Johns Hopkins in the mid-1880s when he was sharing his time with Göttingen, one of whom came from Göttingen to study for two semesters (1883–84).[17] And in the same period he established at Hopkins the "Oriental Seminary." By no means, however, did he sever his ties with Europe, and Germany especially. Every year until the First World War, he summered in Germany,[18] where he continued his research and met colleagues. He also was a regular attendee at international congresses in Europe and elsewhere, especially the International Congress of Orientalists, a European fixture, and continued a heavy correspondence with European as well as American colleagues. And while the bulk of his publications were now written in English, German, very occasionally French, and even Hebrew articles also appeared. All of this at times frenetic activity, including teaching, continued to his dying year, 1926.

Three facets of Haupt's American career stand out. The first was teaching and the training of scholars. It revolved around the "Oriental Seminary," Haupt's base of operation for the rest of his career. The seminary, or in its German model, the Orientalisches Seminar, was one of a series of such units at Johns Hopkins, all of which were part of the deliberate design of the university when it was founded in 1876 as a German institution of higher education and advanced research.[19] Haupt was the, at times, imperious director, who ran a tight, organized group, as illustrated by several photographs of him, his students, and colleagues—one photograph in the seminary room with its library (Fig. 13.1). Although there were other faculty, eventually in Hebrew Bible, Hebrew, Akkadian, and other Semitic languages, Egyptology, and post-biblical Hebrew and classical Judaism, Haupt was by far the dominant figure, who taught not only Akkadian and Sumerian, but Hebrew and Hebrew Bible, Aramaic, Arabic, and Ethiopic. Many, if not most of the other faculty, in fact, had been former or current,

14. An additional factor here may have been Haupt's failure to produce a large-scale Assyrian (= Akkadian) grammar, on which see further below.

15. Hawkins, *Pioneer*, 158.

16. See Zimmern, "Paul Haupt †," 295.

17. The student was Carl Friedrich Lehmann-Haupt, on whom see Sebastian Fink, Robert Rollinger, Klaus Eisterer, and Dirk Rupnow, *Carl Friedrich Lehmann-Haupt: Ein Forscherleben zwischen Orient und Okzident*, Classica et Orientalia 11 (Wiesbaden: Harrassowitz, 2015).

18. Zimmern, "Paul Haupt †," 295.

19. Hawkins, *Pioneer*, 224–32.

FIGURE 13.1. Paul Haupt and his students and colleagues at the Semitic/Oriental Seminary, in McKoy Hall, Old Campus, of the Johns Hopkins University, ca. 1915. Haupt is the first person on the right-hand side, and perhaps William Foxwell Albright is the last person on that side. Courtesy of the Ferdinand Hamburger Archives, Sheridan Libraries, Johns Hopkins University.

more advanced students, which, of course, enhanced the seminary's group feeling and ensured the continuing dominance of its founder.[20] As for the program, it focused on the ancient Near East and the ancient Semitic languages, with principal emphasis on the Hebrew Bible and Mesopotamia. The weight on Mesopotamia is best exemplified by Haupt's first doctoral student, Cyrus Adler, whose 1887 dissertation was an edition of a portion of the annals of the Neo-Assyrian king Ashurbanipal,[21] and by his later student, William Foxwell Albright, whose 1916 dissertation treated "The Assyrian Deluge Epic."[22] Mesopotamia was also the focus for an extra-mural workshop or

20. Among the students who became for a time instructors while they were studying, and then faculty colleagues of Haupt, after they had completed their degrees, were: Cyrus Adler, Christopher Johnston, Aaron Ember, Frank Blake, and William Rosenau. See the various numbers of the *Johns Hopkins University Circulars* from approximately 1887 to 1914, in which the names, courses, and occasional publications of these students, as well as of Haupt, appear.

21. Cyrus Adler, "The Annals of Sardanapalus: A Double Transliteration, Translation, Commentary, and Concordance of the Cuneiform Text" (PhD diss., The Johns Hopkins University, 1887). "Sardanapalus" is the Greek name for the last king of Assyria, used by Haupt and contemporaries for what they understood to be Ashurbanipal.

22. William Foxwell Albright, "The Assyrian Deluge Epic" (PhD diss., The Johns Hopkins University, 1916). Like Adler's, Albright's dissertation was never published. In both cases, the decision was deliberate: Adler, because his work had been eclipsed by that of another in publication (Cyrus Adler, *I have Considered the Days* [Philadelphia: Jewish Publication Society, 1941], 64–65); Albright, because of the costs of publication and because he was later dissatisfied with his work and thought it reflected too much of what he came

course that Haupt initiated in 1887 in January, during a break in his regular teaching, aimed particularly at those from outside of Johns Hopkins.[23] Especially in the regular graduate program, students were given a rigorous training in the languages and the close analysis of the ancient texts, with translation into the languages as well as out of them.[24] In this regard they had their teacher as model, who had the custom of composing cuneiform compositions beautifully executed on clay tablets for various celebratory occasions of the university and other professional institutions and colleagues.[25]

A second facet of Haupt's work in his Johns Hopkins years took him outside of the university. He was a regular and active member of many scholarly organizations within North America and Europe, and a president or senior curator of several of these. The International Congress of Orientalists has already been mentioned, and to it should be added the German Vorderasiatische Gesellschaft, and the American Oriental Society (president 1913–14), the American Schools of Oriental Research, the Society of Biblical Literature (president 1905–1906), the American Philosophical Society, the American university honor society, Phi Beta Kappa,[26] and the Smithsonian Institution. Within the latter, he established in 1888 the section on "Oriental Antiquities," including Oriental Archaeology and Assyriology, of which he became Honorary Curator, along with his student, Cyrus Adler as Honorary Assistant Curator; the latter went to serve the Smithsonian successively as librarian and assistant secretary in the years 1892–1905.[27] Haupt also was co-editor, with his former Doktorvater, Friedrich Delitzsch, of two of the principal serials in Assyriology of the period, which outlived both editors, the Assyriologische Bibliothek (1881–1933) and the *Beiträge zur Assyriologie und semitischen Sprachwissenschaft* (1890–1927). In addition, he was an associate editor, along with Hermann Strack and the chief editor, William Rainey Harper, of the first seven volumes of *Hebraica* (1884–91), one of the principal American journals for Hebrew Bible and the broader ancient Near East. Haupt read many papers at the meetings especially of the International Congress of Orientalists, the American Oriental Society, and the Society of Biblical Literature, and encouraged—if not demanded—that his students do likewise, even before they had graduated. Clearly, he saw the value of these organizations not only for the advancement of knowledge, but for the development of the reputation of his Oriental Seminary, its work and methods and its members.

This outreach beyond the seminary went further: into politics. The main example was Haupt's interest in contemporary Iraq, part of the Ottoman empire at that time.

---

to question about Haupt (Leona Glidden Running and David Noel Freedman, *William Foxwell Albright: A Twentieth-Century Genius* [New York: Two Continents Publishing Group, 1975], 80–81; Peter Douglas Feinman, *William Foxwell Albright and the Origins of Biblical Archaeology* [Berrien Springs, MI: Andrews University Press, 2004], 191–92 n. 30).

23. Hawkins, *Pioneer*, 159; Feinman, *William Foxwell Albright*, 178.

24. Albright, "Professor Haupt," xxxi–xxxii.

25. See Ember, "Bibliography," Nos. 58, 66, 123, 135, 156, 268, 397.

26. For Phi Beta Kappa, Haupt, it appears, made the effort to nominate his best graduate students like Albright, who, in turn, continued as his successor to do the same for his best.

27. See Adler, *Considered the Days*, 48–71, 171–75, 180–96; "Biography: ARC MS26 – Cyrus Adler Collection," Library of the Herbert D. Katz Center for Advanced Judaic Studies, University of Pennsylvania (http://www.library.upenn.edu/cajs/Adler.html); Steven W. Holloway, "The Smithsonian Institution's Religious Ceremonial Objects and Biblical Antiquities Exhibits at the World's Columbian Exposition (Chicago, 1893) and the Cotton States and International Exposition (Atlanta, 1895)," in *Orientalism, Assyriology and the Bible*, ed. Steven W. Holloway (Sheffield: Sheffield Phoenix, 2006), 106–17.

More specifically, Haupt wanted to find an archaeological site in Iraq/ancient Mesopotamia to excavate on behalf of Johns Hopkins and the Smithsonian.[28] Spurred on by his rivals at the University of Pennsylvania Museum who had begun work at ancient Nippur, J. P. Peters and then Hermann Hilprecht—they themselves eventually came to intense odds over their Nippur work—Haupt looked to another, equally ancient and famous site in southern Iraq/Babylonia, Ur. The story here is a complex one, running from the late 1880s through about 1892, but with a legacy that lasted until just a few years before the First World War.[29] Suffice it to note that when Haupt's plan for Ur did not look as if it would succeed, he introduced a correlative proposal for the settlement of Jews in Iraq/Mesopotamia and eastern Syria who were forced to leave Czarist Russian lands because of persecution—a settlement, he argued, that should be prepared for by archaeological exploration of the region. This proposal for settlement, though not for archaeology, continued to be discussed by a number of prominent Jewish leaders in Europe and the United States until about 1910, but eventually it succumbed both to increasingly nationalistic impulses in Ottoman Turkey, which after all claimed sovereignty over the region, and to many other schemes for Jewish settlement, in which that in Palestine eventually proved victorious.

The third and most challenging facet of Haupt's American years is his scholarship. Pending a more detailed, though still selective review in the following sections, we must note an obvious point remarked on by others who have written about Haupt: the change of focus.[30] Through his German years, including the six in the mid- and later 1880s when he alternated between Göttingen and Johns Hopkins, Haupt's scholarship focused on Assyriology. To be sure, there were publications in which issues of Akkadian were considered in the light of more general Semitic linguistics and philology, and Haupt's teaching in this period, as noted, ventured beyond Akkadian, Sumerian, and Mesopotamian texts and history to other Semitic languages and literatures. But all of it appears to have revolved around Assyriology, and it was as an Assyriologist that Haupt habilitated in Göttingen and became known and appreciated in the wider scholarly world. A dramatic reversal occurred, however, when Haupt decided on full-time membership in the Johns Hopkins faculty. His focus now became the Hebrew Bible, in commentary, philological notes, and analysis of the biblical languages, Hebrew and Aramaic. Other topics, to be sure, emerged, like New Testament and early Christianity, classical Judaism, and modern Middle Eastern society and politics, but none of these earned a sustained interest on the order of his Hebrew Bible studies. And comparative Semitics and Assyriology were by no means forgotten, as we have already observed, certainly not in his teaching, where Haupt offered them regularly, and even not in his

28. In this regard, Haupt was already urged by Lagarde in 1886; see Sieg, *Deutschlands Prophet*, 148.

29. Paul Haupt, *Über die Ansiedlung der russischen Juden im Euphrat- und Tigris-Gebiete: Ein Vorschlag* (Baltimore: Friedenwald Co., 1892); Moshe Perlmann, "Paul Haupt and the Mesopotamian Project, 1892–1914," *Publications of the American Jewish Historical Society* 47/3 (March, 1958): 154–75; Jerrold S. Cooper, "From Mosul to Manila: Early Approaches to Funding Ancient Near Eastern Studies Research in the United States," *Culture and History* 11 (1992): 133–64, who also describes Haupt's interest in the Philippines, which, again, combined political with academic interests. Important on this whole Mesopotamian and related matters is Kuklick, *Puritans*, especially Chapters 3, 4, 6, with Haupt's involvement mentioned on pp. 34, 49, 79, 105–6, 122, 131.

30. See above n. 2, e.g., Albright, "Haupt, Hermann Hugo Paul"; Borger, "Ein Jahrhundert," 5–6; Foster, "Haupt, Paul"; and Zimmern, "Paul Haupt †," 296.

publication. Yet the publication, particularly in Assyriology, was, with a few partial exceptions, not of major books nor of major articles, as had been the case for his Assyriology in Germany;[31] rather, it was now shorter articles, notes, and ornamental pieces like the cuneiform tablets he composed and copied for ceremonial occasions. How to explain and evaluate this change of focus is arguably the major question in assessing Haupt's career, and we will treat this later.

III. Haupt's Publications: A Closer Look

Let us, therefore, examine these publications in the two chronological groups we have observed: first the Assyriological from Haupt's German and German-American periods (1878–89); then, Hebrew biblical from his full-time American professorship at Johns Hopkins (1889–1926). Since Haupt's bibliography is enormous—522 items compiled by his former student and then Johns Hopkins colleague, Aaron Ember[32]—we must be selective in both categories.

The German and German-American Periods

The German Assyriological publications concern four topics: the linguistic analysis of Akkadian; the publication of new Akkadian and Sumerian texts in cuneiform copies, sometimes with notes; the Mesopotamian literary traditions of the Primeval Flood; and the clarification of Sumerian. For Akkadian, the publication of texts, and the Flood, our discussion can be modest because they stand behind Haupt's achievement in Sumerian. Akkadian, it should be noted, was labeled by Haupt as "Assyrian" following the scholarly fashion common through the 1880s;[33] indeed, Haupt continued this to his death in 1926, well beyond the change to "Akkadian." Here, probably his outstanding accomplishment was the analysis of the Akkadian phonological system, worked out in several essays of which the principal was "Beiträge zur assyrischen Lautlehre" (1883).[34] This was the first comprehensive and systematic survey of its kind, and remained standard for several decades. The work makes copious reference, as it must, not only to the Akkadian texts then known, but to the panoply of other Semitic languages, and its particular contribution, as signaled by his student Albright, is the sorting out, in substantial and disciplined fashion, of the sibilants, including what seems to be a recognition of their different treatment in the Assyrian and Babylonian dialects, though that treatment, as manifest in their loanwords in Hebrew and

31. The one real exception was Haupt's volume of cuneiform copies of the Gilgamesh Epic, completed in 1891; but it had been conceived and largely published in his German phase, beginning in 1884: *Das babylonische Nimrodepos: Keilschrifttext der Bruchstücke der sogenannten Izdubarlegenden mit dem Keilinschriften Sintfluthberichte, nach den Originalen im Britischen Museum*, Assyriologische Bibliothek 3 (Leipzig: Hinrichs, 1884–91).

32. Ember, "Bibliography."

33. On the usage of "Assyrian" for "Akkadian," see I. J. Gelb in *CAD* A/1 (1964), vii; as the title indicates, the *CAD* retained, as a courtesy, the title "Assyrian," which had been established at the beginning of its work in 1921.

34. Paul Haupt, "Beiträge zur assyrischen Lautlehre," *Nachrichten von der Königlichen Gesellschaft der Wissenschaften und der Georg-August-Universität zu Göttingen* 4 (25 April 1883): 85–115.

Aramaic, could have been made more explicit.[35] Other essays, clarifying the existence of an *e* versus an *i* vowel, the semi-vowel *u* and its mutations, and nominal morphology, must also be accounted as major contributions.[36] Together, they underscore why Haupt's Doktorvater, Friedrich Delitzsch, dedicated the inaugural edition of his *Assyrische Grammatik* (1889), the first comprehensive historical grammar of Akkadian, to Haupt.[37] Haupt, however, never wrote such a grammar himself, despite his being urged to do so by his habilitation adviser, Paul de Lagarde, who felt it would help Haupt in his search for a permanent position in Germany;[38] the closest he came was his 1889 long paper, "Prolegomena to a Comparative Assyrian Grammar" (1887)[39]—the very title indicating his plan for the larger volume.

Something similar may have occurred in Haupt's effort to initiate a Babylonian-Assyrian glossary, a handy dictionary building on what he had offered on a more modest scale with Sumerian in his *Akkadische und sumerische Keilschrifttexte*. The glossary project began in 1887 on the American side of Haupt's then transatlantic work at Johns Hopkins and Göttingen, and involved Haupt's Hopkins students. But Haupt could not carry it through himself as director and let it go by the early 1890s. Borger, who at first briefly related the story, cites it as an example of Haupt's loss of focus on substantive Assyriological research as he moved full-time to America.[40] But a larger reason, which Borger later admitted as a possibility,[41] seems to be that in this period of the late 1880s–early 1890s, Haupt's Doktorvater, Delitzsch, was hard at work on an Assyrian dictionary of his own, aiming it at first toward a large-scale work but then abandoning that as unfeasible for a smaller condensed *Handwörterbuch*. The latter appeared in 1896 and remained a standard for many decades thereafter.[42] So it may be that Haupt, knowing of Delitzsch's undertaking[43] and perhaps recognizing that his teacher was the greater lexicographer,[44] quite possibly felt that, as with his *Assyrische Grammatik*, Delitzsch had again eclipsed him. Haupt's decision not to continue, however, was not the end in America. For by 1893/94, William

35. Albright, "Professor Haupt," xxiv–xxv; and more fully, Albright, "In Memoriam," xvi–xvii, where in addition to his praise of this article he notes Haupt's failure to recognize the dissimilation of initial *m* in certain classes of nouns which have a labial root—a phenomenon, he observes, that was later discerned and discussed by Jakob Barth.

36. Paul Haupt, "The Assyrian *E*-Vowel," *AJP* 8 (1887): 265–91; Haupt, "Über den Halbvocal u̯ im Assyrischen," *ZA* 2 (1887): 259–86; idem, "Über die beiden Halbvocale u̯ and i̯," *Beiträge zur Assyriologie und semitischen Sprachwissenschaft* 1 (1889): 293–300; idem, "Das Nominalpräfix im Assyrischen," *Beiträge zur Assyriologie und semitischen Sprachwissenschaft* 1 (1888): 1–20; idem, "Zur assyrischen Nominallehre," *Beiträge zur Assyriologie und semitischen Sprachwissenschaft* 1 (1889): 158–84.

37. Friedrich Delitzsch, *Assyrische Grammatik mit Paradigmen, Übungsstücken, Glossar und Literatur*, PLO 10 (Berlin: H. Reuther, 1889, 1906^2).

38. Sieg, *Deutschlands Prophet*, 148.

39. Paul Haupt, "Prolegomena to a Comparative Assyrian Grammar," *JAOS* 13 (1887): xlvii–lxv.

40. Briefly in Borger, "Ein Jahrhundert," 6.

41. Rykle Borger, *Altorientalische Lexikographie: Geschichte und Probleme*, Nachrichten der Akademie der Wissenschaften in Göttingen, I. Philologisch-historische Klasse Jahrgang 1984/2 (Göttingen: Vandenhoeck & Ruprecht, 1984), 16–17.

42. Friedrich Delitzsch, *Assyrisches Handwörterbuch* (Leipzig: Hinrichs; Baltimore: Johns Hopkins University Press, 1896). On this work and its background, see Borger, *Altorientalische Lexikographie*, 12–16.

43. In the preceding note, observe that a co-publisher of Delitzsch was the Johns Hopkins University Press.

44. So opines Borger, "Ein Jahrhundert," 6, 9 n. 16, citing Peter Jensen, *TLZ* (1895/2): 252.

Muss-Arnolt, a former worker on Haupt's project, picked up the work that Haupt had done and, using Delitzsch's dictionaries as they appeared, carried through one of his own. At first, Muss-Arnolt's effort was heavily criticized, and his relationship to Haupt on the work was tense. But eventually he found his footing, and by adding a great deal of secondary bibliography to his lexical entries he secured for his dictionary, which finally appeared in 1905, a welcome place in Assyriological scholarship.[45]

Haupt's two cuneiform text volumes were also a milestone in the field. Both show meticulously drawn copies of cuneiform tablets from the British Museum, which are striking in their clarity and ease of reading and reliable in their reproduction of what is preserved and broken on the tablets.[46] The first, *Akkadische und sumerische Keilschrifttexte* (1881–82), offers a medley of texts: grammatical and lexical lists covering Sumerian and Akkadian, incantations, hymns, prayers, and confessions, in addition to a number of studies of Akkadian and Sumerian grammar and lexicon and a list of essential cuneiform signs. The second, *Das babylonische Nimrodepos* (1884–91), is dedicated to Lagarde and reproduces all of the known texts of the Gilgamesh epic complex. In subsequent articles Haupt added texts and comments to both volumes, as did other scholars,[47] but both are such imposing monuments of their craft that they remain important collections to the present, the first being reprinted in 1974,[48] thus before the vast reprinting of older volumes in many fields that has become normal in recent years.

Thirdly, there is Haupt's work on the Mesopotamian Flood narratives. It appeared in several publications in the 1880s, including the public lecture required of his habilitation in Göttingen, and continued into Haupt's American period, principally the early part of it, though the dissertation of his pupil Albright, "The Assyrian Deluge Epic" (1916),[49] is one late manifestation. Building on the previous scholarship especially of George Smith, Friedrich Delitzsch, and François Lenormant, which he acknowledges, Haupt discusses primarily the Neo-Assyrian copies, in the British Museum where he had examined them, of the Flood version in the eleventh tablet of the Akkadian Gilgamesh Epic, as well as the Akkadian Gilgamesh Epic overall. He offers a very detailed philological treatment—Akkadian transliteration, translation, and commentary—in his excursus in Eberhard Schrader's *Die Keilinschriften und das Alte*

45. William Muss-Arnolt, *A Concise Dictionary of the Assyrian Language*, 2 vols. (Berlin: Reuther & Reichard; New York: Lemcke & Buechner, 1905). On the history of the production of this dictionary, see Borger, *Altorientalische Lexikographie*, 17–22. It should be added that Kuklick mentions a different reason for Haupt's abandonment of his Assyrian dictionary: the lack of funding; Kuklick, *Puritans*, 112–13, 219 n. 69. While not wishing to deny this—Kuklick points to unpublished correspondence—I would observe that the funding problem evidently did not last forever because Muss-Arnolt was able, even with the difficulties he encountered, to pick up the project and eventually to publish it in 1905.

46. Cf. Borger, "Ein Jahrhundert," 4; and Foster, "Haupt, Paul."

47. See nn. 12 and 31. Subsequent articles of Haupt and others are listed in Ember, "Bibliography," Nos. 26, 42, 56, 67, 131; and in Borger, *HKL*, vol. 1 (Berlin: de Gruyter, 1967), 185–86 s.v. Haupt, Paul, *ASKT* (= *Akkadische und sumerische Keilschrifttexte*) and *NE* (= *Das babylonische Nimrodepos*).

48. Borger, "Ein Jahrhundert," 4.

49. Paul Haupt, *Der keilinschriftliche Sintfutbericht: Eine Episode des babylonischen Nimrodepos. Habilitations-Vorlesung gehalten an der Universität Göttingen am 18. December 1880* (Leipzig: Hinrichs, 1881); idem, "Beiträge" in Eberhard Schrader, *Die Keilinschriften und das Alte Testament*, 2nd ed. (Giessen: J. Ricker, 1883), 55–79, 492–521. Other articles of Haupt are again listed in Ember, "Bibliography," Nos. 9, 23, 42, 49, 51, 52, 53, 65, 67, 75, 76, 82, 83, 94, 121, 218, 491. For Albright's dissertation, see n. 22.

Testament, and his habilitation lecture/monograph[50] reviews the modern scholarship, the structure and content of the Gilgamesh episode, and its relationship to the biblical account of the Flood in Genesis 6–8. While some of the transliteration, translation, and understanding, not surprisingly, has to be corrected or updated—so, for example, the proper identification of Gilgamesh's companion, Enkidu—these studies together represent one of the foundational treatments of the Flood episode, which, of course, became an object of great significance in biblical and Assyriological scholarship, and for the more general public as well.

Perhaps Haupt's most far-reaching contribution to Assyriology concerned Sumerian. This was the object of his doctoral and habilitation dissertations and appeared in twelve publications from 1879 through 1885. The primary are: *Die sumerischen Familiengesetze* (1879), an enlargement of his doctoral "Sumerische Studien" (1878/79); "Über einen Dialekt der sumerischen Sprache" (1880); *Akkadische und sumerische Keilschrifttexte* (1881–82); *Die akkadische Sprache* (1883); and "The Babylonian 'Woman's Language'" (1884).[51] Haupt's work on Sumerian built on a number of predecessors going back to the 1860s when Sumerian began to be recognized over against Akkadian, and progress on it, that is, on the reading and understanding of it as a language, picked up in the 1870s as it became a major focus of Assyriology in general. Principally involved were Henry Rawlinson, Edward Hincks, Jules Oppert, François Lenormant, A. H. Sayce, Eberhard Schrader, Friedrich Delitzsch, and Th. Pinches.[52] By the time Haupt became involved as a doctoral student in the mid-1870s, certain aspects of Sumerian had begun to be discerned: that it was non-Semitic and non-Indo-European; that it was agglutinative in structure; that recourse to ancient syllabary and other bilingual texts in Sumerian and Akkadian was essential to clarifying something of its structure and particular features, like the syntactic construction of the noun plus adjective and then suffixes, the plural suffixes in *-eš* and *-ene*, the reduplication of the root to express plurality in the noun and frequency in the verb, some of the pronouns and pronominal suffixes like the first person plural *me* and the second person plural *zunene*, as well as the meaning of a variety of words and particularly the ways in which they were represented by cuneiform word-signs (= logograms). On the other hand, a number of issues remained in contention: the reading of many logograms; the identification of many of the affixes and their functions; the linguistic relationship of

50. For these two publications, see n. 49.

51. Haupt, *Sumerische Studien*; *Familiengesetze*; "Über einen Dialekt der sumerischen Sprache," *Nachrichten von der Königlichen Gesellschaft der Wissenschaften und der Georg-August-Universität zu Göttingen* 17 (3 November 1880): 513–44; *Akkadische und sumerische Keilschrifttexte*; *Die akkadische Sprache: Vortrag gehalten auf dem Fünften Internationalen Orientalisten-Congresse zu Berlin mit einem Anhange von O. Donner* (Berlin: A. Asher & Co. Weidmannsche Buchhandlung, 1883); and "The Babylonian 'Woman's Language,'" *AJP* 5 (1884): 68–84.

52. For the history of the decipherment and early analysis of Sumerian, see, inter alia, F. H. Weissbach, *Die sumerische Frage* (Leizig: Hinrichs, 1898); S. A. Pallis, *The Antiquity of Iraq: A Handbook of Assyriology* (Copenhagen: Ejnar Munksgaard, 1956), 175–84; Erika Marsal, "The Beginnings of Sumerology (I): Early Sketches to a First Complete Grammar," *AuOr* 32 (2014): 283–97; Marsal, "The Beginnings of Sumerology (II): From Delitzsch's Grammar to Adam Falkenstein," *AuOr* 33 (2015): 255–69. On Haupt's work in particular, see, e.g., the generally laudatory remarks of Pinches, "Report on the Progress of Cuneiform Research," *Transactions of the Philological Society* (1882–84), 87–88. The Johns Hopkins University has an unpublished archive of correspondence between Haupt and Sayce that spans the years 1878–1916, but I have not seen it.

Sumerian (the affiliation most commonly debated in the period was its identification as a Ural-Altaic, or as this was then known, Turanian, language); and whether there were variant forms of Sumerian and how to classify, name (Sumerian, Akkadian, *eme-sal*, etc.), and situate these geographically, socially, and politically. Finally, there was the proposal put forward by Joseph Halévy, starting at the end of the 1860s, that Sumerian was not a real language, that is, a spoken tongue represented in written form, but an esoteric code developed by the ancient Mesopotamian priests, based on the Semitic Akkadian, to hide various of their sacred texts from common knowledge. The last was already fiercely criticized by the 1870s, and while Halévy did not give up, certainly by the 1880s his proposal had lost virtually all of its adherents, as chronicled already by F. H. Weissbach and, more recently, by J. S. Cooper.[53]

With his initial monograph publications, *Sumerische Studien* and especially *Die sumerischen Familiengesetze*, Haupt quickly took a place in the forefront of work on the Sumerian language. The title of the second and larger of these two monographs is, as others have noted,[54] somewhat misleading since it is not a study of the meaning and function of Sumerian family laws but an examination of just the first law on the tablet at hand, as a case study or window on the linguistic analysis of Sumerian, that is, on what Haupt later described as the main dialect (his label: *eme-ku*, now as *eme-gi*$_7$*[r]*). Haupt had two principal aims: (1) to provide a coherent view of this dialect's grammar; and (2) to show how one could arrive at such a view by the disciplined practice of philology, in this case, by a patient and meticulous examination of Sumerian texts on their own, looking for repeated patterns focused on the phonology and morphology (syntax not well studied at that point)—all fortified by a judicious appeal to parallel Assyrian (= Akkadian) translations of the Sumerian in the bilingual texts available, one of which was the Sumerian family law tablet. In comparing the parallel Akkadian texts, Haupt emphasized that these are often, indeed usually, not simple equivalents of the primary Sumerian text, but interpretive renderings by the Assyrian scribes. One must try, therefore, to understand the particular features of Assyrian/Akkadian *and* Sumerian if one were to use one to clarify the other, and *Familiengesetze* offers a range of substantive grammatical observations not only on Sumerian but on Assyrian/Akkadian. Method, in other words, comes through very strongly in Haupt's discussion—method grounded in a broad knowledge of Semitic linguistics and of linguistics more generally, especially of what Indo-European (in German: *Indogermanisch*) linguistics and the so-called *Junggrammatiker* had been achieving. The result is that *Familiengesetze* offers a wealth of grammatical observations not only on Sumerian but on Assyrian/Akkadian. These do not add up to a comprehensive grammar of either language, and there are corrections to be made here and there, but the observations are substantive and varied in their treatment of phonology, morphology, and lexicon; one example is the clear layout of the preterite and present verbal forms in both language.[55] Moreover, while the grammatical observations are not arranged systematically but are found in the course of a line-by-line commentary

53. Weissbach, *Sumerische Frage*, especially 134–76; J. S. Cooper, "Posing the Sumerian Question: Race and Scholarship in the Early History of Sumerology," *AuOr* 9 (1991): 47–66.

54. E.g., Weissbach, *Sumerische Frage*, 51.

55. Haupt, *Familiengesetze*, 7.

on the first family law, Haupt has listed their titles systematically in his table of contents and given something of a grammatical overview of Sumerian in his introductory section.[56]

It is, then, in his disciplined, coherent approach to Sumerian grammar, together with a host of particular comments on the reading of cuneiform signs, words, and phrases and analysis of linguistic features, that Haupt builds on his predecessors and so makes his mark. He is critical, sometimes too sharply, of some of his predecessors,[57] and is particularly captious about François Lenormant, whose many misreadings and misunderstandings he earnestly catalogues, even as he acknowledges some that he finds correct. Overall, Haupt argues that Lenormant works much too quickly through the knotty problems of philological analysis, and does so without an adequate knowledge of Semitics and even of linguistics overall. Indeed, Haupt has a real point here, if we may judge by Lenormant's book published a little earlier than Haupt's, *La magie chez les Chaldéens et les origines accadiennes*,[58] to which Haupt refers. For in that book, Lenormant's observations about Sumerian are focused on the connections he supposes with the Ural-Altaic languages—something that Haupt later contested—and it is from these connections that Lenormant works up his description of Sumerian. He does not, as Haupt does, develop his description directly from an analysis of the Sumerian texts themselves and a close comparison with the Assyrian/Akkadian bilinguals, even though he knows about these texts.

The analysis Haupt presented in *Familiengesetze*, with its earlier *Sumerische Studien*, was elaborated in his other major Assyriological works, "Über einen Dialekt," *Akkadische und sumerische Keilschrifttexte*, *Akkadische Sprache*, and "Babylonian 'Woman's Language.'" Here, on the one hand, Haupt reconfigured his study of the main Sumerian language into a more systematic grammar: this especially in the fourth part of his *Akkadische und sumerische Keilschrifttexte*, entitled "Grundzüge der akkadischen Grammatik," which includes a glossary—brief, but the most extensive of its period.[59] On the other, he examined a variant form of Sumerian, which came to be recognized as *eme-sal* (or *eme*-SAL). In his discernment and then description of this variant, Haupt made ample use of three-column syllabary texts, which, he showed, clearly differentiated between the main and variant Sumerian forms, and these, therefore, should be understood as two separate dialects. The main dialect, as just noted, he came to label *Akkadisch*, or, as we have seen, with the native label, *eme-ku* (= now *eme-gi*$_7$*[r]*); he had earlier called it *Sumerisch*. *Sumerisch* was now his term for the minor dialect, the ancient label for which he recognized as *eme-sal*, denoting "the women's language." Other scholars of Haupt's period, principally A. H. Sayce, François Lenormant, and Th. G. Pinches a few years before him, had recognized—independently, as Haupt was later to state[60]—this variant dialect, with the help of a particular syllabary text; indeed, Sayce and Lenormant had already discerned the label *eme-sal* for it, and

56. Ibid., ix–x, 3–14.

57. Cf., e.g., Pinches, "Report," 88; and Weissbach, *Sumerische Frage*, 51.

58. Francois Lenormant, *La magie chez les Chaldéens et les origines accadiennes* (Paris: Maisonneuve et Cie, 1874). Haupt referred to the revised English translation: Lenormant, *Chaldean Magic: Its Origins and Development*, ed. William R. Cooper (London: Samuel Bagster & Sons, 1877).

59. Haupt, *Akkadische und sumerische Keilschrifttexte*, 133–56.

60. Haupt, "Woman's Language," 68.

Sayce had understood *eme-sal* as "the woman's language."[61] But Delitzsch, as Haupt observed, did not regard the first or *eme-sal* column in the three-column syllabary as a separate dialect, but rather as a phonetic rendering of the main, logographically written Sumerian or else as synonyms for the words of the main dialect in the second column.[62] In any case, no one prior to Haupt appears to have laid out as fully and as systematically the features of *eme-sal* over against *eme-gi*$_7$*(r)* in terms of phonology, morphology, and lexicon.

In seeking to establish his own place in this history of scholarship, however, Haupt had to contend with his former fellow Delitzsch student, Fritz Hommel, who accused him of not acknowledging his predecessors—of plagiarizing them, particularly Lenormant. Haupt mounted a vigorous defense, and this appears to have been accepted not only by the general scholarly community but more particularly, and eventually, by Hommel himself, who recanted his accusation and reconciled with Haupt.[63] Of course, in his work Haupt could not, in the state of the evidence and discussion, recognize and compare every feature between the two dialects, but many of the basics are here, in well-organized form, especially in the monograph essay, *Die akkadische Sprache*, which included an important appendix by Otto Donner, one of the leading Ural-Altaic linguists of the day, who demonstrated there is nothing that distinctively connects Sumerian with the Ural-Altaic languages.[64] Among the issues that remained in contention about Sumerian were the labels for its dialects, the geographical center of each of them, and their respective social/political statuses. But by the latter 1880s, Akkadian, as we have seen, gathered increasing acceptance as the name for the principal Semitic language of Mesopotamia, and Sumerian became the cover term for the two principal dialects and the traces of others that emerged from the cuneiform evidence.

After 1884/85, Haupt does not appear to have continued large-scale work on Sumerian grammar or texts. Most of what he produced in Assyriology after 1885 was on Akkadian. For Sumerian, there are just a handful of post-1885 essays or notes, of which two stand out for their length: "Der Litaneidialekt des Sumerischen" (1918) and "Tones in Sumerian" (1917).[65] Both of these essays, being published almost simultaneously, belong to the latter part of Haupt's career, along with a few other Sumerian notes,[66] and the appearance of all of them in this period may suggest something of a return on Haupt's part to Sumerian grammar. The "Litaneidialekt" essay picks up the discussion of the early 1880s on the meaning and function of the term *eme-sal*, fastening onto the basic sense of "broad/wide," but then moving rather discursively over a range of linguistic ruminations, with analogies drawn from many different languages. In the "Tones" article, Haupt argues that the large number of homonyms in Sumerian—identically shaped syllables that appear to have different meanings—were differentiated by

61. See the excellent summary in Weissbach, *Sumerische Frage*, 52–55; and, for Pinches, "Report," 93–94, and his earlier letter to Haupt of 12 September 1882, reproduced in Haupt, *Akkadische Sprache*, xxvi.

62. Haupt, "Über einen Dialekt," 515.

63. On this encounter with Hommel, see Weissbach, *Sumerische Frage*, 54–55. Haupt's own vigorous defense can be found in his *Akkadische Sprache*, xviii–xxviii.

64. Donner, in Haupt, *Akkadische Sprache*, 39–48.

65. Paul Haupt, "Der Litaneidialekt des Sumerischen," *ZA* 31 (1918): 240–47, and "Tones in Sumerian," *JAOS* 37 (1918): 309–23.

66. See Ember, "Bibliography," Nos. 270, 286, 298, 321, 328, 338, 360, 429, 438. These publications come from 1916–18 and 1922–23.

tones, as, for example, in Chinese. But this view, not without discussion in the period in which Haupt wrote it, appears to have had no real scholarly consequence; the homonymy now is generally explained as a graphic, not a phonological, phenomenon.[67]

Full-Time in America

Once Haupt settled permanently and full-time in America at Johns Hopkins in 1889, his scholarship underwent two changes, already noted: it ranged much more widely than before, including now post-biblical Judaism, early Christianity, and even modern political and societal affairs, especially of the Middle East; and its central focus shifted to the Hebrew Bible and its contexts, ancient and later. Prior to 1889, it should be noted, Haupt published almost nothing biblical, even if he had begun to teach in this field when he was part-time at Johns Hopkins. It is the change to Bible, then, that will be our present interest. More specifically, we will look at two representative groups of publications: his project on *The Sacred Books of the Old Testament* and his commentaries on the Hebrew Bible.

Sacred Books was a project that Haupt began in earnest in 1891.[68] Indeed, he was probably considering it earlier in the 1880s, for in its multi-volume and multi-authored character it echoes the Assyriological project that he had established with his former mentor, Delitzsch, in 1881, the Assyriologische Bibliothek, which was to be joined by a second, the *Beiträge zur Assyriologie und semitischen Sprachwissenschaft*, in 1890—both projects, thus, continuing alongside the new one on *Sacred Books*. The latter, however, was now Haupt's own enterprise, though in its focus on the Old Testament/Hebrew Bible, particularly on matters of textual criticism, it quite probably reflected the influence, if not the actual suggestion, of Haupt's second mentor, Paul de Lagarde.[69] For one of Lagarde's central scholarly interests was the textual criticism of the Hebrew Bible, in which he did pioneering and fundamental work: the study of the ancient and classical manuscripts and versions ultimately in order to reconstruct the history of the Hebrew biblical text; prominent in this work, for Lagarde, were the Greek versions of the Bible and their development.[70]

Sacred Books was planned in two parts, each comprising a set of volumes. The first part aimed at editions of the reconstructed Hebrew/Aramaic originals of all the books of the Hebrew Bible in unvocalized form, with a following set of brief notes that focused on the philological and text-critical issues, highlighting the emendations

67. See, e.g., Marie-Louise Thomsen, *The Sumerian Language. An Introduction to Its History and Grammatical Structure*, 2nd ed., Mesopotamia 10 (Copenhagen: Akademisk Forlag, 1984), 47.

68. See the prospectus of Haupt, "Proposed New Translation of the Bible," *Johns Hopkins University Circulars* XI/98 (May 1892): 87–90. The volumes, as noted below, appeared in two series: Paul Haupt, ed., *The Sacred Books of the Old Testament: A Critical Edition of the Hebrew Text Printed in Colors*, 16 vols. (Leipzig: Hinrichs; Baltimore: Johns Hopkins University Press, 1893–1904); and Haupt, *The Sacred Books of the Old and New Testaments: A New English Translation*, 6 vols. (New York: Dodd, Mead, & Co., 1898–99).

69. Cf. Borger, "Ein Jahrhundert," 6; and Sieg, *Deutschlands Prophet*, 148–49.

70. See, e.g., Emanuel Tov, *Textual Criticism of the Hebrew Bible*, 2nd ed. (Minneapolis: Fortress, 2001), 156–57, 181–84. Lagarde's publications on the textual criticism and history of the Hebrew Bible, especially of the ancient Greek versions, were numerous, but one of the most important of these publications was one of his earliest: *Anmerkungen zur griechischen Übersetzung der Proverbien* (Leipzig: F. A. Brockhaus, 1863); see 1–4 for an articulation of his overall view of the textual history of the Hebrew Bible.

made to the Masoretic text in the reconstruction. Moreover, where it was thought necessary, especially in the Pentateuchal books, the different sources and later additions behind the present Masoretic text were indicated in different colors, with the P (Priestly) source, however, remaining in a black font; this arrangement yielded the popular title for the series, the Polychrome Bible/*die Regenbogen-Bibel* (literally: the Rainbow Bible). In these volumes of editions of the Hebrew/Aramaic original, Haupt did not aim, unlike most other editions of the Hebrew Bible, at a diplomatic text, that is, a text based on one ancient manuscript with an apparatus that cited variants from other manuscripts and versions as well as modern emendations. Rather, Haupt's aim was an eclectic text: a reconstruction from all of the available evidence of the original texts of the biblical books, based on the theory of a stemmatic descent from a reconstructed original or Ur-text to the present (Tiberian) Masoretic text. The model here was what had become common in Greek and Latin scholarship, and it was Lagarde especially who had adapted it to explain the history of the composition of the Hebrew Bible; Haupt followed, it appears, his mentor Lagarde.

But what "original" meant in this context was confusing. For if the editions in the *Sacred Books* were supposed to be eclectic—reconstructions of an original/Ur-text—what was the point of indicating in the editions the different sources and later additions behind what looked like the Masoretic text? That made the editions look like a contradictory jumble of a diplomatic text, itself a reconstructed Tiberian Masoretic form, and a reconstructed original text, also using the Masoretic but deconstructing it into its putative sources together with all other relevant ancient evidence. In other words, this jumble raised the question: what kind of original was being reconstructed? The original could not have been of the ultimate Ur-text of a given biblical book, for then the putative sources and additions in their various colors should have been eliminated and one reconstructed source behind all of these put forward. Rather, what we seem to have is a reconstruction toward a more "pristine" Masoretic text, in which the underlying sources, where discernible, were marked but preserved as part of the Masoretic form, and most of the additions were likewise preserved but marked to show what textual form lay behind their inclusion; only the emendations of various particular words and phrases and their reassigned locations in the sequence of the text were inserted into the reconstruction, thus displacing Masoretic forms and locations. Clearly, the whole enterprise of reconstruction was one that could not be called definitive, as much for the issue of what original text was being sought as for the particular reconstructions advanced. Indeed, there was a deeper issue at work here: whether a single Ur-text or a multiplicity of textual/oral traditions lay ultimately behind the Hebrew Bible or at least some of its individual books. Unfortunately, Haupt himself does not appear to have published any real discussion of these matters. Eventually, the Ur-text model for the Hebrew Bible, as fashioned by Haupt's mentor Lagarde, was to be challenged by Paul Kahle, and the debate over that challenge is still with us.[71] But already in an early

71. See preceding note and add, e.g.: Emanuel Tov, "Post-Modern Textual Criticism?" in *Greek Scripture and the Rabbis*, ed. Timothy Michael Law and Alison Salvesen (Leuven: Peeters, 2012), 1–18; and Armin Lange, "'They Confirmed the Reading' (*y. Ta'an* 4.68a): The Textual Standardization of Jewish Scriptures in the Second Temple Period," in *From Qumran to Aleppo: A Discussion with Emanuel Tov about the Textual History of Jewish Scriptures in Honor of his 65th Birthday*, ed. Armin Lange, Matthias Weigold, and József Zsengellér (Göttingen: Vandenhoeck & Ruprecht, 2009), 29–80, esp. 31–33.

review of the first of the published *Sacred Books*, on Job, Richard Gottheil recognized something of these issues. Gottheil, however, was not only negative; he also was positive, allowing, I think correctly, that *Sacred Books*, even with its non-definitive and debatable character, could be understood as an effort to gather up, to epitomize, the results of contemporary scholarship on the text of the Hebrew Bible as a basis for future research.[72]

The second part of *Sacred Books* comprised the translations into English of the reconstructed Hebrew/Aramaic texts, but as the title of this second part indicates, *The Sacred Books of the Old and New Testaments*, it also was supposed to include the New Testament—something that was never realized or even, it seems, initiated.[73] The English was to be elegant, to stand alongside of, if not to replace, that of the Authorized Version. Since a number of the authors involved, including Haupt himself, were not native speakers, Haupt secured the editorial assistance of Horace Furness, then a most prominent American specialist in Shakespeare, who was quite familiar with the work of scholarly text editions, as evident in his famous Variorum editions of the Bard's work.[74] For these translations, notes were also given, but of an interpretive character, explaining briefly the meanings of particular words, phrases, or verses, like those dealing with realia, and intended to be accessible especially to a broad, lay public that would have no use for the technical editions of the original Hebrew/Aramaic.

While Haupt did not end up publishing his own volume in the series, he did present his work in progress on Ecclesiastes as a partial model for prospective contributors in the announcement of the series.[75] Haupt gathered up a galaxy of major scholars as contributors from Europe and North America, specifically from Great Britain (6), Germany (11), and the United States (3). And he proved to be an all-encompassing and exacting editor, reading everything, in both the editions and the translations, in close detail and adding his own philological and textual notes, with the siglum "P.H." that not occasionally would correct what his authors had offered.[76]

The ambitiousness of the *Sacred Books* project did not fully work out. Each part was supposed to yield 20 volumes, but it fell short: 16 of the 20 editions did appear, but only 6 of the 20 translations, the whole publication covering slightly more than a decade, from 1893 to 1904. It appears that the publishers could no longer sustain the cost of such a large enterprise, which seems to have had a limited audience, and they

72. Richard Gottheil, "Review: *The Sacred Books of the Old Testament: A Critical Edition of the Hebrew Text, Printed in Colours. With Notes. The Book of Job*, by C. Siegfried," *JQR* 6/3 (April, 1894): 553–54.

73. It should be noted that no volumes with a critical text edition of the New Testament were envisaged, perhaps because in the 1890s when the whole series was begun it was known that a new text edition of the New Testament was underway, viz., the *Novum Testamentum Graece*, ed. Eberhard Nestle, whose first publication was in 1898 (Stuttgart: Württembergische Bibelanstalt).

74. On Furness, see conveniently "Horace Howard Furness," Wikipedia, https://en.wikipedia.org/w/index.php?title=Horace_Howard_Furness&oldid=858020970.

75. Paul Haupt, "On the Book of Ecclesiastes, with Special Reference to the Closing Section," *Johns Hopkins University Circulars* X/90 (June, 1891): 115–17; here the appended notes are of the interpretive, non-technical kind found in the translation volumes of *Sacred Books*. Haupt's full edition of Ecclesiastes for *Sacred Books* was set up in 1904 but was never published as such: see Ember, "Bibliography," No. 163. See further below and n. 80.

76. See the entries in Ember, "Bibliography," Nos. 78, 96, 97, 100, 103, 104, 105, 108, 110, 112, 113, 114, 115, 116, 128, 129, 133, 134, 160.

terminated the enterprise somewhat abruptly.[77] To be sure, there were some early positive reviews,[78] but eventually, perhaps because of the uncertainties of producing an eclectic text of the Hebrew Bible with the color-coding of the putative sources, the project became a curiosity rather than a fundamental or even substantial resource. And yet the idea of such a text did not die, for now, a century later, it has been revived by the Berkeley scholar, Ronald Hendel, who has organized and started a new project and, as though to fill the gap that Haupt left, has written extensively on what an eclectic text could mean for the Hebrew Bible and how to produce one, meeting his critics directly and fully.[79] Originally to be published by the Oxford University Press as the *Oxford Hebrew Bible*, Hendel's project is presently under the auspices of the Society of Biblical Literature as *The Hebrew Bible: A Critical Edition*, with one volume so far published, on Proverbs, by Michael Fox, the latter a valuable study of the multiplex textual tradition of Proverbs and a weighty example of what an eclectic text could offer.[80]

We may now turn to the other major focus of Haupt's biblical studies from his Johns Hopkins years: the production of commentaries and articles on books and particular passages from the Hebrew Bible. This work lay behind, even as it continued alongside and beyond, the *Sacred Books* series. Indeed, when Haupt's own volume in the series on Ecclesiastes, already set up for printing, was not published, Haupt turned it into a translation and commentary of its own, which appeared in 1905, the year following the demise of *Sacred Books*.[81] Ecclesiastes was only one of a group of commentaries that Haupt brought out in the two decades of 1891–1910, otherwise including Song of Songs, Esther, Micah, and Nahum—all of them published as journal articles and, except for Nahum, also as books.[82] I choose for brief examination here primarily the Nahum commentary[83] as an exemplar of the way Haupt viewed and studied the Hebrew Bible. Haupt makes two points overall: Nahum is a collection of four poems about the fall of the city of Nineveh; and the four poems divide into two groups of two poems each: the first two by a poet from the "Maccabean period," thus of the second century BCE, who writes, through allusions to Nineveh, etc., about the Maccabean successful

77. The publishers were German and American, both close to Haupt: Leipzig: Hinrichs; and Baltimore: Johns Hopkins University Press. There was also British assistance.

78. Besides Gottheil, see, e.g., the exchange of articles in *The Monist* X (1899–1900) between C. H. Cornill, one of the contributors to *Sacred Books* with his edition of Jeremiah, and W. H. Green, a conservative scholar who voiced negatives about the use of source criticism and emendation in the series: Cornill, "The Polychrome Bible," 1–21; the rejoinder by Green, "The Polychrome Bible," 22–40, and the surrejoinder by Cornill, "The New Bible and the Old. In Reply to Professor Green," 441–54.

79. See Ronald Hendel, *Steps to a New Edition of the Hebrew Bible*, Text-Critical Studies (Atlanta: SBL, 2016); Hendel, "The Hebrew Bible: A Critical Edition," https://www.sbl-site.org/HBCE/HBCE_Method.html.

80. Michael V. Fox, *Proverbs: An Eclectic Edition with Introduction and Textual Commentary*, The Hebrew Bible: A Critical Edition, 1 (Atlanta: SBL, 2015).

81. Paul Haupt, *The Book of Ecclesiastes: A New Metrical Translation with an Introduction and Explanatory Notes* (Baltimore: Johns Hopkins University Press, 1905) = "Ecclesiastes," *AJP* 26 (1905): 125–71. In the same year, Haupt also published a popular German version of this monograph/article: *Koheleth oder Weltschmerz in der Bibel*, verdeutscht und erklärt von Paul Haupt (Leipzig: Hinrichs, 1905).

82. See Ember, "Bibliography," Nos. 63, 64, 138, 140, 142, 163, 169, 179, 180, 198, 214.

83. Paul Haupt, "The Book of Nahum," *JBL* 26 (1907): 1–53. Among other examples, especially for the treatment of textual emendation and glosses discussed below, see Haupt, "The Book of Micah," *AJSL* 27/1 (October 1910): 1–63.

struggle against the Seleucid general Nicanor and his large army and the overthrow of the Seleucid empire; and the second group of two by an earlier poet from the last decade of the seventh century BCE, who writes about the fall of Nineveh, the last major capital of the Neo-Assyrian empire. To his reconstruction of these two earlier poems, moreover, Haupt attaches certain verses from the Nahum book that he labels "Maccabean" additions, and he places them, respectively, at the end of each poem.

It is immediately obvious that Haupt's arrangement of Nahum into these four poems stands in considerable conflict with what we read in standard Bible text editions and translations. It is not simply that the latter offer three chapters for the Nahum book. The biblical chapter divisions, after all, are much later, perhaps medieval, than the canonizations of the text and so need not ipso facto reflect original breaks in the text; compare, for example, Gen 2:1–4a, which could be considered part of ch. 1. But, more seriously, Haupt's four-poem structure involves serious break-ups and relocations of the order of the verses that are otherwise standard.[84]

Reconfigurations, of course, are not unknown in modern biblical scholarship, but the reorderings here are not minor, especially in poem II, and Haupt offers little by way of justification for them in terms either of what is wrong about the Masoretic sequencing or of what is compelling about his changes. Indeed, he offers no explicit evidence of a "Maccabean" presence in the Nahum text—the Maccabean dating here being in concert with a penchant on Haupt's part to date significant portions of the Hebrew Bible late, in the Hellenistic period, as was not unknown among Haupt's scholarly contemporaries.

Similar difficulties can be found in Haupt's commentary to his Nahum translations and introduction. Here is a definite interest in textual emendation and the labelling of phrases as secondary glosses. Of course, both emendations and glosses are possible in the Hebrew Bible. But not infrequently Haupt's emendations appear to depend on a preexisting assumption about the historical context of the verse(s) to be explained or on certain fixed and questionable ideas about the poetic meter involved. The meter, for Haupt, was calculated in beats, which was and is not unusual in biblical scholarship, but runs the risk of being difficult to discern, especially when particular cases, as in Haupt, appear to rest on the emendations at issue.[85] As for glosses, Haupt seems at times to jump to them either without any reason given or with an inadequate one, which does not really consider other possibilities, for example, that the glosses could well be adaptations by the Nahum poet of preexisting literary units.[86] Overall, the commentary is focused, as in the edition volumes of *Sacred Books* and other biblical writings of Haupt, on philology, including textual criticism and occasional notes on historical realia, with a very wide range of reference to other languages, literatures,

84. E.g., in his Nahum Poem II ("Maccabean"), Haupt has the following order of verses: 3:1, 4–7; 1:11, 14; 2:1; 1:12, 15; 2:2 (Haupt, "Nahum," 10–11). The strangeness of this selection and order is compounded by the fact that Haupt provides no justification for them.

85. E.g., Haupt wants to correct "Edom" in Ps 137:4 and Lam 4:21 to "Aram," because he would like both the psalm and the chapter in Lamentations to refer to and date from the Maccabean war with the Seleucids in the mid-second century BCE—"Aram" thus standing for Syria and so the Seleucid territory (Haupt, "Nahum," 2–3). But there is no reason to recommend this pair of emendations; "Edom" works very well in both cases to indicate a date around the Babylonian conquest of Judah in the early sixth century BCE.

86. E.g., in Nahum Poem II, v. 3:5, Haupt removes גוֹיִם after הַרְאֵיתִי as "a gloss," with no reason offered. In fact, גוֹיִם fits the context nicely, preceding מַמְלָכוֹת in the following parallel phrase.

and historical situations, ancient, medieval, and modern—not all of which appear to have the most direct relevance to the verses being analyzed. Literary discussion of the text is modest and reflects the background of classical source criticism; and theological inquiry, whether of the biblical authors or the contemporary relevance of the text, is essentially nonexistent.

In sum, there is a definite arbitrariness in a good deal of Haupt's analysis of Nahum, which does not often carry conviction, despite the confidence that Haupt displays. Yet, it must be said, various of his comments can be helpful: so, for example, his description of the physical features of Nineveh and its surroundings (pp. 4–7); his understanding of 3:5b, וְגִלֵּיתִי שׁוּלַיִךְ עַל־פָּנָיִךְ, as "I will uncover (lift up) thy skirts to affront thee" (p. 24); and his proposal that what he categorizes as the early part of Nahum is a contemporary and so important portrayal of the destruction of Nineveh, and that Nahum is correct in pointing to water playing a role in that episode (pp. 1–2, 6–7)—this proposal is quite suggestive, and has found acceptance, albeit with alterations, among several modern scholars, even if not all.[87]

IV. Change, Continuity, and Legacy: Evaluation

As we look back over Paul Haupt's career, challenges, and achievements, three aspects emerge as crucial. The first and most striking, as we have noted several times, is the change in scholarship and to some degree in teaching between Assyriology in Germany and Bible, particularly Hebrew Bible/Old Testament, in the United States. The change here, we need to recall, was not complete. Haupt had some work in Bible while he was in Germany, though he did not publish in the field then, and after he settled in the United States, particularly full-time, he did not abandon Assyriology but continued to teach and occasionally to publish in it, along with work in other fields. And throughout, a strong interest in Semitic languages never lagged. Yet the shift from a *focus* on Assyriology to a *focus* on Bible was sharp and striking. Indeed, there is much merit, as we have seen, in the general impression of others, most sharply expressed by Rykle Borger, that while Haupt's German Assyriological contributions were of the first rank, indeed path-breaking and foundational to the field,[88] his American biblical contributions evinced a pronounced decline, leaving little to nothing of any enduring value. So the question remains: how to explain the shift in focus? Two possibilities in particular have been put forward. One comes from William Albright, in his short obituary of Haupt for the *Neue Deutsche Biographie*; he states concisely: "Bis 1890 beschäftigte sich Haupt hauptsächlich mit Assyriologie, aber auch in einer Zeit mangelnder wissenschaftlicher Bibelforschung in Amerika in wachsendem Maße mit dem Alten Testament."[89] Albright's argument seems to be that in the 1880s, when Haupt was establishing himself as a scholar, American Old Testament scholarship was in a

87. See Peter Machinist, "Nahum as Prophet and as Prophetic Book: Some Reconsiderations," in *The Book of the Twelve Prophets: Minor Prophets, Major Theologies*, ed. H.-J. Fabry, Colloquium Biblicum Lovaniense 65 (Leuven: Peeters, 2018), 116–22, with references to other scholars, *ad loc*.

88. Besides Borger, "Ein Jahrhundert," 4–6, see also, e.g., Barton, "Haupt, Paul," 401–2; Foster, "Haupt, Paul"; Zimmern, "Paul Haupt †," 296. The views of Albright will be discussed below.

89. Albright, "Haupt, Hermann Hugo Paul," 103.

rather inadequate, deficient state, as compared particularly with the German-speaking world in which Haupt grew up and trained. Haupt recognized this, Albright implies, and already in his dual American–German period (1883–89) began to work on the Old Testament with the aim of changing the situation. By 1890, after his move to America full-time, that aim became preeminent for Haupt: perceived as more pressing and as a greater intellectual and academic challenge than that of continuing with his Assyriology. The other answer for Haupt's shift of focus has to do with Haupt's habilitation adviser at Göttingen, Paul de Lagarde. Several scholars, including Albright, have pointed to Lagarde's influence here, but the most forceful was Rykle Borger, as part of his vehement criticism of Haupt's biblical work, indeed, of Haupt as a scholar.[90] Borger suggests that Haupt's defects, and the biblical shift that was involved, had much to do with Paul de Lagarde, referring to obituaries about Haupt by Albright and the Leipzig Assyriologist, Heinrich Zimmern. Borger wrote: "wie sehr bewußte Nachahmung von Lagarde in den späteren Jahren Haupts wissenschaftliche Themenwahl und Publikationsweise beeinflußt hat," and that "hat sich der Einfluß Lagardes auf Haupts wissenschaftliche Arbeit auf katastrophale Weise ausgewirkt."[91] The reference is precisely to Haupt's American career, and Borger appears to be saying that Lagarde was the important factor in turning Haupt toward one of Lagarde's fields, Old Testament/Hebrew Bible, and away from Assyriology, in which Lagarde had no interest.

How, then, shall we respond to these two explanations for Haupt's scholarly change, as exemplified by Albright and Borger? As for Albright, he was correct, but with a qualification. That is, it is true that in the late decades of the nineteenth century the German-speaking lands were far ahead of America in biblical studies, as in so many other fields, and Americans as well as others continued to flock to these lands, especially Germany, for their higher academic education. The very existence, the raison d'être, of Johns Hopkins University, as we have noted, was predicated on this German model;[92] and the model, more generally, undergirded American graduate education through the nineteenth and at least the first half of the twentieth centuries. But when Haupt came to Johns Hopkins, first part-time and then full-time in the 1880s, American Old Testament studies had begun to show a definite and promising presence. William Rainey Harper at Yale and soon as president of the revived University of Chicago, Morris Jastrow Jr. at the University of Pennsylvania, Richard J. H. Gottheil at Columbia, Crawford Toy and David Gordon Lyons at Harvard, not to mention scholars at certain well-known theological seminaries, like Francis Brown and C. A. Briggs at the Union Theological Seminary of New York, and Samuel Ives Curtiss at the Chicago Theological Seminary—all became well-known scholars by the latter 1880s and 1890s and began to offer higher education in biblical studies with a strong emphasis on the linguistic and philological expertise they realized was essential, especially from the Germanic tradition in which several of them were trained. They even had American forebears of the first half of the nineteenth century, in such scholars as Moses Stuart and Edward Robinson, both teaching in theological seminaries and both

90. Borger, "Ein Jahrhundert," 5–6. Also Albright, "Professor Haupt," xxv; Foster, "Haupt, Paul"; Frahm, "Microphilology," 60–61; Sieg, *Deutschlands Prophet*, 148–49; Zimmern, "Paul Haupt †," 296.

91. Borger, "Ein Jahrhundert," 6; his references to Albright and Zimmern are given in n. 89 above.

92. Hawkins, *Pioneer*, especially Parts One and Two. Cf. also Feinman, *William Foxwell Albright*, 151–67, on Germany in general as a crucial model for American higher education in the nineteenth century.

already influenced by the developing scholarship in Germany. So Haupt was not alone in the America of the 1880s in choosing to focus on a rigorous critical approach to Old Testament scholarship; he was, rather, part of a new wave of American scholarship, which, to be sure, had much to develop. Yet why turn to Bible? Assyriology and other ancient Near Eastern disciplines were also just starting in America, again behind the Germanic world but not without promise. The scholars just named were all interested and, in the case of Jastrow and Lyons in particular, were already working Assyriologists, both of them having obtained their doctorates at Leipzig when Haupt was there. But all of this was not so developed that jobs were everywhere sprouting up, and the way to go, clearly, as the Zeitgeist of the period encouraged if not demanded, was Old Testament plus these other fields. Haupt must have seen this. So Albright was not wrong about the nascent character of American Old Testament scholarship, but his choice of a negative label for it ("mangelnder") was misplaced.[93]

As for Borger's focus on Lagarde, there is substance as well. Lagarde, as we have seen, did have much influence over Haupt, but it was double-edged: disqualifying him for a Semitistic certification in his habilitation, even as he supported his Assyriological research and his job search that eventuated in Johns Hopkins. On balance, Haupt must have been more thankful than regretful since in his cuneiform publication of the Gilgamesh tablets, *Das babylonische Nimrodepos*, whose fascicules began to appear in 1884 when he was dividing his time between Göttingen and Johns Hopkins, he dedicated the publication, as Borger highlights, to Lagarde.[94] Lagarde's influence on Haupt, Borger argues, was manifest in three areas. The first concerned the often polemical, even harsh way in which, we have observed, both Lagarde and Haupt responded to the work of other scholars in print. Yet if Lagarde's polemic style provided an impetus for

93. For this American biblical and Assyriological scholarship, see Kuklick, *Puritans*, especially Chapters 1–3; B. R. Foster, "A Mithridatic Nation: Germany and the Beginnings of American Semitic Scholarship," in *Assyriologica et Semitica: Festschrift für Joachim Oelsner anläßlich seines 65. Geburtstag am 18. Februar 1997*, ed. J. Marzahn and H. Neumann (Münster: Ugarit-Verlag, 2000), 53–64; B. R. Foster, "The Beginnings of Assyriology in the United States," in Holloway, ed., *Orientalism, Assyriology and the Bible*, 44–73; Frahm, "Microphilology"; James P. Byrd, "The 'New World' of North America and Canada—and the Globalization of Critical Biblical Scholarship," in *Hebrew Bible / Old Testament: The History of Its Interpretation: The Nineteenth Century—a Century of Modernism and Historicism*, vol. III/1, ed. Magne Sæbø (Göttingen: Vandenhoeck & Ruprecht, 2013), 171–202; Thomas W. Davis, *Shifting Sands: The Rise and Fall of Biblical Archaeology* (Oxford: Oxford University Press, 2004), Chapters 1–2. For the other scholars named here, see the brief biographies and bibliographies in Wikipedia *ad loc.*, with some additions: John H. Giltner, *Moses Stuart: The Father of Biblical Science in America* (Atlanta: Scholars Press, 1988); Jay G. Williams, *The Times and Life of Edward Robinson: Connecticut Yankee in King Solomon's Court* (Atlanta: SBL, 1999); Hugh M. Scott, "Professor Samuel Ives Curtiss, Ph.D., D.D.," *The Biblical World* 24 (1904): 330–34; and Thomas L. Gertzen, *Morris Jastrow Jr., Assur & Aggada*, Jüdische Miniaturen 179 (Berlin: Hentrich & Hentrich, 2018). Curtiss's inaugural address at the Chicago Theological Seminary is pertinent as an early clarion call for rigorous philological scholarship in biblical studies: *A Plea for a More Thorough Study of the Semitic Languages in America* (Chicago: Jameson & Morse, Printers, 1879). One should add here the important but controversial Assyriologist Hermann Hilprecht, who taught at Pennsylvania from 1886 to 1910 and had definite biblical interests; he also was Haupt's contemporary as a student in Leipzig, like Gottheil and Jastrow (Kuklick, *Puritans*, 33, Chapters 3, 4, 6; Frahm, "Microphilology").

94. Borger, "Ein Jahrhundert," 6. That Haupt did not dedicate this volume to Friedrich Delitzsch, his Doktorvater in Assyriology only six years before, is probably to be explained by the fact that Haupt had already dedicated his first volume to him, *Die sumerischen Familiengesetze*, which was, as noted earlier, an elaboration of his dissertation under Delitzsch. Now working under Lagarde and grateful to him, Haupt turned to Lagarde for the *Akkadische und sumerische Keilschrifttexte*.

Haupt, as Borger avers, it could not always have been a helpful one since his polemic was at times severe enough, we may recall, to distance Lagarde from his colleagues, not to draw them together. And yet, as Sieg reports, there is at least one documented instance where Lagarde advised Haupt to avoid a critical encounter with Jules Oppert, one of the senior Assyriologists of the day, since it would do Haupt no good.[95] In any case, polemics between scholars were rather common in the nineteenth century, and Haupt's own seems to have been evident already before meeting Lagarde, remaining primarily a feature of his younger, German years. His public arrogance, however, seems to have reappeared throughout his career. A second area of Lagarde's influence on Haupt, as Borger argues, was in the sharpening of philological method, and this will be discussed below. The third area, also noted by Sieg,[96] was in the encouragement to write a large-scale work or, better, to initiate a large-scale project—the latter along the lines of Lagarde's critical edition of the biblical Septuagint, which he was able to initiate and leave to his students, principally Alfred Rahlfs, to continue. Such a project, Borger emphasizes, did not materialize for Haupt in Assyriology, and when it did not, Borger suggests, Haupt turned to the biblical world for a new major project, which was the *Sacred Books of the Old Testament*. All of this is true, but it does not go far enough, as we have discussed. For one thing, Haupt's Assyriological failures were not complete, and were not all his fault: he did publish a long essay on comparative grammar in the late 1880s, even if he did not complete a whole book on the subject, and his dictionary was eventually completed, with his advice, by a student: its usefulness not without value, *pace* Borger,[97] though it was derivative of Delitzsch's lexicographical achievements. Furthermore, as we again have seen, Haupt by no means gave up Assyriology at Hopkins. Borger acknowledges this, but he does not mention in the same sentence two important indications of Haupt's Assyriological concerns: the two major Assyriological monograph series that he started with Delitzsch in Germany and continued at Hopkins to co-edit with him. To be sure, Haupt was not solely in charge of these series, nor were they personal projects of his own as Delitzsch achieved with his Assyrian grammar and dictionary.

The views represented by Albright and Borger do not have to be in conflict. Indeed, we should recall that Albright himself, along with other scholars, acknowledges in an essay on Haupt the importance of Lagarde's influence on him, though less harshly than does Borger.[98] If, then, we put Albright and Borger together and extend their views, perhaps the following may be suggested: that Haupt's decisive shift to research and publication on Bible was due to the disappointment of his German years, when he did not receive the permanent appointment in Germany that he had desperately wanted, and faced his inability, in significant part through no fault of his own, to carry out the large-scale projects in Assyriology he had intended. One can imagine, therefore, that, once the Johns Hopkins appointment appeared, he began to look for a life of new beginnings, and as he came to accept a new university and new country as his home, he turned to

95. Sieg, *Deutschlands Prophet*, 147.

96. Ibid., 148.

97. Borger, "Ein Jahrhundert," 6. He was, however, more nuanced and charitable earlier in his "Review: *The Assyrian Dictionary of the Oriental Institute of the University of Chicago*, Volume 6 (H)," *BiOr* XIV (1957): 114, and later in his *Altorientalische Lexikographie*, 18–20.

98. See n. 89.

the Hebrew Bible, which after all was not unconnected to the Mesopotamian world, as a new focus for his scholarship: a new field of primary research in which he could excel, carrying out his own large project, encouraged by Lagarde and fortified by the new generation of serious American colleagues in whose midst he would now work.

Yet even with this shift from Assyriology to Hebrew Bible and all that that entailed, there was continuity: Haupt remained a philologist, with strong linguistic interests. Philology, indeed, had become by his birth a salient feature of higher education, especially in the Germanic world, where it was first institutionalized at the university level in the eighteenth century at the behest of such masters as Johann David Michaelis, Christian Gottlob Heyne, Johann Gottfried Eichhorn, and Friedrich August Wolf.[99] This "love of the word," literally, involved—involves—a systematic study of texts, starting with the establishment of their correct form and variations (textual criticism: Ur-text, etc.), and moving on to issues of structure, use of language, motif, and imagery, all of which would lead to an understanding of the compositional history of the text and, as appropriate, of the sources out of which it was composed. Matters of content and interpretation of content were, to be sure, not forgotten, but they were secondary, at least in the eighteenth through the first part or so of the twentieth centuries, to establishing the foundations of the text as just outlined. And these foundations, it should be added, were studied in a dialectical, comparative relationship with other texts from the same or different cultures. In fine, the study of texts or philology came to be regarded as the principal window on the cultures from which the texts came, and one might justifiably understand it—in its usage through at least the middle of the twentieth century—as the fundamental method, even the discipline, in the humanities, including history: the counterpart of the so-called scientific method used in the sciences and, increasingly, in the social sciences. Linguistics, in turn, developed as part of philology, centering on the structure and, especially through the end of the nineteenth century, on the historical relationships and their classifications of individual languages, one high point of which was the emergence of the so-called *Junggrammatiker* ("Neo-grammarians") in the Germanic world in the latter nineteenth century.[100]

It was, then, these twin and related disciplines of philology and linguistics, in the forms just described, in which Haupt was trained and to which he remained faithful in his research and teaching in Assyriology, Old Testament studies, and related fields. If one scans his bibliography, it is evident that while he could treat the content of texts, such as "Die religiösen Anschauungen des Buches Koheleth" (1905), and could venture into historical problems, like "Xenophon's Account of the Fall of Nineveh" (1907),[101] he was primarily focused on philological, including linguistic and text-critical, matters, and then also with the particular social, cultural, and physical realia behind the text. This is especially clear in his Assyriological publications of his

99. See, e.g., Robert Leventhal, "The Emergence of Philological Discourse in the German States, 1770–1810," *Isis* 77 (1986): 243–60; and on Michaelis and others, Michael Legaspi, *The Death of Scripture and the Rise of Biblical Studies* (Oxford: Oxford University Press, 2010).

100. See Anna Morpurgo Davies, *History of Linguistics, Volume IV: Nineteenth-Century Linguistics* (London: Routledge, 1998), especially Chapter 9.

101. Paul Haupt, "Die religiösen Anschauungen des Buches Koheleth," *Verhandlungen des II. Internationalen Kongresses für Allgemeine Religionsgeschichte in Basel, Aug. 30–Sept. 2, 1904* (Basel: Helbing & Lichtenhahn, 1905), 120–23; and "Xenophon's Account of the Fall of Nineveh," *JAOS* 28 (1907): 99–107.

German years (late 1870s and 1880s) when, after all, the field of Assyriology, especially the decipherment and clarification of Akkadian and Sumerian and the publication of major collections of cuneiform texts, was still very much in its infancy. Even Haupt's intense work after 1900 on the metrics of biblical Hebrew poetry can be seen as a manifestation of these focused philological interests. In this regard, one must recall, Haupt's metrics not occasionally led to a problematic carving up and emendation of the biblical text, even a disfigurement, that was rather willful. And this willfulness, in turn, echoed Haupt's tendency toward what we have also noted: philological explanations of words and phrases that not occasionally involved an excessively wide-ranging and distracting comparison with supposed analogues from other languages and cultures. The point is that efforts at a balanced and sensitive appreciation of the ancient texts as works of literature, of the sort pioneered by Hermann Gunkel in his biblical form criticism, were not high on Haupt's agenda, nor, as will be apparent by now, were theological interpretations!

The question remains whether Haupt's philology was inspired or in some way influenced by his work with Lagarde. Borger, again, thinks so, and points to what he describes as Lagarde's own willful, widely and even wildly ranging philological comparisons, with an excess of textual emendation, as the parallel and source.[102] Yet, if we take just one volume of Lagarde's large group of publications—admittedly, a sample that can give only a very preliminary and tentative basis for generalization—we find a mixed picture. That volume is *Semitica* I/1, and in it Lagarde is certainly not averse to textual emendation.[103] Nor does he avoid discussions that roam rather widely beyond what the immediate topic would require. Examples include extraneous linguistic points,[104] and particularly lexical studies where the word at issue is examined not so much in terms of its meaning, aided by putative cognates and related expressions in other languages, as in terms of the putative cognates and related expressions themselves, with the meaning of the word not closely investigated from its own occurrences.[105] On the other hand, Lagarde does offer a number of sober, careful considerations of a text and the philological and text-critical aspects of it.[106] In short, if Haupt's philology was influenced by Lagarde—and Haupt's work with and under him in Göttingen makes that quite probable—it does not have to have been (all) baleful, as Borger appears to want. And, in any case, we should not exaggerate that influence, for certainly Haupt did not have to learn philology from Lagarde; it was already well embedded in his training, particularly from his doctoral education with Delitzsch.

The preceding evaluation, it must be admitted, has attended more to the negative side of Haupt's professional career than to its positive. Before concluding, therefore, we need to recall two major positives. The first is Haupt's Assyriological scholarship, especially in his initial, German years, whose pioneering achievements helped to lay the foundations of Akkadian and Sumerian philology in particular. The second is his teaching and institution building in America. This second point deserves further

102. Borger, "Ein Jahrhundert," 5–6.

103. Paul de Lagarde, *Semitica* I/1, Abhandlungen der Königlichen Gesellschaft der Wissenschaften zu Göttingen 23 (Göttingen: Dieterich'sche Verlags-Buchhandlung, 1878), e.g., 19 on Isa. 9:16.

104. *Semitica* I/1, 21–27 on Isa. 11:1.

105. *Semitica* I/1, 33–71 on "Erklärung chaldäischer Wörter."

106. *Semitica* I/1, e.g., 3–5 on Isa. 1:8.

discussion. Haupt's educational work focused on his graduate program at Johns Hopkins; indeed, it is what Hopkins, in its Germanic design, really wanted from him.[107] As we have seen, Haupt introduced this program at a time when some related initiatives in the biblical/ancient Near Eastern field were occurring, or would soon occur, in a few other American universities and seminaries. But it is fair to see Haupt's program as probably the first full American program in this field. Brought to Hopkins in the mid-1880s as Haupt moved back and forth between there and Göttingen, and filled out after 1889 when he settled full-time in Hopkins, it was arguably the first to offer a comprehensive, coherent course of study in the field, taken from Haupt's German experience with its focus on seminars all led or supervised by one senior professor and based on the major languages and texts of the cultures studied, thus with a strenuous concern for philological training. It was also, on the American scene, perhaps the leading program to organize the study of the Hebrew Bible/Old Testament not as a theological undertaking but as a "secular" one within the humanities: as a historical and philological phenomenon to be approached as part of the study of the wider ancient Near East. To be sure, similar emphases could be found at other programs we have noted, at roughly the same period: Pennsylvania, perhaps Yale and Harvard, and a little later, at Chicago and Columbia. But Hopkins under Haupt seems to have been at the beginning more robust and defined.

There is a second point about Haupt's Hopkins program: it did not die with Haupt but was carried forward, enlarged, and in particular ways revised by his best student and successor, William Foxwell Albright. It is clear from the biographical sources about Albright that he came to Hopkins as a graduate student in 1913 excited and very eager to be studying with Haupt and his German heritage. A student-period photograph of Albright shows him with a thick mustache, with the ends up-turned, that looks like an imitation of Haupt's (Fig. 13.2 and Fig. 13.3)—both of them examples of the Kaiser Wilhelm moustache, then well known in Germany. Moreover, his first publication was in the prestigious German journal *Orientalistische Literaturzeitung*, which he submitted as part of his Hopkins application, and it carried the German-sounding name of W. F. Albrecht, not the English Albright.[108] Albright was very much taken with the philological approach that Haupt taught, and the application of this approach to the

107. Kuklick, *Puritans*, 106, writes about Haupt that "he negotiated a permanent position at Johns Hopkins and reduced his 'elementary' instruction.... By the time he was thirty he did no undergraduate teaching."

108. W. F. Albrecht, "Dallalu," *OLZ* 16 (1913): 213. There are two later articles under W. F. Albrecht, both also in the *OLZ* in the same volume and year and not always recognized as such: "Der zweite babylonische Herrscher von Amurru," *OLZ* 24 (1921): 18; and "Ein ägypto-semitisches Wort für 'Schlangenhaut,'" *OLZ* 24 (1921): 58–59. Interestingly, over against the first article, which was written in English, these two are entirely in German. All three articles, however, involve Assyriological evidence—the third covering Egyptian and comparative Semitic as well—and thus, they fit with the strong emphasis on Assyriology in Albright's early career, following his teacher Haupt. Cf. the listing of the three in David Noel Freedman, with Robert B. MacDonald and Daniel L. Mattson, *The Published Works of William Foxwell Albright: A Comprehensive Bibliography* (Cambridge, MA: American Schools of Oriental Research, 1975), 66: C-1, 68: C-31 and C-32. The name Albrecht was apparently the original family name in Germany, as attested in Johannes Albrecht, who arrived in America with his wife in 1732. See Running and Freedman, *Albright*, 4; and Feinman, *William Foxwell Albright*, 35–37. Albright's use of Albrecht suggests that he had some awareness of this German background, but from Running and Freedman and Feinman it appears that his awareness was slight.

FIGURE 13.2. (*left*) Paul Haupt, ca. 1900. Courtesy of the Ferdinand Hamburger Archives, Sheridan Libraries, Johns Hopkins University.

FIGURE 13.2. (*right*) William Foxwell Albright as a student at the Johns Hopkins University, 1913/1914. Courtesy of the Center for Adventist Research, Andrews University.

interweaving of the Hebrew Bible with the broader ancient Near East.[109] It is clear as well that he took full advantage of everything that Haupt and the faculty around him offered: all the languages, but especially the Mesopotamian, and the history and cultures. And he added, in his post-doctoral years, other skills like modern Arabic and modern Hebrew, and other areas of knowledge, foremost of which was archaeology and its accompanying first-hand familiarity with the lands of the Near East and Mediterranean world, especially Palestine. But what is also clear is that gradually, starting even before he completed his Hopkins doctorate in 1916, Albright saw the problems and limitations of what Haupt represented: his not occasionally sovereign, overbearing behavior; his excessively critical dissection of biblical texts and their late dating, especially as these involved poetry and metrics; his increasing penchant for far-out and far-fetched philological comparisons; and his tendency toward treating particularly the Pentateuchal stories of the patriarchs as mythology.[110] Much of this disturbed, as many

109. Albright's attraction to Haupt and his scholarly program comes through in his two essays about him: "Professor Haupt" and "In Memoriam," both above in n. 2. Comments from him about Haupt are also scattered throughout his biography: Running and Freedman, *Albright*, e.g., 21, 34, 36. 110. See also Delbert R. Hillers, "William F. Albright as a Philologian," in *The Scholarship of William Foxwell Albright: An Appraisal*, ed. Gus W. Van Beek, HSS 33 (Atlanta: Scholars Press, 1989), 45–46.

110. For Albright's comments, see ahead. Add also: Running and Freedman, *Albright*, 28, 29, 80–81, 85–86, 110; and Burke O. Long, *Planting and Reaping Albright: Politics, Ideology, and Interpreting the Bible* (University Park, PA: Penn State University Press, 2008), 123–30. Haupt's construal of the biblical patriarchs as originally mythological figures can be found in his "Micah," 19 and n. 17.

have recognized, a certain qualified conservatism—though not fundamentalism—on Albright's part toward the biblical text and its historicity, and this conservatism remained with him all his life. But it is fair to say that for Albright studies like Haupt's metrical analyses also violated common sense and balanced judgment in the extremity with which they treated the biblical text in its traditional Tiberian Masoretic form.

Albright's criticisms found careful, nuanced expression in the two essays he composed and published on Haupt in the 1920s. The first was in the Festschrift for Haupt presented to him in person in 1926, only months before he died, and it was, not unexpectedly, a detailed survey of the many positive achievements of Haupt in Assyriology, comparative Semitics, and Old Testament studies, though here and there in the essay, a slight demurral, if not criticism of Haupt's work, a remark about an aspect of it that would be controversial, can be found. For example, about Haupt's biblical exegeses Albright wrote: "It is, to be sure, too much to expect the general acceptance of the results, at least in our time; the most impartial treatment of the text [= of the Hebrew Bible, PM] cannot eliminate the subjective element entirely."[111] By the second essay, published in 1927 as an obituary of Haupt, Albright was less guarded. Here there are critical remarks focused on aspects of Haupt's philology, though within a larger context that remained respectful and even praiseworthy. Note the evaluation of Haupt's use of linguistic comparisons, which begins as critical and then tries to pull back: "With his vast linguistic erudition, he not infrequently became the prey of isolated analogies.... But his semasiological studies, though sometimes far-fetched ... are of considerable importance, and frequently become brilliant."[112] It is significant that in the second essay almost nothing is said about Haupt's biblical work: the discussion is centered on Haupt's Assyriological and then comparative Semitic studies. This is not unexpected, to be sure, since this second essay appeared in the Delitzsch–Haupt edited series, *Beiträge zur Assyriologie und semitischen Sprachwissenschaft*, and yet it is still noticeable because what Albright does say about Haupt's biblical work in this essay shows him squirming to put a good face on work that for him was very problematic: "It is still too early to evaluate the results of Haupt's Old Testament studies. While containing a certain amount of the subjective element, which is incommensurable, from the very nature of the case, this research of his will be found to possess a far greater value, I believe, than most of the similar work of the day, which does not repose on a solid foundation of knowledge and painstaking toil."[113] It may be added that in a third essay on Haupt, a much briefer biography in the *Neue Deutsche Biographie* of 1969 already referred to, Albright is more forthright about Haupt's biblical work, in this instance biblical Hebrew poetry. Acknowledging that while Haupt could use here his musical talent and knowledge of Hebrew phonology, Albright yet observes: "Unglücklicherweise nahmen subjektive Erschließungsmethoden allmählich zu, und die Qualität seiner Arbeit verringerte sich."[114]

111. Albright, "Professor Haupt," xxx. When approached to write this essay, as part of the anniversary volume in honor of Haupt, Albright was quite reluctant, and only after considerable pressure from one of the editors of the volume did he finally agree (Running and Freedman, *Albright*, 109–10).

112. Albright, *Neue Deutsche Biographie*, xxi.

113. Ibid., xiv.

114. Albright, "Haupt, Hermann Hugo Paul."

Yet even with these critical reactions, Albright admired Haupt and what he had learned from him, and Haupt reciprocated from the beginning: awarding him coveted fellowships for graduate study, making favorable comments about him to others, helping him considerably to gain a post-doctoral position at and then directorship of the American Schools of Oriental Research Jerusalem school, and after he was there, hinting broadly to him about becoming his successor at Johns Hopkins.[115] When Albright did take over at Hopkins in 1929, he began to institute certain changes, particularly the addition of Near Eastern archaeology, especially in the Levant, with the option of excavation on Albright's own projects,[116] and the shifting of emphasis in the doctoral program more directly to the history of ancient Israel and the Levant, with the relevant Semitic philology, archaeology, and, of course, the Hebrew Bible as the central text. Assyriology as a concentration, therefore, seems to have become less emphasized than under Haupt, though Albright continued to teach Akkadian and to promote it particularly as it referred to the ancient Levant including Israel.[117] Other fields like Egyptology, early Christianity, classical Arabic and Islam, and classical Judaism also had representation, though only very occasional doctoral concentration. But Albright mandated that all graduate students were expected to acquire a broad acquaintance in many, if not most of these fields—at least those comprising the ancient Near East—through coursework and private reading. And the students had to do this with a pronounced emphasis on the tools and aims of philology on the languages and texts at issue, along with a core knowledge of archaeology and its techniques of ceramics and stratigraphy.[118] Albright stressed, in sum, a combinatorial approach to ancient Near Eastern history and culture, specifically of Israel and the Bible: bringing together and interweaving different disciplines and bodies of knowledge, as he himself heroically exemplified. This followed and built on what essentially was the Haupt approach, and like Haupt as well, the program as a whole had a singular guiding force, Albright, a number of whose colleagues were in fact part-time. The students that came to Albright at Johns Hopkins amounted over the almost thirty years of his full-time tenure (1929–58) to a large group,[119] diverse in background, religion, and country of origin, again building on, but vastly extending what Haupt had achieved. Whatever their particular scholarly interests, they were bound together, in a way like the Haupt days, though on a broader basis, by a fealty to their teacher and to his fundamental orientation toward the Hebrew Bible within the context of ancient Israel and the

115. Running and Freedman, *Albright*, 37, 70, 71, 72, 77, 78.

116. Ibid., 172. Haupt, though interested in archaeology, was not an archaeologist, and his one effort in the late 1880s/early 1890s to establish an excavation at Ur in southern Mesopotamia was not, as we have discussed, realized. He continued, however, to press for excavation work for Johns Hopkins until the end of his life (Kuklick, *Puritans*, 117), yet only with Albright's appointment did it become feasible.

117. Indeed, it is striking, and perhaps significant, that Albright, whose initial work while a student and instructor at Johns Hopkins centered on Assyriology, shifted his primary attention to the Hebrew Bible, the history of Israel, and archaeology when he left Hopkins for Palestine in 1920 and eventually became the director of the American Schools of Oriental Research Jerusalem school: see Paul-Alain Beaulieu, "W. F. Albright & Assyriology," *NEA* 65 (2002): 13. This was a change, it appears, not unlike—though not identical to—that of his master Haupt, with the change of locale operating in some way as a factor in both.

118. See Gus W. Van Beek, "William Foxwell Albright: A Short Biography," in Van Beek, *Scholarship*, 14–15.

119. Van Beek, *Scholarship*, 14, where the following numbers are given: 75–100 students altogether for Albright, 57 of whom received their doctorates under him.

broader ancient Near East.[120] No other contemporary Hebrew Biblical program in North America could match this phenomenon of what was soon labeled the "Baltimore School," and so it became, certainly for the middle decades of the twentieth century, the best-known and most productive program in the Hebrew Bible with ancient Near Eastern studies in North America, and internationally among the most prominent as well: its graduates spread out in many colleges, universities, and religious seminaries. Such was the legacy of Paul Haupt through his best student and successor, William Foxwell Albright.

120. Long, *Planting*, is devoted to exploring the Albright legacy through his students, not occasionally with a critical edge.

CHAPTER 14

Sumerian Literature at the Crossroads

Piotr Michalowski
University of Michigan

TO HONOR MY OLD FRIEND JACK I offer here some remarks on the difficult inventory (or "catalog") of early Mesopotamian literary incipits HAM (AUAM) 73.2402 that Mark Cohen published some forty years ago.[1] I first looked at this tablet when I called on the Siegfried H. Horn Museum (HAM), or the Andrews University Archaeological Museum (AUAM) as it was then named, to visit another old friend, Marcel Sigrist, who was working on their Ur III documents at the time. The epigraphic difficulties presented by this tablet made me appreciate ever the more the challenges that Cohen originally faced; I was able to make some progress and upon returning home made some additional identifications, but the reading of many signs still eluded me, and I put aside my new edition with the expectation that I would return to Berrien Springs to spend more time with the tablet. Time passed, other obligations took precedence and this project got sidetracked along the way. More recently, looking back over unfinished work, my interest in this tablet was renewed in light of general Sumerological progress and it seemed fitting to offer an abstruse analysis of certain aspects of Sumerian literary history to Jack, although his fine literary sensibilities might be better satiated by a more rarified contribution.

In August of 2018 I was able to spend more time working on the tablet due to the kindness of Dr. Constance E. C. Gane, curator of tablets at the Horn Museum, of her student assistant Talmadge L. Gerald III, and of Dr. Robert D. Bates. The tablet, written in a very small hand, is extremely difficult to read, especially in the damaged lower parts of the obverse and reverse, particularly towards the end where the writer tried to fit in the text while running out of space and, although it has undergone preservation since Mark Cohen first worked on it, it may have deteriorated somewhat in the process. While I was able to make some progress, it quickly became apparent that the text requires prolonged study that could not be accomplished in the time available to me. I expect to return to the museum to make a hand copy and decipher more signs, but the publication deadline caught up with me and this edition must remain provisional, subject to much improvement.

HAM 73.2402 is a small pillow-shaped tablet (59.26×49.38×23.74), with little distinction in curvature between obverse and reverse, inscribed with thirty-five lines of writing separated into seven sections by deeper rulings. It has been cited occasionally since the original publication and an edition that mainly follows the original one is

1. Mark E. Cohen, "Literary Texts from the Andrews University Archaeological Museum," *RA* 70 (1976): 130–33.

FIGURE 14.1. HAM 73.2402. Photograph reproduced courtesy of the Institute of Archaeology, Andrews University.

available on the Electronic Text Corpus of Sumerian Literature (ETCSL) web site as catalog B4.[2] There is no information about its provenance (like most of the AUAM tablets it was originally part of the Hartford Theological Seminary collection); since its initial publication it has been generally assumed that it was written in late Old Babylonian times, following Cohen's original impressions, but it is equally possible that it should be ascribed a Kassite date (or even an earlier Old Babylonian ascription), based on paleography, but as observed by Veldhuis, "the paleographic distinction between late Old Babylonian and Kassite is notoriously difficult."[3] The Horn Museum text does not include any of the diagnostic signs such as the characteristic Middle Babylonian KUR etc., but there are a good number of other cuneiform tablets from the period that do not include such paleographic markers. My own impression, in concert with the original editor, is that the ductus generally resembles northern late Old Babylonian literary tablets that I have had the opportunity to inspect in person, but this is admittedly a subjective and less than authoritative evaluation. A preliminary new edition is provided below with several new readings, some more secure than others. To facilitate

2. http://etcsl.orinst.ox.ac.uk/cgi-bin/etcsl.cgi?text=c.0.2.11&display=Crit&charenc=gcirc#. It was also transliterated by Herman L. J. Vanstiphout, "The Old Babylonian Literary Canon: Structure, Function, and Intention," in *Cultural Repertoires: Structure, Function, and Dynamics*, ed. Gillis J. Dorleijn and Herman L. J. Vanstiphout (Leuven: Peeters, 2003), 27–28. I would like to thank Jerry Cooper, Jay Crisostomo, Enrique Jiménez, Grégoire Nicolet, Jeremiah Peterson, Daniel Schwemer, and Niek Veldhuis for information and/or comments on draft versions of this article.

3. Niek Veldhuis, "Kassite Exercises: Literary and Lexical Extracts," *JCS* 52 (2000): 70.

discussion, the demarcated sections are designated by alphabet letter in the right-hand column.

HAM 73.2402 = P249269 (photos, Fig. 14.1)[4]

Obverse		
1. [in-nin] ⸢ša$_3$ gur$_4$-ra⸣	*Inanna Hymn C*	A
2. [nin] me huš-a	*Inanna and Ebih*	
3. ⸢nin me⸣ šar$_2$-ra	*Inanna Hymn B*	
4. an-e ^{d}uraš-e	unidentified Inana poem	
5. in-nin an gal	*Inana's Descent(?)/Inana and Šukaletuda(?)*	
6. IGI$^{?}$ A ^{d}a-nu-na	unidentified Akkadian Ishtar/Inana composition	
<dividing rule>		
7. lugal-me-en ša$_3$-ta	*Šulgi Hymn A*	B
8. lugal mi$_2$ du$_{11}$-ga	*Lipit-Ishtar Hymn A*	
9. en-e niĝ$_2$-du$_7$-e	*Song of the Hoe*	
10. ⸢^{d}en-lil$_2$⸣ su$_3$-⸢ra$_2$-<ra$_2$>⸣-še$_3$	*Enlil Hymn A*	
11. ⸢e$^{?}$⸣ ĝiš-<al$^{?}$>-e lugal-e ⸢mu-ni niĝ$_2$⸣-ul-še$_3$	*Hoe and Plow Debate, Šulgi Hymn B*	
<dividing rule>		
12. [...] a nim ga$^{?}$-a-[r]a	?	C
13. [x x]x ⸢su$_3^{?}$ da$^{?}$⸣ [...]x	?	
14. [x x x]x e[n] gal [...]	?	
15. [*ši-m*]*e-e mi-il-kam*	*Instructions of a Father to his Son* (Akkadian)	
16. [*lu-mu*]*-un li-ib-bi*	Unidentified Akkadian composition	
17. [...]-***i mu-de-e ši-tu-lim***	Unidentified Akkadian composition	
Reverse		
18. [x x x x]x ***it-tam aš/ina*** GI ŠU A KAM	?	
<dividing rule>		
19. ⸢u$_4$⸣ ri-a šuruppak^{ki}	*Instructions of Šuruppak*	D
20. u$_4$ ri-a niĝ$_2$-ul-e	*Councils of Wisdom*(?)	
21. u$_4$ ul-le$_2$-a-⸢ta⸣ u$_4$ ba-zal-la-ta	Instructions of Ur-Ninurta	
22. u$_4$ ul ENGAR-e dumu-na na mu-un-de$_5$-ga	*Farmer's Instructions*	

4. The photographs were taken by Dr. Robert D. Bates, the Assistant Director of Publication and Research Associate at the Horn Museum; I am grateful for his assistance in this matter. Note that the name change of the museum has resulted in the renaming of catalog entries: the abbreviation HAM is now used for what used to be AUAM.

23. u$_4$ ul-le$_2$-a-ta u$_4$ diĝir-re-e-ne kalam-ma mu-un-x-x	One or two unidentified texts	
24. u$_4$ ri-a nam ba-tar$^{!}$-ra-ba	*Enki's Journey to Nippur*	
<dividing rule>		
25. ⸢10 u$_3$.ne⸣.e.dug$_4$ ⸢ša⸣ ^{d}šul-gi	"Ten Šulgi letters"	E
26. [^{d}en].zu$^{?}$ lugal ⸢u$_4$⸣-šakar mah u$_3$-na-a-dug$_4$	A letter of petition to Nanna(?)	
27. [x x (x)]x-x lugal-⸢ĝu$_{10}$⸣-ra u$_3$-na-a-dug$_4$	A letter to a king	
<dividing rule>		
28. [...] a x x a	?	F
29. [...] x a ⸢ki gul$^{?}$⸣-la-ba	?, *Proverb Collection 2/7*	
30. [...] am-⸢si⸣ ni$_2$-te-na	?, *Proverb Collection 5*	
31. [...] x x x x-a-ta	?	
32. [...] x x lugal ⸢e$_2$$^{?}$⸣gid$_2$-da-kam$^{?}$	?	
<dividing rule>		
33. [...] aš x gin-na	?	G
34. [...] UD.UD SIKIL$^{?}$ x	?	
35. [...] x x x x ⸢en$^{?}$⸣	?	

Philological Commentary

Line 4. No such incipit is known to me. Two possibilities come to mind: the first, and probably the more sensible one given the context, is that this was the opening line of a narrative text about Inana that has yet to be identified or a known text with a missing initial part. One candidate is the myth *Inana and An*, known from four exemplars, including a Middle Babylonian manuscript from Nippur.[5] The opening passage of the myth is not preserved, and the editor estimated that about 25 lines are missing at the beginning. However, there is a small fragment of a left-hand side of an Old Babylonian tablet from Uruk (*AUWE* 23, 101) that has lines that were not placed in the original edition. Gábor Zólyomi has suggested that the obverse of the tablet should preserve elements from the missing first 25 lines or so.[6] Without a description of the physical characteristics of the tablet it may be somewhat audacious to suggest this, but perhaps one may take this further and suggest that the Uruk piece preserves the opening lines of the composition and that the first two lines might be restored, with all due caution, as something like:

1. an-[e ^{d}uraš-e ki aĝ-ĝa$_2$ …]
2. ku$_3$ ^{d}[inana an-e ^{d}uraš-e ki aĝ-ĝa$_2$ …]

5. J. J. A van Dijk, "Inanna raubt den 'großen Himmel': Ein Mythos," in *Festschrift für Rykle Borger zu seinem 65. Geburtstag am 24. Mai 1994: tikip santakki mala bašmu*, ed. Stefan M. Maul (Groningen: STYX, 1998), 9–38.

6. Gábor Zólyomi, "W 16743ac (= AUWE 23 101)," *NABU* (2000): 41–42 (no. 38); see already Antoine Cavigneaux, AUWE 23: 53.

Line 5. Cohen, "Texts," 132, suggested that this was the incipit of the hymn Ninisina E. That hymn is attested by one poorly preserved Nippur manuscript (Ni 9595, *ISET* I p. 113). Relying on the hand copy, the opening line of this hymn probably reads: [ereš] an ⌜gal⌝-e z[i-de_3]-eš tu-d[a], and there does not seem to be enough room for [in-nin] at the beginning, with ereš/nin possibly the better restoration. Without a collation one cannot be certain, but we are probably dealing here with another unidentified Inana poem, although one should not exclude the possibility that the writer confused *Inana's Descent* (an gal-ta) with *Inana and Shukaletuda* (in-nin me gal-gal-la). In considering the hypothetical identifications of the incipits in ll. 4 and 5 it is notable that two of the three possible candidates, *Inana and An* and *Inana's Descent*, are attested in Middle Babylonian manuscripts.[7]

Line 6. This must have been an Akkadian literary composition centered on Inana/Ishtar in her form as Anūna, a divine name that occurs quite rarely but was apparently identified with Ishtar of Babylon, as noted by W. G. Lambert, who edited an Old Babylonian Akkadian language prayer from Nippur addressed to this goddess.[8]

Line 7. The ubiquitous *Šulgi Hymn A* is known only from Old Babylonian sources, but there is one Kassite-period exercise tablet that may preserve the first two lines of the poem, although this is, admittedly, quite conjectural.[9]

Line 11. The writer combined two different entries here. The second half of the line, lugal-e mu-ni $niĝ_2$-ul-$še_3$, has been identified as the well-documented royal hymn *Šulgi B*. I suggest that the signs that precede this (⌜e$^?$⌝ ĝiš-<al$^?$>-e) constituted an abbreviated version of e ^{ĝiš}al-e ^{ĝiš}al-e ^{ĝiš}al-e sa la_2-e, the incipit of the *Debate between Hoe and Plow*.[10] The same order is found in catalogs N2: 25–26 and L: 16–17.

Line 15. The restoration and identification were first proposed in 1989 by Miguel Civil:[11] this is the Akkadian wisdom composition *šimâ milka*, attested in Middle Babylonian manuscripts from Hattuša (one tablet with partial Hittite translations), Ugarit (three sources), and Emar (one source), but also in a first-millennium version from the Nabu temple in Nimrud, identified by Rima Nurullin, who has most recently analyzed this narrative.[12] This "wisdom" text, which in its Middle Babylonian version opens with the line *šimâ milka ša šūpê amēli*, "Hear the advice of the most famous of men," consists of a long series of proverbial instructions from an unnamed father (some have variously identified him as Utanapishtim or Atrahasis) to his son that was undoubtedly

7. CBS 3832 (P260202), *Inana and An*, mss. C in van Dijk, "Inanna raubt," 14–16 and UM 29-16-35 (P256648, Inana's Descent/An = *Anum*), published by Veldhuis, "Kassite Exercises," 74–75, 90; for the latter see now Alexa Bartelmus, *Fragmente einer großen Sprache: Sumerisch im Kontext der Schreiberausbildung des kassitenzeitlichen Babylonien* (Boston/Berlin: de Gruyter, 2016), 467–68.

8. See W. G. Lambert, "A Babylonian Prayer to Anūna," in *DUMU-E_2-DUB-BA-A: Studies in Honor of Åke W. Sjöberg*, ed. Hermann Behrens, Darlene Loding, and Martha T. Roth (Philadelphia: Babylonian Section of the University Museum, 1989), 321–36.

9. CBS 19831 (P270408), published by Veldhuis, "Kassite Exercises," 76, 91; see now Bartelmus, *Fragmente*, 424.

10. Miguel Civil, "Le dêbat sumérien entre la houe et l'araire" (PhD diss., University of Paris, 1965) and now Catherine Mittermayer, *"Was sprach der eine zum anderen?" Argumentationsformen in den sumerischen Rangstreitgesprächen* (Berlin/Boston: de Gruyter, 2019), 109–37, 285–354.

11. Miguel Civil, "The Texts from Meskene-Emar," *AuOr* 7 (1989): 7.

12. Rima Nurullin, "An Attempt at *Šimâ milka* (*Ugaritica* 5, 163 and duplicates). Part I: Prologue, Instructions II, III, IV," *Babel und Bibel* 7 (2014): 175–229, with earlier literature. For the fullest recent treatment of the composition, see Yoram Cohen, *Wisdom from the Late Bronze* Age (Atlanta: SBL, 2013), 81–128.

influenced by Sumerian poems such as the *Instructions of Šuruppak* and the *Counsels of Wisdom*, with a shorter concluding section that contained the younger man's nihilistic reply that mirrors other mid-second-millennium works with Old Babylonian roots such as the *Ballad of Early Rulers* or *Nothing is as Precious as the Good Life*.

Line 16. No Old Babylonian literary composition known to me begins with these words. They could reference a hitherto undocumented "wisdom" type poem, possibly similar to the one listed in the next line. The term *lumun libbi* usually means "grief, distress" or, as Caplice felicitously translated it, "heartbreak," and presumably this would be the meaning of the expression if this incipit would refer to a "wisdom" type poem,[13] but it was also used with specific technical meanings in omens and in astronomical texts.[14] Note also the use of Sumerian $ša_3$ hul, personified as seven demons that hindered childbirth, in an Old Babylonian incantation, probably from Sippar, published and discussed by Finkel.[15]

Line 17. This incipit has resisted identification. Brigitte Groneberg ("Searching for Akkadian Lyrics: From Old Babylonian to the 'Liederkatalog' *KAR* 158," *JCS* 55 [2003]: 56) drew attention to l. 70 of the first-millennium hymn to Marduk, which we now know originated in Old Babylonian times,[16] but this is only superficially similar and is not an opening line, as observed by Sallaberger: *ibašši ištu ulla mitluku šitūlu*, "There exist, from ancient times, thoughtful consultation…."[17] Nevertheless, Groneberg's remark points the way towards the kind of poem that this incipit probably represents: a Marduk or Shamash hymn entertaining "wisdom" themes, akin to later *Ludlul*. Coincidentally, there is a fragmentary Marduk text of this type found in Ugarit (*Ugaritica* 5, 162) that was composed in late Old Babylonian or possibly in Kassite times, most recently discussed and edited in Oshima, *Marduk*, 205–15 (incipit not preserved).

Line 18. This must have been another Akkadian incipit. The end of the line needs more study.

Line 19. The additional specification in this entry is unique in the literary inventories. There were at least four Old Babylonian compositions that began with u_4 ri-a (*Enki and Ninmah*, *Enki's Journey to Nippur*, *Gilgameš, Enkidu and the Netherworld*, and *The Instructions of Šuruppak*), so the writer supplied an explanation specifying that the last one was in play here.[18]

13. Richard I. Caplice, "Akkadian 'UD(D)Û'," in *Studies Presented to A. Leo Oppenheim: June 7, 1964* (Chicago: The Oriental Institute of the University of Chicago, 1964), 63.

14. On *lumun libbi* as divine crying, mourning or anger in association with eclipses, see Francesca Rochberg, "*Ina lumun attalî Sîn*: On Evil and Lunar Eclipses," in *Sources of Evil: Studies in Mesopotamian Exorcistic Lore*, ed. Greta Van Buylaere, Mikko Luukko, Daniel Schwemer, and Avigail Mertens-Wagschal (Leiden/Boston: Brill, 2018), 287–315.

15. CBS 1509 iii 8 (P258843, OB, Sippar?), Irving L. Finkel, "The Crescent Fertile," *AfO* 27 (1980): 40 (see p. 44).

16. See Takayoshi Oshima, *Babylonian Prayers to Marduk* (Tübingen: Mohr Siebeck, 2011), 138; for the full version of the line, see ibid., 162–63.

17. Walther Sallaberger, "Skepsis gegenüber väterlicher Weisheit: Zum altbabylonischen Dialog zwischen Vater und Sohn," in *Your Praise Is Sweet: A Memorial Volume for Jeremy Black from Students Colleagues and Friends*, ed. Heather D. Baker, Eleanor Robson, and Gábor Zólyomi (London: British Institute for the Study of Iraq, 2010), 308 n. 10.

18. It is also possible that the *Debate between Silver and Copper* began in this manner, as suggested by Claus Wilcke, "Vom altorientalischen Blick zurück auf die Anfänge," in *Anfang und Ursprung: Die Frage*

Line 20. As in the Ur catalog U2: 30, this otherwise unidentified incipit follows after the *Instructions of Šuruppak*. On two collective tablets, one of which is probably Middle Babylonian, the Instructions are followed by a poorly preserved composition documented from Sippar and Nippur sources that carries the modern name *Councils of Wisdom*, but the opening section of the latter has as yet to be discovered.[19] With all due caution, I suggest that u_4 ri-a niĝ$_2$-ul-e may have been the opening phrase of that composition.

Line 21. On the identification of this as the incipit of the *Instructions of Ur-Ninurta (Ur-Ninurta G)*, see Cohen, "The Texts," 132. The opening line is attested in only one published manuscript, of unknown provenance (*TIM* 9, 1; see Alster, *Wisdom*, 225 and 227), as u_4 ul-le$_2$-a-ta u_4 ub-til-la-[a-ta]. The Horn inventory has the better text.

Line 22. *The Farmer's Instructions* was known in Middle Babylonian times but was also listed in a Neo-Assyrian catalog as part of the series Sidu (see n. 29 below).

Line 23. This is the longest line of the tablet and the incipit cannot be readily identified with any known Sumerian composition. It is possible that like in l. 11 there may be two incipits running into each other here. There is a remote possibility that u_4 ul-li$_2$-a-ta could be a variant of the opening line of the *Debate between Bird and Fish*, u_4 ul ri-ta.[20] This incipit, which occurs in several "catalogs," has long been suspected as the opening phrase of the debate, although the beginning of the first line was broken in the published manuscripts of the composition. This is now confirmed by the evidence from an unpublished tablet that has u_4 ul u_4 ri-a-ta-a[m$_3$] nam du$_{10}$ tar-⌜ra-a⌝-ba in its first two lines (MS 5103, CDLI P254172).[21] This may be a bit of a stretch, but note that the Sippar text *VAS* 10, 204 contained the Ur-Ninurta text followed by the *Counsels*, but both were preceded by *Bird and Fish*.[22]

Be that as it may, this proposal requires an unlikely variant and is therefore unsatisfactory. It is possible that the line contained two incipits that cannot be identified at the present time, but it is equally possible that this was a long first line of a "mythical instruction" to a myth or debate, similar to the opening of the Old Babylonian version of the Akkadian language *Tamarisk and Palm*:[23]

---

nach dem Ersten in Philosophie und Kulturwissenschaft, ed. Emil Angehrn (Berlin/New York: de Gruyter, 2007), 47. Jeremiah Peterson kindly reminds me of yet another Sumerian composition beginning with u_4 ri-a: the poorly written exercise from Ur that contains the first eleven lines of an unidentified composition, perhaps the "mythological" introduction to a debate or a narrative, beginning with ⌜u_4-ri⌝-a he$_2$-gal-la-ta ^{d}en-ki-ke$_4$ etc., namely *UET* 6, 28, new copy in Marie-Christine Ludwig, *Literarische Texte aus Ur: Kollationen und Kommentare zu UET 6/1–2* (Berlin/New York: de Gruyter, 2009), 45. For earlier poems with such beginnings see Gonzalo Rubio, "Time before Time: Primeval Narratives in Early Mesopotamian Literature," in *Time and History in the Ancient Near East: Proceedings of the 56th Rencontre Assyriologique Internationale at Barcelona 26–30 July 2010*, ed. L. Feliu, J. Llop, A. Millet Albà, and J. Sanmartín (Winona Lake, IN: Eisenbrauns, 2013), 10–11.

19. Edited by Bend Alster, *Wisdom of Ancient Sumer* (Bethesda, MD: CDL, 2005), 241–64; see now Maurizio Viano, *The Reception of Sumerian Literature in the Western Periphery* (Venice: Edizioni Ca' Foscari, 2016), 60–61.

20. For an edition of the composition, see Sabine Herrmann, *Vogel und Fisch—Ein sumerisches Rangstreitgespräch: Textedition und Kommentar* (Hamburg: Verlag Dr. Kovač, 2010); see now Catherine Mittermayer, "mušen ku$_6$: Viel Vogel und wenig Fisch in MS 2110/1," *AoF* 41 (2014): 201–22 (Mittermayer, *Was Sprach*, 67–108, 228–84).

21. Mittermayer, "mušen ku$_6$," 206 (now mss. Bms in Mittermayer, *Was Sprach*, 234, copy p. 392).

22. For the reconstruction of this tablet, see Miguel Civil, "Supplement to the Introduction to *ISET* I," *Or* NS 41 (1972): 88–89.

23. See now Enrique Jiménez, *The Babylonian Disputation Poems: With Editions of the Series of the Poplar, Palm and Vine, the Series of the Spider, and the Story of the Poor, Forlorn Wren* (Leiden/Boston:

ina ūmī ullûtim ina ina šanātim rūqātim
inūma igigū[?]ukinnū mātam

"In those most ancient days, in those distant years
"When the Igigi[?] gods established the cities ...."

Line 25. The beginning of the line has deteriorated since Cohen copied it. Note that this line is to be read in Akkadian (*ešeret unnedukkātim ša Šulgi*).[24] The unusual writing u_3-ne-e-dug_4 contrasts with standard u_3-na-a-dug_4, the commonly encountered version of the introductory formula in literary letters, in the lines that follow. Since in l. 25 this is an ad hoc logogram that was intended to be read in Akkadian, it is most likely that the writer sought to imply a plural form, since in letters addressed to more than one person the form was usually u_3-ne-(a)-dug_4.[25]

Line 26. If the readings are correct, this should be a hitherto unknown letter of petition (letter-prayer) to Nanna/Su'en. There is less now preserved of the first visible sign after the break, which the editor copied as zu, proposing that this was a letter to King Šu-Sin, but royal literary letters never contain epithets in the opening line. Many Sumerian letter prayers begin with a series, sometimes quite long, of sobriquets, but this one may have been more like the first two lines of the letter of petition to Nanna *AUWE* 23, 113: ^{d}nanna dumu saĝ ^{d}en-lil_2-la_2 $šud_3$-de_3 ki $aĝ_2$-ra u_3-na-a-dug_4, "Speak to Nanna, firstborn son of Enlil, who loves supplications."

Line 27. Cohen, "Texts," 132, read the name at the beginning of the line as [^{d}*su-mu-l*]*a-el*. This seems to be a good reading—one that I repeated in the past—but on reflection one would not expect to find a Sumerian literary letter to the founder of the First Dynasty of Babylon. The last sign and a half of the name is confounding; the first one may have been the end of DU, but although the second one is well preserved, I cannot come up with any reading that would lead to a known royal name. It is certainly not a letter to Šulgi because those letters were accounted for in l. 25; moreover, such epistles never mentioned the name of the king in the opening line. The opening formula ROYAL NAME lugal-$ĝu_{10}$-ra u_3-na-a-dug_4 occurs only in literary letters to Šu-Sin and Ibbi-Sin, but not in the ones addressed to Isin kings Iddin-Dagan (*SEpM 2*) and Lipit-Ištar (*SEpM 4*).[26]

Line 29. I cannot read the traces of the first two preserved signs. What follows is difficult to read, but if the identification of l. 30 is correct, perhaps this is the incipit of *Proverb Collection 2* or possibly *Collection 7*: ki gul-la-ba.[27] Both are attested in Old and Middle Babylonian manuscripts from Nippur (as well as on unprovenienced OB tablets) and, as noted by Veldhuis, "Kassite Exercises," 73–74, *Collection 7* was the

Brill, 2017), 35. Note, however, that this is the only known Akkadian text with such an opening section; see Jiménez, *Disputation Poems*, 25.

24. On ll. 8–10 see Piotr Michalowski, *The Correspondence of the Kings of Ur: An Epistolary History of an Ancient Mesopotamian Kingdom* (Winona Lake, IN: Eisenbrauns, 2011), 25.

25. See, conveniently, the chart in Alexandra Kleinerman, *Education in Early 2nd Millennium BC Babylonia: The Sumerian Epistolary Miscellany* (Leiden/Boston: Brill, 2011), 50.

26. The last two edited in Kleinerman, *Education*, 116–17 and 121–23, respectively.

27. Edited by Bendt Alster, *Proverbs of Ancient Sumer: The World's Earliest Proverb Collections* (Bethesda, MD: CDL Press, 1997), 40–75. This was by far the most commonly used proverb collection in Old Babylonian Nippur schooling as observed by Jon Taylor, "The Sumerian Proverb Collections," *RA* 99 (2005): 25. There are also unprovenienced manuscripts (possibly from Larsa) as well as sources from Ur.

epitome of the Nippur proverb collections. Apparently one of these was still known in Neo-Assyrian times, as it is listed in among the contents of the series Sidu, alongside other compositions that go back to the Old Babylonian period (see below).[28]

Line 30. Cohen, "Texts," 133 observed that the preserved section at the end of the line should be the incipit of *Proverb Collection 5*: am-si ni_2-te-a-ni or am-si ni_2-ta-na.[29] If this is indeed the case, one wonders what might have been before it; was it just a blank space or did it contain another short incipit?

Line 32. The reading and identification of this line escapes me. The lugal sign is somewhat off and the sign after it could be e_2 or ĝiš (it is now partly damaged but was complete when Cohen copied it). If it does indeed read lugal e_2-gid-da then it would be a composition about the god Ninazu or his temple in Ešnunna. This does not fit well with the proverbs identified in the lines above.

Discussion

The tablet under consideration is generally defined as a literary tablet catalog or inventory. This modern category is somewhat vague; the tablets designated in this manner are a heterogeneous lot and it may well be "that aside from their superficial similarity, they belonged to functionally different types."[30] Much has been written on these texts in recent years, most recently summarized and analyzed by Ulrike Steiner; she suggests that in terms of purpose and context these may be defined as "(a) catalogues as tablet inventories (drawn up for archival purposes); (b) catalogues as technical tools for textual scholarship; and (c) catalogues as tools in scribal education and specialist training."[31] The HAM tablet is unique and does not fit neatly into any such category.

The Horn inventory is subdivided into seven sections demarcated by horizontal lines that are more pronounced than the normal line rulings. The tablet divisions can be described in the following terms:

A (1–6)	Compositions involving Inana;
B (7–11)	Standard curricular texts from the "Decad" and beyond;

28. [ki] gul-la, l. 4 in the Sidu incipit catalog K 1870 published by Irving Finkel, "On the Series Sidu," *ZA* 76 (1986): 250. This catalog also included the *Farmer's Instructions* (l. 14). For a discussion of the contents of this series, which apparently consisted mainly of Sumerian "wisdom" compositions, see Eckart Frahm, "The Latest Sumerian Proverbs," in *Opening the Tablet Box: Near Eastern Studies in Honor of Benjamin R. Foster*, ed. Sarah C. Melville and Alice L. Slotsky (Leiden: Brill, 2010), 168–76. On the history of *Proverb Collection 2* see now also Jeremiah Peterson, "A Middle Babylonian Sumerian Fragment of the Adapa Myth from Nippur and an Overview of the Middle Babylonian Sumerian Literary Corpus at Nippur," in *The First Ninety Years: A Sumerian Celebration in Honor of Miguel Civil*, ed. Lluís Feliu, Fumi Karahashi, and Gonzalo Rubio (Boston/Berlin: de Gruyter, 2017), 278–79.

29. Alster, *Proverbs*, 121 (also Alster, *Wisdom*, 366). See now Jiménez, *The Babylonian Disputation Poems*, 327.

30. Piotr Michalowski, "A New Sumerian 'Catalogue' from Nippur," *AuOr* 19 (1980): 265.

31. Ulrike Steiner, "Catalogues, Texts, and Specialists: Some Thoughts on the Aššur Medical Catalogue and Mesopotamian Healing Professions," in *Sources of Evil: Studies in Mesopotamian Exorcistic Lore*, ed. Greta Van Buylaere, Mikko Luukko, Daniel Schwemer, and Avigail Mertens-Wagschal (Leiden: Brill, 2018), 50. See the important discussion by Paul Delnero, who critiqued the notion that some of these were curricular lists and argued that they were tablet inventories ("Sumerian Literary Catalogues and the Scribal Curriculum," *ZA* 100 [2010]: 32–55).

C (12–18)	Various Sumerian- and Akkadian-language literary texts;
D (19–24)	Sumerian poems situated in the deep past beginning with u_4;
E (25–27)	Literary letters;
F (28–32)	Proverbs(?) and other compositions
G (33–35)	?

Section A was thematic in that it seems to have listed common as well as rare compositions concerning the goddess Inana.

Section B began with the first half of the Decad, without *Inana B*, which had already been listed in section A, and absent another composition from this lot, *Enki's Journey to Nippur*, which was listed in l. 24 in section D. In sum, this is seven tenths of the Decad, with two additional school compositions, the *Disputation between How and Plow* and *Šulgi Hymn B*, poems that were part of what Eleanor Robson has labeled as "The House F Fourteen," as were the *Instructions of Šuruppak* (l. 19) and the *Farmer's Instructions* (l. 22) in section D.[32]

Section C that follows is more difficult to characterize because ll. 12–14 remain undeciphered and the language of the incipits is not entirely clear although those in ll. 15–17 are recognizably Akkadian, as may have been the text listed in l. 18. There seems to be no discernable thematic unity to these compositions.

Section D consists of six or seven titles of compositions that began with expressions for the primeval or antediluvian past, each beginning with the word u_4.

This is followed by three entries for literary letters (section E): ten letters from the *Correspondence of the Kings of Ur* (CKU) and two unidentified items, one a letter of petition to a god and the other one another letter to a king. Other than a unique inventory of literary letters and related items from Uruk,[33] epistolary texts are not otherwise included in Old Babylonian "catalogs" with the singular exception of the *Letter of "Monkey" to his Mother* (*SEpM 16*), possibly listed in *UET* 6, 196: 4 (U3).[34]

Two of the five lines of section F contained incipits of proverb collections, but the remaining entries remain unidentified. Similar to the preceding section, this is without parallel: proverbs are not otherwise listed in literary catalogs. Nothing can be said of section G at present.

What is one to make of such a classificatory set? I do hope that Jack will forgive me if I give in to temptation and once again bring up the famous lines of Jorge Luis Borges, who invoked ambiguities, redundancies, and deficiencies that reminded him of

> those attributed by Dr. Franz Kuhn to a certain Chinese encyclopedia entitled *Celestial Emporium of Benevolent Knowledge*. On those remote pages it is written that animals are divided into (a) those that belong to the emperor, (b) embalmed ones, (c) those that are trained, (d) suckling pigs, (e) mermaids, (f) fabulous ones, (g) stray dogs, (h) those that are included in this classification, (i) those that tremble as if they were mad, (j) innumerable ones, (k) those drawn

32. Eleanor Robson, "The Tablet House: A Scribal School in Old Babylonian Nippur," *RA* 93 (2001): 52–57.

33. Published by J. van Dijk, "Ein spätaltbabylonischer Katalog einer Sammlung sumerischer Briefe," *Or* NS 58 (1989): 441–47 (= *AUWE* 23, 112). See, most recently, Michalowski, *Correspondence*, 25–27.

34. This letter was last edited by Alexandra Kleinerman, *Education*, 158–60.

TABLE 14.1. Dyirbal Noun Classes/Genders

Class I	**Class II**	**Class III**	**Class IV**
men	women	parts of the body	
kangaroos	bandicoots	meat	
possums	dog		
bats	platypus, echidna		
most snakes	some snakes		
most fishes	some fishes		
some birds	most birds		
most insects	firefly, scorpion, crickets		bees and honey
	hairy mary grub		
	anything connected with fire or water		
moon	sun and stars	wind	
storms, rainbow			yamsticks
boomerangs	shields		
some spears	some spears		some spears
	some trees	all trees with edible fruit	most trees
			grass, mud, stones, noises, language

with a very fine camel's-hair brush, (l) others, (m) those that have just broken a flower vase, (n) those that resemble flies from a distance.[35]

The Borges encyclopedia is fiction and therefore may reveal higher levels of truth; indeed, some humans do classify objects in their purview in ways that may appear, from a distance, as unfathomable by others. One such real world example that has been discussed often since it came to scholarly attention as a result of Robert Dixon's celebrated work on the Dyirbal language of Australia is a seemingly incomprehensible formal system of noun classification.[36] In this language, which belongs to the Pama-Nyungan family and is spoken in northeastern Queensland, nouns are assigned to one of four classes (or genders) in the following manner (Table 14.1):

Many attempts have been made to make sense of this. Keeping in mind that this is a formal linguistic noun classification system and assuming that language is a rule governed activity, scholars have sought to recover possible rules that would serve to explain the Dyirbal system. Most recently, Keith Plaster and Maria Polinsky have offered a relatively simple set of such rules that provide a rational explanation of the

35. Jorge Luis Borges, "The Analytical Language of John Wilkins," in *Other Inquisitions (1937–1952)*, trans. Ruth L. C. Simms (Austin: University of Texas Press, 1964), 103.

36. R. M. W. Dixon, "Noun Classes," *Lingua* 21 (1968): 118; Dixon, *The Dyirbal Language of North Queensland* (Cambridge: Cambridge University Press, 1972), 306–11. This system has been the subject of much debate by non-linguists, but Dyirbal is hardly the only language in the world with complex noun classification/classifier systems; for an overview see Alexandra Y. Aikhenvald, *Classifiers: A Typology of Noun Classification Devices* (New York: Oxford University Press, 2000).

system that considers both the history of the language and semantic/classificatory concepts. Importantly, they show that Dyirbal, like other languages in the family, once had a classifier system: "the Dyirbal noun classes arose from a reanalysis of an earlier classifier system; the original number of classifiers was larger than the number of resulting genders, and in several cases, several classifier sets merged within a single class. We hypothesize that this merger was facilitated by formal analogy between the members of different small classes. If this proposal is on the right track, it has as an important consequence that there is no synchronic conceptual association among all of the items in a given gender class; in particular, the smaller subsets within a class do not need to be radially related to the semantic core. The overall class membership is motivated only diachronically, and even then not necessarily on semantic grounds."[37]

The last sentence is of critical importance: should Plaster and Polinsky's interpretation hold—and as they themselves document, others have suggested very different explanations of the Dyirbal noun classes—it would serve to demonstrate that classificatory systems, even linguistic ones, are not necessarily always based on orderly semantic criteria but derive from the interaction of diachronic forces and analytical and genealogical thought. Taking the issue further, scholars such as Janet Dougherty and Charles Keller have shifted such discussions from language to cognition, moving the focus from systems of labeled categories to everyday behavior, characterizing "knowledge structures as constellations of conceptual units arising in response to a task at hand."[38] Moreover, they stress that named sets of classes do not necessarily provide the basis for conceptual organization of specific tasks, and only provide one possible manner of interrelating basis elements in an undertaking (in their case, blacksmithing); indeed, they "draw attention to the significance of unnamed conceptual distinctions as an important part of such systems or constellations."[39]

I am fully aware that I have only touched upon matters that have been the subject of robust and extensive discussion for millennia and have been vigorously debated for more than a century in anthropology, philosophy, linguistics, and in other disciplines. I bring up these specific works to suggest, within the narrow confines of the present discussion, that human categorical or organizational systems, no matter how haphazard and alien they may seem to us today, may be motivated and driven by multiple crisscrossing constellations of knowledge structures that are specific to the task at hand with various degrees of improvisation. Moreover, they call upon named and unnamed categories and cannot be readily elucidated by modern "common sense" explanations that are rooted in deep-seated cultural prejudices, but must take into account native hermeneutical strategies even though, in typical Mesopotamian fashion, these were never articulated in theoretical terms but were repeatedly demonstrated by practical examples. Such an approach would be well in concert with recent discussions of ancient Mesopotamian approaches to epistemology and categorization, be it Marcus Hilgert's analysis of non-linear epistemic systems or, perhaps

37. Keith Plaster and Maria Polinsky, "Women Are Not Dangerous Things: Gender and Categorization," *Harvard Working Papers in Linguistics* 12 (2007): 37.

38. Janet W. Dougherty and Charles M. Keller, "Taskonomy: A Practical Approach to Knowledge Structures," *American Ethnologist* 9 (1982): 766.

39. Ibid.

more relevantly, Francesca Rochberg's evocation of analytical reasoning as evident in omens and scientific texts, an approach developed in C. Jay Crisostomo's careful examination of lexical compositions.[40]

Much of this may be relevant to a discussion of early inventories of literary tablets.[41] The two surviving Ur III texts of this nature were produced during an activity or set of procedures that resulted in or required in passing the enumeration of salvaged tablets. One, of unknown provenance, listed titles of hymns (en_8-du) that were "found" by someone named Niĝurum (pa_3-da $ni\hat{g}_2$-u_2-rum, l. 45).[42] The tablet was written as an account, with a blank space after the first 32 incipits, followed by a total ("32 royal hymns") and then ten opening lines followed by another blank space and summary ("10 … hymns").[43] The second Ur III inventory, *TMH*nf 3, 55, from Nippur, listed two sets of incipits that may have belonged together as part of a specific ritual or series that are specified as $ša_3$ pu_2 diš-kam, "in/from a single *well*," followed by a series that could not be recovered, providing a clue to the task that was undertaken here (on this "well" see the appendix below).[44]

The Ur catalog U2 contains two sections, each with a subscript specifying the location or origin of the inventoried tablets: $ša_3$ ^{gi}pisaĝ $murub_4$ *ša-ap-lu-um* (l. 12) and $ša_3$ ^{gi}pisaĝ $murub_4$ *el-lu-um* (l. 25). Like the Horn inventory, this one was conceived of in Akkadian; literally, these designations appear to mean "from/in the lower 'central' reed box" And "from/in the upper 'central' reed box." It may be that $murub_4$ is a mistake, but that is neither here nor there. Other than this, the only Old Babylonian inventories that have phrases other than incipits are *UET* 6, 196, which at the end simply listed "various tablets" (dub hi-a) and "tablets (containing lines with) 'supposing that'," in all probability Akkadian omen texts, and the poorly preserved *VAS* 10, 216, probably from Sippar, which inventoried various cultic texts in generic terms, as so many eršemma laments of the god so and so, alongside specific incipits, as well as the four related cylinder lists of cultic laments discussed below.

Such inventories used various devices geared to the task at hand and represent only one small element in an activity or chain of actions that cannot be reconstructed; in line with the arguments of Plaster and Polinsky, discussed above, they call upon both named and unnamed categories as warranted. They differ from one another

40. Markus Hilgert, "Von 'Listenwissenschaft' und 'epistemischen Dingen': Konzeptuelle Annäherungen an altorientalische Wissenspraktiken," *Zeitschrift für allgemeine Wissenschaftstheorie* 40 (2009): 277–309; Francesca Rochberg, "The Babylonians and the Rational Reasoning in Cuneiform Scribal Scholarship," in *In the Wake of the Compendia: Infrastructural Contexts and the Licensing of Empiricism in Ancient and Medieval Mesopotamia*, ed. J. Cale Johnson (Boston/Berlin: de Gruyter, 2015), 209–46; C. Jay Crisostomo, *Translation as Scholarship: Language, Writing, and Bilingual Education in Ancient Babylonia* (Boston/Berlin: de Gruyter, 2019), 51–112.

41. For practical purposes I limit myself to Ur III and Old Babylonian examples; due to different functions of literacy, organization of knowledge, the rise of libraries, different contents, etc., later inventories require a longer and more complex discussion that cannot be untaken here. For these, see Steinert, "Catalogues," and most of the articles in Ulrike Steiner, ed., *Assyrian and Babylonian Scholarly Text Catalogues: Medicine, Magic and Divination* (Boston/Berlin: de Gruyter, 2018).

42. Published in William W. Hallo, "On the Antiquity of Sumerian Literature," *JAOS* 83 (1963): 167–76.

43. l. iv 1; the term igi-$še_3$-am_3 is difficult. Read perhaps libir-am_3, "that are old," even though the igi and $še_3$ signs are separated.

44. HS 1360 (P134670), ll. 9 and 17. The translation assumes that the solitary vertical wedge stands for diš, "single, rather that aš, "one." L. 19 $\hat{g}iri_3$-ĝen-na-bi lu_2 nu-da-pad_3, "no one could recover that series."

because they were construed ad hoc within such a chain of events rather than conforming to an abstract "catalog" form.

Nevertheless, the combination of thematic, pedagogical, generic, and acrographic principles in the classificatory organization of the Horn Museum inventory may be as confounding as those of the imaginary encyclopedia or the Dyirbal noun genre distinctions but are no less perplexing. The simplest explanation would be to assume that this was an inventory of different sets of tablets, perhaps held in individual baskets, but it is hard to imagine that someone would put aside all tablets in their possession beginning with u_4 in a separate place. It is possible that the still undeciphered signs at the very end of the text in section G consisted of some prose that may shed light on the circumstances that led to the writing of the tablet, but that will have to await further study of the object.

One could also imagine that the order and categorization of compositions registered in this inventory represent an attempt to take stock of what was available in some assemblage, which may have been an antiquarian collection, a set used for pedagogical purposes, or even the inventory of the exercises remaining in a schooling house, perhaps one that was being dismantled or cleaned out. Nevertheless, the marked sections and the internal logic of these divisions suggests an intellectual motivation for the arrangement. This demarcation reveals an intentional categorization, but the origin and purpose of the distinctions is difficult to gauge.

The Horn tablet is not the only inventory with distinct section rulings, as they can be found in three from Nippur, one from Sippar and in four related small cylinders of unknown origins.[45] The first of these, the "curricular" catalog N2, is divided into four sections of ten lines each, followed by one with eight and a final one with thirteen lines.[46] The opening section consists of the famed Decad, but the almost mechanical division into precise or approximate sets of ten should make us pause. However, one similar Sippar inventory begins with a variation on the Decad, with some differences in order and substituting the *Farmer's Instructions* for *Gilgamesh and Huwawa* (elsewhere the last entry of the Decad), also followed by a marked ruling, this time a double one, and another such marking is found on the reverse.[47] The second one, originally identified by W. W. Hallo and subsequently augmented by joins,[48] is poorly preserved but has the remains of at least two double lines; "the guess may be ventured that they were drawn, mechanically after every tenth entry."[49] The third Nippur inventory organized by line divisions in a fully apparent manner had decidedly different

45. A Louvre inventory of unknown provenance (Larsa?) has eleven incipits and there is a check mark for ten on the left margin; this is a normal form of marking every ten lines in some school texts but seems somewhat redundant if it is merely a standard count (Jeremiah Peterson, "A New Old Babylonian Sumerian Literary 'Catalog'?," *ZA* 100 [2010]: 169–76). Notably, the eleventh line may have been a temple hymn while the first ten were probably hymns/laments concerning the moon god Nanna; see n. 52 below.

46. UM 29-15-155 (P255993), originally published by Samuel Noah Kramer, "The Oldest Literary Catalogue: A Sumerian List of Literary Compositions Compiled about 2000 B.C.," *BASOR* 88 (1942): 10–19.

47. Si 331, published in transliteration by van Dijk, "Ein spätaltbabylonischer Katalog," 447–48; see also Steve Tinney, "On the Curricular Setting of Sumerian Literature," *Iraq* 61 (1999): 168. Some tablets in Istanbul with Si catalog numbers are actually from Nippur, but many years ago I was briefly able to read this one and, if memory serves correctly, was convinced that it could not be from Nippur.

48. CBS 14077 (*STVC* 41) + N 3637 + Ni 9925 (*ISET* 1, 145); photo CDLI P269091.

49. William W. Hallo, "Another Sumerian Literary Catalogue?" *StOr* 46 (1975): 78.

contents, restricted to liturgical texts.[50] Like the texts discussed above, it included technical descriptive terms. Some poems are followed by the name of a deity or deities that they concerned, and the texts were apparently organized by textual type in the preserved parts: šir$_3$ nam-gala-me-eš (l. 43), "songs from the repertoire of the gala," šir$_3$ nam-sipa-da ^{d}inin-me-eš (l. 48), "shepherding songs of Inana," or tigi-me-eš (l. 61) and a-da-ab-me-eš (l. 82), "tigi/adab songs" (there may have been another towards the badly preserved end of col. i). Every one of these designations is followed by a line, the last one with a double ruling.

A somewhat different use of dividing lines is featured in a series of four small Old Babylonian clay cylinders of unknown origin inscribed with lists of Emesal balaĝ laments that begin with the rubric dub balaĝ-me-eš, "balaĝ tablets," followed by a ruling and listing of balaĝ incipits. Each entry is preceded by the number of tablets inventoried of the respective lament, and the list ends with another ruling, followed by the summary balaĝ diĝir-re-e-ne/^{d}inana "balaĝs of the gods/Inana," depending on their respective contents.[51]

The sectional organization of the Horn text is obviously quite different from these inventories. To reiterate, the first section was thematic, consisting of Inana compositions (including one in Akkadian), the second was functional, consisting of commonly studied Sumerian school poems, the basis for the inclusion of the third section is not clear due to the state of preservation of this part of the tablet, but it did include some Akkadian language texts, the fourth listed composition beginning with the sign u$_4$, that is based on an acrographic principle, followed by literary school letters, that is a generic collection, and then by proverbs and other compositions.

None of these organizational principles is unique to this inventory; all of them were used in small groupings in other texts of this sort and elsewhere, as for example in acrographic lexical texts. There are even separate inventories based solely on one of these organizational themes: the grouping of Inana poems finds a parallel in an inventory of compositions concerning the moon god Nanna,[52] and the epistolary section, as already noted, finds a parallel in an inventory of literary letters and related materials (see n. 33 above), acrographic principles, well known from contemporary lexical texts (some of which were also organized on a thematic basis), also govern short passages in other inventories. There is no obvious overarching classificatory principle governing this organization, such as the kind evidenced by the last-mentioned Nippur inventory; rather, each section has its own internal logic, presumably driven by different intellectual concerns and practical principles. Interestingly, certain principles overrode others:

50. Published in Inez Bernhardt and S. N. Kramer, "Götter-Hymnen und Kult-Gesänge der Sumerer auf zwei Keilschrift-'Katalogen' in der Hilprecht-Sammlung," *Wissenschaftliche Zeitschrift der Friedrich-Schiller Universität Jena* 6 (1956–57): 389–91 = *TMHnf* 3, 53 (HS 1477), now joined by J. Oelsner with a small fragment that must be placed at the bottom of col. i, HS 1478 (*TMHnf* 4, 53); see Claus Wilcke, *Kollationen zu den Sumerischen literarischen Texten aus Nippur in der Hilprecht-Sammlung Jena* (Berlin: Akademie Verlag, 1976), 41 and 76.

51. Aaron Shaffer, "A New Look at Some Old Catalogues," in *Wisdom, Gods and Literature: Studies in Assyriology in Honour of W. G. Lambert*, ed. A. R. George and I. L. Finkel (Winona Lake, IN: Eisenbrauns, 2000), 429–36.

52. *TCL* 15, 17 was interpreted as a hymn to Nanna, but Jeremiah Peterson ("A New Old Babylonian") has demonstrated that it was most likely a list of incipits. All eleven lines on this tablet likely refer to Nanna compositions, although the last one might turn out to be a temple hymn; see n. 42 above.

TABLE 14.2. Identified Sumerian Compositions in the Horn Museum Inventory

**Inanna C*	
Inana and Ebih	DCD
**Inana B*	DCD
**Inana and An*(?)	
**Inana's Descent*(?)/*Inana and Shukaletuda*(?)	
**Šulgi A*[a]	DCD
**Lipit-Ishtar A*	DCD
Song of the Hoe	DCD
**Enlil A*	DCD
Debate between Hoe and Plow	HFF
**Šulgi Hymn B*	HFF
**Instructions of Šuruppak*[b]	HFF
**Councils of Wisdom*(?)	
**Instructions of Ur-Ninurta*	
**Farmer's Instructions*	HFF
Enki's Journey to Nippur	DCD
**Proverb Collection 2 or 7*	
Proverb Collection 5(?)	

a. For a possible Middle Babylonian manuscript, see the commentary to l. 7.

b. There is only one possibly Middle Babylonian Sumerian manuscript of this composition, MS 2291 (P251531), of unknown provenance, but there are also monolingual Akkadian versions from Sippar and Assur as well as an Akkado-Hurrian bilingual from Emar; see Viano, *Recept*ion, 57–58, with earlier literature.

the thematic and acrographic principles of sections A and D, respectively, dictated that *Inana B* and *Enki's Journey to Nippur*, whose incipit began with the sign u_4, were included in those sections rather than in segment B that was governed by functional pedagogical principles and included half of the Decad. And yet no other currently known Old Babylonian cuneiform text was organized in quite the same manner.

It is interesting to observe that most of the compositions referenced in sections A, B and C, that is excluding for the time being the Akkadian entries in C and the literary letters in E, are actually attested in Middle Babylonian exemplars from Mesopotamia, almost exclusively from Nippur. In the following summary of all the identified Sumerian literary compositions in the Horn Museum inventory those attested in Kassite period manuscripts are marked with an asterisk (Table 14.2); the abbreviations on the right designate members of the Decad (DCD) and the House F Fourteen (HFF):

For many years it was generally assumed that the fall of Babylon to the Hittites marked a great cesura in the transmission of Sumerian literature, with much of the corpus disappearing for millennia, except for a few survivals and possible first-millennium revivals. More recent research by Veldhuis, Viano, Peterson, Zomer, crowned by the comprehensive two-volume work by Bartelmus, has substantially altered this view of the development of Mesopotamian literature; we now know that a good many Sumerian school texts continued to be copied and utilized pedagogically in Kassite times and that the spread of literary texts from Babylonia to the West, and eventually to Assyria, extended over several centuries.[53] The Horn Museum inventory contains a unique mixture of texts that survived into Middle Babylonian times, including one in Akkadian known only from outside of Babylonia, but also lists a few compositions that are not attested after the Old Babylonian period or so our current knowledge tells us. On the other hand, it is important to observe that many of the Sumerian compositions that survived into Kassite times are conspicuously absent from the readable parts of the catalog: e.g., *Lugale*, *Angim*, the *Message of Lu-diĝira*, *Poem of the Early Rulers*, *Nothing is as Precious*, etc.

The one section that stands out, as far as literary history is concerned, is the one that consisted of literary letters (E). The ten Šulgi letters presumably cover much of the first part of the CKU, but the next two entries currently resist interpretation. The post-Old Babylonian history of Sumerian literary letters is poorly known: the CKU is only documented by a single late fifteenth- or early fourteenth-century bilingual tablet from Susa with two letters (*MDAI* 57, no. 1).[54] Other than that, there is not a trace of this epistolary tradition after the time of Samsuiluna, and the Horn Museum text provides the only evidence that it was known in late Old Babylonian or early Kassite times. Of the other Sumerian literary letters, only three were transmitted into later periods as far as we can ascertain at the present time: (a) *Sin-iddinam to Utu*, (b) *Lugal-ibila to Lugal-nesaĝ* and (c) at least one more. The first (a), was conveyed to Emar, but is also documented by two later bilingual manuscripts from Assurbanipal's libraries.[55] The second (b), was probably composed in late Old Babylonian times, based on an earlier letter from Inim-Inana to Lugal-ibila (*SEpM 22*), and is documented from Middle Babylonian tablets from Hattuša and Ugarit as well as from Neo-Assyrian and Neo-Babylonian sources from Assur, Babylon and Ur.[56] It is possible that one or two other literary letters were copied in the Kuyunjik libraries. Enrique Jimenéz has lately provided a much-improved copy of a long-neglected inventory of tablets (Rm.618), previously known only from a nineteenth-century edition and copy, that lists a motley

53. Veldhuis, "Kassite Exercises"; Viano, *Reception*; Bartelmus, *Fragmente*; Peterson, "Middle Babylonian"; Zomer, *Corpus*. The Middle Assyrian repertoire, judging from what little has been recovered, seems to have been somewhat different, with multiple sources; see Klaus Wagensonner, "Sumerian in the Middle Assyrian Period," in *Multilingualism, Lingua Franca and Lingua Sacra*, ed. Jens Braarvig and Markham J. Geller (Berlin: Max Planck Institute for the History of Science, 2018), 225–97.

54. On the date of this tablet (which is often cited as Old Babylonian) see Michalowski, *Correspondence*, 42–43. It is associated with omen tablets that clearly reflect earlier Sealand traditions, as demonstrated by A. R. George, *Babylonian Divinatory Texts Chiefly in the Schøyen Collection* (Bethesda, MD: CDL, 2013), 131, and it is therefore probable that it was also part of this textual world that survived in Susa. A. R. George ("The Civilizing of Ea-Enkidu: An Unusual Tablet of the Babylonian Gilgameš Epic," *RA* 101 [2007]: 63) has suggested that some of the Mesopotamian texts that made it to Syria and Anatolia may have derived from Sealand scribal circles and it may very well turn out that the intermediary to this was indeed Susa or some other places in the area. It is also possible that some of it may have radiated from Sippar. Much of this supports conclusions reached by Matthew Rutz ("Textual Transmission between Babylonia and Susa: A New Solar Omen Compendium," *JCS* 58 [2006]: 63–96), who has traced the complexities of transmission of texts from Mesopotamia to Susa and back.

55. Nicole Maria Brisch, *Tradition and the Poetics of Innovation: Sumerian Court Literature of the Larsa Dynasty (c. 2003–1763 BCE)* (Münster: Ugarit-Verlag, 2007), 158–78; for the syllabically written Middle Babylonian Emar tablet TBR 101 see Miguel Civil, "Sin-iddinam in Emar and SU.A=Šimaški," *NABU* 1996: 36–37 (no. 4), and Viano, *Reception*, 314–16.

56. Miguel Civil, "From the Epistolary of the Edubba," in George and Finkel, eds., *Wisdom, Gods and Literature*, 107–109; Kleinerman, *Education*, 181–82; and Viano, *Reception*, 267–71.

collection of Sumerian and Akkadian literary compositions, including the incipit of a Sumerian—presumably bilingual—letter of petition to Nininsina (l. 17):[57]

^{d}nin-i$_3^{!}$-si-in-na dumu saĝ an-na-ra[58]

"To Ninisina, firstborn daughter of An (speak:)"

In a soon to appear follow-up article, which he graciously placed at my disposal, Jiménez was able to associate this incipit with a Kuyunjik tablet that Jeremiah Peterson had recently identified as a letter of petition to Ninisina.[59] Only eight partially preserved bilingual lines remain on this fragment and the opening one can now be read as (with collations and restorations by Jiménez):

^{d}nin-i$_3$-si-in-na d[umu* saĝ an-na-(ra)]
a-na ^{d}GU.LA *ma*[*r***-tu*$_4$ *reš-ti-tu ša*$_2$ ^{d}*a-nim*]

With due caution, Jiménez follows Peterson in suggesting that this was the Nininsina letter of petition, possibly from Sin-iddinam, that has been posited by some scholars as occupying the badly preserved last one or two columns of *OECT* 5, 25. The question is whether such a letter existed; having studied the prism in person many years ago and revisiting the published copy, I would stand by Kramer's original reconstruction and my own comments from a few decades ago and maintain that this compilation consisted of four letters rather than five, of which the final one was quite lengthy, occupying ll. 112–181 (the beginning restored from the duplicate *TRS* 60).[60] While this letter of petition, addressed by Nanna-manšum to Ninisina, begins in a manner that could be linked to the Kuyunjik catalog entry, it is certainly different from the one that was identified by Peterson:

^{d}nin-i$_3$-si-in-na dumu saĝ an ku$_3$-ga saĝ-il ereš-e-ne

It should be noted that there was still another Old Babylonian letter of petition to Nininsina, but the only source for this composition, *SEM* 74 (P267288), is broken at the top and the sender is unknown.[61] From what remains, it is impossible to establish if this was a Larsa-style missive or not, but the expression tuku[m]-bi ereš-ĝa$_2$

57. Jiménez, *Babylonian Disputation Poems*, 119.

58. Note the redundant final dative -ra which in classical older Sumerian would be technically incorrect: in Old Babylonian letters of petition it would be only added at the end of a series of titles and attributes of the goddess and one assumes that any such letter would have a few such lines.

59. Enrique Jiménez, "Antiques at the King's Libraries Akkadian Disputation Poems at Nineveh," forthcoming in *Disputation Literature in the Near East and Beyond*, ed. Catharine Mittermayer and Enrique Jiménez (Boston/Berlin: de Gruyter) in the SANER series, with reference to Jeremiah Peterson, "The Literary Corpus of the Old Babylonian Larsa Dynasties: New Texts, New Readings, and Commentary," *StMes* 3 (2016): 78–79 (1880, 07–19, 126 [P451987]).

60. Oliver R. Gurney and Samuel Noah Kramer, *Sumerian Literary Texts in the Ashmolean Museum*, OECT 5 (Oxford: At the Clarendon Press, 1976), 6; Piotr Michalowski, review of that volume, *JNES* 73 (1978): 344.

61. First identified by Adam Falkenstein, "Ein Sumerischer 'Gottesbrief'," *ZA* 44 (1938): 1 n. 2.

⌜an-na⌝-[kam], "if my mistress is agreeable," in l. 7' is characteristic of earlier letters of petition. Thus, while the Kuyunjik catalog entry may perhaps have referenced a late bilingual version of the Nanna-manšum letter, it may have to be associated with *SEM* 74 or with a different older one that has not survived to this day.

Writing about the elementary educational phases, Veldhuis noted that the curriculum in the north of Mesopotamia during the late Old Babylonian period was fairly standardized and was transmitted into Kassite times. Yet he also observed that "education at Old Babylonian scribal schools followed more or less set patterns, not because such patterns were enforced by some central authority, but rather because there was a shared sense of what proper scribal education was, what its goals were, and how to reach those goals. Within those boundaries, there was plenty of space for experimentation and variation."[62] Much of this holds true for the more advanced levels of education as well, although one has to account for a wider range of variation from place to place and from teacher to teacher as well as various kinds of collections put together for non-pedagogical reasons.[63] It has been generally assumed that the Horn Museum inventory may have been compiled in the house of a scholar or teacher living in northern Babylonia towards the end of the Old Babylonian period or in early Kassite times and the contents coincided fairly well with what we would expect from such circumstances, although Emesal lamentations and incantations, as well as Akkadian literary compositions such as *Atrahasis* or the Gilgamesh variations, are absent. And although our understanding of the range of Sumerian literature that was studied in the northern cities is incomplete, the inclusion of most of the Decad poems in the inventory is also in concert with the current state of our knowledge, since these were used in the north as well (as were some of the House F Fourteen). The following tabulation (Table 14.3) presents the attested sources of the Decad from the northern cities of Sippar, Kish and Babylon, as compared with the Horn Museum inventory and currently known Middle Babylonian manuscripts.[64]

It must be kept in mind that although the archaeological record is confusing and incomplete, there is some evidence to suggest that in northern cities such as Kish, Sippar and Babylon these southern school texts were used by some teachers, while others drew upon a very different repertoire that included more intensive study of liturgical texts, incantations, Akkadian poetry as well as standard Sumerian and Emesal compositions that are not documented by southern and central sources. The data at hand are the result of chance finds, and it is impossible to establish if the school repertoire changed in later Old Babylonian times, if there were synchronic distinctions between the way writing was taught by different specialists, or if both issues were at play in a complex matrix of textual differentiation. Thus, the available Old Babylonian school texts from Babylon were mostly discovered in one house, A1 in the Merkes

62. Niek Veldhuis, *History of the Cuneiform Lexical Tradition* (Münster: Ugarit-Verlag, 2014), 215.

63. The basic curricular repertoire was used loosely by different teachers in Old Babylonian times but there were also small collectors or specialist practitioner collections or libraries as well; see Steve Tinney, "Tablets of Schools and Scholars: A Portrait of the Old Babylonian Corpus," in *The Oxford Handbook of Cuneiform Culture*, ed. Karen Radner and Eleanor Robson (Oxford: Oxford University Press, 2011), 577–98.

64. For a discussion of these sources, see Paul Delnero, "Variation in Sumerian Literary Compositions: A Case Study Based on the Decad" (PhD diss., University of Pennsylvania, 2006), 51–57. On northern Old Babylonian literary and pedagogical traditions see Bartelmus, *Fragmente*, 182–83.

TABLE 14.3. Northern Babylonian Sources of the Decad

	Sippar	Kish	Babylon	HAM text	MB
Šulgi A		×	×	×	
Lipit-Ishtar A		×	×	×	
Song of the Hoe	×		×	×	
Inana B	×	×		×	×
Enlil A	×	×	×	×	×
Kesh Temple Hymn		×	×		
Enki's Journey to Nippur				×	
Inana and Ebih	×	×	×	×	
Nungal Hymn	×				
Gilgamesh and Huwawa A	×	×			

area, which probably dates to the time of Samsuiluna and Abiešuḫ.[65] In addition to manuscripts of Decad texts listed in Table 14.3, archaeologists also unearthed exercise tablets inscribed with other standard school texts such as the *Farmer's Instructions*, *Lugalbanda II*, and *Enmerkar and the Lord of Aratta* in this house, alongside incantations, a hemerology and other literary fragments. By contrast, the later house A5, probably from the time of Abiešuḫ and Ammiditana, contained an Akkadian text of "love lyrics," and an Emesal lament with Akkadian glosses and a few other fragments.[66] The Kish texts from Trench C-15 dug into the Inghara mound, which cannot be precisely dated and whose content "appears much closer to what we have come to expect from Nippur" revealed only ten school exercises and most of the advanced literary texts were probably all written by the same one student.[67]

Recent publications of Sumerian and Akkadian literary texts that must be dated from the last years of Samsuiluna and the century that followed from the general vicinity of Nippur, some of them from Dūr-Abiešuḫ and possibly from Dūr-Enlile, but also from other places in the southern and central area that were in turn ruled by the first Sealand Dynasty that overlapped with the time of the later Babylon I and early Kassite kings have forced us to rethink the spread, revisions and maintenance of cuneiform scholarly and pedagogical traditions.[68] A number of these texts were written in a newly construed form of Sumerian that involved complex philological alterations, some

65. Olof Pedersén, *Archive und Bibliotheken in Babylon: Die Tontafeln der Grabung Robert Koldeweys 1899–1917* (Saarbrücken: Saarländische Druckerei und Verlag, 2005), 19–37.

66. Pedersén, *Archive*, 59. On these texts, see W. G. Lambert, "Divine Love Lyrics from the Reign of Abi-ešuḫ," *MIO* 12 (1966): 48–51 and *VS* 24, 242.

67. The quote is from p. 229 of Naoko Ohgama and Eleanor Robson, "Scribal Schooling in Old Babylonian Kish: The Evidence of the Oxford Tablets," in *Your Praise Is Sweet: A Memorial Volume for Jeremy Black from Students, Colleagues and Friends*, ed. Heather D. Baker, Eleanor Robson and Gábor Zólyomi (London: British Institute for the Study of Iraq, 2010), 229. This article provides the most comprehensive investigation of the Sumerian literary texts found at Kish, with a discussion of the Trench C-15 on p. 222. For an analysis of the connections between the C-15 literary texts, see my forthcoming edition of *Nisaba Hymn C*. On late Old Babylonian school texts from Sippar, see Frans van Koppen, "The Scribe of the Flood Story and his Circle," in Radner and Robson, eds., *The Oxford Handbook of Cuneiform Culture*, 140–66.

68. For an overview, see now Odette Boivin, *The First Dynasty of the Sealand in Mesopotamia* (Boston/New York: de Gruyter, 2018), with earlier bibliography (most pertinently pp. 183–86). On Dūr-Enlile,

deriving from lexical materials, others exegetical in nature and much of it influenced by translation from Akkadian; Andrew George, who has provided a description and overview of this reformed scribal and intellectual practice, refers to this as "academic Sumerian."[69] As George observed, this reconceptualization was not limited to the south and central regions, but is attested in northern Babylonia at Sippar and develops further during Middle Babylonian times. The texts composed in this academic form of the language differ substantially from the "canonical" school materials discussed above and it is currently impossible to know whether the older pedagogical materials continued to be used in what was left of the central and southern cities such as Isin or Uruk or in what remained of Nippur between the end of Samsuiluna's rule and the latter part of Ammiṣaduqa's reign, about a century later, when the city was finally abandoned to the sand dunes.[70]

The pedagogically comprehensive nature of the Horn Museum inventory contrasts with the fact that the sections do not seem to follow any instructional order: while omitting elementary lexical and mathematical texts, it begins with literary texts, mainly materials drawn upon by teachers in the first stages of the advanced study of writing, in general the most prevalent "curriculum" that went back into the eighteenth century or earlier. This includes more than half of the Decad, a few texts from the Nippur House F Fourteen, and literary letters; it then picks up with proverbs used at the end of the elementary stages of instruction and a few Akkadian compositions. Almost all these texts were used throughout southern and northern Mesopotamia, some of them even in Syrian Mari,[71] but without the liturgical texts that were studied by some students in northern cities such as Sippar and Kish. The one entry that stands out is the Akkadian collection of instructions from a father to his son that is otherwise known only from later Western sources. In literary historical terms, the assortment registered in this inventory lay at one of the crossroads of the complex streams of tradition that linked the various Old and Middle Babylonian intellectual worlds, revealing some of the roots of mid-second-millennium textual repertoires in Mesopotamia and beyond.

---

presumably in the vicinity of Nippur, as the probable origin of many late Middle Babylonian accounts, but also possibly of literary texts see Wilfred van Soldt, *Middle Babylonian Texts in the Cornell University Collections*. Vol. 1, *The Later Kings* (Bethesda, MD: CDL, 2015), 29–30.

69. A. R. George, *Babylonian Literary Texts in the Schøyen Collection* (Bethesda, MD: CDL, 2009), 106–11.

70. George, *Babylonian Literary Texts*, 181. On the survival of Isin, Uruk, Nippur and other cities watered by the Euphrates or its branches after the time of Samsuiluna see now Karel Van Lerberghe and Gabriella Voet, "Dūr-Abiešuḫ and Venice: Settlements In-between Great Rivers," in *Libiamo ne'lieti calici: Ancient Near Eastern Studies Presented to Lucio Milano on the Occasion of His 65th Birthday by Pupils, Colleagues and Friends*, ed. Paola Corò, Elena Devecchi, Nicla De Zorzi, and Massimo Maiocchi (Münster: Ugarit-Verlag, 2016), 557–63; Kathleen Abraham and Karel van Lerberghe, with the assistance of Gabriella Voet and Handrik Hameeuw, *A Late Old Babylonian Temple Archive from Dūr-Abiešuḫ: The Sequel* (Bethesda, MD: CDL, 2017), 7–8.

71. The unpublished tablets from the "schoolhouse" in sector K at Mari include *Šulgi A* of the Decad as well as *Šulgi B*, *Sheep and Grain*, and the *Instructions of Šuruppak* of the House F Fourteen, along with other poems such as Lugal-e and Lugabanda I and other literary texts. This information comes from Grégoire Nicolet, "La 'maison au tablettes' et l'enseignement à Mari a l'époque paléo-babylonienne (*ca* 1800 av. J.-C.)" (PhD diss., University of Geneva, 2015), which the author kindly placed at my disposal.

Appendix: pu$_2$ im-ma

The substance of the "well" in the Ur III inventory *TMH*nf 3, 55, cited above, is difficult to ascertain. It is tempting to link it to pu$_2$ im-ma, a much-discussed term that seems to mean "recycle box" for tablets or even a water spigot for making tablets. This phrase has been applied by scholars to a number of archeological features, but one may question whether such a technical term existed at all. To my knowledge, the sign combination appears only once in the cuneiform record, in an Ur III account from Ur: *UET* 3, 837: 3 (straw and bitumen) pu$_2$ im-ma e$_2$-kišib-ba-ka ba-ra-ab-du$_8$, which Sallaberger translated—properly to my mind—as "der 'Ton-Brunnen' des(!) Magazins wird damit gedichtet," and suggested that it might have designated a basin for softening clay to make cuneiform tablets.[72] Tanret and others have interpreted this instance of e$_2$-kišib-ba, "storehouse," as a truncated version of e$_2$-dub-ba-a, "place of learning," but this is unlikely in view of another Ur III account, this one from Umma (*MVN* 16, 1311: 2) that documented bitumen ka$_2$ e$_2$-kišib-ba e$_2$-šu-tum-ma-ka ba-ra-ab-du$_8$-du$_8$, where the two named structures seem to be quasi synonyms. Robson proposed that this was the name of the brick recycling boxes "containing a mixture of fresh clay and mashed up old tablets" that were discovered in the well-known Old Babylonian schooling House F in Nippur.[73] It is possible that there was no Sumerian technical term for such a feature and that it was used without labeling or, more probably, had an Akkadian name. Significantly, no such phrase occurs in any of the Sumerian literary texts that concern schooling. The word pu$_2$ may have been used to describe some deep niche in a wall or bench where tablets happened to be stored, as Jerry Cooper suggests to me, and therefore this would have been an ad hoc phrase, rather than a traditional term with a specific technical designation.

72. Walther Sallaberger, review of Richard L. Zettler, *The Ur III Inanna Temple at Nippur* (1992), *ZA* 84 (1994): 138 n. 11.

73. Eleanor Robson, "Mathematics, Metrology and Professional Numeracy," in *The Babylonian World*, ed. Gwendolyn Leick (New York/London: Routledge, 2007), 421.

CHAPTER 15

Contributions to the Dossier of Princess *Simat-Ištaran*

David I. Owen
Cornell University

To Jack Murad Sasson,
A dear friend for over fifty years
לג'ק מוראד ששון
ידיד יקר במשך למעלה מחמישים שנה
إلى جاك مراد ساسون
صديقي العزيز لأكثر من خمسين سنة

ALMOST FROM THE VERY BEGINNING of his two, long and fulfilling careers, respectively at the University of North Carolina and Vanderbilt University, Jack Murad Sasson's prolific scholarly and popular contributions have been punctuated often by his fascination with the lives of notable women at Mari[1] and in the Hebrew Bible.[2] The following contribution in Jack's honor highlights another of these exemplary women, albeit from Sumer, who might otherwise have been the focus of his penetrating attention, if only her records were written in Akkadian, Hebrew, or Arabic and, haval/halas, not in Sumerian!

Newly identified texts[3] derived from, or otherwise related to, the Garšana[4]

Author's note: I am pleased to acknowledge the help of Tohru Ozaki (Shizuoka, Japan) who generously provided me with unpublished references and observations that enhanced the interpretation of the texts published herein, Manuel Molina (Madrid, Spain), who commented on early drafts of this article, and Claus Wilcke who offered a number of important last minute observations and corrections. Furthermore, I am indebted also to Alexandra Kleinerman, Rosen Foundation Research Associate in the Jonathan and Jeannette Rosen Ancient Near Eastern Studies Seminar and Tablet Conservation Laboratory (now closed) for bringing some of the Rosen Collection texts included here to my attention as her work on the collection catalogue and publications progresses, and for her editorial help; and to Laura Johnson-Kelly, Collection Manager and Head Photographer/Conservator, for the conservation, tablet cleaning and photography that facilitated the reading of many tablets. Of course, none is responsible for the interpretations presented here.

1. E.g., "Biographical Notices On Some Royal Ladies From Mari," *JCS* 25 (1973): 59–78, and "Forcing Morals on Mesopotamian Society," in *Studies in Honor of Harry A. Hoffner Jr., on the Occasion of his 65th Birthday*, ed. G. Beckman, R. Beal, and G. McMahon (Winona Lake, IN: Eisenbrauns, 2003), 329–40.

2. E.g., *Ruth: A New Translation, With a Philological Commentary and a Folkloristic-Formalist Interpretation* (Baltimore: The Johns Hopkins University Press, 1979) (rev. ed.), and "The Servant's Tale How Rebekah Found a Spouse," *JNES* 65 (2006): 241–65.

3. The text references in this article are accompanied by their respective *CDLIP* or *BDTNS* identification numbers. These provide readers with efficient access to transliterations that often incorporate updated readings and collations, relevant bibliography, and occasional photos and copies.

4. For the most recent assessment, but hardly the last word, on the location of Garšana, cf. M. Molina and P. Steinkeller, "New Data on GARšana and the Border between Umma and Ĝirsu/Lagaš," in L. Feliu, F. Karahashi, and G. Rubio, *The First Ninety Years: A Sumerian Celebration in Honor of Miguel Civil*

archives[5] and associated with the princess *Simat*(ME)-*Ištaran*[6] continue to expand our knowledge of her interesting life and varied activities. *Simat-Ištaran*, was the (half-) sister of *Šu-Suen*[7] and either the daughter of Šulgi and Šulgi-*simti*[8] or, more likely, of Amar-Suen and *Abi-simti*.[9] She maintained an estate in Garšana, houses in Nippur[10] and Zabalam,[11] and otherwise was active in all three places, as well as in other cities and towns in Sumer (*Puzriš-Dagan*, Umma, Ur, and possibly Iri-Saĝrig). These facts, coupled with the many types of texts associated with her various activities,[12] make her a particularly interesting individual and perhaps *the* royal woman best documented

(Boston/Berlin: de Gruyter, 2017): 231–49. Since the location, interpretation, and reading of GARšana = Ni(g)šana (CUSAS 6 [2011]: 377) have yet to be confirmed philologically or archaeologically, the conventional reading, Garšana, is retained here.

5. The Garšana archives were published by D. I. Owen et al., in CUSAS 3–6 (2007–2011) with additional scattered texts in idem., "New Sources from the Garšana and Iri-Saĝrig Archives," in ᵈNisaba za3-mi2. *Ancient Near Eastern Studies in Honor of Francesco Pomponio*, ed. P. Notizia, N. Rositani and L. Verderame (Münster: Zaphon, forthcoming).

6. C. Suter, following a suggestion of M. Such-Gutiérrez, in her "Who Are the Women in Mesopotamian Art from ca. 2334–1763 BCE?," *KASKAL* 5 (2008): 1–55, esp. 14 n. 27, considered *Simat*(ME)-*Ištaran* to be Šu-Kabta's concubine. However, subsequent publication of the Garšana archives revealed her to be Šu-Kabta's wife and, after his death, head of the Garšana estate.

7. Although it is was "established" previously that Šulgi was *Šu-Suen*'s father (D. I. Owen, "On the Patrimony of Šu-Suen," *NABU* [2000]: 90), it now appears that Amar-Suen likely was his father (cf. T. Sharlach, *An Ox of One's Own*, SANER 18 [Berlin/Boston: de Gruyter, 2017], 92–99) and new evidence confirms, once again, that *Abi-simti* was *Šu-Suen*'s mother. It is found in a votive inscription on a stone platter fragment that reads, in translation: "Šu-Suen, beloved of Enlil, the king who Enlil, in his loving heart, appointed, the mighty king, the king of Ur, the king of the four quarters, to *Abi-simti*, his beloved mother, gifted this (stone platter)," (for text and photo, cf. D. I. Owen, "On the Mother of Šu-Suen, Another Confirmation," in the forthcoming Konrad Volk Festschrift). Cf. also D. R. Frayne, RIME 3/2 (1997): 385–86. The first reference to *Abi-simti* appears in the first month of the reign of Amar-Suen. However, no reference to *Abi-Simti* is found among the thousands of texts from Šulgi's reign. She likely had a different name at that time had she been his lukur, presumably at the same time Šulgi-*simti* was also his queen (nin) or, more likely, his consort (lukur) (cf. Sharlach, *An Ox of One's Own*, x, 3, 60, and *passim*). Had they been the same person was excluded by the existence of the reference to Šulgi-*simti*'s funeral memorial (ki-a-naĝ, Steinkeller, *ASJ* 3 [1981]: 78). When this identity was suggested by Yuhong Wu it was dismissed quickly (e.g. by Sharlach, *An Ox of One's Own*, 92 n. 137, "Unsubstantiated assertions that Abi-simti and Shulgi-simti were the same woman (despite the latter being dead and buried)…"; cf. p. 118. The question of who was *Šu-Suen*'s father (either Šulgi or Amar-Suen) was discussed by both P. Michalowski ("Of Bears and Men: Thoughts on the End of Šulgi's Reign and the Ensuing Succession," in D. S. Vanderhooft and A. Winitzer, eds., *Literature as Politics, Politics as Literature Essays on the Ancient Near East in Honor of Peter Machinist* [Winona Lake, IN: Eisenbrauns, 2013], *passim*) and previously by Steinkeller ("More on Ur III Royal Wives," *ASJ* 3 [1981]: 79). In any case, *Abi-Simti* must have been relatively old when she died at the end of *Šu-Suen*'s reign (Steinkeller, "More on Ur III Royal Wives," 79, and W. Sallaberger, "Ur III Zeit," in *Akkade-Zeit and Ur III-Zeit*, ed. W. Sallaberger and A. Westenholz, OBO 160/3 [Freiburg: Universitätsverlag, 1999], 184) and her early history remains obscure until such time new data emerge.

8. P. Michałowski, "Of Bears and Men: Thoughts on the End of Šulgi's Reign and on the Ensuing Succession," in *Literature as Politics, Politics as Literature: Essays on the Ancient Near East in Honor of Peter Machinist*, ed. D. S. Vanderhooft and A. Winitzer (Winona Lake, IN: Eisenbrauns, 2013), 316.

9. Cf. the discussions in M. Such-Gutiérrez, "Die Prinzessin Meištaran," *AuOr* 19 (2001): 95 n. 66, and Y. Wu, "The Identifications of Šulgi-simti, Wife of Šulgi, with Abi-simti, Mother of Amar-Sin and Šu-Sin, and of Ur-Sin, the Crown Prince, with Amar-Sin," *JAC* 27 (2012): 1–27.

10. Owen and Mayr, CUSAS 3 (2007) 1482 [P322647] and the comments of W. Heimpel, CUSAS 5 (2009): 3.

11. Cf. Owen and Mayr, CUSAS 3 (2007) 529:13 (IS 2/ii/26 [P332477]), and 541:rev.18 (IS 2/ii/25–29 [P332478]).

12. For a (now outdated) catalogue of her various activities, cf. M. Such-Gutiérrez, *AuOr* 19 (2001): 91–107.

during the Third Dynasty of Ur, surpassing queen Šulgi-*simti* (Š 26 => Š 48), whose activities were limited mostly to deliveries of animals and fowl via her "foundation,"[13] or even *Simat-Ištaran*'s mother, the dowager queen, *Abi-simti* (AS 1/xi/2 => ŠS 9/xii/27).[14]

The exhaustive study by Marcos Such-Gutiérrez,[15] completed before the publication of the Garšana archives, surveyed all previously known evidence for *Simat-Ištaran*'s life. It will be expanded with his monograph that will incorporate all the evidence from Garšana and elsewhere that appeared subsequently.[16] The sources published below continue to add details about her career and, by implication, the significant role that royal women played in the economic, religious, and political life during the Third Dynasty of Ur.[17]

The following two texts, although well-preserved, do not indicate the purposes or the occasions for which the varied deliveries listed, written nearly 12 years apart, went to the "woman's house" and to the "royal place," but further study may eventually clarify this.[18]

13. For the most recent and comprehensive study of Šulgi-*simti*, cf. Tonia M. Sharlach, *An Ox of One's Own Royal Wives and Religion at the Court of the Third Dynasty of Ur*, SANER 18 (Berlin/Boston: de Gruter, 2017), *passim*.

14. It is interesting to note that that both *Abi-simti* and *Simat-Ištaran* appear together in the same text in Owen and Mayr, CUSAS 3 (2007) 1485:22, and 76 (ŠS 9/xii/13 [P453582]), just four days before the funeral memorial (ki-a-naĝ) of *Abi-simti* recorded in Steinkeller, *ASJ* 3 (1981), (A5503:5), 87 and 92 (ŠS 9/xii/17 [P102022]).

15. Cf. Such-Gutiérrez, "Die Prinzessin Meištaran."

16. I am pleased to acknowledge the help and cooperation of Tohru Ozaki and Marcel Sigrist who generously provided me with references and observations that enhanced the interpretation of the texts published herein (*CDLIP*-nos. are not yet available for these texts). Text nos. 272 (ŠS 9/xi/24), 585 (AS 6/viii/- [cf. Text 2, comments to l. 32 below]), 772 (ŠS 9/ii/24), 788 (ŠS 9/vii/24), 852 (AS 4/xi/- [cf. Text 2, comments to l. 32 below]), 934 (IS 1/i/15), also mention *Simat-Ištaran* and are attributed to Garšana by the editors (for these texts, cf. Supplement below). Ozaki (private communication) points out that *Simat-Ištaran* does not occur in any of the Iri-Saĝrig sources and that all texts mentioning her that were attributed previously to Iri-Saĝrig are, in fact, from Garšana or elsewhere. I would like to thank the editors for providing me with an advance copy of their CUSAS 40 (2019) volume, along with other unpublished texts and for their characteristic generosity to allow me to study and quote these texts in advance of their respective publication. M. Molina was kind enough to comment on an earlier draft of this article and also provided helpful suggestions.

17. The study of the role of women in the Third Dynasty of Ur has focused primarily on royal women. The most recent and comprehensive study was by F. Weierhäuser, *Die königlichen Frauen der III. Dynastie von Ur*, Göttinger Beiträge zum Alten Orient 1 (Göttingen: Universitätsverlag, 2008), with extensive previous bibliography. It was supplemented shortly thereafter by Marcos Such-Gutiérrez, "Neue Erkenntnisse zu den königlichen Gemahlinnen der Ur III-Zeit," in *Organization, Representation, and Symbols of Power in the Ancient Near East: Proceedings of the 54th Rencontre Assyriologique Internationale at Würzburg 20–25 July 2008*, ed. G. Wilhelm (Winona: Eisenbrauns, 2012), 327–46. The publication and analyses of the Garšana texts in CUSAS 3–4 (2007–2009) further advanced our knowledge of the role of women, not only royal women, in this period and more detailed studies followed by Wolfgang Heimpel, *Workers and Construction Work at Garšana*, CUSAS 5 (Bethesda: CDL Press, 2009), *passim*; Alexandra Kleinerman, "Doctor Šu-Kabta's Family Practice," in *Garšana Studies*, ed. D. I. Owen, CUSAS 6 (Bethesda: CDL Press, 2011), 177–81; P. Michałowski, "Sumerian Royal Women in Motown," *Milano AV* (2016): 395–401; and Sharlach, *An Ox of One's Own*, among other studies about women in the third millennium that have appeared also during this time.

18. Marcos Such-Gutiérrez commented privately on these two texts and provided helpful suggestions and references. Note also the closely related texts quoted below in the comments to l. 22.

FIGURE 15.1. Text No. 1 = CUNES 58-01-036.

Text 1. CUNES 58-01-036 [P412030] (see Fig. 15.1)
date: AS 6/x/-
not sealed
tab.
photo: Plate I
provenance: Garšana

1.	[1] šu-gur [n]íĝ-hi-a kù-sig$_{17}$	1 ring of "mixed quality" gold,[19]
2.	ĝìri ú-ta-mi-šar-ra-am	the conveyor was *Utamišarram*.
3.	1 túg-šà-ga-dù-níĝ-lám-lugal	1 royal, "ceremonial sashed garment,"
4.	ĝìri ^{d}nana-ma-an-šúm	the conveyor was Nana-manšum.
5.	3 ^{ĝeš}nu-úr-ma	3 pomegranates,
6.	ĝìri ^{d}amar-^{d}suen-ša-^{d}en-líl	the conveyor was Amar-Suen-of-Enlil.
7.	2 péš-ĝeš-gi	2 (edible) field mice,
8.	ĝìri *a-wi-lí*	the conveyor was *Awili*.
9.	2 *šu-ul-ma-nu-um*	2 (special) gifts,
10.	ĝìri *ma-šum*	the conveyor was *Mašum*.
11.	2 *šu-ul-ma-nu-um*	2 (special) gifts,
12.	ĝìri *ha-bi-it-be-lí*	the conveyor was *Habit-ili*.
13.	1 uz-tur	1 duckling,

19. The meaning is only a suggestion.

14.	ĝìri šu-ì-lí	the conveyor was Šu-ili.
15.	2 irsaĝ(KASKAL)^{mušen}[20]	2 pigeons,
16.	ĝìri *suhuš-ki-in*	the conveyor was *Suhuš-kin.*
17.	1 sila$_{4}$-ga	1 milk-fed kid,
18.	ĝìri ^{d}nana-ma-an-šúm	the conveyor was Nana-manšum.
19.	1 bisaĝ-ninda	1 bread box,
	rev.	rev.
20.	ĝìri *i-mi-iq*-^{d}šul-g[i]	the conveyor was *Imiq*-Šulgi.
21.	1 ^{dug}útul níĝ-ì-d[é-a]	1 tureen of "sweet paste,"
22.	ĝìri *a*-[*wi-lí*]	the conveyor was *Awili.*
23.	3 ^{ĝeš}nu-úr-[ma]	3 pomegranates,
24.	ĝìri ^{d}amar-^{d}E[N.ZU-. .][21]	the conveyor was Amar-Suen-[^{d}DN-. .].
25.	3 ^{ĝeš}nu-úr-[ma]	3 pomegranates,
26.	ĝìri ^{d}amar-^{d}suen-^{d}[. . .]	the conveyor was Amar-Suen-^{d}[DN . .].
27.	2 *šu-ul-ma-nu-um*	2 (special) gifts,
28.	ĝìri *i-zu-zu*	the conveyor was *Izuzu.*
29.	3 ^{ĝeš}nu-úr-ma	3 pomegranates,
30.	ĝìri *a-na-lú-ba-túm*	the conveyor was *Ana-lubatum.*
31.	1 bisaĝ-ninda	1 bread box,
32.	ĝìri *i-mi-iq*-^{d}šul-gi	the conveyor was *Imiq*-Šulgi.
33.	3 ma-sab(PA+IB)	3 baskets
	šà-ĝar-du$_{10}$-šáh-šè	for pig tripe,
34.	ĝìri ^{d}nana-ma<-an>-šúm	the conveyor was Nana-ma(n)šum.
35.	šà$^{?}$ [x-x]$^{[k]i}$	In [the city of x]
	~ x-x-x-x(-x$^{?}$)	. . . .
36.	[níĝ-š]u-taka$_{4}$-a *simat-^{d}ištaran*	the gifts of *Simat-Ištaran*
37.	[k]i lugal-šè	for the royal place,
	upper edge	upper edge
38.	[šà] é-al-la^{ki}[22]	in the Temple-of-the-City-of-Alla,
39.	[i]ti ezem-a[n-n]a[23]	in the month of the Festival of An,
	left side	left side
40.	[mu ^{d}amar]-^{d}suen lugal-e	the year Amar-Suen, the king,
	ša-aš-ru^{ki} mu-hul[24]	raided Šašrum.

Comments

Line 1. The qualification [n]íĝ-hi-a, is not attested elsewhere with šu-gur, "a ring of mixed quality?" It does occur, however, with other objects. Cf. *CDLI/BDTNS* s.v. níĝ-hi-a. If the reading here is correct, then níĝ-hi-a must mean something like "an (gold) alloy of different metals" (suggested by M. Such-Gutiérrez), or perhaps a "gold ring with added decorations of different materials" (suggested by C. Wilcke). There is room only for a single vertical wedge in the broken space before šu-gur (see photo).

20. For the reading irsaĝ, Akk. *uršānu*, "pigeon," cf. *ePSD* s.v.
21. For possible restorations of the names here and in l. 26, see below, comments to l. 26.
22. Line lightly scratched into dry clay.
23. Line lightly scratched into dry clay.
24. Line lightly scratched into dry clay.

Cf. P. Paoletti, *Der König und sein Kreis das Staatliche Schatzarchiv der III. Dynastie von Ur*, BPOA 10 (Madrid: Biblioteca del Próximo Antiguo, 2010), 161, "Legierung," and add Sigrist and Ozaki, CUSAS 40 585:23 (AS 6/viii/, 1 šu-gur kù-sig$_{17}$).

Line 3. The túg-šà-ga-dù[25]-níĝ-lám,[26] "a kind of belted/sashed garment," possibly fashioned at the Garšana estate's textile workshop (cf. Kleinerman, CUSAS 6 [2011]: 183–207), is made frequently for the estate's owner, the general and physician, *Šu-Kabta* (Kleinerman and Owen, CUSAS 4 [2009]: 176 s.v.), but this is the first attestation qualified as being "royal," possibly for (Amar-Suen) as it appears to be in the following list: 1 túg-níĝ-lám-AB-PI-lugal 1 túg-níĝ-lám-AB-PI-ús, 1 túg-níĝ-lám-AB-PI-ĝen, Owen and Mayr, CUSAS 3 (2007) 569:1–3 (ŠS 5/v/- [P325877]).

Lines 5, 25, 29. Pomegranates, Akk. *nurmû*, are occasionally attested at Garšana. Cf. Kleinerman and Owen, CUSAS 4 (2009): 140–41 s.v., but are recorded more frequently at other sites.

Line 6. The name, clearly written, and its Akkadian form, ^{d}RN-*ša*-^{d}DN are not attested elsewhere. However, see l. 26 and comments below for a similar format without ša. Perhaps the latter is simply the Sumerian form, i.e ^{d}RN-^{d}DN(-ak).

Line 7. For the péš-^{ĝeš}gi, Akk. *ušummu*, "a large, edible field mouse / marsh rat," known primarily from Garšana. Cf. Kleinerman and Owen, CUSAS 4 (2009): 142 s.v.

Lines 9, 11, 27. *Šu-ul-ma-nu-um* here must be the Akkadian word for "a specific kind of gift" rather than the personal name, *Šulmanum*.[27] The gifts are repeated albeit with different conveyors.

Line 10. *Mašum* is well-attested as a sukal and royal messenger at Iri-Saĝrig and is likely the same individual. However, there are various individuals by that name with different professions for which cf. Owen, Nisaba 15/1 (2013): 509 s.v.

Line 12. The name is otherwise attested in the restored and closely dated, *Puzriš-Dagan* text, Sigrist and Ozaki, *BPOA* 7 (2009) 2918 (AS 9/iii/- [P303713]): (1.) 1 gín kù-sig$_{17}$ (2.) mu nin-šè (3.) ki ur-^{d}nin-si$_{4}$-an-na (4.) [*ha-b*]*í-it-be-lí* (5) šu ba-ti (6.) iti u$_{5}$-bí-gu$_{7}$ (7.) mu en-^{d}nana-kar-zi-da ba-huĝ), at Iri-Saĝrig, Sigrist and Ozaki, CUSAS 40 395:rev.6 (IS 2/viii/-, kìšib *ha-bi-it-be-lí*), in the Iri-Saĝrig name written *Ha-bi-it-be-lí* (with /bi/) in Owen, Nisaba 15/2 (2013) 586:19, misread there as *Ha-bi-it-nu-ni* (now collated on photo), in an unpublished Iri-Saĝrig text, courtesy of Sigrist and Ozaki: Kress 44:rev.3 (IS 1/-/- [P342796]): (1.) 10! m*áš*-babbar (2) m*áš*-da-ri-a-[lugal],

25. Akk. *šakattû*, "a garment."

26. Akk. *lamahuššu*, "a ceremonial garment."

27. A *Šulmanum* is attested twice as a royal messenger (lú-kíĝ-gi$_{4}$-a-lugal) at Iri-Saĝrig, Owen, Nisaba 15/2 478:5 (ŠS 9/i/- [P453869]), 103:9 (AS 8/v/27 [P453641], misread as *Šu-gu$_{4}$-ma-nu-um* and in *CDLI* as *Šu-ma-nu-um*), in a messenger text from Ĝirsu, Sauren, MVN 2 (1974) 234: 9 (-/xi/7 [P113533], written ĝìri *Šu-ul-ma-núm*), and in Sigrist and Ozaki, *BPOA* 7 (2009) 2817:2 (ŠS 5/i/7 [P303598], *Šu*$^{!}$*-ul-ma-nu-um* mar-tu [corrections provided by Ozaki]).

(3.) ĝìri *li-bur-ni-áš* (4.) iti gi-si$_{11}$-ga (5.) mu ^{d}*i-bí-*^{d}*suen* lugal. Seal: ur-mes / dub-sar / *li-bur-ni-áš* / IR$_{11}$-zu, and at Umma in the messenger text, Borrelli, Nisaba 27 (2014) 77:10 (ŠS 3/ix/20 [P1407659]), and in Gomi and Yildiz, *UTI* 4 (1997) 2414:3 (AS 9/ ix/- [P140433]).

Line 14. *Šu-ili* is probably the twice attested royal messenger at Iri-Saĝrig. However, there are also a herder, a royal gendarme, and a cup-bearer by that name, likely different individuals. Cf. Owen, Nisaba 15/1 (2013): 528 s.v.

Line 19. The $^{(gi)}$bisaĝ-ninda, "bread box," is known previously from Garšana, Owen and Mayr, CUSAS 3 (2007) 1381:24 (-/-/- [P325884], 1 bisaĝ-ninda-gur$_{4}$-ra), 1485:obv.i.17, rev.ii.11 (ŠS 9/xii/13 [P453582], 1 and 1 bisaĝ-ninda), Iri-Sagrig: Sigrist and Ozaki, CUSAS 40 179:3 (-/v/-, ^{gi}bisaĝ-ninda 11 [. .]), 613:1 (-/vi/-, ^{gi}bisaĝ-ninda 1-àm), 757:8, rev.8 (ŠS 9/-/-, 1 bisaĝ-ninda 0.0.1. kaš-sig$_{5}$); Nippur: Myhrman, BE 3/1 76:1 (-/-/- [P105628], 12 ^{gi}bisaĝ-ninda); and Ĝirsu: Thureau-Dangin, *RTC* 304:iii.11 [P128457], 6 bisaĝ-ninda-sumun). Without clear provenance, cf. Sigrist, *AUCT* 1 (1984) 320:2, 8, 9 (-/-/- [P103147], 6 and 1 bisaĝ-ninda).

Line 20. *Imiq*-Šulgi occurs in a dated letter-order at Garšana addressed to *Adad-illat* (Owen and Mayr, CUSAS 3 [2007] 1038:6 (IS 3/ix/- [P324406]), the only other attestation for him. He, like the others mentioned in this text (see below comments to l. 37), must have been an official or a member of the royal family. The name has no Ur III parallels, but cf. *I-mi-iq-um* in the Sargonic Adab text, Luckenbill, OIP 14 (1930) 152:3.

Line 21. 1 tureen (Akk. *diqāru*) of "sweet paste." This sweet is well-attested at Garšana and especially at Iri-Saĝrig among other sites. Cf. *BDTNS/CDLI* s.v. for references and note also H. Brunke, *Essen in Sumer Metrologie, Herstellung un Terminologie nach Zeugnis der Ur III-zeitlichen Wirtschaftsurkunden* (Munich: Herbert Utz Verlag, 2011), 200–209, §3.5.1 (hereafter, Brunke, *Essen* [2011]).

Line 22. The conveyor/responsible official (ĝìri), *Awili*, is surely the same individual found in two similar and related earlier dated texts for which cf. below, nos. 6:2 (= Sigrist and Ozaki, CUSAS 40 852:2), and 13:22 (Sigrist and Ozaki, CUSAS 40 585:22).

Note that the same individual, Nana-manšum, is the conveyor (i.e. the responsible official) in no. 1:4, 18, 34 above and in the *Simat-Ištaran* text, no. 6:8 below (Sigrist and Ozaki, CUSAS 40 852:8).

Line 26. The name form ^{d}Amar-^{d}Suen-^{d}[. . .] occurs at Umma as ^{d}Amar-^{d}Suen-^{d}Utu-ĝu$_{10}$ (twice), ^{d}Amar-^{d}Suen-^{d}Šára-ki-áĝ (numerous times), and ^{d}Amar-^{d}Suen-^{d}Ašnan-gin$_{7}$-zi-šà- ĝál-kalam-ma-še in Owen, Ozaki, and Sauren, Nisaba 17 (2020) 721:1 (IS 2/ vii/4), at Ĝirsu as ^{d}Amar-^{d}Suen-^{d}Lama-ĝu$_{10}$, Jacobsen, *CTNMC* (1939) 54:v.18–19 (AS 4/i/- [P108786]) and Virolleaud and Lambert, *TEL* 226:1 (IS 3/-/- [P133524]); Maekawa, *Zinbun* 18 (1982) 106:ii,8 (IS 3/vii/- [P142606]), and at Ur as ^{d}Amar-^{d}Suen-^{d}*Ištaran*-gin$_{7}$-si-sá, Loding, *Jones AV* (1979) 38:3, 2' (date lost [P109342]), idem, UET 9 (1976) 1371:6' (date lost [P139501]), ^{d}Amar-^{d}Suen-šà-^{d}Nana-ke$_{4}$-ba-du$_{10}$ nar, Loding, UET 9

1372:04' (date lost [P139502]), ^{d}Amar-^{d}Suen-^{d}En-líl-le-mu-pà-da (Lutz, UCP 9/2–1 [1928] 63:5–6 (AS -/-/- [P135967], provenance unknown). The name is composed often with ^{d}Šára and is associated primarily with names limited to texts from Umma. The two names in our text, albeit without ^{d}Šára or ^{d}Utu, nevertheless derive from the Umma district since this text originated in the Garšana estate and not from Iri-Saĝrig.[28] The most frequently attested name in the form, ^{d}RN-^{d}DN, ^{d}Amar-^{d}Suen-^{d}Šára-ki-áĝ, is known only from Umma where it is associated with a field (a-šà-^{d}Amar-^{d}Suen-^{d}Šára-ki-áĝ), a threshing floor (ki-su$_{7}$-^{d}Amar-^{d}Suen-^{d}Šára-ki-áĝ), a flood control reservoir (káb-ku$_{5}$- ^{d}Amar-^{d}Suen-^{d}Šára-ki-áĝ), a dam (kun-zi-da-^{d}Amar-^{d}Suen-^{d}Šára-ki-áĝ), and a weir (a-egir$_{4}$-^{d}Amar-^{d}Suen-^{d}Šára-ki-áĝ), attested from AS 4 > IS 3. The name is never attested elsewhere as a conveyor/responsible official (ĝiri) and may simply be an epithet of the king. Cf. *BDTNS/CDLI* s.v. for references.

Line 28. *I-zu-zu* is attested at Ĝirsu, Umma, and *Puzriš-Dagan*, presumably the same individual. Cf. Fish, *BJRL* 9 (1925): 9, no. 241:rev. iii.11 (*CST* [1932] 263, AS 3/xi/- [P107777]), Lafont and Yildiz, *TCTI* 2 (1996) 4014:3 (AS 9/ix/- [P133205]), Oujang and Brookman, *CDLJ* 2012:1 4.44:13 (ŠS 3/xii/29 [P416430]), and Pettinato, MVN 6 (1977) 309:ii.6' (Delaporte, ITT 4 [1912] 7319 (-/-/- [P2117749]), Schneider, AnOr 1 [1931] 126:rev.18 [AS 8/ii/6 [P101117], Borrelli, Nisaba 27 (2014), 92:33 (ŠS 3/vi/18 [P407675]) and 199:rev.9 (ŠS 3/viii/2 [P304138]).

Line 30. The name occurs previously in only four Ĝirsu texts, Sigrist and Ozaki, PPAC 5 (2013) 314 (Š 48/viii/- [P318012]), 1639:2 (-/ii/3 [P380390]), and Sigrist, *SAT* 1 (1993) 435:obv.ii.25 (-/vii/- [P131538], *a-na-lú-ba<-DU>*) and in one unpublished Umma text, Sigrist, YBC 3632, rev.i.18 (Š 48/-/-).

Line 33. "3 baskets for pig tripe." $^{(ĝeš)}$ma-sab(PA+IB), Akk. *masabbu*, is an alternate spelling for $^{(ĝeš)}$ma-sá-ab, "a basket" (*ePSD* s.v). Steinkeller notes that the term šà-ĝar(NÍĜ), "tripe," is usually found in texts where reeds are provided for cooking lamb tripe (e.g. P. Steinkeller, "Joys of Cooking in Ur III Babylonia," in *On the Third Dynasty of Ur: Studies in Honor of Marcel Sigrist* [JCSS 1, 2008], 185, l. 3: [n] sa gi šà-ĝar-du$_{10}$ gu$_{4}$ 2 [ba]-ra-šeĝ$_{6}$ (AS 7/x/- [P200514]), and Sigrist, Owen, and Young, MVN 3 [1984] 131:8 10 sa gi šà-ĝar-du$_{10}$ sila$_{4}$-šè (AS 8/viii/23 [P116903])). For the reading and meaning of the term šà-ĝar and the few additional sources for it, cf. Steinkeller, JCSS 1, p. 186, comment to l. 3. This new text provides the first reference to pig tripe, presumably to be cooked and eaten.

Line 35. Traces of two short, lightly scratched, lines, that are visible in the large space, are possibly erasures, but appear to have been scratched on a dried surface. Both lines show traces of signs whose readings are no longer clear.

28. Other similarly constructed PNs found only at Ur are: Loding, UET 9 (1976) 1371:4' (date lost [P139501], ^{d}Amar-^{d}Suen-^{d}Nanna-[(x$^{?}$)]-ì-in-DU), (1372:rev.6 [date lost], 1375:rev.1' (date lost [P139502], ^{d}Amar-^{d}[EN].ZU-^{d}Nanna-*ar-bí-tu*), 1373:2' (date lost [P139503], ^{d}Amar-^{d}Suen-^{d}Nanna-da-nir-ĝál), 1371:rev.2 (date lost [P139501, ^{d}Amar-^{d}Suen-^{d}Nanna-da-suhuš-silim), 1372:rev.3 (date lost [P139502], ^{d}Amar-^{d}Suen-^{d}Nanna-da-suhuš-silim), 1371:rev.3 (date lost [P139501], ^{d}Amar-^{d}Suen-^{d}Nanna-gin$_{7}$-nu-šilig-ge), 1372:rev.4 (date lost [P139502]), 1374:1' (date lost [P130504], ^{d}Amar-^{d}Su[en-^{d}Na]na-igi-šà-[. . .]).

Line 36. níĝ-šu-taka$_4$-a, Akk. *šubultu*, meaning here, "gifts/dispatched thing(s) of *Simat-Ištaran* for the royal place," occurs eighteen times, three of which are in a single Garšana text, Owen, Nisaba 15/2 (2013) 363:3,7,15 (ŠS 6/iv/15 [P329900]). Note also, níĝ-šu-taka$_4$-a lugal, Owen and Mayr, CUSAS 3 (2007) 484:12 (ŠS 6/vii/8 [323785]), and the two Iri-Saĝrig texts quoted above in comments to l. 22, nos. 6:9 and 13:7 below, in addition to níĝ-šu-taka$_4$-a ^{d}šára-kam (Sigrist and Ozaki, CUSAS 40 596:12, -/-/-), níĝ-šu-taka$_4$-a ereš-diĝir-^{d}Ba-ba$_6$-ke$_4$-ne (Gomi, MVN 12 [1982] 343:5, AS 1/ix/- [P116605]); níĝ-šu-taka$_4$-a maš-e-pà-dè (Maeda, *ASJ* 9 [1987] 325:ii.24, AS 1/ix/- [P102380]); níĝ-šu-taka$_4$-a zi-ga ereš-diĝir (Sigrist and Ozaki, PPAC 5 120:rev.1, Š 48/v/- [P315742]); níĝ-šu-taka$_4$-a zi-ga ereš-diĝir (Owen, *NATN* 852:rev.18, -/-/- [P121549]); níĝ-šu-taka$_4$-a ^{d}Lama-a?-DU (Legrain, UET 3 [1937] 1685:3', IS 4/viii/- [P138011]).[29]

The compound verb, šu tak$_4$/taka$_4$, "to send," occurs without níĝ in the following texts: Touzlain, *Aleppo* (1982) 272:3 (Š 41/x/- [P100604]), šu tak$_1$-a (clear on photo), van Dijk, TLB 2 (1957) 13 (Sollberger, TCS 1 147:rev.14, -/-/- [P145684], šu ha-mu-na-ab-taka$_4$); Owen, Nisaba 30/2 (2013) 90:rev.4 (date lost [P332398], šu ha-ma-ab-taka$_4$-taka$_4$).[30]

Line 37. Cf. ki lugal-šè in the text quoted under l. 22 above where the parallel phrase, ki nin-a-šè, appears in a similar context.

Cf. Owen, Nisaba 15/2 (2013) 1159:12 (IS 2/iii/6 [P454265]). Among the officials mentioned in the text, *Ú-ta-mi-*šar-*ra-am*, *Ha-bí-it-be-lí* and *Išdum-ki-in* are well known also from *Puzriš-Dagan* and ^{d}Nana-ma-an-šúm and *A-na-lú-ba*<*-túm*> respectively from Iri-Saĝrig and Ĝirsu.

Lines 38–39. The Temple-of-the-City-of-Alla is mentioned also in two related Garšana texts, nos. 6:12 and 13:29 below. It is found elsewhere in the Umma texts, Grégoire, *AAICAB* 1/3 (2001) Bod. S 212:2 (without ^{ki}, -/-/- [P249120]), Sauren, MVN 2 (1974) 348:6 (without ^{ki}, -/-/- [P113647]), and Nippur, Ozaki and Yildiz, *JCS* 54 (2002): 54, no. 32:rev. 9' (without ^{ki}, -/-/- [P322237]). The toponym Al-la^{ki} is not attested elsewhere. By the time the scribe wrote these lines the clay had dried so the scribe scratched them into the dry clay along with the year name on the side

For the month name Ezem-An-na = Ezem-a-dara$_4$ at Iri-Saĝrig, cf. M. E. Cohen, *Festivals and Calendars of the Ancient Near East* (Bethesda: CDL Press, 2015), 208. Nevertheless, this text is more likely to have originated at Garšana. Ozaki, in his update and revision of the order of the Iri-Saĝrig calendar shows that iti Ezem-a-dara$_4$ was, in fact, the eleventh month of the Iri-Saĝrig calendar and that the month Ezem-An-na was used at Iri-Saĝrig only when the texts concerned intercity affairs. Note that Owen, Nisaba 15/2 (2013) 858:7, does not refer to this month.[31] Instead, Ozaki corrects

29. For earlier texts, cf. níĝ-šu-taka$_4$-a-énsi-ka-kam En-èn-tar-zi énsi-Lagaš^{ki}-ra ki-a-nag-šè mu-na-túm, Schileiko, *RA* 11 (1914) 61:rev.iii.1 (Enentarzi 1/-/- [P247592]); níĝ šu tak$_4$-a-am$_6$, Förtsch, VS 14 (1916) 38:ii.3 (Enentarzi 5/-/- [P020052]).

30. For earlier texts, cf. Thureau-Dangin, *RTC* (1903) 19:iii.2 and rev.ii.3 (Lugalanda 3/-/- [P221416]), šu mu-na-taka$_4$; Förtsch, VS 14 (1916) 164:rev.ii.1 (Uruinimgina 1.01.12.00 [P020175]), šu a-tak$_4$-am$_6$; Hackman, *SAAT* 376:rev.ii.3 (Uruinimgina 1/ii/- [P221507]), šu e-na-taka$_4$).

31. "On the Calendar of Urusaĝrig," *ZA* 106 (2016): 127–37.

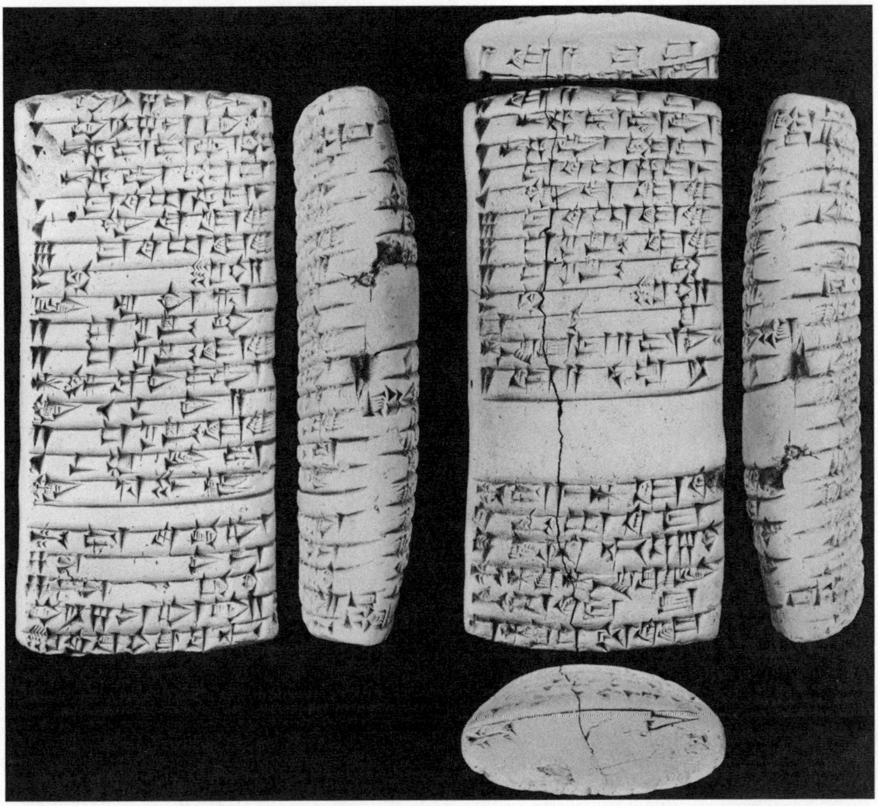

FIGURE 15.2. Text No. 2 = CUNES 58-01-034.

the erroneous reading iti Ezem-An-na => u_4 BÀD.AN^{ki} based on many similar texts in Sigrist and Ozaki, CUSAS 40.

Text 2. CUNES 58-01-034 [P412028] (see Fig. 15.2)
date: ŠS 9/vii/7
not sealed
tab.
photo: Plate II
provenance: Garšana (Ur?)[32]

1.	0.1.0. kaš-ninda 5 sìla ì-nun	60 liters of beer-bread, 5 liters of ghee,
2.	0.1.0. kaš-ninda 5 sìla ga-àr	60 liters of beer-bread, 5 liters of cheese,
3.	1 hal ^{ku6}kas$_4$-kas$_4$ al-še$_6$-ĝá	1 "basket" of cooked kaskas-fish,
4.	[1] hal ku$_6$ al-še$_6$-ĝá	1 "basket" of cooked fish,
5.	1 ma-sá-ab ^{ku6}*du$_5$-rum*	1 "basket" of *durum*-fish,
6.	10 ĝìri(KIŠ)-lam zú-lum	10 "baskets" of dates,

32. Such-Gutiérrez (personal communication) prefers to assign this text to Ur because "It has the annotation šà Uri$_5^{ki}$-ma (rev. 36). This makes it probable that the text was written in Ur and transferred somewhere else and that the é-munus from this text and Nisaba 15/2 1080, which are the same, are located in Ur. Probably the products that Šar-ru-sú-ṭabat(DU$_{10}$) receives in this text and in Nisaba 15/2 are for the é-munus in GARšana, because she is responsible for it."

7.	6 ma-sá-ab zú-lum	6 “baskets” of dates,
8.	4 gú nisig(SAR)-hi-a	4 talents of “green vegetables,”
9.	lugal-má-gur$_8$-re	(for) Lugal-magure;
10.	2 ^{ĝeš}si-ig geštin	2 “(reed) baskets” of grapes,
11.	2 ^{ĝeš}si-ig zú-lum	2 “(reed) baskets” of dates,
12.	^{d}*adad-ba-ni* šabra	(for) *Adad-bani*, the household administrator.
13.	ĝìri *u-bar-ni-a*	The conveyor was *Ubarnia.*
14.	2 ^{ĝeš}si-ig zú-lum	2 “(reed) baskets” of dates,
15.	*u-bar-um* lú-kaš$_4$	(for) *Ubarum*, the runner.
16.	ĝìri *hu-bu-dum*	The conveyor was *Hubb/pputum.*
14.	2 ^{ĝeš}si-ig zú-lum	2 “(reed) baskets” of dates.
17.	BLANK LINE	BLANK LINE
18.	mu-ku$_x$(DU) šà-bi-ta	the deliveries from among them:
19.	4 sìla ì-nun	4 liters of ghee,
20.	4½ sìla ga-har	4.5 liters of cheese,
21.	kaš-ninda 5 sìla-ta dug$^{?}$ 2	beer-breads, 5 liters each, beer, 2 (liters? each?)
22.	*šar-ru-sú-ṭabat*(DU$_{10}$) šu ba-ti	*Šarrusu-ṭabat* received.
	rev.	rev.
23.	úgu(A.GÙ)-a ĝá-ĝá	debited to the balanced account.
24.	1 hal ^{ku6}kas$_4$-kas$_4$ al-še$_6$-~ĝá	1 “basket” of cooked kaskas-fish,
25.	1 hal ku$_6$ al-še$_6$-ĝá	1 “basket of cooked fish,
26.	1 ma-sá-ab ^{ku6}*du$_5$-rum*	1 “basket” of *durum*-fish,
27.	10 ĝìri(KIŠ)-lám zú-lum	10 “baskets” of dates,
28.	6 ma-sá-ab zú-lum	6 “baskets” of dates,
29.	4 ^{ĝeš}si-ig geštin	2 “(reed) baskets” of grapes,
30.	2 ^{ĝeš}si-ig zú-lum	2 “(reed) baskets” of dates,
31.	4 gú nisig(SAR)-hi-a	4 talents of “green vegetables,”
32.	é-mí-šè	for the “women’s house,”
33.	^{d}en-líl-*ma-a-túm* ì-ku$_4$	Enlil-*ma’atum* brought (them) in.
34.	úgu(A.GÙ)-a nu-um-ĝar	Not “credited” to the balanced account.
35.	BLANK SPACE	BLANK SPACE
36.	mu-ku$_x$(DU) *simat-^{d}ištaran*	The deliveries of *Simat-Ištaran*
37.	šà uri$_5$^{ki}-ma	in the city of Ur,
38.	iti á-ki-ti u$_4$-7-kam	on the 7th day of the Month of the Akiti Festival,
39.	mu ^{d}*šu-^{d}suen* lugal-~uri$_5$^{ki}-ma-ke$_4$	the year *Šu-Suen*, king of Ur,
	~é-^{d}šára-ĜEŠ.KÚŠU^{ki}-ka	the Temple-of-Šara-of-Giša,
	upper edge	upper edge
	~ mu-dù	built.

Comments

This text is related closely to the previously published Garšana text, Owen and Mayr, CUSAS 3 (2009) 1485 (= Owen, Nisaba 15/2 [2013] 1080, ŠS 9/xii/13 [P453582]) where, five months later, *Simat-Ištaran* also delivered various items for the “woman’s house.”

In Sigrist and Ozaki, CUSAS 40, p. 222, comment to 844:2–3, the authors convincingly restore the Garšana month name in this text to [iti-ezem-me-ki-ĝál]-la based on the fact that "*A-ga-ti* nin_9 *Šu-kab-tá* (I,18), *A-ga-ti-a* (I,14) and *ma-la-LUM* (IV,67) appear only in Ĝaršana texts." As a result, the new text, now associated securely with Garšana via its month name, becomes clearer since a "woman's house" is documented also there (cf. Kleinerman and Owen, CUSAS 4 [2009]: 691 s.v.). Both appear to list provisions for a feast celebrating the birth of Enlil-*ma'atum*.

Line 2 Note that the basket terms, *passim*, are not preceded by the gi-determinative in this text. Since there are no adequate English terms to differentiate the translations of the different types of baskets, we retain the generic "basket" for all the different Sumerian terms for baskets.

Lines 3, 24. This fish, in substantial quantities, is known from only two previously published Ur III texts from Ur, Legrain, *UET* 3 (1937) 1294:3 (Š 42/-/- [P137619], 5750 $^{ku6}kas_4$-kas_4), and 1311:2 (IS 6/xii/- [P137636], 100 $^{ku6}kas_4$-kas_4), although it is attested as early as ED IIIa lexical sources. It is sometimes provided in baskets ($^{(gi)}$hal) and occasionally cooked (al-$še_6$-ĝá) and is attested at Umma, Ĝirsu, and once each at Ur, Nippur and *Puzriš-Dagan*. For references, cf. *BDTNS/CDLI*, s.v.

Lines 5, 26. ma-sá-ab, Akk. *masabbu*, "a basket." "Of interest is that the type of basket chosen varies based on the commodity stored within it—fish, dates, grapes and garden produce."

This fish was read previously as ^{ku6}ma-aš, surely a misreading of ^{ku6}*du_5-rum*(TÙN. AŠ). The TÙN here is clear (see photo). It is possibly a very small variety of fish that was attested at Garšana, Nippur and Ĝirsu by weight only. This would be the first reference to these fish transported in baskets. The reading, **du_5-rum*, is not secure.

Lines 6, 27. Read as ĝìri-lam, "a basket," in *ePSD* and *ETCSL* s.v. Cf. Postgate, *BSA* 3 (1987): 120, 123–25, and 137. Molina (private communication) suggests it is a kind of "wreath," although a "wreath of figs" would not make sense here unless he means a "string" of (dried) figs.

Line 8. nisig(SAR)-hi-a (often transliterated as ^{sar}HI-a), Akk. *arqu*, "vegetable," is attested occasionally at Garšana, Ur and Umma, and once at Ĝirsu. The reading is confirmed in the Umma texts, Nikolsky 2 (Struve, IRAIM 2 [1922]: 49ff., no. 4:3), 122:3 (ŠS 3/xiii/- [P112558]): 5 guruš u_4-1-šè, umma^{ki}-ta má ku_6 nisig-ga Nibru^{ki}-[šè] gíd-da ù má gú-ra / kìšib ba-$saga_{10}$ / ugula a-kal-la/ iti-diri YN // seal of ba-sa_6; note also lú-nisig-ga-me in Schneider, OrSP 47–49 (1930) 501:rev.22 (-/-/- [P124938]), and Koslova, Santag 6 (2000) 384:rev.iv.20' (-/-/- [P212276]).

Lines 9, 12, 15. The name Lugal-má-gur_8-re is too common to associate it with any particular official. The fact that the name has no qualification after it suggests that he was a well-known official. ^{d}*Adad-ba-ni* of Umma was possibly the šabra of *Nawir-ilum*, Gomi and Sato, *SNAT* (1990) 373:12:rev.3 (AS 5/vii/- [P130133]), and *U-bar-um*, possibly from Ĝirsu, where each is designated ĝìri after their respective deliveries.

Lines 10, 11, 14, 29–30. ^{ĝeš}si-ig, "a type of basket," possibly a short form of ^{ĝeš}si-ig-da. This is only the second reference to baskets for grapes and dates. See above, Text 1, l. 22, for Sigrist and Ozaki, CUSAS 40 585:15. It is often written ^{gi}si-ig and is attested frequently at Umma while ^{ĝeš}si-ig is attested five times at Ur, three times at Ĝirsu, twice at Umma, and only once at *Puzriš-Dagan*. Apparently, the basket can be made of wood or reeds. Cf. *BDTNS/CDLI* s.v. for references.

Line 16. The name *Hubb/ppudum* (*Huppudum*, "the blind(ed) one"[33]) is known from three sites, Garšana, Owen and Mayr, CUSAS 3 (2007) 322:rev.ii.13' (ŠS 6/vii/- [P322739]), Iri-Saĝrig, Owen, Nisaba 15/1 (2013) 1073:41 (date lost [P454213]), and Nippur, vcoins.com CT07:3 (IS 3/vii/10? [P275059]), and Owen, *NATN* (1974) 433:3 (-/-/- [P121131]).

Lines 19–20. The totals differ by 1 and ½ sìla respectively from ll. 1–2. Unless they are simply errors, the reasons for the differences in this otherwise well-written tablet are not apparent.

Line 22. *Šar-ru-sú-ṭabat*(DU_{10}) can be restored now in the related text, Owen and Mayr, CUSAS 3 (2009) 1485:51 (= Owen, Nisaba 15/2 [2013] 1080:51, ŠS 9/xii/13 [P453582], Šar-ru-sú-[DU_{10}]) and the questionable ti? in l. 1485:rev.i.16 is now assured. The reading of the woman's name is based on the syllabic spelling *Šar-ru-sú-ṭa-ba-at*, which appears at Garšana and who is connected with the é-mí (Owen and Mayr, CUSAS 3 [2007] 515:3, IS 1/iv/- [P324484]), 783:8 (IS 2/v/- [P324027], *Šar-ru-sú-ṭabat*), 1246:2 (IS 4/i/- [P324488], *Šar-ru-sú-ṭa-ba-at*], and at Ur (*Šar-ru-sú-ṭa-bàt*) as a lú-*Simat-*^{d}*Ištaran* (Legrain, UET 3 [1939] 754:ii 17–18), and as *Šar-ru-sú-ṭabat* maškim in a Garšana text associated also with *Simat-*^{d}*Ištaran* in Nippur, no. 14:12 below (Sigrist and Ozaki, CUSAS 40 772:12, ŠS 9/ii/30).

Line 23. For úgu(A.KA)-a ĝá-ĝá at Garšana, cf. Kleinerman and Owen, CUSAS 4 (2009): 207 s.v. úgu ĝar, and below, no. 3:14, 19.[34]

Line 32. For the é-mí at Garšana, cf. Kleinerman and Owen, CUSAS 4 (2009): 691 s.v. There are also three attestations in two texts for an é-mí at Iri-Saĝrig, Owen, Nisaba 15/2 (2013) 986:1,8,14,20 (IS [n]/x/vii [P454155]),[35] 1027:22 (IS[? ?/?]/- [P454180]), one from Garšana,[36] Owen, Nisaba 15/2 (2013) 1080:rev. ii 16 (= Owen and Mayr,

33. Interpretation suggested by C. Wilcke.

34. Wilcke (email of 25 May 2019) notes that "It is the same as Akkadian *xy ina ṣērim*(/*ṣēr* PN) *šakānum* "to burden somebody with something" = to create a debt of somebody for something(= *xy*).

35. Ozaki (personal communication) remarks, "Nisaba 15 986 is maybe, or rather probably is, an Old Babylonian text. *Ma-at-ì-lí* dumu *Ba-ba* is found in a text with an Old Babylonian(?) year name, mu ús-sa bàd-gal ^{d}Iškur-ra ba-dím, or at least from the period in which the tablet's origin was not under the control of the Ur III kingdom. The use of the month name, iti Ezem-An-na, may support this and may have belonged to the *Reichskalendar* or the calendar used in the early Old Babylonian period. If this is sustained, then the second quoted text, no. 1027, would also be from the Old Babylonian period because it also mentions the same individual, *Ma-at-ì-lí* dumu *Ba-ba*." Note also Nisaba 15/2 986 (IS? ?/x/7, [P454155]), YN = mu ús-sa gu-za / dnin-hur-saĝ ba-dím, another possible early OB text concerning the é-mí and with the same seal.

36. Ozaki (personal communication), surely correctly, remarks, "Assigned to Al-Šarraki by the editors who restore the month name as 'iti [še-íl]-la' (but more likely should be restored as [iti-ezem-me-ki-ĝál]-la);

CUSAS 3 [2007] 1485), ŠS 9/xii/13 [P453582]), three from Nippur, Pohl, TMH NF 1–2 (1937) 219:rev.8 (AS 7/vi/- [P134530]), Owen, *NATN* (1982) 745:ii.14 (n.d. [P121442]), Zettler, BBVO 11 [1992] 261:i.20 (n.d. [P105001]), and six from Ĝirsu, de Genouillac, ITT 3 (1912) 5280:rev.iii.24 (ŠS 1/i/- [P111163]), Pinches, *Amherst* (1908) 16:rev.2 (Š 17/viii/- [P100858], maš-gu-la rá-gaba-é-mí), Pettinato, MVN 6 (1977) 93:rev.6 (-/-/- [P114566], še-ba é-mí gil-sa-a), 421:rev.9 (-/-/- [P114826], ^{ĝeš}kiri$_6$ é-mí), Roemer, *OMRO* 66 (1986): 48, 14:2 (-/viii-ix/- [P124387], sá-du$_{11}$ é-mí), Sigrist and Ozaki, PPAC 5 (2013), 604.ii.11 (Š 48/x/- [P204024]).

Line 33. The same ^{d}En-líl-*ma-a-túm* (cf. above) is found also in Owen and Mayr, CUSAS 3 (2007) 1485:rev.ii,17 (= Owen, Nisaba 15/2 [2013] 1080, ŠS 9/[ezem-me-ki-ĝál]-la/13$^{!}$ [as restored by Ozaki] [P453582]) where the reading in both editions can be corrected to ^{d}en-líl-*ma-a-túm** ì*-ku$_4$*. Cf. Nin-*ma-a-túm*, ^{d}Šára-*ma-a-túm* and *Ma-a-túm, BDTNS/CDLI, passim.*[37]

Line 34. In addition to this text, and no. 3:19 below, the negative verb form, nu-um-ĝar, occurs in only three published texts, one from Garšana, Owen and Mayr, CUSAS 3 (2007) 515:5 (IS 1/iv/- [P324484], also concerning the é-mí), Watson and Horowitz, *BCT* 2 (1993) 251:9 (AS 2/-/- [P105491]), and Yildiz and Ozaki, *UTI* 6 (2001) 3510+3550:rev.9 (ŠS 1/-/- [P141526]).

Lines 36–37. The month, Akiti, can indicate also an Ur or *Puzriš-Dagan* origin for the tablet; however, based on the internal evidence, Garšana remains the most likely source.

Text 3. CUNES 58-01-033 [P412027] (see Fig. 15.3)
date: ŠS 9/i/23
not sealed
tab.
photo: Plate III
provenance: Garšana

1.	6 níĝ-bún-na	6 turtles,
2.	*a-bu-ṭabu*(DU$_{10}$) nu-bànda	(for) *Abu-ṭabu*, the overseer.
3.	ĝìri *a-hu-ni*	The conveyor was *Ahuni*.
4.	120 gur-dub-tur	120 small “baskets”
	^{ku6}agargara(NUN)-SAL	of (roe-laden?) agargara-fish.

however, ‘A-ga-ti nin$_9$ Šu-kab-tá’ (i.18), A-ga-ti-a (i.14) and *Ma-la-núm* (iv.67) appear only in Garšana texts.”

37. Ozaki notes (personal communication) that, “According to this correction, now we can understand the passage. For *-ma-a-túm* cf. Nin-*ma-a-túm*, Gelb, MAD 3 (1970): 168, M’xT, *mâtum* ‘land/country.’ But it is also possible to understand that -a túm means ‘be suitable, be fitting for.’ For the reading of DU here as túm, note Entemena, Cone B, III 13: En-te-me-na dumu-ki-áĝ En-an-na-túm-ma-ke$_4$ **gín-šè ì-ni-sì Ur- mu-na-áĝ** mu-bi.” However, C. Wilcke (email of 25 May 2019) notes that, “Not Akkadian - ma-a-túm: Enlil,-you-brought-(him/her)-to-me- or rather -ma-a-gub (~ *izzizam* see Stamm 171; 193; but 1st p. dative+[if read gub:] directive). Ozaki’s explanation on the basis of túm = *wasāmum* is nice, but it lacks an Akkadian parallel.”

FIGURE 15.3. Text No. 3 = CUNES 58-01-033.

5.	*i-mi-id-a-hi* nu-bànda	(for) *Imid-ahi*, the overseer.
6.	ĝìri šu-^{d}nin-šubur	The conveyor was *Šu*-Nin-šubur.
7.	60 udu-niga gu$_4$-e-ús-sa	60 fattened, ox-following, sheep,
8.	60 máš	60 goats
9.	*šu-èr-ra* lú-i$_7$	(for) *Šu-Erra*, the "canal-man."
10.	mu-ku$_x$(DU) šà-bi-ta	Income out of which (were)
11.	60 udu-niga gu$_4$-e-ús-sa [erasure$^{?}$]	60 fattened, ox-following, sheep,
12.	60 máš	60 goats
13.	^{d}iškur-sig$_5$ ì-dab$_5$	Iškur-sig took in charge;
14.	úgu(A.GÙ)-a ĝá-ĝá	to be debited (to him)

15.	6 níĝ-bún-na	6 turtles,
	rev.	rev.
16.	120 gur-dub-tur ^{ku6}agargara(NUN)-SAL	120 small "baskets" of (roe-laden?) agargara-fish.
17.	é-mí-šè	for the women's house,
18.	^{d}*suen-a-bu-šu* ì-ku$_4$	*Suen-abušu* brought in.
19.	úgu(A.GÙ)-a nu-um-ĝar	Not debited (to him were)
20.	60 udu-niga gu$_4$-e-ús-sa	60 fattened, ox-following, sheep,
21.	*ru-ba-tum*	(for?) *Rubatum*,
22.	ma-da-mu-gin$_7$ maškim	Mada-mugin, the responsible administrator.
23.	zi-ga-àm	They are expenditures,
24.	mu-ku$_x$(DU) *simat-*^{d}*ištaran*	the income of *Simat-Ištaran*,
25.	šà nibru^{ki}	in Nippur,
26.	iti maš-dà-gu$_7$ u$_4$-23-kam	on the 23rd day of the Month of the Eating of the Gazelle,
27.	mu ^{d}*šu-*^{d}*suen* lugal-~uri$_5$^{ki}-ma-ke$_4$	The year *Šu-Suen*, king of Ur,
28.	é-^{d}šára-ĜEŠ.KÚŠU^{ki}-ka	the Temple of Šara-of-Giša
29.	mu-dù	built.

Comments

Line 1. The níĝ-bún-na, Akk. *šeleppû*, "(a type of) turtle," is not very common in Ur III sources. The few previously published Ur III dated references to turtles come from the reign of Šulgi with two exceptions, the *Simat-Ištaran* text, Owen and Mayr, CUSAS 3 (2007) 1485:rev.ii.9 (Garšana$^{!}$, ŠS 9/xii/13 [P453582]), and Legrain, UET 3 (1937) 118:8 (Ur, IS 5/i/27 [P136435]). All references contain low numbers of turtles except for Owen, MVN 13 (1984) 740:32–33 (Š 30/v/- [P117513]) (= Owen, "Of Birds, Eggs, and Turtles," *ZA* 71 [1981]: 32, FLP 145:32), which records 2186 turtles and 2714 turtle eggs, the latter never again appearing in later Ur III texts.

Lines 4, 16. gur-dub, Akk. *gurduppum*, "a type of basket," is known primarily from Umma, secondarily from Garšana and Iri-Saĝrig, and occasionally from Ĝirsu and Nippur. The many Ur III references to gur-dub have the gi-determinative (cf. *BDTNS/CDLI* s.v.), except for the gur-dub-tur, Sigrist, *AUCT* 1 (1984) 974:1 (Š 31/iv/- [P103819], a text dealing with *in-dáh-šu-um*[38] and fishermen), and de Genouillac, TCL 2 (1911) 5578:1 (Š 32/vii/- [P131667], a text dealing with *in-dáh-šu-um*).

The ^{ku6}agargara$_x$(NUN) ab-ba is attested only at Garšana, Owen, CUSAS 6 (2011) 1561:1 (ŠS 6/iv/- [P412032]) and CUNES 58-05-011:1-2 (ŠS 8/v/- [P412097]), (1.) 30 ^{ku6}agargara$_x$(NUN) ab-ba (2.) 10 ^{ku6}agargara$_x$ ab-ba.[39] The added SAL is unique

38. Cf. *CAD* I 147 s.v. *indahšu*, "(an edible plant)," which directs you to *CAD* A/2 113 s.v. *andahšu* (sum-tur nisig[SAR]), "(a bulbous spring vegetable)." The *CAD* does not cite either of the two Ur III references for *indahšu* noted here, only the Nippur text, Myhrman, BE 3 (1910) 77:14, *an-dah-šum* ("listed between hides and horns"), and translated by the *ePSD* s.v. as "an alliaceous plant."

39. Published in D. I. Owen, "New Sources from the Garšana and Iri-Saĝrig Archives," in the forthcoming Pomponio Festschrift, text no. 2.

here and might simply mean an egg-laden, female fish. It is attested (without SAL) occasionally at Ĝirsu, Umma, and *Puzriš-Dagan*. Cf. *BDTNS/CDLI* s.v. for references.

Line 5. *Imid-ahi* nu-bànda occurs in only one other text, Michałowski and Daneshmand, *JCS* 57 (2005) 31 (ŠS 3/-/- [P257556]), presumably the same person. There are only two other attested names formed with *imid*: *I-mi-id-ilum* (Š 38 => ŠS 5)[40] and *I-mi-id-Eš*$_4$*-tar* (Š 46 => ŠS 8), both from *Puzriš-Dagan*. Cf. *BDTNS/CDLI* s.v. for references.

Line 7. The line, hardly visible, may have been erased or eroded. Cf. ll. 20–23 below and the photos.

Line 9. A lú-í$_7$ occurs only once in the Umma text, Ozaki and Sigrist, *BPOA* 1 (2006) 1727:2 (-/v/20 [P340382]), ur-àm-ma lú-í$_7$ gub-ba (ref. courtesy of T. Ozaki). Another possible reading is lú-a-ambar, "marsh-water-man," not attested elsewhere but may be simply, "the man from A-ambar," a settlement known from two Ĝirsu texts, Picchiono, Pettinato, and Waetzoldt, MVN 7 (1978) 444:2 (Š 45/vii/- [P115281]), and de Genouillac, ITT 3 (1912) 6158:2 (AS 7/xi/- [P111262], ref. courtesy of M. Molina). The reading AMBAR is not entirely clear but it looks like LAGAB×A (collated, see photo). Cf. *ETCSL* s.v. for the term.

Note also the hitherto unattested site, ki *Ha-ba-lu*$_5$*-gé* lú-ambar-gal^{ki}-ta, Sigrist and Ozaki, CUSAS 40 36:10 (Iri-Saĝrig, ŠS 8/-/-), which may be related.

Line 13. Iškur-sig$_5$ is known mostly from Garšana where he appears in four, closely related texts, Owen and Mayr, CUSAS 3 (2007) 448 (ŠS 7/ix/- [P324498]), 857 (ŠS 7/ix/- [P324782]), 916 (ŠS 8/ix/- [P322414]) and 1067 (ŠS 9/xii/- [P324506]). In addition, there are two texts from *Puzriš-Dagan*, possibly referring to the same person, Politi and Verderame, Nisaba 8 (2005) 34:rev.ii.41 (AS 8/vi/9 [P202529]), and Sigrist, Owen, and Young, MVN 13 (1984) 538:39 (-/v/- [P117311]).

Line 19. For this verb form, see note to l. 34 in text no. 2 above. "It is the same as Akkadian *ina ṣērim(/ṣēr* PN) *šakānum*, "to burden somebody with something" = "to create a debt of somebody for something(= *xy*)" (apud Wilcke, email 25 May 2019).

Lines 20–23. These lines (like l. 7. above) were lightly impressed, in a cruder script, perhaps over an erasure. Cf. the photo below. *Rubatum*[41] was a prominent woman, likely the same woman (possibly a princess) active during the last decade of Šulgi's reign, and the wife of *Nu-ì-da*,[42] Hilgert, OIP 115 (1998) 42:2 (Š 39/xi/25 [P123575], Šulgi-*simti* archive), 45:4 (Š 40/v/- [P121685], Šulgi-*simti* archive), and Sigrist, *Princeton* 2 (2005) 130:2 (Š 39/xi/- [P201128]), and Yildiz and Gomi, *PDT* 2 (1988) 1035:4 (Š 46/iii/3 [P126375], read *ru*!*-ba-tum*). *Rubatum* is always associated with high

40. On the name *Imid-ilum* in the Sargonic corpus, cf. the remarks of Molina and Notizia, *Mander AV* (= *Annali* 72 [2012]): 51.

41. Cf. Sharlach, *An Ox of One's Own*, 230–33.

42. *Nu-ì-da* is well-attested at *Puzriš-Dagan* from Š 39/xi/20 => IS 2/ix/17, where he usually delivers lambs or goats; nothing more is known about him. Cf. Sharlach, *An Ox of One's Own*, 230–33.

officials or members of the royal family in these texts, along with deliveries of animals and fowl to the palace, Neumann, *AfO* 35 (2008): 234, no. 4:6 (Š 39/iv/- [P429726]), and Sigrist, *Ontario* 1 17:4 (Š 41/v/8 [P124430], dam *Nu-ì-da*). She is last attested with certainty in Garfinkel et al., CUSAS 16 (2010) 303:17 (AS 4/ii/9 [P416211]). The latest attestation of the name, *Rubatum*, is found in the Nippur text, Owen, *NATN* 541:4 (IS 4/xii/- [P121239]), who may or may not be the same person. The name is not common but is found also as the name of a brick hauler at Garšana, obviously not the same person, and in an undated (Old Babylonian?) text in the Princeton Cotsen Collection, PARS 12/01, 133:2 (-/-/- [P273863], and seal),[43] where she is the daughter of *Za-li*. None of the remaining texts mentioning the name provides any additional information.

Line 22. Cf. also Owen, in the forthcoming Pomponio Festschrift, CUNES 58-05-009:3 (ŠS 4/vi/- [P412095], with gin$_7$). For this name, written syllabically, cf. Durand, *DoCu EPHE* (1982) 600:11, dam ma-da-mu-gi-na munu$_4$-mú (Ĝirsu, [RN n]/-i/- [P109298]), 232:3 ŠS 6/iv/- [P109202], ma-da-mu-gi-in [*Simat-Ištaran* text]), and Sigrist, *SAT* 3 (2000) 1708:12 (Umma, ŠS 6/-/- [P144908]). The latter two references likely refer to the same person in our text. This and CUNES 58-05-009:3 would be the first attested spellings with /gin$_7$/.

Text 4. CUNES 58-05-017 [P412103] (see Fig. 15.4)
date: ŠS 9/xi/-
sealed env. mostly ill.
tab.
photo: Plate IV
provenance: Garšana

1.	[. . . .]	[. . . .]
2.	[n eštub?^{k}]^{u6}-š[à?-bar?]	[n "carp"]
3.	[n ^{ku6}sín(NAM)]	[n "swallow"-fish]
4.	[lugal-má-gur$_8$-re]	[(from) Lugal-magure]
5.	[20 ^{ku6}eštub 3-kam-ús]	[20 carp of 3rd class],
6.	[*šar-ru-um-ba-ni*]	[(from) *Šarrum-bani*]
7.	53 ^{ku6}eštub 3-kam-ús	53 carp of 3rd class,
8.	*i-šar-be-lí* rá-gaba	(from) *Išar-beli*, the courier,
9.	30 ^{ku6}eštub 3-kam-ús	30 carp of 3rd class,
	rev.	rev.
10.	^{d}*ma-lik-illat*(KASKAL×KUR) nu-bànda-gu$_4$	(from) *Malik-illat*, the ox overseer,
11.	20 ^{ku6}eštub 3-kam-ús	20 carp of 3rd class,
12.	*a-*[*b*]*í-a-ti* nu-bànda-gu$_4$	(from) *Abiati*, the ox supervisor;
13.	mu-ku$_x$(DU) *simat-*^{d}*ištaran*	the delivery (for) *Simat-Ištaran*
14.	*šu-èr-ra*	*Šu-Erra*
15.	šu [ba]-ti	received
16.	šà unu^{ki}-ga	in the city of Uruk,

43. In *BDTNS/CDLI*, the transliteration of this text indicates that *Rubatum* was a princess.

FIGURE 15.4. Text No. 4 = CUNES 58-05-017.

17.	iti ezem-an-na	(in) the Month of the Festival of An,
18.	mu é-^{d}šára ba-dù	the year the Temple of Šara was built.
19.	BLANK SPACE	BLANK SPACE
	Seal illegible	Seal illegible

Comments

The transliteration is a composite that includes traces from the envelope.

Line 3. This kind of fish, ^{ku6}sín(NAM), is written clearly and is attested only at Garšana. Cf. Owen and Mayr, CUSAS 3 (2007) 1485 (ŠS 9/xii/13 [453582]), Owen, CUSAS 6 (2009), p. 246, no. 1548:1 (ŠS 6/vi/- [P412041], and Brunke, *Essen* (2011): 169, §3.3.1.4.

Line 5. Although ^{ku6}eštub, "a carp," is known extensively from Umma and Garšana with single references each at Nippur and Ur, the *ePSD* does not cite any Ur III references. Cf. *BDTNS/CDLI* s.v.

Line 8. *Išar-beli*, possibly the name of a number of different officials, is attested in various texts, the earliest from *Puzriš-Dagan* as a šabra, in Legrain, *TRU* (1912) 115:9 (Š 47/viii/28 [P134879]), followed by Schneider, AnOr 1 (1931) 4:3 (AS 6/viii/- [P100995]), Keiser, BIN 3 (1971) 175 (AS 8 /i/- [P105981]), at Umma he is known mostly in dated messenger texts (Š 47 => ŠS 9), and once as a lú-⌈^{ĝeš}tukul⌉ at Ĝirsu, Lafont, *TCTI* 2 (1996) 3447:11 (ŠS 8/-/- [P132679]). The name is found also on undated texts from *Tell Išān Mizyad*, Mahmud, *ASJ* 11 (1969): 333–35, no. 5:3 (-/-/- [P102470]), and 9:6 (-/-/- [P102474]), at Susa, de Graef, MDP 54 (2005) 23:7 (-/-/- [P332441]), and possibly at Garšana, Owen and Mayr, CUSAS 3 (2007) 1509:rev.20 (-/-/- [P323431]). The seal of *Šu-Erra*, the son of *Išar-beli*, is found on Çıĝ, Kizilyay, and Salonen, *PDT* 1 716 (IS 1xi/24 [P126132]). On the reading /šar/, cf. Such-Gutiérez, *AfO*, "Das ra$_{(2)}$-gaba-Amt anhand der schriftlichen Quellen des 3. Jahrtausends," *AfO* 53 (2015): 32 107.

Line 10. *Malik-illat* is known extensively only from Garšana, assuring the connection of this text to the site, especially in association with *Simat-Ištaran* and *Abiati* in ll. 12–13. Cf. Kleinerman and Owen, CUSAS 4 (2009): 500 s.v. where it is read as *Malik-tillati*. For the reading /*illat*/ for KASKAL×KUR, cf. Molina and Notizia, "Five Cuneiform Tablets from Private Collections," *Mander AV* [= *Annali* 72] (2012): 56.

Line 12. *Abi-ati*, is attested at different sites beginning with his betrothal recorded in the *Puzriš-Dagan* text, Szlechter, *TJAMC FM* 45:10 (Š 44/viii/8 [P134065]). He appears next at Umma (AS 6/-/- [P208747]), then at Iri-Saĝrig (AS 6/-/- [P453594]), later as a royal messenger (AS 9/i/2 [453664]) and later again as a cup-bearer (ŠS 1/šu-ĝar-ra/ [] [P453698]). At Garšana he appears frequently as an ox overseer (nu-bànda-gu$_4$) perhaps as early as ŠS 2/viii/- ([P412038]). He reappears at Iri-Saĝrig as a royal messenger in IS 2/^{ĝeš}apin/2 [453794]), and lastly at Iri-Saĝrig as a doorkeeper (ì-du$_8$, IS 3/ kir$_{11}$-si-aka/- [P454138]). There is also a field of both *Abi-ati* and his unnamed wife found in two undated Umma texts. Much more is known about *Abi-ati* but it is difficult to determine how many individuals, likely more than one, are represented by this name. For additional comments on *Abi-ati*'s life, cf. M. Molina, "From Court Records to *Sammelurkunden*: A New Tablet from Umma and TCL 5, 6047," in *Studies in Sumerian Language and Literature Festschrift für Joachim Krecher*, ed. N. Koslova, E. Vizirova, and G. Zólyomi (Winona Lake, IN: Eisenbrauns, 2014), 399–421, esp. 407–8.

Line 13. For texts in which *Simat-Ištaran* is associated with deliveries of fish, cf. references quoted in comments to ll. 3 and 5 above.

Line 14. *Šu-Erra*, as with others in this text, is well-attested at Garšana and presumably is the same individual mentioned in the related Text 3, l. 9 above who is qualified as lú-i$_7$.

Figure 15.5 Text No. 5 = CUNES 58-01-028.

Text 5. CUNES 58-01-028 [P412022] (see Fig. 15.5)
date: ŠS 9/xii/-
sealed
obv.
photo: Plate V
provenance: Garšana

1.	1052 u_8-udu-~hi-a	1052 various ewes and sheep
2.	71 uzud-máš-hi-a	71 various goats and billy-goats
3.	=> 1123	totaling 1123 (caprids)
4.	gub-ba-àm	were on hand
5.	šà é-suhur^{ki} ma-da ĝír-su^{ki}	at the temple city of Suhur in the territory of Ĝirsu
6.	*ba-ba-ni* šabra ì-dab_5	(where) *Babani* took (them) in charge.

	rev.	rev.
7.	ĝìri *tu-ra-am-ì-lí* ~ dub-sar	The conveyors were *Turam-*
	ù *é-a-šar* dub-sar	*ili*, the scribe, and *Ea-šar*, the scribe,
8.	BLANK SPACE – SEAL	BLANK SPACE – SEAL
9.	iti še-kíĝ-ku$_5$	in the Month of the Barley Reaping,
10.	mu ús-sa ^{d}*šu*-^{d}*suen* ~	the year after *Šu-Suen* king of
	lugal-uri$_5^{ki}$-ma-ke$_4$ ~	Ur, the great magur-boat of Enlil
	má-gur$_8$-mah-^{d}en-líl-	and Ninlil was fashioned.
	~^{d}nin-líl-ra mu-ne-dím	
	Seal:	Seal:
	Col I	Col I
	^{d}*šu*-^{d}*suen*	(dedicated to) *Šu-Suen*
	lugal-kala-ga	the mighty king,
	lugal-uri$_5^{ki}$-	the king of
	~ma	Ur,
	lugal-an-ub-	the king of
	~da-límmu-ba	the four quarters,
	Col II	Col II
	simat-^{d}*ištaran*	(and to) *Simat-Ištaran*
	nin$_9$ ki-áĝ-	his beloved
	~ĝá-ni-ir$^{sic?}$	sister,
	ba-ba-ni	(by) *Babani*,
	dub-sar	the scribe,
	IR$_{11}$-zu	your servant.

Comments

Line 5. Perhaps for a-suhur^{ki}, otherwise known only from Ĝirsu, Gomi, MVN 12 (1982) 212:14 (Š 47/iii/- [P116474]), Sigrist and Gomi, *PPAC* 5 (2013) 268:rev.i.19 (AS 1/ix/10 [P317055]), and Lafont and Yildiz, *TCTI* 2 (1996) 3409:9 (ŠS 1/-/- [P132644]), King, CT 9 (1900) 18 BM017748:rev.i.7 (-/-/- [P108572]), and Durand, *DoCu EPHE* (1982) 596:10 (-/-/ [P109294]). A canal is also associated with it, de Genouillac, ITT 3 (1912) 06431:6' (-/-/- [P111310]). If the identification is valid, it would be the first reference to a temple there.

Seal. *Babani*, šabra and dub-sar, occurs frequently at Garšana from ŠS 8/ii/30 => IS 3/i$^{?}$/-. Cf. *BDTNS/CDLI* s.v. ba-ba-ni (also sub ba-ba-lí). The /ir/ in nin$_9$ ki-áĝ-ĝá-ni-ir is clear (collations and photos by R. Mayr, 10/4/17; and cf. photo above). It is a *hapax*, and may be simply the seal engraver's error. (C. Wilcke comments that it is possibly "a contamination of the formulas of dedication inscriptions and seal inscriptions; but it could also be a clue for a more sophisticated structure of úrdu-zu-seal inscriptions, since the dative suffix is only very rarely written in Ur III texts after -ni [and only so in very late Ur III] and because such seal-inscriptions followed a fixed standard formula.")

For similar servant seals (with no /ir/) dedicated to *Simat-Ištaran*, cf. the comments in Molina and Notizia, "Five Cuneiform Tablets from Private Collections," *Mander AV* [= *Annali* 72] (2012): 57–59, Text 4 = CUSAS 3 (2007) 945 (ŠS 9/iv/- [P362876]), and the examples listed in Kleinerman and Owen, CUSAS 4 (2009): 418–20.

Supplement: *Simat-^{d}Ištaran* Texts from M. Sigrist and T. Ozaki, CUSAS 40[44]

Text 6. Sigrist and Ozaki, CUSAS 40 852 (1.) 1 bibad(UZ.TUR) (2.) ĝìri *a-wi-lí* (3.) 1 níĝ-ĝeštu kù-babbar (4.) ĝìri nam-ti-èš-ta (5.) 1 šu-gur$_4$ ku$_3$-sig$_{17}$-huš-a (6.) ĝìri *išdum*(SUHUŠ)-ki-in (rev. 7.) 1 ^{túg}bar-si (8.) ĝìri ^{d}nana-ma-an-šúm (9.) níĝ-šu-taka$_4$-a *simat-^{d}ištaran* (10.) ki nin-a-šè (11.) unug^{ki}-šè (12.) šà é-al-la^{ki} (13.) iti ezem-an-na (14.) mu en-mah-gal-an-na ba-huĝ (AS 4/ezem-an-na/-)

Translation

1 duckling, the conveyor was *Awili*; 1 silver earring, the conveyor was Namti-ešta; 1 yellow-gold ring, the conveyor was *Išdum-kin*; 1 barsi(g)-garment, the conveyor was Nana-manšum; the gifts of *Simat-Ištaran* for (her) sister at Uruk in the Temple-of-the-City-of-Alla, in the month of the Festival of An, the year the high priestess of An was appointed.

Comments

Line 9. For níĝ-šu-taka$_4$-a, cf. the comments to Text 1, l. 36 above.

Line 12. Cf. above comments to Text 1, ll. 38–39.

Text 7. Sigrist and Ozaki, CUSAS 40 57. (1.) 1 udu-niga gu$_4$-e-ús-sa (2.) nin-zi-šà-ĝál a-zu (3.) zi-ga *simat-^{d}ištaran* (4.) ki *ba-la-a*-ta (5.) ba-zi (rev. 6.) šà é-^{d}*šu*-^{d}*suen*^{ki} (7.) iti ezem-an-na u$_4$-6-kam (8.) mu ^{d}*šu*-^{d}*suen* / lugal-uri$_5$^{ki}-ma-ke$_4$ (9.) é-^{d}šára-ĜEŠ./KÚŠ^{ki}-/ka mu-dù (upper-edge 10.) gaba-ri (ŠS 9/ezem-an-na/6)

Translation

1 fattened, ox-following, sheep (for) Nin-zišàĝal, the physician. (This was) the expenditure of *Simat-Ištaran* (that was) expended by *Bala'a* in *Bit-Šu-Suen* on the 6th day of the Month of the Festival of An, the year *Šu-Suen*, king of Ur, built the Temple of Šara-of-Giša. Copy (of the original tablet).

Comments

Line 2. Nin-zišàĝal, the physician, is known at Umma, Sigrist, *SAT* 3 (2000) 1538:2 (ŠS 4/xii/- [P144738]), and also as a "conveyor" (ĝìri) and "courier" (rá-gaba) in Yildiz and Ozaki, UTI 5 (2000) 3177:rev.22 (ŠS 1/-/- [P141196]). That (s)he is the same person known at Garšana is clear from Owen and Mayr, CUSAS 3 (2008) 238:5–7 (ŠS 7/xii/- [P324740]) "when one (lit. they) towed Nin-zišàĝal's boat from Garšana to Umma" (má Nin-zi-šà-ĝál Gar-ša-an-naki-ta Umma-šè in-gíd-ša-a).[45] The name appears

44. These texts, quoted thanks to the generous permission of M. Sigrist and T. Ozaki, are provided in advance of their publications in order to bring up-to-date all newly identified texts referring to *Simat-^{d}Ištaran* in anticipation of a forthcoming work by M. Such-Gutiérrez.

45. For the role of physicians at Garšana and Iri-Saĝrig (specifically *Ubartum* and her relationship to *Šu-Kabta* and *Nawir-ilum*), cf. Kleinerman, CUSAS 6 (2009): 177–81. For physicians at Iri-Saĝrig, cf. Owen, Nisaba 15/1 (2013): 104, where eleven physicians, including the female physician *Ubartum*, are

at Umma as early as Š 32/v/- (Al-Rawi and D'Agostino, Nisaba 6 [2005] 27:v.27 [P208520]), and at Ur as late as IS 8/xii/- (Legrain, UET 3 [1937] 256:2 [P136573]). It is not clear if the names all refer to the same individual. For additional references cf. *BDTNS/CDLI* s.v.

Line 4. The wife of *Bala'a* appears in the *Puzriš-Dagan*, Šulgi-*simti* archive, Hackman, BIN 3 (1937) 11:2 (Š 32/-/-, [P106445]), and again in Sauren, *WMAH* (1969) 167:3! (Š 38/x/- [P113466]), in both of which she is recorded as offering a goat in Uruk. Her husband appears first in Yildiz and Ozaki, *PDT* 2 (1988) 1243:10' (Š 48/xi/13 [P126571]), also providing 2 sheep and a goat at *Puzriš-Dagan*. The only titles associated with *Bala'a* are nu-[bànda?], Delaporte, *RA* 8 (1911): 189, no. 8:17 (AS 3/viii/26 [P127307]), where he delivers 4 ducklings in the Tummal, šabra at Garšana, Owen and Mayr, CUSAS 3 (2008) 984:27 (ŠS 6/iv/9 [P499906]), and later also at Garšana, where he is an ugula[-x], supervising a shipment of timber and bricks by boat, Owen and Mayr, CUSAS 3 (2008) 1368:7 (IS 2/ix/- [P324796]). Particularly interesting is the unique text, where *Abiati*, the recipient of his loan of 20+ gur of barley, Owen, *Mem. Finkelstein* (1977): 159, CBS 13715:2 (IS 2/-/- [P109326]),[46] is threatened by a death penalty if he defaults.[47] Thus, if we are dealing indeed with the same person, his career spans the years Š 32 => IS 3 and he is documented also at *Puzriš-Dagan*, Garšana, Umma, and Nippur. Cf. *BDTNS/CDLI* s.v.

Text 8. Sigrist and Ozaki, CUSAS 40 272. (1.) [1] sila$_4$ (2.) [. . .]-*mi* sukkal (3.) 1 sila$_4$ ^{d}na-na-a (4.) 1 sila$_4$ èš-^{d}inana (5.) *an-ta-lú* âĝrig maškim (6.) zi-ga *simat-*^{d}*ištaran* (rev. 7.) [ki] *šar-ru-um-ba-ni*-ta ba-zi (8.) [šà] unu^{ki}-ga (9.) iti ezem-an-na u$_4$-24-kam (10.) mu ^{d}*šu*-^{d}*suen* lugal-uri$_5$^{ki}-ma-ke$_4$ (11.) é-^{d}šára-ĜEŠ.KÚŠ^{ki}-ka mu-dù (ŠS 9/ezem-an-na/24)

Translation

1 lamb (for) [...]*mi*; 1 lamb (for) Nana'a; 1 lamb (for) Nanaya; 1 kid (for) the Inana shrine; *Antalu*, the steward was administrator. (These were) the expenditures of *Simat-Ištaran* (that were) expended by *Šarrum-bani* in Uruk, on the 24th of the Month of the Festival of An, *Šu-Suen*, king of Ur, built the Temple of Šara-of-Giša.

attested. In two texts, *Ili-bilani*, the physician, is also attested as a royal messenger, Nisaba 15/2 (IS 2/ezem-^{d}li$_9$-si$_4$/5 [454039]), and CUSAS 40 290:26 (IS 1/diri še-kíĝ-ku$_5$/28).

46. Cf. D.I. Owen, "Death for Default," in *Essays on the Ancient Near East in Memory of J. J. Finkelstein*, ed. M. deJ. Ellis, Memoirs of the Connecticut Academy of Arts and Sciences, 19 (Hamden: Connecticut Academy of Arts and Sciences, 1977), 159–62. When the text was published, the Garšana archives had not been discovered yet, thus, although the name *Abiati* was known previously from Umma and Ĝirsu, his association with *Bala'a* at Garšana, could not be factored into the analysis. However, it remains uncertain if the name *Abiati* refers to one or more individuals.

47. For additional threats of a death penalty for default in contracts, cf. D. I. Owen, "'Death for Default' Redux - Akkadian Field Cultivation Contracts from Iri-Saĝrig," in *De l'argile au numérique. Mélanges en honneur de Dominique Charpin*, ed. G. Chambon, M. Guichard, and A. I. Langlois (Leuven: Peeters, 2019). For a differing, if unconvincing, interpretation of the death penalty threat, cf. S. Lieberman, "'Death for Default' or Anticipatory Execution," *JCS* 30 (1978): 91–98.

Comments

Line 5. For *Antalu*, at Garšana, cf. Kleinerman and Owen, CUSAS 4 (2009): 412–13 s.v.

Text 9. Sigrist and Ozaki, CUSAS 40 1167. (1.) 5 túg-du$_{8}$-a síg ^{ĝeš}garig$_{x}$(ZUM.SI)-rí-ak 3-kam-ús (2.) ki-lá-bi 1 ma-na (3.) ^{kuš}súhub *simat-*^{d}*ištaran*-šè (4.) nin$_{9}$-kal-la-ha-ma-ti / ašgab (5.) šu ba-ti (rev. 6.) ĝìri [*ri-iṣ-ilum*] / dub-sar (7.) ki ^{d}šul-gi-*wa-qar*-ta / ba-zi (8.) iti maš-dà-gu$_{7}$ (9.) mu ^{d}*šu-*^{d}*suen* / lugal-uri$_{5}$^{ki}-ma-ke$_{4}$ / é-^{d}šára- é-^{d}šára-ĜEŠ.KÚŠ^{ki}-/ka mu-dù (ŠS 9/maš-dà-gu$_{7}$/-)

Translation

5 felts of combed wool of 3rd quality, its weight was 1 mina, for the boots of *Simat-Ištaran*, Nin-kala-hamati, the fuller, received. The conveyor was [*Riṣ-ilum*], the scribe. (These were) expended by Šulgi-*waqar*, in the Month of the Eating of the Gazelle, the year *Šu-Suen*, king of Ur, built the Temple of Šara-of-Giša.

Comments

Line 4. The name appears here for the first time. Perhaps a fuller form of Nin$_{9}$-ha-ma-ti?

Text 10. Sigrist and Ozaki, CUSAS 40 504. (1.) 0.0.1. zì$_{3}$-sig$_{15}$ (2.) [n.n.0.] eša (3.) [. . .].SAL-šè (4.) [. . .]-*tum* maškim-šè (5.) [n] udu-ú [. .] (6.) [. . . .] (7.) [. . .] HI [. . .] (8.) im-sar-[ra . .] (rev. 9.) ur-é-an-na dub-sar maškim (10.) ki *ba-la-a*-ta ba-zi (11.) zi-ga *simat-*^{d}*ištaran* (12.) šà é-^{d}*šu-*^{d}*suen*^{ki} (13.) iti ezem-an-na u$_{4}$-22-kam (14.) mu ^{d}*i-bí-*^{d}*suen* lugal (IS 1/ezem-an-na/22)

Translation

(. . . .). Ur-Eana, the scribe was the administrator. (These were) expended by *Bala'a* (from) the expenditures of *Simat-Ištaran* in the (mortuary) temple of *Šu-Suen*, on the 22nd day of the Month of the Festival of An, the year *Ibbi-Suen* became king.

Comments

Line 9. Ur-Eana, the scribe and maškim, is known only from Garšana in four texts that date, i.e. all from ŠS 8, and once from IS 1. A scribe by the same name, possibly the same person, is attested also at Umma, Sigrist and Ozaki, *BPOA* 6 (2009) 1084:2 (Š 35/vi/- [P291579]), where he has a house.

Line 10. For *Bala'a*, see above, Text 7, l. 4 (Sigrist and Ozaki, CUSAS 40 57:4).

Text 11. Sigrist and Ozaki, CUSAS 40 511. (1.) [⅓ ŠA lá-1-gín kù-sig$_{17}$-huš-a] (2.) [1 5/6] ma-na kù-babbar (3.) 51 ^{nagga}ĝeštu (4.) níĝ-ba-lugal (5.) *simat-*^{d}*ištaran* (6.) šà-bi-ta (7.) ⅓ mana(ŠA) lá-1-gín kù-sig$_{17}$-huš-a (8.) ereš<-diĝir>-e šu ba-an-ti (rev. 9.) 1 5/6 ma-na kù-[babbar] (10.) 51 ^{nagga}ĝeštu (11.) árad-géme-šè ba-na-ha-la (12.) mu-ku$_{x}$(DU) (13.) ù zi-ga (14.) ĝìri *simat-*^{d}*ištaran* (15.) šà *puzur$_{4}$-iš-*^{d}*da-gan*^{ki} (16–17.) [MN and YN lost]

Translation

19 shekels of yellow gold, 1 5/6 minas of silver, 51 tin earrings, royal gifts of *Simat-Ištaran*. Among them 19 shekels of yellow gold were received by the eres(-diĝir)-priestess; 1 5/6 minas of silver (and) 51 tin earrings were delivered and distributed among the male and female servants. Income and distribution. The conveyor (was) *Simat-Ištaran* in *Puzriš-Dagan* ([in the month of [X], the year [X]).

Comments

Line 8. ereš never occurs alone in the archive, hence the restoration of the name. Collation is necessary.

Line 10. The verb form ba-na-ha-la, "were divided," is found in only ten texts from Garšana. Cf. Kleinerman and Owen, CUSAS 4 (2009): 316–18, for contexts, and *BDTNS/CDLI* s.v.[48]

Text 12. Sigrist and Ozaki, CUSAS 40 934. (1.) 1 bibad(UZ.TUR) (2.) u_4-15-kam (3.) é-muhaldim (4.) mu *simat-^{d}ištaran*-šè (5.) *la-ma-sà-tum* maškim (6.) zi-ga *simat-^{d}ištaran* (rev. 7.) ki *i*-[. . .]-/ta ba-zi (8.) šà nibru^{ki} (9.) iti še-kíĝ-ku_5 (10.) mu *^{d}i-bi-/^{d}suen* lugal (side, 11.) gaba-ri (IS 1/še-kíĝ-ku_5/-)

Translation

1 duckling on the 15th day for the kitchen for *Simat-Ištaran*. *Lamasatum* was the administrator. (It was) deducted (from the account of) (PN) in Nippur, in the Month of the Threshing of Barley, the year *Ibbi-Suen* became king. Copy (of the original tablet).

Comments

Line 5. *Lamasatum*, a member (princess?) of the royal family household (not to be confused with the brick hauler of the same name attested in a number of texts in Garšana from ŠS 5–7 (cf. Kleinerman and Owen, CUSAS 4 [2009]: 612 s.v.), is known from three additional texts from Iri-Saĝrig, Nisaba 15/2 (2013) 757:rev.ii.18 (IS 4/-/- [P387934]), 953:24 (IS 3/-/- [454138]), where she is listed as a member of the household of Nin-saga, and Owen and Mayr, CUSAS 3 (2007) 541:13 (IS 3/iii/29 [332478]), where she is also a "deputy" (maškim) in a text of various items, including piglets (usually associated with royal women at Garšana) and (edible) mice, expended by *Simat-Ištaran*. Note also Legrain, UET 3 (1939) 1357:16 (ŠS 9/-/- [P137682]) where she receives a (5 bùr) field on the bank of the canal outlet (i_7-è) along with many other fields allotted to high officials or members of the royal family. Presumably all references are to the same woman. In addition, she is likely the same person, the daughter-in-law (é-gi_4-a) of *Apillaša* (*A-pi-la-ša*), "who received 5 fattened sheep on the day

48. C. Wilcke (email of 25 May 2019) comments: "ḫa-la (+Dative) is not to "divide into a certain number of parts," but to divide into (not necessarily equal) shares and to distribute them to the entitled members of the relevant group. The dative prefix of the singular means that the amounts of gold and silver were divided into (perhaps equal) shares and distributed to each of 51 servants of both sexes who also received an earring each. (The uneven number 51 excludes the distribution of pairs of earrings.)

when she went to *Kazallu*," in Hallo, *apud BPOA* 5 (2008): 112–15, ll. 21–22 (ŠS 5/i/16 [P405455]). *Apillaša* is surely the general (šagina/šakkan$_6$) from *Kazallu* known from his sealed bulla, Kutscher, *JCS* 22 (1968–69): 63 (ŠS 3/-/- [P111954]).[49]

Text 13. Sigrist and Ozaki, CUSAS 40 585. (1.) 1 x [. . .] (2.) ĝìri ĜEŠ-[. .]-*lum*$^?$ (3.) 1 ^{gi}gur-dub [?] (4.) ĝìri ^{d}amar-^{d}E[N.ZU-^{d}šára$^?$-ki$^?$-áĝ$^?$] (5.) 1 bisaĝ-[ninda$^?$] (6.) ĝìri lú-TE-[. . .] (7.) 3.34 [. . . .] (8.) ĝìri *si*-[. . .] (9.) 1 ^{ĝeš}si-ig x [?] (10.) 1 ^{ĝeš}si-ig ^{ĝeš}dupsik$^?$ (11.) 1 ^{ĝeš}nu-úr-ma dar-a (12.) ĝìri *lú-la-za-ag* (13.) 1 ^{ĝeš}si-ig nu-úr-ma (14.) 1 ^{ĝeš}si-ig úkuš(HÚL) (15.) 1 ^{ĝeš}si-ig ĝeštin (rev. 16.) ĝìri *dan-ga-da* (17.) 1 ^{dug}útul-tur šà-lam (18.) ĝìri ^{d}nana-ba-zi-ge (19.) 1 túg (20.) ĝìri $^{d!}$[. . .]-x-na / bar$^?$-gú$^?$-[. .] (21.) 1 ^{dug}útul-tur šà [. . .] (22.) ĝìri *a-wi-lí* (23.) 1 šu-gur kù-sig$_{17}$-huš-[a] (25.) ĝìri *puzur$_4$*-^{d}[DN] (26.) BLANK SPACE (27.) níĝ-šu-taka$_4$-a-lugal (28.) ki *simat*-^{d}*ištaran* (29.) šà é-al-la^{ki} (30.) iti ezem-^{d}šul-gi (31.) mu *ša-aš-r*[*u-um*^{ki} ba-hulu] (side, 32.) BLANK (AS 6/ezem-^{d}šul-gi/-).

Translation

1 (x), the conveyor was (PN); 1 "basket," the conveyor was Amar-Suen-Šara-kiaĝ; 1 bread box, the conveyor was (PN); (. . . .), the conveyor was *Si*(. . .); 1 "basket" of (X), 1 "basket of ^{ĝeš}dupsik$^?$, 1 split pomegranate, the conveyor was *Lulazag*; 1 "basket" of pomegranates, 1 "basket" of cucumbers, 1 "basket" of raisins, the conveyor was *Dangad*. 1 small cow-shaped tureen, the conveyor was Nana-bazige; 1 garment, the conveyor was (PN . . .); 1 small cow-shaped tureen, the conveyor was *Awili*; 1 ring of yellow gold, the conveyor was *Puzur*-(X). (These were the) royal possessions of *Simat-Ištaran* in the Temple-of-the-City-of-Alla, in the Month of the Festival of Šulgi, the year *Šašrum* was raided.

Comments

Line 27. For níĝ-šu-taka$_4$-a, cf. the comments to no. 1:36 above.

Text 14. Sigrist and Ozaki, CUSAS 40 772. (obv. 1.) 2 kuš máš-gal-niga ^{ú}háb (2.) 6 kuš máš-niga ^{ú}háb (3.) kuš udu-niga-bábbar (4.) ⅓ kuš máš-du$_8$-ši-a (5.) 1/2 ma-na še-gín (6.) 5 gín sa-udu (7.) šagan gibil-šè ba-a-ĝar (8.) 2 [kuš . . .-ni] ga ^{ú}háb (rev. 9.) 1 ka-tab-šè (10.) 15 ĝuruš ašgab u$_4$-1-šè (11.) ^{dug}šagan kuš si-gé-dè / gub-ba (12.) *šar-ru-sú-ṭabat*(DU$_{10}$) maškim (13.) zi-ga *simat*-^{d}*Ištaran* (14.) ki ^{d}*šul-gi-wa-qar*-ta ba-zi (15.) šà nibru^{ki} (16.) iti maš-dà-gu$_7$ u$_4$-30-kam (17.) mu ^{d}*šu*-^{d}*suen* lugal-uri$_5$/^{ki}-ma-ke$_4$ (18.) é-^{d}šára-ĜEŠ./KÚŠ^{ki}-ka (19.) mu-dù (side, 20.) gaba-ri (ŠS 9/ii/30, Garšana)

Translation

2 tanned, hides of fattened billy-goat, 6 tanned hides of fattened goats, (n$^?$) hides of fattened white sheep, ⅓ turquoise-colored hide, ½ mina of glue, 5 shekesl of sheep sinews, were attached to new flasks, 2 hides of tanned, fattened (sheep/goats), for 1 cover/helper: 15 work-days for leather workers to fashion leather flasks. *Šarrusu-ṭabat* was the administrator. The expenditures of *Simat-Ištaran*

49. Note that the name is written *A-pi$_5$-la-ša* on the bulla but *A-pi-la-ša* on the seal.

(that were) dispensed by Šulgi-*waqar* in Nippur, on the 30th day of the Month of the Eating of the Gazelle, the year *Šu-Suen*, king of Ur, built the Temple of Šara-of-Giša. Copy (of original tablet).

Comments

Line 12 For *Šarrusu-ṭabat*, cf. comments to Text 2, l. 22 above.

Line 20. Cf. M. Such-Gutiérrez, "The gaba-ri Texts of the Garšana Archives," CUSAS 6 (2011): 391–404.

CHAPTER 16

The Sitting Moon and the Goats of Gilead: A Rare Akkadian Astronomical Term and a *Hapax* in Song of Songs

Gonzalo Rubio
The Pennsylvania State University

To Jack, who has given us all so much.

THE AKKADIAN TERM *GALIŠ* occurs in a handful of astronomical texts. It is so rare that the volume corresponding to the letter G in the *Chicago Assyrian Dictionary* does not include it. In his review of *CAD* G, Ernst Weidner noted that an entry for **galāšu* was missing, this being the infinitive from which the attested stative *gališ* stems. Weidner (*AfO* 19 [1959–60]: 156a) mentions two passages in which *gališ* occurs: LB 1321 obv. 23–24 and VAT 9901 obv. ii 3–6. LB 1321 is a manuscript of Tablet II of the series *Šumma Sîn ina tāmartīšu* ("If the Moon at Its Appearance"), a commentary about the series of celestial omens *Enūma Anu Enlil*.[1] This commentary is thematically organized and exhibits an indentation layout, and it belongs to an exegetical genre labeled as *mukallimtu* at the libraries of Assurbanipal in Nineveh (*kullumu*, "to show").[2] The tablet in question was purchased by Böhl in Mosul in 1932, along with a number of fragments of prisms of Assurbanipal, so LB 1321 was most likely found at Nineveh. The tablet has no colophon and its paleographic features resemble those typical of late Middle Assyrian texts.[3] The lines containing the term *gališ* read as follows (LB 1321 obv. 23–24):

1. See Hermann Hunger and David Pingree, *Astral Sciences in Mesopotamia* (Leiden: Brill, 1999), 21; Eckart Frahm, *Babylonian and Assyrian Commentaries: Origins of Interpretation* (Münster: Ugarit-Verlag, 2011), 156–57. On this commentary series in general, see also Ulla Koch-Westenholz, "The Astrological Commentary *šumma Sîn ina tāmartīšu*, Tablet I," in *Las sciences des cieux: Sages, mages, astrologues*, ed. R. Gyselen, Res Orientales 12 (Bures-sur-Yvette: GECMO, 1999), 149–65; and Jean-Jacques Glassner, *Le devin historien en Mésopotamie* (Leiden: Brill, 2019), 39. The tablet was edited by R. Borger, "Der astrologische Text LB 1321," in *Festschrift F. M. Th. de Liagre Böhl*, ed. M. A. Beek et al. (Brill: Leiden, 1973), 38–43. See now Zackary Wainer, "The Series *If the Moon at Its Appearance* and Mesopotamian Scholarship of the First Millennium BCE" (PhD diss., Brown University, 2016), 114, 117–18. I must thank Zackary Wainer for granting me access to his unpublished dissertation and for discussing this passage with me. LB 1321 is also mentioned in Marten Stol and Theo Krispijn, "Wetenschappen in Babylonië," *Phoenix* 59 (2013): 39–55 (esp. 48–49, where the number is mistakenly given as "2321"), although these lines are not included. Photographs of the tablet can be found on the website of the Cuneiform Commentaries Project (https://ccp.yale.edu/P368698).

2. On *mukallimtu* commentaries, see Frahm, *Babylonian and Assyrian Commentaries*, 41–47; Wainer, "The Series *If the Moon at Its Appearance*," 13–14; and Uri Gabbay, *The Exegetical Terminology of Akkadian Commentaries* (Leiden: Brill, 2016), 1–12.

3. Borger, "Der astrologische Text LB 1321," 39; Frahm, *Babylonian and Assyrian Commentaries*, 25 n. 85, 278.

DIŠ XXX ina IGI.LA$_2$-šú ana XV{~~-šú~~} ga-liš – ina XV-šú a-dir
DIŠ XXX ina <IGI.LA$_2$-šú> ana 2,30 ga-liš – ina 2,30-šú a-dir

šumma sîn ina tāmartīšu ana imitti gališ – ina imittīšu adir
šumma sîn ina <tāmartīšu> ana šumēli gališ – ina šumēlīšu adir

"If the Moon at its appearance *is sitting(?)* to the right—on its right it is dark (*adāru*).
If the Moon <at its appearance> *is sitting(?)* to the left—on its left it is dark (*adāru*)."[4]

The other text cited by Weidner in his review of *CAD* G is VAT 9901 obv. ii 3–6, which reads as follows:[5]

sîn ina tāmartīšu ana imitti gališma 1 kakkabu [...] – sîn ina tāmartīšu ana imitti gališma šumēli nawi[r...] – sîn ina tāmartīšu ana imitti gališma ṣalim

"At its appearance, the Moon *is sitting(?)* to the right, one star [...]—at its appearance the Moon *is sitting(?)* to the right, it is bright on the left [...]—in its appearance the Moon *is sitting(?)* to the right and it is dark."

Based on these two occurrences, Weidner ventured the translation "sich verfinstern, dunkel sein" for *galāšu* (*AfO* 19 [1959–60]: 156a). On the exact same textual basis, von Soden (*AHw* 274) suggested a translation "abflachen." The context in which *gališ* occurs in LB 1321 is plagued with serious complications. The entries that follow this occurrence pertain to a lunar eclipse in which the Moon is said to be *pašṭat* ("effaced"), *parsat* ("cut"), *garir* ("rolled"), and *gašir* ("strong") on its right side, with the apparent consequence of causing the right side of the Moon to be dark or gloomy (*adir*). As Zackary Wainer points out in his edition of this exegetical series, although the subject of all these entries is the same, two feminine statives appear in the middle of the sequence of protases with masculine statives. Moreover, the actual meaning of some of these verbal forms is not clear: *pašāṭu* is rather common in liver omens and it occurs in relation to eclipses in at least one additional text (*CAD* P: 250–51); *parāsu* occurs in astronomical texts, but in reference to halos rather than eclipses (*CAD* P: 170–71); but *garāru* does not seem to occur in this genre of compositions, and *gašaru* poses serious semantic problems in this context as well.[6] The mixing of grammatical genders and the semantically awkward deployment of vocabulary might point to the difficulties faced by later scholars in understanding these technical terms. Nevertheless, as noted above, LB 1321 is not a particularly late tablet, and perhaps these lexical

4. On 2,30 = *šumēlu*, see *CAD* Š/3: 267b.

5. Aside from Weidner in *AfO* 19 (1959–60): 156a, see also Jeanette C. Fincke, "The Solar Eclipse Omen Texts from *Enūma Anu Enlil*," *BiOr* 70 (2013): 582–608 (esp. 583–84 n. 7).

6. Wainer, "The Series *If the Moon at Its Appearance*," 114, 118, 121, 125–26. On *gašāru* in particular, see also Francesca Rochberg, *Aspects of Babylonian Celestial Divination: The Lunar Eclipse Tablets of Enūma Anu Enlil*, AfOB 22 (Horn: Berger & Söhne, 1988), 33; Lorenzo Verderame, *Le Tavole I–VI della serie astrologica Enūma Anu Enlil*, Nisaba 2 (Rome: Di.Sc.A.M., 2002), 66.

difficulties were inherent to the endeavor of interpreting the wording of the omens in *Enūma Anu Enlil*, which are commented upon in the series *Šumma Sîn ina tāmartīšu*. These interpretative issues may not always pertain to the hurdles faced by later scribes in understanding earlier scholarly compositions and their specialized, perhaps obsolete, vocabulary. In fact, protases need not be empirical and can describe phenomena that are simply impossible to observe in nature, and this may well have been a decisive factor in the semantic ambiguities, when not overt fuzziness, of the lexical choices made at the very time of the original compilation of these series.[7]

The term *gališ* is quite likely to be reconstructed in a fragment of *Enūma Anu Enlil* (81-2-4, 281) as well.[8] Moreover, there is one attestation of the verb *galāšu* aside from this handful of instances of the stative *gališ*. The form *agtališ* can be found in a prayer to Nabû from Nineveh, in which the first and last syllable of each line form one and the same acrostic: *al-ta-pil ina* ERIN.MEŠ *ag-ta-liš*[!] *na-a-a-al* (K 8204 obv. 11 = *PSBA* 17: 137-141: 6), *altapil ina ṣābī agtališ*[!] *nayyāl*, "I have shrunk among the people, I lie *flattened*(?)."[9] It is interesting to note that the meaning proposed by von Soden ("abflachen") fits the occurrence in this Nabû prayer, of which he was not aware, whereas the translation put forward by Weidner would seem to match better the context of the two astronomical texts he himself mentioned. Whereas Weidner postulated a contextual interpretation, von Soden is clearly resorting to cognates in other Semitic languages, as he suggested a connection with a Syriac root *glš*, "zerfleischen." Nevertheless, the Syriac verb ܓܠܫ, "to cut, to scrape," does not seem to help much in connection to the Akkadian forms.[10] Moreover, if Akkadian *gališ* is a cognate to Arabic *jalasa* ("he sat"), as will be argued below, then this Syriac root (*glš*) cannot be part of the same set of cognates.[11]

7. See the following works by Francesca Rochberg: *Aspects of Babylonian Celestial Divination*, 8; Rochberg, "Empiricism in Babylonian Omen Texts and the Classification of Mesopotamian Divination as Science," *JAOS* 119 (1999): 559–69; *The Heavenly Writing: Divination, Horoscopy, and Astronomy in Mesopotamian Culture* (Cambridge: Cambridge University Press, 2004), 256–59; *In the Path of the Moon: Babylonian Celestial Divination and Its Legacy*, AMD 6 (Leiden: Brill, 2010), 373–97; *Before Nature: Cuneiform Knowledge and the History of Science* (Chicago: University of Chicago Press, 2016), 193–230. See also David Brown, *Mesopotamian Planetary Astronomy-Astrology*, CM 18 (Groningen: Styx, 2000), 136–39, 279–85; G. Rubio, "Scribal Secrets and Antiquarian Nostalgia: Tradition and Scholarship in Ancient Mesopotamia," in *Reconstruyendo el Pasado Remoto: Fs. Jorge R. Silva Castillo*, ed. D. A. Barreyra and G. del Olmo (Barcelona, AUSA, 2009), 155–82 (esp. 170–71).

8. Verderame reads *ana* ZAG.GA ŠU$_2$-*ma* x [...], but a close inspection of a photograph of 81-2-4, 281 points to a reading *ana* ZAG *ga-liš*[!]-*ma* x [...]; cp. Verderame, *Le Tavole I–VI della serie astrologica* Enūma Anu Enlil, 205–6 (see n. 699 for a discussion of Erica Reiner's assignation of this fragment to tablet IX of *EAE*).

9. I owe this reference and reading to Enrique Jiménez, who reasonably assumes a Neo-Babylonian *Vorlage* behind this Nineveh hymn. In Neo-Babylonian, the signs GAM and LIŠ often look the same. On this Nabû hymn and its structure, see Wilfred G. Lambert, *Babylonian Wisdom Literature* (Oxford: Oxford University Press, 1960), 67. Note that *CAD* (Q: 75b) read here a Gtn preterite of *qâlu*: ... *aq-ta-*{GAM}*-na-a-a-al*, "I kept silent at all times"; but only a couple of years earlier, *CAD* (N/1: 152b) had read here the adjective *nayyālu* ("reclining") and left the line untranslated as "obscure."

10. See Carl Brockelmann and Michael Sokoloff, *A Syriac Lexicon* (Winona Lake, IN: Eisenbrauns, 2009), 239b.

11. On Semitic sibilants, see especially Richard C. Steiner, *The Case for Fricative-Laterals in Proto-Semitic* (New Haven: American Oriental Society, 1977); Alice Faber, "Semitic Sibilants in an Afro-Asiatic Context," *JSS* 29 (1984): 189–224; Faber, "Akkadian Evidence for Proto-Semitic Affricates," *JCS* 37 (1985): 101–7.

TABLE 16.1.

OB Akkadian	Ugaritic	Early Aramaic	Syriac	Biblical Hebrew	Classical Arabic	OSA	Geʿez	Mehri	*Semitic*
š	š	š שׁ	š ܫ	š שׁ	s س	s^1 ($s^?$)	s ሰ	h	$*s^1$/ *š [s]
š	š	ś/š/s שׂ/שׁ	s ܣ	ś > s שׂ	š ش	s^2 ($\check{s}^?$)	ś = š > s ሠ > ሰ	ś [ɬ]	$*s^2$/ *ś [ɬ]
s	s	s ס	s ܣ	s ס	s س	s^3 ($\acute{s}^?$)	s ሰ	s	$*s^3$/ *s [ʦ]
š	θ	θ שׁ	t ܬ	š שׁ	θ ث	θ	s ሰ	θ	*θ (*ṯ)

The noun *gilšu*, "hip, flank," is almost certainly secondary to the most common form *giššu* (*gilšu* < *giššu*), in spite of the priority dictionaries give to the former (*CAD* G: 73; *AHw* 288). This is a cognate of Syriac *gessā* (ܓܣܐ), "hip, flank," and it may also be related to Arabic *jawš* (جوش), meaning "middle," particularly in an anatomical sense ("breast; the middle of a man").[12]

It is also in the realm of commentaries, as in the attestations mentioned by Weidner, that one finds a Sumerian equivalent to this rare verb. A commentary, probably on the series *Šumma izbu*, provides the equation gir₃-hum = *galāšu* (STT 402 rev. 13; see *AHw* 1555b).[13] The term gir₃-hum is equated with *ḫamāšu* in at least two lexical lists: List of Diseases 141 (*MSL* 9 p. 95) and Antagal G 256 (*MSL* 17 p. 227).[14] Akkadian *ḫamāšu* (*CAD* Ḫ: 60–61) probably refers to a kind of paralysis or deformity, as does the Sumerian verb hum—in the case of gir₃-hum this concerns the feet (gir₃). In Antagal G 257 (*MSL* 17 p. 227), gir₃-hum is equated with *kup-p*[*u-pu*?], which means "bent, bowed" (from *kapāpu*, *CAD* K: 552a), so gir₃-hum refers to clubfoot, a birth abnormality that would fit well in the series *Šumma izbu*.

CAD (G: 132a) lists a D-stem verb *gullušu*, which is attested in the form *tugallaš* in a grammatical text (5R 45 [K 253] iv 27 [CDLI P393810]).[15] This grammatical text (5R 45) includes mostly D- and Dt-stem forms; e.g., *tu-bad-da-ad* (vii 59; *buddudu*, "to squander," *CAD* B: 303), *tu-dáb-bab* (iv 51; *dubbubu*, "to pester, to complain," *CAD* D: 11–13), *tu-gán-na-aḫ* (iii 21; *ganāḫu*/*gunnuḫu*, "to have a coughing fit," *CAD* G: 39), *tu-ḫal-lal* (iii 31; *ḫalālu*/*ḫullulu*, "to wheeze," *CAD* Ḫ: 34), *tu-ḫa-am-bar* (ii 12; *ḫabāru*/*ḫubburu* "to be noisy," *CAD* Ḫ: 7), *tu-uḫ-tal-lal* (i 25; *ḫalālu*/*ḫullulu*),

12. Brockelmann and Sokoloff, *A Syriac Lexicon*, 250a. On *jawš*, see E. W. Lane, *Arabic English Dictionary* (London: Williams & Norgate, 1863), 486–87. In Arabic nautical vocabulary, *jawš* means "tack, tacking"; R. Dozy, *Supplément aux dictionnaires arabes, I* (Leiden: Brill, 1881), 234b. On the various cognates of Akkadian *giššu*, see Alexander Militarev and Leonid Kogan, *Semitic Etymological Dictionary, I: Anatomy of Man and Animals*, AOAT 278/1 (Münster: Ugarit-Verlag, 2000), 90–91.

13. Note that the Cuneiform Commentaries Project describes this text as concerning an uncertain composition (CCP 3.9.u5; https://ccp.yale.edu/P338716).

14. See Åke W. Sjöberg, "Beiträge zum sumerischen Wörterbuch," *Or* 39 (1970): 75–98 (esp. 95). On the seemingly twenty-eight Akkadian "meanings" of Sumerian hum listed in the Syllabary AO 7661 (i 1–23), see Richard T. Hallock, *The Chicago Syllabary and the Louvre Syllabary AO 7661*, AS 7 (Chicago: University of Chicago Press, 1940), 70.

15. On 5R 45, see Rykle Borger, *Handbuch der Keilschriftliteratur, I* (Berlin: de Gruyter, 1967), 407.

tu-lag-ga-ag (iv 23; *lagāgu/luggugu*, "to cry out," *CAD* L: 37), *tu-làḫ-ḫaš* (iv 56; *luḫḫušu*, "to whisper," *CAD* L: 40), *tu-na-ʾa-ár* (ii 49; *naʾāru*, "to roar," *CAD* N/1: 7–8), *tu-ṣáḫ*^{sa}*-ḫar* (vii 12; *ṣuḫḫuru*, "to reduce," *CAD* Ṣ: 123–24), *tu-ṣáḫ*^{sa}*-ḫat* (vii 13; *ṣuḫḫūtu*, meaning uncertain; *CAD* Ṣ: 61), *tu-ṭab-ba-aḫ* (iv 49; *ṭabāḫu/ṭubbuḫu*, "to slaughter," *CAD* Ṭ: 1–4), *uḫ-tam-bir* (ii 33; *ḫabāru/ḫubburu*).[16]

Since there are so few occurrences of *gališ* and *galāšu* in Akkadian texts, their contexts do not seem sufficient to determine a meaning. As seen above, it is quite telling that a translation "to darken, to be dark" (Weidner) seems to fit the attestations in astronomical texts, whereas "to flatten, to become flat" (von Soden) seems more appropriate for the occurrence in the prayer to Nabû mentioned above. Although etymology alone constitutes a doubtful criterion to decide such semantic dilemmas, in this case it may offer a modicum of light. There are rather clear cognates of Akkadian *gališ* in Hebrew and in Arabic.

The Hebrew verb *glš* (גלשׁ) occurs in the *qal* stem in Song 4:1 and 6:5 (גלשׁו), where it is normally translated as "they went/streamed down" or "hopped," in reference to a woman's hair resembling the movement of a flock of goats going downhill:[17]

4:1: שַׂעְרֵךְ כְּעֵדֶר הָעִזִּים שֶׁגָּלְשׁוּ מֵהַר גִּלְעָד "your hair is like a flock of goats *streaming down* from Mount Gilead";
6:5: שַׂעְרֵךְ כְּעֵדֶר הָעִזִּים שֶׁגָּלְשׁוּ מִן־הַגִּלְעָד "your hair is like a flock of goats *streaming down* from Gilead."

Rashi and others saw here a simile, in which a woman's hair would actually be compared to a goat's fleece: מבפנים לקישורייך שערך נאה ומבהיק כצוהר ולבנונית כשער עזים לבנות היורדות מן ההרים ושערן מבהיק מרחוק, "within your kerchief, your hair is beautiful and shines with brilliance and whiteness, like the hair of white goats descending from the mountains, whose hair shines from a distance."[18] Nonetheless, some modern lexicographers have tentatively connected this Hebrew verb to Aramaic verbs meaning "to boil."[19] The Aramaic verb גלשׁ, normally translated as "to boil," may refer in general to the movement of water when it is boiling ("to boil over").[20] In Samaritan Aramaic, however, the same root (**glš*) occurs in nouns that clearly mean "burn, scorch," but also in the adjective "bald" (גלשן) and the nouns "hairlessness" (גלשׁ) and "baldness" (גלשנותה).[21] In fact, in order to understand *šæggalšû* in Song of Songs,

16. Wolfram von Soden and Wolfgang Röllig, *Das akkadische Syllabar*, AnOr 42, 3rd ed. (Rome: Pontifical Biblical Institute, 1976), 8, 14, 17, 31, 38; Anne-Caroline Rendu Loisel, "Bruit et émotion dans la littérature akkadienne" (PhD diss., Université de Genève, 2011), 12, 166, 234, 317, 336.

17. See, for instance, Marvin S. Pope, *Song of Songs*, AB 7C (Garden City, NY: Doubleday, 1977), 452, 458–60, and J. Cheryl Exum, *Song of Songs: A Commentary* (Louisville, KY: Westminster John Knox, 2005), 151–53.

18. Judah Rosenthal, פירוש רש״י על שיר השירים ("Rashi's Commentary on Song of Songs"), in ספר יובל לכבוד שמואל קלמן מירסקי (Samuel Kalman Mirsky Jubilee Volume), ed. Simon Bernstein and Gershon A. Churgin (New York: Jubilee Committee, 1958), 130–88, esp. 154–55.

19. See *HALOT*, 195.

20. See Michael Sokoloff, *Dictionary of Jewish Palestinian Aramaic*, 2nd ed. (Baltimore, MD: The Johns Hopkins University Press, 2002), 131a, 829b.

21. See Abraham Tal, *Dictionary of Samaritan Aramaic, I* (Leiden: Brill, 2000), 149.

Medieval Hebrew commentaries sometimes resorted to the homophonic Aramaic root referring to baldness, as discussed below.

The complications posed by this verb in Biblical Hebrew were as much of a problem for ancient translators as they may be for modern scholars. In Song 4:1 and 6:5, instead of *šæggalšû* (שֶׁגָּלְשׁוּ), "that/which stream down," a verb from the root *glš* with the proclitic relative pronoun *šæ-*, most Greek translators would seem to have read שֶׁגָּלוּ *šæg-gālû* from **gly* (גלה), "to uncover, to reveal." Likewise, most Syriac and Vulgate translators would seem to have read שֶׁעָלוּ *šæ-ʿālû* from **ʿly* (עלה), "to go up."[22] In Song 4:1, one finds αἳ ἀπεκαλύφθησαν ("which were revealed") in the Old Greek and the Codex Sinaiticus (folio 149, scribe A), but αἳ ἀνεφάνησαν ("which appeared") in Symmachus. By and large, the reading ἀπεκαλύφθησαν in 4:1 remained stable throughout most Greek translations and their manuscripts. The situation is markedly different in the case of Song 6:5: one finds αἳ ἀνεφάνησαν ("which appeared") in the Old Greek (identical to Symmachus' translation in 4:1), but αἳ ἀνέβησαν "which went up" in the Codex Sinaiticus (folio 150, scribe A) and also in many minuscule codices, including some catena manuscripts.[23] The latter reading (αἳ ἀνέβησαν) matches the Syriac Pešîṭtâ (ܕܣܠܩ *d-slq*, "which went up"), although a Chaldean manuscript from Baghdad has ܕܐܬܚܙܝ (*d-ʾtḥzy*, "which appeared"), which, in turn, matches αἳ ἀνεφάνησαν. Interestingly, in 6:5, two of the most ancient manuscripts of the Pešîṭtâ (6h17 and 7a1) and an entire family of manuscripts (12a1*fam*) simply omit ܕܣܠܩ (*d-slq*).

The Vulgate translates *ascenderunt* in Song 4:1 which reflects a reading שֶׁעָלוּ *šæʿālû* from **ʿly* (עלה), "to go up, ascend," but *apparuerunt* in 6:5. In 4:1, the Vulgate (*ascenderunt*) would seem to follow the same tradition reflected in Codex Sinaiticus (ἀνέβησαν); but rather than close textual kinship, this bears witness to the understandable inability of various ancient translators to render the rare Hebrew form (a *hapax*). In fact, the distribution of these translations ("to go up" vs. "to appear") seems rather chaotic.[24]

The problem was not limited to ancient translators. Later commentators were equally puzzled by this Hebrew form in Song. For instance, an anonymous medieval Hebrew commentary known in a single manuscript currently at the Bodleian Library,

22. See Pope, *Song of Songs*, 458–60.

23. On the complicated set of variants attested in the Greek versions, see especially Jay C. Treat, "Lost Keys: Text and Interpretation in Old Greek 'Song of Songs' and Its Earliest Manuscript Witnesses" (PhD diss., University of Pennsylvania, 1996), 184, 270, 368, 456, 464; Reinhart Ceulemans, "A Critical Edition of the Hexaplaric Fragments of the Book of Canticles" (PhD diss., Katholieke Universiteit Leuven, 2009), 388 (I must thank Reinhart Ceulemans for granting me access to his unpublished dissertation and for his comments on the subject); and Dries De Crom, *LXX Song of Songs and Descriptive Translation Studies* (Göttingen: Vandenhoeck & Ruprecht, 2019), 111–13.

24. For the variants in these verses of Song of Songs, see *BHS*, 1329, 1332; P. B. Dirksen, "Canticles," in *Megilloth, BHQ*, 16, 60*–61*; Alfred Rahfls and Robert Hanhart, *Septuaginta*, 2nd ed. (Stuttgart: Deutsche Bibelgesellschaft, 2006), 2:264, 267; Frederick Field, *Origenis Hexaplorum quae supersunt*, II (Oxford: Clarendon Press, 1875), 417, 420; J. A. Emerton and D. J. Lane, "Song of Songs," in *The Old Testament in Syriac According to the Peshiṭta Version*, II/5 (Leiden: Brill, 1979), 5, 8; Robert Weber, Roger Gryson et al., *Biblia Sacra Vulgata*, 5th ed. (Stuttgart: Deutsche Bibelgesellschaft, 2007), 999–1000; Giovanni Garbini, *Cantico dei cantici* (Brescia: Paideia, 1992), 62–63, 66–67, 217. Concerning Song 4:1, in Qumran one finds a plural ending for what can be reconstructed as [שגלש]ות in 4QCant[a], but שגלשו in 4QCant[b] (as in the Masoretic text); see Eugene Ulrich et al., *Qumran Cave 4, XI: Psalms to Chronicles*, Discoveries in the Judaean Desert, XVI (Oxford: Clarendon Press, 2000), 200–201, 214.

TABLE 16.2.

Song	Hebrew[MT]	Old Greek	Sinaiticus	Symmachus	Syriac	Vulgate
4:1	שֶׁגָּלְשׁוּ	ἀπεκαλύφθησαν *were revealed*	ἀπεκαλύφθησαν *were revealed*	ἀνεφάνησαν *appeared*	ܕܣܠܩ *went up* ܕܐܬܚܙܝ *appeared*	ascenderunt *went up*
6:5	שֶׁגָּלְשׁוּ	ἀνεφάνησαν *appeared*	ἀνέβησαν *went up*	—	ܕܣܠܩ *went up*	apparuerunt *appeared*

which probably dates to the late thirteenth century and was most likely written in France, explains our puzzling *hapax* as follows:[25]

שגלשו. שנמרטו . שאין דרך לגוזז עזים רק למורטן.

"*šæggalšû*: that were plucked, because there is no way to shear goats, only to pluck them"

This is slightly reminiscent in its frame of mind of a more famous commentary, also written in France a couple of centuries earlier, Rashi's:[26]

שגלשו - שנקרעו גבה מתורגם גלוש כשהבהמות יורדות מן ההר נמצא ההר נקרח וממורט מהם.

"*šæggalšû*: That were plucked. The word גִּבֵּחַ (bald) is rendered by the Targum as גְּלוֹשׁ. When the animals descend from the mountain, the mountain becomes bald and bare of them."

Note the ambiguity of גִּבֵּחַ, meaning both "tall, high" and "bald (on the top), with a receding hairline" already in Rabbinic Hebrew.[27] This is most likely the result of a contamination between two roots, that of גָּבַהּ, "he is tall" (Middle Assyrian *gab'āni*, "heights"; *CAD* G: 6–7) and **gbḥ* referring to baldness (Akkadian *gubbuḫu*; *CAD* G: 117–18).[28] Moreover, the interpretations of *šæggalšû* as having something to do with baldness stem from the Aramaic root **glš*, which surfaces, at least formally, both in the aforementioned verb גלש, "to boil over," and in terms referring to hair style and baldness (some exhibiting partial reduplication, such as גלשלשנותה and גלשלישן).[29] This confusion is compounded by the extrapolation of the fact that, in Lev. 13:41–43, Western (generally earlier) Targumim translate Hebrew *gabbaḥat* (גַּבַּחַת) "baldness"

25. Sara Japhet and Barry Don Walfish, *The Way of Lovers: The Oxford Anonymous Commentary on the Song of Songs (Bodleian Library, ms Opp. 625)* (Leiden: Brill, 2017), 172–73.

26. Rosenthal, פירוש רש"י על שיר השירים ("Rashi's Commentary on Song of Songs"), 155.

27. Marcus Jastrow, *A Dictionary of the Targumim, the Talmud Babli and Yerushalmi, and the Midrashic Literature* (New York: Putnam, 1903), 205.

28. Alexander Militarev and Leonid Kogan, *Semitic Etymological Dictionary, I: Anatomy of Man and Animals*, 65, 282–83; Hayim Tawil, *An Akkadian Lexical Companion for Biblical Hebrew* (New York: Ktav, 2009), 63.

29. Sokoloff, *Dictionary of Jewish Palestinian Aramaic*, 131. On this kind of reduplication, see especially Aaron Butts, "Reduplicated Nominal Patterns in Semitic," *JAOS* 131 (2011): 83–108.

with Aramaic nouns exhibiting the root **gls̆*: גלושנתה and גלשונתה in Targum Neofiti, and גלשולשתא, גלשלשן, and גלשלשותא in Pseudo-Jonathan.[30]

The tenth-century lexicographer Menaḥem ben Saruq summarized the interpretative conundrum in his *Maḥberet*: אין למלה ואת דמיון בתורה, ופתרונו לפי ענינו שגלשו כמו שנראו שעלו מן הגלעד, "there is no attestation or similar word in the Torah, so its interpretation according to its context is that *šæggalšû* is equivalent to *they appeared, they came up* from Gilead."[31] In Rabbinic Hebrew, גלש has the meaning "to come forth, to become visible," which is likely to stem from contexts discussing the passages of Song of Songs, such as the *Midraš Šir ha-Širim Rabbah*.[32] Nevertheless, there are two other meanings given to this verb in Rabbinic literature, "to be bald, to have a receding hairline" and "to boil." The aforementioned Medieval commentaries reflect the first additional meaning. The sense "to boil" is probably derived from the Aramaic verbs mentioned above, and is reflected in the Talmud Bavli: המעיסה קמח שעל גבי מוגלשין החליטה מוגלשין שעל גבי קמח "*me'isa* is dough prepared by pouring flour on boiling water (מוּגְלָשִׁין), *halita* is formed by pouring boiling water (מוּגְלָשִׁין) on flour" (*B. Pesaḥim* 37b).[33] In the Talmud one also finds the expression מי גלשים, which can be understood as "boiling water" or perhaps better as "turbulent water."[34]

In view of the problems encountered when discerning the meaning of a *hapax* solely on the basis of its context, modern scholars have turned to possible cognates in other Semitic languages to shed light on this biblical verb. A Ugaritic cognate has been suggested for Hebrew *glš*: the verb *glθ*.[35] The inherent complication of this connection lies in the fact that the Ugaritic verb *glθ* is not much better attested than Hebrew *glš*. There are actually two *glθ* in Ugaritic: a verb and a noun.[36] The noun is slightly better attested and it means "storm," a meaning that has been tentatively regarded as derived from the verb of the same root, understood as "to boil over." The verb occurs in the *Epic of Baʿlu*: *w tglθ thmt*, "and the abyss was seething(?)" (KTU 1.92:5).[37] This would fit the interpretations predicated on the relation between the biblical *hapax* and the alleged Aramaic cognate meaning "to boil." Beyond Semitic,

30. Alejandro Díez Macho et al., *Biblia Polyglotta Matritensia, IV: Targum Palaestinense in Pentateuchum, L. 3: Leviticus* (Madrid: CSIC, 1980), 82–83. See also Alexander Sperber, *The Bible in Aramaic* (Leiden: Brill, 1959–73 [reprint 1992]), 186; and Michael Fishbane, *Song of Songs* (Philadelphia: Jewish Publication Society, 2015), 232 n. 9.

31. Ángel Sáenz-Badillos, *Mĕnaḥem ben Saruq: Maḥberet* (Granada: Universidad de Granada, 1986), 107*. Ben Saruq is explicitly cited at this point in the commentary to Song of Songs attributed to Rashi's grandson, Rashbam (Samuel ben Meïr); see Sara Japhet, פירוש ר' שמואל בן מאיר (רשב"ם) לשיר השירים (*Commentary of Rabbi Samuel ben Meir [Rashbam] on the Song of Songs*) (Jerusalem: Qeren ha-Rav David Mošeh va-ʿAmalyah Rozen, 2008), 256; Yaakov Thompson, "The Commentary of Samuel Ben Meir on the Song of Songs" (DHL diss., Jewish Theological Seminary, 1988), 260, 348.

32. Jastrow, *A Dictionary of the Targumim, the Talmud Babli and Yerushalmi, and the Midrashic Literature*, 251.

33. See Tzvi Hersh Weinreb et al., *Koren Talmud Bavli (The Noé Edition), vol. 6: Pesaḥim, I* (Jerusalem: Shefa, 2013), 185.

34. Fishbane, *Song of Songs*, 232 n. 9.

35. Steven S. Tuell, "A Riddle Resolved by an Enigma: Hebrew גלש and Ugaritic *glṯ*," *JBL* 112 (1993): 99–104; David Cohen, François Bron, and Antoine Lonnet, *Dictionnaire des racines sémitiques* (Leuven: Peeters, 1993), 3:134.

36. See Gregorio del Olmo and Joaquín Sanmartín, *Dictionary of the Ugaritic Language*, 3rd ed. (Leiden: Brill, 2015), 295–96.

37. See Baruch Margalit, "KTU 1.92 (obv.): A Ugaritic Theophagy," *AuOr* 7 (1989): 67–80 (esp. 76); Mark S. Smith and Wayne T. Pitard, *The Ugaritic Baal Cycle, II*, VTSup 114 (Leiden: Brill, 2009), 560.

Erman proposed a relation between our biblical *hapax* and an Egyptian term attested once, in Papyrus Lansing: *kꜣ-rꜣ-św / ka=ra=su₂*.[38] The context fits quite well that of גלש in Song of Songs, since the Egyptian text refers to "many goats" (*ʿnḫw ʿšꜣw*) and "hopping kids" (*ỉbw ka=ra=su₂*). Nevertheless, the Egyptian term is not a cognate, but simply a Semitic loanword (or rather a foreign word, a *Fremdwort*) in Egyptian.[39] Regardless, the Ugaritic form cannot be included in this set of correspondences if Arabic *jalasa* is related to the Akkadian and Hebrew terms under discussion.

Although the root *glš* is a *hapax* in the Hebrew Bible, in Modern Hebrew this is a common and very productive verb meaning "to glide down, to ski down (a mountain), to surf."[40] This meaning is likely to be influenced by its Arabic cognate: Hebrew גלש is related to Arabic *jalasa* (جلس), "he sat."[41] There are a number of specialized meanings as well, such as Judaeo-Arabic גלס, "to sit in judgment," whose usage is very similar to the examples listed by Dozy ("être prêt à recevoir des visites; monter sur le trône; s'asseoir").[42] There are probably at least two different Semitic roots involved in this discussion:

**glš*, "to sit": Arabic *jalasa*, Hebrew גלש in Song of Songs, and Akkadian *gališ*/*galāšu*;
**glθ*, "to overflow, to seethe": Ugaritic *glθ*, Aramaic גלש.

The Aramaic forms from the root **glš* referring to baldness, perhaps including Syriac ܓܠܫ, "to cut, to scrape,"[43] may constitute a specific semantic development of one of these two roots; this phenomenon would have initially been unique to Aramaic but eventually spread to Rabbinic Hebrew as well. Likewise, in Rabbinic Hebrew גלש acquired the meaning "to come forth, to become visible," perhaps on the basis of "to sit up," but particularly as a result of contexts discussing Song 4:1 and 6:5, especially *Midraš Šir ha-Širim Rabbah*.[44]

One should not lose sight of the limitations and constraints that our translations impose on the original forms. Arabic *jalasa* is often translated simply as "he sat" and assumed to mean "to sit down." This is the generic sense one can discern behind the origins of the noun *majlis* (مجلس), "assembly," which already occurs once in the Qurʾān (58:11) in plural (مجالس *majālis*). Nevertheless, Medieval Arabic lexicographic works (*Baṣāʾir*, *Tāj al-ʿarūs*, *al-Miṣbāḥ*) distinguished between *jalasa* (جلس), "he sat after

38. Adolf Erman, "Hebräisch גלש 'springen,'" *OLZ* 28 (1925): 5. See also Pope, *Song of Songs*, 459; Garbini, *Cantico dei cantici*, 217; Igor M. Diakonoff and Leonid E. Kogan, Ветхий Завет: Плач Иеремии, Екклесиаст, Песнь песней (Moscow: РГГУ, 1998), 285–86.

39. See James E. Hoch, *Semitic Words in Egyptian Texts of the New Kingdom and the Third Intermediate Period* (Princeton, NJ: Princeton University Press, 1994), 332.

40. Avraham Even-Shoshan, המילון החדש: א-ד (Jerusalem: Kiryath Sepher, 1979), 349; Ernest Klein, *A Comprehensive Etymological Dictionary of the Hebrew Language for Readers of English* (Haifa: University of Haifa, 1987), 102.

41. BDB, 167; *HALOT*, 195; Garbini, *Cantico dei cantici*, 217; Federico Corriente, Christophe Pereira, and Ángeles Vicente, *Dictionnaire du faisceau dialectal arabe andalou* (Berlin: de Gruyter, 2017), 277–78; Pope, *Song of Songs*, 458–60. For the Arabic verb in general, see Lane, *Arabic–English Lexicon*, 443–44; Dozy, *Supplément aux dictionnaires arabes, I*, 207.

42. Joshua Blau, *Dictionary of Mediaeval Judaeo-Arabic Texts* (Jerusalem: IASH, 2006), 92.

43. See Brockelmann and Sokoloff, *A Syriac Lexicon*, 239b.

44. Jastrow, *A Dictionary of the Targumim, the Talmud Babli and Yerushalmi, and the Midrashic Literature*, 251.

lying down or on the side" (i.e., "to sit up") and *qaʿada* (قعد), "he sat after standing" (i.e., "to sit down").[45] Thus, Arabic *jalasa* really means "to sit up," a fact that provides an explanation for the use of Hebrew גלשׁ in the *hapax šæggalšû* (שֶׁגָּלְשׁוּ), attested in Song of Songs. Rather than misunderstanding *šæggalšû* as a form of **gly* (גלה), "to reveal," or from **ʿly* (עלה), "to go up," the ancient Greek, Syriac, and Latin translators realized, and as Menaḥem ben Saruq deduced from its context, that *šæggalšû* means "they came up, they hopped up, they appeared." The notion of increasing one's elevation by sitting (sitting up) is clearly behind the Arabic noun *jals* (جلس) meaning "elevated land, rugged terrain, mountain."[46]

Along with the *hapax* in Song of Songs and the Arabic verb *jalasa*, a third cognate must be added to this equation: Akkadian *gališ*.[47] The translation of *gališ* in the Babylonian astronomical texts with which this contribution began should most likely be "it is sitting (up)," in the sense of "it has become visible," "it has come up," "it has risen"; e.g., in LB 1321 (obv. 23–24) one can translate as follows: "If the Moon at its appearance *is sitting up* to the right—on its right it is dark (*adāru*). If the Moon <at its appearance> *is sitting up* to the left—on its left it is dark (*adāru*)." This meaning, however, would not seem to fit the context in which the perfect *agtališ* seems to be attested, in the prayer to Nabû from Nineveh previously mentioned: *altapil ina ṣābī ag-ta-liš! nayyāl* (K 8204 obv. 11 = *PSBA* 17: 137–141: 6), which was tentatively translated as "I have shrunk among the people, I lie *flattened*(?)."[48] In the light of the preceding discussion, one could translate instead, "I have shrunk among the people, I have *risen* (after?) lying down." A contrast between the verbs *šapālu* ("to become low, to sink") and *šaqû* ("to rise") and the corresponding adjectives *šaplû* and *šaqû* is well attested in Akkadian literature and epistolography:[49]

Babylonian Theodicy 77: *iltaqu ḫarḫaru anāku attašpil*, "the rogue has been elevated, but I have been brought down."[50]

Enūma eliš IV 8: *šušqû u šušpulu šī lu qātka*, "it is in your power to exalt and to abase."[51]

45. Lane, *Arabic–English Lexicon*, 443b–c; Corriente, Pereira, and Vicente, *Dictionnaire du faisceau dialectal arabe andalou*, 278 n. 98. This opposition between *jalasa* and *qaʿada* was already mentioned by Delitzsch in his commentary on Song of Songs; see Pope, *Song of Songs*, 459.

46. Lane, *Arabic-English Lexicon*, 444a; A. de Biberstein Kazimirski, *Dictionnaire arabe-français* (Paris: Maisonneuve, 1860), 315b; Elsaid M. Badawi, and Muhammad Abdel Haleem, *Arabic-English Dictionary of Qur'anic Usage* (Leiden: Brill, 2008), 168.

47. Corriente, Pereira, and Vicente, *Dictionnaire du faisceau dialectal arabe andalou*, 278.

48. In the Hymn to Marduk II (2'), one finds the epithet *mu-ter-r*[*i*] *na-a-a-lu ina qé-*⌜*reb*⌝ *bu-bu-ru* (BM 36726 obv. 13), "(you are) the one who brings back him who lies inside of the grave"; see Petra D. Geshe, *Schulunterricht in Babylonien im ersten Jahrtausend v. Chr.*, AOAT 275 (Münster: Ugarit-Verlag, 2001), 278–82; Takayoshi Oshima, *Babylonian Prayers to Marduk*, ORA 7 (Tübingen: Mohr Siebeck, 2011), 231, 246–47. On the motif in general, see Enrique Jiménez, *The Babylonian Disputation Poems* (Leiden: Brill, 2017), 268–69.

49. This antinomy became a motif also in Aramaic literature; see Herbert Niehr, *Aramäischer Aḥiqar*, JShrZ 2/2 (Gütersloh: Gütersloher Verlagshaus, 2007), 48 n. 10, 150; Michael Weigl, *Die aramäischen Achikar-Sprüche aus Elephantine und die alttestamentliche Weisheitsliteratur*, BZAW 399 (Berlin: de Gruyter, 2010), 367 n. 80. The motif may have had some circulation in the ancient Near East; e.g., 1 Sam 2:7 (Hannah's Song): יְהוָה מוֹרִישׁ וּמַעֲשִׁיר מַשְׁפִּיל אַף־מְרוֹמֵם, "Yahweh makes poor and makes rich, debases and also exalts."

50. Lambert, *Babylonian Wisdom Literature*, 76–77.

51. Wilfred G. Lambert, *Babylonian Creation Myths*, MC 16 (Winona Lake, IN: Eisenbrauns, 2013), 86–87.

Letter from Bēl-ušēzib to Esarhaddon (K 1353 – *CT* 54: 22) rev. 30–33: *šušqû u šušpulu* [*šī l*]*u qātukka... šaqû šuppil u šaplî* [*šušqi*], "may it be in your power to exalt and to abase... abase the high and [exalt] the low."[52]

Assurbanipal's Hymn to Tašmetu and Nabû (VAT 10593 = *KAR* 122) 7: *mušaqitu mušalpiltu*, "she who raises and lowers."[53]

Exaltation of Inanna IV B 24: *martī ana ēma ṭābūki šušqû šušpula šadāda u nêʾu*, "my daughter, whenever it pleases you to raise or to lower, to pull taut or to loosen."[54]

This Nabû prayer would exhibit a more obscure expression of the same motif with a variation in the lexical choice. Nevertheless, the scribe or scribes of the Nabû hymn may not have had a full understanding of the meaning of the verb *galāšu*, which is exceedingly rare. In fact, chances are that the use of this verb in this hymn stemmed from a learned exercise in resuscitating arcane vocabulary from scholastic sources, such as the grammatical text that contains the D present *tugallaš* (5R 45 [K 253] iv 27). The resort to such terms is a common stylistic feature of crepuscular traditions, as in Late Antique and Medieval Hebrew poetry.[55] In more ways than one, Babylonian scribes were as bewildered by *gališ* and *galāšu* as the Medieval Hebrew commentators were by the verbal form in Song of Songs 4:1 and 6:5. The comfort of armchair philology allows us now to build a modest bridge between these two sources of ancient and modern fascination.

52. Simo Parpola, *Letters from Assyrian and Babylonian Scholars*, SAA 10 (Helsinki: Helsinki University Press, 1993), 93.

53. Alasdair Livingstone, *Court Poetry and Literary Miscellanea*, SAA 3 (Helsinki: Helsinki University Press, 1989), 17; see also p. 7, Assurbanipal's hymn to Marduk and Zarpanītu (10), where one can read *šuq-qu*!-[*u šuppulu*].

54. Brahoslav Hruška, "Das spätbabylonische Lehrgedicht 'Inanna's Erhöhung,'" *ArOr* 37 (1969): 473–522 (esp. 489; cp. *CAD* N/2: 198b). Another instance is to be reconstructed in BM 36446 obv. 6': [*šušqû*] *u šu-uš-pu-lu i-tuk-*[*ka*]; see *CAD* Š/1: 427a; Gesche, *Schulunterricht in Babylonien*, 261.

55. See, for instance, Jonathan P. Decter, "Literatures of Medieval Sepharad," in *Sephardic and Mizrahi Jewry: From the Golden Age of Spain to Modern Times*, ed. Zion Zohar (New York: New York University Press, 2005), 77–100 (esp. 78–79); Joachim J. M. S. Yeshaya, *Medieval Hebrew Poetry in Muslim Egypt: The Secular Poetry of the Karaite Poet Moses ben Abraham Darʿī* (Leiden: Brill, 2011), 119.

CHAPTER 17

Old Babylonian Bread Offerings

Marten Stol

Vrije Universiteit, Amsterdam

ALMOST FIFTY YEARS AGO JACK SASSON and I met in Leiden where he, accompanied by his wife Diane, had arrived in order to take the classes of Professor F. R. Kraus. Professor S. N. Kramer, Jack's good friend, had recommended him to be schooled by this scholar who was so different. They had known each other from the archaeological museum in Istanbul, where Kramer studied Sumerian literary texts. So there we sat in Kraus's study, he at his desk and we on chairs, on our knees the unwieldy Part XLVIII of *Cuneiform Texts from the British Museum* (1968—just published) (CT 48), full of unusual Old Babylonian Sippar texts, selected and published by J. J. Finkelstein. There we came across an Akkadian word new to us, *nindabbum*, in a text which later appeared to deal with prebends (no. 45:8).[1] Prebends in Sippar? They were known from Nippur and Ur in the South, but not (yet) from the North. One now realizes how one-sided the available evidence can be: there were no prebends visible in the earliest publications of Sippar texts (B. Meissner, BAP, CT 2).[2] Meanwhile, in the drawers of the British Museum prebend texts from Sippar had been lying dormant for tens of years, copied by Th. G. Pinches and published only in CT 45 in 1964. The first to pay attention to these texts was M. Gallery in 1980.[3] We were baffled by the weird words used for the cultic performances related to the prebends. In our text CT 48 45: *ḫarīmūtum*, *redûtum*, *zaḫaṭûm*, *kunukkum*, *mubabbilūtum*.[4] Only after the Belgians had excavated the house of Ur-Utu in Sippar, and the archive of this lamentation priest had revealed the existence of prebends, were we able to catch some glimpses from a book and an article by K. van Lerberghe and M. Tanret, published in Belgium.[5]

Nendabbum

The word (*qá-du*) *ne-in-da-ab-bi-šu-nu* in that text (CT 48 45:8) is a problem. One automatically consults *nindabû*, *nid(a)bû*, "cereal offering, food offering, provisions"

1. Editions of CT 48 45: M. Gallery, *Or* NS 49 (1980): 334; N. Yoffee, *JESHO* 41 (1998): 330f.; cf. H. M. Kümmel, *AfO* 25 (1974–77): 78.

2. G. van Driel collected and discussed the few texts from Sippar in his *Elusive Silver* (Leiden: Nederlands Instituut voor het Nabije Oosten, 2002), 108–10.

3. M. Gallery, "Service Obligations of the *kezertu*-Women," *Or* NS 49 (1980): 333–38.

4. Surveys of such terminology based on more texts: Gallery, 335–37; K. van Lerberghe, MHET I, 93–94; K. van Lerberghe and M. Tanret, "Rituals and Profits in the Ur-Utu Archive," in *Ritual and Sacrifice in the Ancient Near East*, ed. J. Quaegebeur (Leuven: Uitgeverij Peeters, 1993), 435–49, especially 441–42.

5. Twelve texts, hinted at by M. Tanret, *Amurru* 3 (2004): 255, 257.

in *CAD* N/2 236 and finds our reference there (a, 2'). However, W. von Soden in his review of *CAD* N in *OLZ* 79 (1984): 34 sticks to his opinion given earlier in *AHw*, by distinguishing between *nindabû*, "Brotopfer; besondere Opfergabe" (based on Sumerian ninda-ba, "given bread"), and *nig̃dabbum, nendabbum*, "eine Zuweisung im Kult?" (based on Sumerian níg̃-dab$_5$, "thing received"). This distinction was followed by the *Concise Dictionary of Akkadian* and must be correct. We find some confirmation by S. Lieberman, who posits both Sumerian níg̃-dab ("stores," no. 509), with only two Akkadian examples, found in lexical texts (níg̃-*da*-(*ab*-)*bu-um*), and nindaba ("food offering," no. 521).[6] However, he lists *nE-In-Da-aB-BI* in our passage under nindaba, not níg̃-dab (*nig̃dabbum, nendabbum*), as von Soden did. It is striking that most references under nindaba correctly offer *nindabu/û*, with the vowel *-i-* and a single *-b-* (that in *HUCA* 34 is also the other word; see below!). Actually, when inspecting níg̃ in Lieberman ("thing," no. 508) one discovers that the vowel sometimes is *-e-* (ne-in, ne-g̃á). As a consequence, in *CAD* N/2 p. 238 we have to read the related entries as *ša nig̃dabbi*; *nig̃dabbūtu*; in Sumerian (nam) lú-níg-dab$_5$-ba.

níg-dab$_5$

M. Yoshikawa gave a survey of opinions on the meaning of the word níg-dab$_5$, secular and cultic, in the Ur III texts.[7] Basically, it means received goods, so the occupation (lú) is "the man receiving [incoming] goods"; "Magazinverwalter" (A. Falkenstein, NSGU III, 137). In Old Babylonian it is restricted to Nippur, and F. R. Kraus offers an almost funny list of guesses made by earlier scholars.[8] Little has been said on the prebend he enjoys, nam-lú-níg-dab$_5$-ba = *nendabūtu*.[9] Van Driel suggested "a link with the role of the craftsmen [gašam] in the Šulgi inscription."[10]

The reference for the Akkadian word *nindabbum* in E. C. Kingsbury, *HUCA* 34 (1963): 10 line 71 now appears in the new edition of J. G. Westenholz, with a wrong explanation.[11] Meanwhile, a few more references for *nendabbum* became known. W. Sommerfeld, reviewing an edition of texts from Kisurra by Anne Goddeeris, realized that the 2/3 *ne-in* in her no. 220:3 must be identical with 2/3 gín *ne-in-da-b*[*u*] in an unpublished BM text known to him, BM 14183:3.[12]

There is more. Two royal inscriptions curse any evildoer who "stops the offering(s)." King Šu-Sîn of Ur says it in Sumerian, lú u$_4$-na-me níg-dab$_5$-e

6. S. Lieberman, *The Sumerian Loanwords in Old-Babylonian Akkadian* (Missoula: Scholars Press, 1977), 412, 418f.

7. M. Yoshikawa, *ASJ* 6 (1984): 134. Cultic: W. Sallaberger, *Der kultische Kalender der Ur-III-Zeit*, Teil 1 (Berlin: de Gruyter, 1993), 155 nn. 744, 748.

8. F. R. Kraus, *JEOL* 29 (1985–1986): 37 n. 3. All references for Old Babylonian (dub-sar-me) lú níg-dab$_5$-ba-me: Kraus, 37f., with discussion.

9. Van Driel, *Elusive Silver*, 107; *RlA* X/7–8 (2005): 523, "Pfründe" § 3.4 ("uncertain").

10. *Elusive Silver*, 107 n. 51; more on pp. 59f. In RIME 3/2 (1997): 217f., no. 2031, lines 43 (= iii 8) (ninda-ba [so? See below] gašam-kam), 73 (= iv 13), 82 (= iv 22) (both níg-dab$_5$ gašam-kam).

11. J. G. Westenholz, *Cuneiform Inscriptions in the Collection of the Bible Lands Museum Jerusalem: The Old Babylonian Inscriptions* (Leiden: Brill, 2006), 66, on p. 38 no. 1, line I 23 (*ni-in-da-ab-bu-um*).

12. W. Sommerfeld, *ZA* 73 (1983): 230.

ì-ku$_5$-re$_6$-a, "(As for) the one who in the future cuts off the provisions" (RIME 3/2 [1997]: 315:25),[13] and in Akkadian king Yaḫdun-Lim of Mari repeats this, *ni-in-da-ba-am iparrasušum* (RIME 4 [1990]: 607:124). Šu-Sîn indeed mentions earlier in the inscription the "monthly offerings (níg-dab$_5$ itu-da)" organized by him (?) (lines 18, 24). Note that the *nindabum* of Yaḫdun-Lim could translate Sumerian ninda-ba and we realize how closely connected both Akkadian words were. In fact, *nendabbûm* soon disappeared from the spoken language and *nindabû* was the winner. In later Akkadian literature stopping the offerings is referred to again, but instead of níg-dab$_5$ we see ŠUKU ^{d}INANNA.MEŠ = nidba, in Akkadian [... *n*]*in-da-bu-u pa-ri-is-ma*.[14]

Nidba as "the Food Allotment for Inanna"

A few words may be in order on nidba (ŠUKU ^{d}INANNA), in all later periods the common Sumerogram for the other word, *nindabû*. This is a new Sumerogram, and M. Civil writes that "(nig$_2$-dab$_5$) is a synonym of PAD.^{d}INANNA (nindaba) (...), almost never used in Ur III."[15] In Ebla it is attested as PAD.MUŠ (= ŠUKU.INANNA) = nídba.[16] That form is still attested in Ur III Nippur (M. Civil, *JCS* 32 [1980]: 232, on line 11).

A Sumerian literary text, written in the Old Babylonian period, seems to present the variants ninda-ba and nidba for one and the same offering in two manuscripts.[17]

Nippur: Sumerian nidba is frequent in the Old Babylonian texts from Nippur.[18] Once a Nippur text distinguishes: nidba-šè ù ninda-ba-bi-šè.[19] This is disconcerting: we never see ninda-ba in prebend texts.

In Ur: in a royal hymn nidba, translated "Speiseopfer," is contrasted with sizkur, "Trankopfer," in the next line.[20]

Sippar: at first sight in a non-religious context: *še'am* nidba *anāku appal*.[21]

13. Sumerian "to cut off, stop (ku$_5$) offerings": also in M. Civil, *OIC* 22 (1975): 128 no. 9 obv. (!) 2, rev. (!) 3 [= 3, 10); J.-M. Durand, *RA* 71 (1977): 126:14f. (sizkur$_x$ lugal-ka).

14. *CAD* P 166b, quoting R. Borger, *BiOr* 28 (1971): 7 I 24' with p. 16; and J. Hehn, BzA 5 (1905): 387 rev. 4, with T. Oshima, *JANES* 32 (2011): 107–16, respectively.

15. M. Civil, "The Statue of Šulgi-ki-ur$_5$-sag$_9$-kalam-ma Part One: The Inscription," in *Studies in Honor of Åke W. Sjöberg*, ed. H. Behrens, D. Loding, and M. T. Roth (Philadelphia: Occasional Publications of the Samuel Noah Kramer Fund, 1989), 58a. See also W. G. Lambert in Quaegebeur, *Ritual and Sacrifice*, 196 n. 3.

16. C. Simmetti, *NABU* 1993: n. 104.

17. E. Flückiger-Hawker, *Urnamma of Ur in Sumerian Literary Tradition* (Fribourg: University Press, 1999), 278 EF 20. Note the canal name íd nidba-ka, in Ur-Nammu inscr. 22:9, 23:10 ("Versorgungskanal," H. Steible).

18. Th. Richter, *Untersuchungen zu den lokalen Panthea Süd- und Mittelbabyloniens in altbabylonischer Zeit*, 2., verbesserte und erweiterte Auflage (Münster: Ugarit-Verlag, 2004), 163–66 (as to the CBS texts; see n. 735; only one is available in copy: PBS 8/2 108:3).

19. TMH NF 10 13a C i 10"-11" (p. 59) (copy in Part 2, Plate 24, "*OIMA* I 52"); photo in P. E. Zimansky and E. C. Stone, *Old Babylonian Contracts from Nippur*, I (Chicago: The Oriental Institute, no year), no. 52.

20. UET VI 106:1–2, with H. Steible, *Rīmsîn, mein König* (Wiesbaden: Franz Steiner Verlag, 1975), 96 (*ni[n/g̃]daba). Cf. nidba é DN, TMH NF 10 139:9 (followed by kaš-dé-a, 13, 19, 25, 30) (Nippur).

21. CT 2 11 = AbB 2 81:32. The latest information on nidba in OB Sippar: A. A. Fadhil, *RA* 108 (2014): 48f., 51.

Is ninda-ba, seen as the word behind nindaba, nidba, attested in Sumerian or Old Babylonian Sumerian? Lexically it is, in *MSL* 11 (1974) 155:210, 162 vi 2 (Old Babylonian); as far as I know only once in context, in TMH NF 10 13 C 11' (after nidba; a problem, see above). There are more if we interpret an occasional "níg-ba" (= *qīštum*, "gift, present") as a modern misreading for ninda-ba, "bread offering." This correction, ninda-ba for "níg-ba," is almost certain in Old Babylonian ninda-ba itu-da u_4-1-kam, "a bread-offering, monthly, on day 1."[22] A "present" is not regular and, in most cases, it is an unexpected surprise. This correction is perhaps possible in inscription 26 of King Šulgi, first published by M. Civil in *Studies Sjöberg*, 53–55, in ninda-ba gašam-kam (III 8) (RIME 3/2 p. 217:43). Contrast níg-dab_5 gašam-kam, "the supplies of the artisans" (IV 13, 22) (RIME 3/2: 218:73, 82, "provisions of/for the artisans").[23] Note that the same ambiguity (níg-ba or ninda-ba?) exists in the interpretation of the early Sumerian occupation lú níg-ba-dag-ga.[24]

Ninda "Bread" in Rituals

We will now concentrate on the Sumerian word ninda "(loaf of) bread." It sometimes is a real problem that the same sign stands for "bread" (ninda) and for "thing" (níg). In an edition of a text on the cult of two gods, probably performed in a private chapel, brothers promise "to jointly bring the bread of Šulat and Marduk" (ninda *Šulat u Marduk mitḫāriš ubbalū*). Here, the option "ninda" was intuitively chosen because it fits the context well.[25] In an Old Babylonian letter from Sippar a votary woman (*qadištum*) is holding (*ša qātiša*) a cultic office named níg *kunukki ša* Inanna (= *Ištar*) *Šarrat Sippir* and she has to libate beer (*meḫḫum*) according to the schedule (*kīma uṣurti*) (MHET I 74:13). The sign níg as "thing" is meaningless, and the translation "the 'office' of the seals of Ištar, the Queen of Sippar" (K. van Lerberghe) is a good guess. Another letter from Sippar, written by a woman to her "father," speaks of "giving the cultic rite of Inanna (Ištar), the Queen of Sippar" (*aššum* me *ša* Inanna *Šarrat Sippir nadānim*) (AbB 1 72:12–13); barley is required for that(?). As to the Sumerian word "cultic rite" used here (me), its Akkadian counterpart, *parṣū*, occurs a few lines later (18) and both indicate the same concept.[26]

22. R. M. Sigrist, *Les* sattukku *dans l'Ešumeša durant la période d'Isin et Larsa* (Malibu: Undena Publications, 1984), 130 obv. II 6, also in I 3, II 17 (copy on p. 131, Tablette 327 (5NT 457).

23. Note van Driel's remarks on this difficult text in his *Elusive Silver*, 59f. níg in line 56 (= III 21) is a problem. Civil: níg itu 5/6 ša-bi, "a thing (which takes) five-sixths of the month"; Steible, FAOS 9/2: 181: NÍG-ba (?) 5/6 (?-ša-bi, "5/6 Zuteilung davon"; D. Frayne, RIME 3/2 (1997): 217: "five-sixths of that" (nì-ba?).

24. G. J. Selz, *Untersuchungen zur Götterwelt des altsumerischen Stadtstaates von Lagaš* (Philadelphia: University of Pennsylvania Museum, 1995), 75 n. 308.

25. CT 4 9a:19, with M. Stol, "Das Heiligtum einer Familie," in *Literatur, Politik und Recht in Mesopotamien: Festschrift für Claus Wilcke*, ed. W. Sallaberger, K. Volk, and A. Zgoll (Wiesbaden: Harrassowitz, 2003), 293.

26. The entry "me (g̃arza, *parṣu*)" in *RlA* VII/7–8 (1990), 610–13 (by Gertrud Farber). Note that cultic offices in Nippur (and in other cities) in Sumerian have nam- as first element, a fact not taken into account in the discussion of nam, nám in § 2, "Etymologie." In Nippur texts a number of prebends can be summarized as garza-garza (*Elusive Silver*, 105f.; cf. TMH NF 10 65:8, 66:10). It would not surprise me if in colloquial temple parlance any prebend was simply named "nam."

The níg in the first Sippar letter cannot stand for me/*parṣum*, and *akalu*, "bread," with the special meaning "(food) offering," seems to be its Akkadian equivalent.[27]

At this point we wish to look for other "breads" possibly referring to cultic rituals. I found these:

1. AbB 1 6:13, 30, *aššum qāti* ninda *ša zamardabbûtim*, "according to the list of the 'bread' of the office of *zabardabbûm*." This office is known as *zabardabûtum*.[28]
2. AbB 9 63:17–19, "as to A., that 'bread' that he eats (= enjoys) is certainly not your [feminine] property; do not leave that 'bread' to him (*la tuwaššarišu*)."
3. AbB 11 27:15 (Nippur), on doing service (*izuzzum*) as a priest (*pašīšūtum*): "In the month that has passed they transported to me seven minas of 'bread' (7 ma-na ninda *išdudūnim*); I (?) do not do the service."[29]
4. G. Suurmeyer, *RA* 104 (2010) 32 Di 2015a:5, "Three and one-third shekel of silver, 'bread' of the office a lamentation singer (ninda *kalûtim*)," an inherited prebend.
5. C. Janssen in: *Mésopotamie et Élam: Actes de la XXXVème Rencontre Assyriologique Internationale, Gand, 10–14 juillet 1989* (Ghent: University of Ghent, 1991), 81 note 19, 102 Di 455:8, *aššum* níg.x [=ninda-ba?] *ša tašpura*; 11, níg *ša* ᵈInanna *ina qātija*. Garlic and onions are needed in this letter, just as in AbB 7 160:15–17, as Janssen pointed out; there they are called "the apportioned food (šuku, *kurummatum*) of the god Marduk."
6. MHET I 78:8–10, "(PN) is making a claim against you on behalf of Warad-Ištar-Ulmašītum, the husband of his daughter, concerning the 'bread of a prostitute' (*ana* ninda *ḫarīmti*)"; 14–16, "let them make (?) this Warad-Ištar-Ulmašītum do the service in the 'bread of a prostitute' (rite)." As the editor remarks, "the *ḫarīmūtum*-office" is meant.[30]
7. In other texts it is evident that ninda refers to the service, especially when a text begins with a statement about NÍG = ninda, and there Charpin translates the word as "prébende," without any comment (YOS 8 130, 131).[31]

27. Looking in *CAD* A/1 *akalu*, "bread," one does not find this meaning. The Nippur forerunner of Ḫḫ in its list of types of bread mentions ninda-PA.AN (= *parṣi*) and ninda-PAD.ᵈINANNA (*MSL* 11 [1974] 120:51, 55; the latter also in 149:143–44, 155:219–20; 170 no. 2 ii 9–10).

28. The word is not yet known to *CAD* Z; but it is mentioned in *AHw* III. More references seem to be known: L. Dekiere in *Cinquante-deux reflexions sur le Proche-Orient ancien offertes en hommage à Léon de Meyer*, ed. H. Gasche (Leuven: Peeters, no year [1994]), 130 with n. 45, 46 (Di 1453, 2161). Note: (barley) "when Matātum performed the *zabardabbum* (office) (*inūma M.* zabar-dab *īpušu*)," VAS 18 77: 22f. A "list" of zabar-dab's in MHET I 63:1 (with discussion).

29. *CAD* Š/1 24b corrects ninda to síg, "wool," probably because loaves of bread normally are counted, not weighed. Note, however, that M. van de Mieroop observes that in Ur "enormous amounts of bread and barley" were transferred in a cultic context; *Society and Enterprise in Old Babylonian Ur* (Berlin: Dietrich Reimer Verlag, 1992), 134. His sources must be UET 5 226:1, 404:8, 405:1, 798:1f.

30. For Warad-Ištar-Ulmašītum, see CT 48 54:16, the first witness in the *nendabbûm* text (also in BE 6/1 105:39, 110:20).

31. YOS 8 131 (= HG 6 1652), with D. Charpin, *Le clergé d'Ur au siècle d'Hammurabi* (Geneva/Paris: Librairie Droz, 1986), 180f.; see also Richter, *Untersuchungen*, 2nd ed., 359, 404f.

8. A prebend, the "bread" of a temple, in TCL 10 52:2. Or the "pain du début du mois," UET 5 518:2, 4, so Charpin, *Clergé*, 133, with hesitation.[32]

Additional Remarks on Ritual Bread

A few times texts indicate how much bread was to be given per day: two liters (per day) in ninda 2-àm ninda x x *inaddin*, Zimansky, Stone, *Old Babylonian Contracts*, no. 60:5–6. Or one specific kind of bread is mentioned: ninda ildú.ḫi.a ù ninda ḫul-gál, two loaves "as much as one heir's."[33] This kind of bread is explained as *kispu*, "funeral repast," in a lexical text.[34] Let me suggest to view the ildú (IGI.NAGAR. GÍD) as the members of a clan (*illatum*) and this bread ninda as a funeral offering.[35]

Finally, there may there may be two rites where níg can mean "bread."

1. níg-gi$_6$; can it mean "bread of the night," a ritual? Discussed by Westenholz in her *Cuneiform inscriptions*, 67. She added: "Note the more common sizkur-gi$_6$"—so does the sacrifice sizkur run parallel to ninda?[36]
2. What does níg-ezem-ma known from Ur and Nippur mean? The "bread" of a festival?[37]

Remarks on NÍG

It can be a problem to decide whether we have to read níg, "belonging to," or ninda with the general meaning "offering."

"Belonging to" is often said of persons "belonging to" a god, like a sanga priest or a nun "of" (níg) Šamaš.[38] It also can mean "belonging to a person."[39]

32. See the observations by van Driel, *Elusive Silver*, 103f. n. 27. In TCL 10 52:2, níg é ^{d}EN.ZU-na ki [error?], "appartenant au temple de Sîn"; Charpin, *Clergé*, 178. According to RGTC 3 (1980) 44 a placename: "Bīt-Sîn" (only here).

33. ARN 113 rev. 1–2, with Kraus, *JCS* 3 (1951): 146f., cited *CAD* A/1 244b. Archival context: A. Goddeeris, TMH NF 10 (2015): 365f.

34. *MSL* 16 (1982): 163 Nabnītu XVII (= J) 289). Note ninda ki-sè-ga, bread as funeral offering, *MSL* 11 (1974): 149:98, 155:214.

35. Cf. "le clan (íldum) célèbre de Samsu-iluna," J. J. A. van Dijk, "Inanna, le bon augure de Samsu'iluna," in *Wisdom, Gods and Literature: Studies in Assyriology in Honour of W. G. Lambert*, ed. A. R. George and I. L. Finkel (Winona Lake, IN: Eisenbrauns, 2000), 123f., line 51.

36. See M. Such-Guttiérez, *Beiträge zum Pantheon von Nippur im 3. Jahrtausend* (Rome: Università degli studi di Roma "La Sapienza," 2003), I 360, II 333–35, Tab. 46 3.13, sizkur gi$_6$ ("Nachtriten"); I 360f., níg-gi$_6$ ("Nachtsache" [*sic*]). J. G. Westenholz (and more people) follow W. Sallaberger in reading the first signs in K. van Lerberghe, OLA 21 4:1, as níg-gi$_6$ which is wrong: read *u$_4$-mi* (*te-re-tim*); van Driel, *Elusive Silver*, 63. Remark: the ritual níg-gi$_6$-an-na in YOS 14 170:2 has a parallel in D. Arnaud, *Texte aus Larsa* (Berlin: Dietrich Reimer Verlag, 1994), 28:19. And we have in Ur III Nippur udu-gi$_6$-kam, "sheep of the night," another parallel? Such-Gutiérez, II 187, 223, 230, etc.

37. Richter, *Untersuchungen*, 166, 465 n. 1986; UET 5, Index, p. 73b; K. van Lerberghe in *Volume de mélanges offerts à André Finet*, ed. M. Lebeau and Ph. Talon (Leuven: Peeters, 1989), 176–80, CBS 7075:23.

38. M. Tanret, *The Seal of the Sanga* (Leiden: Brill, 2010), 29–32; C. B. F. Walker, *JCS* 30 (1978): 236, on line 32.

39. TCL 10 1:23; R. Harris, *JCS* 9 (1955) 101 no. 98:11, according to the last two lines on the copy, p. 117. And many more references.

In many administrative texts from the South, "belonging to" a month or a year is meant. Examples: á-bi níg mu.1.kam, "his wages for one year," VAS 13 92:5; ba-zi níg mu-1-kam, "the expenditures of one year," YOS 5 176:9; níg itu-1-kam, "of one month," UET 5 507 III 25, IV 1.[40] An interesting example is an Uruk text where we read of sesame, a regular offering (sá-dug$_4$) (for) the gods An-Inanna and Nanaya, níg month VIII. We learn that oil was pressed from the sesame, to be used as ointments for the king and his son.[41] In a text from Nippur about the cultic uses of breads we read "the regular offerings of bread (for) Ninurta" (sá-dug$_4$ ninda Ninurta-ke$_4$) (Civil, *OIC* 22 [1975]: 126f. no. 9:4, 11).

The word níg can precede a royal statue venerated in a temple and one hesitates: "belonging to," or ninda, "cultic service"?[42]

Níg = ša

In some instances, in Sumerian context, níg clearly stands for Akkadian *ša*, meaning "of" (AbB 7 176:11); and note TMH NF 10 55:2–3, where *ša* has the same meaning as níg in nos. 56, 58, 59. Even as the conjunction "of which one can say that": in CT 45 1, yearname of Bun-taḫtun-ila; also in mu níg bàd *Ku-li-zi i-pu-šu*, F. N. H. al Rawi and St. Dalley, *Old Babylonian Texts from Private Houses at Abu Habbah Ancient Sippir* (London: NABU Publications, 2000), 137 no. 130: 16. The same phrase níg PN *īpušu* in A. Goetze, *JCS* 4 (1950) 97:5, 11 (copy p. 112). More: "which (níg) PN her father had given to her," TMH NF 10 6:16; "which (níg) PN$_1$ has bought from PN$_2$," L. Speleers, *Recueil des inscriptions de l'Asie Antérieure des Musées Royaux du Cinquantenaire à Bruxelles* (Brussels: n.p., 1928) 255:3. Both níg's in "(a prebend, mar-za) of (níg) PN, which PN$_2$ will pay for (níg PN$_2$ kù ì-lá-e)," PBS 8/2 255:2–3, see Charpin, *Clergé*, 188.

One further step and we have before us the sign value *šá* well known from all later periods. This syllabic value in Old Babylonian free context is known to me only from the PNs *Ḫu-ur-šá-nim*, CT 2 22:26, and *An-šá-nim*, B. A. Suleiman, *A Study of Land Tenure in the Old Babylonian Period with Special Reference to the Diyala Region* (London: University of London Library, 1978), 343, 429 no. 43:17.

40. W. W. Hallo, *HUCA* 38 (1967) after p. 20, fig. 4, translates UET 5 507: "(the temple of Nanna,) material for one month."

41. Sh. Sanati-Müller, *Baghd. Mitt.* 22 (1991): 317 no. 155. Similar problems with níg (month, year) in van Lerberghe, *Mélanges Finet*, 176–80, CBS 7075:19, 22, 26, 35.

42. Van Lerberghe, *Mélanges Finet*, 176–80, CBS 7075:1, 4, 10, 13 (Nippur). Prebends for the cult of statues: Charpin, *Le clergé*, 252f. (Ur).

CHAPTER 18

Ilumma-ila Unveiled

Karel Van Lerberghe and Gabriella Voet
University of Leuven

THE TITLE OF THIS FESTSCHRIFT makes it all clear: "From Mari to Jerusalem and Back." Jack, the former President of the International Association of Assyriology, was born in one of the most ancient cities of the world: Aleppo. In this marvelous place, he came into contact with the remnants of what was once the center of great multi-cultural and multi-religious societies. As Jack perfectly renders it in the introduction to his *Civilizations of the Ancient Near East*:[1] "In addition to their historical achievements, these societies have generated culturally vital traditions in art, architecture, literature, and all other domains normally associated with the word 'civilization.'" Aleppo and Lebanon, where he spent his schooldays, became the cradle for his life-long researches into these "civilizations."

We have known Jack for almost half a century. He came to Leiden to take classes with Professor F. R. Kraus, who was then the authority in Old Babylonian. We arrived at Leiden University one year later and lived, as Jack did, in Katwijk aan Zee. With all these connections, we are confident that he will be interested in the new texts that we publish here because contracts from Sippar, under its first rulers, have many West-Semitic aspects besides the traditional Assyro-Sumerian formulae.

Early Petty Rulers at Sippar

The earliest history of the city of Sippar is still known only vaguely. Almost no historical data can be retraced before the integration of the city into the Babylonian empire. At the beginning of the second millennium, some local rulers of the city do appear in letters and administrative and legal documents, but the evidence is scarce. Since we do not have any royal lists at all from that period, we have no clear sequence for the first four local rulers of the city: Ilumma-ila, Hammî-sura, Immerum, and Buntaḫtun-ila. From some internal data, one may hazard that Immerum and Buntaḫtun-ila were the later rulers of this small "dynasty," a sequence accepted by Dominique Charpin.[2] Both these rulers are mentioned in oath formulae together with Sumu-la-ēl of Babylon who reigned from 1880 till 1845 BCE. For Ilumma-ila and Ḫammî-sura, the sequence

1. Jack M. Sasson, *Civilizations of the Ancient Near East* (New York: Charles Scribner's Sons, 1995), xxv.

2. Dominique Charpin, *Histoire politique du Proche Orient Amorrite*, OBO 160/4 (Fribourg: Academic Press, 2004), 91–93.

is still doubtful (see, e.g., Goddeeris[3]). Very few year-names can date tablets from this period. Some are attested for Immerum and Buntaḫtun-ila, but up until now, no year-names were known for their alleged predecessors Ilumma-ila and Ḫammî-sura. The name of Ilumma-ila appears in the oath formulae of ten juridical texts, and he is cited in a few letters from the "Sippar area," which were studied in detail by Wu Yuhong.[4] Some other letters, excavated during the earliest seasons at Tell ed-Dēr by the Belgian archaeological mission, are referred to by Léon De Meyer.[5] In ten juridical texts, an oath is sworn by Ilumma-ila, and in her doctoral study of the economy and society of Northern Babylonia in the early Old Babylonian Period, Anne Goddeeris[6] cites the following: BE 6/1 n° 1, n° 2; *CT* 8 n° 26b, n° 38b and n° 41d; Friedrich BzA 5 p. 513 n° 48; MHET II/1 n° 1, n° 2, n°3; MHET II/5 n° 598. Finally, on prosopographical grounds Els Woestenburg[7] adds one more text: MHET II/5 n° 571.

Palaeography and Seals

Only a few of the tablets cited here have been previously published in handcopy. For those that have been, no attention has been given by the authors to the palaeography of the cuneiform signs nor to the peculiar shape of the tablets and envelopes. No seal-impressions have been published either. When we were copying tablets from Tell ed-Dēr, now almost forty years ago, the two tablets rendered below were immediately eye-catching. In particular, the signs differ from the great majority of the archive. Therefore, we have redrawn the "archaic looking" signs as precisely as possible.

Envelope 1 (Di 704)

Obv.

kišib 1.0.0 gán a.šà *i-na aš-la-tim*
da dingir-KA-*ra-aḫ* ù ^{d}nanna-ma.an.sum
ki *ḫu-na-bu-um* dumu EN.ZU-*ra-bí*
^{d}nanna-ma.an.sum dumu lú-^{d}nin.sún.ka
i-ša-am a-na ši-mi-šu ga-am-ri-im
1/3 ma.na kù.babbar *iš-qú-ul li-ba-šu*
ṭú-ub giš.gan.na íb.ta.bal
a-wa-sú ga-am-ra-at a-na <*a*>*wa-a*[*r*]-*ki-a*[*t*]
u_4*-mi-im la i-ra-ga-mu ni-i*[š ^{d}]utu

3. Anne Goddeeris, *Economy and Society in Northern Babylonia in the Early Old Babylonian Period*, OLA 109 (Leuven: Peeters, 2002), 46.

4. Wu Yuhong, *A Political History of Eshnunna, Mari and Assyria during the Early Old Babylonian Period*, SJAC 1 (Changchun: Institute of History of Ancient Civilizations, Northeast Normal University, 1994), 28–34.

5. Léon De Meyer, *Documents* épigraphiques *paléo-babyloniens provenant des sondages A, B et D*, Tell ed-Dēr II (Leuven: Peeters, 1978), 147–86.

6. Goddeeris, *Economy and Society*, 47–49, 93, 98.

7. Els Woestenburg, Review of MHET II/5, *AfO* 44/45 (1997/1998): 357.

ù dingir-*ma-ì-la it-ma*
e-zi-ib 3.0.0 gán a.šà *pa-ni-im*
ša aḫ-ḫi-šu-ma ša ga-me-e[*r-t*]*im*
mu ^{d}EN.ZU-*i-din-nam* uru *iṣ-b*[*a*]*-tu*

Lo.E.

igi ^{d}EN.ZU-*en-nam* dumu ^{d}EN.ZU/gal

Rev.

igi KA-^{d}nin[… … … …]x
Several lines missing
1' [… … … … …] še
igi *nu*-úr-^{d}EN.ZU dub.sar

On left edge:

e-zi-ib kišib-*ka-ti*-šu
ša la šu-ṣa-ni

Seal A

sa-bi-tum$^{!}$
dumu.munus *sà-a-lum*

Tablet 1 (Di 704)

Rev.

a-na wa-ar-ki-at
u_4-mi-im la i-ra-ga-mu
ni-iš ^{d}utu ù dingir-*ma-ì-la*
it-ma e-zi-ib pí kišib-šu
ša 3.0.0 gán a.šà ša ga-me-er-tim
ša aḫ-ḫi-šu-ma
igi ^{d}EN.ZU-*en-nam*
dumu ^{d}EN.ZU-*ra-bí*
igi inim-^{d}nin.urta
dumu *be-lum*
igi *nu-úr-ì-lí-šu*
dumu *ga-la-tum*$^{?}$ sipa$^{?}$
igi lú-^{d}nin.šubur/.ka

U.E.

dumu *ta-ki-li-iš/-šu*
igi $zalag_2$-u_4.sakar

Le.E.

mu ^{d}EN.ZU-*i-din-nam* uru
in.dib

Envelope 2 (Di 710)

Obv.

kiš[ib] 1.0.0 gán a.šà [*i-n*]*a* [… … … …]
[d]a [… … … … … … x]
ù d[a] [… … … … … ki] *ja-ás-ku-ri-im*
ù *ka-ra-*[*na-t*]*i-im*
lú-^{d}nin.sún.ka dumu ^{d}EN.ZU-*ták-lá-ku*-ke$_4$
i-ša-am-ma bu-ka-na-am šu-tu-uq
kù.babbar *ga-am-ra-am* 12 gín kù.babbar *li-*[*b*]*a-šu ṭu-ub*
igi *pa-ag-na-na* dumu X X X PA HI IM
igi ^{d}EN.ZU-*en*-NIM dumu ^{d}EN.ZU-gal
igi *na-bi-*^{d}en.líl dumu *ma-ṣa-am-ì-lí*
igi ^{d}EN.ZU-*en*-NIM dumu *ma-aš-tim*
igi ^{d}utu-*la-ša-na-an* dumu *pù.z*[*ur*$_8$]-^{d}EN.ZU
igi *in-na-*^{d}EN.ZU dumu *pù.z*[*ur*$_8$]-^{d}utu

Rev.

igi *sa-si-im* dumu *sa-la-lum*
igi *en-ne-en-*^{d}EN.ZU
dumu *na-bi-ì-lí-šu*
I ša bàd ša ká ^{d}iškur
dingir-*ma-ì-la i-pu-šu*

Seal A

^{d}utu
^{d}*a-a*

Envelope 1

Obv.

Sealed tablet concerning 1 gan of field in Ašlatum,
adjacent to Ilum-e'raḫ and Nanna-mansum.
From Ḫunabum, the son of Sin-rabi,
Nanna-mansum, the son of Awīl-Ninsun,
has bought it. For its full price
he paid 1/3 of a mina of silver. His heart
is satisfied. He has handed over the pestle.
The transaction is terminated. In the future
one will not raise any claim. He took an oath by Šamaš
and Ilumma-ila.
Notwithstanding 3 gan of field (registered in an) earlier (legal document)
that belong to his brothers in its totality.
Year: Sin-iddinam seized the city.

Several witnesses (some lines are missing)

On left edge

Notwithstanding his sealed tablets
that have not been sent off.

Seal A

Sabitum
daughter of Sallum

Tablet 1

Rev.

1'. In the future
one will not raise any claim.
He took an oath by Šamaš
and Ilumma-ila.
5'. Notwithstanding the content of his sealed tablet
concerning 3 gan of field that belong
to his brothers in its totality.

Five witnesses.

Le. Edge

Year: Sin-iddinam seized the city.

Sealings

Classic Old Babylonian distribution of the sealings on all sides, best visible on open spaces without text.

Seal A on Upper and Left Edge, and on Reverse

A classic introduction scene shows a worshiper and a suppliant goddess before a seated god. The god is seated on a decorated stool atop a dais with foot-rest, he holds a cup in his outstretched right hand. The worshiper is standing before the god with hands clasped; he is followed by a suppliant goddess, who raises both hands. In the field are several fillings: a pot above a ball-and-staff, a crouching monkey. Next to this scene is a framed two-line inscription, reading: Sabitum daughter of Sallum

Seal B on Left, Right and Lower Edge

This introduction scene shows a seated deity facing a suppliant goddess, followed by a worshiper; behind the deity a bull-man is wrestling with a winged lion. The seated god with horned headdress holds a wedge and ring in his outstretched right hand. The suppliant goddess leads the worshiper by her right hand, her left hand and his right hand are raised in a gesture of respectful greeting. The naked bull-man with curly hair is fighting with a upright winged lion. In the field are the sun-disk and moon-crescent.

Envelope 2

Obv.

1. Sealed tablet concerning 1 gan of field in …
adjacent to …
and to … … … from Jaskurum
and Karanatum
5. Awīl-Ninsun and Sin-taklaku
have bought it. He has handed over the pestle.
(For its) full (price in) silver: 12 šekels of silver. His heart is satisfied.

Eight witnesses.

Rev.

(The year) wherein Ilumma-ila built the wall of the Adad gate.

Seal A

Šamaš
Aja

Sealings

The position of the sealings between the text, the iconography and the build of the figures suggest an early Old Babylonian date.

Seal A on Left Edge

An unusual small sealing shows rather faded figures and a two-line inscription. A suppliant goddess, followed by a worshiper, is facing right toward a seated deity.

The short inscription reads: Šamaš Aja.

Seal B on Lower Edge

The animal contest, showing three pairs of contestants, is slightly damaged and details have faded. A nude hero places his right foot on the neck of a defeated lion, while grasping the hind-leg of the inverted animal with his right hand. Two pairs of upright fighting animals are pictured in mirror image: two lions are back to back, each one fighting a rampant goat. In the field are several filling motifs: a pot above a ball-and-staff, a faded crouching figure.

Seal C on the Upper Reverse, Upside Down from the Direction of the Text

The introduction scene shows a worshiper and a suppliant goddess facing a seated god. The deity is holding a vertical saw-toothed blade in his raised right hand, he is sitting on a throne atop a dais, his feet are resting on a couchant animal. The worshiper with offering kid raises his right hand in a greeting gesture; he is followed by the suppliant goddess, who raises both hands. Behind the seated deity a nude hero is holding the hind-leg of a defeated lion, while placing his foot on the head of the lion in a gesture of victory.

The filling motif between the deity and the worshiper is a sun-disk.

Seal D on the Lower Reverse, Upside Down from the Direction of the Text

The introduction scene is showing a seated deity facing a worshiper, a suppliant goddess and a bull-man. The seated god is holding an unidentified object in his outstretched right hand. The worshiper stands before the deity with hands clasped, the suppliant goddess has both hands raised. The naked bull-man is holding a weapon in his raised hands.

In the field are several fillings: a sun-disk and moon-crescent, a bow-legged dwarf with raised right hand, a frog(?), a crouching monkey, three drilled dots.

Comments

It is striking that these two texts contain several West-Semitic personal names, a feature well-known from the small corpus of Ilumma-ila juridical texts and continuing under his presumed successors Ḫammî-sura, Immerum and Buntaḫtun-ila.

Furthermore, the cuneiform signs have a very peculiar, archaic shape. They differ from the ones on the main group of tablets excavated at the site of Tell ed-Dēr and dating to the period when Sippar was under Babylon's first rulers. Comparable archaic shapes are also found on tablets dated to Immerum, as seen in my publication of a British Museum tablet in the Kraus Festschrift.[8] Although there is a close resemblance at first glance, there are still intriguing variants of specific signs. The most striking is the rendering of the god Sîn/EN.ZU.

A comparative palaeographic study of cuneiform tablets from Sippar, stored at the British Museum and dated to the early local rulers of Sippar, and others that are dated to the first Kings of Babylon could yield exciting results and become an opportunity for further analyses.

The New Year-Names

Until now, there have been no recorded year-names of Ilumma-ila. The ruler was known to us only through oath formulae and letters; however, the two tablets published here are both dated.

1) The first envelope has its year-name in Akkadian: mu ^{d}EN.ZU-*i-din-nam* uru *iṣ-ba-tu*. On the included tablet, the year-name is rendered in Sumerian: mu ^{d}EN.ZU-*i-din-nam* uru in.dib. These sentences could be translated into English as "The year

8. Karel Van Lerberghe, "L'arrachement de l'emblème šurinnum," in *Zikir* Šumim*: Assyriological Studies Presented to F. R. Kraus on the Occasion of his Seventieth Birthday*, ed. G. van Driel (Leiden: Brill, 1982), 248–49.

in which Sin-iddinam seized the city." At a first glance, it may seem surprising that the name of the ruler himself is not mentioned in this year-name since it is a common feature that rulers and kings boast of their military achievements or their construction projects in their year-names. This reminds us, however, of another obscure year-name used at Sippar under one of Ilumma-ila's successors, Immerum. In the British Museum text mentioned above, two enigmatic personal names occur in the year-name: Sin-bani and Puzur-Sagkud.[9] The latter name is most probably an unknown (until now) local petty king of Sippar. The tablet and its envelope have a somewhat different wording of the year-name:

Tablet: mu ká.gal ^{d}EN.ZU-*ba-ni ú-di*-šu-*ú*
Envelope: mu ká.gal ^{d}EN.ZU-*ba-ni* puzur$_4$-^{d}sag.kud *i-pu*-šu-*ú*

In translation:

Tablet: the year in which he (Immerum?) renewed the great gate of Sin-bani
Envelope: the year in which Puzur-Sagkud built the great gate of Sin-bani

2) The year-name recorded on the second envelope is equally new, but it is of a more conventional type in that the ruler, here Ilumma-ila, brags about his building performances: I ša bàd ša ká ^{d}iškur dingir-*ma-i-la i-pu-šu*, or (the year) "when Ilumma-ila built the wall of the gate of Adad." This type is quite common in the early Old Babylonian period, in particular in the Sippar region. Léon De Meyer enumerates documents from the same period recovered during the first years of excavations at Tell ed-Dēr and describes them as follows: "plusieurs noms d'années sont notés en akkadien et sont du type mu ša…."[10] The "Gate of Adad" referenced on the second envelope seems to refer to a city quarter or to the Adad temple, but more precise information could not be found for Sippar. A wall of the Gate of Adad is known from other cities and one was built by Ibni-šadûm of Kisurra in the year Ibni-šadûm 'b', according to another tablet: mu bád ká ^{d}iškur *ib-ni*-kur-*i* mu.na.dím, or year "Ibni-šadûm built the wall of the Gate of Adad."[11]

9. Van Lerberghe, "L'arrachement," 245–57.
10. De Meyer, *Documents* épigraphiques, 148.
11. Anne Goddeeris, *Tablets from Kisurra in the Collections of the British Museum*, Santag 9 (Wiesbaden: Harrassowitz, 2009), 20.

Envelope 1

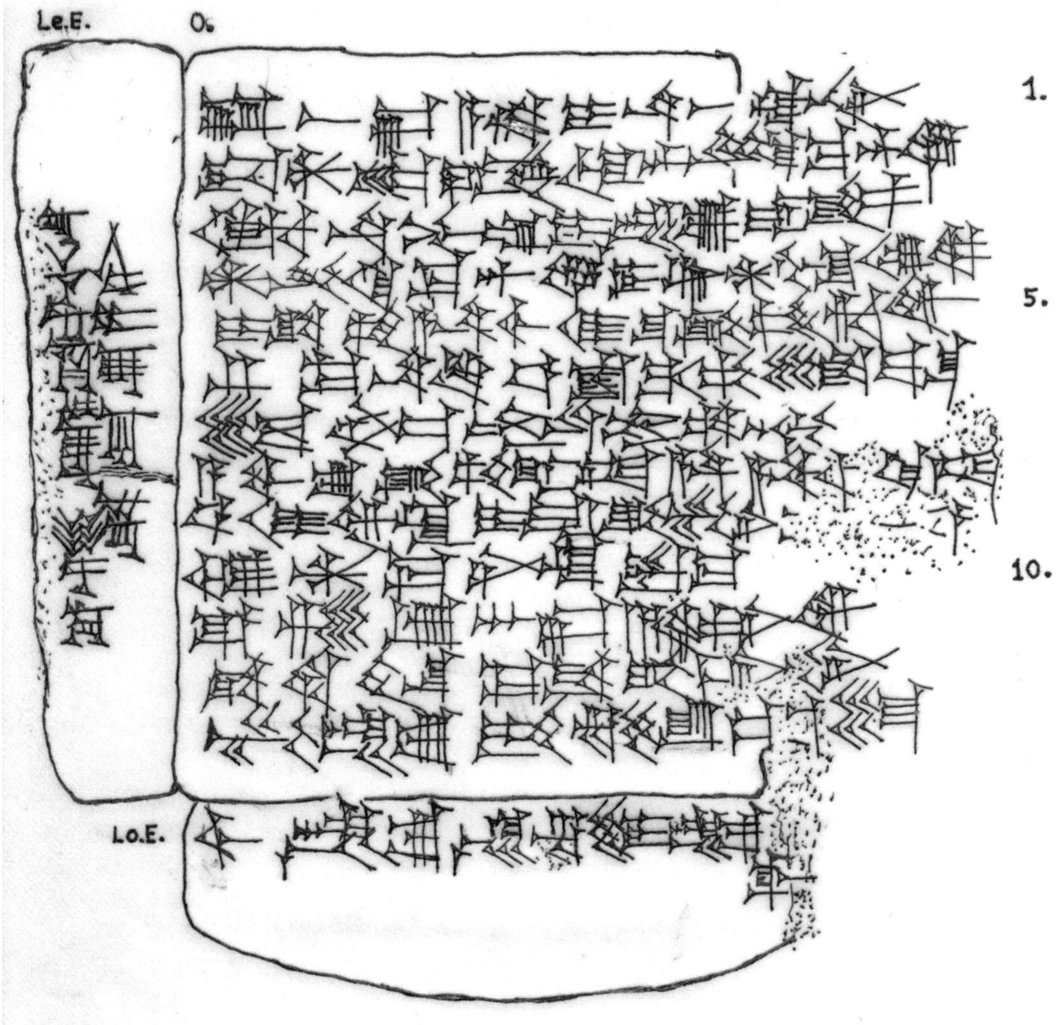

FIGURE 18.1. Envelope 1, Obverse. Copy by the authors.

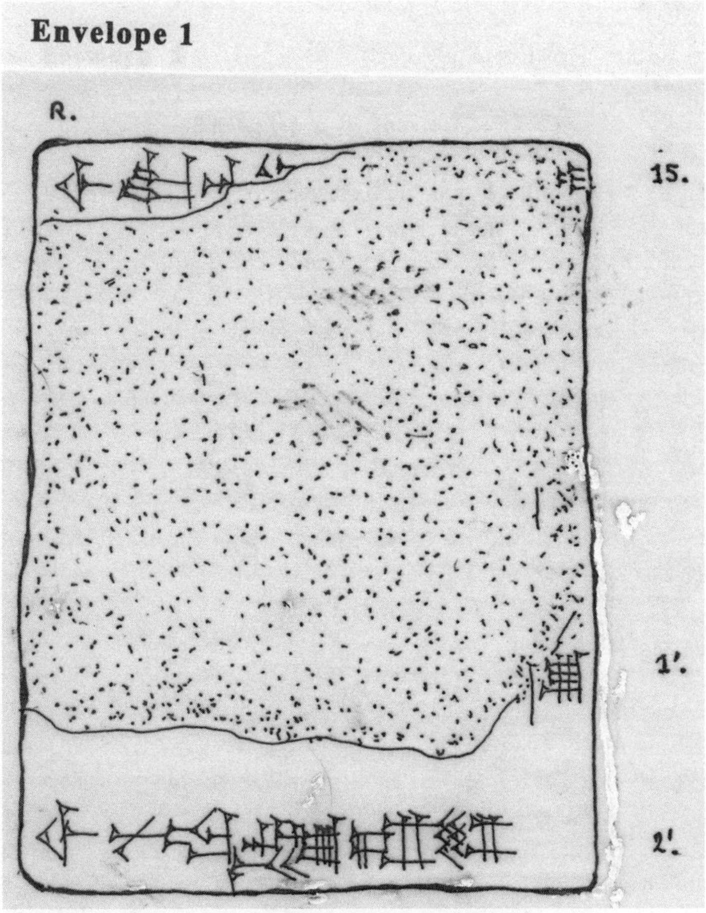

FIGURE 18.2. Envelope 1, Reverse. Copy by the authors.

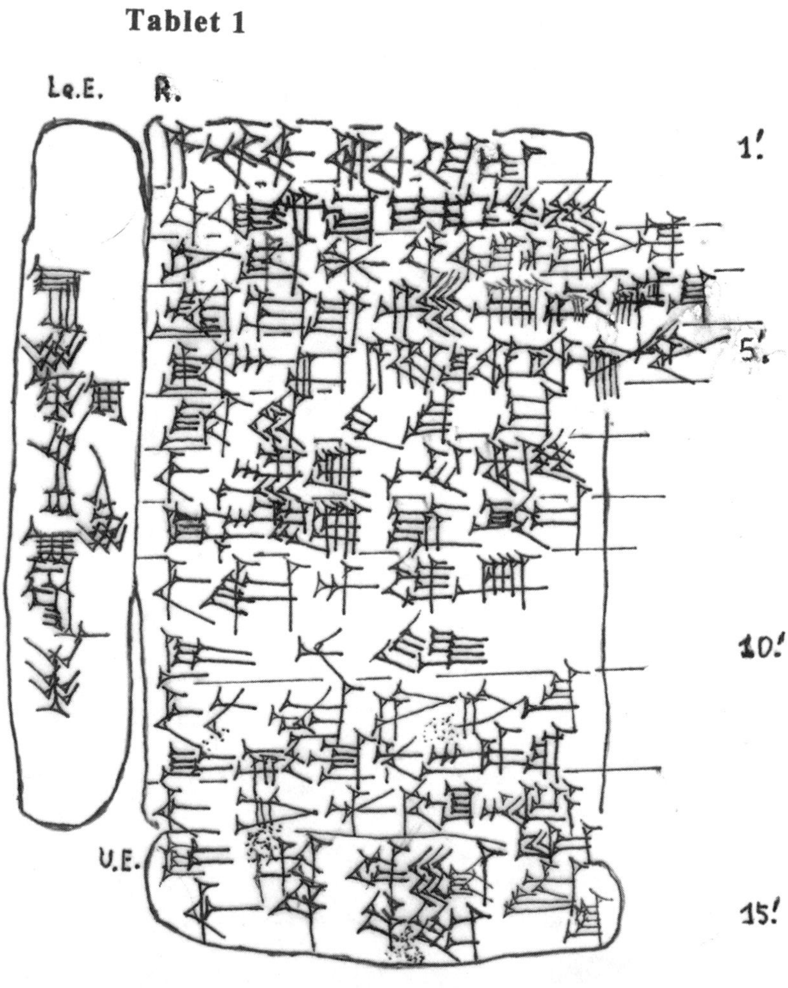

FIGURE 18.3. Tablet 1, Reverse. Copy by the authors.

Envelope 2

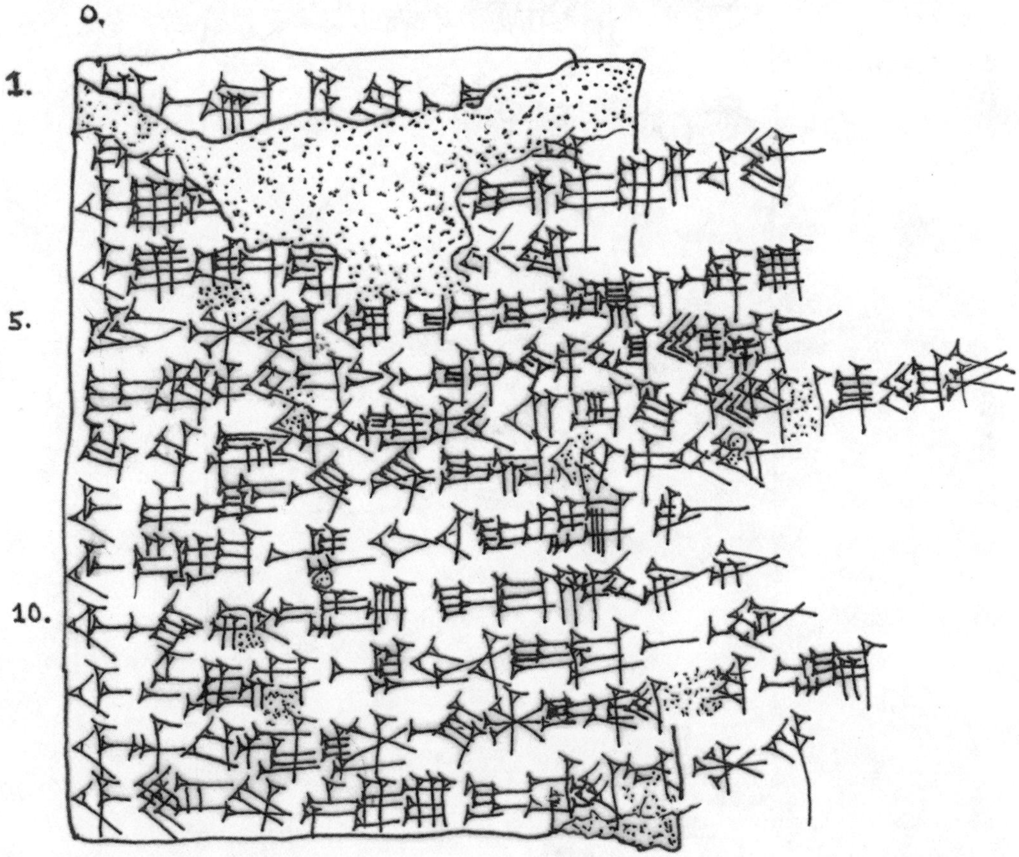

FIGURE 18.4. Envelope 2, Obverse. Copy by the authors.

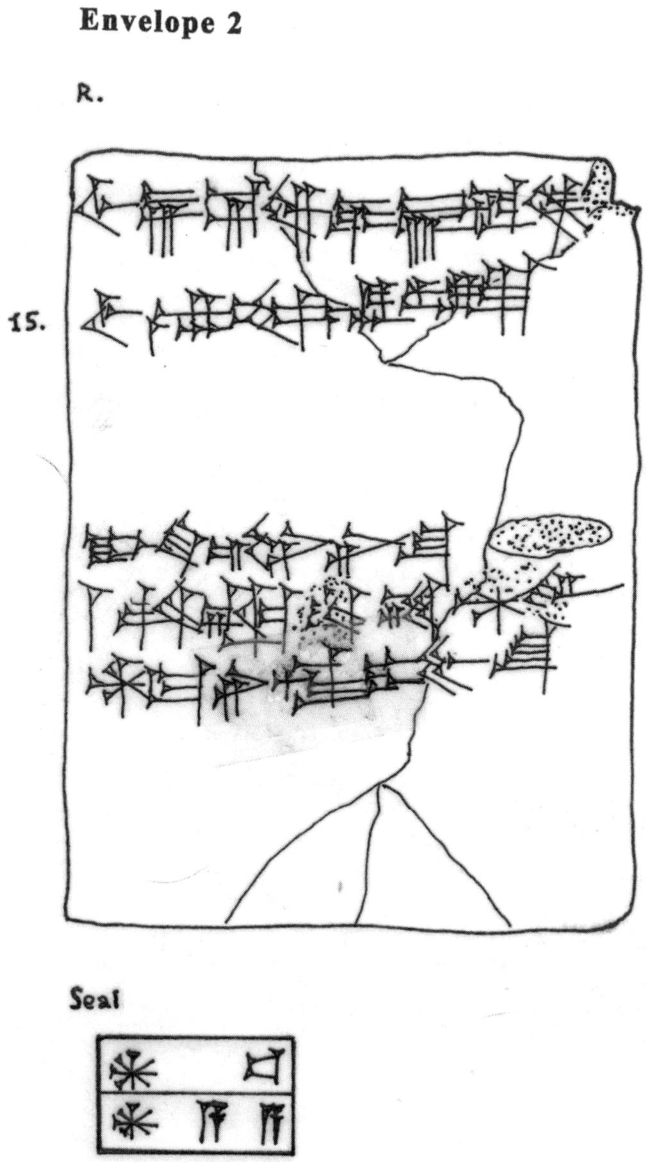

FIGURE 18.5. Envelope 2, Reverse. Copy by the authors.

FIGURE 18.6. Envelope 2, Reverse. Photo by the authors.

FIGURE 18.7. Envelope 1, Seal A. Photo by the authors.

FIGURE 18.8. (*top*) Envelope 2, Seal B. Photo by the authors.

FIGURE 18.9. (*middle*) Envelope 2, Seal C. Photo by the authors.

FIGURE 18.10. (*bottom*) Envelope 2, Seal D. Photo by the authors.

CHAPTER 19

"Talking to Doors": *Paraklausithyron* in Akkadian Literature

Nathan Wasserman
The Hebrew University of Jerusalem

> Da das Tor zum Gesetz offen steht wie immer und der Türhüter beiseite tritt, bückt sich der Mann, um durch das Tor in das Innere zu sehen
>
> F. Kafka, "Vor dem Gesetz"

A BANAL SCENE IN COUNTLESS MOVIES and TV series: a man or a woman standing in front of a house, arriving at the entrance, talking through the intercom and asking to be let in. A prime example in world literature of a hero facing a locked door, through which he is trying to pass, is Ali-Baba in *One Thousand and One Nights*. Ali-Baba is concise: *Sésame, ouvre-toi*. This is the password that opens the thieves' cave while *Sésame, ferme-toi* closes it.

In ancient Mesopotamia, gates and doors—besides being physical objects with the actual role of controlling human flow and monitoring the circulation of goods into and out of the domestic and urban orbit—were imaginary *loci* loaded with political, legal, mystical and religious significance.[1] Entrances to monumental buildings—temples, palaces, even cities—had declarative and evocative names aimed at warding off evil or conferring prosperity on those quartered behind them.[2] The architectural, physical, and economic aspects of gates and doors in ancient Mesopotamia will not be treated here, and consequently lexical, historical, and administrative texts are not discussed.[3] The goal of this paper—dedicated to Jack with appreciation, esteem, and friendship—is to present a scant-noted literary motif in Akkadian literature, that of *Talking to Doors*, and analyzing it in its different literary contexts.

I. "Talking to Doors": Selected Attestations

There are three types of "Talking to Doors": Type I: COMPELLING the door to open ("*Sésame, ouvre-toi*!"); Type II: THREATENING the door to open ("Open up! or I

1. Steinert 2011; May 2014.
2. E.g., the official names of the gates of the late-Babylonian E-sagila temple complex (George 1992, 83–98): Ka-Lamma-(a)rabi, "Gate of the Guardian Angel"; Ka-ḫegal, "Gate of Abundance"; Ka-ude-bab-barra, "Gate of Dazzling Wonder"; Ka-ḫilisu, "Gate sprinkled with Luxury," or the elaborate names of the fourteen gates in Sennacherib's palace, e.g., "'The God Adad Is the Provider of Prosperity to the Land' (this is) the Adad Gate"; "'The God Ea Is the One Who Properly Directs (Water Flow into) My Cisterns' (this is the Mašqû Gate)" (Grayson and Novotny 2012, 103: Sennacherib 15, vii 11'–19').
3. See esp. Steinkeller 2002.

will…"); Type III: PERSUADING the door to open ("Be kind to me and let me in"). Each of the passages that follows belongs to one of the three types, except for the speech of the dying Enkidu, which fits none of the pre-defined types and is treated last.

1. Ištar Threatens to Break the Gate of the Netherworld (Type II: THREATENING)

This is perhaps the most famous speech in front of a door in Mesopotamian literature, *Ištar's Descent* 12–20:

> Having arrived at the gate of the Kurnugi, she (Ištar) opened her mouth to speak, uttered a word to the gatekeeper: "Gatekeeper, open your gate! Open your gate so that I may enter! Should you not open the gate (and) I shall not enter, I will smash the door and break the bolt, I will smash the door jamb and turn over the doors, I will break the (lock's) scales and tear off the doorknob! I will raise up the dead so they consume the living: the dead shall outnumber the living!"[4]

Although formally the goddess speaks to the Netherworld's gatekeeper, not directly to the door,[5] the gatekeeper has no independent role in the story—it is the door which is the focus of Ištar's anger and frustration. In her unexplained wrath, she claims that she is ready to destroy the door. However, even she is unable to do so and her boastful threat is empty: nobody can break down the barrier between the dead and the living. This is a clear case where the door is stronger than the person standing in front of it.

2. Bēlet-ilī Tells the Baby That the Door to the Womb is Open (Type I: COMPELLING)

Assisting a woman in labor, the goddess orders the door of the womb to open and allow the baby an easy journey out:

> Bēlet-ilī, the medicine-woman, is sitting for you. The *creatrix* of everything, the *creatrix* of all of us said to the bolt: "You are released! [un]bolt are the bars, loosened are the door[s]!"—"[May] he break the [*door jambs*]! Come out by yourself like a good boy!"[6]

In this OB incantation, one of a group of similar second and first millennium incantations destined to help a woman in labor, a personal drama is vested in myth. The scene here resembles the passage just treated, in which Ištar shouts at the door of the Netherworld. Here, too, a goddess confronts a door which stands between life

4. *ana bāb kurnugê ina kašādīša pîšu īpūšu iqabbi ana atî bābi amātu izzakkar atûmê pitâ bābka pitâ bābkāma lūruba anāku šumma lā tapattâ bābu lā erruba anāku amaḫḫaṣ daltu sikkūru ašabbir amaḫḫaṣ sippumma ušabalkat dalāti ašabbir gišrinnamma ašaḫḫaṭ karra ušellâ mītūti ikkalū balṭūti el balṭūti ima''idū mītūti* (Lapinkivi 2010, 25, 29).

5. Talking to a gatekeeper is found also in Adapa (EA 356): 19–24, 38–44 and in *Nergal and Ereškigal* (EA 357): 51–56.

6. *wašbatkum Bēlet-ilī asûtum bāniat* [*mi*?-*n*]*a*?-*mi-i-i*[*m*] *bāniat kalini ana šigrim taqtabi wuššur*[*ā*]*t* [*pa*]*ṭrū sikkūrū* [(x)?] [*rum*]*mâ dalāt*[*u*-(x)] [*li*]*mḫaṣ* [*sippī*] *kīma dād*[*im*] *šūṣi ramānka* (YOS 11, 86: 18–27).

and death, only this one is not the cosmic door of the Netherworld but the mother's sealed womb. The baby must break out from the womb—which is conceptualized in Mesopotamian terms not only as the source of life, but also as a grave[7]—in order to reach the realm of the living. Note how this minor composition interweaves the mundane and the mythical: Bēlet-ilī is both doctor, or midwife, assisting the woman in her ordeal, and also "the *creatrix* of everything, of all of us." This title is known to describe another goddess, Ereškigal, queen of the Netherworld, who "is our mother and we her children," as grimly said in a later wisdom composition.[8] Thus, the door which seals the woman's womb is again a point of confrontation, separating life and death, creation and destruction—an object so strong that only a divinity can force it to open.

3. Ištar Asks the Door to Welcome Dumuzi (Type III: Persuading)

Unlike the goddess' terrifying persona in *Ištar's Descent to the Netherworld*, in the following MB amatory text Ištar is a tender young woman, waiting impatiently for her lover by the door of her parents' house (most likely the gate to the temple of the moon god and his consort, Sîn and Ningal, in Ur):

> Come in, shepherd, [Ištar's lo]ver, spend the night here, shepherd, [Ištar's lo]ver. At your entering, my father is happy for you, my mother, Ningal, is rejoiced over you. She served you oil in a bowl. At your entering, may the bolts rejoice over you, may the door be opened [for you] by itself! You, wooden bolt—what do you know? What do you know? The entrance of my darling! Indeed, I love, I love: the lusty one!...[9]

This passage is unique insofar as Ištar speaks to the door from *within* the house. In most cases the address to the door is delivered by a person standing *outside*, asking to be let in. This situation can be explained as follows: the goddess here is a young girl, still dependent on her parents' consent to allow Dumuzi entrance. Consequently, in this case—unlike Ištar before the gate of the Netherworld, or Bēlet-ilī in front of the door of the womb—the door is not an obstacle or a point of confrontation, but a focus of expectation. The text continues with Dumuzi entering the house, indicating that the door did open to allow in the goddess' inamorato, consenting to be Ištar's ally. And yet, can this romantic encounter be isolated from what we know—and certainly everyone in ancient Mesopotamia knew—about the sorrowful denouement of the relationship between Ištar and Dumuzi? Even in this romantic context, the compliant door, I believe, points to the gates of Kurnugi, portending Dumuzi's fate.

7. For this metaphor, see, e.g., Woods 2009, 222; Couto-Ferreira 2015–16, 68–69.

8. ^{d}*Ereškigal umminima nīnu mārūši* (*Šimâ milka* in: Cohen 2013, 98–99: 134'). For the children of Ereškigal, see also *Inanna's Descent* 230–31 (ETCSL c.1.4.1).

9. *erbamma rē'û ḫ*[*aram* ^{d}*Ištarma*] *mašâmma rē'û ḫar*[*am* ^{d}*Ištar*] *erēbukka abī ḫadi kâšumma ummī* ^{d}*Ningal tultīalkum šamna ina mallatim tumaḫḫirkama erēbukka sikkūrū lirīšūkumma daltum ramānišīma lippita*[*kkum*]*ma attā sikkūru iṣu mīn tī*[*de*?] *mīnam tīde erēb mā*[*rī*?] *annû arâm arâm naḫš*[*um*] (Wasserman 2016, 110–12: 1–10).

4. A Healer Convinces a Door to Let "Its Children" In (Type III: Persuading)

In the following three partially parallel OB incantations, a speaker, the healer no doubt, addresses the threshold—representing *pars pro toto* the entire door—asking it to let "its children" in. The first incantation comprises only two lines:

> 4a. O threshold! keep letting your sons enter! Asarluḫi, the son of Enki, is entering.[10]

The second, longer, incantation goes:

> 4b. Magic formula. Raise *peacefully*(?) and look at me! [Get] yourself out! O threshold, let your children enter! Asarluḫi son of Eridu [*is entering*(?)]. Tu-enurru incantation, invocation against *wasps*(?).[11]

The longest of the three reads:

> 4c. Magic formula. O threshold! keep letting your sons enter! The son(!) (Text: daughter) of Ea, Asarluḫi, is entering to the bathing water. The temple of Esikila, its threshold is (made of) juniper. Ea, the stag, dwells in it.[12] The house is flesh, the threshold a bull. O my herd of crawling creatures, get yourself out! O long one—you should not go out! O short one—you should not depart! In the opening of your(f.) hole, let the blinker(?).... Tu-enurru incantation.[13]

The speaker talks directly to the threshold, requesting that it help in his complicated magical mission.[14] The door should act selectively: allow Asarluḫi and the "children of the threshold" in, but make the "herd of the crawling creatures" leave (the mysterious "long" and "short" one should stay). What is the subject of these opaque incantations? George (2016, 117) suggested that ni-im-bu, in the colophon of the second incantation is a syllabic spelling of nim-bubbu(BUL+BUL), Akk. *ḫawītum*, "a kind of wasp." This understanding might explain the mention of *nammaštu*, perhaps a swarm of wasps, and the "hole," probably the entrance to the wasps' nest, in the third incantation. Further support for George's proposal may come from the "water of bathing" also mentioned in the third incantation, for it is known that wasps are attracted to

10. *askuppatum šuterribī mārēki* ^{d}*Asarluḫi mār* ^{d}*Enki irrubam* (YOS 11, 5: 27–28).

11. [li]-ri-ri-a i-ti-la [*šu*?]-*ul-ma-am tibî* ⸢*am*⸣*rîm* [*šuṣ*]*ê ramānki* [*as*]-{*su*?}-*ku-up-pu šūribī mārēki* [...^{d}]*Asarluḫi mār* Eridu^{ki}-ga-ke$_4$ [t]u-én-é-nu-ru ka-inim-ma ni-im-bu (CUSAS 32, 50b [= George 2016, 117]: 6–12).

12. To this phrase one could relate the copper alloy relief of Ninḫursag's temple excavated in Al-Uba'id, where Imdugud is shown standing between two magnificent stags.

13. li-ri-a i-ti-la *askuppum šuterribī mārēki mārat Ea* ^{d}*Asarluḫi ana mê ramākim irrub bīt Esikilla askupassu burāšu Ea lulīmu wāšib libbīša šīr bītum šūr askuppu nammaštī šuṣî ramānki arkum ê tuṣâmma kurûm ê tattallak ina pī ḫurriki naplasum li...* tu-[én-é-nu-ru] (CUSAS 32, 51 [= George 2016, 117–18]: 1–13).

14. *askuppum* and *askuppatum* are not locatives, as posited by George (2016, 117). These are, rather, nominative forms, with vocative function (cf. similarly in the Fable of the Fox: *ūṣâmma ana bītīšu išassi bābu* "He went out, shouting to the temple: O door! ..." (Kienast 2003, 56: 56; reference courtesy of E. Jiménez).

water reservoirs, as they collect water (as well as flower nectar, tree sap and animal prey) for their nutrition and domestic activities.[15] Without trying to depict a specific event in too precise terms, it is not difficult to imagine a colony of wasps, attracted by a water pool, constructing a nest inside of a building, perhaps a temple, a situation which calls for magical intervention. Unable to force the wasps to leave in any other way, a healer is asked to employ magical means. He persuades the door to be his ally in his task: Asarluḫi and "children of the threshold" (whose identity remains unclear to me) should enter, but the wasps must depart.[16]

5. A Door Is Asked to Assist in Catching a Runaway Slave (Type III: Persuading)

A late incantation destined to catch a running slave reads:

> Incantation. O door of the bedroom who are so firm! I have positioned your roots in the best of oil and wine: As you turn around in your station but come back and *remain* in your station—so may the runaway slave, whose name is so-and-so, turn around and come back, and to the house of his masters return! By the command of Ea, Šamaš, Marduk.[17]

As in the three incantations just presented, this one too focuses on the revolving character of the door: just as one exits through it, so it may invite one to return. The spell asks the door to attract, or force, a fugitive slave to reappear and go back home. The qualification of the door as *dalat urši*, a bedroom door, opens an intriguing possibility that the slave was somehow amorously involved with his master, or mistress. For what kind of slave is found in the bedroom?

6. A Door Is Asked to Welcome a Person Entering a Palace (Type III: Persuading)

In another first millennium text, an Egalkurra incantation, an anxious person prepares to go to the palace for a crucial matter. Before entering this fear-provoking labyrinth, he tries to make himself attractive and acceptable by various means: by rubbing himself in aromatic oils and by summoning divine powers. In order to guarantee his good treatment, he persuades the gates and corridors of the palace to be on his side:

> Incantation. Rubbed with (perfumed) *kanaktu*-oil I am about to enter the palace, (the oil) which Ištar prepared for herself, the *ḫīštu*-oil which Nanāya prepared for her husband and brought down from heaven for her own pleasure. By the command of Nanāya, the lady of charm and love, me too, am anointed with the

15. Matsuura and Yamane 1990.

16. The association of door and insects, in the mytho-literary context, recalls the famous scene in *Inanna's Descent*, where Enki instructs the gala-tur and kur-gara creatures to "flit past the door like flies. Slip through the door pivots like phantoms" in order to save Inanna from the Netherworld (ETCSL c.1.4.1: 226–29).

17. *šiptu dalat urši ša kunnātu attī ina ulî u kurunni ukīn išdīki kīma attī ina manzzāziki taṣuddī u tasaḫḫurīma ina manzzāziki tata*[...] *annanna ardu ḫalqu liṣūd u lissaḫra ana bīt bēlēšuma litūr ina qibīt Ea Šamaš Marduk šiptu* (LKA 135: Ebeling 1954, 53–54, cf. Foster, 2005, 1013).

> oil of *sexual desire* of the lady of the gods. Look at me, O prince, and rejoice (at me)! O palace-courtier, do not be sated with my charm! O door and bolt, be glad to see me! Let (all courtiers) be attentive to what I am saying between entering and going out. Following the command pronounced by Bēlet-ekallim![18]

The bolted door is asked to be glad when the person enters, similarly to the door at Ištar's parental house, when Dumuzi arrives. Note that the prince and the palace-courtier are listed first, and only then are the door and the bolt mentioned.[19] The door is clearly located deep inside the palace; it is an inner door, close to the seat of authority. As before, persuasion is the only possible strategy: breaking the door down and forcing one's way through it is out of the question.[20]

7. *Dying Enkidu Cursing the Door*

When Enkidu realizes that the gods have decreed his death as punishment for killing Ḫumbaba and the Bull of Heaven, he rails bitterly against the door which he and Gilgameš sent to Nippur, after constructing it from the gigantic tree in the Cedar Forest. The speech—a curse, a lament, a threat—is the longest and most elaborate address to a door known to me in Akkadian literature. This discourse does not fit any of the three types of motif "Talking to Doors" as defined above. Enkidu's speech is as follows (Gilg. VII 37–64):

> O door of the woodland, not being … […,] I have understanding, which [you] have not. For twenty leagues I sought out your timber […] until I saw a tall cedar [….] Your tree had no rival […;] six rods is your height, two rods your breadth, one [cubit your] thickness, your pole, its top pivot and its bottom pivot are all of a piece; I made you, I raised you up, in Nippur I *hung you* upright. Had I but known, O door, that this would be *your* [*reward*,] had I but known, O door, that this would be your bounty, I would have picked up an axe, I would have cut you down, I would have shipped you by raft to E-babbarra. [To] E-babbarra, the temple of Šamaš, I would have *brought* [*you*,] I would have set [up] the cedar

18. én: *paššāk šaman kanakti errub ana ekalli ša Ištar īpuš*(*u*) *ana ramānīšu ḫīšti īpušu ana mūtīšu* ^{d}*Nanāya ultu šame ušēridu ana ḫidut ramān*(*ī*)*šu anāku ina qibīt* ^{d}*Nanāya bēlet kuzbi u râmu šaman* <*bal*>*ti ša bēlet ilī paššāk amurannima rubu ḫidâ manzazi ekalli lā tašebbima lalâya daltu u sikkūru ana pānīya lū ḫadâtunu adi irrubu u uṣṣâ' ana epiš pîya lū puqqā ina qibīt iqbu Bēlet-ekallim* te.en (Stadhouders 2013, 316–17).

19. The combination *daltu u sikkūru* is no doubt a hendiadys, namely "door and bolt" for "bolted door" (cf. Jiménez 2016, 168: 18' [Series of the Poplar]).

20. A difficult third-millennium Sumerian incantation offers another case of a speaker—a dead person entering the Netherworld, according to Veldhuis' interpretation—addressing (indirectly) an intimidating door, requesting it to welcome him in. This passage belongs to Type III: Persuading.

It reads (following Veldhuis 2003, 1): "May the palace provide clear water to me in the forest where gur birds live. Inside, where a great oven is lighted, may it sprinkle clear water for me. May its door, which is a courier, stand open when I finish my journey. May its bolt, which is a messenger, turn around for me. May its crossbar be the Lama at my favorable side that shines brightly on my right shoulder. May its gate be proud because of me. May Inanna be my vanguard. May my god be my helper, may he go behind me. May my gatekeeper bow down, so that I might raise my neck on high! In the shrine of Enki, Asari in his Abzu will not be able to loose (this spell), since Nanše is at my side."

[*in the* . . .] of E-babbarra. [At] its gate I would have stationed Anzû [. . .,] [. . .] . . . your entrance I would have [. . .] I would have . . . [. . .] the city [. . .] Šamaš, and in Uruk . . . [. . . . . .,] because Šamaš heard what I said, in . . . [. . .] . . . he [*gave*] me a weapon. Now, O door, it was I who made you, I who raised [you] up! Can I [. . .you,] can I tear you out? May either a king who comes after me abhor you, or a god [. . . . . .] . . . may he hang you up! May he remove my name and set up his own! He tore out [. . . . . .] . . . he threw down.[21]

Three arguments make this speech: (i) Enkidu is the door's creator—he located the tree from which it is made in the forest, he turned it into a magnificent door, he sent it to Nippur to be hung in Enlil's temple;[22] (ii) the door was ungrateful—had Enkidu known that this would be the case, he would have treated it differently, sending it to Šamaš's temple; (iii) as its creator, Enkidu cannot perform an act of filicide and destroy the door himself (certainly not at this stage when he is on his deathbed)—he therefore invokes a future king to remove his, viz Enkidu's, name from it, thus severing all relations between him and the cursed door.[23]

Reading this passage after the previous ones, it is immediately apparent that this address to the door is unlike any other. First, no other hero has claimed to have made the door to which he/she is talking. Second, Enkidu's emotional outpouring seems out of place: he is filled with regret, as a disappointed father facing an ungracious son. In fact, Enkidu does not want anything from the door that a door can do. Simply put: he does not ask it to open or close. He regrets its very existence, for which only he is to blame.

But from an intra-plot point of view, Enkidu's regrets make sense: he gifted the door to Enlil's temple, but Enlil (as told in the Hittite version of the epic)[24] pronounced his death verdict, saving Gilgameš from this bitter fate. As put by George (1999, 54), Enkidu curses the door "because it had failed to secure for him the god's favour." The unfulfilled wish to send the door to E-babbarra also makes sense: throughout the epic, the Sun-god never failed the two friends and was always their protector; on the verge of death, Enkidu regrets not showing Šamaš his gratitude.[25] The events in Tablet V also explain why the door was sent to Nippur in the first place. After Šamaš—in a dramatic

21. ^{giš}*dalat ḫalbi ina lā* . . . [. . .] *bašât uznī ša lā ibaššû* [. . .] *ana* 20 *bēr assuqa iṣṣaki* [. . .] *adi* ^{giš}*erēna šīḫa āmuru* [. . .] *ul īšu aḫâ iṣṣuki* [. . .] 6 *nindan mīlûki* 2 *nindan rupuški* 1 [*ammat ūb*]*u*[*ki*] *šukûki saḫirki u šagammaki ša ištēnma ēpuški aššakki ina Nippuri*^{ki} *ēlāniš artitēka lū īde* ^{giš}*dalat kī annû* [*gimilk*] *i* KIMIN *dumuqki lū ašši pāšu lū akkisa k*[*âši*] *ama lū ušarkiba ana Ebabbara* [*ana*] *Ebabbara bīt* ^{d}*Šamaš lū uš*[*ābilakki*] [*ina* . . .] *Ebabbara erēna lū azqup* [*ina*] *bābīšu lū ušzīza Anzâ* [. . .] [. . .] *nērebiki lū* [. . .] *lū* . . . [. . .] *ša āli* [. . .] ^{d}*Ša*[*maš*] *u ina Uruk*^{ki} . . . [. . .] *aššu* ^{d}*Šamaš išmû qabâya ina* . . . [. . .] . . . ^{giš}*kakka it*[*tann*]*a eninna* ^{giš}*dalat anāku ēpuški anāku ašša*[*kki*] *anāk*[*u* . . . *anāk*]*u anassaḫki lū šarru ša ellâ arkīya lizērkilū ilu* [. . .] . . . *lirtēkima šumī linakkirma šumšu liškun ittasaḫ* [. . .] . . . *iddi* (George 2003, 635–37).

22. See SB Gilg. V 292–302 (George 2003, 612–15). OB Gilg. IM 22–28 (George 2003, 270–27) offers a more expanded version.

23. With the help of another literary text, we may comprehend better Enkidu's remark about his name being written on the door. Erra and Narām-Sîn (Lambert 1973, 359–60, and Goodnick Westenholz 1997, 198–99): 48–51 read: *ina šigarim mu-re-bi-im bābim ka-*[*wi-i*]*m šaknā bašmān siparra retītān daltān u šum Erra Narām-*^{d}Sîn *elšunu šaṭir tāḫazum šakin šum ša*[*rrim elšu*]*-nu šaṭir ṭubbum*, "On the bolt *which allows entering to* (?) the outer gate, by the two fixed doors with bronze-fastening, two serpents were placed. And an inscription (lit. 'name') of Erra (and) Narām-Sîn was written on them: "Battle"; where the inscription (lit. 'name') of the k[ing(?)] was applied, there was (also) written: 'Prosperity'" (cf. *CAD* R 297b).

24. George 1999, 55 (for the Hittite edition, see Stefanini 1969).

25. See SB Gilg. VII 91ff.

theophany[26]—enabled the two friends to capture Ḫumbaba, a creature under the aegis of Enlil,[27] it was Enkidu who prompted Gilgameš to finish him off.[28] The reason for sending the door—the direct product of venturing into the Cedar Forest and killing its guardian—to Enlil in Nippur was therefore to alleviate the supreme god's anger for breaking the taboo of the sacred forest and slaying Ḫumbaba. As it turned out, Enkidu underestimated Enlil's wrath and the door did not help him win Enlil's forgiveness.

Further reasons may explain Enkidu's regrets about the door. More than other chief gods in the Mesopotamian pantheon, Šamaš is connected to doors. He is responsible for the cosmic gate of heaven, through which he goes on his daily journey across the skies.[29] It is Šamaš who is responsible for the opening and closing of numerous temple doors, since it is his light that activates the diurnal cycle of cultic life in the land.[30] Sending a door to Šamaš was therefore a logical act.

But there is still more. Digging deeper into the epic reveals underlying tensions centered around the door—tensions between Enil and Šamaš on the one hand, and between Gilgameš and Enkidu on the other. Gifting the door to Nippur, to be hung in Enlil's temple, had undeniable political significance: whoever provides for the Ekur signals himself a ruler with hegemonic pretenses. In so doing, Gilgameš, through the agency of Enkidu, followed the traditional route of gaining political supremacy in Mesopotamia;[31] the fact that Enkidu laments this decision is a powerful critique of the prevalent political ideology, according to which Enlil in Nippur was the sole divine patron who could bestow political hegemony on the land. Enkidu's words reveal a certain friction, even a cleavage, between two competing religio-political views: centripetal hegemony with Nippur as its source of legitimation, and a centrifugal, non-centralized political option, based on local centers of power—in this case Larsa or Sippar, the two cities of the Sun-god. These two vying views can also be detected in historical texts. As argued by Myers (2007, 193), in the prologue of the Stele, Hammurapi legitimated his rule over Sumer and Akkad by leaning on Šamaš in Sippar, more than on Enlil in Nippur, distancing himself consciously from the Enlil–Nippur paradigm of hegemony. A similar notion is uncovered in the epic.

The last phrase in Enkidu's speech calls for a future king to sever any connection between the door and Enkidu by erasing his, viz. Enkidu's, name from it. Following again George (2003, 478), Enkidu "curses the door in terms that exactly reverse the prayers of blessing conventional in building and votive inscriptions."[32] This pertains

26. SB Gilg. V 137–40 (George 2003, 608–9) and George 1990.

27. OB Gilg. III 136–37 (George 2003, 200–201).

28. An act which was taken in the knowledge that it might enrage Enlil, see SB Gilg. V 181–85, 240–43.

29. [. . .] gal *sikkūr šamê mušpalkû dalāt dadmê*, "[. . .] . . . the bolt of the heavens, who opens wide the doors of the earth" (Lambert 1960, 136–37: 182) cf. Horowitz 2011, 300).

30. *tušpalki bābī ša kališ* [. . .] *ša kullat ᵈIgigî nindabêšunu* [. . .], "You open wide the gates of all [. . . you acknowledge] the food offerings of all the Igigi" (Lambert 1960, 126–27: 13–14).

31. Note Enkidu's words to Gilgameš in OB Gilg. II 238–39 (George 2003, 180–81): *ullu eli mutī rēška šarrūtam ša nišī išīmkum ᵈEnlil*, "You are exalted over warriors: the kingship of the people Enlil fixed as your lot."

32. A fine example for this prevalent royal ideology comes from Sennacherib's inscriptions. Interestingly, these too are formed as direct speeches, but to the *temmēnu*, the foundation deposit, not to a door: "O foundation inscription, [speak] favorable things to (the god) Aššur about Sennacherib, king of Assyria. . . . May any future ruler whom (the god) Aššur names for shepherding the land and people (and) during whose reign that temple becomes dilapidated renovate its dilapidated section(s). May he find my inscribed objects, anoint (them) with oil, make an offering, (and) put (them) back in their (text: 'its') place. (The god) Aššur

not merely to Enkidu's personal fate. Rather, this reversed ideology undermines the message which the epic presents, namely that the sole consolation for the inevitability of death lies in the prolongation of one's existence through one's progeny and building activities. Namely, the only way to combat one's personal demise is to shift from the personal to the historical level. Enkidu's curse, therefore, undermines the very ideological foundations of the epic, mocking Gilgameš's aspirations to achieve eternal life. The speech to the door reveals a hidden but nonetheless wide breach between the two friends, just before they part forever.

The ceremonial hanging of a door in its frame carries yet another political message. It signifies the successful conclusion of a monumental building activity, and marks the builder's aspiration to have his name retained forever. Neo-Babylonian building inscriptions are good examples of this. In detailed Neo-Babylonian building inscriptions, affixing the door marks the completion of temple construction.[33] Once the door is on its hinges, whenever it opens or closes it bespeaks the name of its maker, or owner. In this way, the movement of the door represents the inhalation and exhalation, while passage in and out of it is further proof that the house, or temple, is alive.[34] In literature too, a door represents the conclusion of building activity, rendering its existence permanent. In the final dialogue of the wisdom composition *Šimâ milka*, the son reproaches his father for building a house and filling it with riches, which amount to nothing in the face of looming death: "My father, you built a house, you elevated high the door; sixty cubits is the width of your (house). But what have you achieved? ... upon the day of your death (only) nine bread portions of offerings will be counted and placed at your head...."[35] For the father, the door is the accomplishment of his life, an act which means indemnity and perpetuity—but the son sees it as a vain and futile activity.[36] It is to be noted that both Enkidu and the son in *Šimâ milka* direct their exasperation on the door, sarcastically citing its exact measurements.

Remarkably, the tacit conflict between Enkidu and Gilgameš, building around the door, reflects an earlier confrontation between the two in which another door served as an object of dispute. In their first encounter, when the two heroes confronted each other by wrestling in the main street of Uruk, Enkidu blocked the doorway (*bābum*)

---

will (then) hear his prayers" (Grayson and Novotny 2012, 82: Sennacherib 10, 20–22; see also Grayson and Nobotny 2014, 244: Sennacherib 166, 30–35; 249, Sennacherib 168, 55–60).

33. "I fixed resplendent doors in its gates (*dalāti ṣīrātim urattâ in bābīšu*) I made this temple shine like the sun..." (Nabopolassar C12/1–4: 29, 2' = Da Riva 2013, 60) and "I inspected and examined its old foundation, and I established its foundation trench on its old foundation, I raised its high part, I elevated (it) as high as a mountain. I made firm its door-frames, fixed the doors in its gate (*sippūšu ukīnma in bābīšu ertâ dalāti*)" (Neriglissar C21/1: ii 25–26 = Da Riva 2013, 118).

34. The Bible offers an illuminating thematic parallel to Enkidu's curse of the door, with the same ideological scheme. After conquering Jericho, Joshua forbade any future ruler to rebuild the city and its walls. Joshua 6:26 reads: "At that time Joshua pronounced this oath: 'Cursed of the Lord be the man who shall undertake to fortify this city of Jericho: he shall lay its foundations at the cost of his first-born, and set up its gates at the cost of his youngest'." The curse is fulfilled, word-by-word, in 1 Kgs 16:34: "In his days did Hiel the Bethelite build Jericho; with Abiram his first-born he laid the foundation thereof, and with his youngest son Segub he set up the gates thereof; according to the word of the Lord, which he spoke by the hand of Joshua the son of Nun."

35. Cohen 2013, 98–99: 134'–37' (with minor changes).

36. The earthly door in this wisdom dialogue, the door of the large house which the father built and the son criticizes—is contrasted to another, truly eternal door, that of the Netherworld: "The Netherworld is teeming, but its inhabitants lie sleeping.... At the gate of the Netherworld, blinds are placed, so that the living will not be able to see the dead" (Cohen 2013, 98–100: 143'–45').

with his leg, preventing Gilgameš from entering. The fight was so intense that the door jamb was smashed and the wall quaked.[37] And so, doors and doorways are *loci* of tension and of rivalry, often hidden, in the epic: between deities, Enlil and Šamaš; between cities, Nippur and Sippar/Larsa; and, surprisingly, between the two main heroes, Enkidu and Gilgameš, whom a door separated from the start.

II. Akkadian "Talking to Doors" and Classical *Paraklausithyron*[38]

Classical literature offers an interesting comparison to the Akkadian motif of "Talking to Doors." *Paraklausithyron*, "Lament at the door," is found in ancient Greek and Latin literatures in specific circumstances, namely when a spurned lover is standing or lying in front of the barred door, behind which his beloved is found, often sleeping.[39] The *exclusus amator*, locked-out lover, addresses the door, imploring it to let him in. Following are some well-known examples.[40]

First, Tibullus in direct sentimental tone (*Elegiae* 1.2: 5–14):

My girl is now held hostage by a surly guard
and her hard door is shut and bolted tight.
Tough husband's door, may you be pummeled by the rain
and sought by lightning launched at Jove's command!
Door, open just for me, relenting to my pleas,
and as the hinge turns slyly, make no sound,
and pardon me for cursing you when I was crazed;
I ask you let that fall upon my head.
It's fitting you recall my vows and pleading tone
As I hung wreaths of flowers on your frame.[41]

Whereas Tibullus's speech is emotional, Catullus 67 is ironic and at times sarcastic. In this poem, Catullus "frames a dialogue between a housedoor and an interlocutor (or possibly interlocutors) in order to lampoon a fellow townsman and spread scandalous gossip about him and his family":[42]

O Door, delightful to a charming husband, delightful to one
with children, hello, and may Jupiter bless you with good fortune....[43]

A buffoonish turn of this motif is found already in Plautus' *Curculio* (1.1), where the lovesick Phædromus and his slave Palinurus approach the procurer's door (he is the owner of Planesium, the girl with whom Phædromus is infatuated):

37. OB Gilg. II 215–17, 220, 225.
38. I am grateful to Katharina Wesselmann (Kiel) for providing me with a list of Classical texts with *Paraklausithyron* and for sharing her penetrating insights on this literary motif.
39. H. A. Gärtner, "Paraklausithyron," in *Brill's New Pauly*. Brill Online, 2013. http://referenceworks.brillonline.com/entries/brill-s-new-pauly/paraklausithyron-e907820 (visited 10 May 2013).
40. To the passages discussed here see also Callimachus, *Epig*. 63, and Horace, *Odes* 3: 10.
41. Juster 2012, 8–9.
42. Richardson 1967, 423.
43. Trans. Brendan Rau http://rudy.negenborn.net/catullus/text2/e67.htm (visited 2 July 2018).

PHÆDROMUS: (*sprinkling the door with wine*). Come, drink, you joyous door, quaff on, readily prove propitious unto me.
PALINURUS: (*in an affected tone*). Door, would you like some olives or a tit-bit, or some capers?
PHÆDROMUS: Arouse and send out here to me your portress.
PALINURUS: You're spilling the wine; what matter is it that possesses you? (*Takes hold of his arm*).
PHÆDROMUS: Let me alone. Don't you see? This most joyous door is opening; does the hinge make a bit of creaking? 'Tis a charming one.
PALINURUS: Why don't you then give it a kiss?
PHÆDROMUS: Hold your tongue; let's keep back the light and our noise.
PALINURUS: Be it so. (*They stand apart, leaving the bowl near the door*).[44]

In Propertius, the trope of *Paraklausithyron* is turned upside-down, and the door, not the lover, is the speaker in the poem (Prop. 1.16: 1–8):

I who once had been open to great triumphs, the door known for Tarpeia's chastity, whose threshold (moist with the tears of suppliant captives) gilded chariots thronged, I am now wounded by the nighttime brawls of drunks, and often I protest, beaten by unworthy hands, and I'm never without disgusting wreaths hanging all over me or torches lying about, signs of one who's been locked out.[45]

It is the door itself that quotes a specimen of a lament-by-the-door, which it was forced to hear so many times (Prop. 1.16: 7–26):

Door—even crueler than my mistress herself—why, shut, do you keep silent in my face with those unfeeling panels of yours? Why do you never admit my love, unbarred for once? Do you not know how, when moved, to answer furtive prayers? Will no end be granted to my pain? Will disgraceful sleep come to me on this warm threshold? The middle of the night, the full stars, and the eastern frost of the chill breeze all feel my pain: you (who alone never pity human suffering) respond with quiet hinges.[46]

By upturning the rules and making the door the plaintive speaker that repeats the lover's lament, Propertius ridicules this literary device. In Nappa's words: "By including a paraclausithyron expressly intended by its speaker to mock the topos of the paraclausithyron, Propertius has incorporated into his text a notional criticism of elegiac protocols and values."[47]

From this brief overview of *Paraklausithyron*, we learn that in Classical literature the motif of talking to a door involved what we defined as Type III: PERSUADING, namely imploring the door to open. The question whether Type I: COMPELLING and

44. Trans. Henry Thomas Riley, http://data.perseus.org/citations/urn:cts:latinLit:phi0119.phi008.perseus-eng1:1.1 (visited 2 July 2018).

45. Nappa 2007, 61–63.

46. Ibid, 66.

47. Ibid, 57–58.

Type II: THREATENING can also be found in Classical literature should be left to professional classicists, not amateurs like myself.

III. Concluding Remarks

In the above, certainly incomplete, list of Akkadian passages, a wide diversity of characters have been noted talking to doors: mortal and divine, male and female, with different mindsets—furious, exultant, despairing and hopeful. But doors in ancient Mesopotamian literature were not only talked to—they themselves were able, indeed encouraged, to talk. In "Marduk 1," a first-millennium hymn, the petitioner says: "May the door bolts of your temple proclaim my happiness!"[48] and in a prayer to the Sun-god, another late hymnic text, we read: "O Šamaš, when you enter Heaven's Interior, may the bolt of the clear heavens say 'hello!', may the doors of the heavens bless you."[49] A similar request is found in Nabonidus' inscription: "O Šamaš, exalted lord, when entering the Ebabbara, your peaceful abode, may the gates, doorways, cellas, and courtyards rejoice in your presence and may they be glad at you like flowers."[50] Doors, therefore, were not merely passive architectural elements, but active entities, live membranes whose role it was to monitor space and movement, and thus to control the complicated relations between Inside and Outside.[51]

BIBLIOGRAPHY

Abel, L., and H. Winckler. 1890. *Keilschrifttexte zum Gebrauch bei Vorlesungen*. Berlin: Spemann.

Cohen, Y. 2013. *Wisdom from the Late Bronze Age*. WAW 29. Atlanta: SBL.

Couto-Ferreira, M. E. 2015–16. "In the Womb: Embryological Ideas in Mesopotamian Cuneiform Texts." *Korot* 23: 47–71.

Da Riva, R. 2013. *The Inscriptions of Nabopolassar, Amel-Marduk and Neriglissar*. SANER 3. Berlin: de Gruyter.

48. *šigārī bītīka liqbû dumqīya* (Lambert 1959–60, 59: 168; ref. and restoration, courtesy Enrique Jiménez).

49. <^{d}*Šamaš*> *ana qereb šamê ina erēbīka šigar šamê ellūtim šulma liqbukkum dalāt šamê likrubākum* (Abel and Winkler 1890, 59: no. 2, 1–6; cited in Horowitz 2011, 248).

50. ^{d}*Šamaš bēli ṣīri ana Ebabbara šubat tapšuḫtīka ina erēbīka bābī nērebī papāḫī u kisallī liḫdû pānukku kīma ayyarī lirīšūku*, "O Šamaš, exalted lord, when you enter the Ebabbara, your restful dwelling, may the gates, entrances, cellas, and courtyards rejoice in your presence (and) rejoice at you like flowers" (Schaudig 2001, 387, 393: no. 2.9, II, 15–17).

51. In a breath-taking poem, Emily Dickinson (CXI) captures a door, momentarily disclosing and immediately hiding the richness of life behind it:

A door just opened on a street—
I, lost, was passing by—
An instant's width of warmth disclosed,
And wealth, and company.

The door as sudden shut, and I,
I, lost, was passing by,—
Lost doubly, but by contrast most,
Enlightening misery.

Ebeling, E. 1954. "Eine assyrische Beschwörung, um einen entflohenen Sklaven zurückzubringen." *Or* NS 23: 52–56.
Foster, B. R. 2005. *Before the Muses: An Anthology of Akkadian Literature*. 3rd ed. Bethesda, MD: CDL Press.
George, A. R. 1990. "The Day the Earth Divided: A Geological Aetiology in the Babylonian Gilgamesh Epic." *ZA* 80: 214–19.
———. 1992. *Babylonian Topographical Texts*. Leuven: Peeters.
———. 1999. *The Epic of Gilgamesh: A New Translation.* Penguin Classics. Harmondsworth: Penguin Books.
———. 2003. *The Babylonian Gilgamesh Epic*. Oxford: Oxford University Press.
———. 2016: *Mesopotamian Incantations and Related Texts in the Schøyen Collection.* CUSAS 32. Bethesda, MD: CDL Press.
Goodnick Westenholz, J. 1997. *Legends of the Kings of Akkade*. MC 7. Winona Lake, IN: Eisenbrauns.
Grayson, A. K., and J. Novotny. 2012. *The Royal Inscriptions of Sennacherib, King of Assyria (704–681 BCE), Part 1.* RINAP 3/1. Winona Lake, IN: Eisenbrauns.
———. 2014. *The Royal Inscriptions of Sennacherib, King of Assyria (704–681 BCE), Part 2.* RINAP 3/2. Winona Lake, IN: Eisenbrauns.
Horowitz, W. 2011. *Mesopotamian Cosmic Geography*. 2nd ed. MC 8. Winona Lake, IN: Eisenbrauns.
Jiménez, E. 2016. *The Babylonian Disputation Poems.* CHANE 87. Leiden: Brill.
Juster, A. M. 2012. *Tibullus, Elegies.* Oxford World's Classics. Oxford: Oxford University Press.
Kienast. B. 2003. *Iškar šēlebi: Die Serie von Fuchs.* FAOS 22. Stuttgart: Steiner Verlag.
Lambert, W. G. 1959–60. "Three Literary Prayers of the Babylonians." *AfO* 19: 47–66.
———. 1960. *Babylonian Wisdom Literature*. Oxford: Clarendon.
———. 1973. "Studies in Nergal." *BiOr* 30: 355–63.
Lapinkivi, P. 2010. *The Neo-Assyrian Myth of Ištar's Descent and Resurrection.* SAACT 6. Helsinki: The Neo-Assyrian Text Corpus Project.
Matsuura, M., and S. Yamane. 1990. *Biology of the Vespine Wasps*. Berlin: Springer-Verlag.
May, N. N. 2014. "Gates and their Functions in Mesopotamia and Ancient Israel." Pages 77–121 in *The Fabric of Cities: Aspects of Urbanism: Urban Topography and Society in Mesopotamia, Greece, and Rome.* Edited by N. N. May and U. Steinert. CHANE 68. Leiden: Brill.
Myers, J. 2007. "Šamaš of Sippar and the First Dynasty of Babylon." Pages 193–99 in *Studies Presented to Robert D. Biggs, June 4, 2004.* Edited by M. T. Roth, W. Farber, M. W. Stolper, and P. von Bechtolsheim. From the Workshop of the Chicago Assyrian Dictionary 2. Chicago: Oriental Institute.
Nappa, C. 2007. "Elegy on the Threshold: Generic Self-Consciousness in Propertius 1.16." *The Classical World* 101: 57–73.
Richardson, L. 1967. "Catullus 67: Interpretation and Form." *The American Journal of Philology* 88: 423–33.
Schaudig, H. 2001. *Die Inschriften Nabonids von Babylon und Kyros der Großen samt den in ihrem Umfeld entstandenen Tendenzschriften.* AOAT 256. Münster: Ugarit-Verlag.
Stadhouders, H. 2013. "A Time to Rejoice: The Egalkura Rituals and the Mirth of Iyyar." Pages 301–23 in *Time and History in the Ancient Near East: Proceedings of the 56th Rencontre Assyriologique Internationale at Barcelona, July 26–30, 2010*. Edited by L. Feliu, J. Llop, A. Millet Albà, and J. Sanmartín. Winona Lake, IN: Eisenbrauns.
Stefanini, R. 1969. "Enkidu's Dream in the Hittite 'Gilgamesh'." *JNES* 28: 40–47.
Steinert, U. 2011. "Akkadian Terms for Streets and the Topography of Mesopotamian Cities." *AoF* 38: 309–47.
Steinkeller, P. 2002. "Stars and Stripes in Ancient Mesopotamia: A Note on Two Decorative Elements of Babylonian Doors." *Iranica Antiqua* 37: 359–71.
Veldhuis, N. 2003. "Entering the Netherworld." *CDLB* 2003: 1–4.

Wasserman, N. 2016. *Akkadian Love Literature of the Third and Second Millennium BCE*. LAOS 4. Wiesbaden: Harrassowitz.

Woods, C. 2009. "At the Edge of the World: Cosmological Conceptions of the Eastern Horizon in Mesopotamia." *JANER* 9: 183–239.

CHAPTER 20

Die Klausel á mu-ú/u8-a-šè in altbabylonischen Miet- und Feldpachtverträgen aus Nippur, Isin und unbekannter Herkunft: Politische Motive für die Stilisierung von Rechtsurkunden?

Claus Wilcke
Universität Leipzig

1. Allgemeines und lexikalische Bezeugung

Altbabylonische Mietverträge für ein Haus oder Zimmer und Pachtverträge für Felder[1] aus Nippur und Isin[2] und vereinzelt auch solche unbekannter Herkunft verwenden häufig neben anderen, in den einschlägigen Urkunden dieser Periode üblichen Klauseln anstelle der in Babylonien gemeinhin für die einjährige Pacht oder Miete üblichen

(nam-)mu-1-šè / *ana* mu 1-kam "für 1 Jahr"

eine andere, nur in sumerischer Sprache bezeugte:

á mu-ú/u8-a-šè.

Gelegentliche Varianten ersetzen á- durch a1- oder -ú- durch -u8- oder lassen das -a- nach dem ú (oder dessen seltenerer Variante u8) aus.

Diese Klausel wurde meines Wissens bislang noch nicht analysiert. Sie wurde wohl auch eher paraphrasiert als übersetzt.[3] Ihre Verbreitung in Zeit und Raum wurde noch nicht näher untersucht.

1. Siehe G. Mauer, "Das Formular der altbabylonischen Bodenpachtverträge" (Diss., München 1980); und jetzt die grundsätzliche Behandlung durch M. Stol, "Gerstenpacht, Dattelgarten," S. 847–55 in D. Charpin, D. O. Edzard, M. Stol, *Mesopotamien: Die altbabylonische Zeit, Teil 3:* M. Stol, *Wirtschaft und Gesellschaft in altbabylonischer Zeit,* S. 641–975, Annäherungen 4, OBO 160/4 (Fribourg: Academic Press; Göttingen: Vandenhoek & Ruprecht, 2004); ferner: M. Stol, "Pacht B, Altbabylonisch," *RlA* 10/3–4 (Berlin/New York 2004), 170–72. — Die Dattelpalmgartenpacht mit ihren von der Feldpacht sehr verschiedenen Bedingungen bleibt hier außer Betracht. Bei ihr ist die á mu-ú/u8-a-šè-Klausel m.W. (zumindest bislang) nicht bezeugt.

2. Anlass zu dieser Studie war die Arbeit an den Keilschrifttexten aus Isin, die jetzt als Abhandlung 143 der Bayerischen Akademie der Wissenschaften erschienen sind.

3. Z.B., *CAD* I-J 20 links s.v. idū f "annually"; so auch ("annuel") D. Charpin, J.-M. Durand, "Textes paléo-Babyloniens divers du Musée du Louvre," *RA* 75 (1981): 15–29 (18); und A. Goddeeris, TMH 10, S. 172: "pro year."

Lexikalisch ist sie bezeugt in Proto Izi II 72–73 (*MSL* 13, 43)

á mu-u$_8$-a-šè	á iti-da-a-šè

Proto Izi II (Bilingual) iii 8'–9' (*MSL* 13, 57)

á mu-bi-šè	*a-na i-di ša-at-ti-šu*
á íti-bi-šè	*a-na i-di ar-ḫi-šu*

Izi Boghazköy Tablet A 39–41 (*MSL* 13, 134)

á mu-bi-šè	*a-na i-dì* MU-*šu*	MU.KAM-*aš ku-uš-ša-an*
⸢á⸣ iti-bi-šè	*a-na i-dì* ITI-*šu*	ITI-*aš ku-uš-ša-an*
[á] u$_4$-bi-šè	*a-na i-dì* U$_4$-*šu*	UD.KAM-*aš ku-uš-ša-an*

Auch das juristische "Schulbuch" "Sumerian Laws Handbook of Forms"[4] führt sie auf:

viii 16-19 [na]m-apin-lá-šè ⸢á-mu-ú-a-šè⸣ [i]gi [4-ĝál]-šè íb-ta-an-è

A. Leo Oppenheim, Zum altbabylonischen Mietrecht. WZKM Beiheft 2 (1936) 28 übersetzte "(gegen) jährlichen Mietzins."

Dem folgen *CAD* I-J (1959) S. 16 s.v. "idū s. pl. tantum; hire, wages, rent" für á mu-bi-šè = *a-na i-di ša-at-ti-šu* mit 'as the yearly rent' und für á iti-bi-šè = *a-na i-di ar-ḫi-šu* mit 'as the monthly rent' und dann auch S. 20 (links) für á mu-ú/u$_8$-a-šè mit "annually."

M. Roth, "Sumerian Laws Handbook of Forms" (1995) 53 gibt viii 16-19 (s.o.) wieder durch[5]:

"He leased for cultivation at the rate of one quarter of the annual crop."

G. Mauer, "Bodenpachtverträge" (1980) 93 hatte á mu-ú/u$_8$-a-šè als "Zeitangabe" verstanden und mit "für den Zeitraum einer Anbauperiode" wiedergegeben. Sie vertrat die Ansicht, diese Klausel und die in altbabylonischen Urkunden häufige Angabe einer einjährigen Dauer von Feldpacht (nam-mu-1-kam, *ana* mu 1-kam) könnten

> "nicht einfach nur mit 'für éin Jahr' übersetzt werden, sondern, da für die Pachtdauer sowohl Bestellung als auch Brache einbezogen werden muss, nur Anbauperiode bedeuten."[6]

4. Chapter 6, pp. 46–54 in: M. Roth, *Law Collections from Mesopotamia and Asia Minor* with a Contribution of Harry Hoffner, ed. P. Michalowski, WAW 6 (Atlanta: SBL, 1995), 53–54 viii 16–19. (Erstedition: M. Roth, "Scholastic Tradition and Mesopotamian Law: A Study of FLP 1287, a Prism in the Collection of the Free Library of Philadelphia" (PhD diss., University of Pennsylvania 1979), 135–38.

5. Das lässt sich als Paraphrase, aber nicht als Versuch einer Übersetzung verstehen.

6. Mauer, "Bodenpachtverträge" (1980), S. 91f.; M. Stol, "Gerstenpacht" (2004) und "Pacht B" (2004) geht auf diese Klausel nicht ein.

Zur Begründung wies sie auf die regelhafte Erwähnung von Brache in ca. ein Jahrtausend späteren, neuassyrischen Feldpachtverträgen hin und darauf, dass eine spätaltbabylonische Urkunde über Neubruchpacht das Wort "Jahr" (*šattum*) durch "Ernten" (*eṣēdum*) ersetzt. Sie schloss daraus: "Das eine Jahr ist wohl die unterste Bewirtschaftungsgrenze, um dann stillschweigend verlängert zu werden." Letzteres, die Verlängerung der Pachtdauer ohne erneuten schriftlichen Vertrag, ist *communis opinio*.[7]

Man kann jedoch vermuten, dass jeweils neue mündliche Vereinbarungen zu treffen waren. Ob dies förmlich vor Zeugen geschehen musste, oder auch in privater, formloser Absprache möglich war, lässt auch die Briefliteratur nicht erkennen.

Eine weitergehende, dem Wortlaut der genannten Klauseln und der grammatischen Analyse der sumerischen Formulierung (s. sogleich) widersprechende Schlussfolgerung auf regelhafte Brachejahre und solche der Bodenaufbereitung scheint mir nicht zwingend und auch nicht sinnvoll. Zudem erwähnt G. Mauers Liste von "Möglichkeiten der damaligen Zeit zur Bodenverbesserung ....: Düngung durch Kotfladen, Überweidung, Anbau stickstofffördernder Leguminosen und ... Brachwirtschaft"[8] z.B. regelhafte Überflutungen der Felder und auch die Praxis von "Leaching" nicht.

M. Stol zitiert aus einem altbabylonischen Brief,[9] demzufolge nach einem Jahr Brache ein Vertrag über eine dreijährige Neubruchpacht abzuschließen sei,[10] und er weist auf im Laufe der altbabylonischen Zeit ständig sinkende Pachtquoten hin.[11] Letztere zeigen deutlich (in Folge intensiver Bodennutzung) fortschreitend drastisch sinkende Erträge an. Beides spricht deutlich gegen eine nach einjähriger Feldbestellung regelhafte Zeit von Brache und Aufbereitung der Bodenqualität.

Grammatisch verstehe ich die Klausel á mu-ú/u$_8$-a-šè als /á–mu-e-ak-šè/ : Entgelt (á)[12]—Jahr (mu)—Nahdeixis (e)—Genitiv (ak)[13]—Terminativ (šè) "als Entgelt (für Arbeit und/oder Nutzung) dieses Jahres" und verweise auf meine knappe Erörterung der graphischen Wiedergabe des -e- des Demonstrativsuffixes nach mu "Jahr" vor dem Suffix des Genitivs,[14] bei der ich diese altbabylonische Klausel aber übersehen habe.

Die Pacht- oder Mietklausel á mu-ú/u$_8$-a-šè íb-ta-an-è könnte—der Konjunktiv ist bewusst gewählt—dann bedeuten:

7. Stol, "Gerstenpacht" (2004), S. 851 [= "Pacht, B" (2004), 171] führt aus: "Die Pacht dauerte kontraktuell nur ein Jahr. G. Mauer hat jedoch mit einiger Wahrscheinlichkeit gezeigt, dass nur éine Anbauperiode unpraktisch ist. Briefe zeigen, daß ein Bauer mehrere Jahre ein Feld in Pacht hatte."

8. Mauer, "Bodenpachtverträge" (1980), 91.

9. Stol, "Pacht B" (2004) § 1c, 171 (mit Literatur).

10. R. Frankena, *Briefe aus dem British Museum* (*LIH* und CT 2–33), *AbB* 2 (ed. F. R. Kraus) 1966, Nr. 92, 15–19 (vorher: A. Ungnad, *Babylonische Briefe aus der Zeit der Hammurabi-Dynastie* (Leipzig: Hinrichs'sche Buchhandlung, 1914), Nr. 231).

11. Stol, "Pacht B" (2004), 170 §1a.

12. Lohn für Arbeit, Nutzungsentgelt für ein Gebäude (Miete) oder ein Grundstück (Pacht).

13. Die Form á mu-ú-a-ne-ne-šè in *ARN* 138, 4' ist entsprechend als /*á mu-e-anene-(a)k-šè/) "als Arbeits-/Nutzungsentgelt von diesem ihrem Jahr" anzusehen: In ihrem gemeinsamen Jahr wollen Verpächter und Pächter Arbeit zu gleichen Teilen leisten und den Ertrag in gleicher Weise teilen. Das pluralische Possessivsuffix ist darum korrekt gebraucht.

14. Im Nachtrag (S. 395f.) zu C. Wilcke, u$_4$-ba vs. u$_4$-bi-a: "Zum Lokativ der sumerischen Possessivsuffixe des Singulars," in C. Mittermayer, S. Ecklin (Hrsg.), *Altorientalische Studien zu Ehren von Pascal Attinger mu-ni u$_4$-ul-li$_2$-a-aš ĝa$_2$-ĝa$_2$-de$_3$*, OBO 256 (Fribourg: Academic Press; Göttingen: Vandenhoeck & Ruprecht, 2012), S. 369–98.

"Er (=der Pächter/Mieter) hat es (= das Feld/Haus) aus (dem Besitz des Eigentümers) als Gegenleistung für in diesem Jahr erbrachte Arbeit/Mietzahlung herausgeführt", und ich bitte den Leser, die leicht divergierenden Übersetzungen zu korrigieren.

In den Übersetzungen verkürze ich "als Gegenleistung für in diesem Jahr erbrachte Arbeit/Mietzahlung" zu "als Arbeitsentgelt" (oder: "als Nutzungsentgelt") für dieses Jahr."

Bei der Feldpacht kommt meistens der vor- oder nachgestellte Zusatz

igi 3-ĝál-šè "für ein Drittel"

hinzu, der nicht appositionell, sondern als weitere, vom selben Subjekt, d.h. vom Pächter, zu erbringende Leistung, zu verstehen und deshalb jeweils mit "und für ein Drittel" übersetzt ist.

Seltener sind Zusätze in der Form

igi 4-ĝál-šè "für ein Viertel"

oder

nam-tab-ba-šè "zur Partner-/Genossenschaft" || šu-ri-a-šè "zur Hälfte" (s. Nr. 49a)

Ob die Formulierungen der Urkunden diese Vorab-Interpretation aufgrund des Wortlautes der Formel voll bestätigen, soll an Hand der einzelnen Urkunden geprüft werden.

Die Texte sagen nicht, wie "dieses Jahr" zu verstehen sei. Ist das Kalenderjahr gemeint? Hat man ein agrarisches Jahr im Auge, das mit Vorbereitungen für die Aussaat beginnt und mit der Einlagerung der Erträge in die Getreidespeicher (gur_7 = *karûm*) endet? Vielleicht ist das auch unerheblich. Denn im Idealfall wird das Getreide im letzten Monat des Jahres geerntet, und anschießend können parallel zu Drusch und Einlagerung des Getreides auch die Vorbereitungen für die neue Aussaat beginnen.

Mit dieser Studie möchte ich Jack Sasson herzlich gratulieren und ihn aus dem erhabenen Palast von Mari in die Niederungen der Felder von Nippur und Isin locken.

2. Katalog der Urkunden mit á mu-ú(/u_8)-a-šè-Klausel

Die folgende Zusammenstellung einschlägiger Urkunden[15] einschließlich des Auszugs aus dem "Sumerian Laws Handbook of Forms" in Transliteration und Übersetzung

15. Die Werke, denen mehrere Texte der zitierten Urkunden entnommen sind, zitiere ich wie folgt:
Chiera, PBS 8/1, 8/2: Edward Chiera, *Legal and Administrative Documents from Nippur chiefly from the Dynasties of Isin and Larsa*, Publications of the Babylonian Section Vol. VIII/1–2, University of Pennsylvania, The University Museum (Philadelphia: The University Museum) 1914, 1922.

ist nach der Präsenz oder Abwesenheit der á mu-ú/u$_8$-a-Klausel, nach Herkunft (bezeugte oder erschlossene Fundorte) und nach den Vertragsarten Pacht, Miete und sonstige Urkunden (nur eine mit dieser Klausel) und innerhalb dieser Gruppen jeweils chronologisch gegliedert.[16]

A. Quellen mit der á mu-ú/u$_8$-a-šè-Klausel

Formularhandbuch unbekannter Herkunft

Nr. 1. M. Roth, "Sumerian Laws Handbook of Forms" (1979; 1995),[17] S. 53–54 viii 16–34

16–19 [na]m-apin-lá-šè ⸢á-mu-ú-a-šè⸣ [i]gi [4-ĝál]-šè íb-ta-an-è
20–21 kù máš a-šà-ga-ke$_4$ šà-ga-ni al-du$_{10}$,
22–25 išin$^?$ a-šà-ga ĝál-la-bi lugal a-šà-ga-ke$_4$ mu-⸢un⸣-dab$_5$
26–30 u$_4$ b[uru$_{14}$]-ka še [a-š]à-ga ĝál-la-⸢bi⸣ ígi 4-ĝál-ka ì-bu-re-ma
31–34 lugal a-šà-ga-ke$_4$ níĝ-ĝál-la é-gal-ke$_4$ saḫar[18] a-šà-ga ba-ni-⸢íb⸣-[gi$_4$-gi$_4$]

"Für Arbeitsentgelt für dieses Jahr und für ein Viertel hat er es zur Bewirtschaftung[19] gepachtet.

Çığ, Kızılyay, Kraus, ARN: Muazzez Çığ, Hatiçe Kızılyay, Fritz Rudolph Kraus, *Altbabylonische Rechtsurkunden aus Nippur* (Istanbul: Mılı Eğitim Basımevı, 1952).

Goddeeris, TMH 10: Anne Goddeeris, *The Old-Babylonian Legal and Administrative Texts in the Hilprecht Collection, Jena,* with a Contribution by Ursula Seidl. Texte und Materialien der Frau Professor Hilprecht Collection im Eigentum der Universität Jena, herausgegeben von Manfred Krebernik, Bd. 10 (Wiesbaden: Harrassowitz Verlag, 2016).

KT Isin: Claus Wilcke, Hrsg. (mit Unterstützung durch Stefan Odzuck), *Keilschrifttexte aus Isin–Išān Baḥrīyāt: Ergebnisse der Ausgrabungen der Deutschen Forschungsgemeinschaft unter der Schirmherrschaft der Bayerischen Akademie der Wissenschaften, kopiert von D. O. Edzard, C. B. F. Walker und C. Wilcke, mit einem einführenden Text von Walter Sommerfeld,* ABAW NF 143 (München, Verlag der Bayerischen Akademie der Wissenschaften, 2018).

Leemans, TLB III: W. F. Leemans, *Tabulae a F.M.Th. de Liagre-Böhl collectae*, vol. III (Leiden: Nederlands Instituut voor het Nabije Oosten, 1954–1964).

Poebel, BE 6/2: Arno Poebel, *Babylonian Legal and Business Documents from the Time of the First Dynasty of Babylon chiefly from Nippur*, The Babylonian Expedition of the University of Pennsylvania, Series A: Cuneiform Texts edited by H. V. Hilprecht, vol. 6/2 (Philadelphia. University of Pennsylvania, Department of Archaeology, 1909).

Stone, Nippur Neighborhoods: Elisabeth C. Stone, *Nippur Neighborhoods*, SAOC 44 (Chicago: The Oriental Institute of the University of Chicago, 1987).

Stone, Zimanski, OMI 1: Elisabeth C. Stone, Paul E. Zimanski, *Old Babylonian Contracts from Nippur*, The Oriental Institute of the University of Chicago, Microfiche Archives, vol. 1 (Chicago und London: The Oriental Institute of the University of Chicago, 1976).

16. Bei den jüngst von A. Goddeeris in TMH 10 publzierten und edierten Quellen beschränke ich mich auf Auszüge, da sie in einer zeitnahen Edition vorliegen.

17. Zitiert nach der Ausgabe von 1995: M. Roth, *Law Collections from Mesopotamia and Asia Minor*, S. 46–54; Erstedition: M. Roth, "Scholastic Tradition and Mesopotamian Law," 135–38.

18. Kopie und Lesung der Herausgeberin: saḫar. M. Krebernik teilt mir mit, auch in Nr. 9 sei das entsprechende Zeichen nach dem Photo eher IŠ (Lesung Goddeeris: saḫar) als á⁻, wie ich wegen der Ähnlichkeit von IŠ (saḫar) und DA (á⁻) zu lesen erwogen hatte.

19. nam-apin-lá-šè è = *ana errēšūtim šūṣûm* ist *terminus technicus* für das Pachten, dabei bedeutet apin lá "(die Zugtiere vor) den Pflug spannen" und *erēšum* "(mit dem Saatpflug) pflügen."

Hinsichtlich der Feldzins-Bewässerungszahlung ist er (der Feldeigentümer) zufriedengestellt. Die auf dem Felde vorhandenen Halme hat der Feldeigentümer ergriffen.
Zur Erntezeit wird er die auf dem Feld vorhandene Gerste zu einem Viertel *abziehen*,[20] und der Feldeigentümer wird ‚die Sicheln des Palastes'[21] und die Erdarbeiten für das Feld [begleichen]."[22]

Aaa) Verträge aus Nippur mit á mu-ú/u$_{8}$-a-šè-Klausel: Pachtverträge

Nr. 2. Chiera, PBS 8/1, 31; Datum Rīm-Sîn I 58 [?, ?]; Stoppelfeld:

$^{Vs.}$ [n;n.n GÁNA a-š]à GUG$_{4}$-še, [šà a-šà *Ì*$^{?}$]-*lí-dūrī*(BÀD), [ús-a-DU] ^{d}UTU-*ú-a*, [*ù B*]*e-lí-ki-im-ti*, [a-šà *I*]*m-gur-*^{d}*Nin-urta*, [*ù*] ^{d}*Sîn-ma-gir*, [ki] *Im-gur-*^{d}*Nin-urta*, ⸢*ù*⸣ ^{d}*Sîn-ma-gir*-ta, [^{I}*Ḫa*]-*bíl-a-ḫi* dumu ^{d}*Nin-urta-ga-mil*-ke$_{4}$, [nam]-apin-lá **á mu-u$_{8}$-a-šè**, [nam$^{?}$-ig]i {Ras.$^{?}$} 4-ĝál-bi, [í]b-ta-an-è, [u$_{4}$ buru$_{14}$-š]è igi 4 ĝál-bi, $^{Rs.}$ [*i-le-qú*]-⸢*ú*⸣, [x x x *i-na-d*]*i-nu*, [x x x x x]⸢x⸣, [x x x x x]-NE, [x x x x]-^{d}*Sîn*, [x x x x]-*ir*, [^{d}x-x-ma]-an-šúm, [x x x x]⸢x⸣ dub-sar, [iti x mu] ki 29 ús-sa, [^{d}*Ri-im*]-^{d}*Sîn* lugal-e, [Ì-si-i]n^{ki} ba-dab$_{5}$-ba

" [....] Stoppel[feld] [in den I]lī-dūrī-Feldern, [angrenzend an] Utūʾa und Bēlīkimtī, Feld von Imgur-Ninurta und Sîn-māgir, hat von Imgur-Ninurta und Sîn-māgir Ḫabil-aḫī, Kind von Ninurta-gāmil, für Arbeitsentgelt für dieses Jahr und für ein Viertel gepachtet. Zu[m Tag der Ernte werden$^{?}$] sie (= die Verpächter) ein Viertel davon [nehmen$^{?}$] (und) [.... ge]ben$^{?}$ .....[23] " 4 oder 6 Zeugen. Datum.

20. So, falls bu-r im mathematischen Sinne von *nasāḫum, nussuḫum* zu verstehen ist. Gleichzeitig ist aber auch das physische Entnehmen gemeint.

21. M. Roth übersetzte: "The owner of the field is responsible for maintaining the property belonging to the palace and the earthworks of the field." — Nr. 9 verteilt níĝ-ĝál-la und é-gal über 2 Zeilen; das spricht gegen eine Genitivverbindung. Ich nehme aber an, dass níĝ-ĝál-la hier für *niggallu* "Sichel" steht, wenngleich die Wörterbücher níĝ-ĝál(-la) erst für Nuzi-Texte als Wortzeichen für *niggallu* notieren und auch I. Schrakamp in *RlA* 12/5–6 (2010) s.v. "Sichel" es nicht nennt. Der -a-Auslaut zeigt níĝ-ĝál-la als mögliches Lehnwort aus dem Akkadischen (wo *niggallum* ein Lehnwort unbekannter Herkunft ist) und für die Schreibung ..Vĝ-ĝV.. könnten die in Nuzi und später zu beobachtende Nasalisierung der Konsonantenlänge ([g:] >[ng]) einerseits und eine (spielerische?) Volksetymologie der Schreiber andererseits verantwortlich sein.—"Vorhandene Dinge des Palastes" wäre ein höchst unpräziser Ausdruck in einer Rechtsurkunde (und "property" wäre wohl eher níĝ-ga.r;—*niggallû* < níĝ-ĝál-la ist nach Ausweis des *CAD* als Synonym zu Begriffen für "Habe" in nachaltbabylonischen lexikalischen Texten, z.B. auch als a-šà níĝ-ĝál-la = *eqlu niggallê* bezeugt).

Die Notwendigkeit, für die Ernte saisonale Arbeitskräfte anzumieten und für diese die nötigen Sicheln bereitzustellen, ist evident; ebenso evident ist, dass zur Erntezeit private Arbeitskräfte kaum zur Verfügung standen, dass aber die öffentliche Hand das eher leisten konnte. Man könnte zusätzlich erwägen, dass man anzumietende Erntearbeiter wegen ihres Geräts "Sicheln" nannte.

22. M. Roth, *Law Collections*, 47, notiert, dass es keinerlei Angaben zur Herkunft des Prismas gibt, auf dem diese Fomular-Sammlung niedergeschrieben ist, und sie notiert "The Compendium was recorded by an accomplished scribe." Man wird annehmen dürfen, dass die auf diesem Prisma aufgezeichneten Texte, wenn es nicht aus Nippur stammen sollte, dennoch auch in Nippur wie in Isin und anderen Städten bekannt waren und im Schulunterricht gelehrt wurden.

23. Lesung und Ergänzung der Spuren geraten. Ob Z. 16–17 noch zum Text der Urkunde gehören oder aber mit ihnen die Zeugenliste beginnt, ist nicht zu erkennen.

Nr. 3. Chiera, PBS 8/1, 86; Datum: Samsu-iluna 4 vii 22: Stoppelfeld:

$^{Vs.}$ 0;0.3 GÁNA a-šà ú-gug$_4$, šà a-šà a-uz-za, ús-a-DU ^{d}Nanna-ĝu$_{10}$ muḫaldim, a-šà ^{d}Nuska-ma-an-šúm (dumu Ur-^{d}Ba-ú)[24], ^{5}ki ^{d}Nuska-ma-an-šúm-ta, ^{I}*Dam-qí-ì-lí-šu* (dumu *Na-ra-am-^{d}Sîn*)[25]-ke$_4$, nam-apin-lá-šè, **á mu-ú-a-šè**, igi 3-ĝál-šè, ^{10} íb-ta-an-è, $^{Rs.}$ [igi ....] (dumu x-x]-⌜x⌝-[g]i$^{?}$-a)[26], igi *I-na-É-kur-ra-bi* dumu *Dam-qum*, igi Ur-du$_6$-kù-ga dumu *Ì-lí-ya-tum*, igi AN.AŠ dumu KA-^{d}En-líl-lá, ^{15} igi ^{d}*Nuska-ni-šu* gudu$_4$ ^{d}Nuska, igi ^{d}*Nanna-tum* gudu$_4$, igi *I-bi-*^{d}BÁRA aga$^{?}$-ús unken$^{?}$-na, igi ^{d}*Nin-urta-mu-ša-lim* ⌜x x⌝, iti du$_6$-kù u$_4$ 22-kam, ^{20} mu *Sa-am-su-i-lu-na* lugal, I$_7$ *Sa-am-su-i-lu-na*-ḫé-ĝál, mu-un-ba-al-la

"3 iku Ḥalfagras-Feld in den a-uz-za-Feldern, angrenzend an (das vom) Koch Nanna-ĝu, Feld des Nuska-manšum, (des Kindes des Ur-Ba$^{?}$u), hat von Nuska-manšum Damqilišu (Kind des Narām-Sîn) als Arbeitsentgelt für dieses Jahr und für ein Drittel gepachtet." 8 Zeugen. Datum.

Nr. 4. Stone, Zimanski, *OIMA* 1, 14; Datum (laut Katalog) Samsu-iluna 6 II 2; Stoppelfeld:

$^{Vs.}$ 1;0.0 GÁNA a-šà gug$_4$-še, šà a-šà buru$_{14}$ maḫ ^{d}En-líl-lá, ús-a-DU ^{d}*En-líl-be-el-aplim*, a-šà *Im-di-*^{d}*En-líl*, ^{5}ki *Im-di-*^{d}*En-líl*-ta, ^{I}*Ì-lí-ip-pa-al-sà*, nam-apin-lá igi 3-ĝál, **á mu-u$_8$-a-šè**, íb-ta-an-è, ^{10} 3;0.0 še gur máš nu-ub-tuku, ki *Ì-lí-ip-pa-al-sà, Im-di-*^{d}*En-líl*-kam, šu ba-an-ti, ⌜x⌝-ta šà-ga-ni bí-íb-du$_{10}$-ge, ^{15}iti gu$_4$ si-su u$_4$ 2-kam, mu *Sa-am-su-i-lu-na* lugal, [...] (schwache Siegelspuren am o. Rd.)

"1 bùr Stoppelfeld in den Feldern ‚Höchste Ernte Enlils', angrenzend an Enlil-bēl-aplim, Feld des Imdī-Enlil, hat von Imdī-Enlil Ilī-ippalsa für ein Drittel, für Arbeitsentgelt dieses Jahres gepachtet. 3 Kor Gerste—zinslos—hat {von} Ilī-ippalsa—es ist <von> Imdī-Enlil—empfangen. Aus dem .... wird er ihn zufrieden stellen." Datum. Siegelspuren.

Nr. 5. Stone, *Nippur Neighborhoods* 29; Datum: Rīm Sîn II. 1 VIII 25; 2 geerbte Versorgungsfelder:

$^{Vs.}$ 0;0.2 GÁNA a-šà šuku Ká-bi$^{?}$, ús-a-DU *Na-bi-*^{d}En-líl{-lá$^{?}$}, 0;0.2 GÁNA a-šà šuku *Me-*⌜x⌝*-ṣi-im*, ús-a-DU ^{d}*Sîn-ḫa-zi-ir*, ^{5}a-šà ḫa-la ^{d}*En-líl-is-sú* / dumu *A-pil-*^{d}*Adad*, ki ^{d}*En-líl-is-sú* dumu *A-pil-*^{d}*Adad*-[t]a, ^{I}*Mār*(DUMU)-*erṣetim*(KI) dumu *A-bu-um-wa-*⌜*qar*$^{!}$⌝, nam-apin-lá-šè **á mu-a-šè**, ^{9} á zi-da-ni-gim$^{!}$ á-gub^{sic}-bu-ni-gim$^{!}$, $^{u.Rd.}$ íb-ta-an-è, $^{Rs.}$ igi *Šu-mu-um-li-ib-ši*$^{!}$ / gudu$_4$ ^{d}Nin-urta, ^{12} igi *Na-bi-*^{d}*En-líl* dumu *A-pil-*^{d}*Adad*, igi

24. Nur auf der Tafelhülle.
25. Nur auf der Tafelhülle.
26. Nur auf der Tafelhülle.

^{d}*Sîn-be-el-ap-lim* dub-[sar], | (frei), iti apin-du$_8$-a u$_4$ 25-kam, mu ^{d}*Ri-im-*^{d}*Sîn* lugal, ^{d}Nin-maḫ-e é-Kèš^{ki}, temen an-ki-bi-da-ke$_4$, $^{l.Rd.}$ kišib *Na-bi-*^{d}*En-líl* íb$^{?}$-ra

"2 iku Feld Versorgungsfeld von K., angrenzend an Nabi-Enlil, und 2 iku Feld, Versorgungsfeld von M., angrenzend an Sîn-ḫazir, ererbte Felder des Enlil-issu, Kindes des Apil-Adad, hat von Enlil-issu, Kind des Apil-Adad, Mār-erṣetim, Kind des Aḫum-waqar, für Arbeitsentgelt für dieses Jahr wie seine (= des Verpächters) rechte Seite, wie seine linke Seite gepachtet." 3 Zeugen (einschließlich des Schreibers). Datum. "Das Siegel des Nabi-Enlil wurde eingedrückt."

Nr. 6. Stone, *Nippur Neighborhoods* 92; Datum: Samsu-iluna 10 x [1]8$^{?}$; Stoppelfeld:

$^{Vs.}$ 0;0.3 GÁNA a-šà gug$_4$-še, šà a-šà du$_6$ *A-ḫu-ni*, ús-a-DU *Ta-ri-ba-tum,* [a-š]à *La-ma-*⸢*sà-tum*⸣ lukur ^{d}[Nin]-urta, ^{5} ki *La-ma-s*[*à-tu*]*m*-ta, ^{I}*Nu-*⸢*úr*⸣*-*^{d}*Šamaš*-ke$_4$, nam-[apin-lá **á-m]u-ú-a-šè**, ig[i 3-ĝál-šè], ^{9} [íb]-ta-an-[è], $^{Rs.}$ 1;0.0 še gur šà tam-tam-ma, ^{11} ^{I}*Nu-úr-*^{d}*Šamaš* al-áĝ-e, saḫar a-šà-ga, ⸢lugal⸣ a-šà-ga al-íl, igi Ur-du$_6$-kù-ga niĝir, ^{15} igi *Ta-ri-bu-um* / dumu *Sin-ga-mil,* igi ^{d}*Nin-urta-mu-ba-lí-iṭ,* ⸢iti ab$^{?}$⸣-[è u$_4$ 11$^{?}$+]7-kam, [mu *Sa*]-⸢*am*⸣-[*s*]*u-*⸢*i*⸣-[*lu-na* lugal ma-da *I-*]⸢*da-ma*⸣-[*ra*]*-az* [mu]-/⸢ḫul⸣

"3 iku Stoppelfeld in den Feldern (namens) Hügel des Aḫūni, angrenzend an Tarībatum, [Fe]ld der Ninurta-*nadītu*-Priesterin Lamassatum, hat von Lamas-s[atu]m Nūr-Šamaš für Arbeitsentgelt [für dieses Ja]hr ge[pach]tet. 1 Kor für gut befundene Gerste wird Nūr-Šamaš abmessen. Die (Kosten für die) Erdarbeiten[27] trägt der Feldeigentümer." 3 Zeugen. Datum.

Nr. 7. Stone, *Nippur Neighborhoods* 59; Datum: Samsu-iluna 11 iii 3; Stoppelfeld:

$^{Vs.}$ 0;0.1$^{?}$[28] GÁNA a-šà gug$_4$-še, [š]à a-šà Šu-zi-an-na, [ú]s-a-DU ^{d}*Sîn-i-din-nam*, [a-šà *I*]*m-gur-*^{d}*Sîn* dumu ^{d}*Sîn-ma-gir*, ki *Im-gur-*^{d}*Sîn*-ta, ^{5} [x -x]-^{d}Da-gan-ke$_4$, [nam-api]n-lá igi 3-ĝál, **[á m]u-u$_8$-a-šè**, [íb-t]a-an-è, $^{Rs.}$ igi *Da-ga-a-a-tum*, ^{10} igi *Ì-lí-iš-me-a-ni*, igi *Ì-lí-ù-*^{d}*Šamaš* dub-sar, (frei), kišib *Ì-lí-ù-*^{d}*Šamaš*, (frei), iti sig$_4$ u$_4$ 3-kam, mu bàd Urí^{ki}-ma ù Unu^{ki}-ga, mu-un-gul-la, $^{l.Rd.}$ kišib ⸢*Im-gur-Sin*⸣

"1$^{?}$ iku Stoppelfeld in den Šuzi$^{?}$anna-Feldern, angrenzend an Sîn-iddinam, Feld des Imgur-Sîn, Kind des Sîn-māgir, hat von Imgur-Sîn [...]-Dagan für [Arbeitsentgelt] für dieses [Ja]hr für ein Drittel ge[pach]tet." 2 Zeugen (einschließlich des Schreibers), Siegelabrollungen mit Beischriften "Siegel des Ilī-u-Šamaš" und "Siegel des Imgur-Sîn." Datum.

27. S.o. mit Anm. 17 und 21. Das heißt vermutlich: die Lohnkosten für für Erdarbeiten anzuwerbende Arbeitskräfte, und es erklärt vielleicht die geringe Menge des an den Feldeigentümer zu liefernden Anteils am Ertrag.

28. Kopie: 2 waagerechte Keile übereinander: Schreib- oder Kopiefehler für 1 iku (0;0.1$^{!}$) oder 2 eše (0;2$^{!}$.0)?

Nr. 8. Poebel, BE 6/2, 29; Datum: Samsu-iluna 11 iii —; Stoppelfeld:

$^{Vs.}$ 0;0.4 GÁNA a-šà gug$_4$-še, šà a-šà ^{d}*Ilabrat*(NIN-ŠUBUR$^{?}$), ús-a-DU *A-mu-ú-a*, a-šà *Ip-qá-tum* / dumu Ur-du$_6$-kù-ga, ^{5} ki *Ip-qá-tum* dumu Ur-du$_6$-kù-ga-ta, ^{d}*Da-mu-i-din-nam*-ke$_4$, nam-apin-lá-šè, igi 3-ĝál-šè, ⌜á⌝-**mú-ú-a-šè**, ^{10} [í]b-ta-an-è, $^{Rs.}$ igi Diĝir-ma-an-šúm, igi *I-na-É-kur-ra-bi*, igi Lú-^{d}Nanna dub-sar, (2 Siegelungen), iti sig$_4$-a, ^{15} mu *Sa-am-su-i-lu-na* lugal, du$_{11}$-ga An ^{d}En-líl-bi-da, bàd Urí^{ki}, ù Unu^{ki}-ga, mu-un-gul-la

“4 iku Stoppelfeld in den Ilabrat-Feldern, angrenzend an Amûʾa, Feld des Ipqatum, des Kindes von Urdukuga, hat von Ipqatum, dem Kind des Urdukuga, Damu-iddinam für ein Drittel, für Arbeitsentgelt für dieses Jahr gepachtet.” 3 Zeugen (einschließlich des Schreibers), 2 Siegelabrollungen, Datum.

Nr. 9. Goddeeris, TMH 10, 86. Datum: Samsu-iluna 21 iii 6; Stoppelfeld:

2 iku; Verpächter: Lulatum, Pächter: Adallal. Gesiegelt.[29]
^{7} nam-apin-lá **á mu-ú-a-šè**$^{!}$, 1;0.0.0 še gur áĝ-e-dè, íb-ta-an-è, ^{10} saḫar$^{!}$[30] a-šà-ga níĝ-ĝál-la, é-gal lugal a-šà-ga-ke$_4$, $^{Rs.}$ ba-an-ni-ib-gi$_4$-gi$_4$, níĝ-ku$_5$-bi iti-da u$_4$ 31-šè, ^{I}*A-da-làl*-ke$_4$, *Lú-la-tum*-ra, ì-áĝ-e, ...

“hat (er) für Arbeitsentgelt für dieses Jahr und dafür, 1 Kor Gerste abzumessen, gepachtet. Erdarbeiten für das Feld und Sicheln des Palastes[31] wird der Feldeigentümer begleichen. Den (genannten) Ertagsanteil wird Adallal dem Lulatum jeden Monat zum 31. Tag abmessen....”

Nr. 10. Chiera, PBS 8/2, 180; Datum: Samsu-iluna 21 iv 1; Zwiebel-Feld:

$^{Vs.}$ 2;0.0 GÁNA a-šà ki-šúm-ma, šà a-šà nánga, ús-a-DU *A-ap-pa-tum*, a-šà *Ìštar-ilum* dumu *Ta-ri-bu-um*, ^{5} ki *Ìštar-ilum*-ta, ^{I}*Ib-ni-*^{d}*Amurrum*(MAR.TU), ^{I}*E-tel-pi*$_4$-^{d}*Nin-urta ù Ìl-šu-ib-ni-šu*$^{!}$, nam ki-šúm-ma-šè **á mu-u$_8$-a-šè**, 1;0.0 GÁNA-ba 1.0;0.0 še-gur áĝ-e-dè, $^{Rs.}$ ^{10} íb-ta-an-è-eš, igi *É-a-tum*$^{?}$ nagar, igi *Nu-úr-*^{d}*Šamaš* dumu *Ta-ri*$^{!}$*-bu*$^{!}$, igi ^{d}Nanna-šà-lá-sù / dub-sar | ^{15} iti šu-numun-a u$_4$ 1-kam, mu *Sa-am-su-i-lu-na* lugal, gu-za bára gu-la kù-sig$_{17}$-ta, ^{d}Nin-gal-ra mu-na-an-dím-ma

“2 bùr Feld, Zwiebelpflanzung, in den Bezirksfeldern, angrenzend an Appatum, Feld des Ištar-ilum, des Kindes des Tarībum, haben von Ištar-Ilum

29. Wohl mit einem bur-gul-Siegel. A. Goddeeris liest die Reste der beiden Zeilen des Siegels als “AN.X.TUR.MA, en ⌜ZU⌝ x an na”—ich vermutete in den Spuren der Inschrift die Namen des Pächters und des einzigen Zeugen und Schreibers und danke M. Krebernik für die z.T. überraschende Lesung und Kollation: M. Krebernik: ⌜^{d}Lugal-bàn-da,⌝ [^{d}]En-⌜líl-u$_4$-an-ki$^{!}$⌝

30. Lesung Goddeeris: saḫar, s.o. Anm 18.

31. Die Verteilung von níĝ-ĝál-la und é-gal über 2 Zeilen lässt daran zweifeln, dass es sich um eine Genitivverbindung handelt.

Ibni-Amurrum, Etel-pī-Ninurta und Ilšu-ibnišu zur Zwiebelpflanzung, für Arbeitsentgelt für dieses Jahr, für 1 bùr davon 60 Kor Gerste abzumessen,[32] gepachtet." 3 Zeugen (einschließlich des Schreibers, ein anderer ist Schreiner). Datum.

Nr. 11. Ni. 9257 Çığ, Kızılyay, Kraus, *ARN*, p. 100 (nur Transliteration); Datum Samsu-iluna 21$^{?}$ v [?]: Stoppelfeld:

⸢n;n.n⸣ [G]ÁNA a-šà gug$_4$-še, šà a-šà eger šúm-lá, [a-šà] *Šu-*^{d}*Nin-sú*[*mun*x$^{?}$], [ki *Š*]*u-*^{d}*Nin-súmun*-t[a], [x-x]-x-[*b*]*u-šu* x, [nam-apin]-lá-[šè], [igi n-ĝ]ál-[šè], [**á mu**]-⸢**u$_8$**⸣**-a$^{!?}$-šè**,[33] [íb-t]a-an-è, ^{10} [saḫar a-š]à$^{!}$-ga$^{!}$(Translit.:] x-ta), [x x (x)] x é-gal, [Rest der Vs., u. Rd. und Anfang der Rs. abgebrochen], $^{Rs. 1'}$ [Reste der letzten Zeile der Zeugenliste], iti n[e-ne-ĝar u$_4$ n-kam], mu x[......], gu-z[a ....], $^{d(?)}$N[i]n$^{?}$-[g]al$^{?}$-[r]a$^{?}$ [m]u-na-a[n-d]ím-ma

"n iku Stoppelfeld in den Feldern hinter der ‚Zwiebelhängung', Feld des Šū-Nin-su[muna] hat von Šū-Ninsumuna [..]..būšu für ..[... für Arbeitsentgelt] für dieses [Jahr] ge[pa]chtet. Erdarbeiten für das Feld und [Sich]eln$^{?}$ des Palastes [....." Zeuge]n. Datumsrest.

Nr. 12. Çığ, Kızılyay, Kraus, *ARN* 79; Datum: Samsu-iluna 25 III 20: Stoppelfeld:

$^{Vs.}$ [n;n.n GÁ]NA a-šá gug$_4$-še, [šà a]-šà *Ṭa-ab-ta*, ⸢ús⸣-a-DU ^{d}Da-mu-ma-an-šúm, a-šà dumu-me Lú-ga-a, ^{5} ki dumu-me Lú-ga-a-ta, ^{I}*I-din-Ištar*-ke$_4$, [na]m apin-lá-šè, [igi]-⸢3⸣-ĝál-šè, $^{Rs.}$ ⸢**á**?⸣ **mu-ú-a-šè**, ⸢íb⸣-ta-an-è, igi DIŠ-*nu*-⸢KA-[x-x-*t*]*um*⸣, igi ^{d}Li$_9$-si$_4$-⸢x-x-x⸣, [igi] *Li-pí-it-Ištar*, (frei), [iti si]g$_4$-a-ka u$_4$ 20-kam, [mu *Sa*]-*am-su-i-lu-na* lugal, [alam] ^{ĝiš}tukul sàg-ge

"[n iku] Stoppelfeld [in den] Salzfeldern, angrenzend an Damu-manšum, Feld der Kinder des Lugaʾa, hat von den Kindern des Lugaʾa Iddin-Ištar für ein Drittel, für Arbeitsentgelt für dieses Jahr gepachtet." 3 Zeugen. Datum.

Nr. 13. Çığ, Kızılyay, Kraus, *ARN* 151; Datum abgebrochen: Feld:

$^{Vs.}$ [n;n.n GÁN]A a-šà še mú, [šà a-š]à gibil, [ús]-a-DU Lugal-ibila, a-šà Ĝìri-ni-ì-sa$_6$ gudu$_4$ ^{d}Nin-urta / dumu Úrdu-^{d}En-líl-lá, ^{5} ki Ĝìri-ni-ì-sa$_6$-ta, ⸢^{I}⸣*Šu-ma-a-ḫu* gudu$_4$ ^{d}En-líl-lá-k[e$_4$], [nam-api]n-lá$^{!}$(NI) **á$^{!}$-[mu]-⸢u$_8$?⸣-<a->šè$^{!}$**(ĜIŠ), [íb-t]a-a[n-è], ^{10} [x x] ⸢x⸣-a [x x x], [x x] ⸢x x⸣[x x x], [Rest der Tafel abgebrochen]

"[n$_1$ bùr, n$_2$ eše, n$_3$ ik]u mit Gerste bestelltes Feld in den neuen Feldern, angrenzend an Lugal-ibila, Feld des Enlil-Salbpriesters Ĝirini-isa, des Kindes von

32. Die Pachtzahlung soll in Gerste entrichtet werden, nicht in einem Teil der angebauten Feldfrüchte; s. dazu Mauer, "Bodenpachtverträge" (1980), 84.

33. Transliteration in *ARN*: "[x x k]in(?) 1.šè"

Urdu-Enlila, hat von Ĝirini-isa der Enlil-Salbpriester Šūma-aḫu für Arbeitsentgelt für dieses Jahr [ge]pacht[et]. [..]...[...]...[...]

Nr. 14. Çığ, Kızılyay, Kraus, *ARN* 138; Datum abgebrochen: [Feld]:

$^{\text{Vs.}}$ [Anfang abgebrochen], [dumu x]-⌜x-x-ba$^?$-ke$_4$⌝, $^{2'}$ nam-apin-lá-šè, nam-tab-ba-šè, $^{4'}$ **á mu-u$_8$-a-ne-ne-šè**, $^{\text{u.Rd.}}$ íb-ta-an-è-eš, $^{\text{Rs.}}$ a$^!$-⌜bal-bi⌝ *I-din-Íštar*, $^{7'}$ ⌜kíĝ al⌝-ak-e, ⌜še a-šà⌝-ga ĝál-la-bi, [téš-a s]è-ga<-bi> ì-ba-e-ne, [Rest der Rs. abgebrochen], $^{\text{l.Rd.}}$ [....-R]I.
Siegelinschrift: *I-din-Ìl-ab-ba$_4$*, dub-sar, [dumu x-*l*]*i-ib-ši.*

"[..... haben PN$_1$, Kind von PN$_2$ und PN$_3$, Kind von P]N$_4$, zur Genossenschaft für Arbeitsentgelt dieses ihres Jahres gepachtet. Als Wasserschöpfer dafür wird Iddin-Ištar Arbeit leisten. Die Gerste, die auf dem Felde vorhanden sein wird, werden sie miteinander teilen. [...]." Siegelinschrift des Schreibers.

Aab) Verträge mit á mu-ú/u$_8$-a-šè-Klausel aus Nippur: Mietverträge

Nr. 15. Goddeeris, TMH 10, 84. Datum: Samsu-iluna 3 xi 1: Miete eines Hauses; gesiegelt (Siegelinschrift unverständlich).
Vermieter: *Ì-lí-ù-^{d}Šamaš* Kind des *^{d}Šamaš-ḫa-zi-ir*; Mieter: *^{d}En-líl-be-el-ì-lí.*

.... ^{4} íb-ta-an-è, **á mu-u$_8$-a-šè**, 1 giĝ$_4$ igi 6-ĝal kù-babbar, ì-lá-e, ...

"... hat (er) gemietet; als Nutzungsentgelt für dieses Jahr wird er 1⅙ Schekel Silber abwiegen ... "

Nr. 16. E. Stone, *Nippur Neighborhoods* 14; Datum: Samsu-iluna 27 x 23; Miete eines Hauses, gesiegelt:

$^{\text{Vs.}}$ ⌜é⌝ *Ni-*⌜*in*⌝-[*nu-tum*], ki *Ni-in-nu-tum*, ^{I}*I-na-É-kur-ma-gir*-ke$_4$, nam-ga-an-tuš-ù-dè, ^{5} **á mu-ú-a-šè**, [i]gi 4-ĝál kù-babbar, íb-ta-an-è, igi *Li-pí-it-^{d}En-líl*, $^{\text{Rs.}}$ igi *I-da-tum* / dumu *Bur-^{d}Ma-ma*, ^{10} igi *^{d}En-líl-*⌜*mu*⌝-*ba-lí-iṭ* / dub-sar, | [iti a]b-è u$_4$ 23-kam, mu *Sa-am-su-i-lu-na* lugal-e, [níĝ-bar-bar-r]a siskur-ra. Siegelabrollung: *Ap-lum*, dumu *A-ḫu*(RI)-um, úrdu ^{d}Nin-x[x]

"Ein Haus des Ninnutum hat von Ninnutum Ina-Ekur-māgir zum Wohnen für Nutzungsentgelt für dieses Jahr, für ¼ (Schekel) Silber gemietet." 3 Zeugen (einschließlich des Schreibers). Datum.

Nr. 17. Chiera, PBS 8/1, 90; Datum: Samsu-iluna 28 iv 1; Miete eines Hauses:

$^{\text{Vs.}}$ é *^{d}Da-mu-iri-ba-am*, ki *^{d}Da-mu-iri-ba-am*-ta, ^{I} *^{d}Sîn-i-din-nam* dam-gàr-ke$_4$, ^{4}nam-ga-an-tuš-ù-bi$^?$-šè, ^{5} **á mu-u$_8$-a-šè**, ⅓ giĝ$_4$ kù-babbar, íb-ta-an-è, $^{\text{Rs.}}$ igi *^{d}Sîn-ma-gir* / dumu *Zi-bu-ú-a*, igi *I-na-É-kur-ra-bi* dub-sar

| iti šu-numun-a u$_4$ I-kam ^{10} mu *Sa-am-su-i-lu-na* lugal-e, á-áĝ-ĝá ^{d}En-líl-lá-ta

“Ein Haus des Damu-erībam hat von Damu-erībam der Kaufmann Sîn-iddinam zum Wohnen für Nutzungsentgelt dieses Jahres, für ⅓ Schekel Silber gemietet.” 2 Zeugen. Datum.

Aac) Weiterer Vertrag mit á mu-ú/u$_8$-a-šè-Klausel aus Nippur: Adoption mit Erb- und Versorgungsvertrag

Nr. 18. Poebel, BE 6/2, 28; Datum: Samsu-iluna 8 iii.
Transliteration und Übersetzung: E. C. Stone, D. I. Owen, *Adoption in Old Babylonian Nippur and the Archive of Mannum-mešu-liṣṣur*. Mesopotamian Civilizations 5 (Winona Lake, IN: Eisenbrauns) 1991, p. 41–42.

$^{Vs.}$ *[Ip-qú-š]a* dumu An-kù-[ta], *É-a-ta-a-ar* dumu *Abzu-*[x-x], nam-ibila-ni-šè ba-an-d[a-ri], u$_4$ nam-ibila-ni-šè ba-an-da-⌜ri-a⌝, ^{5} 4;0.0 še-gur ur$_5$-ra *Ip-qú-ša* ad-da-ni, ^{I}*É-a-ta-a-a-ar* in-su, ^{7} gibil-bi-šè-àm *Ip-qú-ša* ad-da ti-la$^{!}$-⌜ni-da$^{?}$⌝, ^{I}*É-a-tu-ra-am* dumu ĝitlam-⌜ni-x-ra$^{!}$⌝, *ù É-a-ta-a-ar* dumu šu ti-⌜ĝá$^{?}$-ni$^{?}$⌝-ra$^{?}$[34], ^{10} ḫa-la in-ne-en-ba, 15 giĝ$_4$ é- r̂ú-a da é *Ip-qú-É-a* dumu An-kù-ta, 0;0.1 GÁNA a-šà ^{d}En-líl-ĝar-ra ús-a-DU *Ip-qú-É-a*, níĝ-gú-na é-a šu-ri-a-bi-šè, | ḫa-la-ba *É-a-tu-ra-am*, ^{15} 15 giĝ$_4$ é-r̂ú-a da *É-a-tu-ra-am* šeš-a-ni, 0;0.1 GÁNA a-šà ^{d}En-líl-ĝar-ra ús-a-DU *É-a-tu-ra-am* šeš-a-ni, níĝ gú-na é-a šu-ri-a-bi-šè, ḫa-la-ba *É-a-ta-a-a-ar* šeš-a-ni,
^{19} 2;2.0 še-gur 3 ma-na siki 3 sìla ì-ĝiš, $^{Rs.20}$ **á mu-ú-a-šè**,
^{21} 2;2.0 še-gur 3 ma-na siki 3 sìla ì-ĝiš, **á mu-ú-a-šè**,
^{I}*É-a-tu-ra-am ù É-a-ta-a-ar,* ^{23} ^{I}*Ip-qú-ša* ad-da-ne-ne-ra, ^{25} in-na-ab-kal-la-ge-ne, ^{26} ibila lú nu-mu-na-ab-kal-la-ge, nam-ibila-ni-ta ba-ra-e$_{11}$-dè, še-ga-ne-ne-ta mu lugal-bi in-pà-dè-eš, igi *Ni-din-Íštar* dumu ^{d}*Nanna-tum*, ^{30} igi DIĜIR.SUKKAL dumu *Ip-qá-tum*, igi ^{d}*Nuska-ni-šu* dumu Ad-da-du$_{10}$-ga, igi *É-a-i-din-nam* dumu *Ip-qú-ša*, igi *I-bi-*^{d}*Sîn* dumu ^{d}*Sîn-ma-gir*, igi Kù-^{d}Nin-ìmma dub-sar, igi *Nu-úr-*^{d}*Šamaš* bur-gul | iti sig$_4$-a mu *Sa-am-au-i-lu-na* lugal-e$^{!}$, ^{urudu}ki-lugal-gub ḫur-saĝ i$_7$-da didli-bi

“[Ipquš]a, Kind des Ankuta, hat Eʾa-tayyār, Kind des Abzu-[...] als Erbsohn adoptiert. Als er ihn als Erbsohn adoptierte, beglich Eʾa-tayyār 4 Kor Gerste, eine zinspflichtige Schuld seines Vaters Ipquša.

Der Vater Ipquša wiederum hat zu Lebzeiten Eʾa-tūram seinem Kind von der Ehefrau und seinem angenommenen$^{?}$ Kind Eʾa-tayyār, Erbteile zugeteilt:

34. Ein Versehen des Schreibers (Wiederholung des ti-la-ni-da von Z. 7 nach dumu-*šu*) lässt sich zwar nicht ausschließen; man erwartet aber eine Entsprechung zu dumu ĝitlam-ni-⌜x-ra$^{!}$⌝ von Z. 8, auch wenn die grammatischen Formen im Text der Tontafel unseren Vorstellungen von sumerischer Grammatik nicht entsprechen.

15 Schekel (9 m^2) gebautes Haus neben dem Haus von Ipqu-Eʾa, Kind von Ankuta, 1 iku Feld, Enlil-ĝarra-Flur, angrenzend an Ipqu-Eʾa, den Ertrag des Hauses zur Hälfte: Erbteil des Eʾa-tūram;

15 Schekel (9 m^2) gebautes Haus neben seinem Bruder Eʾa-tūram, 1 iku Feld Enlil-ĝarra-Flur, angrenzend an seinen Bruder Eʾa-tūram, den Ertrag des Hauses zur Hälfte: Erbteil seines Bruders Eʾa-tayyār.

2 Kor, 2 Scheffel Gerste, 3 Pfund Wolle, 3 Liter Sesamöl als Nutzungsentgelt für *dasselbe* Jahr[35] (und) 2 Kor, 2 Scheffel Gerste, 3 Pfund Wolle, 3 Liter Sesamöl als Nutzungsentgelt für *dasselbe* Jahr—damit werden Eʾa-tūram und Eʾa-tayyār ihren Vater Ipquša unterstützen. Ein Erbe, der ihn nicht unterstützt, wird seine Stellung als Erbe verlieren. Im Einverständnis miteinander haben sie den diesbezüglichen Eid beim Namen des Königs geleistet." 7 Zeugen (einschließlich des Schreibers und des Siegelmachers). Datum.

Aba) Verträge mit á mu-ú/u$_8$-a-šè-Klausel aus Isin: Pachtverträge

Nr. 19. *KT Isin* 593) IB 1388: Datum: Ur-Ninurta i. Feldpacht, als Kaufvertrag entworfen und als Pachtvertrag überschrieben; vom Verpächter gesiegelt.[36] Erstedition C. Wilcke, Neue Quellen zur Geschichte der Ur III-Zeit und der 1. Dynastie von Isin. Orientalia Nova Series 54. Festschrift für Jan van Dijk. Roma 1985, 314; Stoppelfeld:

Vs. 0;1.3 GÁNA a-šà gug$_4$ še, 1;0.0 GÁNA a-šà kankal, zà a-šà *Išdum*(SUHUŠ⁻)-*ki-in,* a-šà *za-ar-ḫa*-AB(lies:-*am*), [5] a-šà *I-din-Ìl-Ab-ba$_4$*, a-šà níĝ-ĝál-la, ki *I-din-Ìl-Ab-ba$_4$*-ta, A-ab-ba-*wa-qar*, **in-ḫuĝ**(über SA$_{10}$), [10] 7 giĝ$_4$!(GUR) kù-babbar, **á!? mu!-u$_8$!-a!**[37] (über: ŠÁM.TIL.LA.NI)**-šè,** A-ab-ba-*wa-qar*, u.Rd. (2 Siegelabrollungen), Rs. [ca. 8 Zeilen abgebrochen], iti [x x (x) u$_4$ n-kam], mu ú[s-sa Ur-^{d}Nin-urta], lugal-e ⌜a⌝-[šà a-gàr gal-gal], a-ta i[m-ta]-⌜è⌝ / mu-ús-sa-a-bi, o.Rd. 2 Siegelabrollungen.

"1 eše 3 iku Stoppelfeld, 1 bùr Brache angrenzend an das Feld von Išdum-kīn, das (bereits) ‚geworfelte'[38] Feld des Iddin-Ilaba und das Sichel-Feld hat von Iddin-Ilaba Ayabba-waqar gepachtet.[39] 7 Schekel Silber wird als Arbeitsentgelt für dieses Jahr(? oder: als Lohn für Mietarbeiter?) Ayabba-waqar [dem Iddin-Ilaba abwiegen. .... (ca. 6 Zeilen abgebrochen)]. [22] Monat [................, n.ter Tag],

35. Es könnte zwar nahe liegen, hier mit *CAD* I-J (1969) 20 links unten eine Bedeutung "jährlich" für á mu-ú/u$_8$-a-šè anzunehmen, doch scheint es mir sinnvoll, angesichts der Wiederholung der von jedem der beiden Erben zu erbringenden Leistungen und der Tatsache, dass zwei Erben zur Leistung verpflichtet sind, das Demonstrativum im Sinne von "dasselbe" zu verstehen, denn sonst könnten die beiden Erben es vielleicht so interpretieren, dass die genannten Mengen zwar jährlich, aber alternierend oder gemeinsam aufzubringen seien.

36. Zum Datum s. http://cdli.ox.ac.uk/wiki/doku.php?id=year_names_ur-ninurta.

37. Z. 11: Die sehr unsichere Lesung kann sich darauf stützen, dass die Klausel auch unter Enlil-bāni bezeugt ist. Die ursprünglich in Wilcke 1985: 314 vorgeschlagene Rekonstruktion der undeutlichen Zeichenreste als da bùluĝ-DU-ni-šè aufgrund der Gleichung bùluĝ-gub-ba = *ḫimṣātu* "Gewinn" (*MSL* 1 39 II ii 26–28) ist epigraphisch möglich, die Funktion des da bleibt dabei aber unklar. Auch á!? lú!-ḫuĝ!-ĝá!-šè wäre eine mögliche Lesung. Dann trüge der Pächter die Kosten für die Erntearbeiter.

38. Das 'geworfelte' Feld ist wohl verkürzt aus "Feld dessen Gerste bereits geworfelt wurde."

39. Wörtlich: (eine Person) "gemietet."

Jahr nach dem Folgejahr zum Jahr: König Ur-Ninurta hat die [großen Felder und Fluren] (25) [trocken gelegt.]"

Nr. 20. J. Nougayrol, "Tablettes diverses du Musée du Louvre," *RA* 73 (1979) 63–80 (p. 64): AO 4519: Datum: Enlil-bāni e[40] (Edition D. Charpin, J.-M. Durand, "Textes paléo-Babyloniens divers du Musée du Louvre," *RA* 75 (1981) 15–29 [p. 18]): Stoppelfeld.

Vs. 0;0.4½ GÁNA a-šà g[ug$_{4}$], šà a-šà DUMU.[x x x], ús-sa-DU ^{d}Utu-[x-x-x] / ù nin-diĝir <^{d}>Nin-ur[ta$^{!}$], a-šà ^{d}En-ki-ḫé-ĝál, ^{5}ki ^{d}En-ki-ḫé-ĝál-ta, nam-apin-lá-a, igi 3-ĝál-šè, **á mu-a-šè**, *I-din-^{d}I-šum*, ^{10}íb-ta-an-è-a, buru$_{14}$-ta še igi 3-ĝál, u.Rd. (Siegelabdruck), Rs. ^{d}En-ki-ḫé-ĝál-r[a], i-bu-r[e$^{!}$][41], ^{15}igi Ur-^{d}Šul-pa-⸢è-a⸣, dumu ^{d}Nanna-saĝ-rib, igi Lugal-nisaĝ-{⸢x⸣}-e, dumu Lú-^{d}Ba-ú, igi ^{d}Nanna-ma-an-šúm, ^{20}dumu Inim-ma-ni-zi, igi Lú-kurum$_{5}$-ma, dumu A-ab-ba-kal-la, igi Kù-^{d}Inana, [du]mu Šeš-kal-la, (frei), ^{25}iti du$_{6}$-[kù], mu ^{d}En-líl-ba-ni lugal, ⸢$^{ĝiš(?)}$⸣šu-lú kù-sig$_{17}$ [^{d}En-líl-ra], mu-u[n-na-dím]

"4½ iku Sto[ppelfeld] in den Feldern der Kinder [von ....], angrenzend an Utu-[....] und die nin-diĝir-Priesterin des Ninurta, Feld des Enki-ḫéĝal, das Iddin-Išum von Enki-ḫeĝal für ein Drittel, für Arbeits- und Nuzungsentgelt für dieses Jahr gepachtet hat: Aus der Ernte wird er Gerste, nämlich ein Drittel, für Enki-ḫeĝal abziehen." 5 Zeugen. Datum.

Nr. 21. *KT Isin* 320) IB 449; Datum: Samsu-iluna 5 iii (oder xi) 1

Vs. 0;1.3 GÁNA a-šà gug$_{4}$-še / šà a-šà duḫ, a-šà *E-tel-pi$_{4}$-É-a*, ki *E-tel-pi$_{4}$-É-a*, lugal a-šà-ga-ke$_{4}$, ^{5}^{I}*Da-⸢mi-iq-^{d}⸣Marduk*, nam-apin-lá **á mu-ú-[a-šè]**, ⸢íb⸣-ta-an-⸢è⸣,
⸢u$_{4}$⸣ buru$_{14}$-š[è], u.Rd. ⸢1⸣;[0.0 GÁNA 1.0;0.0 še gu]r ^{I}⸢*Da-mi-iq-^{d}*⸣*Ma*[*rduk*] / ⸢áĝ⸣-[e-dam]; Rs. ^{10}igi ⸢*Ip*⸣-*q*[*u-*...][42], igi *Ì-lí-*[....], igi *Ṣíl-lí-*⸢^{d}⸣[x x], igi *Ma-an-nu-um-k*[*i-ma-^{d}x-y*], ^{15}igi *Ipiq-É-a* dumu x x[...], igi *U-bar-rum* dumu *Ap-⸢lum$^{!}$⸣* | o.Rd. ⸢iti sig$_{4}$$^{?}$⸣-a[43] u$_{4}$ 1-kam, mu ⸢*Sa-am*⸣-[*su-i-lu-n*]*a* ⸢lugal-e⸣, ^{ĝiš}gu-za nisaĝ-ĝá, ^{20} ^{d}Nanna É-kiš-nu-ĝál

"1 eše 3 iku Stoppelfeld in den Kleie$^{?}$-Feldern, Feld des Etel-pî-E'a, hat vom Feldeigentümer Etel-pî-E'a Damiq-Marduk für Arbeitsentgelt für dieses Jahr gepachtet. Zur Erntezeit [wird] Damiq-Ma[rduk] für [1$^{!}$] bùr Feldfläche [60$^{?}$] Kor Gerste aufschütten." 6 Zeugen. Datum.

40. Siehe: http://cdli.ox.ac.uk/wiki/doku.php?id=year_names_enlil-bani.

41. Charpin und Durand lasen *i-pu-a*[*l*]. Aufgrund des Abschnitts aus dem "Sumerian Laws Handbook of Forms" (1995; s. oben Nr. 1), liegt es nahe, jetzt ì-bu-r[e] zu lesen.

42. Lesung nach Notizen W. von Sodens während der Ausgabung.

43. Oder: ⸢iti zíz-a⸣.

Nr. 22. BIN 7, 195 (D. Charpin, Archibab [http://www.archibab.fr] Isin 85); Datum Samsu-iluna 19 vii 1.

$^{Vs.}$ 1;0.0 GÁNA a-šà, šà a-šà du$_{6}$ AN.NA-*an*-ḪA-*šu-nu*, a-šà *Daq-qá-tum* dumu ⸢*Puzur$_{4}$-ilim*⸣, [k]i *Daq-qá-tum*, ^{5} lugal a-šà-ga-ke$_{4}$, ^{I}*A-wi-il-*^{d}*Na-bi-um,* nam apin-lá-a-šè, ⸢**á**⸣ **mu-ú-šè**, íb-ta-an-è, ^{10} ⸢u$_{4}$⸣ buru$_{14}$-⸢šè⸣, *ki-ma i-mi-tum ù šu*$^{!}$-⸢*me*⸣*-lum, i-ma-ku-us,*|| igi *Ta-ri-bu-ša* dumu *Ur*$^{?}$*-ba*$^{?}$*-ya*, igi *Ì-lí-i-din-nam* dumu *Ì-lí-ṣil-lí*, ^{15} igi *A-na-*^{d}*Šamaš-li*$^{!}$*-ṣí*$^{!}$ / dumu *Ì-lí-i-*⸢*din*⸣*-nam*, igi *Da-da-a* dumu *Ku-bu-lum*, igi ⸢*Gi*⸣*-mil-*^{d}*Marduk* dumu *Ta-ri-*[*b*]*u*$^{?}$*-ya*, || iti du$_{6}$-kù u$_{4}$$^{!}$ 1-kam, mu *Sa-am-su-i-lu-na* <lugal-e>, ^{20} gu-za bára kù-sig$_{17}$, ^{d}Nin-gal-ra

"1 bùr Feld in den Feldern des Hügels ihrer ...., Feld des Daqqatum, des Kindes von Puzur-ilim, hat von dem Feldeigentümer Daqqatum Awīl-Nabiʾum für Arbeitsentgelt für dieses Jahr gepachtet. Zur Erntezeit wird er ebenso wie rechts und links die Ertragsabgabe zuteilen." 5 Zeugen. Datum.

Nr. 23. BIN 7, 194 (D. Charpin, Archibab Isin 84); Datum: Samsu-iluna 20 viii 1

$^{Vs.}$ 0;1.0 GÁNA a-šà / šà a-šà É-nimin, a-šà *I-ku-na-am-pi$_{4}$-ša* / lugal a-šà-ga-ke$_{4}$, ^{I}*A-pil-*^{d}*Ìr-ra*, nam apin-lá-šè$^{!}$, ^{5} ⸢**á mu-ú**⸣**-a-šè**$^{!}$, íb-ta-an-è, [*ki*]*-ma* á zi-da, $^{u. Rd.}$ *ù* á-gáb-bu, $^{Rs.}$ *mi-it-ḫa-ri-iš* ⸢*i*⸣*-zu-zu*, igi *Nu-úr-*^{d}*Ilabrat*, igi *Ṭà-ab-ṣi-lum*, igi *Ì-lí-e-*[*mu*]*-qí* || iti apin-du$_{8}$-a u$_{4}$ 1-kam, mu *Sa-am-su-ilu-na* lugal ⸢kur nu-še-ga-a-ni⸣, [Rest der Rs. und o.Rd. abgebrochen.]

"1 eše Feld in den Feldern des E-nimin, Feld des Feldeigentümers Ikūnam-pīša, hat Apil-Irra für Arbeitsentgelt für dieses Jahr gepachtet. Wie rechts und links werden sie miteinander teilen." 2 Zeugen. Datum. Undeutliche Siegelabdrücke.

Nr. 24. *KT Isin* 584) IB 986: Datum nicht erhalten. Zusätzliche Klausel über Verantwortlichkeit für Geräte$^{?}$.

$^{Vs.}$ [x;y.z] ⸢GÁNA⸣ [a-šà], šà a-šà [x x x], a-šà *I-lu-ni ù* [*G*]*i-*[*mil*]*-*⸢^{I}*um*⸣, ki *I-lu-ni ù Gi-mil-lum*, ^{5} ^{I}*Ip-qú-*^{d}*Ma-mi-tum ù In-bi-ili*(DIĜIR)*-šu*, ⸢nam-apin⸣-lá-a-šè, **á mu-**⸢**ú**$^{?}$⸣**-a-šè**, íb-t[a]-an-è-eš, ⸢á$^{?}$ gur$_{10}$$^{?}$[44] a-šà-ga-ke$_{4}$⸣, ^{10} [*l*]*u*$^{?}$-⸢*ú*$^{?}$⸣ *pí-*⸢*ḫa*⸣*-sú-*⸢*nu*⸣, [(....)], $^{Rs.}$ [teils abgebrochen], teils unbeschriftet; Siegelinschrift unlesbar.

"[n] iku Feld in den [...]-Feldern, Feld des Iluni und des Gimillum, haben von Iluni und Gimillum, (5) Ipqu-Mammītum[45] und Inbi-ilišu zur Pacht für

44. So oder vielleicht ⸢lú$^{?}$⸣ aufgrund des Photos statt des zunächst nach der Kopie gelesenen ⸢á-kár⸣.
45. Zu Ipqu-Mammītum, (Aufseher über die Marduk-*nadītu*-Priesterinnen) s. auch *KT Isin* Nr. 262) IB 936 und 265) IB 1134 (unten Nr. 48).

Arbeitsentgelt für dieses Jahr gepachtet. Arbeitsentgelt und Sicheln$^{?}$ des Feldes [(liegen in)] ihrer Verantwortlichkeit. [....]."

Aca) Verträge mit á-mu-ú/u₈-a-šè-Klausel, unbekannter Herkunft und aus Larsa: Pachtverträge

Nr. 25. TLB 1, 206; Datum: ? vi 16[46]; Stoppelfeld (mit *esēp–tabāl*–Formel]:

$^{Vs.}$ 3;0.0 GÁNA a-šà ⌜gug$_{4}$-še⌝$^{?}$, ḫé-diri ḫa-ba-lá, šà a-gàr pa$_{5}$ Du-da, a-šà ^{d}*Sîn-ēriš*, ^{5} ki ^{d}*Sîn-ēriš* lugal a-šà-ga-ke$_{4}$, ^{I}*Ḫa-bil-a-ḫi* dumu *Mi-gir-*^{d}*Sîn*, nam-apin-lá-šè **á mu-ú-a-šè**, íb-ta-an-è, u$_{4}$-buru$_{14}$-šè á-zi-da-ni-šè$^{?}$, ^{10} á gáb-bu-ni-šè, $^{u.Rd.}$ bí-ib-zalag-ge, *i-na* 1;0.0 GÁNA 0;0.3 GÁN a-šà, *ša*$^{!}$ 3;0.0 a-šà 0;1.3 GÁNA a-šà, *i-si-ip-ma i-ta-*⌜*ba*$^{!}$*-al*$^{!?}$⌝[47], ^{5} igi *U-bar-*^{d}*Nin-urta we-du-ú*, igi *Mār*(DUMU)*-erṣetim*(KI) PA.PA, igi *A-pil-erṣetim* sa$_{12}$-du$_{5}$, igi *Qí-iš-ti-*^{d}*Amurrim*(MAR.TU), igi *Ìl-šu-ib-ni*, ^{20} igi ^{d}*Šamaš-ga-mil*, igi *Be-lí-na-ṣir* | iti kíĝ ^{d}Inana u$_{4}$16-kam, mu é ^{d}Utu *Ma-an-ki-sí*$^{?k}$[^{i}].

"3 bùr Stoppelfeld, es mag mehr oder weniger sein, in den Feldern des Duda-Grabens, Feld des Sîn-ēriš, hat vom Feldeigentümer Sîn-ēriš Ḫabil-aḫī, Kind des Migir-Sîn, für Arbeitsentgelt für dieses Jahr gepachtet. Zur Erntezeit wird er es (wie) zur Rechten und zur Linken bereinigen. Von 1 bùr Feld 3 iku Feld, d.h., von 3 bùr Feld 1 eše und 3 iku Feld—(darauf) wird er einsammeln und dann forttragen." 7 Zeugen. Datum.

Nr. 26. TIM 5, 42. Datum Rīm-Sîn I von Larsa 30+[(n-1)]; unübliche Klauseln.

$^{Vs.}$ 5;0.0 GÁNA a-šà iri^{ki}-⌜ka⌝, šuku ^{d}*Šamaš-ma-gir*, dumu *Ṣi-lí-*^{d}*Šamaš*, ki ^{d}*Šamaš-ma-gir* / dumu *Ṣi-lí-*^{d}*Šamaš*, (a-⌜šà$^{?}$ gú$^{?}$⌝-[un(?)][48]), ^{5} ^{I}*I-din-*^{d}*Na-na-a*, nam apin-lá-šè **a$_{1}$ mu-ú-a-šè**, íb-ta-an-è, *mi-iš-la-ni-šu*, ^{I} ^{d}*Šamaš-ma-gir*, ^{10} dumu *Ṣi-lí-*^{d}*Šamaš*, šu ba-ab-te-ĝe$_{26}$, lugal-e ù šabra, ba-ni-ib-gi$_{4}$-gi$_{4}$, $^{Rs.}$ *i-na li-ib-bi* 5$^{!}$;0.0 GÁNA šuku$^{!}$(Kopie: ĜÁ)*-sí*[49], ^{15} 0;1.0

46. Mauer, "Bodenpachtverträge" (1980), Übersichtstabelle 2 (7. Doppelseite unten) weist diese Urkunde Isin zu und datiert sie auf Samsu-iluna, Jahr 18. Der Jahresname Si 18 nennt aber den Šamaš/Utu-Tempel in Sippir, nicht den von Mankisum. Herkunft und zeitliche Einordnung der Tontafel sind daher unsicher. Diese Urkunde könnte aus dem Herrschaftsbereich von Daduša von Ešnunna kommen. Dieser hat seinem Datum G zufolge das am Tigris in der Nähe von Opis (Upî) gelegene Mankisum erobert und im Jahr darauf dem Sonnengott (Utu/Šamaš) eine Keule geweiht. Auch das nächste Jahr ist danach benannt; s. cdli .ox.ac.uk/wiki/doku.php?id=dadusha.—Eine mögliche Verbindung zum Haus N im Abschnitt TA in Nippur bringen die Beobachtungen von D. Charpin, "Un quartier de Nippur et le problème des écoles à l'époque paléo-babyloniene," *RA* 83 (1989): 109–12: zwei Brüder aus Haus N erben und teilen im Jahr Samsu-iluna 10 ein in der zwischen Mankisum und Ekallātum am Tigris gelegenen Stadt Yaḫalpilum (*Ya-ḫa-al-pi-lum*^{ki}: Stone, *Nippur Neighborhoods*, Nr. 31, 5. 12a. 20a) gelegenes Haus. Bei dieser Erbteilung könnte diese Urkunde in den Besitz eines der Erben, vermutlich von Amurrum-šemi, gelangt sein, der, wie Charpin (S. 112) aufzeigt, wahrscheinlich nach dem Jahr Samsu-iluna 9 aus einer sich an der Urkundentradition von Larsa orientierenden, vielleicht unweit von Nippur gelegenen Stadt nach Nippur kam.

47. Lesung mit Mauer, "Bodenpachtverträge" (1980), 79.

48. Zeile nur auf der Tafelhülle.

49. Mauer, "Bodenpachtverträge" (1980), 83, liest mit der Kopie "6;0.0 GÁNA"; die Pachtfläche umfasst aber nach Z. 1 nur 5 bùr (5;0.0 GÁNA).

GÁNA *a-šar dam-qú*, (*a-na né-sé-pé-t*[*im*] {am r. Rand?}), ^{I}*I-din-^{d}Na-na-a*, *i-na-sa-aq*$^{!}$*-ma i-le-eq-qé*, (mu ^{d}*Ri-im-^{d}Sîn* lugal)[50], in-pà, ^{20} igi *A-pil-^{d}Amur-rim*(MAR.TU), dumu *Im-gur-^{d}Sîn*, igi *I-ri-ba-am-^{d}Sîn*, dumu *Ig-mi-lum*, igi *Ma-a-nu-um* šeš-a-ni, ^{25} igi *Ib-ni-^{d}Ad*[*ad*], ⸢dumu ^{d}*Šamaš*-ga⸣-*mi*[*l*], igi *Ṣi-lí-*^{d}[x x]-lá, dumu [.....], (igi ^{d}*Sîn-i-qí-*[*ša-am*][51]), iti sig$_4$-a [u$_4$-n-kam], ^{30} mu ús-sa ki [n(-kam) Ì-si-in^{ki} in-dab$_5$-ba]

Siegel a) *A-pil-^{d}Amurrim*(MAR.TU), dumu *Im-gur-^{d}Sîn*, úrdu AN.AN-MAR.TU (=Zeuge I);

Siegel b) ^{d}*Sîn-i-qi-ša-am*, dumu ⸢KA⸣.[x].⸢ŠA⸣, úrdu ^{d}En-⸢líl⸣

"5 bùr (Feld) in den Feldern der Stadt, Versorgungsfeld des Šamaš-māgir, des Kindes von Ṣillī-Šamaš, hat von Šamaš-māgir, Kind von Ṣillī-Šamaš, (als abgabepflichtiges Feld[52]) Iddin-Nanaya für Arbeitsentgelt für dieses Jahr gepachtet. Seinen Halbanteil wird Šamaš-māgir, Kind des Ṣillī-Šamaš, nehmen. (Abgaben an) König und Kommandanten wird er begleichen. Aus den 5$^{!}$ bùr des Versorgungsfeldes wird Iddin-Nanaya I eše Feld, wo es von guter Qualität ist, zur Ährenlese auswählen und in Besitz nehmen. Das hat er beim Namen von König Rīm-Sîn geschworen." 5(+I: nur Hülle) Zeugen. Datum.

Nr. 27. TCL II, 152A (Tafel) und B (Hülle); aus Larsa; Datum Ḫammurapi 35 V 3

$^{Vs.}$ I;I.0 GÁNA a-šà ús-sa-DU *Í-lí-*[*ma*]*-a-bi*, a-šà šuku ^{d}*Šamaš-ḫa-zi-ir*, ki ^{d}*Šamaš-ḫa-zi-ir*, ^{I}*Ap-lum*, ^{5} nam-apin-lá **á mu-ú-a-šè**, íb-ta-è-a, *i-ša-(ak-)ka-ak*, *i-še$_{20}$-bi-ir*, ab-sín ì-ĝá-[ĝá], ^{10} *i-na* I.0;0.0 gur, 5[+I];0.0[53] gur [*i-l*]*e-*⸢*qé*⸣, $^{u.Rd.}$ ⸢*ú-ul i-ir-ri-iš-ma*, I;0.0 GÁNA I.0 gur še ì-áĝ-e, $^{Rs.}$ igi ^{d}*Sîn-ma-gir* (dumu Ad-da-du$_{10}$-ga[54]), ^{15} ^{Id}*Šamaš-ga-mil*, ^{I}*Ma-a-nu-um*, ^{I}*Da-da-a* (dumu *Ì-lí-i-din-nam*[55]), ^{I}*Ì-lí-i-qí-ša-am* ({I} dumu *Na-ra-am-^{d}A-*⸢*a*⸣[56]), ^{I}*Ú-ṣé-li* (dumu Lú-k[ur$^{?}$]-ra[57]), ^{20} kišib lú inim-ma-ab-bi-me-eš, íb-ra, iti ne-ne-ĝar u$_4$ 3-kam, mu *Ḫa-am-mu-ra-pí* lugal, inim ^{d}En$^{?}$-líl$^{?}$-lá$^{!}$-ta, ^{25} bàd Má-rí^{ki}, ⸢ù⸣ Ĝá-al-gi$_4$[^{ki}], mu-un-gul$^{!}$-[la x]x

"I bùr, I eše Feld, angrenzend an Ilī-ma-abī, Versorgungsfeld des Šamaš-ḫāzir, das Aplum für Arbeitsentgelt für dieses Jahr von Šamaš-ḫāzir gepachtet hat, wird er eggen, umbrechen (und) Saatfurchen anlegen. Von 60 Kor Gerste wird er ⸢6$^{?}$⸣ Kor nehmen. Bestellt er das Feld nicht, so wird er für I bùr Feld 60 Kor Gerste abmessen." 6 Zeugen. "Die Siegel der Zeugen wurden (auf der Urkunde) abgedrückt." Datum.

50. Zeile fehlt auf der Tafelhülle.
51. Nur auf der Tafelhülle.
52. Nur auf der Tafelhülle.
53. Tafelhülle: 3[+3$^{?}$];0.0.
54. Nur auf der Tafelhülle.
55. Nur auf der Tafelhülle.
56. Nur auf derTafelhülle.
57. Nur auf der Tafelhülle.

Acb) Vertrag mit á mu-ú/u$_8$-a-šè-Klausel, unbekannter Herkunft, Miete

Nr. 28. Hunter, OECT 8, 14; Datum Rīm-Sîn II. 1 iv 1

é *Li-pí-it-Ǐštar*, *ù La-ma-súm* ama-a-ni, ki *Li-pí-it-Ǐštar*, *ù La-ma-súm* ama-a-ni-ta, [5] *Ta-ri-bu-um*-ke$_4$, nam-ga-an-tuš-a, **á mu-ú-a-šè**, 1½ giĝ$_4$ kú-babbar, íb-ta-an-è | [10] igi *El-le-tum*, igi Lú-^{d}Nanna dub-sar, iti šu-numun-a u$_4$ 1-kam, mu *Ri-im-^{d}Sîn*, lugal-e, [x ^{d}]Nin-maḫ-ke$_4$, é Kéš$^{ki(?)}$ x, an-ki-bi-da
Siegelinschrift: ^{d}Mar-tu, dumu An-na, [x ^{d}]Nin-maḫ

"Ein Haus des Lipit-Ištar und seiner Mutter Lamassum hat von Lipit-Ištar und seiner Mutter Lamassum Tarībum zum Wohnen für Entgelt für dieses Jahr—1½ Schekel Silber—gemietet." 2 Zeugen (einschließlich des Schreibers). Datum.

B. Quellen ohne die á mu-ú/u$_8$-a-šè–Klausel

Baa) Verträge ohne die á mu-ú/u$_8$-a-šè–Klausel aus Nippur: Pachtverträge

Nr. 29. Stone, *Nippur Neighborhoods* 66 Datum: Sumu-il von Larsa 23 iii; Stoppelfeld(?):[58]

$^{Vs.}$ 0;1.3 GÁNA gug$_x$(ZI/ZI.GÚG$^?$), ús-sa-DU *Ḫa-du-ni-im*, 1;0.0 GÁNA 40;0.0 še-gur, ugu ^{I}*Šu-na-a-a*, [5] ^{d}Utu-ḫi-ĝál, 10;0.0 še gur *i-šu*, *ri-ḫi-aṣ* ^{d}*Adad*, *ù bi-bu-li*, *na-ap$^!$-ḫi-im*, [10] $^{Rs.}$ IGI.PA zi-ga-ni-im, igi *Ìr-ra-na-da*, igi *Ta-ra-am-^{d}Sîn*, ⌜šà⌝ kislaḫ še ì-áĝ, (frei), iti sig$_4$-a, mu-ús-sa mu-bi, *Sú-mu-ìl* en ^{d}Nanna ba-ḫuĝ$^!$-ĝá, Siegelabrollung: *Šu-na-a-a*, ⌜x⌝-*wi-li*$^?$

"½ bùr Stoppelfeld neben Ḫadunum—(je) bùr 40 Kor Gerste: Bei Šunaya hat Utuḫiĝal 10 Kor Gerste gut. Überschwemmung durch Adad und Sturzflut sind sein *Risiko*(?)." 2 Zeugen. "Auf der Tenne wird die Gerste abgemessen." Datum.

Nr. 30. Çığ, Kızılyay, Kraus, *ARN* 18; Edition: Kraus, "Nippur und Isin," S. 136–39; Datum: Īter-pīša aa? iii; Stoppelfeld:

Vs. [n;n.n GÁNA a-šà] gug$_4$-še, [šà a-šà x] ⌜x⌝ ŠEŠ, [ús-a-DU a-šà] Lugal-nisaĝ-e, [ḫa]-la-ba *Ǐštar-la-ma-sí*, [5] n[am-ap]in-lá-a-šè igi 3-ĝál-a-šè, k[i Lug]al-me-lìm-ta, *Ìl-šu-mu-ba-lí-iṭ*, íb-ta-an-è, [9] 1 giĝ$_4$ kù-babbar kù máš a-šà KI^{59}.DURU$_5$, [10] šà Lugal-me-lìm al-du$_{10}$, [11] išin-bi lugal-a-

58. Atypisches Formular analog zu Schuldurkunden. Feldfläche: ½ bùr, Ratio: 40 Kor je bùr Feld; Anspruch des Verpächters: 10 Kor, also Halbpacht. Alleinige Haftung des Pächters(?) für Schäden durch Unwetter.

59. Notiz zum Text im Katalog von *ARN* (S. 71): "Vs. 9. Vorletztes Zeichen ik vielleicht flüchtig ausgewischt und nicht mitzulesen."

šà-ga-ke$_4$, $^{\text{u.Rd.}}$ nu-gù-e, $^{\text{Rs.}}$ 5;2.3 gur kislah̬-šè ésa[g$^?$] ⌜x⌝-šè, ^{14} níĝ-ku$_5$ a-šà-ga *Ìl-šu-mu-ba-lí-iṭ*, ^{15} Lugal-me-lìm-ra še ì-áĝ-e, igi Lú-gir-gi$_4$-lu dumu *Iš-me-^{d}Sîn*, igi *^{d}Nin-urta-qar-ra-ad* dumu *^{d}Sîn-an-dùl-lí*, igi An-né-ba-ab-du$_7$ dumu ⌜x-(x)-*Ištar*⌝, igi ^{d}Nanna-me-ša$_4$ dub-sar, ^{20} [igi ^{d}Mard]uk$^{?}$-$^{d(?)}$Lama dumu *Sà-ak-lum* | [iti si]g$_4^?$-a, [mu ....] / [......]x [x x] / [^{d}Ut]u-ra mu-na-dím

"[n iku] Stoppelfeld [in der Flur .]..-ŠEŠ [neben dem Feld] des Lugal-nisaĝe, Erbteil von Ištar-lamassī, hat vo[n Lug]al-melim Ilšu-muballiṭ für ein Drittel gepachtet. Mit 1 Schekel Silber, dem Silber für den (Bewässerungs-)Feldzins, ist Lugal-melim zufriedengestellt. Die Halme dort wird der Feldeigentümer nicht verzehren(?).[60] 5 Kor, 2 Scheffel, 3 Seah[61] auf die Tenne, zu dem ...-Getreidespeicher wird als Ertragsanteil des Feldes Ilšu-muballiṭ dem Lugal-melim abmessen." 5 Zeugen (einschließlich des Schreibers). Datum.

Nr. 31. Çığ, Kızılyay, Kraus, *ARN* 13; Datum: Damiq-ilišu 15 iii: Stoppelfeld:

$^{\text{Vs.}}$ 0;0.2 GÁNA a-šà gug$_4$-še, šà a-šà KI.[....], ús-a-DU dumu Lugal-[h̬]é-ĝál, a-šà *Nu-ru-um-lí-ṣi* / dumu ^{d}Nanna-lú-ti, ^{5} ki *Nu-ru-um-lí-ṣi*-ta, ^{I}Lú-Ì-si-in-na, dumu ^{d}Utu-ma-an-šúm, nam-apin-lá igi 3-ĝál, í[b-t]a-a[n-è], ⌜x⌝[....], [Rest der Vs. und Anfang der Rs. abgebrochen], $^{\text{Rs.}}$ $^{1'}$ ⌜x⌝[....], kis[lah̬ x x x] ⌜ì-áĝ-e⌝,[62] igi Ur-du$_6$-kù-ga dumu *Ibašši*(GÁL)-Ištar, igi *E-ṭè-ya* dumu *A-wi-il-*[x], $^{5'}$ igi *^{d}Sîn-li-di-iš* | iti sig$_4$-a-ka mu-ús-sa, bàd-gal ⌜*Mi*⌝-*gir-^{d}Nin-urta* / mu-un-ĝú-a

"2 iku Stoppelfeld in der Flur KI.[...], angrenzend an (das von) Lugal-h̬eĝal, Feld des Nūrum-līṣi, des Kindes von Nanna-luti, hat von Nūrum-līṣi Lu-Isina, Kind des Utu-manšum, (für) ein Drittel gepachtet. [......]..[... auf die Te]nne [(...)] wird er es abmessen." (2 Zeugen. Datum).

Nr. 32. Çığ, Kızılyay, Kraus, *ARN* 40. Datum Rīm-Sîn I 52 iii 15: Stoppelfeld:

$^{\text{Vs.}}$ 1.1.0 GÁNA a-šà gug$_4$-še, íb-si ba-lá, *e-ma i-na-di-nu-šum*, a-šà KA-^{d}Inana, ^{5} ki KA-^{d}Inana-ta, ^{I}KA-^{d}Ba-ú-ke$_4$ / dumu Lú-^{d}Nin-šubura,

60. Die Klausel erinnert an das "Sumerian Laws Handbook of Forms" viii 22–25 (s.o. Nr. 1), wo aber das Verbum dab$_5$ gebraucht und dem Feldeigentümer dieser Zugriff gestattet ist—sollte man das Verbum dort ku und hier gù lesen (beides unorthographisch für gu$_7$)? Ist an das Verfüttern unreifen Getreides an das Vieh oder vielleicht an das Ernten von Grünkern gedacht? F. R. Kraus, "*Nippur und Isin*" (= *JCS* 3, 1951) 139 fand den Satz "unverständlich" und vermutete "das Stroh davon wird der Feldbesitzer nicht beanspruchen."—Oder sollte man hier lesen: 0,0.2 še-bi lugal a-šà-ga-ke$_4$ nu-gù-e "2 Seah Gerste davon wird der Feldeigentümer nicht verbrauchen" (und in Nr. 1 entsprechend)? Addierte man diese 2 Seah zu den vom Pächter abzuliefernden 5 Kor 2 Scheffel und 3 Seah, so erhielte man 5 Kor und 3 Scheffel als geschätzten Ertrag für den Verpächter als ⅔ des veranschlagten Gesamtertrags, der dann 8 Kor, 2 Scheffel betragen sollte. Das würde aber nicht zu oben Nr. 1 passen.

61. Die Menge von 5;2.3 gur ist die Hälfte 11;0.0 Kor. Läge Drittelpacht vor, betrüge der erwartete Ertrag 16;2.3 Kor, eine für eine Schätzung unwahrscheinliche Größe. Darum liegt die Annahme von Halbpacht und einer Genossenschaft von Verpächter und Pächter nahe, auch wenn dies in der Urkunde nicht ausformuliert ist.

62. Vgl. Nr. 26. *ARN* 18, 13–15.

⌜nam⌝-[a]pin-lá-šè, [igi 3$^{?}$]-ĝál-šè, [íb-t]a-an-è, ^{10} [níĝ-ĝál-la] ⌜é⌝-gal-la, ù á a-šà-ga, lugal a-šà-ga, ba-an-ni-ib-gi$_{4}$-gi$_{4}$, igi *I-di-ya-tum*, ^{15} dumu ^{d}Da-mu-a-zu, igi ^{d}Nin-urta-me-ša$_{4}$, dumu *Be-⌜el-ki⌝-im-ti*, iti sig$_{4}$-a u$_{4}$ 15-kam, mu ki 23 ús-sa, Ì-si-in^{ki} ba-dab$_{5}$-ba

"1 bùr 1 eše Stoppelfeld, kommt etwas dazu oder ist es weniger, da, wo man es ihm geben wird, Feld des Ka-Inana, hat von Ka-Inana Ka-Ba$^{?}$u, Kind des Lu-Ninšubura, gepachtet. [Die Sicheln] des Palastes und das Arbeitsentgelt für das Feld wird der Feldeigentümer begleichen." 2 Zeugen. Datum.

Nr. 33. Poebel, BE 6/2, 9 (Hüllentafel).[63] Datum: Rīm-Sîn I 54 i: Stoppelfeld:

$^{Vs.}$ 1;1.0 gána gug$_{4}$-še, šà a-šà a-gàr *zí-ib$^{!}$-ba-tim*, ús a-šà *A-ab-ba$^{?}$* ù nagar, a-šà *A-ḫu-šu-nu* ^{Id}*Nanna-tum*, ^{5}*ù* Diĝir-ma-an-šúm, ^{Id}*Nanna-tum i-na qá-ti é-kál-li, ú-ša-aṣ-ṣi-a(-am)-ma, mi-ki-is-sú i-ta-ab-ba-al*, ^{I}*A-ḫu-šu-nu* ^{d}*Nanna-tum*, ^{10} ù Diĝir-ma-an-šúm, *i-na ki-ir-ba-né-e(/i-na ri-ṭi-ib-tim)*[64], *i-za-az-zu*, $^{Rs.}$ igi *In-bu-Sin* {dumu}/ dumu ^{d}En-líl-me-ša$_{4}$, igi *A-ta-a* dumu Úrdu-^{d}Nanna, igi ^{d}*Sîn-li-di-iš* dumu *Im-gu-ú-a*, iti bára-zà-ĝar-ra, mu ki 25 ús-sa, ^{d}*Ri-im-*^{d}*Sîn* lugal-e / I-si-in^{ki} ba-dab$_{5}$-ba

"1 bùr, 1 éše Stoppelfeld in den Feldern der Flur des Schwanzes, benachbart den Feldern von Ayabba und des Schreiners, Feld von Aḫūšunu, Nannatum und Diĝir-manšum, pachtet[65] Nannatum vom Palast und wird die Pachtabgabe dafür in Besitz nehmen. Aḫūšunu, Nannatum und Diĝir-manšum stehen auf den Schollen$^{?}$(/auf dem durchweichten Feld)[66]." 3 Zeugen, Datum.

Nr. 34. Chiera, PBS 8/2, 122; Datum: Hammurapi 31 vi [?]; Stoppelfeld:

$^{Vs.}$ 5;0.0 gána a-šà g[ug$_{4}$-š]e, šà a-šá eger šúm-lá, ús-a du *Ib-ni-ya-tum*, a-šà *Lu-ub-lu-⌜lu⌝-uṭ-ì-lí* / dumu *Nu-úr-⌜Ištar⌝*, ^{5} ki *Lu-ub-lu-uṭ-ì-lí-*[ta], [^{I}]*A-píl-*^{d}*Káb-ta* / dumu *Ṭa$_{3}$-ab-šár-ì-lí*, [n]am-apin-lá-šè, igi 3-ĝál-šè, íb-ta-an-è, ^{10} 3;3.2 še gur, šu-lá máš nu-ub-tu[ku], $^{Rs.}$ ki *Lu-ub-lu-uṭ-ì-lí*, ^{I}*A-píl-*^{d}*Káb-ta*, šu ba-an-ti, ^{15} mu-du u$_{4}$ ⌜buru$_{14}$⌝-ka, ^{15} ⌜še-bi íb$^{?}$-áĝ⌝-e, [igi] ⌜*A*⌝*-ta-na-a*[*ḫ*]*-ì-lí*, [igi *Nu*]*-ru-um-*[...], [igi] ^{d}*Sîn-*⌜x⌝-[...], [iti k]íĝ-^{d}[Inana (u$_{4}$n-kam)], [mu *Ḫa-am-m*]*u-ra-p*[*í* lugal-e], [ĝiskiĝ-ti A]n ^{d}En-líl-⌜ta⌝, [ma-da *E-mu-ut*]*-ba-lum*$^{⌜ki⌝}$ ⌜*ù*⌝, [lugal-bi *Ri-i*]*m-*^{d}*Sîn* [...]

"5 bùr Stoppelfeld in den Feldern hinter der Zwiebelhängung, benachbart dem Ibnatum, Feld des Lubluṭ-ilī, Kind des Nūr-Ištar, hat von Lubluṭ-ilī Apil-Kabta, Kind des Ṭāb-šār-ilī, für ein Drittel gepachtet. 3 Kor, 3 Scheffel und 2 Seah

63. Varianten der Tafelhülle in Klammern.

64. Variante der Tafelhülle.

65. Wörtl.: "bringt N. aus den Händen des Palastes heraus." Wie das Feld der drei Feldeigentümer in den Besitz des Palastes gelangt ist, bleibt ungesagt. Ob es sich um Pacht oder um eine pachtähnliche Nutzung von beschlagnahmtem Eigentum handelt, muss offen bleiben. Der Palast zahlt eine Pachtabgabe!

66. Var. der Tafelhülle.

Gerste,[67] zinsloses Vertrauens-Darlehen, hat Apil-Kabta von Lubluṭ-ilī erhalten. Beim Einbringen (der Ernte) am Tag der Ernte wird er diese Gerste abmessen." 3 Zeugen. Datum.

Nr. 35. Chiera, PBS 8/1, 83. Datum Hammurapi 31 xi [?]; Feld (mit *esēp–tabāl*–Formel[68])

Vs. [n;n.n GÁNA a-šà, šà a-šà ....], ⌜ús-a DU a-šà⌝ [PN₁], a-šà *Nu-úr-*[^{d}*En-líl*], dumu *I*[*b*-x-x-x], 5 ki *Nu-úr-*^{d}*E*[*n-líl*-ta], ^{Id}*Sîn-b*[*e*?-*el*-....] / dumu KA-[....], nam-apin-lá-šè, mu 3-kam-ma-ta, Rs. šu su-ub-ba-an-ta, 10 íb-ta-an-è, igi Lú-^{d}Nin-si₄-an-na, igi *A-gu-*⌜*ú*?⌝-[*a*? x x], igi *Im-gu-*⌜*a*⌝ [x x x], igi *Ìl-šu-i*-[x x x], iti zíz-[a u₄ n-kam], mu *Ḫa-am-*[*mu-ra-pí* lugal-e], ĝizkim-ti [An ^{d}En-líl-lá-ta], ma-da ⌜*Ya*⌝-[*mu-ut-ba-lum*], šu-ni [sá bí-in-du₁₁-ga].

"[n bùr, n eše, n iku Feld in den ....-Feldern,] angrenzend an das Feld von [....], Feld des Nūr-[Enlíl], Kindes des Ib-[....], hat von Nūr-Enlil Sîn-b[ēl-....], Kind des KA-[....], (mit den Worten): Rs.,Vom 3. Jahr an sammle von ihm (d.h., von dem Feld)[69] ein!' gepachtet." 3 Zeugen, Datum.

Nr. 36. *ARN* 69. Datum Hammurapi 36 vi 4; Stoppelfeld:[70]

Vs. 0;0.4 GÁNA a-šà gug₄-še, šà a-šà ì-EZEN×AŠ, a-šà *Ša-at-*⌜^{d}*Nin-urta* (lukur-^{d}Nin-urta⌝)[71] / dumu-munus *Da-a-du*-ke₄, ki *Ša-at-*^{d}*Nin-urta*-t[a], 5 ^{Id}Utu-^{d}En-líl-lá(dumu x-^{d}En-ki)[72]-⌜ke₄⌝, 6 nam-apin-lá igi 3-ĝá[l-šè], íb-ta-an-⌜è⌝, u.Rd.[()][73], Rs. igi ^{d}En-líl-á!-d[aḫ][74], igi ^{d}*Šamaš-e-ri-ba-*

67. Es handelt sich vielleicht um einen Kredit für den Erwerb von Saatgut oder für die Anmietung von Zugtieren z.B. für das Saatpflügen. Für einen als Kredit stilisierten vom Pächter zu leistenden, erwarteten Ertragsanteil des Feldeigentümers wäre die Menge angesichts von 5 bùr Feldfläche viel zu gering.

68. Siehe unten zu Nr. 38–39. — B. Landsberger, "Die Serie *ana itti-šu*." *MSL I* (Rome: Sumptibus Pontificii Instituti Biblici, 1937) 196 verband diese Urkunde korrekt mit *ana ittišu* IV ii 41–42, nahm aber an, es gehe nicht um ein *esēp–tabāl*–Geschäft (d.h., um einen Vertrag über ein Nutzungspfand in der Form eines Pachtvertrages) und šu su-ub = *esēpum* bedeute hier "Erde anhäufeln." Er folgte damit der Ansicht P. Koschakers, *Über einige griechische Rechtsurkunden aus den östlichen Randgebieten des Hellenismus*, ASAW Phil.-Hist. Kl. Nr. 42/1 (Leipzig: Verlag von S. Hirzel, 1931), S. 91, dass es in *ana ittišu* IV ii 41–42 "nicht sicher, ja nicht einmal wahrscheinlich ist, dass es sich um dasselbe Geschäft [wie in elamischen *esip–tabal*–Urkunden] handelt. " B. Kienast, *Die altbabylonischen Briefe und Urkunden aus Kisurra*, Freiburger Altorientalische Studien 2 (Wiesbaden: Franz Steiner Verlag, 1978) I 90f. Anm. 411 stellte diesen Zusammenhang her, korrigierte den (m.E. falsch statt *šu su-ub-ba-ab-ta) gebildeten Ablativ der Personenklasse -(a)n-ta zu -{an}-ta, übersetzte einen finalen Infinitiv: "zum Einsammeln" (gemeint: TA = -dá: /-ada/) und meinte, "die Zugehörigkeit zu dem genannten Rechtsgeschäft" müsse "fraglich bleiben." — G. Mauer, "Bodenpachtverträge" (1980), 83 mit Anm. 35 hat das und Kienasts Tilgung des -an- (Kienast: -{an}-), (Mauer: "<AN>") offensichtlich mißverstanden. Zugunsten von Kienasts Auffassung der Form als Infinitiv ließe sich jetzt anführen, dass in Goddeeris, *TMH 10*, 87: 13–14 (oben Nr. 33a) die Verbalform in dieser Klausel šu su-bu-TA geschrieben ist, was als korrekter, transitiver finaler Infinitv auf *-eda (-bu-dá) verstanden werden kann.

69. -ba-an-ta anstelle von -ba-ab-ta.

70. Komposittext aus Tafel und Tafelhülle; Zeilenzählung nach der Tafel.

71. Nur auf der Tafel.

72. Nur auf der Tafelhülle; diese bricht danach ab; der erhaltene Text der Rückseite beginnt wieder mit Z. 10.

73. *ARN* S. 96 (Katalog): "Innentafel: zwischen Vs. 8 und Rs. 1 fehlt wohl nichts."

74. So nach *ARN* S. 125 ("Personenamenverzeichnis, Personen aus Nippur").

a[*m*], ^{10}igi ^{d}*En-líl-be-el-ì-lí* du[b-sar], (frei), iti kíĝ-^{d}Inana u$_4$ 4-kam, mu *Ḫa-am-mu-ra-pí* / lugal-e, É-me-te-ur-saĝ (/mu-un-gibil-a)[75]

"4 iku Stoppelfeld in den ì-EZEN×AŠ-Feldern, Feld der Ninurta-*nadītu*-Priesterin Šāt-Ninurta, der Tochter des Dādu, hat von Šāt-Ninurta Utu-Enlila.k für ein Drittel gepachtet." 3 Zeugen (einschließlich des Schreibers). Datum.

Nr. 37. Stone, *Nippur Neighborhoods* 49; Datum: Samsu-iluna 7 iii 9; Stoppelfeld:

$^{Vs.}$ 0;0.3 GÁNA a-šà gug$_4$-še, *i-te-er im-ṭi*, ús-a-DU *Ì-lí-ma-ilum*, a-šà *A-pil-*^{d}*Adad*, ^{5}ki *A-pil-*^{d}*Adad*, ⌜lugal⌝ a-šà-ga-ke$_4$, ⌜^{I}*Ì-lí-i*⌝*-ri-ba-am*, [nam-api]n-lá-šè, ^{9}[x x x-šè í]b-ta-[an-è], $^{u.Rd.}$ [....], $^{Rs.}$ [igi] ⌜^{d}⌝[x x x x x], igi *Ì-*⌜*lí*⌝-[x x x], igi ^{d}*Sî*[*n-i-di*]*n-nam*, (frei), iti sig$_4$-a u$_4$ 9-kam!, mu *Sa-am-su-i-lu-na* lugal, ^{ĝiš}tukul šu-nir

Siegelinschrift: *A-pil-*^{d}*Adad*, dumu *Ri-im-*^{d}*Adad*, sanga ^{d}Lugal-du$_6$-kù-ga

"3 iku Stoppelfeld, mehr oder weniger, benachbart Ilī-ma-ilum, Feld des Apil-Adad, hat von dem Feldeigentümer Apil-Adad Ilī-irībam [für ...] gepachtet. [...]." 3 Zeugen. Datum.

Nr. 38. Stone, *Nippur Neighborhoods* 32; Datum: Samsu-iluna 10 viii 18; Brachfeld; mit *esēp–tabāl*–Formel:

$^{Vs.}$ 0;0.1 a-šà KANKAL, šà a-šà apin nu-zu, a-šà *Sa-bi-ya ù* dumu-ni, ki *Sa-bi-ya ù* dumu-ni-ta, $^{5\,Id}$*Nanna-tum* nu-èš-ke$_4$, ĝál ta$_6$-ta$_6$-dè, mu 3-kam-ma-šè, šu su-ub-bu túm-mu-dè, íb-ta-an-è, ^{10}[m]u 4-kam-ma-ta,[76] [u. Rd. abgebrochen], $^{Rs.}$ [lugal] ⌜a⌝-šà-ga-ke$_4$$^{?}$ igi 4-ĝál níĝ-[ku$_5$] ⌜al$^{?}$-tuku$^{?}$-ne$^{!}$[77], igi *I-na-É-kur-ra-bi* nu-èš, igi *Ì-lí-tu-ra-am* GUL:BUR, $^{5'}$ igi Kù-^{d}Nin-Šu[bur$^{?}$] dub-sar | (frei) iti apin-du$_8$-a u$_4$-18-kam, mu ugnim *I-da-ma-ra-az*^{ki}

"1 iku Brachfeld in der 'Flur, die keinen Pflug kennt,' Feld des Sabiya und seines Kindes, hat von Sabiya und seinem Kind der nu-èš-Priester Nanna-tum zum Neubruch bis zum dritten Jahr, zum Einsammeln und Wegtragen[78] gepachtet. Vom vierten Jahr an [()] werden! die Feld[eigentümer] [ein] Viertel als Ertragsanteil nehmen." 3 Zeugen (einschließlich Siegelhersteller und Schreiber). Datum.

75. Nur auf der Tafelhülle.

76. Es fehlt vielleicht nichts, wenn am u. Rd. ein Siegel abgedrückt war.

77. Kopie: -uš; eine Verbalform der Vergangenheit ist aber nicht zu erwarten.

78. S.o. Nr. 35 mit Anm. 67. Urkunde mit in finalen Infinitiven formulierter sumerischer Fassung der *ana esēp–tabāl*-Formel; s. B. Landsberger, *MSL* 1: Die Serie *ana ittišu*, Tafel IV ii 42 še šu su-ub-dè = *ana esēpi ušēṣi* "er hat zum Einsammeln gepachtet." Stol, "Pacht B" (2004) 172 §1c nennt diese Vertragsart "Scheinpacht," weil bei ihr "das Feld und dessen Ertrag als Pfand für eine Schuld dienen." Diese Urkunde erwähnt allerdings keine bestehende Schuld des Verpächters, und der Vertrag ist unbefristet, wie mu 4-kam-ma-ta "vom vierten Jahre an" in Z. 10 zeigt. Die Viertelpacht von Jahr 4 an entspricht nicht den üblichen Pachtbedingungen.

Nr. 39. Goddeeris, TMH 10, 87. Datum: Samsu-iluna 27 vi 6. Neubruchbacht mit *esēp–tabāl*-Formel:

1 iku Brache (kikla), 4 Verpächter, zusammengefasst als "Einzelpersonen" (lú didli), Pächter: Abum-waqar;
ĝál ta_6-ta_6-dè, mu 3-kam-ma-šè, nam-šu-su-bu-dá, ba-an-tùmu, íb-ta-an-è

"hat (er) gepachtet, um zu umbrechen und bis zum 3. Jahr einzusammeln; er wird wegtragen."

Nr. 40. Stone, Zimanski, *OIMA* 1, 31; Datum Samsu-iluna 28 xi^{II} 2$^{!}$; Stoppelfeld:[79]

$^{Vs.}$ 1;0.0 GÁNA a-šà gug_4-še, šà a-šà é-danna, ús-a-DU *A-píl-ì-lí-šu*, dumu *A-bi*-ZI, a-šà Šeš-kal-la, ki Šeš-kal-la-ta, ^{I}*I-din-Ištar* / dumu Šeš-kal-la-ke_4, [....
$^{Rs.}$.....] / ⌜x⌝ [....], ^{I}[*I-din-Ištar*] / in-[na-an-šúm-mu], ^{I}[Šeš-kal-la-ke_4], ⌜x⌝ [x šu b]a-ab-ti-$ĝe_x$(ĜÁ), igi x-⌜x⌝-a dumu *A*$^{?}$*-pil*-AN.(x), igi ^{d}*I-šum-ḫa-ṣir* dumu *In-bi-a*, $^{o.Rd.}$ igi Lugal-mu-pà-da dub-sar, iti zíz-a KI.MIN-kam, mu *Sa-am-su-i-lu-na* lugal-e, á-áĝ-ĝá ^{d}En-líl-lá-ta, [....], kišib TIN.TA-*ya*|| (Siegelinschrift unleserlich).

"$^{Vs.}$ 1 bùr Stoppelfeld in den Meilenhaus-Feldern, angrenzend an Apil-ili-šu, Kind des Abī-kīn$^{?}$, Feld des Šeškalla, hat von Šeškalla Iddin-Ištar, Kind des Šeškalla [gepachtet$^{?}$ ....
$^{Rs.}$ ....] ....[....]. [wird Iddin-Ištar] ih[m geben$^{?}$]. [Šeškalla] wird ..[..] empfan[-gen]." 3 Zeugen einschließlich des Schreibers. Datum.

Nr. 41. Poebel, BE 6/2, 61; Datum Samsu-iluna 28 xii 15; Stoppelfeld:

$^{Vs.}$ 0;2.0 GÁNA a-šà gug_4-še, da a-šà É-a-NÍĜ.GI.NA, ús-a-DU *I-din-Ištar* aslag, a-šà ^{d}*Sîn-pi-la-aḫ*, ^{5} ki ^{d}*Sîn-pi-la-aḫ*-ta, [^{I}]^{d}*Nin-urta-ra-ʾì-im-ze-ri* {-ta}, ⌜nam⌝-[apin-l]á-⌜a$^{?}$⌝-šè, [Rest der Vs., u.Rd. und Anfang der Rs. abgebrochen], $^{Rs. 1'}$ ⌜igi *I-din*-^{d}⌝[....], igi *A-bi*-⌜x⌝[....], igi *Ib-ni*-^{d}*En-lil* / dub-<sar>, iti še-gur_{10}-ku_5 u_4 15-kam, mu nam-á-áĝ-ĝá / ^{d}En-líl-lá-ta

"2 eše Stoppelfeld neben dem Feld des Eʾa-kittum, angrenzend an den Walker Iddin-Ištar, Feld des Sîn-pilaḫ, [hat] von Sîn-pilaḫ Ninurta-rāʾim-zērim [ge]pa[chtet ....]." 3 Zeugen (einschließlich des Schreibers). Datum.

Nr. 42. Stone, *Nippur Neighborhoods* 51; Datum: viii, Jahr nicht bestimmbar; Feld:

Hülle: kišib nam-api[n-lá], ki *Ip-pa-tum*; Siegel: ^{d}Mar-tu, [du]mu-an-na

79. Unsicher, ob dies ein Pachtvertrag ist.

Tafel: $^{Vs.}$ 0;1.0 GÁNA a-šà, šà a-šà uz-ĝá, a-šà *Ip-pa-*⸢*tum*⸣, ki *Ip-pa-tum*-ta, ^{5}*I E-te-er*^{sic}*-pi*$_4$*-Ištar*, ^{6}nam-apin-lá-a-e, igi$^{!}$(Ù) [4]-⸢ĝál⸣-šè, íb-ta-an-⸢è⸣, $^{Rs.}$ á a-šà-g[a$^{!}$]/-⸢ke$_4$-éš⸣, ^{10}igi$^{!}$(Ù) 4$^{!}$-ĝál-la, lugal a-šà-ga-ke$_4$, ba-an-íb-gi$_4$-gi$_4$, igi *Ze-rum-ì-lí*, igi ^{d}*En-líl-ni-šu*, ^{15}igi ^{d}*Šamaš-ma-gir*, iti ^{ĝiš}apin$^{!}$, ⸢x x x⸣, ⸢x DA x⸣ / ⸢x⸣ [...]
Hülle: “Siegelurkunde über Pacht von Ippatum”
Tafel: “1 eše Feld in den uz-ĝá-Feldern, Feld des Ippatum, hat von Ippatum Eter^{sic}-pī-Ištar für ein [Viertel$^{!}$] gepachtet. Für die Feldarbeit wird der Feldeigentümer ein Viertel ersetzen.” 3 Zeugen. Datumsrest.

Nr. 43. Stone, Zimanski, *OIMA* 1, 50; Datum: abgebrochen; Feld:

$^{Vs.}$ 0;1.0 GÁNA a-šà, šà a-šà é-da[nna], a-šà *Be-el-ta-ni*, dumu ⸢*I*$^{?}$*-din*$^{?}$⸣*-na-ḫum*, ^{5}ki *Be-el-ta-ni*, ^{I}É-⸢x⸣-[x x x], $^{Rs.}$ nam-apin-lá-šè, igi 3-ĝál-šè, íb-ta-an-[è]. ^{10} ⸢x x⸣ [....], igi ⸢x⸣[....], igi ⸢x⸣[....], ⸢x⸣[....], ⸢x⸣[....], [Rest abgebrochen].
Siegelinschrift: Nur letzte Zeile leserlich: úrdu ^{d}É-a

“1 eše Feld in den Meilenhaus-Feldern, Feld der Bēltani, des Kindes von Iddinaḫum, hat von Bēltani E.... für ein Drittel gepachtet, ...” [Zeugen, Datum.]

Nr. 44. Stone, Zimanski, *OIMA* 1, 51; Datum: abgebrochen, Feld:

$^{Vs.}$ 0;0.2 GÁNA a-šà, šà a-šà é-danna, ús-a-DU ^{d}Da-mu-⸢x⸣-RI$^{?}$-⸢x⸣-[...], a-šà ^{d}Nanna-šà-lá-sù, ^{5}ki ^{d}Nanna-šà-lá-sù, *Ta-ri-ba-tum* šitim-gal$^{?}$, KA-^{d}Nanna, ù ^{d}*Nin-urta-ra-*$^{?}$*ì-im-ze-ri-*[*im*], nam-tab-ba, ^{10}apin-lá-šè, še-ĝiš-ì uru$_4$-šè, á$^{!}$-zi$^{!}$-da-ni-gim, á$^{!}$-gáb$^{!}$-bu$^{!}$-ni-gim, $^{Rs.}$[zerstört].

“2 iku Feld in den Meilenhaus-Feldern, angrenzend an Damu-..., Feld des Nanna-šalasu, [haben] von Nanna-šalasu zur Genossenschaft der Oberbaumeister Tarībatum, KA-Nanna und Ninurta-rā$^{?}$im-zēri[m], um Sesam anzubauen (und zu Bedingungen) wie zu seiner (= des Verpächters) rechten und linken Seite gepach[tet. ....”].

Nr. 45. Çığ, Kızılyay, Kraus, *ARN* 132. Datum abgebrochen; Feld(?):

$^{Vs.}$ 0;0.2 GÁNA ⸢a⸣-[šà ....], šà a-šà ⸢a⸣-[....], ús-a-DU *Ri-*[....], a-šà ^{d}*Nin-*[*urta-ni-šu*], ^{5}ù ^{d}*Sîn-t*[*a-a-a-ar*], dumu-me DIĜIR-*t*[*a*$^{?}$-x x], ki ^{d}*Nin-*[*urta-ni-šu*], *ù* ⸢d!⸣*S*[*în-ta-a-ar*], [......]

“2 iku Fe[ld ....] in den ..[....]-Feldern, angrenzend an Ri[....], Feld des Nin[urta-nīšu] und des Sîn-t[ayyār], der Kinder des *Ilum-t*[*a*....], hat von Nin[urta-nīšu] und S[în-tayyār], [......]”
Siegelinschrift: ^{d}*Nin-urta-ni-šu*, ^{d}*Sîn-*⸢*ta-a-a*⸣-[*ar*], dumu-[me DIĜIR-*ta*-....][80]

80. Nach *ARN* S. 69, Ni. 1206.

Bba) Verträge ohne die á mu-ú/u$_8$-a-šè-Klausel, aus Isin: Pachtverträge

Nr. 46. BIN 7, 191 (Charpin, Archibab Isin 81); Datum Samsu-iluna 16 ix 12

$^{Vs.}$ ^{I}*Ta-li-im-*[^{d}*Sîn*] / *ù Da-da-*⸢*a*⸣, nam-tab-ba-ne-⸢ne⸣, *a-na* a-šà *e-re-ši-im, tap-pu-ú,* a-šà <*ša*>*Ta-li-im-*^{d}*Sîn i-ma-ru-ma*$^{?}$(SU), *qá-as-sú ú-ma-du*[81] a-šà *i-le-qé-e*$^{!}$*-ma,* ^{I}*Da-da-a ù Ta-li-im-*^{d}*Sîn,* gu$_4$-ḫi-a *ma-li* gu$_4$-ḫi-a, $^{u.Rd.}$ še-numun *ma-li* še-⸢numun⸣, *i-ša-ka-nu-ma,* $^{Rs.}$ *iš-ti-ni-iš i-zu-uz-*⸢*zu*⸣, igi *Ì-lí-ma-a-bi* dumu *Ša-lu-rum*, igi KI-*ilim-ba-ni* dumu *I-bi*$^{!}$*-Sin*|| iti gan-gan-è-a u$_4$ 12-kam, mu *Sa-am-su-i-lu-na* lugal-e, bàd an-da-sá-a
Siegelinschrift 1: *Ì-lí-ma-*[*abī*], dumu *Ša-al-lu*$^{!}$*-r*[*u-um*], úrdu ^{d}Nè-eri$_{12}$-ga[l].
Siegelinschrift 2: *It-ti-*AN-[*ba-ni*], dumu *I-bi-*^{d}[*Sin*], [úr]du ^{d}Pa-b[íl-saĝ].

"Talīm-Sîn und Dadâ sind (hinsichtlich) ihrer Partnerschaft Partner, um ein Feld zu bestellen. Sie werden ein Feld des Talīm-Sîn (auser)sehen, seine Hand auf (es) legen, er wird das Feld (in Besitz) nehmen und dann werden Dada$^{?}$a und Talīm-Sîn Rinder soviele wie Rinder, Saatgerste soviel wie Saatgerste stellen und in gleicher Weise teilen." 2 Zeugen. Datum. Siegelabrollungen der beiden Zeugen.

Nr. 47. BIN 7, 197 (Charpin, Archibab Isin 87); kollationiert. Datum Samsu-iluna 23 iii 1

$^{Vs.}$ 0,1.2 GÁNA a-šà a-gàr é-nimin$^{!}$[82], a-šà ^{d}*Ur-ma-šum-*⸢*ḫa*⸣*-zi-ir,* ki ^{d}*Ur-ma-šum-ḫa-zi-ir,* [lug]al a-šà-ke$_4$, ^{I}*Gur-ru-rum, a-na* igi 3-ĝál-la nam-apin-lá-šè, íb-ta-an-né$^{!}$-*dè, a-šà *ma-i*<*a*>*-ri i-ma-ḫa-aṣ,* $^{u.Rd.}$ ⸢*i*⸣*-še-be-er,* *ù i-ri-iš, aš-šum* a-šà *ka-*sa-*ma-*am,* $^{Rs.}$ *iš-nu-ú,* 1 še gur *i-na si-ba-at* [*e-ṣ*]é$^{?}$-⸢*di*$^{?}$*-im*⸣, ^{I}*Gur-ru-rum i-le-*<*qé*>, *ù* ^{ú}*il-pé-tam i-ra-pí-iq,* igi *Na-bi-*^{d}*Gu-la,* igi *Warad*(ÚRDU)*-sà* dumu-meš ^{d}ÍD.KU.UM-*ṣil-lí,* igi *Ṣe-er-re-nu-um* | iti sig$_4$-a u$_4$ 1-kam, mu *Sa-am-su-i-lu-na* lugal-e, $^{o.Rd.}$ usu ĝìr-ra ^{d}En-líl-le ⸢x x⸣
Siegel 1: *Ru-ut-*[*tum*], dumu-munus ^{d}*Sîn-*[....], dam ^{d}Í[D.KU.UM-*ṣíl-lí*].
Siegel 2: *Warad*(ÚRDU)-[*sà*], dumu ^{d}⸢ÍD⸣.K[U].U[M]-*ṣ*[*il-lí*], ÚRDU AN.AN.MAR.[TU].

"1 eše 2 iku Feld in der Flur des E-nimin, Feld des Urmāšum-ḫāzir, pachtet vom Feldeigentümer Urmāšum-ḫāzir Gurrurum zu einem Drittel. Er wird das Feld mit dem Umbruchpflug pflügen, wird (die Schollen) brechen und saatpflügen. Weil er (auf dem) Feld ein zweites Mal (Unkraut) geschnitten hat, wird Gurrurum zum Schluss des (Gerste)schnitts ein Kor Gerste nehmen und wird das Ḥalfagras (unter)-hacken." 3 Zeugen. Datum. Abdrücke der Siegel von Zeuge 2 und der Mutter von Zeugen 1 und 2.

81. D. Charpin, Archibab Isin (Nr. 81) liest *ú-ma-ṭu*.
82. Nach Kollation sind insgesamt 7 (4+3) Winkelhaken eingedrückt.

Nr. 48. *KT Isin*, 265) IB 1134: Datum: Samsu-iluna 23 vi 14. Pacht eines umbrochenen Feldes; gesiegelt; Siegelinschrift unlesbar.

Vs. 0;1.3 GÁNA [a-šà], šà a-šà ⌜PEŠ-*i-te*?⌝-*šu*[83], a-šà *Ip-qú-*ᵈ*Ma-mi,* ki *Ip-qú-*ᵈ*Ma-mi,* 5 lugal a-šà-ga-ke₄, I⌜*Mār*(DUMU)-ᵈ*Amurrim*(MAR.TU) ugula dam-gàr⌝, nam-a[pin-l]á-⌜šè⌝, íb-[t]a-⌜an⌝-è, u.Rd. ⌜0;1.0⌝ GÁNA a-šà, Rs. 10 [0;0.3?] GÁNA a-šà *ap-pé-ti, ar-šu i-le-qé,* igi *Ṣíl-lí-*ᵈ*Amurrim*(MAR.TU) / ⌜dumu⌝ *Ib-ni-*ᵈ*Amurrum*(MAR-TU), igi A!(DIŠ)-*ku-ú-um* / dumu *Be-lí-i-din-nam,* igi *I-le-i-ri-a-ba-am*[84] | 15 iti kíĝ ᵈInana u₄-14-kam, ⌜mu⌝ [*Sa*]-*am-su-i-lu-na* ⌜lugal-e⌝, usu ĝìr-ra ᵈEn-líl-le, mu-un-na-šúm-ma-ta

"1 eše, 3 iku [Feld] in den von ihm neu umbrochenen? Feldern, Feld des Ipqu-Mammi[85], hat vom Feldeigentümer Ipqu-Mammi Mār-Amurrim, der Aufseher über die Kaufleute, gepachtet. 1 eše Feld (ist es.)—[Die 3 iku des Neubruchs] wird er (= der Pächter?) bestellt übernehmen."[86] 3 Zeugen. Datum.

Nr. 49. Nougayrol, "Tablettes," *RA* 73 (1979) 73: AO 10329; Datum: Samsu-iluna 29?[87] (Edition Charpin, Durand, "Textes," *RA* 75 [1981], p. 26–27)

2;0.0 GÁNA a-šà-*lum*, šà a-šà ᵈGu-la, ša iri *Me-du-ú*ᵏⁱ, ki *Ṣíl-lí-*ᵈ*Šamaš*, 5 I*Ṭa-ab-ga-ma-al-ša*, nam-apin-lá-šè íb-ta-è-a, *i-ša-ka-ak ù ši-ir-a-am, i-ša-ak-ka-an, ši-it-ti-in er-re-šum,* Rs. 10 *ša-lu-uš-tam be-el* a-šà-*lim*, *i-le-eq-qú-ú* | igi ᵈUtu, igi ᵈGu-la, (frei), iti ne-ne-ĝar u₄ 13-kam, mu gibil

83. Z. 2: A.ŠÀ ⌜PEŠ-*i-te-šu*⌝. Das Photo bestätigt die Kopie. Die beschädigte Tafeloberfläche könnte—vielleicht—vermuten lassen, *ap-pé-te-* sei durch *a-pe-te-* überschrieben worden; darum wohl *eqel a!-pe!-te-šu* (s.u.) zu lesen. Dieses wird in Z. 10: *eqel*(A.ŠÀ) *ap-pé-ti* wieder aufgenommen. Zu vergleichen ist wohl A.ŠÀ *ap-pé-tum/tim* in der Pachturkunde *TCL* 10, 77 aus Larsa (Rīm-Sîn I 30 vii --): 0;0.3 GÁNA *ap-pé-tum*, ús-sa-DU *I-bi-ya*, saĝ-bi i₇ *Am-ma-kum*, saĝ-bi 2-kam pa₅ É-a, 5 0;0.3 GÁNA a-šà *ra-bi-a-tum*, ús-sa-DU *É-a-li-ik-šu-ud*, ús-sa-DU *É-a-um-ma-ti*, saĝ-bi ᶦᵈ*Am-ma-qum*, saĝ-bi 2-kam pa₅ *É-a*, 10 a-šà *Ra-bu-ut-*ᵈ*Sîn*, ki *Ra-bu-ut-*ᵈ*Sîn*, Iᵈ*Sîn-ba-ni-i*, u.Rd. *a-na ap-pé-e-tim, ù a-na ra-bi-a-tum,* 15 *a-na* mu 1-kam, Rs. *ú-še-ṣí*; 5 Zeugen. Datum. "3 iku *appētum*-Feld, angrenzend an I(b)biya, seine Stirnseite der Ammaqum-Kanal, seine zweite Stirnseite der Eʾa-Graben und 3 iku Feld (zur) Viertelpacht, angrenzend an Eʾa-likšud und angrenzend an Eʾa-ummatī, seine Stirnseite der Ammaqum-Kanal und seine zweite Stirnseite der Eʾa-Graben, Feld des Rabût-Sîn, hat von Rabût-Sîn Sîn-bānî zu .....(*appētum*) und zur Viertelpacht für 1 Jahr gepachtet." Zeugen. Datum.

appētum* (<anpētum*<**anpatḫum*) scheint ein passivisches Pendant zum aktivischen *teptītum* zu sein und ein neu umbrochenes (und für die Aussaat vorbereitetes?) Feld zu bezeichnen, wofür die einjährige Pachtzeit spricht. Es liegt nahe, es mit dem **apītu* altbabylonischer Briefe zu verbinden, das die Lexika (*AHw* 58 "eine Art Brachfeld"; 1544 zusätzliche aB Belege; *CAD* A/2 170f. "inarable land," geglichen mit kikla) von *apu* "Röhricht" ableiten. Dieses kann man dann als *appētum* ansetzen. G. Mauer, "Bodenpachtverträge" (1980), 25, meinte, **apītum* sei "in den Pachtverträgen nicht erwähnt," und o.c. 62 sah sie in "*ab-bé-e-tim*" und *ra-bi-a-tim* in *TCL* 10,77: 13-14 Personennamen.

84. "Er-vermag-es,-zu-ersetzen." Im Katalog von *KT Isin* (S. 81) las ich falsch "*Ilī-irīab*(*b*)*am*" und mißverstand es als hybrid (statt *iribbam*) gebildeten Ventiv zu *irīab.*

85. Zu *Ipqu-Mammī*(*tum*) s. *KT Isin Nr. 262)* IB 936 und *584)* IB 986.

86. Trifft die Ergänzung in Z. 10 zu, erhält der Feldeigentümer als Pachtzins drei Viertel der durch den Pächter bestellten Feldfläche, um sie selbst abzuernten und der Pächter ein Viertel. Es läge also ein Fall von Viertelpacht mit Vertauschung der Anteilsquoten von Verpächter und Pächter vor.

87. So Charpin, Durand 1981.

"2 bùr Feld in den Feldern der (Göttin) Gula, von der Stadt Medû, das von Ṣillī-Šamaš Ṭāb-gamāl-ša gepachtet hat, wird er eggen, und er wird Saatfurchen anlegen. Es nehmen ⅔ der Saatpflügende und ⅓ der Feldeigentümer. Die Gottheiten Utu und Gula (sind) Zeugen. Datum.

Nr. 49a. W. Sommerfeld, *Die Inschriftenfunde der* 10. und 11. Kampagne 1988 und 1989. In: B. Hrouda, Hrsg., *Isin – Išān Baḫrīyāt IV. Die Ergebnisse der Ausgrabungen 1986-1989*. Bayerische Akademie der Wissenschaften. Abhandlungen Nr. 105. München 1992, S. 160-161: IB 1893. Fragment aus der Mitte der Vs. einer Tontafel; Rs. "bis auf ganz geringe Reste zerstört." Datum abgebrochen.

[...], ki *Šu-*⌜d⌝[....-ta], ⌜d⌝*Sîn-i-din-nam* du[mu ...], nam-apin-lá ⌜šu-ri-a-šè⌝, [í]b-ta-an-è [...], [x (x)]-bi x[...], [Rest abgebrochen]

"[....] hat von Šū-[....] Sîn-iddinam, K[ind von ....], zu Halbpacht gepachtet, sein [.....]."

Bab) Vertrag ohne á mu-ú/u₈-a-šè-Klausel aus Nippur: Miete

Nr. 50. Stone, *Nippur Neighborhoods* 50; Datum: Samsu-iluna 8 i 6; Miete eines Hauses:

Vs. é *Ri-im-*ᵈ*A*[*dad*], ki *Ri-im-*ᵈ*Ad*[*ad*], lugal é-e-ke₄, ¹*Ì-lí-e-ri-*[*iš*] ⁵ nam-KA-ké[š], *a-na* mu 1-kam íb-ta-⌜è⌝, KA-kéš mu 1-kam, 1 giĝ₄ igi 4-ĝál kù-babbar ⁹in-lá-e, Rs. igi [*I-din*]*-Ištar* / dumu *Ip-qá-tum*, igi *E-la-li* aga-ús, igi *Na-bi-*ᵈ*Šamaš* ⌜x x⌝, | (frei), iti bára-zà-ĝar u₄ 6-kam, mu *Sa-am-su-i-*[*l*]*u-na*, ¹⁵ ki-lugal-gub ḫur-saĝ, ⌜tùm? ki?-gub?⌝, kisal!-maḫ ⌜é⌝-tùr, l. Rd. kišib *I-din-Ištar* íb-[ra]. Siegelabrollung: ᵈx[...], ⌜x x⌝ [...], [x] ⌜x⌝ [...]

"Ein Haus des Rīm-Adad, des Eigentümers dieses Hauses, hat Ilī-ēri[š] für 1 Jahr gemietet. Die Miete für 1 Jahr, 1¼ Schekel Silber wird er abwiegen." 3 Zeugen. Datum. "Das Siegel von Iddin-Ištar wurde abgedrückt." Siegelinschrift unlesbar.

Bbb) Vertrag ohne die á mu-ú/u₈-a-šè-Klausel aus Isin: Miete

Nr. 51. *KT Isin*, 261) IB 1147: N IIn: Bauteil 6, Raum 335N 35E 13 im Schutt Datum 5.vi. Samsu-iluna 20. Miete eines Hauses?; gesiegelt.

Vs. [é? *S*]*i?-na-tum*, [ki *S*]*i?-na-tum*, [*b*]*e-*⌜*el*⌝ a-šà-ga-ke₄, ¹*Warad-ši-ga-ri* (r.Rd.) mu 1-kam / íb!-ta-an-è,[88] ⁵ nam KA.KÉŠ íb-ta-an-è, nam KA.KÉŠ mu 1-kam, u.Rd. ½ giĝ₄ 15 <še> kù-babbar; Rs. ì-lá-e | ¹⁰ igi Sukkal-an-ka?!, igi *Na-di-in-šu-mi*, | iti ⌜kíĝ⌝ ᵈInana u₄ 5-kam, mu *Sa-am-su-i-lu-na* ⌜lugal⌝-e, ¹⁴ [lu]gal saĝ-KAL!(LU) kur nu-še-ga-ni, o.Rd.

88. mu 1-kam / íb-ta-an-è ist am r. Rd. nachgetragen.

[bí]-in-sè-sè-ga. Siegelinschrift: *Warad-ši-ga-*[*ri*(*-im*)], dumu *A-t*[*a*?-...], úrdu [d][x x (x)].

“[Ein Haus? des S]înatum hat [von S]înatum, dem Eigentümer des Feldes (lies: Hauses), Warad-šigari(m) (r.Rd.) für 1 Jahr gemietet; gegen Miet(zins) hat er es gemietet. Als Miet(zins) für 1 Jahr wird er ½ Schekel und 15 Gran Silber abwiegen.” 2 Zeugen. Monat VI, 5. Tag, Jahr Samsu-iluna 20.
Siegelinschrift: Warad-šigarim, Kind des At[a....], Diener der (Gottheit) [.....].

Für die Ergänzung von [é!] in Z. 1 und die Miete eines Hauses sprechen das zweimalige KA.KÉŠ = *kiṣru* “Miete, Mietzins” (Z. 5 und 7), der als Miet/Pacht-Zins vereinbarte Silberbetrag für 1 Jahr wie auch die fehlende Angabe der Größe der Feldfläche (nicht genügend Platz in der Lücke in Z. 1). Das Objekt des Vertrages ist in Z. 3 aber eindeutig als “Feld” bezeichnet; das Verbum è “hinausbringen” wird für Pacht und Miete verwandt.

3. Annäherung an die Bedeutung der á mu-ú/u$_8$-a-šè-Klausel

Die lexikalischen Zeugnisse und das “Sumerian Laws Handbook of Forms” zeigen die Klausel im Schulbetrieb der altbabylonischen Zeit wohl verankert. In der Urkundenpraxis findet sie aber nur in geographisch und zeitlich engen Grenzen Verwendung.

Nr. 2. zeigt die á mu-u$_8$-a-šè-Klausel bei Viertelpacht. Die Verpächter nehmen ihr Viertel und geben (vermutlich auch) etwas. Letzteres kann eine Abweichung vom Üblichen beschreiben.

Der Kredit des Verpächters in Nr. 2 ist ebenfalls eine Besonderheit.

In Nr. 5 ist der Hinweis auf die Regelungen für die Nachbarfelder nur sinnvoll, wenn die á mu-u$_8$-a-šè-Klausel flexibel war und erlaubte, auf derartige individuelle Bedingungen einzugehen.

Mehrere Urkunden nennen neben der á mu-ú-a-šè-Klausel andere, teils individuell formulierte Tätigkeiten und ordnen sie einer Partei zu:

Nr. 6, 12–13 aus Nippur regelt bei vereinbarter Drittelpacht zusätzlich: saḫar a-šà-ga lugal a-šà-ga al-íl “(die Kosten für) Erdarbeiten für das Feld trägt die Feldeigentümer(in).” Das kann sich nicht auf den üblichen Arbeitsaufwand des Pächters für das Bestellen und die Pflege des Feldes beziehen. Der wird ja durch seinen Anteil an der Ernte abgegolten. Es sollte darum Unkosten für individuell angemietete oder von der öffentlichen Hand zur Verfügung gestellte, menschliche und tierische (z.B. Gespanne) Arbeitskraft einschließlich des Geräts betreffen und findet sich auch in ähnlicher Formulierung (Erdarbeiten und Sicheln) im “Sumerian Laws Handbook of Forms” (s.o., Nr. 1 und unten, Abschnitt 5 zu den Jahren Samsu-iluna 10ff.).

Direkt davor (Z. 10–11) steht die Pflicht des Pächters, der Feldeigentümerin 1 Kor “für gut befundene Gerste” zu liefern. Das sind 2⅓ Kor weniger als die 3⅓ Kor, die bei einer Standard-Ertragsratio von 60 Kor je bùr auf die verpachteten 3 iku entfallen würden.

Wenn die á mu-ú/u$_8$-a-šè-Klausel derartige Kosten nur dem Pächter auferlegte, wäre diese Sonderklausel überflüssig. Darum nehme ich an, dass sie eine anteilige

Unkostenteilung vorsieht, die dann meistens in der proportionalen Klausel spezifiziert wird.

Die Feldeigentümerin, eine *nadītum*-Priesterin, könnte eigene Arbeit nur mittelbar, durch Bedienstete (falls vorhanden) beisteuern. Vermutlich verfügt sie auch nicht über Gespanne und Gerät. Die 2⅓ Kor Differenz können darum für die Arbeitskosten veranschlagt sein.

Nr. 9, 10–12: ⸢saḫar⸣ a-šà-ga níĝ-ĝál-la lugal a-šà-ga ba-an-ni-ib-gi$_4$-gi$_4$ “Die Erdarbeiten (für das Feld und) die Sicheln wird der Feldeigentümer begleichen.”

Nr. 32, 10–13: [níĝ-ĝál-la] ⸢é⸣-gal-la, ù á a-šà-ga, lugal a-šà-ga, ba-an-ni-ib-gi$_4$-gi$_4$ “die Sicheln des Palastes und das Arbeitsentgelt für das Feld wird der Feldeigentümer begleichen.”

Diese Urkunde aus Nippur enhält keine á mu-ú/u$_8$-a-šè-Klausel. Ein Grund für ihr Fehlen ist nicht erkennbar.

Auch in Nr. 11, 10–11 dürfen wir wohl die transliterierten Reste der Klausel so ergänzen: [á(/saḫar) a-š]à-ga!, [níĝ-ĝál-l]á é-gal, [....].

Aber Nr. 24, 9–10 (aus Isin) verfügt im Gegensatz zu den Urkunden, die die zusätzlichen Arbeitskosten dem Feldeigentümer zuweisen: ⸢á⁻ gur$_{10}$? a-šà-ga-ke$_4$⸣ ⸢*lu-ú*⸣ *pí-ḫa-sú-nu* “das Arbeitsentgelt und Sicheln(?) für das Feld sind ihre (= der Pächter) Zuständigkeit,” wenn dieser Lesungsvorschlag zutrifft.[89]

Die Bedingungen unter der á mu-ú-a-šè-Klausel erlaubten es den Parteien also, die Zuständigkeit für anzumietende Arbeitskräfte und Geräte auszuhandeln.

Auch Nr. 14, eine Urkunde mit á mu-ú/u$_8$-a-šè-Klausel über genossenschaftliche Halbpacht aus Nippur, verfügt in Z. 6–7 über anfallende Arbeiten: ⸢a bal-bi⸣ *I-din-Ištar* ⸢kíĝ al⸣-ak-e “Das Wasserchöpfen dafür (mit einem *šādūf*): Iddin-ištar wird die Arbeit verrichten.” Die bruchstückhafte Tontafel lässt nicht erkennen, ob der genannte Iddin-Ištar einer der Pächter oder der Verpächter ist. Möglich scheint, dass die á mu-ú/u$_8$-a-šè-Klausel diese einseitige Zuweisung der Schöpfarbeit nicht einschloß und es deshalb nötig war, einer Partei diese Arbeit zuzuweisen. Nicht gesagt ist, ob dieser Iddin-Ištar diese spezielle Arbeit im Rahmen der auf ihn entfallenden Arbeits(kosten)menge oder zusätzlich erbringen wird.

Nr. 42 regelt ebenfalls Arbeitskosten; s.u. Abschnitt 4.

Wir können darum als sehr wahrscheinlich annehmen, dass die á mu-ú/u$_8$-a-šè-Klausel—zumindest in der Zeitspanne, aus der die Mehrzahl der hier zusammengestellten Urkunden stammt—eine partnerschaftliche Aufteilung der Kosten für die Bewirtschaftung gepachteter Felder vorsah, dass bei Mehrjährigkeit des Vertrages die Verwendung der Klausel nicht angebracht war, und dass in den Urkunden, die sie verwenden, keine zwingenden Gründe für ihren Gebrauch zu erkennen sind.

Bei der Miete von Häusern oder Zimmern hat sie dann wohl auch eine anteilige Verteilung von Unkosten[90] beinhaltet; das ist aber nicht nachzuweisen.

Festzuhalten ist aber, dass Nr. 27 aus Larsa (mit á mu-ú/u$_8$-a-šè-Klausel) aus dem Jahr 1785 v. Chr. (= Ḫammurapi 35) dem Pächter lediglich ein Zehntel des Ertrags

89. Die Lesung der Spuren des zweiten Zeichens ist ganz unsicher. ⸢LÚ⸣ oder ⸢ KÁR ⸣scheinen mir auch möglich. Est könnte darum auch von den Arbeitskosten für Menschen (Lohnkosten), oder aber von “Gerät” die Rede sein.

90. Z.B. Reparaturkosten.

zuerkennt. Besondere Gründe für diese extrem niedrige Beteiligung des Pächters am Ertrag kann ich in der Urkunde nicht erkennen. Konnte Ḫammurapi's Provinzverwalter Šamaš-ḫazir so erheblichen Druck auf seinen Pächter ausüben?

4. Mögliche Gründe, die á mu-ú/u₈-a-šè-Klausel nicht zu gebrauchen

Inhaltliche Gründe für den Verzicht auf die á mu-ú-a-šè-Klausel sind in Urkunden ohne sie nur selten zu erkennen.

Nr. 29. Es liegt Halbpacht zugrunde; der veranschlagte Ertrag von 40 Kor Gerste je bùr Feld ist erstaunlich gering, und auch die Stilisierung als Schuldurkunde spricht für besondere Umstände; so auch die explizite Haftung des Pächters für Unwetterschäden.

Nr. 30. Drittelpacht mit Verbot für den Feldeigentümer, Halme (vielleicht ureifen Getreides) zu verbrauchen (zu verfüttern?). Nach dem "Sumerian Laws Handbook of Forms" (s.o. Nr. 1) steht ihm das aber normalerweise zu. Eine fest vereinbarte Menge Gerste ist ihm auf die Tenne oder? in den Getreidespeicher zu liefern—ob als? Ertragsanteil oder als gesondert geschuldete Gerstenmenge, bleibt ungesagt. Die Angabe der Feldfläche ist abgebrochen, darum ist nicht festzustellen, ob die abzuliefernde Menge der Hälfte der üblichen Ertragsschätzung von 60 Kor Gerste je bùr Feldfläche entspricht.

Nr. 31. Schlecht erhalten. Drittelpacht. Lieferung [des Ertagsanteils?] auf die Tenne.

Nr. 33. Sonderkonditionen. Einer von drei Eigentümern eines Feldes pachtet(?) dieses vom Palast und wird seinen Ertragsanteil erhalten. Die drei Feldeigentümer "stehen" auf den Erdklumpen (Var.: auf dem durchweichten Feld.), d.h., sie haben es in Besitz. Dieses Besitzrecht ist (oder: war) anscheinend durch Rechte (Pfändung?) des Palastes eingeschränkt. Resultieren diese vielleicht aus dem offenbar vorher erfolgten "Leaching"?

Nr. 34. Drittelpacht. Sonderkondition. Zinsloses Vertrauensdarlehen (*qīptum*) des Feldeigentümers an den Pächter (für Saatgut?), zurückzuzahlen bei der Ernte.

Nr. 35. Dreijährigkeit des Vertrags (mit imperativischer Formulierung der *esēp-tabāl*-Formel) wohl Neubruchpacht wie bei Nr. 38 (mit in Infintiven stilisierter Formel) und 39.

Nr. 36. Drittelpacht. Kein möglicher Grund zu erkennen.

Nr. 37. Nur eine Zeile am u.Rd. ganz verloren; unsicher, ob sie eine zusätzliche Klausel enthielt oder ob vielleicht der u.Rd. unbeschriftet war.

Nr. 38. Neubruchpacht mit *esēp-tabāl*-Vertrag: der Pächter bestellt und nutzt das Feld 3 Jahre lang allein, vom 4. Jahr an gilt Viertelpacht. Diese Bedingungen weichen von denen der üblichen[91] Neubruchpacht ab. Die á mu-ú/u₈-a-šè-Klausel fehlt wegen der Mehrjährigkeit des Vertrages.

Nr. 39. Wie Nr. 35 und 38.

91. Mauer, "Bodenpachtverträge," 81, musste noch notieren; "nur im Norden vertreten"; s. jetzt hier auch Nr. 35; 39; 47 und 48; Stol, "Pacht B" (2004), 170 §1a: "Im Norden (Sippar, Dilbat, Kiš) kommt Neubruchpacht oft vor. .... In den ersten 2 Jahren waren keine Abgaben fällig; erst im dritten Jahr wird ⅕ Kor Gerste gegeben."

Nr. 40. Unklare Klauseln über [Geben] und Nehmen.

Nr. 41. Zu wenig erhalten, um die Pachtbedingungen erkennen zu lasssen.

Nr. 42. Drittelpacht mit Sonderregelung für Arbeitskosten: nur ¼ davon zulasten des Feldeigentümers.

Nr. 43. Drittelpacht. Zu wenig erhalten, um die Pachtbedingungen erkennen zu lasssen.

Nr. 44. Genossenschaftliche Pacht zum Anbauen von Sesam; 1 Verpächter, 3 Pächter. Unklar, ob der Verpächter an der Genossenschaft beteiligt ist. Klausel über Ortstüblichkeit der Pachtbedingungen.

Nr. 45. Genossenschaft zur Feldbestellung: gleicher Einsatz von Feldeigentümer und Pächter mit Saatgut und Zugtieren. Ertrag zu gleichen Teilen.

Nr. 46. Verfügt den gleichen Einsatz von Pächter und Verpächter bei genossenschaftlicher Halbpacht und gleiche Anteile am Ertrag. Da die Partner das Feld auswählen und der Verpächter es durch Handauflegung in Besitz nehmen muss, handelt es sich vielleicht um ein Versorgungsfeld (šuku) im Eigentum von Palast oder Tempel. Das könnte ein Grund sein, die á mu-ú/u$_8$-a-šè-Klausel nicht zu gebrauchen. Denn es wäre kaum zu erwarten, dass erschlossene Felder in größerer Zahl zur Auswahl zur Verfügung standen. Es sollte sich darum um eine Brache und um Neubruchpacht handeln.

Nr. 47. Da vom Umbrechen (*mayyārī maḫāṣum*) die Rede ist, sollte es sich—obwohl von *teptītum* keine Rede ist—um Neubruchpacht handeln. Dazu kommen Sonderklauseln über den zweifachen, bereits erfolgten Schnitt (von Gras und Unkraut?). Bei Beendigung der Ernte (*eṣēdum*) erhält der Pächter aber nur 1 Kor Gerste von einer Fläche von 8 iku, muss aber auch wieder Gras unterhacken. Sind das vielleicht Sonderbedingungen für das zweite Jahr bei Neubruchpacht?

Nr. 48. Es geht anscheinend um ein Feld in Neubruchpacht. Vielleicht um die Verlängerung eines bestehenden Vertrages. Das Feld ist bereits umbrochen? und der Pächter übernimmt einen Teil der Feldfläche bereits mit dem Saatpflug bestellt. Das Wort *appētum* scheint das fertig umbrochene Feld zu bezeichnen.

5. Die zeitliche und geographische Verteilung der besprochenen Urkunden

Die Urkunden mit der Klausel á mu-ú/u$_8$-a-šè kommen vorwiegend aus Nippur und Isin, eine (Nr. 23) wohl aus Larsa; die Herkunft von Nr. 21–22 und 24 kann ich nicht bestimmen.

Die früheste Quelle kommt aus Isin und datiert ca. 1920 v.Chr. (Urninurta i); die späteste stammt aus Nippur und aus dem Jahr 1722 v.Chr. Das 20. und das 19. Jahrhundert v.Chr sind in Isin sehr schwach, in Nippur aber etwas besser bezeugt. Das mag an Zufälligkeiten von Ausgrabungen und illegalen Raubgrabungen liegen, an der Zugänglichkeit von Fundschichten, an der Intensität und Dauer wie auch an der Wahl von Schwerpunkten der wissenschaftlichen Ausgrabungen.[92] Deutlich scheint

92. Reguläre Grabungen in Isin waren anders, als in Nippur, nur von kurzer Dauer. Aus wohl punktuellen Raubgrabungen stammen vor allem in den Louvre, in die Yale Babylonian Collection und z.B. in die

TABELLE 20.1. Pacht- und Mieturkunden aus Isin und Nippur und solche mit der á mu-ú-a-šè-Kausel aus Larsa und unbekannter Herkunft

Jahr			Herkunft: Text-Nr. (+/– Klausel [M] mehrjährig, [] abgebrochen)		
absolut[a]	nach Herrschern		Isin	Nippur	Larsa/unbekannt
1925-x	Ur-Ninurta i		19+		
1871	Sumuʾel 23			29–	
1862-x	Enlil-bāni e		20+		
1835-x	Iter-pī-ša aa			30–	
1802	Damiq-ilišu	15		31–	
1793-x	Rīm-Sîn I	30+x			26+?
~1790?	~ Dāduša H				25+?
1771	Rīm-Sîn I.	52		32[]	
1769	Rīm-Sîn I.	54		33–	
1765	Rīm-Sîn I.	58		02+	
1762	Hammurapi	31		34–; 35[M]	
1758	Hammurapi	35			27+Larsa
1757	Hammurapi	36		36–	
1747	Samsu-iluna	3		15+	
1746	Samsu-iluna	4		03+	
1745	Samsu-iluna	5	21+		
1744	Samsu-iluna	6		04+	
1743	Samsu-iluna	7		37[]	
1742	Samsu-iluna	8		14+; 50–	
1741	Rīm-Sîn II.	1		05+	28+?
1740	Samsu-iluna	10		06+; 38[M]	
1739	Samsu-iluna	11		07+; 08+	
1734	Samsu-iluna	16	46[(M)]		
1731	Samsu-iluna	19	22+		
1730	Samsu-iluna	20	23+; 51–		
1729	Samsu-iluna	21		9+; 10+; 11+	
1727	Samsu-iluna	23	47–; 48–		
1725	Samsu-iluna	25		12+	
1723	Samsu-iluna	27		16+; 39[M]	
1722	Samsu-iluna	28		17+; 40[]; 41[]	
1721	Samsu-iluna	29	49–		
[Datum nicht erhalten]			24+; 49a–	13+; 14+; 42–; 43[]; 44–; 45[]	

[a]Absolute Jahresdaten (a.Chr.n.) nach D. Charpin, "Histoire Politique du Proche-Orient Amorrite (2002–1595)," in: D. Charpin, D. O. Edzard, M. Stol, *Mesopotamien: Die altbabylonische Zeit*, Annäherungen 4, hrsg. von P. Attinger, W. Sallaberger, M. Wäfler, OBO 160/4 (Fribourg: Academic Press; Göttingen: Vandenhoeck & Ruprecht, 2004), 23–480.

aber, dass eine dichtere Bezeugung einschlägiger Urkunden in beiden Städten mit der Eroberung Südbabyloniens durch Hammurapi von Babylon einsetzt und in Nippur erst mit dem Ende der altbabylonischen Besiedelung dort aufhört, in Isin fehlen wieder Zeugnisse aus dem letzten Jahrzehnt von Samsu-iluna's Herrschaft.

Die Texte mit (+) und ohne Klausel (−) können zeitlich in Form einer Tabelle angeordnet werden (siehe Tabelle 20.1).

Wir sehen die á mu-ú/u₈-a-šè-Klausel zuerst im Jahr 1925-x: (Ur-Ninurta i: 1×) in Isin. Dort hatte sie vermutlich auch ihren Ursprung; denn Isin war seit dem Ende der Ur III-Zeit (2004 v. Chr.) in der Nachfolge von Ur Hauptstadt des südlichen Mesopotamien, auch wenn Larsa ihm diese Rolle bald streitig machte. Ein weiteres frühes Zeugnis aus Isin datiert 1862-x: Enlilbāni e: 1×.

Bevor in Isin im Jahr 1745 (Samsu-iluna 5: 1×) das nächste Zeugnis der Klausel erscheint, begegnet sie andernorts[93] (in Larsa und an unbekannten Orten) 1793-x (Rīm-Sîn I 30+y: 1×), vielleicht ca. 1790? (Dāduša v. Ešnuna Jahr H?: 1×) und 1758 v.Chr. (Ḫammurapi v. Babylon 35: 1×) in Larsa?.

Erst 1734 (Samsu-iluna 16), also 11 Jahre später datiert der nächste Pachtvertrag in Isin. Er enthält die Klausel nicht und sollte sie wegen vermuteter Mehrjährigkeit (s.o. zu Nr. 46) auch nicht enthalten; 3 Jahre danach, 1731–1730 (Samsu-iluna 19–20) begegnen wieder je ein Vertrag mit ihr und ein einzelner Mietvertrag ohne sie. Eine Urkunde mit zerstörtem Jahresdatum bietet die Klausel. Nach 1730 ist die á mu-ú/u₈-a-šè-Klausel dort nicht mehr bezeugt: zwei Verträge von 1727 (Samsu-iluna 23) und einer von 1721 (Samsu-iluna 29) verzichten auf sie.

Ganz anders die Situation in Nippur. Dort fehlt die Klausel in einschlägigen Verträgen regelmäßig vom dort nach der Ur III-Zeit frühesten Pachtvertrag 1871 (Sumu'el 23: 1×) über Zeugnisse von 1835-x (Īter-pī-ša aa: 1×), 1802 v. Chr. (Damiq-ilišu 15: 1×) bis 1771 und 1769 (Rīm-Sîn I 52 und 54: 1×, 1×[]).

Dann aber, im Jahr 1765, dem 58. und drittletzten Regierungsjahr Rīm-Sîns I, 2 Jahre vor der Erobrung Larsas durch Hammurapi—der Fall von Maškan-šāpir, der nördlichen Metropole des Reiches von Larsa, im Jahr darauf zeichnete sich vielleicht schon ab (Monatsname nicht erhalten)—taucht erstmals die á mu-ú/u₈-a-šè-Klausel in Nippur auf.

Von den nur 3 Pachtverträgen aus den 16 Jahren unter Ḫammurapi's Herrschaft und den ersten beiden unter Samsu-iluna verzichten zwei (1762: Ḫammurapi 31: 1× und 1757: Ḫammurapi 36: 1×) auf sie; der dritte ist mehrjährig. Die Periode ist überlieferungsarm. Ackerbau und landwirtschaftliches Unternehmertum waren gewiss durch den Krieg und die wohl auch auf ihn folgende Zerstörung der Infrastruktur zurückgegangen.

Sammlung der Tabulae Cuneiformes a F. M. Th. de Liagre-Böhl collectae und andere private Sammlungen u.a. bis nach Japan gelangte Texte aus frühdynastischen und akkadzeitlichen Gebäuden (wie sie auch im Südabschnitt der von B. Hrouda geleiteten Ausgrabungen in Isin freigelegt wurden), aus einem handwerklichem Großbetrieb der frühen Isin I-Zeit sowie aus altbabylonischen Wohnhäusern, wie die, die im Nord- und im Nordostabschnitt der regulären Grabungen ausgegraben wurden.

93. Die dritte Beleg-Spalte zeigt nur Vorkommen der Formel außerhalb von Nippur und Isin. Sie fehlt in Larsa sonst gänzlich; so auch in Ur und Uruk.

Aber mit dem Jahr 1747 (Samsu-iluna 3: 1×) wechselt Nippur konsequent zur á mu-ú/u₈-a-šè-Klausel; diese erscheint nun regelmäßig: 1746 (Samsu-iluna 4: 1×),[94] 1744 (Samsu-iluna 6: 1×) 1742 (Samsu-iluna 8: 1×).

1743 (Samsu-iluna 7: 1×) datieren eine Urkunde, in der der entsprechende Teil verloren ist, und 1742 (Samsu-iluna 8: 1×) ein Mietvertrag ohne die Klausel.

Aber 1741 (unter dem Gegenkönig Rīm-Sîn II: 1×) und 1740-1739 (Samsu-iluna 10-11) finden wir sie 3×; 1× fehlt sie wegen Mehrjährigkeit des Vertrages.

Auf Samsu-iluna's Rückeroberung des sumerischen Südens folgen dann—ähnlich wie auf Hammurapi's Sieg—10 weitere Jahre ohne einschlägige Urkunden. Aber 1739–40, in den ersten beiden Jahren nach dem Aufstand (Samsu-iluna 10), gibt es noch 4 Pachtverträge. Zwei von ihnen (Nr. 6 und 8) zeigen aber erstmals eine neue Klausel über Erdarbeiten - ein deutlicher Hinweis auf Kriegsfolgen.

Die Zerstörung der agrarischem Infrastruktur erfolgte also erst nach dem Sieg des babylonischen Königs; denn als die Pachtverträge etwa ein Jahrzehnt später wieder einsetzen, beobachten wir wieder die neue, zusätzliche Klausel über Erdarbeiten, bei denen es gewiss um die Anlage von Gräben und Kanälen zur Versorgung der Felder mit dem lebensnotwendigen Wasser ging. Wieder hatte es 10 Jahre gedauert, bis die Wasserläufe soweit wiederhergestellt waren, dass Bewässerungsgräben zu den Feldern gegraben werden konnten, eine Aufgabe, die den Feldeigentümern oblag.

Dann, 1729 (Samsu-iluna 21: 3×), 1725 (Samsu-iluna 25: 1×) und 1723–1722 (Samsu-iluna 27–28: 2×) ist auch die á mu-ú/(u₈)-a-šè-Klausel wieder da. In diesen 8 Jahren von 1729–1722 (Samsu-iluna 21–28) ist sie 6× bezeugt und fehlt 1× wegen Mehrjährigkeit; 2× ist der entsprechende Teil der Urkunde verloren.

Urkunden mit zerstörten Jahresdaten bieten die Klausel 2×; sie fehlt 2× ohne erkennbaren Grund[95] und 2× ist die Tafel im entsprechenden Bereich zerstört.

Es ist evident, Nippur, das religiöse und religionspolitische Zentrum des frühen Babylonien, das Zentrum sumerischsprachiger Bildung, wechselte mit großer Konsequenz zum Gebrauch der á mu-ú/u₈-a-šè-Klausel, als sich die Eroberung Larsas durch Ḫammurapi und das Ende der Eigenständigkeit des sumerischen Südens am militärischen und politischen Horizont abzeichnete, und hielt an ihr bis zum Ende seiner altbabylonischen Existenz fest.

Wir können darin einen Versuch sehen, mit der Wiederbelebung einer alten Tradition die eigene Eigenständigkeit zu bewahren und zu zeigen. Dieses Streben nach Eigenständigkeit hatte zu dem Aufstand von 1741 unter Rīm-Sîn II. geführt, den Samsu-iluna als das sechsköpfige Sumer beschreibt[96] und den er brutal niederschlug.

Isin behält nach dem Fehlschlagen dieses Aufstandes seine alte Klausel zwar noch ein gutes Jahrzehnt bei, gibt sie dann aber nach 1730 (Samsu-iluna 20) auf. Das mag ein Zeichen dafür sein, dass man dort eher bereit war, die neue Oberherrschaft zu akzeptieren. Isin hatte ja schon 1794, 30 Jahre vor Ḫammurapi's Sieg über Rīm-Sîn I. seine Unabhängigkeit an eben diesen Rīm-Sîn I. verloren und wird der Herrschaft Larsas kaum eine Träne nachgeweint haben.

94. In Nr. 32 aus dem Jahr 1743 v. Chr. (Samsu-iluna 7) ist der Teil der Tontafel, in dem sich die Klausel finden könnte, zerstört.

95. 1× (Nr. 44) liegt allerdings der mögliche Sonderfall von Sesamanbau vor.

96. Douglas Frayne, *Old Babylonian Period (2003–1595 BC)*, RIME 4 (Toronto: University of Toronto Press, 1990), S. 387: Samsu-iluna E4.3.7.7, 92–100.

Aber, dass ausgerechnet eine Klausel in Pacht- und Mieturkunden politischem Ressentiment Ausdruck verleihen sollte, ist zweifellos verwunderlich.

Nippurs Urkundenschreiber sind Produkte eines Schulbetriebs, der die sumerische Sprache und die sumerisch-sprachige Literatur in hohem Ansehen hielt. So muss es vielleicht doch nicht verwundern, wenn sie ihr Ressentiment subtil mit einer sumerischen Urkundenformel äußerten und so ihr Gefühl kultureller Überlegenheit gegenüber dem neuen politischen Zentrum im akkadischsprachigen Norden Babyloniens zeigten, dessen Herrschaft sie vielleicht auch als illegitim ablehnten.

Denn die Schreiber der vor allem in Nippur tradierten Sumerischen Königsliste hatten ja schon Rīm-Sîn von Larsa, der Isin's Herrschaft beendet hatte, trotz seines offensichtlichen und beharrlichen Bemühens—30 Jahre lang wiederholte er vergeblich den Namen seines dreißigsten Jahres, das seinen Sieg über die "Königsstadt Isin" (Ì-si-in^{ki} iri^{ki} nam-lugal-la) feierte,—nicht in die sumerische Königsliste aufgenommen. Kein Wunder, dass auch Hammurapi und seinen Nachfolgern diese Ehre verwehrt blieb.

Vielleicht finden sich bei näherem Hinschauen in anderen Textsorten weitere unvermutete Zeichen südmesopotamischen, mehr oder weniger subtilen Widerstands der Schreiber, die ihre sumerische Tradition in fast jedem städtischen Haushalt pflegten und mit der Schulbildung an die jeweils nächste Generation weitergaben.

Und man sieht mit nicht geringem Erstaunen, dass heutige kulturelle Konflikte im Iraq entlang sehr ähnlicher Grenzen verlaufen.

CHAPTER 21

Hurritische Beschwörungen mit Bezugnahme auf Ursprungsmythen

Gernot Wilhelm
Universität Würzburg

DIE STRUKTURIERUNG DER VIELZAHL VON GOTTHEITEN in den altvorderasiatischen Religionen kann unterschiedlichen Kriterien folgen, z. B. dem der hierarchischen Position, der sektoralen Zuständigkeit und/oder der lokalen Herkunft. Ein weiteres Kriterium ist die genealogische Position, die schon in frühen mesopotamischen Götterlisten immer stärker hervortritt.[1] Die kanonische Götterliste An = Anum führt "21 Mütter und Väter von An"[2] auf, darunter die Paare An.šár Ki.šár und Làḫ.ma La.ḫa.ma, die der Dichter des babylonischen Weltschöpfungslieds *Enūma eliš* in die Ahnenreihe Marduks einbaute. Als einen weiteren "Vater von An" nennt die Liste A.la.la, der zusammen mit An in das hethitische "Lied vom Königtum im Himmel"[3]—jetzt mit dem Originaltitel SÌR GÁxÈ.A[4] ("Lied vom Ursprung"[5]) genannt—an den Anfang der Reihe der Götterkönige gesetzt wurde. Die folgenden beiden Götterkönige, Kumarbi und Teššob, stammen aus dem hurritischsprachigen Raum im Nordosten Vorderasiens. Allerdings deuten die Orte, zu denen Kumarbi sich begibt, auf eine Gleichsetzungstheologie hin, die Südmesopotamien ebenso wie den mittleren Euphrat einbezieht: Nippur ist der Sitz des sumerischen Enlil, Tuttul (erwähnt im LAMMA-Lied) die Stadt des syrischen Dagan. Das "Lied vom Ursprung" (und die damit verbundenen weiteren Dichtungen, s.u.) ist also traditionsgeschichtlich komplex.[6]

Nach dem Fragment einer hurritischen Dichtung zu schließen, die die Götternamen Alalu, Anu und Kumarbi enthält,[7] aber anscheinend keine direkten Übereinstim-

1. Manfred Krebernik, "Materialien zur Erforschung der ältesten mesopotamischen Götterlisten" (Habilitationsschrift, München, 1985), xviii: "Die 'Enki-Ninki-Gruppe' wird als Ahnenreihe Enlils dem immer wirksamer werdenden genealogischen Anordnungsprinzip gemäß in LA (= 'Genouillac-Liste') an den Beginn der Liste gestellt."

2. Richard L. Litke, "A Reconstruction of the Assyro-Babylonian God-Lists, AN : ^{d}A-nu-um and AN : Anu šá amēli" (PhD diss., Yale University, 1958), 41–43.

3. Letzte Edition: Elisabeth Rieken et al. (ed.), hethiter.net/: *CTH* 344 (UNTR 2009-08-12), mit Lit. Für englische Übersetzungen dieses und der im Folgenden genannten Mythen s. Harry A. Hoffner, *Hittite Myths*, 2nd ed., WAW 2 (Atlanta: Scholars Press, 1998), 40–65.

4. KBo 52.10, 28', s. Carlo Corti, "The So-Called 'Theogony' or 'Kingship in Heaven': The Name of the Song," *SMEA* 49 (2007): 109–21.

5. Für Bedenken dagegen s. Alfonso Archi, "Orality, Direct Speech and the Kumarbi Cycle," *AoF* 36 (2009): 219 n. 26.

6. Carlo Corti und Franca Pecchioli Daddi, "The Power in Heaven: Remarks on the So-Called Kumarbi Cycle," in *Organization, Representation, and Symbols of Power in the Ancient Near East: Proceedings of the 54th Rencontre Assyriologique Internationale at Würzburg*, ed. Gernot Wilhelm (Winona Lake, IN: Eisenbrauns, 2012), 616.

7. M. Salvini und I. Wegner, *Die mythologischen Texte*, ChS I/6 (Rome: CNR—Istituto di studi sulle civiltà dell'Egeo e del Vicino Oriente, 2004), 38–39, Nr. 7.

mungen mit dem hethitischen "Lied vom Ursprung" zeigt, gab es unterschiedliche Verschriftungen des "Ursprungsmythos." Die hethitische Fassung ist sicherlich keine "Übersetzung" aus einem entsprechenden hurritischen Text, wie dies für die hethitischen Übersetzungen des "Liedes der Freilassung" und der Parabelsammlung aus der Oberstadt von Hattuša sowie die bilinguen Passagen der 8. Tafel des Šalašu-Rituals KBo 19.145 gilt.

Das "Lied vom Ursprung" erzählt, wie Kumarbi seinen in den Himmel fliehenden Vater[8] Anu verfolgt, ihm die Geschlechtsteile abbeißt und dadurch mit einer Reihe von Göttern—an erster Stelle Teššob, darüber hinaus Tašmišu, A.GILIM und KA.ZAL sowie dem Tigris (Aranzaḫ)—schwanger wird. Nach seiner Geburt nimmt Teššob den Kampf mit Kumarbi auf und verdrängt diesen aus der Herrschaft.

Das zentrale Thema der Mythen, die daran anschließen, ist die Bedrohung des Königtums Teššobs. Das "Lied des Gottes LAMMA" erzählt von dem im Kampf gegen Teššob und mit Legitimierung durch Kumarbi und Ea gewonnenen Königtum des Schutz- oder Hirschgottes.[9] Ein anderer Sohn Kumarbis ist "Ušḫuni" ("Silber"), der bei seiner Mutter aufwächst, später das Königtum über die Götter erlangt und nach einem gewalttätigen Regime anscheinend (von Teššob und Tašmišu?) wieder abgesetzt wird.[10] Das "Ḫedammu-Lied" und das "Ullikummi-Lied" handeln von den gefährlichen, aber am Ende scheiternden Versuchen Kumarbis, mit Hilfe von Ungeheuern, die er zielstrebig für den Kampf gegen Teššob und seinen Götterkreis zeugt, die Herrschaft zurückzugewinnen.

Die im Folgenden behandelten Bezugnahmen auf den Ursprungsmythos in hurritischen Beschwörungen[11] zeigen, dass zumindest die Mythologeme "Kumarbis Schwangerschaft mit Teššob und weiteren Gottheiten" und "Kumarbis Machinationen zur Absetzung des Götterkönigs Teššob" im Entstehungshorizont und Anwendungsbereich der betreffenden Beschwörungsrituale eine Verbreitung hatten, die es nahelegt, die Thematik nicht nur dem Bereich der "Schreibergelehrsamkeit" zuzuordnen. Dass bei der Verschriftung der Mythen um die Gestalt des Gottes Kumarbi auch auf orale Tradition zurückgegriffen wurde, ist daher gut möglich, wenn auch schwer nachzuweisen.[12]

8. Harry A. Hoffner, "Hittite Mythological Texts: A Survey," in *Unity and Diversity: Essays in the History, Literature, and Religion of the Ancient Near East*, ed. Hans Goedicke and J. J. M. Roberts (Baltimore and London: The Johns Hopkins University Press, 1975), 138–39 (s. auch Hoffner, *Myths*, 41), äußert die Auffassung, dass die mythischen Götterkönige auf zwei konkurrierende Linien zurückgehen und Kumarbi der Sohn, nicht der Enkel von Alalu sei. Die zweite Linie sei repräsentiert durch Anu und seinen Sohn Teššob. Dieses Schema hat eine gewisse Plausibilität, da dabei jeweils ein Sohn seinen abgesetzten Vater durch Beseitigung des Königs der anderen Linie rächt. Das für die Filiation Alalu—Kumarbi gebotene Argument, Kumarbi werde im "Lied vom Ursprung" als NUMUN des Alalu bezeichnet, ist allerdings nicht stichhaltig, da NUMUN in hethitischen Texten für "Nachfahre(n)," nicht für "Sohn" verwendet wird; s. Mark Weeden, *Hittite Logograms and Hittite Scholarship*, StBoT 54 (Wiesbaden: Harrassowitz, 2011), 208–10, 596–97.

9. Letzte Edition: Elisabeth Rieken et al. (ed.), hethiter.net/: *CTH* 343.1 (INTR 2009-08-12); dazu s. Volkert Haas, "Betrachtungen zu CTH 343, einem Mythos des Hirschgottes," *AoF* 30 (2003): 296–303.

10. Letzte Edition: Elisabeth Rieken et al. (ed.), hethiter.net/: *CTH* 343.1 (INTR 2009-08-12).

11. S. auch Dennis R. M. Campbell, "On the Theogonies of Hesiod and the Hurrians," in *Creation and Chaos: A Reconsideration of Hermann Gunkel's* Chaoskampf *Hypothesis*, ed. Joan Scurlock and Richard H. Beal (Winona Lake, IN: Eisenbrauns, 2013), esp. 33–36, mit weiterer Literatur.

12. Archi, "Orality," 209–29. Corti – Pecchioli Daddi, "Power in Heaven," 616.

1. Das Fragment *KUB* 47.78 (s. ChS I/8 Nr. 8) enthält eine hymnische Anrufung Teššops, in der es heißt:

> Sohn, Stier des Ani, du bist stark ...!
> Dein Vater Ani hat dich gezeugt,
> ...[13] deine Mutter Kumarbi hat dich (zur Welt) gebracht.[14]

Hier wird auf den im "Lied des Ursprungs" verarbeiteten Mythos Bezug genommen, demzufolge Kumarbi durch das Sperma des Ani geschwängert wurde und auf diese Weise zur "Mutter" Teššobs wurde.

2. Die in mittelhethitischer Schrift abgefasste, zum Ritual der Allaiturahe von Mukiš gehörige Tafel *KUB* 45.21 (s. ChS I/5 Nr. 1) bietet eine dreimal zu rezitierende Beschwörung in hurritischer Sprache. Die Zeilen o.Rd./Rs.! 23'!–26'! lauten:

> Damit(?) šeri (Thron??) der Götter die Wasser zum Reinigen zeugt,
> wurde zuerst(?) Kumarbi als Vater der Götter gezeugt.
> Er zeugte den Götterkönig Teššob, (dieser) stieg hinauf als König des Himmels.
> Er zeugte die Frau Ḫebat, (diese) setzte sich als Herrin der Länder.
> Šawoška zeugte er, die Frau ...[15]

Dieser Text nimmt keinen Bezug auf die ungewöhnlichen Umstände von Teššobs Zeugung und erwähnt auch nicht den Konflikt mit Kumarbi, der Teššobs Aufstieg zum König des Himmels vorausgegangen sein muss. Er spricht von der Zeugung der Göttin Šawoška, die im "Lied vom Ursprung" nicht erwähnt wird, obwohl sie sonst—auch im Ullikummi-Lied—als Schwester Teššobs bezeugt ist. Dass auch Ḫebat, die Gemahlin Teššobs, von Kumarbi gezeugt sei, ist eine erstaunliche Aussage, die impliziert, dass die Verbindung zwischen Teššob und Ḫebat eine Geschwisterehe ist. Eltern werden der Göttin von Ḫalab in Mythologie und Kult sonst nicht zugeordnet.

13. *fōri [ḫ]uld=ubad(e>)a=mma*; raumfüllende Lesung gegen bisherige Bearbeitungen der Stelle; cf. ChS I/1 41 (= KBo 27.99) iii 48: *fōri=m(?) ḫuld=an=i=m*, Bedeutung unklar.

14. (10')*fūt=ki pidāri* ^{D}*Ani=ve* (11')*adal(i>)ā=m* ... (12')*attai=v=u(ž)=mma* ^{D}*Ani=ž fūt(=)t=ož=a* (13') ... *nera=v=ū(ž)=mma* (14') ^{D}*Kumarve=ne=ž un=ō=b*(< *m* vor *ḫ*). — Erstmals behandelt von H.-J. Thiel und Ilse Wegner, "Eine Anrufung an den Gott Teššup von Ḫalab," *SMEA* 24 (1984): 187–213.

15. (23)*šīye=na šeġel=lē=ni en(i)=n(a)=až=e=ne=ž šer(i)=re=ž pud=o=n(<l?)=āe=(a)n* (24) *pud=ušt=a avaḫḫ(e)=a* ^{D}*Kumarbi attān(i)=o=nn(i)=i=až en(i)=n(a)=až=(e=)a* (25)*[pud]=ušt=o šarri* ^{D}*Teššob ag=a=b everni ḫa(v)orni=(ve)=a* KI.MIN (= *pud=ušt=o=m?*) *ašti* ^{D}*[Ḫebat]* (26)*naḫḫ=a=b allani ōmīn(i)=n(a)=až=(e)=a* ^{D}Šavoška KI.MIN (= *pud=ušt=o=m?*) *ašti* ... Die Lesung in ChS I/5, Nr. 1 Vs. 26' *[e-š]e-na-ša* passt nicht gut zu den Spuren und ist unwahrscheinlich, weil *eže* in der Bedeutung "Erde," "Unterwelt" in der Regel im Singular belegt ist. Eine Ausnahme bildet *e-še-na-a-ša* ChS I/2, 79 (= KBo 24.43) I 10' in unklarem Kontext. Die Autographie *KUB* 45.21 Vs. 5 (richtig: Rs. 26') bietet für das erste Zeichen Eindrücke, die zu KUR (jedoch nicht zu E) passen. Nach der strukturell ganz ähnlichen Passage ChS I/5, 2 Rs. 64'f. (= KBo 23.23 Rs. 47') ist hier ⌜KUR$^{\text{ḪI.A}}$⌝- zu lesen (*ōmīn(i)=n(a)=až=(e)=a* Genitiv Pl. mit "gleichendem" Essiv). — Zum Text s. Stefano de Martino, Review of *Das hurritische Epos der Freilassung*, by Erich Neu, *JAOS* 119 (1999): 340.

3. Das schon oft behandelte[16] hethitisch-hurritische Beschwörungsritual *KUB* 27.38 (ChS I/5 Nr. 87), das insbesondere wegen seiner Bezugnahme auf die Könige der Agade-Dynastie bekannt ist, bietet in Rs. IV 19–21 folgenden Wortlaut:

> [Siehe](?), (da ist) der König Ušḫune ("Silber"), als(?) Götterkönig ...
> Siehe(?), (da ist) der König Ḫidam, (einer, den) Kumarbi als Götterkönig gezeugt hat.[17]

Dem Abschnitt mit diesen Zeilen gehen zwei Abschnitte voraus, die frühe Könige im Zagros-Bereich nennen (Elam, Lullu, Tukriš), und es folgt ein Abschnitt, der auf Sargon und Šarkališarri verweist. Warum in diesen Kontext zwei von den für die Götterherrschaft vorgesehenen Söhnen Kumarbis gestellt werden, und warum gerade diese beiden, ist nicht erkennbar.

Jedenfalls lassen diese drei Bezugnahmen auf die im "Lied vom Ursprung" und den anschließenden "Liedern" gestalteten Mythen vermuten, das deren Kenntnis zumindest im Bereich der Beschwörungsfachleute und damit wohl auch ihrer Patienten verbreitet war.

16. S. Stefano de Martino, "KUB XXVII 38: Ein Beispiel kultureller und linguistischer Überlagerung in einem Text aus dem Archiv von Boğazköy," *SMEA* 31 (1993): 121–34 mit Lit.

17. (19)[*au U*]*šḫune everne šarra uštae* (20)[x-*r*]*a*?-*at*(-)ḪUR-*ri au Ḫīdam everne* (21)[*f*]*utt=i=l=āe* D*Kumarve=ne=ž šar-ra* ... — S. ausführlicher Gernot Wilhelm, "König Silber und König Ḫidam," in: *Hittite Studies in Honor of Harry A. Hoffner Jr. on the Occasion of His 65th Birthday*, ed. Gary Beckman, Richard Beal, Gregory McMahon (Winona Lake, IN: Eisenbrauns, 2003), 393–95.

CHAPTER 22

Un enfant à Alep

Nele Ziegler

Centre National de la Recherche Scientifique, Paris

DANS L'ORIENT DU XVIIIE SIÈCLE AVANT J.-C., certains royaumes avaient des relations particulièrement privilégiées.[1] C'était par exemple le cas de celui de Mari sous le règne de Zimri-Lim et du Yamhad.[2] Dans un premier temps, Zimri-Lim s'était positionné en vassal du roi d'Alep Yarim-Lim, épousant peu après son accession la princesse Šibtu.[3] Par la suite, les relations entre les deux rois se développèrent sur un pied d'égalité de plus en plus marqué. En 1766–65 av. J.-C. (selon la chronologie moyenne), Zimri-Lim se déplaça en personne vers le royaume de son beau-père. Le lien entre Mari et Alep s'intensifia avec l'acquisition par le roi de Mari d'une ville entière sur l'Oronte, Alalah, et l'installation d'un domaine dans cette ville.[4] Zimri-Lim organisa ainsi son approvisionnement en produits méditerranéens, notamment en vin ou en huile d'olive.[5] Pour peupler son domaine, il envoya des personnes originaires de son royaume pour qu'elles y vivent, hommes, femmes, mais aussi enfants. Même si la mort de Yarim-Lim au mois viii de l'an ZL 10 (1765 av. J.-C.) et l'accession de son successeur Hammu-rabi entraînèrent quelques problèmes, l'entente entre les deux royaumes resta cordiale.

Au nombre des lettres écrites par des envoyés de Zimri-Lim dans le royaume d'Alep, on peut ajouter A.2928, dont l'auteur n'est autre que Dariš-libur. Il m'est très agréable d'offrir ce texte des archives de Mari à un de ses spécialistes de longue date, lui-même un enfant d'Alep—Jack.

1. Les textes sont cités selon les usages par les sigles ARM (Archives royales de Mari), FM (Florilegium Marianum) ou leur numéro d'inventaire (débutant par A. ou M.) et le cas échéant avec l'indication de leur traduction dans les volumes de Jean-Marie Durand, *Les Documents épistolaires du palais de Mari* I–III, *Littératures anciennes du Proche-Orient* 16–18 (Paris: Éditions du Cerf, 1997, 1998, 2000) ci-dessous abrégés *LAPO* 16–18; et de Jack Sasson, *From the Mari Archives: An Anthology of Old Babylonian Letters* (Winona Lake, IN: Eisenbrauns, 2015) ci-dessous abrégé *FMA*. Pour tous les textes, on peut consulter la bibliographie sur le site www.archibab.fr.

2. Une introduction à l'histoire événementielle a été proposée par Dominique Charpin et Nele Ziegler, *Florilegium Marianum* V: *Mari et le Proche-Orient à l'époque amorrite: Essai d'histoire politique*, Mémoires de NABU 6 (Paris: SEPOA, 2003). Comme il est justifié *ibidem* p. vi les noms propres sont rendus sans notation des voyelles longues.

3. Voir pour ce mariage dynastique Jean-Marie Durand, *Archives épistolaires de Mari* I/1, ARM 26/1 (Paris: ERC, 1988), 95–117; et Sasson, *FMA*, 107–10).

4. Jean-Marie Durand, *Florilegium Marianum* 7: *Le Culte d'Addu d'Alep et l'affaire d'Alahtum*, *Mémoires de NABU* 8 (Paris: SEPOA, 2002), 59–172 (ci-dessous FM 7).

5. Durand, FM 7, 82–88.

PLANCHE 22.1. A.2928 (montage F. Nebiolo). Archives Royales de Mari, UMR 7192.

A.2928

Lettre de Dariš-libur au roi Zimri-Lim. Ayant appris à son arrivée à Alep la maladie de l'enfant de Šamaš-naṣir qui s'y trouve, Dariš-libur propose qu'on soigne l'enfant à Mari. Il demande de pourvoir des nourrices en habits.

a-na be-lí-ia qí-bí-ma
2 *um-ma* [*da*]*-ri-iš-li-bur*
ìr-*ka-a-ma*
4 *a-na ha-la-ab*[^{ki}] *ak-šu-ud-ma*
^{I}*e-li-li-iš aš-šum* lú-tur
6 dumu ^{d}utu-*na-ṣir ki-a-am iq-bé-e-em*
um-ma-a-mi qa-at dingir-*lim e-li-šu*
8 *ra-ad-da-at* 1-*šu* 2-*šu i-nu-ma*
ma-ha-ar lugal *wa-aš-bu il-la-pí-it*
10 ⸢*ù*⸣ *i-na a-hi-ti-ia ki-a-am eš-te-né-em-mé*
⸢*um*⸣*-ma-*⸢*a*⸣*-mi i-na ma-ri*^{ki}
T.12 *ša qa-*[*at*] dingir-*lim i-na-sà-hu*
[*i*]*-b*[*a-as-š*]*i ša an-na-nu-um*
14 [*il-la-pí-tu*] *a-di ma-ri*^{ki}
R. [*il-la-ak-ma*] *qa-at* dingir-*lim i*[*n-n*]*a-sà-ah*
16 [*i-na-an-n*]*a šum-ma a-wa-tum*
e-li be-lí-ia ṭà-ba-{AT}*at*
18 *be-lí li-iš-pu-ra-am-ma*
lú-tur *še-e-tu it-ti-*{x}*ia*
20 *lu-ut-ra-am-ma qa-at* dingir-*lim*
e-li-šu li-is-sú-hu
22 3 mí-meš *mu-še-ni-qa-tum*
ù 3 mí-meš *ta-re-tum*
24 túg-hi-a *ú-ul i-ša-a*
be-lí túg-hi-a *še-e-na li-ša-bi-lam*

1–3 Dis à mon seigneur. Ainsi parle Dariš-libur, ton serviteur. 4 Je suis arrivé à Alep et 5–7 Eliliš m'a dit au sujet de l'enfant, fils de Šamaš-naṣir: "La main du dieu (qui est) sur lui reste menaçante. 8–9 Une, deux fois déjà lorsqu'il vivait auprès du roi, il a été touché (par la maladie). 10–11 Or j'ai souvent entendu dans mon entourage ceci: 9–13 "Il y [a] quelqu'un à Mari qui peut ôter la main du dieu! 13–14 Celui qui [est touché va] jusqu'à Mari [et] la main du dieu est ôtée."

16–21 [À pré]sent, si l'affaire plaît à mon seigneur, que mon seigneur m'écrive afin que je ramène ce garçon avec moi et qu'on ôte la main du dieu (qui est) sur lui.

22–24 Trois nourrices et trois gardiennes d'enfant n'ont pas de vêtements. 25 Que mon seigneur fasse porter ici deux vêtements (pour chacune).

Notes

Un extrait de la lettre A.2928[6] a été cité en traduction par Durand, ARM 26/1, 559 n. 135. J.-M. Durand en avait préparé l'édition et je lui suis très reconnaissante de m'avoir cédé ce joli texte pour les *Mélanges* en l'honneur de notre ami Jack. Ce dernier en avait déjà reproduit plusieurs lignes (l. 4–15) dans son *From the Mari Archives* (*FMA*), 330 (§ 6.6.a.i.1) d'après la traduction de J.-M. Durand.

Il n'est pas impossible que Dariš-libur ait lui-même écrit cette lettre. On relèvera en particulier plusieurs repentirs (l. 17 et 19) et la notation *še-e-na* de la l. 25. Un texte indique explicitement que Dariš-libur savait écrire (cf. Dominique Charpin, "Lire et écrire en Mésopotamie: une affaire de spécialistes?," *CRAIBL* (2004): 481–508, spécialement p. 493).

5) Eliliš est relativement peu documenté et homonyme d'un général de l'époque de Samsi-Addu. Le texte administratif ARM 23 609: 12 non daté le mentionne parmi d'autres destinataires de biens non spécifiés et précise (l. 18) qu'il était "serviteur du palais." De même selon FM 2 39 = *FMA*, 68 (§1.3.e.v.2): 5–6, il était un serviteur-*gerseqqûm* de la reine. Se basant sur ce dernier texte et sur ARM 10 161 = *LAPO* 18 1181 = *FMA*, 67–68 (§ 1.3.e.v.1), J. Sasson propose qu'il était peut-être un agent de la reine Šibtu (*FMA*, 330 n. 110). C'est son discours que Dariš-libur cite (voir aussi le commentaire ci-dessous à la l. 9). La citation pourrait déjà s'arrêter l. 9, mais je pense qu'elle ne s'achève qu'à la l. 15. Eliliš ferait part à Dariš-libur d'une vision alépine sur Mari et ses médecins.

6) Pour Šamaš-naṣir voir ci-dessous.

7–8) Voir pour le vocabulaire en lien avec la maladie (*qât ilim*, *lapâtum* etc.) le commentaire ci-dessous.

9) Dariš-libur parle de Zimri-Lim constamment comme de "son seigneur" (l. 17, 18, 25) mais lorsqu'il cite le discours d'Eliliš, il renvoie à lui par la désignation "lugal/ *šarrum*" (l. 9). L'enfant aurait donc passé un temps dans le palais royal de Mari avant d'être transféré à Alep.

22) Les *mušêniqtum* sont des nourrices au sens premier. Elles pouvaient devenir ensuite des gardiennes d'enfants et rester attachées au service des enfants royaux, comme j'ai pu le démontrer pour la nourrice du prince Yagid-Lim de Mari.[7] Dans le cas du palais de Mari, les nourrices qui allaitaient les enfants royaux étaient entretenues par le palais royal mais n'y étaient probablement pas logées. Voir N. Ziegler, "Les enfants du palais," *Ktema* 22 (1997): 45–57, spécialement p. 51–53. Voir également Sasson, *FMA*, 318.

6. Dans Durand, ARM 26/1, p. 150 n. 77 une lettre d'Išhi-Dagan avait été citée par erreur typographique sous le numéro A.2928—elle porte en réalité le numéro A.2028. Sous cette référence erronée elle avait ensuite été citée par Dominique Charpin, "Un traité entre Zimri-Lim de Mari et Ibâl-pî-El II d'Ešnunna," *Marchands, diplomates et empereurs: Études sur la civilisation mésopotamienne offertes à Paul Garelli*, éd. Dominique Charpin, et Francis Joannès (Paris: ERC, 1991), 139–66, spécialement p. 163 et n. 62.

7. Nele Ziegler, *Florilegium marianum* 4: *Le Harem de Zimrî-Lîm*, *Mémoires de NABU* 5 (Paris: SEPOA, 1999), 68–69 (ci-dessous FM 4).

23) Contrairement aux nourrices de lait, les gardiennes d'enfants *tarîtum* vivaient auprès des enfants dans le palais royal de Mari. L'onomastique de ces femmes était marquante, car leurs noms étaient des bénédictions pour le roi et donc pour le père des enfants. Dès que les enfants appelaient leur nourrice, ils formulaient un éloge ou un vœu pour leur père, du type "Mon père est mon orgueil" (*abî bâštî*) ou "Puisse mon père durer éternellement" (*abî lû dari*), voir Ziegler, *Ktema* 22, 52; Ziegler, FM 4, 108–9; et Sasson, *FMA*, 319.

25) Remarquer la notation phonétique du chiffre "deux" (*še-e-na*) et sa postposition par rapport aux objets comptés; voir *CAD* Š/III, 34b–35a.

La main du dieu au-dessus de l'enfant malade

Dans l'Orient ancien on s'expliquait la maladie comme une manifestation du mécontentement, voire de la colère d'une divinité. Irritée, celle-ci, habituellement bienveillante, retirait sa protection et permettait ainsi à des démons de provoquer une maladie. Lorsque les Mésopotamiens examinaient un patient, ils avaient recours non seulement au diagnostic médical au sens premier, mais aussi à des enquêtes oraculaires, afin de déterminer quelle divinité était à l'origine du mal. L'expression très fréquemment employée était alors *qât ilim eli* NP *ibašši* "la main du dieu est sur NP."[8] Le dieu à l'origine de la maladie peut être nommé ou non. Cette expression est très bien connue et attestée par des nombreux exemples des diverses époques, même si sa signification précise a longtemps été débattue.

Notre texte, par contre, utilise deux formulations différentes pour décrire la souffrance de l'enfant—l'une construite sur *qât ilim*, l'autre sur le verbe *lapâtum:*

l. 7–8:	*qât ilim elišu raddat*
l. 9:	*illapit* (et restitué à la l. 14 [*illapitu*])
l. 20:	*qât ilim elišu lissuhû*

L'intervention guérissante potentielle est décrite différemment:

l. 11–13:	*ina Mari ša qât ilim inassahu ibašši*
l. 15:	*qât ilim innassah*

Lorsque Dariš-libur décrit l'enfant malade, il utilise systématiquement "*qât ilim elišu*" "la main du dieu (qui est) sur lui" ou "la main du dieu au-dessus de lui." La préposition *eli* n'a aucune relation directe avec *radâdum* et *nasâhum*.

8. Pour cette "main du dieu" voir généralement Marten Stol, *Epilepsy in Babylonia*, CM 2 (Groningen: Styx, 1993), 33–34 et plus en détails Nils Heeßel, *Babylonisch-assyrische Diagnostik*, AOAT 43 (Münster: Ugarit Verlag, 2000), 49–56; Heeßel, "The Hands of the Gods: Disease Names, and Divine Anger," in *Disease in Babylonia*, éd. Irving Finkel and Marc Geller, CM 36 (Leiden/Boston: Brill, 2007), 120–30; Heeßel,"Identifying Divine Agency: The Hands of the Gods in Context," in *The Sources of Evil: Studies in Mesopotamian Exorcistic Lore*, éd. Greta Van Buylaere, Mikko Luukko, Daniel Schwemer et Avigail Mertens-Wagschal, AMD 15 (Leiden and Boston: Brill, 2018), 135–49. Dans ces études, N. Heeßel étudie notamment la question du lien entre le "dieu" mentionné et son rôle dans la maladie. Pour des exemples de cette expression dans la correspondance de Mari, voir Durand, ARM 26/1, 553.

Le verbe *radâdum* n'était pas encore attesté à Mari. Il signifie généralement "poursuivre"[9] mais s'emploie également dans le contexte d'affections diverses, maladies ou malédictions.[10] On pourrait traduire "La main du dieu (qui est) sur lui (le) persécute," mais à cause du verbe au permansif, je propose "rester menaçant."

Le verbe *nasâhum* par contre s'emploie fréquemment avec des maladies et signifie "ôter, extirper."[11] Le verbe *lapâtum* IV est également bien attesté dans ce contexte.

Les constructions des verbes *radâdum* et *nasâhum* avec *qât ilim elišu* ne me semblent pas anodines et pourraient révéler une appréhension de l'auteur. Aucun des deux verbes ne peut s'employer avec la préposition *eli* et aucun malentendu n'était possible. Grâce à cette paraphrase, Dariš-libur (ou Eliliš dont il cite les mots) réussit l'exploit de ne pas faire de la "main du dieu" un simple objet direct d'une intervention humaine sur l'enfant (*nasâhum*). Parallèlement, lorsque il évoque l'action thérapeutique, il emploie une expression vague à la troisième personne du pluriel ou un verbe au passif.

L'auteur de la lettre, Dariš-libur

Dariš-libur est l'un des plus hauts serviteurs de Zimri-Lim. Malgré son rang, sa proximité avec le roi et les très nombreux textes économiques qui le mentionnent, il demeure relativement mal connu. On ne sait pas quel est son titre. D. Charpin a formulé l'hypothèse qu'il fût le "chef des barbiers."[12] Dariš-libur possédait trois sceaux à l'inscription identique proclamant qu'il était fils d'un certain Libur-nadinšu et serviteur de Zimri-Lim.[13] Il avait par ailleurs un fils, Ana-Sin-taklaku, également connu grâce à son sceau.[14] Une dizaine de lettres de Dariš-libur,[15] et six lettres qui lui sont adressées,[16] sont publiées et peuvent être consultées sur le site www.archibab.

9. *AHw* 940b-941a *radādu* "verfolgen," *CAD* R 58–59 "to pursue, to persecute, to afflict, to drive away."

10. Voir les exemples cités par *CAD* R 58–59 § b, notamment *CT* 46 49 i 14 ou l'épopée de Tukulti-Ninurta col. v 30.

11. *AHw* 750b § 9 "Krankheit, Zauber, Dämon ausreißen, beseitigen, viele Belege"; ou *CAD* N/2, 7–8 § 3, "to expel evil, demons, sickness."

12. Dominique Charpin, *Hammu-rabi de Babylone* (Paris: PUF, 2003), 140; et Charpin, "La défaite, conséquence de la colère divine: La théologie de l'histoire à Alep d'après les archives royales de Mari," in *Colères et repentirs divins: Actes du colloque organisé par le Collège de France, Paris les 24 et 25 avril 2013*, éd. Jean-Marie Durand, Lionel Marti et Thomas Römer, OBO 278 (Fribourg: Academic Press; Göttingen: Vandenhoeck & Ruprecht, 2015), 1–11 spécialement p. 8 et n. 29. Le titre du (chef) barbier y est également discuté.

13. Les trois sceaux de Dariš-libur portent la même inscription. Voir l'édition et la bibliographie dans Douglas Frayne, *Old Babylonian Period* (2003–1595 BC), RIME 4 (Toronto: University of Toronto Press, 1990), 640: RIME 4.6.12.2022: *da-ri-iš-li-bur* / dumu *li-bur-na-di-in-šu* / ìr *zi-im-ri-li-im*. Ces sceaux ont été publiés par Georges Dossin, "Légendes et empreintes," in André Parrot, *Le Palais: Documents et monuments*, Mission Archéologique de Mari II/3, Bibliothèque Archéologique et Historique 70 (Paris: Geuthner, 1959), 256; pour des illustrations voir pp. 198 et 200 figs. 112 et 113 ainsi que pl. XLIX fig. 131.

14. Voir simplement la bibliographie pour l'entrée RIME 4.6.12.2014.

15. En dehors des lettres citées ci-dessous, il y a aussi quatre envois à Mukannišum ARM 18 25 = *LAPO* 16 142 = *FMA*, 178; ARM 18 26 = *LAPO* 16 124 = *FMA*, 178; ARM 18 27 = *LAPO* 16 184 = *FMA*, 178–79; ARM 18 28 = *LAPO* 16 140 = *FMA*, 178 n. 150.

16. En dehors des lettres citées ci-dessous, on dispose des textes suivants: A.3737 (Dominique Charpin & Jean-Marie Durand, "'S'il y avait eu des porteurs, je t'aurais offert davantage ...': Échanges de présents entre dignitaires d'Alep et de Mari," in *Ex Mesopotamia et Syria lux: Festschrift für Manfried Dietrich zu seinem 65. Geburtstag*, éd. Oswald Loretz, Kai Alexander Metzler, et Hanspeter Schaudig, AOAT 281

fr. Un groupe de lettres assez longues a été envoyé par Dariš-libur durant sa mission à Alep au début du règne de Zimri-Lim (FM 7 6–9).[17] Cependant, plusieurs indices plaident contre une datation si haute de notre lettre, A.2928.

Quelques années plus tard, Dariš-libur participa au voyage de Zimri-Lim qui le mena jusqu'à Ugarit et tout porte à croire que l'acquisition de la ville d'Alahtum (et d'autres localités moins bien connues) se fit dans le courant de ce voyage.[18] Dariš-libur participa à l'organisation du domaine d'Alahtum. C'est ce dont témoigne une lettre adressée à une femme dont le nom est cassé, ARM 10 176 (= LAPO 18 1207):[19]

> [Dis à ...t]um: ainsi (parle) [Dariš-l]ibur.
>
> Adresse-toi à dame [...] qui se trouve au service d'Inibšunu en ces termes: "Jusqu'à ce que Menna aille à Alahtum, les enfants qui s'y trouvaient n'étaient que trois enfants. À présent, il y a des enfants supplémentaires. Va à Alahtum et vis avec Menna, ta sœur. Assure alors l'éducation des enfants!"
>
> Si cela lui plaît d'aller, confie-(la) au porteur de ma tablette. Sinon, si cela ne lui agrée pas, qu'elle n'(y) aille pas. Je t'écris cette tablette sur l'ordre du roi.

Cette lettre, rédigée après discussion avec Zimri-Lim et donc lorsque les deux hommes étaient ensemble, se situe dans le contexte général de l'installation de personnel mariote à Alahtum. Dariš-libur y prête attention aux enfants de cette ville, dont le nombre aurait augmenté, et tente d'organiser l'arrivée d'une nouvelle nourrice. On remarquera que cette venue est proposée mais pas imposée à la femme pressentie.

Tout le personnel mariote destiné à vivre à Alalah, transitait certainement via Alep.[20] Je suppose que la lettre A.2928 a été rédigée dans ce contexte historique. On ne doit pas exclure que l'enfant, après son étape à Alep, était destiné à vivre à Alahtum.

On peut supposer que la lettre A.2928 fut écrite pendant ou après le voyage de Zimri-Lim qui l'avait mené jusqu'à Ugarit, à un moment durant lequel Dariš-libur était séparé du roi. Nous savons que la fin de ce voyage fut chamboulée par des événements internationaux dramatiques—l'invasion élamite et le siège de Razama par Atamrum—et que Zimri-Lim dut quitter la région occidentale assez précipitamment. De hauts fonctionnaires furent chargés de ramener les bagages du roi après le départ de celui-ci.[21]

(Münster: Ugarit-Verlag, 2002), 95–104 envoyé par un fonctionnaire d'Alep Kirip-Teššub durant la mission de Dariš-libur à Alep au début du règne de Zimri-Lim; ARM 26/1 107 = *FMA*, 179–80 de dame Zunana; ARM 26/1 222 = *FMA*, 179 d'Ušariš-hetil; ARM 10 105 = *LAPO* 18 1238 de la princesse Tizpatum; ainsi que FM 16 38 de Ana-Šamaš-taklaku.

17. Pour cette mission voir Durand, FM 7, 15–29, et pour la datation *ibidem* p. 16–18.

18. Durand, FM 7, 66–71.

19. ARM 10 176 (= *LAPO* 18 1207): (1) [*a-na* ^{f}o-o-o-*ti*]*m*$^{?}$ (2) [*qí-bí-ma*] (3) [*um*]-*ma* [*da-ri-iš-l*]*i*-bur*-ma* (4) *a-na* ^{f}*[o o o] *ša* ma-ha-ar* (5) ^{lf}*i-ni-ib-šu-nu wa-aš-b*[*a*]-*at* (6) *a-wa-tam ki*-a-am ṣa-ab-ti-ši* (7) *um-ma at-ti-ma* (8) *a-di* ^{f}*me-en*$_6$*-na-a* (9) *a-na a-la-ah-tim*^{ki} (10) *il-li-ku* lú-tur-meš (11) *ša i-na a-la-ah-tim*^{ki} (12) *wa-aš-bu* 3-*ma* lú-tur-meš (13) *i-na-an-na* lú-tur-meš *ur-ta-ad-du-ú* (14) *a-na a-la-ah-tim*^{ki} *al-ki-ma* (15) [*i*]*t-ti* ^{f}*me-en*$_6$*-na-a a-ha-ti-/ki* (16) *ši-bi ù* lú-tur-meš *ru-ub-bi* {ma} (17) *šum-ma a-na a-la-ki-im* (18) *ha-de-et a-na qa-at wa-bi-il* (19) *ṭup-pí-ia an-ni-im pí-iq-di* (20) *ú-la-šu-ma ú-ul li-ib-ba-ša* (21) [*l*]*a-a i-la-k*[*am*] (22) [*ṭup*]-*pí an-né-e-em* (23) [*i-n*]*a qa-bé-e* lugal (24) *ú-ša-bi-la-ak-ki-im*.

20. Ceci est bien connu pour les fonctionnaires qui faisaient le déplacement pour Alep avant de continuer leur voyage à Alahtum—les mieux connus étant le secrétaire de Zimri-Lim Šunuhrahalu et le chef de musique Warad-ilišu. Voir à titre d'exemple d'un tel itinéraire la lettre FM 7 21 et pour la chronologie de ce voyage de Warad-ilišu, Nele Ziegler, *Florilegium marianum* IX: *Les musiciens et la musique d'après les archives de Mari*, Mémoires de NABU 10 (Paris: SEPOA, 2007), 172–75.

21. Pierre Villard, "Un roi de Mari à Ugarit," *UF* 18 (1986): 387–412, spécialement p. 402.

J'ignore l'identité de ces hauts fonctionnaires, mais peut-être Dariš-libur était-il l'un d'eux. Dans ce cas, la lettre daterait du milieu de l'année ZL 10 (1765 av. J.-C.).

Dariš-libur cite dans notre lettre A.2928: 8–14 ce qu'on disait dans le royaume d'Alep de la prééminence de Mari en matière médicale:

> J'ai souvent entendu dans mon entourage ceci "Il y [a] quelqu'un à Mari qui peut ôter la main du dieu! Celui qui [est touché va] jusqu'à Mari [et] la main du dieu est ôtée."

Une autre lettre de Dariš-libur témoigne de sa curiosité dans ce domaine, A.2216 (= *LAPO* 16 171).[22] Dariš-libur y dit avoir testé un médicament nouveau et prend soin de distinguer les différents remèdes et les médecins les ayant prescrits. Malgré l'efficacité qu'il reconnaît aux deux traitements différents, il se permet de conseiller à Zimri-Lim quelques précautions:

> [En ce qui concerne les her]bes contre l'ac[cès] de fièvre [du médecin de Mar]daman [et du médecin] de la maison de l'[administration, à propos desquels mon seigneur] m'a écrit, ces herbes qui ont été prises depuis la mon[tagne], je les ai scellées à mon sceau et j'ai envoyé chez mon seigneur, en même temps que leurs simples, ces médecins et Lagamal-abum.
>
> Mon seigneur a déjà essayé le remède contre l'accès de fièvre du médecin de la maison de l'administration. Et le remède contre l'accès de fièvre du médecin de Mardaman, je l'ai moi-même essayé et il a été efficace. Je l'ai fait tester par plusieurs fois par Hammi-šagiš et il a été efficace. Abuma-Nasi l'a bu et ça a été efficace.
>
> Pour l'heure, il ne faudrait pas qu'on fasse boire mélangés ces remèdes à mon seigneur. Il faut essayer ces remèdes de façon séparée et que ce soit un des échansons qui fasse boire mon seigneur.

Šamaš-naṣir et son enfant

Le père de l'enfant malade, Šamaš-naṣir, porte un nom assez banal, mais on peut supposer que Dariš-libur faisait allusion dans sa lettre A.2928: 6–7 au serviteur de Zimri-Lim dont le sceau est connu:[23]

22. A.2216 (= *LAPO* 16 171) a été publié par André Finet, "Les médecins au royaume de Mari," *AIPHOS* 14, 1957, 123–44, spécialement p. 134–38 et pl. IV. J'ai traduit le mot *šammû* par "herbes," "simples" ou "remède" pour éviter la répétition de mots. (4) [*aš-šum ša-am*]*-mi ša hi-*[*mi-iṭ*] *ṣe-e-tim* (5) [*ša* lú *a-si-im ma*]*r-da-ma-n*[*a-i*] (6) [*ù* lú *a-si-im*] *ša* é-*i*[*t te-er-tim*] (7) [*ša be-lí*] *iš-pu-ra-*[*am*] (8) *ša-am-mu šu-*[*nu*] *ša iš-tu* k[ur-*i il-l*]*e-*[*qú*] (9) *i-na* ^{na_4}*ku-*[*n*]*u-k*[*i-i*]*a ak-nu-ka-*[*a*]*m-ma* (10) *it-ti ša-am-mi-šu-nu* lú *a-si-i šu-nu-ti* (11) *ù* ^{d}*la-ga-ma-al-a-bu-um* (12) *a-na ṣe-er be-lí-ia* (13) *aṭ-ṭà-ar-da-šu-nu-ti* (14) *ša-am-ma-am ša hi-mi-iṭ* (15) *ṣe-e-tim ša* lú *a-si-im* (16) *ša* é-*it te-er-tim* (17) *be-lí il-tu-uk-šu* (18) *ù ša-am-ma-am ša hi-mi-iṭ* (19) *ṣe-e-tim ša* lú *a-si-im mar-da-ma-na-i* (20) *a-na-ku al-tu-uk-šu-ma da-mi-iq* (21) *it-ti ha-am-mi-ša-g*[*i-i*]*š* (22) [*ú-l*]*a-ti-i*[*k*]*-ma da-mi-iq* (23) [*a-b*]*u-ma-*^{d}*na-sí* (24) *i-iš-ti-šu-ma da-mi-iq* (25) [*i*]*-na-an-na a-sú-ur-ri* (26) *be-l*[*í š*]*a-am-mi šu-nu-ti* (27) *i-ba-la-lu-ma i-ša-aq-qú-ú* (28) *ša-am-mi a-hu-ni-iš* (29) *li-il-tu-ku-ma* (30) *ša ša-qé-em be-lí li-iš-qí.*

23. Voir l'entrée RIME 4.6.12.2032.

^{d}utu-*na-ṣir* / ir$_{11}$ *zi-im-ri-li-im*.

M. Birot distinguait pour l'époque de Zimri-Lim un haut fonctionnaire de Terqa de ce nom, intendant *abu bîtim*, et avait réuni la plupart des attestations sous cette entrée; par ailleurs un messager de Kurda, un témoin dans le contrat ARM 8 78: 32 et un cabaretier homonymes étaient connus.[24] Šamaš-naṣir est l'auteur d'ARM 26/1 196. Selon l'ordre reçu directement du roi (ARM 26/1 196: 6), il mettait Zimri-Lim au courant de prophéties émises à Terqa.

Un commentaire détaillé concernant cet intendant *abu bîtim* de Terqa a été écrit par B. Lion.[25] Elle termine son aperçu ainsi:

> Šamaš-naṣir était un personnage important, si c'est bien à lui que se rapporte ARM IX 287, une liste de gens du palais et de gens de Šamaš-naṣir; huit personnes en tout dépendent de lui. ARMT XXIV 44, daté du 27-iv-ZL 7' est un compte de bétail de sa maison, peut-être à considérer comme un inventaire après décès.
>
> La famille de Šamaš-naṣir apparaît elle aussi dans la documentation. Dans une lettre de Šibtu, ARM X 27 = LAPO 18 1136, il est question du fils de Šamaš-naṣir, qui doit être alors un très jeune enfant; Šibtu se plaint que le vêtement nécessaire pour accomplir un rituel concernant cet enfant ait été laissé à Terqa, ce qui indique une fois de plus les liens entre la famille de Šamaš-naṣir et cette ville. ARMT XI 193, repris dans le récapitulatif ARM IX 234, enregistre à la date du 6-viii-ZL 5' la livraison d'un *ugar* de froment par Habdu-malik, frère de Šamaš-naṣir.

De même, F. van Koppen, FM 6, 2003, p. 329 consacra un paragraphe à ce fonctionnaire de Terqa, mort au mois iv de ZL 8 et dont la maisonnée avait été inspectée par le palais:

> Šamaš-nāṣir, the major-domo of the palace of Terqa, died in month iv of year 7' (…). Two tablets list assets from his household: ARMT XXIV 44 (22-iv-ZL 7') records the redistribution of oxen and donkeys of the house of Šamaš-nāṣir, and ARMT IX 287 (without date) gives an inventory of the personnel of the house of Šamaš-nāṣir, consisting of persons belonging to the palace and persons belonging to Šamaš-nāṣir himself.

Šamaš-naṣir était donc un personnage haut placé, intendant des terres palatiales à Terqa. À sa mort en ZL 8 (1767 av. J.-C.), il n'avait pas de fils suffisamment âgé pour prendre sa succession. Au contraire, l'inventaire administratif ARM 9 287: 14–18

24. Maurice Birot, Jean-Robert Kupper et Olivier Rouault, *Répertoire analytique (2e volume). Tomes I–XIV, XVIII et textes divers hors-collection. Première partie, Noms propres*, ARM 16/1 (Paris: Geuthner, 1979), 192, voir les références *ibidem*.

25. Brigitte Lion, "Les gouverneurs provinciaux du royaume de Mari à l'époque de Zimrî-Lîm," in *Mari, Ébla et les Hourrites: dix ans de travaux. Deuxième partie. Actes du colloque international (Paris, mai 1993)*, éd. Jean-Marie Durand et Dominique Charpin, Amurru 2 (Paris: ERC, 2001), 141–210, spécialement p. 195–96.

énumère des membres de sa famille: un homme et trois femmes, dont l'une avec un nourrisson. Ce nourrisson est-il le jeune enfant dont parle notre lettre A.2928? Ce fut probablement au sujet de ce même enfant que la reine Šibtu fut contrainte d'écrire une lettre à Dariš-libur afin qu'il fasse intervenir le roi:[26]

> À propos de la couverture du fils de Šamaš-naṣir: cette couverture a été déposée à l'intérieur de Terqa. Aussi ai-je écrit à dame Huššutum: "Fais-moi porter sous scellés cette couverture (à placer) au-dessous de l'enfant, le fils de Šamaš-naṣir!"
>
> Or, elle, [...] a répondu: "Ic[i, à l'heure actuelle], [...] quatre enfants [...] à T[erqa]. [*Ils ont atteint leur*] maturité. Sans [*un ordre écrit du roi*$^{??}$] le pays va garder cette couverture."
>
> À présent, envoie un ordre afin qu'on me donne cette couverture (à placer) au-dessous de l'enfant.
>
> Autre chose: si vous m'aviez confié cet enfant à moi pour le purifier, ça aurait été différent!

Les deux lettres qui parlent du fils de Šamaš-naṣir ne révèlent pas son nom propre,[27] mais utilisent la même manière pour le présenter:

A.2928: 5–6	lú-tur dumu ^{d}utu-*na-ṣir*
ARM 10 27: 11–12	lú-tur dumu ^{d}utu-*na-ṣir*
ARM 10 27: 5	dumu ^{d}utu-*na-ṣir*

Il me paraît probable que les deux lettres concernant le fils de Šamaš-naṣir parlent de deux moments de la même affaire. Si c'est le cas, on peut émettre l'hypothèse suivante:

Étant donné que Šamaš-naṣir mourut en ZL 8 (= ZL 7', 1767 av. J.-C.), et que la fin du séjour de Dariš-libur à Alep peut être datée de la première moitié de ZL 10 (1765 av. J.-C.), date très hypothétique de la rédaction d'A.2928, on peut supposer que l'enfant de Šamaš-naṣir était un très jeune orphelin d'environ 3–5 ans. Après la mort du père, peut-être par obligation morale envers la famille du serviteur défunt, Zimri-Lim avait accepté de s'occuper de cet enfant. Celui-ci fut envoyé à Alep mais resta placé sous le regard bienveillant des fonctionnaires de Zimri-Lim. Eliliš l'ayant alerté sur son état

26. La lettre ARM 10 27 = *LAPO* 18 1136 = *FMA*, 321 a reçu beaucoup de commentaires, dont un particulièrement détaillé de J.-M. Durand, "Un rituel de la prime enfance," *MARI* 3 (1984): 133–35. ARM X 27 (= *LAPO* 18 1137): (4) *aš-šum* túg {ú ṣú} nì*-bara$_3$* (5) *ša* dumu ^{d}utu-*na-ṣir* (6) túg nì*-bara$_3$* *šu-ú i-na li-ib-bi* (7) [*t*]*er-qa*^{ki} *na-di ú ki-a-am* (8) *a-na* ^{f}*hu-šu-tim* (9) *aš-pu-ur um-ma a-na-ku*$^{!}$*-ma* (10) túg nì*-bara$_3$* *ša-ti* (11) *a-na ša-ap-li* lú-tur (12) dumu ^{d}utu-*na-ṣir ku-un-ki-ma* (13) *šu-bi-*[*l*]*i-im* (14) *ù ši-i ki-*⌜*a*⌝*-[*am* o o]-*ar* (15) *i-pu-ul* [*um-ma-a-m*]*i* (16) *an-na-*[*nu-um i-na-an-na*] (17) 4* dumu-[meš ...] (18) *i-na t*[*er**-*qa**^{ki} o o o o]-*ú** (19) *la-la-*[*šu-nu ik-šu-du-nim*] (20) *ma-tum b*[*a*$^{?}$*-lum ṭup-pí* luga]l$^{??}$ (21) túg nì*-bara$_3$* [*ša-a-t*]*i* (22) *i-ka-al-*[*la*] (23) *i-na-an-na a-nu-um-ma* (24) *šu-pu-ur-ma* (25) [t]úg nì*-bara$_3$* *ša ša-ap-li* (26) lú-tur *li-id-di-nu-nim* (27) *ša-ni-tam šum-ma-an* lú-tur *ša-a-ti* (28) *a-na qú-úš-šu-di-im ta-ap-qí-da-nim* (29) *mi-im-ma-ma-an.*

27. Voir le commentaire de Durand, MARI 3: 134: il ne faut pas déduire de cette absence de nom propre l'idée qu'il s'agirait d'un rituel d'imposition du nom.

de santé, Dariš-libur utilisa tous les moyens de persuasion pour que Zimri-Lim accepte le rapatriement de l'enfant.

Ces efforts furent probablement couronnés de succès. Ni Zimri-Lim ni sa famille ne restèrent indifférent à ce petit et des efforts matériels furent mis en œuvre pour une cérémonie religieuse en faveur de l'enfant. Je suppose que ce fut pour cette occasion que Šibtu tenta d'obtenir l'envoi d'un textile particulièrement précieux, la couverture *uṣûm*/túg nì-bara$_3$,[28] qu'elle avait du mal à se faire livrer. On ignore si cette cérémonie avait pour but "qu'on ôte la main du dieu (qui est) sur lui" et si elle fut couronnée de succès, entraînant la guérison du jeune enfant.

28. Pour cette couverture particulièrement précieuse voir J.-M. Durand, *La nomenclature des habits et des textiles dans les textes de Mari: Matériaux pour le Dictionnaire de Babylonien de Paris*, tome I, ARM 30 (Paris: CNRS éditions, 2009), 126–28.

PART II

Biblical Studies

CHAPTER 23

Translating Biblical Dialogue

Robert Alter
The University of California, Berkeley

DIALOGUE IS THE VITAL CENTER of biblical narrative. Proportionally, at least in the great chain of narratives from Genesis to the end of 2 Kings, it takes up a large amount of space in relation to the narrator's reports. The contrast between the two is striking. Narrative report in the Bible often uses drastic summary. A journey of many weeks by Abraham's servant from Canaan to Mesopotamia is conveyed in a single verse, as is Jacob's long trek on foot along this same route. Even more extremely, nearly two decades in the life of Jacob and Esau are telescoped into a single Hebrew verb and noun, "And the lads grew up," and a similar contraction of narrative time occurs in the report of baby Moses growing to a man. In stark contrast, when something significant is happening in the story, it is generally represented through dialogue, where, of course, there is an equivalence between narrated time and narrating time.

For the biblical writers, then, it was clearly of paramount importance to show people relating to each other through speech. What is noteworthy is that the Bible provides a remarkable early precedent for novelistic dialogue. Erich Auerbach, in the celebrated first chapter of *Mimesis*,[1] famously found in biblical narrative rather than in Homer the foundational precursor for the novel's representation of what is portentous and sometimes tragic in the familiar routines of daily life. The supple shaping of dialogue—not an issue with which Auerbach deals—as a manifestation of individual character and social or moral location is a correlative of this perception. Let me hasten to say that there are, of course, many wonderful speeches in both the *Iliad* and the *Odyssey*, but, by and large, they are speeches, often running on for dozens or even hundreds of lines, rather than the kind of interactive exchanges we associate with novelistic dialogue. This may well be still another reflection of the difference between oral-formulaic composition in verse and composition in prose through writing. The Homeric bard, locked into a regular march of hexameters (in all likelihood, to the accompaniment of a stringed instrument), improvising the details of his traditional story with the aid of set verbal formulas, did not have the same flexibility as the prose writer in altering the contours and even the diction of represented speech, though he could on occasion give his characters great eloquence.

Author's note: Published with some revisions as Chapter 6 of *The Art of Bible Translation* (Princeton, NJ: Princeton University Press, 2019).

1. Erich Auerbach, *Mimesis: The Representation of Reality in Western Literature* (Princeton: Princeton University Press, 1953; German original in 1946).

Biblical dialogue, though it does not appear to be directly mimetic of ancient Hebrew speech, incorporates significant gestures toward the vernacular. Because its linguistic register is not altogether that of the surrounding narrative prose, it constitutes an early instance of the phenomenon of "heteroglossia" that M. M. Bakhtin identifies with the novel[2]—that is, the joining or confrontation in a single text of different modes of speech or sociolects within what is ostensibly the same language. Perhaps the most memorable biblical instance, registered in part but not entirely by several of the English versions, is the first words spoken by Esau in his story—and it is worth noting again that in biblical narrative a personage's first words are generally a strategic exposition of character. Esau, famished after an unsuccessful hunt, says to his brother, literally, "Let me gulp down [or even more rudely, 'cram my maw with'] that red-red" (Gen 25:30). The King James Version, choosing not to admit anything so indecorous in Scripture, entirely fudges this: "Feed me … with that same red pottage." At least two modern versions get the general idea, using "gulp" as the verb and "red stuff" for what Esau wants, though the New Jerusalem Bible follows the King James Version in translating blandly "that red pottage." I do not think "red-red" by itself works in English, so the addition of "stuff" seems a reasonable solution. None of the English versions except mine[3] reflects the repetition of "red" in the Hebrew. It is a small but instructive point. The impatient, hungry Esau cannot manage to come up with the ordinary Hebrew word for "pottage," and instead he gestures toward the simmering pot, sounding like a toddler or someone who barely knows the language, as he refers to its contents as "this red-red." The repetition of the adjective, which also highlights an etymological pun on the name of the people he will father, perfectly expresses Esau at this point in his story as the embodiment of inarticulate appetite, and as such it should be reproduced in translation ("this red-red stuff").

As to the verb used here, an explanatory note will show what it tells us about the general deployment of language in biblical dialogue. The Hebrew verb לעט occurs only here in the entire biblical corpus. In rabbinic Hebrew, it is used for the feeding, perhaps even forced feeding, of animals, and though we cannot be sure it had precisely this meaning almost a millennium before the rabbinic texts, it seems probable that it indicated a ruder kind of eating than the usual Hebrew verb. The writer in this instance has violated a tacit rule of biblical narrative, diverging from its set use of primary terms only. My inference is that the writer could not resist the temptation to put in the mouth of Esau a crude eating word, elsewhere excluded from biblical narrative, in order to underscore the initial characterization of the firstborn twin as a brutish figure. (Much later in the story, Esau will seem to have changed rather surprisingly.) What is instructive in this linguistic detail is what it reveals about the willingness of the biblical writers to bend language in dialogue in order to represent the distinctive nature of character or of the specific situation of the character. Let me now proceed to

2. M. M. Bakhtin, "Discourse in the Novel," in *The Dialogic Imagination: Four Essays*, ed. Michael Holquist, trans. Caryl Emerson and Michael Holquist (Austin: University of Texas Press, 1981, 2017; Russian original, 1975), 259–422.

3. I refer at several points in this article to translations I have published over the years. See now my most recent publication embracing the whole Hebrew Bible: *The Hebrew Bible: A Translation with Commentary*, 3 vols. (New York: W. W. Norton, 2018).

a more complex example in which there is more work for the translator to perform in order to convey the liveliness of the Hebrew dialogue.

In Gen 20:13, Abraham, as he explains to Abimelech why he has passed off Sarah as his sister, uses אֱלֹהִים in the plural denoting "the gods," a sense missed by all the English versions. (The Hebrew is וַיְהִי כַּאֲשֶׁר הִתְעוּ אֹתִי אֱלֹהִים, "And it happened when the gods made me a wanderer.") Abraham as a new monotheist diplomatically addresses a polytheist, and he treats the Hebrew noun as a plural, invoking its polytheistic sense. Perhaps he means to suggest no more by that usage than "fate" or "destiny," but he clearly pitches his language to the sort of reference his interlocutor would readily recognize. There is more, however, of interest in the dialogue between Abraham and the indignant local king Abimelech. Abraham has come to Abimelech in Gerar impelled by famine and has announced that Sarah was his sister, whereupon Abimelech takes her into his harem. God then appears to Abimelech in a dream-vision and tells him, "You are a dead man because of the woman you took, as she is another's wife." The initial phrase is just two words in the Hebrew, הִנְּךָ מֵת. Some translators word it conventionally as "you shall die." At least two modern versions show "you are to die," a choice that has a certain philological justification because the presentative (הִנְּךָ) followed by a participial form of the verb does often indicate an action about to happen. What is lost, however, is the expressive *abruptness* of the two Hebrew words: God altogether startles Abimelech by suddenly appearing to him in a dream and immediately announcing, before any explanation is offered, that he is as good as dead. I thought of rendering this in three English syllables as "you are dead," but that has a finality not quite suggested by the Hebrew, and so I settled on "you are a dead man," which, though it is five words for two, reproduces something of the stark quality of God's words in the original.

Abimelech's response to God then gives the language an odd, and instructive, twist: "My Master, will you slay a nation even if innocent?" The various English versions normalize this as "will you slay innocent people" or some variant of that phrasing, but I think the Hebrew is deliberately strange and that the strangeness needs to be preserved in the translation. The Hebrew does not say "people" but, pointedly, "nation" (הֲגוֹי). Why is this language assigned to Abimelech? In this instance, the motive is not characterization but the signaling of an intertextual link. Abimelech is presumably talking about himself as the embodiment or representative of the nation he rules. But the slaying of an innocent nation harks back to the immediately preceding episode (Gen 19), the destruction of Sodom and Gomorrah, about which Abraham had bargained with God (Gen 18), pleading with Him not to destroy the cities of the plain if there should be ten innocent (the same word used here) men within them. One should not assume that Abimelech knows anything about the destruction of Sodom and Gomorrah, but through the somewhat deformed sentence that the writer puts in his mouth, we are invited to imagine that he might be venturing an oblique reprimand to the deity: are You up to Your old tricks again, destroying nations even when there are innocent people within them, as I am innocent of this accusation? The odd formulation in the Hebrew illustrates why translators should be cautious about regularizing what may be deliberately irregular in the original.

Abimelech continues his protestation of innocence: "Did not he say to me, 'She is my sister'? and she, she, too, said 'He is my brother'?" The Hebrew, which my version follows quite closely, expresses a splutter of indignation on the part of Abimelech: not only did Abraham pass her off as his sister but the woman herself—"she, she" seconded him in the deception. The modern versions regularize this with a bland "she also said," thus bleaching the biblical dialogue of its vivid color. A general aspect of the innovative character of dialogue in the Bible is involved here. Reported speech in the Hebrew narratives is often shaped to express a range of emotions and attitudes from confusion and embarrassment to cunning calculation (as in Jacob's carefully ordered words to Esau in the selling of the birthright) to indignation, as in the present instance. I cannot think of a close equivalent in ancient literature to this strongly mimetic articulation of dialogue. The exchange between Abraham and Abimelech the morning after the king's unsettling dream-vision provides another example of this phenomenon. Abimelech first berates Abraham for the act of deception ("Things that should not be done you have done to me"). Abraham does not immediately respond, and the set formula for introducing speech is repeated with a brief statement by Abimelech: "And Abimelech said to Abraham, 'What did you imagine when you did this thing?'" As elsewhere, when the formula for introducing speech is repeated with no intervening response reported on the part of the interlocutor, this repetition signals to the audience that the second party to the dialogue has a problem about answering (as a result of amazement, embarrassment, confusion, awkwardness, or sheer surprise). Abraham momentarily flounders, then tells Abimelech the truth, that he was afraid the locals might kill him in order to take possession of his wife; but not wanting to admit to an outright lie about Sarah's being his sister, he goes on to say, "And, in point of fact, she is my sister, my father's daughter, though not my mother's daughter, and she became my wife." Whether such unions were licit in the ancient Near Eastern world is uncertain. (Scholarly ink has been spilled on the question.) What may be a clue to how Abraham is positioning himself is the unusual locution he uses, וְגַם־אָמְנָה, which I have translated as "And, in point of fact." It seems to me a reasonable educated guess that this is some sort of legalism, part of what looks like a verbal smoke-screen that Abraham is putting up in order to defend the dubious claim he made upon his arrival that Sarah was his sister.

Here is a more extreme example than Abimelech's "she, she" of the purposeful bending of language in dialogue for a mimetic effect. When Ahimaaz races from the battlefield to report to David the victory over the forces of the usurper Absalom, the king, after hearing of the victory, anxiously inquires about the fate of his son, "Is it well with the lad Absalom?" (2 Sam 18:29). Ahimaaz, who knows that Absalom has been killed against David's strict orders, responds with Hebrew words that are incoherent, both syntactically and semantically, and that then break off. I translate them quite literally as follows: "I saw a great crowd to send to the king's servant Joab, and your servant, and I know not what…." All the English versions, proceeding from the naïve assumption that anything anyone says in the Bible has to make sense, "correct" this into intelligible English. The Jewish Publication Society rendering is typical: "I saw a large crowd when Your Majesty's servant was sending your servant off, but I don't know what it was about." This entirely masks the patent confusion of the Hebrew. What is surely going on is that Ahimaaz, afraid to tell the king that his son has been killed, dissolves into incoherence, his response an awkward stammer that he is then unable to complete. David himself is impatient with this breakdown of communication, the bearer of tidings having proven to be useless, and so he peremptorily orders Ahimaaz, "Turn aside, stand by!" It is a small token of the mimetic range of biblical dialogue that when the occasion requires, it can actually represent the failure of speech. Regrettably, one could scarcely guess this from the existing English versions.

The expressive flexibility of biblical dialogue is often put to excellent use in an area of representation that is one of the distinctive achievements of biblical narrative—everyday domestic life with all its problems of conjugal strife, jealousy, sibling rivalry, and sometimes misdirected or frustrated desire. Here is the verbal interaction between God and Sarah in the annunciation of the birth of her long-promised but never delivered son. God, whom Abraham had taken to be merely a human wayfarer, is addressing Abraham with Sarah eavesdropping on the conversation from just within the tent: "And he said, 'I will surely return to you at this very season and, look, a son shall Sarah your wife have" (Gen 18:10). All the English versions, beginning with Tyndale and the King James Bible, regularize the word-order as "Sarah your wife shall have a son." But as careful attention to the deployment of syntax in biblical narrative will show, syntactic "fronting" is often an expressive device, and it is surely important that God's speech places that impossible, frequently desired thing, a son, at the very beginning of the sentence. Although the next sentence (v. 11) is the narrator's report, not dialogue, it is worth a brief comment because the inadequacy of the translations here continues into the dialogue that follows. My version reads, "And Abraham and Sarah were old, advanced in years. Sarah no longer had her woman's flow." The King James Version handles this quite aptly: "Now Abraham and Sarah were old and well stricken in years, and it ceased to be with Sarah after the manner of women." The literal sense of the last phrase in the Hebrew is "like the way of women," and so this is a nice English equivalent, but I thought (perhaps unwisely) that the indication of a post-menopausal condition perhaps should be a bit clearer and so opted for "women's flow." The modern translators, for cultural reasons I would rather not contemplate, simply do not know what to do with language referring to bodily functions, especially those related to sexuality. Here is how they represent this sentence: "Sarah had ceased to have her monthly periods" (The New Jerusalem Bible)—"periods" is a modern term that manifestly violates the decorum of the ancient language, and why do we need "monthly"? (Were there annual ones?) The JPS version uses the same term to stumble into a different kind of awkwardness: "Sarah had stopped having the periods of women." (Had she switched then to having the periods of men?) The Revised English Bible, on the other hand, entirely gets rid of the discomfiting reference to menstruation: "Sarah being well past the age of childbearing."

These difficulties carry on into Sarah's dialogue—it is in fact an interior monologue but overheard by the omniscient divine guest—that immediately follows. The most egregious bowdlerizing is that of the Revised English Bible, still steering clear of the body and sex: "So she laughed to herself and said, 'At my time of life I am past bearing children, and my husband is old'" (v. 12). The New Jerusalem Bible lexically misses a crucial point in the Hebrew, though it does pick up another, despite an unfortunate rearrangement of the Hebrew syntax: "Now that I am past the age of childbearing, and my husband is an old man, is pleasure to come my way again?" It is important to leave the clause about the husband's old age to the end because Sarah appears to tack it on, either as an afterthought, that not only she but her husband is aged, or as an oblique act of blaming—how would I have pleasure with such a decrepit husband? The JPS comes close to an adequate rendering: "Now that I am withered, shall I have enjoyment—with my husband so old?" The word translated as "withered" is a term used for the wearing out of garments through long use. I prefer "shriveled" to "withered" because it seems to me a bit stronger, but perhaps there is not much difference between the two. In any case, this word chosen for Sarah's interior speech powerfully conveys the plight of an old woman—she is said to be ninety!—once celebrated for her beauty who now sees herself as a dried-up bag of shriveled skin and bones. The terrible poignancy of her predicament as she expresses it to herself is entirely concealed in all the English versions except the JPS. I would prefer "pleasure" to "enjoyment," as did the 1611 translators, because the Hebrew shows a verbal stem strongly associated with sensuality and sexuality (it has the same triliteral root as "Eden"). Though the origin of the term is probably associated with the concept of fertility, it shades into "pleasure," as in the cognate noun מַעֲדַנִּים, which means "delicacies," something that pleases the palate. My own rendering of this brief sentence of interior monologue, which seeks to preserve its potent sense of female physicality, is: "After being shriveled, shall I have pleasure, and my husband is old?" The strong embodiness of biblical narrative, especially in the dialogues, is spectacularly evident here: Sarah, a very old woman, bitterly contemplates her time-eroded body and thinks of the impossibility of what she hears promised by the speaker outside the tent, that she will not only experience the joy of becoming a mother but—what he did *not* say—achieve pleasure in the act of conception. Every term of her reported speech has been beautifully calculated to convey the physicality of her plight of childlessness in old age, and each of those terms needs to be honored in translation.

As we have seen, the modern versions often butcher an entire piece of dialogue, but what is more common is that they get a few things right and enough others wrong to compromise the general force of the dialogue. Joseph's exchange with his brothers during their first journey to Egypt (Gen 42:7–18) is one of the most psychologically and thematically fraught dialogues in the Bible, and every term of the reported speech—even, as we shall see, verb tenses—serves to carry forth this weight of implication. The exchange between Joseph, the viceregent of Egypt, and his brothers, who do not recognize him, begins simply enough: "And Joseph saw his brothers and recognized them, and he played the stranger to them and spoke harshly to them, and said to them, 'Where have you come from?' And they said, "From the land of Canaan to buy food'" (my translation). Most of the English versions, reasonably enough, render this last phrase as I have. But because the verb used, שׁבר, is not the ordinary word for buying, the JPS decides to represent the phrase as "to procure food." The verb in question, I should note, elsewhere means "to break." It is conceivable that its use here is dictated by the locution "to break [or stave off] famine," and that would equally apply to the noun for "food," שֶׁבֶר, that also occurs in this story. But "procure" is patently a stylistic blunder: it is a verb at home in the directives of a quartermaster corps, or in an arrangement for prostitution, and not in an ancient Hebrew dialogue. Joseph proceeds to accuse his brothers: "You are spies! To see the land's nakedness you have come!" Here the JPS version, following the precedent of the King James Bible, preserves the language of nakedness, but other modern versions, again working from the curious assumption that all metaphors need to be explained, show "the country's weak parts," or even "the weak points in our defense," eliminating not only the sexual reference but even, in the last example, the land. Now the Hebrew noun Joseph uses, עֶרְוָה, means the sexual part of the body that must be covered—it is the term that occurs in the prohibitions of incest. The sense of the land—always feminine in the Hebrew—as a vulnerable female entity with secret parts that should not be exposed and of spying as a kind of violation is entirely lost by these oddly Victorian renderings. The brothers then seek to defend themselves with these words: "No, my lord, for your servants have come to buy food. We are all the sons of one man. We are honest. Your servants would never be spies." The tenses, or more properly, aspects, of biblical verbs are tricky to determine because they correspond at best only approximately to the tense system of English. Some of the modern versions represent the final verb here as a flat present tense, "are," but I think that is wrong because the Hebrew uses the perfective form, הָיִינוּ, of the verb "to be." The JPS, while persisting here in having the brothers "procure" food, is somewhat better with "we have never been spies." But it seems to me that the situational logic of this moment of dialogue does not call for a declaration of past activity but rather for an affirmation that this is not an activity they would ever engage in, and the form of the Hebrew verb allows that sense ("would never be"). In a moment, we will see a graver error in regard to verb tense.

Joseph's immediate rejoinder to his brothers is to repeat his accusation: "No! For the land's nakedness you have come to see." Their response is: "Twelve brothers your servants are, we are the sons of one man in the land of Canaan, and, look, the youngest is now with our father, and one is no more." None of the English versions, old or new, reproduces the syntactic fronting of "twelve brothers," although it is in fact thematically important to place those two words at the head of the sentence. The tense of the verb is a more critical issue. The Hebrew has no verb, only the predicate "twelve brothers" and the subject "your servants," which of course is how the present tense of "to be" is indicated. The King James Version gets this right, but almost all the modern translations "correct" this to "we were." The misguided motive is supposed logic: since these ten brothers know that one of the twelve "is no more"—he is certainly absent because they sold him into slavery and, they may assume, probably dead—the translators want them to say that they once were twelve but are no longer twelve. This change unfortunately erases the brilliant dramatic irony that runs through this whole dialogue. The brothers in fact *are* twelve, as Joseph knows perfectly well, and their use of the present tense when they say this to him makes them, in a pattern of dramatic irony, the conduit for information of which they are unaware, and which will be splendidly confirmed in the reuniting of all twelve brothers at the climax of the story. The final phrase of their response to Joseph, "and one is no more," triggers an outburst of anger in him, for it is a reminder of their brutal act in selling him as a slave, and so he says, "That's just what I told you, you are spies." The outburst is muted in all the English versions because they make it more formal, "It is as I have said," "As I have already said," and, only a little better, "It is just as I have told you." All such dilutions of the force of the Hebrew stem from the misconception that the speakers in biblical dialogue should express themselves in proper balanced sentences exhibiting a certain formality and that emotions or sudden spurts of feeling are not part of the articulation of language in the dialogues.

The draining of the vitality of biblical dialogue in English translations is manifested in two ways: a failure on the part of the translators to understand that language is being used expressively to reflect personality, narrative situation, social position, and much else, and an insensitivity to the nuances of language that would be appropriate for ancient speech (as in the "procuring" of food in Egypt). Let me cite two small examples of the latter problem in the reported speech we have been following in Genesis 42. When Joseph sends off the brothers, detaining Simeon as a hostage, he tells them, in my translation, to "bring back provisions to stave off the famine in your houses." The JPS, again floundering with that pesky word שֶׁבֶר, renders this as "take home rations for your starving households," evidently unaware that rations are the kind of food you would find in an army mess-tin, not in the saddle-packs of camels in the ancient world. In the next sentence, moreover, of Joseph's final words to his brothers, both the JPS and the New Jerusalem Bible have him saying that the brothers must come back with Benjamin so "that your words may be verified," unconscious that "verify" is something you do with documents or the results of an experiment, whereas the decorum of the Hebrew narrative requires a term such as "confirmed" (or the King James Version, "proved").

Here is another instance in which the English versions get some things right but enough other things wrong to compromise the beautiful aptness of the Hebrew dialogue. In the Jephthah story (Judg 11), one recalls that the Israelite warrior makes a vow that, if he returns victorious from the battle, he will sacrifice to God whatever or whoever first comes out of his house as he comes back, and, alas, this proves to be his only daughter. Here is the wrenching exchange between them in my English rendering:

> And it happened when he saw her, that he rent his garments, and he said, "Alas, my daughter, you have indeed laid me low and you have joined ranks with my troublers, for I myself have opened my mouth to the Lord, and I cannot turn back." And she said to him, "My father, you have opened your mouth to the Lord. Do to me as it came out from your mouth, after the Lord has wreaked vengeance for you from your enemies, from the Ammonites." And she said to her father, "Let this thing be done for me: let me be for two months, that I may go and weep on the mountains and keen for my maidenhood, I and my companions." And he said, "Go."

Let me immediately say that my version is more literal than any preceding one, including even the King James Version. Beyond my general conviction that it is wise to render the Hebrew fairly literally as far as English usage allows, there is a particular reason for the literalism here that will emerge as we consider the specific translation choices. At the beginning of Jephthah's speech, the King James Version also preserves the "laying low" ("thou hast brought me very low"), respecting the Hebrew verb, which is associated with forcing someone to kneel or prostrate himself in defeat. At least two modern versions do away with the clear physical indication of the verb: "Oh, my daughter, what misery you have brought upon me!" (New Jerusalem Bible); "Oh, my daughter, you have broken my heart with calamity" (Revised English Bible). The problem with such interpretive and explanatory treatment of the

Hebrew—"you have broken my heart" sounds like something from a country-music lament—is that it obscures the notion the ancient writer had clearly in mind that Jephthah is using a *military* term: the warrior chieftain, victorious in battle, now discovers that his own daughter, by coming out first from the house to meet him, has devastatingly, if unwittingly, defeated him. In my translation, Jephthah goes on to say, "I myself have opened my mouth to the LORD." No other English version adds "myself," but it conveys a nuance indicated in the original: in biblical Hebrew, one does not ordinarily use a personal pronoun with a verb because the person of the verb's subject is clearly marked by the conjugation of the verb. When the pronoun is added, as here (אָנֹכִי), it is in order to place special emphasis on the pronominal subject of the verb: "I myself," Jephthah confesses, have done this terrible thing, have pronounced this irrevocable vow. Something of the anguished father's psychology is intimated in this small turn of speech, and it should not be invisible in translation.

The language of vow-taking is a still more crucial aspect of this dialogue. The 1611 translation, like mine, represents it literally in both Jephthah's speech and his daughter's as "opened my/your mouth." All the moderns clearly think this is too strange (or perhaps even too obscure) in English, and so they opt for "made a vow," "uttered a vow," or even, altogether inappropriately, "made a promise." There are two reasons why the literal sense is important to preserve, though one of them will be necessarily invisible in any translation. The idiom used involves a thematic pun on Jephthah's name, which in fact means "he opens" or "he will open," thus prefiguring his ill-considered tragic vow. More to the purpose of viable translation, Jephthah's world is an archaic, virtually pre-monotheistic world in which a vow to a deity, as both father and daughter unquestioningly assume, is an irrevocable utterance that, once having issued from the mouth, has an irreversible efficacy and cannot be taken back. The language of translation should be appropriate for a story that took place long ago not only in regard to diction but also in regard to the ancient sense of reality, which I believe to be the case for these freighted words coming out of Jephthah's mouth. What, moreover, is the appropriate term for the irreversibility of the vow? At least two prominent modern translations have Jephthah say that he "cannot retract" his solemn vow. As one might expect from the modern versions, this is a mistake in diction—one retracts a statement made to the press, not a sacred vow. But it is wrong in another way because the verb Jephthah uses, "I cannot turn back," is crucial for the thematic configuration of the story. Since the 1920s, following the insight of Martin Buber and Franz Rosenzweig,[4] students of the Bible have known, or certainly should have known, that biblical narratives are very often constructed through the repetition of thematic key-words, or *Leitwörter*, typically involving subtle plays on the different meanings of the same term. At the beginning of Jephthah's story, he is driven from his home into the badlands by his brothers, who evidently are abetted by the elders of Gilead. When the elders come to him in order to persuade him to lead the tribal forces against the Ammonites, they say, "Therefore now we have come back to you"—a slightly odd choice of verb (since they have not been there before) motivated by the overarching pattern of the key-word.

4. Martin Buber and Franz Rosenzweig, *Scripture and Translation*, trans. Lawrence Rosenwald with Everett Fox (Bloomington: Indiana University Press, 1994; German original, 1936); see especially Buber's essay, "*Leitwort* Style in Pentateuch Narrative," 114–28.

Jephthah begins his response to them by saying, "If you bring me back" (the causative conjugation of the same verb). Jephthah is the banished brother who comes back first to his town and then victorious from the battle in what proves to be a disastrous return home. When he tells his daughter, then, "I myself have opened my mouth to the LORD, and I cannot turn back," using the reiterated verb in a different sense, his words are fraught with a painful irony. Needless to say, the irony is lost if the verb is translated as "retract" or even "renounce."

Let me offer one final brief example of how English translators simply have not paid attention to the fine modulations of biblical dialogue. When Ehud, concealing a short sword under his garment, bent on assassinating the Moabite king Eglon, enters the monarch's upper chamber, he says to the king, "A secret word I have for you, King" (Judg 3:19). Now the fronting of "A secret word," as in the Hebrew, is itself important because Ehud has placed it at the very beginning of his speech in order to get the king's attention and to motivate him to send all his attendants out of the room. This strategic turn of syntax is of course ignored in all the English versions, which choose to "normalize" the word order. But still more important in this bit of dialogue is how Ehud addresses the king. Ancient Near Eastern societies were manifestly hierarchical, and an elaborate decorum of language embodied this hierarchy. As we see abundantly in biblical dialogue, there were highly deferential formulas for addressing a monarch or a superior, and it was very often done in the third person, though Ehud, pointedly, uses the second person. The Israelite assassin discards this linguistic protocol for royalty, beginning his speech abruptly with the "a secret word" (a locution altogether drained of its power in the Revised English Bible's rendering, "I have a message for you in private") and holding back the title of his royal interlocutor, "king," until the very end of his sentence—a verbal maneuver that borders on rudeness, which Eglon chooses to ignore in his eagerness to hear the secret word. At least two English translations, following the King James Version, represent this as a formal address, "O King," though that is not necessarily indicated in the Hebrew, in which Ehud appears to throw in the title almost as an afterthought. Still worse, the Jewish Publication Society has Ehud say "Your Majesty" and the Revised English Bible introduces "my lord king," with both translations placing this dignified form of address at the beginning of Ehud's speech instead of at the end. The brutal abruptness of the way he turns to the king, as well as the king's inattention to a form of address that might be insulting rather than urgent, entirely disappears. I want to reflect for a moment on this manhandling of the Hebrew because it is symptomatic of the broader failure to do justice to the dialogue in the English versions. Both these modern committees of translators make their misguided decision because they seek to have the reported speech conform to the propriety of conventional language rules. In conventional usage, you begin your address to the king by saying "Your Majesty" or "my lord King." (The translators are probably remembering the Shakespeare they read in high school.) Because you are the lowly subject and the king is your powerful superior, they assume that you are obliged to use some deferential epithet in addressing him. All this tilts the dialogue in a way the Hebrew does not suggest. It does not occur to the translators that in the Bible's innovative deployment of dialogue, linguistic norms may on occasion be deliberately violated for expressive effect. In this scene of an impending assassination, Ehud ignores court protocol in the way he frames his speech, luring the Moabite king with the prospect of a secret word that will prove to be a hidden sword thrust into the fat royal belly. These brief words are a vivid illustration of the fact that very often more is going on in biblical dialogue than one might assume. A translator, I think, should make a serious effort to convey in English the more that is going on.

What is true of dialogue is equally true of all the other principal aspects of biblical style. Both the narrative and the poetry of the Bible deploy an extraordinary imaginative use of language that has very few equals in the whole ancient world and none among the geographical neighbors of ancient Israel. These formidable literary resources were of course usually marshaled for what we must call, lacking a better term, religious ends, but the full breadth of nuanced perspective on the interactions between the human and divine realms will not be visible in translation if the stylistic subtleties of the original are ignored. Admittedly, those subtleties do not always lend themselves to adequate representation in another language. The point, however, is that a translator needs first to see them and then to attempt to do something with them in translation, and the lamentable fact is that this has very rarely been the case. Even with the best intentions, any translation of a great work will sometimes prove to be a sorry thing. Translations are inevitably approximations of the original, but all of us engaged in the enterprise need to aspire to closer approximations. That is what I have sought to do in my own translation of the Bible, whatever its varying success. Dialogue is surely one of the most arresting features of biblical narrative, and one that manifests a real breakthrough in the representation of human experience in language. Perhaps preconceptions that these are sacred texts or, at any rate, texts that originate in an archaic past may have blinded translators—and, I must say, scholars—to the liveliness and suppleness of reported speech in the Bible. Much of the vitality and the sheer inventiveness of biblical dialogue can, in fact, be conveyed in translation. If this were only done in the English versions, readers would be able to see why these stories are so compelling.

CHAPTER 24

Job and Not

Giorgio Buccellati
The University of California, Los Angeles

IN THE BOOK OF *JOB*, God relates to the characters (Satan and Job) as an interlocutor on a one-to-one basis.[1] He asks questions of Satan almost as a peer: "What brings you here? ...Did you happen to come across my dear Job?" (1:7–8, literally: "From where you come? ...Did you set your heart on my servant Job"). The closest tonality is in the book of Genesis, where God also speaks to Adam in very colloquial terms: "Where are you? ...Who told you that you are naked?" (3:9, 11). Where else in the Bible but in these two books do we hear God speak in such an informal, everyday style?

Can it be accidental? Let us assume it is not, and propose a *clef de lecture* that sees this as intentional. Let us assume, in other words, that the author explicitly wanted us to read the prologue as a counterpart of Genesis. Instead of approaching a human being (as in Genesis), the tempter (in *Job*) approaches God himself. He still tempts a human, but not offering something that is seemingly good. Rather, he touches now a raw nerve, and inflicts pain. But it remains a temptation. In my proposed reading of the text, the author of *Job* paints a scenario like the one he saw in Genesis, with the variation that here the tempter asks for permission. If so, *Job* is not what it seems.

Ludlul is the Babylonian text that is most often seen as the closest parallel to *Job*. But the parallel is not, I suggest, because of the suffering of the protagonist; it is rather because of the posture toward the divine that is in some ways at odds with the basic Mesopotamian perception, and comes the closest to the biblical perception of the absolute. Here, too, the connection with *Job* is not what it seems.

I can see Jack's grin as he reads these words. Not only because the approach comes close, I trust, to the abiding sense of deft humor with which his writings brim, but also because the title will remind him of a joint moment in our scholarly lives, when I submitted to his editorial care an article entitled "Wisdom and not," a wording that led to a lively debate as to the suitability of the terms.... I hope he will enjoy, now, this brief (and perhaps too bold?) interpretive sketch which I offer in his honor, remembering our many, though never sufficient, encounters, scholarly and human, brief and intense.

1. In this article references to the character "Job" are set in roman type, and those to the book of *Job* are italicized.

1. The Prophetic Dimension

The Tanakh Hypothesis

This paper, then, is, and is not, about *Job*. It suggests the possibility of a sub-text where there is more to Job as a character, and to *Job* as a book, than meets the eye. If the prelude is the counterpart of the book of Genesis, then the body of the text of *Job* can be seen as the counterpart of the historical/prophetic books and of wisdom. At a time when the canon was in some ways beginning to take shape and the biblical people were in search of an identity that could transcend the total collapse of earlier political fortunes, *Job* emerges as a scribal feat aimed at proposing a broad reflection about the *Tanakh* as a whole, and at the same time a reinterpretation of the history of the biblical people in a prophetic dimension. I see a division in four major structural sections.

The first section is the prologue and echoes, as we just saw, Genesis. It thus does not deal with the *Torah* as a whole, but only with the first book.

The second section (chs. 3–27) is a confrontation with the *Nebi'im*. It does not deal with any book in particular, but rather looks at two opposing views of history, with Job defending the value of a prophetic look at history. This validates the traditional conflation of the historical books and the texts of the prophets (in the narrow sense of the term) in a single whole, the *Nebi'im*.

I see the third section as relating to the "writings" of wisdom (*Ketubim*). There is no dialogue here. It begins with the *Encomium sapientiae* in ch. 28, followed by Job giving new vent to his very personal anguish (chs. 29–31). We then have a single voice (Elihu, chs. 32–37) presenting a "young" approach to wisdom: this section is asymmetrical because there is no rejoinder on the part of Job.

The fourth section (38:1–42:6) explodes literally like a burst of thunder: the God about whom the friends and Elihu have been talking in the third person, and whom Job has anxiously been seeking as an interlocutor in the second person, this God suddenly appears as a first person, that of the living God. This offers an opportunity for exploring the very principles that underlie the unity of the *Tanakh*.

Throughout, Job is at the same time a participant and a referee. As a foreigner, he looks from the outside at the grand book that is just now becoming such, the Bible. But in so doing, he emerges as the image of the people of the book, impersonating their anxiety and their urge for the living God, like the deer of the psalm looking for fresh water.

Part One. Job and Genesis (Job 1–2)

The Tempter

The prologue of *Job* is in itself a short story. Without much of a preamble, it plunges *in medias res* by means of a description of Job's happy state first and then continues, without transition, with the conversation that Yahweh has with the tempter ("the Satan"), a conversation with the very colloquial tone I mentioned at the beginning, which is otherwise found only in Genesis. The tempter sets out to put Job to the test, first by depriving him of his material goods, then by "touching his bone and flesh" (2:5).

The great emphasis on the temptation aspect of the story supports the parallel with Genesis. And the implication is that the answer to the tempter should have been, in Genesis, to confront God in a frank open dialogue, not listening to specious alternatives. This is what we will see happening in *Job*'s epilogue. It is thus also a vindication of God's behavior in Eden: there, it is God who seeks out Adam after the fall, and instigates the dialogue; in the epilogue of *Job*, it is again God who seeks out man, and engages in a narrative that ultimately justifies Job as much as God. If only Adam had engaged God in the same way....

The arrival of three friends from faraway has two other possible echoes of the Eden narrative, however remote. One is that they come from remote regions with exotic names (2:11) that are meant to defy identification (so that whether or not the identifications proposed hold true matters little, and goes in a sense against the intent of the story): it is a situation similar to the one we see with the first two of the four rivers of Eden (Gen 2:11–13). There is a great specificity in the very fact of naming, but the fact that their referential nature is obscure means that the intended effect is that of suggesting simply an exotic remoteness.

The second, even fainter, echo, is the reference to the seven days and seven nights during which the friends sit next to Job until he breaks the silence with great lament. Do we have here a hidden allusion to the seven days of creation, which usher in the whole rest of the biblical story?

The Wife

This first section of *Job* does not relate to the *Torah* per se, but only to Genesis. Nor is there any reflection about the content of the five books, as I suggest is the case in the remaining sections. But there is a dialogical confrontation between Job and his wife. It is an extremely short exchange (2:9–10), but it offers an anticipation of the confrontation of Job with his friends. Job accepts the loss of all his goods, saying: "Yahweh gave, Yahweh took: the name of Yahweh be blessed!" (1:21). So his wife urges him to give up and to bless (in fact, curse) God. But Job argues with her: "Should we accept the good from the hand of God, and should we not accept the bad?" (2:10).

In this perspective, Job is Adam revisited (as has often been noted), and in this sense, too, the prologue is a re-visitation of Eden. As a reflection imbued of the grand vision of the wisdom tradition, *Job* would then tell us how Adam should have behaved: if Job could remain centered on God even through extreme pain, Adam, too, should have argued with his wife and should have remained so centered in front of the tempter's pretense that he (Adam) could get something better than the good which God had already given him.

Part Two. Job and the Prophets (Job 3–27)

The Two Views of History

The rest of the story in *Job* opens with his long curse against his own birth (the entire ch. 3): "May the day be brought to naught in which I was born and the night that spoke of a boy conceived ... let it be darkness.... Why did I not die from the womb?"

(3:3, 4, 11). This strongly resembles the stance of Jeremiah in his well-known "confessions": "Accursed is the day in which I came to light … accursed the man who brought my father the news.… Why did I come out of the womb?" (Jer 20:14, 15, 18).

This is clearly a very personal cry of anguish. But as the text unfolds, it assumes a larger meaning. Just as the prophets are extremely personal in their reflections and explosive statements but are at the same time addressing very directly the much wider arena, in a similar way Job's outbursts, when contrasted with the position taken by his friends, project two different philosophies.

On the one hand, we have Job's dynamic view of history: the cataclysmic events that affect the nation, just like those that affect the life of the single individual, cannot be ignored, much less denied. There is an essential mystery that beckons behind suffering, and it must be accepted in all its daunting reality: it is through it that we are made alive to the hidden presence, the affecting presence of God.

On the other side, there is the static rationalization of those who feel safer in their own construction of the rapport with God than in a suffered acceptance of his actual divine agency. Job's interlocutors are the counterpart of the different ways in which the people of ancient Israel and Judah sought to bring down to their level their relationship with God, instead of remaining open to the manifestation of "his" level. The subtext is that all such rationalizations miss the point of what the history of Israel really has been.

Herein lies the inner unity of the two grand sections of the *Nebi'im*, the historical and the prophetical books. The understanding of history must be prophetic, or else it goes against the very sense of history. The inner danger of looking at history as an ordered plot is that one may end up taking for granted God's intervention. *Job* reminds us with great intensity of the deeper meaning of history.

At the same time, the prophetic voice must be understood as embedded in history, or else it evaporates in moralism, which is exactly what happens with the friends. In fact, if there is, in the course of the story, a development of their personality it is precisely that they become more and more entrenched in their own mental outlook, less and less open to the way in which the divine will is incarnate in human suffering. Job's passion, on the other hand, emerges as a model because it is unflinchingly rooted in reality.

The Ideological View of History

What is consistent in the friends' attitude is the opacity of their response: they have no interest in human experience in general (their own in the first place) and belittle that of Job. They leave no room for a stark confrontation in line with the emblematic one of Jacob at Peni'el (Gen 32:23–33):

> What has possessed your heart? Why do your eyes flash
> as you thrust your spirit against God
> and unleash words from your mouth? (15:12)

> You may well be one who tears himself in anger—
> but will the earth, for your sake, turn to wilderness?
> will rocks be thrown out of place? (18:4)

Job's passion rests in his adamant adherence to reality, and the friends' mocking of his attitude does not match this reality. It pretends that it is not there, with pat answers to his suffering. Their assurances, it must be stressed, are perfectly orthodox, but therein lies their problem: they are *too* orthodox. Their way to draw conclusions is too self-satisfied, and thus they have a hollow sound. In the end, the posture of the friends borders on docetism: for example, Eliphaz tells Job that he "will laugh at desolation and hunger" (5:22), which is what the friends end up doing more and more in speaking to Job. For Job, however, it is the opposite: one must accept reality as it is, fully, without pretenses. Is it not a fact, he says, that it is God who derides the innocent (11:23)?

This applies to the larger history of the people: it is the wrong interpretation of "sacred" history to pretend that there is no present misery. Nor should the unfolding of this history be seen through the lens of a detached analysis: "we have searched it and so it is" (5:27), says Eliphaz with a great sense of certainty, whereas the real power to search in the depth is only God's—as the great *Encomium* of wisdom tells us in the opening of the third part (where the same verb חקר is used, 28:27: it comes after the wonderful allegory of mining, 28:1–12). Nothing that the friends say is in itself objectionable, unorthodox: their problem lies in developing a wrong sense of self-satisfaction in their people's history.

In a way, what the moralizing friends are envisaging is a static predictability in history. Suffering is part of a pattern, they say: there inevitably develops a correction course that will reverse the roles. True enough, this is attributed to God. But it is done in the way in which it would be attributed to the gods in a polytheistic system: the aim is to flatten history's events so that they all come out even.

Only at the end (but there is uncertainty in the textual tradition) does the second friend, Bildad, assume a tone that in some ways empathizes with Job's, anticipating Yahweh's own words at the end of the text: "Who can absorb the thunder of his power?" (26:14). It is a significant reversal, almost a conversion like the one of Elihu (see below, on "God's Voice"). There is, in fact, a slight progression of characters in the story. At the beginning, the three friends sit silently next to him for seven days and seven nights (2:13), which is the best sign of sharing in the pain. Also the first words of Eliphaz (4:1–4) are kind and circumspect, and he even refers to a dream, which describes a direct experience of God's voice (4:12–16). But then the insensitivity of the three friends becomes more and more apparent, and even aggressive. There is, we may say, a steady decay of humanity in their attitude, so that the final sympathetic statement of Bildad stands out all the more sharply. Ultimately, he says, no matter how much observing and searching we might do, the question is: how do we really internalize his voice?

The Prophetic View of History

Which is what Job is trying to do all along. In contrast with what may be considered a polytheistic view of things, Job's aim propounds a very different philosophy of history. It may well be that the just man should suffer inexplicably without redress, only knowing that it comes from God. Hence comes the anguish, in fact even the anger. There is no glossing over. It is the struggle of Job with God, projected and re-visited now on a national level.

Against a smug and complacent interpretation of history, Job, in his outpouring, proposes an altogether different approach, a prophetic view. Prophecy defies logic, and accepts what cannot be explained by adducing proofs. Man cannot argue (ריב) with God (9:3), cannot "choose words" with him (9:14), while God, for his part, may keep inflicting wounds "gratuitously," without having to give any reasons for it (9:17). He can, in fact, "laugh" at the calamity of the innocent (9:23).

Job speaks of himself, but in him and in his suffering we see projected the plight of the people. He speaks, we must remember, as an outsider, a foreigner, the man of Uṣ: one of the friends indirectly seems to exclude him for this very reason from the circle of those endowed with wisdom (15:19). Perhaps precisely because of his role as an outsider he can take a fresh look at the history of the people. And thus he reaches an intense climax in his assessment of "sacred" history, where he describes explicitly the reversal of fortune onto the social body, in an extraordinary passage that has no parallels elsewhere in wisdom.

First he reminds his listeners that it is not the established institutional order that matters, because this, too, can be turned upside down, just as it has happened with him. We have a strophe encased between two verses (in italics below) that define in a nutshell a real philosophy of history, the one that can properly be seen as prophetic because here Job tells us how time itself is in the hands of God. It is really and ultimately only God who intervenes in history:

With him is strength and effective rule,
to him belong the sinner and the tempter:
he makes administrators walk away barefoot
and makes judges look like fools because of their self-boasting,
he unbuckles the fancy belts of kings
and straps a rag around their waist,
he makes priests walk away barefoot
and turns the establishment upside down,
he makes those who trust in themselves fail in their speech
and those who are old fail in their judgment,
he pours contempt on the aristocrats
and strips the mighty naked down to their intimate parts
("loosens their girdle")
He is the one who removes the veil of darkness
and thus makes the shadow of death come out to light. (12:16–22)

This is how God intervenes in history: the general principle is clearly articulated, and is illustrated by the specific examples. The "nakedness" is emblematic of the unveiling of truth, regardless of the status of the individuals, whose arrogance is ultimately exposed.

This passage ends with an extraordinary statement, which has the sound of a truly prophetic voice assessing history:

*He is the one who makes nations (*גּוֹיִם*) grow great and then destroys them,*
the one who spreads nations out wide and then leads them astray,

the one who makes leaders of the common people (עַם־הָאָרֶץ) lose their mind
and makes them wander aimlessly in the wilderness,
they grope in darkness—and there is no light!,
he makes them stagger as a drunkard would.

It all belongs more with the prophets than with wisdom.

Part Three. Job and Wisdom (Job 28–37)

The Personal Dimension of Wisdom

The third part of *Job* takes us into a deep and articulate reflection on the very nature of Wisdom—the third portion of the *Tanakh*. The supreme achievement of the biblical view of history is not a rationalization of the events, but a recognition that Wisdom is not an abstraction. It is, indeed, an ultimate principle, but one endowed with life and agency, and therefore fully operative in history.

It begins (ch. 28) with an *Encomium sapientiae* (to echo Erasmus), a grand statement which seems to be in the guise of a chorus. In the text, it is not attributed specifically to Job (as elsewhere in the text), and it may really be best understood as a sort of intermezzo. It opens with a remarkable literary piece, the great graphic representation of mining (28:1–12), described with surprisingly vivid details. It is a grand allegory of the human power of analysis: "(Man) is the one who sets an end of darkness (in the mines), the one who searches to the outer limit the stones of darkness and of the shadow of death" (28:3).

And then comes the essential question:

But as for wisdom—where can it be found?
Where is the place of understanding?
No human being (אֱנוֹשׁ) knows the path to it,
because it is not found in the land of the living. (28:12–13)

One cannot mine for it the way one does for minerals—that is the core of the answer. It is not a thing that can be *conquered* at "the end of darkness." It can only be *received* "at the end of darkness," because it coincides with God himself:

God (alone) is the one who understands the path to wisdom,
because he knows its place,
because he (is the one who could) behold the end of the earth,
the one who could see what lies under the expanse of the heavens.
And so, when giving substance to the wind
or when he measured out the waters with a gauge;
when making an established pattern for the rain
and tracing a path in heaven for the thunderbolt;
at that point he had wisdom clearly in view (רָאָהּ) and defined (וַיְסַפְּרָהּ) it
and said to man (לָאָדָם):
"Behold, the fear of the Lord, that is wisdom,
to stay clear of evil, that is intelligence." (28:23–28)

The contrast with mining is impressive, poetically as well as conceptually: the whole encomium is really a literary jewel. The darkness of the mine is contrasted with the airiness of the sky. There, man labors in darkness to get to the ore; here God is in full control from the beginning, disposing of things in the full light of the sky. And the message is very clear: we cannot reach for wisdom as if it were an ore to be possessed, a good to be analyzed. It is rather in the essence of God himself and humans can only accept it in a state of fear and of grace: the fear that comes from realizing that God acts as he will, the grace that comes from not settling in a position of self-assured pride.

The "Confessions" of Job: A Deeper Moral Self

Following the *Encomium*, we have a new review, on the part of Job, of his personal situation. But it has a different tone. In the first place, Job does not now speak to his friends, but to Wisdom directly. And then there is a stronger emphasis on the inner dimension of morality. In his defense, which otherwise echoes his earlier protestations, Job affirms the innocence of his innermost thoughts: it is not only in his outward actions that he feels blameless, but also in the deepest recesses of his conscience, beginning with his sexual desires. Next he affirms, in an extraordinary statement, how he feels about not infringing the rights of slaves:

If I violate the rights (מִשְׁפַּט) of my slave and of my slave girl
  when they have a dispute (רִיב) with me,
what shall I do when God stands up,
  how shall I respond if he confronts me? (31:13–14)

And he goes on to proclaim a universal principle, with an eloquence reminiscent of Shakespeare's *Merchant of Venice* ("if you prick us, do we not bleed?..."):

Did not the One who made *me* in the belly, so make *him* as well?
  Did not (the same) One give us consistency in the womb? (31:15)

The deeper level of morality is significant in the broader context we are envisaging here. Wisdom proposes a higher standard, because it goes to the very heart of the person. And yet even living by this standard cannot be accounted for as a guarantee that things should go well. Projected onto the larger public sphere, the case of Job means that even wisdom does not give man a reason for standing up against God. Job's critique extends here, therefore, to wisdom as well.

The "Young" Wisdom and the Ideology of Experience

There is a hidden symmetry between Part Two and Part Three of *Job*. Each part consists of three parallel sections, but in Part Two we have three sets of speeches, one for each of the friends with a rebuttal by Job, whereas in Part Three we have three independent sections, tied together by the theme of wisdom: the *Encomium*, the "Confessions" of Job, and now Elihu's harangue. Elihu addresses Job, as the friends do, but does not engage him in a debate, as the friends do. Rather, Elihu progressively comes around Job's real conundrum. It almost looks as though Elihu were—an alter ego of Job! Which is why there is no rejoinder: Job sees himself as Elihu.

Elihu is not qualified as "friend"; Job does not respond to Elihu's speech; God does not address Elihu, as he does Job and the friends. Except for the fact that Elihu addresses both Job and his friends, his speech stands by itself, almost as a counterpart to the *Encomium*. Whereas the latter describes wisdom from above, Elihu describes it from below, as it were. But there is an important clue: by his own definition, Elihu represents the "young" approach to wisdom (32:4, 6–7). That is: Elihu stands for later strands of the wisdom tradition, with which Job also identifies himself. It is, broadly speaking, the time when *Job* is edited in its final version, and the larger questions and presuppositions of their overall mental approach must have loomed large. The way I suggest we read it here is that even the "modern" wisdom movement may fall short of its real goal if it gets bogged down in its own moralism. If Elihu is indeed Job's alter ego, then this can be read as a sort of *mea culpa*.

But where is the denouement? There is no rejoinder to Elihu's speech to propose a dialectical resolution. Instead, and this seems to me another literary jewel of *Job*, it is Elihu himself who comes around, almost without admitting it, and shows how really young the young wisdom ought to be. Textually, it is still Elihu who speaks, but he finally sounds like Job, whom he addresses now, remarkably, as the one from whom one can learn. He says, addressing Job (37:19–24):

> You are the one to teach us (הוֹדִיעֵנוּ) what we shall say to him,
>   because we cannot analyze (נַעֲרֹךְ) things in the face of darkness.
> Can one report (יְסֻפַּר) to him that I do have something to say?
>   as if a man were to say that he wants to be swallowed up (יְבֻלָּע)?

Elihu had been speaking eloquently about God, but still from a distance, presuming to teach (אלף) wisdom to Job who should all but remain silent (33:33). He was thus ending up supporting the ideology of experience, not experience itself. What even the "young" wisdom was missing was the sense of the living God, and it is this sense that wisdom must recover. The suffered experience of Job is thus the trampoline for wisdom to reach its goal: Job can teach Elihu, i.e., the whole "young" wisdom movement, how to *feel* God's presence, not just how to *think* about it. What comes to matter more and more is experience as such. The confrontation with the past is in terms of its relevance for the here and now, not as a frozen construct.

And thus comes the second part of the denouement: Elihu opens the way for God's epiphany. This will open with as a classical theophany, "from the heart of the tempest (הַסְּעָרָה)"; and Elihu anticipates it by saying that one should listen to the rumble (הֶגֶה) of his voice which roars like thunder and flashes with thunderbolts (37:1–4). And so he ends with the words that literally open the door to God's entrance on the scene:

> However bright, one does not see the light behind the clouds,
>   but as the wind passes, it sweeps them away. (37:21–22)

The stage is set.

Part Four. Job and Revelation (Job 38–42)

The Creation Ethos

"However bright the light may be, one does not see it if it remains behind the clouds." It has been Job's predicament all along. And he kept looking for the light to shine. So, now that the wind has blown away the clouds, what is the shape that the light can take?

We must remember that the premise clearly articulated in Part One is that Job was in fact without blame. All his protestations, therefore, were valid—when he was facing his friends in Part Two, or when he was stating his case in front of Wisdom in Part Three. He is indeed a suffering "just," and none of the friends' negative comments was applicable. In the end, God will vindicate him, though with an unexpected twist, as we shall see below.

The word that comes from God does not, in any way, address the question of suffering. A question that Job had not in fact ever asked as such: he had dwelt abundantly on his innocence, but never asking, "Why does this happen, why does it happen to me?" What emerges now with God's "answer" is the relevance of the creation ethos, stated in a very forceful form: "where were you…?" It is the ethos that pervades the whole Bible and defines the entire prophetic outlook on reality. It is not so much a doctrine, as it is a submerged and ever present point of reference.

There is a sense of exclusivity in God's utterance: creation is the only thing that matters. It forcefully brings us back to *Genesis* with which, in my hypothesis, the whole story had started. The ultimate message of the whole experience of the people of the Bible is that one must keep one's eyes fixed on that foundational moment, when all of reality (the word עֵצָה, "design," 38:2, can be so understood) comes to be.

The Unity of the Tanakh

And this takes us to a reflection about our suggested hypothesis. Part Four may be seen as an overarching reflection about the very essence of what undergirds the *Tanakh* as a whole. If we think of the composition of *Job* as having taken place at some early point in the long trajectory of the gestation process of the canon, then it seems plausible to assume that in some indirect manner the question of inspiration and of revelation should have arisen. If the "books" (*biblia*) are not to be seen as a frozen thing, but as the witness of the inner life of God, perceived through human experience ("revelation"), then in some way they are the direct voice of an affecting presence that generates this experience ("inspiration"). The "books" must not, in any case, become so hardened as to mask and obscure the voice. They must not "suffocate the spirit," as Paul will say.

In this light, the theophany in *Job* serves to affirm the unity of the *Tanakh*. It depends on the coherence of the perception that there is a single, ultimate referent for the entire message, a referent who speaks on his own terms. The adherence to the "living" God means precisely this: that the heavens narrate the glory of the creator, but that the ultimate goal is neither the construct (the heavens) nor the narration (the books), but rather the constructor and the narrator. Just as moralism does not compete with experience, so subservience to a frozen "thing," even a word, does not compete with the surrender in trust to the one behind the thing or the word. The unity of the *Tanakh* rests then on revelation and on inspiration.

Revelation

Job tells us that revelation is not transmission of information, but self-disclosure of presence.

Yahweh re-emerges at this point in our story with his own name, and Genesis re-emerges as well, this time as the locus where creation is narrated. If creation is not to be seen as a myth, it is not because it should be considered as history, which it is not, but because it is understood as the supreme manifestation of God's agency that sets in motion reality (עֵצָה). The full unpredictability of the living God is behind Job's search, at the same time that it is its target. The "books" should not encase God within the trap of language and conceptualization. Speaking "about" suffering does not address the issue; it may only obfuscate this presence. Living it, experiencing it without pretenses, means accepting the revelation of his existence, and seeing in it the reality of his self-disclosure. The final words of Job bring out the full impact of what the reception of revelation should be: instead of "hearing with the hearing of the ear," he can now see with his own eyes (42:5).

God is then not a distant writer who entrusts himself to a medium. The true character of God is that of a live interlocutor. The "books," at the time when the sensitivity began to emerge for what will eventually be their ultimate configuration (the canon), must be seen as a witness to his life, to a revelation that breathes through the reality he has created. Lest he be entrapped in the figure of a puppet that can be manipulated, God interacts as himself.

Inspiration

But writing he does, through the voice and the hand of humans. This medium is a receptor of the self-disclosure, and refers constantly back to it: it is in this sense that it is *inspired.* It is not a matter of dictation; it is rather the sharing, the syncing of experience: the divine "experience" that takes shape in human experience. The fundamental message intrinsic in the notion of inspiration is that there should be no attempt at control or possession on the part of the "inspired." Ultimately, the hidden (unconscious?) pretense of the friends and of the first Elihu was to exercise such control on morality. They wanted to teach Job against his own experience. They were not "inspired."

So, the theophany in *Job* tells us that inspiration is a sharing of live experience, a sharing that rests on a special commonality between God and his human creature. As attention was beginning to be focused on the permanence of the written text, an undeclared process of filtering would presumably also begin to take place, through which certain texts, and not others, would emerge as particularly significant. What *Job*, according to the interpretation suggested here, would have addressed was the question of the ultimate legitimacy of the process on the one hand, and, on the other, of the potential danger of a reification of the word of God, inspired by the otherwise natural trend towards control and possession of that word. It is in this sense that *Job* would broach in a very substantive manner the question of inspiration not just as the initial thrust behind the origin of the text, but also as the continued energy behind its fruition.

The Grand Vision

Parallels in the Wisdom Tradition

We see, in this trend toward the formation of a canon, the signs of a remarkable innovation: the development of a broad historiographic outlook that encompasses a long and distant past in a single narrative in function of the present.

Job, as here interpreted, proposes a mystical interpretation of this historical development, anchoring it to the canon as it was taking shape. It is "mystical" in the sense that it is wholly along interpretive lines that affect the deeper life of the individual and the community, seeing the books as a conceptual whole (hence a canon, even if *ante litteram*) and reducing the history that these books depict to a single confrontation with God. In *Job*, this is couched in rather opaque terms (assuming that it is in the first place what I am suggesting it may be), as a subtle allegory that looks only at the spirit of history, not at any of the details.

At the other end of the spectrum, the book of Chronicles presents the whole of Israel's history, seen indeed as a single whole, but broken down into the full array of factual details that make up that development. It is symmetrically juxtaposed to *Job* as here understood because it relates facts without any overall apparent editorializing, truly as a "chronicle" from the very stark and abrupt beginning consisting of a list of names with Adam in the first place, down to the edict of Cyrus, where the narrative ends just as abruptly as it had begun, as if to indicate the openness of the historical process.

This grand vision of history becomes a theme in later wisdom literature. Here, history is embedded in a context aimed at proving the distinctiveness and merits of the biblical ethos in the face of the pervasive alternative proposed by the Greek ethos. This distinctiveness rests primarily on two pillars: the *personal dimension of wisdom* seen as an active subject, and, correlative to this, the *entanglement of this subject with a people* that retains its identity while going through a series of transformations. It is an apologetic approach, but in effect it identifies very acutely the two most distinguishing features on which the whole of the biblical message rests.

The most expansive treatment is found in the Wisdom of Ben Sira. It begins with an explicit reference to the *Tanakh*, which is repeated three times: "Many big things having been given us through the Law, the Prophets and the others who followed" (1:1), "the Law, the Prophets and the other traditional books" (1:3), "the Law, the Prophets and the remainder of the books" (1:7). And in the latter part of the book we see depicted with broad strokes what the author presents as the history of salvation, beginning with creation (42:15–43:33), a section that ends with words slightly reminiscent of *Job*'s famous "Where were you…": "Who has seen him and can expound about him? Who can extol him as he really is?" (43:31). He then goes on to celebrate the ancestors, introducing this section with words that seem to apply, if only obliquely, to the *Tanakh*: "our fathers as to genesis, … the rulers in their kingdoms, … wisdom's texts in their teaching" (44:1–4).

What follows is a long description of the individuals that stand out in this history: Enoch, Noah and the patriarchs (43:16–44:23), Moses and Aaron (44:23–45:26), Joshua, the Judges and Samuel (46:1–20), David and Solomon (47:1–22), the kingdom of Israel with Elijah and Elisha (47:23–48:15), Judah with Hezekiah and Isaiah (48:15–25), Josiah (49:1–16), to conclude with the High Priest of Sirach's own time (50:1–24).

In the Wisdom of Solomon, there is a brief reference to creation in response to the secular view of time: "But they have no insight into god's mysteries: for God has created man setting him on a course toward immortality, he made him in image of his own eternal being..." (2:22–23). It is then the personified Wisdom who actively takes control of history, beginning with Adam: "Wisdom herself took great care of the first formed father of the world..." (10:1) and continuing on down to Moses, where the historical sequence ends with a long description of the events of Exodus.

We find the same harking back to the roots of tradition in the very long speech of Stephen to the high priests in Acts 7, which begins with Abraham and ends with Solomon.

The Canon as an Ideological Construct

The proposal advanced here is that this sub-text would have taken shape in the later editorial stages of the formation of the text, at the time when the wisdom tradition we have just seen was also developing. If so, *Job*'s grand vision would go beyond the historiographical dimension, and look at the deeper reasons that gave rise to the canon in the first place, and at the possible dangers inherent in such a process.

As thought began to be given to the overall coherence of tradition and its writings, on the way toward the eventual establishment of the canon, we may assume that there was a growing sense of the deeper significance of that for which one was claiming a greater cohesiveness than that of a mere agglomeration. This would probably have taken two directions. On the one hand, the sheer human beauty of the construct would have come to be appreciated more and more in terms of its literary qualities: it was the *Tanakh* as an intellectual and cultural entity with a unity of its own in spite of the enormous internal variations. On the other, its coherence seemed to be tied to the shared referential acceptance of a single point of origin—the perception of God as the source of a single inspiration, translated into a multitude of different stylistic embodiments.

In this light, the sub-text of *Job* can be seen as intending to give weight to this second direction—the furthering of an awareness for a deeper raison d'être of the corpus, i.e., an awareness for the lasting and present value of revelation and inspiration. It is in a prophetic vein, which reminds us of Jeremiah's objection to the cult, which, however orthodox, could become an end in itself: "Do not put your trust in deceptive words—the sanctuary of Yahweh, the sanctuary of Yahweh, the sanctuary of Yahweh" (Jer 7:4). Just as Jeremiah was speaking against the idolatry of the temple, so *Job* speaks (if in a more subtle manner) against the idolatry of the book. And this warning is put directly in the words of Yahweh, just as a prophet would. And the exclusive emphasis on creation harks back to Genesis.

When we speak of the canon, we think of it primarily as a philological corpus: the fixed collection of a series of books. The process that led to its formation is then seen primarily as a scribal exercise, one that assigned a place to each title in an ordered and officially recognized sequence—which is all true enough. But the canon is also an ideological construct, and this aspect must have preceded the scribal effort. The nature of this construct is unique and unparalleled within the broader cultural framework of the ancient Near East, and it seems indeed plausible to assume that ideology should have served as the initial driving force that led eventually to its scribal formalization. My proposal is that *Job* in its final redaction (whatever may be the dates of the earlier strands within the book) reflects precisely this stage (somewhere in the postexilic period) within what may be called the prehistory of the canon.

2. The Mystical Dimension

The Public and Private Spheres

The prophetic voice which I have sought to identify in *Job* belongs, at the core, to the mystical experience. In it, we see articulated a referential system that points to a principle (a referent) intangible and yet felt as a coherent affecting presence. In the biblical tradition, this referent is presented, by those so affected, as a specific being—God.

Prophetism is the public side of this experience: it proclaims to the people at large the reality of this principle (God) as it affects the life and destiny of society. The *Tanakh* hypothesis I have proposed looks at this aspect of the public sphere: it argues for an understanding of the biblical tradition in the light of the relationship to a single point of reference (God). It is a prophetic reading in the sense that the historical material is assessed in terms of its relevance for this relationship: the events befalling Job as an individual serve as a platform for expounding on the larger issue of the events befalling the people as a whole.

Certainly, *Job* remains in the first place a text about Job at the private level. The obvious, and universally held, interpretation sees in it the story of a suffering just as a way of posing the larger question as to the why of suffering in general, and as to the role that God may have in it. It is what is known as a question of theodicy.

And yet we may go further. At the private level, too, we see a mystical dimension being expressed. It is the moment when all the emphasis is placed on the experience of the intangible referent, God. Culturally, we only know the form which the experience takes when being described by the person who undergoes it, and speaks as a witness to that experience. One such expression we find in *Job*: it is the lacerating sense of light beckoning in darkness. It is the private counterpart of the prophetic dimension, and is very close to it. In fact, we may say that the prophetic dimension at the public level is predicated, upstream of it, on the mystical experience at the private level. We will look at it briefly in the next section.

An unexpected parallel comes from a Babylonian text, *Ludlul*, which is in many ways so structured as to seem to be the farthest from any mystical interpretation. I will very briefly indicate, in the final section below, why that is not so, and why this text may be seen as the expression of a genuinely suffered experience in the mystical mold. The reason it is pertinent here is that this is the text that has been generally seen as the closest to *Job* (it is known as the "Babylonian Job"). I agree with this assessment, but for different reasons, which are in support of my overall argument, as we shall see.

Job's Experience of the Living God

A deeper reading of the more obvious central theme of *Job*, the one pertaining to the "suffering just," brings us to Job's personal confrontation with God himself—not as an abstract cause of suffering, but as a person who is the direct target of our personal longing and yet seems to evade us or, in fact, even hurt us, and hurt us badly. This mystical reading of *Job* sheds further light on its prophetic dimension and the correlative view of history that we have discussed above. It is because the living God had primacy in Job's personal life that it must also have primacy in the life of the people. The dark night of Job's soul is also the dark night of the people's soul.

Familiarity

The prologue tells us of a special relationship that God acknowledges for Job. It is God, called by his name as Yahweh, who first asks "the Satan" about his dear Job: it almost sounds as though he might be eager to hear about a pleasant encounter that the two may have had. He knows it cannot be so with somebody called "the Satan." And the latter responds according to his nature: precisely because Job is a special friend of Yahweh, he must be tempted.

There is a clear tone of familiarity that Yahweh evokes in this exchange, found nowhere else but in Genesis. However, Job is not an interlocutor of Yahweh in the prologue. In his case, familiarity is only implied: Yahweh does not speak to Job, nor Job to him, even though it is clear that he knows Job well, personally, and is concerned about him, at the very moment that he allows the tempter to confront him. The first words that Job speaks are to his wife, and here the tone of familiarity towards God emerges indirectly: "Shall we face God in receiving (קִבֵּל) what is good, and not in receiving what is bad?" (2:10). The word used is "God" (הָאֱלֹהִים), not Yahweh. This may be taken to emphasize the fact that Job is a foreigner: he knows God well enough, but not by his name.

The calamities that follow are, yes, catastrophic on the two levels of the loss of all external possessions and then of the illnesses that wreck the body. But they are even sharper on a third level, the silence of God, the darkness behind which he hides. True, Job suffers because he has become poor and ill. But he suffers on another level as well, because he now experiences the loss of God. It is the dark night of the soul.

The Darkness

Job knows God from a distance, as it were. And yet he knows him well enough to feel his absence. And the great silence is felt all the more because of the noise that emerges on the part of the friends in the guise of consolation. The depth of loneliness comes precisely because his interlocutors presume, in all good faith, to fill the silence with their words. They do not point to *his* presence hidden within his very absence. They pretend that he is present, when he is veiled in darkness; Job, instead, senses the presence beyond the darkness:

> I am *not* cut off from darkness (חֹשֶׁךְ)
> even though gloom (אֹפֶל) has covered (and hidden him) from my face. (23:17)

As for me, I know that the one who is going to deliver me is alive (גֹּאֲלִי חָי),
that in the end he will stand up high above the dust. (19:25)

This last sentence is one of the most famous in the whole book, and rightly so. What is particularly significant in our context is the emphasis on the *living* God. It is not given in the standard formulation אֱלֹהִים חַי (e.g., Isa 37:17) or חַיִּים (Deut 5:26): but clearly the "deliverer" or "redeemer" is indeed God. And the acknowledgment of "life" is all the more poignant on account of the darkness and the silence. The lacerating moment of the mystical experience is in the fact that the subject, Job, feels the full impact of the intangible precisely when he cannot grasp him, and would most want to see him, hear him, touch him.

The emphasis is clearly on experience, the experience of the longing and of the search:

Oh, were it given that I might know enough to find him,
were it given that I might go to where he dwells! (23:3)

I cry to you, but you do not answer me,
I stand up, but you just observe me (from afar). (30:20)

The friends also could speak of God, but, precisely, *of* him, as a distant, abstract reality, almost as a material good.

Let the almighty (שַׁדַּי) be your gold,
let him be your pile of silver! (22:25)

What you plan to do will come to be,
there will be light on your path! (22:28)

But Job was not looking for anything *from* God; he was searching for God himself. The friends could only offer platitudes, and Job was aware of it:

Does not his awesomeness strike you with terror?
does not his fear fall upon you?
Your stereotypes (זִכְרוֹן) are proverbs of ash,
you hide behind a line of argument that is but clay! (13:11–12)

And it is interesting to note that as the friends' speeches get longer, Job's get shorter. Also the style of the friends changes from one to the other: Eliphaz starts with circumspection, Bildad becomes more blunt, Zophar is outright aggressive.

We have seen, in Part Three, how the last few words of Elihu dramatically change the scene, and open the door for the final epiphany. Elihu comes around, without fanfare, to Job's point of view (the situation is similar to the one in the Babylonian text known as the *Theodicy*, where in its final stanza the friend of the "sufferer" also comes around and accepts, almost without showing it, the point of view of the sufferer). Elihu, then, who has been arguing against both Job and the three friends, now says, as we have already seen:

> You are the one to teach us (הוֹדִיעֵנוּ) what we shall say to him,
> because we cannot analyze (עָרַךְ, "to lay out in order") things in the face of darkness. (37:19)

It is a strong statement, and it opens the way for the voice of Yahweh to make himself heard in person.

God's Voice

But there is no overt introduction to Yahweh's appearance. Its impact is all the greater because of the suddenness with which his voice is being heard—and because we do not hear what we would expect: a full vindication of Job. Now, this vindication does in fact come, but at the very end of the story, when we are told that Yahweh turns "in anger" to the friends in support of his dear Job ("my servant"), and claims that it was Job, not they, who "spoke the truth (נְכוֹנָה) about me" (42:7). But this is at the end. When Yahweh's voice is first heard, he does in no way take Job's side. His words are all but reassuring as he asks bluntly of Job:

> Who is this who darkens (מַחְשִׁיךְ) reality (עֵצָה, "design")
> with words that only show ignorance (מִלִּין בְּלִי־דָעַת)? (38:2, see also 42:3)

It is not what we would expect. We have been told all along that the "darkness" was the one in which Job himself was engulfed, and we would expect Yahweh to finally show Job that that darkness has been lifted. Instead, we are now told that it is Job who has been darkening things. The "words that only show ignorance" were those of his friends, and we would expect Yahweh to recognize that this was the friends' problem: instead Yahweh attributes them now to Job (which is one reason why we may think of Elihu as an alter ego of Job).

We can see here a masterful literary ploy because it creates a suspense that makes the dynamics of the mystical relationship Job/Yahweh all the more striking. Yahweh answers by asking Job to answer:

> Gird yourself like a champion (גֶבֶר)
> for I will now ask of you and you will answer me! (38:3)

Now, this is just what Job had asked! His early words to this effect are somewhat hidden in his rebuttal to Eliphaz's third speech, but they are quite explicit:

> Oh, were it given that I might know enough to find him,
> were it given that I might go to where he dwells!
> I would then lay out in order (אֶעֶרְכָה) in front of him my case (מִשְׁפָּט)
> and I would fill my mouth with arguments (תוֹכָחוֹת ~ יכח).... (23:3–4)

The contrast is apparent. Job goes here the way of the friends, he has become Elihu: the starting point is in keeping with his original and genuine mystical experience ("Oh, were it given..."), but he then gives way to the rationalizing bent of his friends (ערך is the same word Elihu will use to say that he could no longer rationalize things and needs Job's help to gain wisdom's real insight, 37:19). From wanting to see God for his own sake, Job had gone to wanting to debate him through logic; he had given up on his mystical quest. To argue in this way about the grand design of God (the עֵצָה which we can take to stand for "reality" as ordained by God, 38:2) is to *obscure* it; that was Yahweh's point.

Continuing his enumeration of things he would do, were he able to find God and "go where he dwells," Job says:

> …I would then know (אֵדְעָה) the words (מִלִּים)
> with which he would respond to me,
> I would understand what he might tell me.
> Would he debate (יָרִיב) with me with all his power?
> Why, no, surely he himself would have to stand by (and hear) me!
> There, any upright man could argue (נוֹכָח ~ יכח) with him,
> and so I would escape forever from my judge (מִשֹּׁפְטִי). (23:5–7)

It is this challenge that God says he will meet. Job had thrown down the gauntlet, and it is now God who takes it up.

How can you analyze creation? How can you argue or debate with the creator? That is what God says. "You were not there with me at creation," God seems to say, "but you are here now, the witness of the reality I have created." Hence Job's mystical search comes to its natural end.

Job's "Repentance"

God's challenge to Job, "Gird yourself like a champion," echoes the wrestling (אבק) of Jacob in Genesis (32:23–32). But this time, Job does not fight back. His eagerness to "go where God dwells" and debate with him, dies out, as he acknowledges that the marvel of creation, as a witness to God himself, is beyond analysis or argument:

> I know that you can do all things
> and no intent of yours can be stifled.
> "Who is the one who obscures (מַעְלִים) reality through lack of knowledge?"
> Well, I have blathered and failed to understand,
> I have indeed no knowledge of things too extraordinary for me. (42:2–3)

> I retract everything,
> I repent in dust and ashes. (42:6)

Job repents of having become Elihu, if my interpretation has merit. There is a contrast here with the very long speeches that have gone before. This rejoinder could not be shorter, or starker. It reminds us of God's summons to Moses in front of the burning bush: "Take off your shoes from your feet, because the place on which you stand is holy ground" (Exod 3:5). Job wanted to go "where God dwells": well, he is here now! The repentance is thus the recognition of his impotence in front of the God he has now seen with his own eyes:

I had heard you with the hearing of the ear,
  but now with my own eyes I have seen you. (42:5)

Job addresses now Yahweh as his interlocutor: God's proper name had been swallowed up in the opacity of the various speeches, as if to underscore God's silence. It may of course be attributed to the use of different sources. But it serves in any case a strong structural purpose: the speeches of the friends were ideological in tone, and Job's attitude had swerved in that direction as well. It all reflected a closed mentality, adhering to logic and to abstract principles more than to the experience of God. Now, instead, Yahweh reappears, and it is *his* voice that Job hears, loud and clear. No matter *what* he says, it is *he* who speaks, personally. And that is the real final answer to Job's suffering. Certainly, he becomes once again healthy and wealthy. But the whole redemptive encounter with God is glorious because it is, precisely, an encounter. He does not hear *about* God anymore; he *hears God* directly, speaking in his own name as Yahweh.

Ludlul and Not

The "Babylonian Job"

I came to *Job* from *Ludlul*. Usually, the comparative path follows the opposite direction: one looks for Mesopotamian parallels to biblical texts. In my case, instead, while working on *Ludlul*, which is also known as the "Babylonian Job," it seemed useful to look for possible similarities in *Job*, and this led me to suggest the presence of similarities that are different from the ones generally recognized. (There is another Babylonian text with strong similarities, of a very different nature, the so-called *Theodicy*, but we will not look at this text here.)

Ludlul is a well-known Babylonian poem that goes back presumably to the late second millennium. It is known as the Babylonian Job because it presents in great detail the figure of a suffering just. It is in the form of a long poem, which at first blush does not strike the reader for having any particular literary value. It has in fact often been dismissed as lacking in any aesthetic quality, as being a little more than a collection of stereotypes. But a careful formal analysis shows that the text is the outcome of a remarkable spiritual experience and reflects a much deeper level of spiritual intensity than is normally attributed to it. It is in this respect that it is in fact closer to *Job* than is normally acknowledged. I have this in mind when speaking of "*Ludlul* and Not," echoing the title of this paper. It is a different *Ludlul* that can be compared to *Job*, not just the one that describes a suffering just.

The core of the Babylonian text deals, in my view, with the problem arising from the divinatory silence, i.e., the inability of divination to provide clear signs:

My divinatory signs were confused
  and contradictory every single day,
my course of action remained indecisive
  even with diviners and dream interpreters. (i 51–52)

The diviner with all his skill
could not clarify my circumstances,
the dream interpreter with all his incense
could not reveal my destiny for me. (ii 6–7)

It is a moment of crisis, which the author develops at great length, and which is eventually resolved when through the intervention of Marduk all becomes clearer:

At the gate of the limpid omina
my omina became clear. (v 47)

There is of course more to the text than it is possible to examine here, but what is especially significant for our purpose is the role attributed to Marduk: as I interpret it, he emerges as an icon for fate itself, as if the author were attempting to give a face, or at least a name, to that element, fate, that is a pervasive presupposition to all of the Mesopotamian mental, and religious, outlook, but does never achieve a properly divine status. So the protagonist's suffering is really primarily the one that derives from the silence of the divine sphere and the darkness resulting from the absence of valid divinatory signs (whether good or bad). It is in this regard that the similarity with *Job* becomes all the more meaningful: it is the closest one gets, in Mesopotamian religion, to something that tends, at least, toward a "mystical" dimension, something that exhibits more than anything else in Mesopotamia a veiled apprehension of what monotheism truly is.

The Mystical Side of Divination

The understanding of a "mystical" dimension is the one I have proposed earlier (see above, "The Public and Private Spheres"): a referential system which points to a principle (a referent) intangible and yet felt as a coherent affecting presence. This principle, in Mesopotamia, is essentially the very impersonal figure of fate: the entire divinatory system emerges, we may say, as the mythology and the ritual of fate—a systemic approach aimed at seeking regularity within a reality that appears instead as vastly irregular. In this regard, there is a hidden spirituality within the divinatory art, which comes to light in the wisdom tradition beginning in the latter part of the second millennium, in which the diviner plays at times an explicit role as an author (thus in the *Theodicy* and most likely in *Ludlul* as well). It is the genuine sense of hopelessness that sets in when divination becomes confused, contradictory, unclear. It is not as though the diviners, qua technicians, realize that the whole system is losing its efficiency and want, cynically, to hide its defects. Far from it: there is instead a profound sense that the principle at the origin of the whole system is, at that point, unwilling to communicate. It is here where the two texts, *Ludlul* and *Job*, more properly converge than in the description of suffering, a comparison that remains essentially at the surface level.

The broader context in both cases is also of interest: it is that of the diviners in the case of *Ludlul* and that of the scribes in the case of *Job*.

The diviners of late second millennium Mesopotamia face in an existential way the problem arising from the failings of their bi-millennial art, and are led to reflect on the nature of what is at the source of the coherence that rules the universe. The failings seem to be a betrayal of that coherence, as it were, and their spiritual quest leads them on a search for the source of the coherence itself. There is, in their tradition, no established cognitive pattern for this source: and thus *Luldul* treads the difficult path of reaching toward such a pattern, by establishing an implicit correlation between fate and Marduk.

The scribes of postexilic Judah are responsible for a crystallization process of the received texts that is gaining momentum; and *Job* deals with the danger of restricting attention exclusively to the textual dimension. Thus, both the diviners and the scribes reach for a spiritual dimension outside their own bailiwick. Neither divination nor scribalcy must be reduced to the mere level of a technique; this is the platform on which *Ludlul* and *Job* operate. These works are not isolated flights of fancy, but rather the voice of a segment in the two communities that aims for a deeper spiritual assessment of reality. A voice that I think we can rightfully consider as mystical in tone and substance.

3. Conclusion: The Absolute as Interlocutor

The brief reference to *Ludlul* helps us to highlight the particularity of *Job*—and, in fact, of the biblical mindset as opposed to that of Mesopotamia. The speeches by Yahweh in *Job*, addressed to a normal human being, are inconceivable in Mesopotamia, not only because of their length but because of their central argument, creation. A metaphor used to explain that God is outside the world of the finite is that of a surveyor: "Who stretched out the (surveyor's) rope.... Who set down the benchmark (אֶבֶן פִּנָּתָהּ)?" (38:5,6). The benchmark has to be outside the reality being measured, and that is one of the most poignant and beautiful biblical metaphors for infinity. In Mesopotamia, the universe is homeostatic and everything is within it; there is no referent outside its compass. That is why creation is not really the final answer to Job's quest; rather, the *Creator* is the answer.

It is the Creator who addresses personally Job. And he does not address a hero, a demigod, or some fantastic being, but a very normal, and in his present state a very miserable, human being. Job does not even think of praise; he only retreats in awe. It is the substance of adoration understood in the proper sense of the term, i.e., as the recognition of a different plane of being, not just as the glorification of a superior individual—which is again a fundamental and radical difference between the biblical and the Mesopotamian mindsets. This gives the full explanation to the question of Job's "repentance": he realizes that he was not in tune with the reality of God, so he does not repent for any malfeasance, but only for his lack of understanding of who God, the Creator, is.

Job is an extraordinary cultural document. "Cultural," because the mystical dimension of Job's experience is communicated in terms accessible to human language and mental categories. Even if one may only be able to look at it from the outside, without sharing in its intensity, it is still understandable as a genuine human experience. All the more so because it is shared, in a stunning variety of different modalities, throughout the biblical "corpus." *Ludlul* is an isolated example of a Mesopotamian effort to reach for the absolute as an interlocutor, in fact, a very isolated example of a sensitivity for what is otherwise the deeper dimension of monotheism. The biblical record, on the other hand, is built entirely on such a premise, and the diversity of cases is matched only by its coherence. It is in part because of the deep awareness for this coherence that the author of *Job* in its final version has, in my view, sought to give voice not only to the personal mystical experience of the protagonist, but also to the need for preserving the sense that the corpus is not to become frozen once canonically defined, but is rather to maintain alive the presence of the absolute as interlocutor—something that Šubšī-mešrâ-Šakkan, the author of *Ludlul*, would not have been able to consider even remotely.

A Bibliographical Note

I clearly make no pretense at having reviewed even minimally the immense bibliography relating to Job: what little I have seen did not show any intimation of the hypothesis I have here advanced. If so, I will have to carry by myself the burden of a proposal that strays out of the beaten path, but I am confident that Jack will love peeking with me in this direction even if it were to lead to a dead end.

Space prevents me from justifying my translations of the passages from *Job.* I have also chosen not to include bibliographical references, but I take the liberty to refer to two volumes where I deal in some detail with the central topics presented here:

"Quando in alto i cieli…": La spiritualità mesopotamica a confronto con quella biblica. Milano: Jaca Book, 2012.

Il pensiero nell'argilla: Analisi strutturale della letteratura mesopotamica. Milano: Jaca Book, forthcoming.

CHAPTER 25

The Earliest Israel: Territorial History in the Highlands of Canaan

Israel Finkelstein
Institute of Archaeology, Tel Aviv University

INTENSIVE RESEARCH ON THE EMERGENCE of Ancient Israel in the last several decades has left two related questions unanswered: (1) What is the earliest territorial formation that can be identified as Israelite? (2) How was the name of a group of people in the Merneptah stele in the late thirteenth century BCE transformed into the name of a territorial entity three centuries later? The second question can be phrased in a slightly different way: With the nascent Northern Kingdom of the late tenth century and Shechem of the Amarna period in the fourteenth century BCE covering approximately the same territory, how to explain the name change from Shechem to Israel? Evidently, the change in scholarly perception regarding the rise of Ancient Israel, from viewing it as a unique event in the Late Bronze/Iron I transition, possibly involving the introduction of groups from outside of Canaan, to understanding it as a long-term process within the local demographic stock, complicates answering both these questions.

The key to addressing these issues is a reconstruction of the sequence of territorial formations in the central highlands of Canaan (especially in its northern sector) in the Late Bronze and early phases of the Iron Age—their extent and identity. For this endeavor, we have relatively good evidence for the two extremities of the process: the Late Bronze Age city-state of Shechem in the Amarna period at one end and the early days of the Northern Kingdom at the other.[1]

In the Amarna period, Shechem ruled over the Samaria highlands, bordering in the south on the territory of Jerusalem. Shechem attempted to expand its territory or political sway to the Jezreel Valley in the north, the coastal plain in the west, and across the Jordan River in the northeast (Finkelstein 1996; Finkelstein and Na'aman 2005). Shechem was among the most powerful city-states in Canaan; it ruled over one of the largest territories in the network of city-states in the southern Levant, although this territory was sparsely settled. Information in the Amarna letters is restricted to a short period of several decades in the fourteenth century BCE. Still, though we do not have clear evidence—textual or archaeological—for the rest of the Late Bronze Age, one can assume that the situation depicted in the tablets continued in the thirteenth

To my dear colleague and friend "Jacob d'Alep," King of the book of Judges, with great esteem.

1. By "early days of the Northern Kingdom" I refer to the 50 years before the rule of the Omride Dynasty. For reasons which are beyond the scope of the present study I accept the historicity and years of reign of the pre-Omride kings, but as explained below, this does not mean automatically consenting to the biblical notion of continuity of an "Israel" from Jeroboam to Omri, because this may come from the ideology of biblical authors—first Northern and later Southern.

and much of the twelfth centuries BCE—until the collapse of the Late Bronze system of city-states under Egyptian hegemony.

A few years ago, I dealt with the territorial extent of the Northern Kingdom in its first decades (which I described as the "Tirzah polity"), that is, before the rule of the Omride Dynasty. Looking at the archaeological evidence and chronistic materials in the book of Kings, I reached the conclusion that this polity extended over the territory of the highlands north of Jerusalem, the Jezreel Valley, and the western slopes of the Gilead (Finkelstein 2011). Expansion into the coastal plain, the mountainous Galilee, the Upper Jordan Valley, the *mishor* in Moab, and possibly the area of Ramoth-gilead came only in the days of the Omrides, in the first half to middle of the ninth century BCE. In an article published over ten years ago, Nadav Na'aman and I pointed to similarities between the expansion efforts of Late Bronze Shechem in the Amarna period and the expansion of Omride Israel (Finkelstein and Na'aman 2005). On second thought, the territory of Shechem (and the maneuvers of its rulers) in the Amarna period better resembles the territorial growth of the Northern Kingdom *before* the rule of the Omrides. In both periods, a polity which had its hub in the area of Shechem ruled over the northern part of the central highlands and expanded (or attempted to expand) to the Jezreel Valley and the slopes of the Gilead in Transjordan. Analyzing Northern foundation myths, royal traditions and heroic tales embedded in the Bible, I have recently suggested that in the days of Jeroboam II, in the first half of the eighth century BCE, the territory of the kingdom in its early days—as delineated above—was conceived as the core area of Israel and the Israelites (Finkelstein 2017).

Assuming that the Late Bronze city-state of Shechem prevailed until the late twelfth century BCE, a question remains: What was the territorio-political situation in this area in the interval between the collapse of the Late Bronze city-state system under Egyptian domination and the rise of the Northern Kingdom (the Tirzah polity)? I refer to the Iron I in the ca. 200 years between the second half of the twelfth and the middle to second half of the tenth century BCE. Though this is a relatively short period, I believe that archaeology, clues in the biblical text, and an extra-biblical source can help delineate two different, consecutive territorial systems in the central highlands north of Jerusalem, one seemingly replacing the other. Let me start with the later one, which I would date to the late eleventh and first half of the tenth century BCE.

I refer to a territorial entity that emerged from the area of the Gibeon–Gibeah plateau. It can be identified according to three pieces of evidence: (1) archaeological clues, mainly a system of fortified sites in its core-area; (2) the list of places taken over by Sheshonq I, which refers to at least three towns in this area—I see no reason for the exceptional penetration of an Egyptian army into the heart of the highlands other than the need to deal with threats posed by this polity to renewed pharaonic interests in Canaan; (3) assuming that 2 Sam 2:9 and early Saul stories in 1 Samuel, such as the rescue of Jabesh-gilead and the battle of Gilboa, preserve a germ of genuine memory, this formation must have ruled over the entire northern part of the central highlands and the eastern slopes of the Gilead, and attempted to expand into the lowlands in both the west and north. The Gibeon–Gibeah polity flourished in the first half of the tenth century and declined in the middle of that century or a short while later; in archaeological terms, its history covers the late Iron I. I have dealt with this polity elsewhere (Finkelstein 2013, 37–61; in press b), so there is no need to repeat the detailed arguments here. For the current discussion, I would only note an anomaly—the location of its hub in the area of Gibeon, to differ from other Bronze and Iron Age entities in the northern part of the central highlands, which were ruled from the area of Shechem–Tirzah–Samaria. I will return to this issue later.

Accepting the existence of this entity, the only missing temporal link left in the Late Bronze–Iron IIA sequence is the early Iron I, in the late twelfth and the eleventh century BCE. Indeed, a not-as-well documented territorial entity seems to have existed at that time in the area of Shechem. It can be gleaned mainly from the archaeological record. The most important evidence for this entity comes from the site of Shiloh.

Past excavations at Shiloh—both the Danish dig in the late 1920s and early 1930s and my own work there in the early 1980s—revealed evidence for the administrative nature of the site in the Iron I. A set of well-built, pillared storage houses were unearthed on the upper, western slope of the mound, and stone-built silos were found in other places (Finkelstein 1993). The two digs did not reveal remains of habitation buildings. Based on the results of the excavations I estimated the size of the Iron I site to have been ca. one hectare (Finkelstein 1993, 384).

In order to understand the nature of Iron I Shiloh, one needs to look at the character of the site in the Middle and Late Bronze Ages. In the Middle Bronze III Shiloh featured a massive stone-constructed support wall on its periphery, earthen glacis, which functioned as revetment, outside of it, storage rooms adjacent to the inner side of the peripheral stone support wall, and earthen fills laid on the slope on the inner side of these rooms (Finkelstein 1993, 374–77). In this case, too, there was no evidence for habitation quarters. In the Late Bronze Age, the site was apparently not inhabited, but a *favissa* in the northeastern side of the mound testifies to cultic activity, probably by people living in the region around it. These finds shed light on the long-term administrative function of the site, probably as an elaborate cult place, rather than a common, densely inhabited town (Finkelstein 1993).

Iron I Shiloh came to an end in a fierce conflagration. The pottery assemblage from the destruction layer can be ascribed to the early- to mid-Iron I (Finkelstein and Piasetzky 2006), that is, before the latest phase of the period (in the latter I refer to the late Iron I, best manifested by Stratum VIA at Megiddo—Arie 2006; 2013). Radiocarbon results for samples taken from the destruction layer provide a date for the devastation of Shiloh in the second half of the eleventh century BCE (Sharon et al. 2007, 26). This means that Shiloh prospered during the eleventh century BCE, perhaps starting as early as the late twelfth century.

These data led me to suggest that the biblical tradition on the importance of Shiloh in pre-monarchic times and its brutal destruction (Jer 7:12) may preserve a memory that goes back to the late eleventh century (Finkelstein 2013, 49–50). Composition of literary texts in the Northern Kingdom is evident starting in the early eighth century (Deir Alla and Kuntillet Ajrud); hence preservation of the Shiloh memory over a period of two centuries seems possible.[2]

Recent excavations at Shiloh throw further, important light on the subject discussed in the present study. Additional Iron I buildings that were probably used for storage

2. But see a different scenario, emphasizing the existence of an Iron IIA cult place at the site, which seems to better fit a Yahwistic tradition (Jer 7: 12), in Finkelstein in press a.

were unearthed close to the surface in the southeastern sector of the site (http://www.a-shiloh.co.il/2496). From the published pictures, they too seem to have been destroyed in a fierce conflagration. Evidently, this destruction must be contemporary with the one traced in past excavations on the western slope of the mound. This means that the Iron I site was bigger than previously estimated, with more extensive storage facilities;[3] it could have reached up to 2.5 hectares, much larger than the average Iron I habitation site in the highlands.

We are dealing, then, with a large administrative center. To judge from the biblical tradition and long-term history of the site (Middle Bronze to Iron I), its focus and *raison d'être* was probably a cult place on the summit. The question is: What was the territorial entity that it served, and where was the hub of this polity located? In other words: Where was the seat of the ruler it served? The same question can be asked regarding Middle Bronze III Shiloh. For both periods, the logical answer would be that the center of power was located at Shechem—only 17 km as the crow flies to the north of Shiloh.

The Iron I settlement at Shechem is represented by Stratum XI, which was destroyed by a fierce fire that left a thick accumulation of debris (Toombs 1979, 70, 72; Campbell 2002, 199–200, 213–15, 221, 223; Finkelstein 2006). Thus far, sherds from only two loci of this stratum have been published (Boraas 1986; 1999). Some of them—cooking-pots and bowls—date to the Late Bronze Age, while others can be placed in both the Late Bronze II–III and Iron I. Evidently, the important items for dating the stratum (in fact, its destruction) are the latest ones in the two assemblages, which belong to a later phase of the Iron I. This is clearly seen in the shape of some of the cooking-pots (Boraas 1986: Fig. 1:11, 12; 1999, Fig. 10:1, 11:4). The collared rim jars (Boraas 1986: Fig. 5:9–10; 1999, Fig. 3:1) can be dated any time in the Iron I, but note that rims with reed impressions have not been found at early Iron I sites, such as Giloh and Izbet Sartah III, while they do appear in strata representing the later phases of the period, such as Shiloh V. The same holds true for several sherds and vessels in the Leiden collection (e.g., Kerkhof 1969: Figs. 9:10, 29–32; 21:45, 47). Additional evidence for the occupation of Shechem in the Iron I comes from the collection of vessels found by the Austro-German expedition in 1913–14 (Horn and Moulds 1969). Two of the vessels (idem: Pl. VI:159 and Pl. VIII:179 [for the latter, see also Kerkhof 1969: Fig. 11:11]) are typical of the late Iron I; they have parallels in Stratum VIA at Megiddo (Finkelstein, Zimhoni, and Kafri 2000, Figs. 11.13:7, 11.16:3 and Figs. 11.3:8, 11.8:2, 11.12:3 respectively).

I am inclined to date the destruction of Stratum XI to an advanced phase of the Iron I. With the limited number of ceramic items published, it is difficult to say if the devastation occurred in the end phase of the Iron I, around the middle of the tenth century, or slightly earlier, in parallel to the well-dated (pottery-wise for relative chronology and radiocarbon for absolute chronology) destruction of Shiloh V (Finkelstein and Piasetzky 2006). The sheer logic—big destruction layers at neighboring sites—point to the latter possibility. This means that an Iron I territorial entity that existed in the highlands

3. Recent excavations in the southwestern sector of the mound unearthed Iron I structures that were also devastated by fire. From the preliminary report (Gat 2015) it is not clear whether they were used for storage, habitation or both.

around Shechem–Shiloh was utterly devastated in a single event sometime in the late eleventh century BCE. This catastrophe—the most significant known thus far in the highlands in the thousand years between the end of the Middle Bronze and the end of the Iron Age—was inflicted on both the hub of this entity and its important cult center.

Who could be the destroyer of the Iron I Shechem entity? There is not enough data to answer this riddle firmly. Had this been a question posed in pre-Columbian Meso- or South American archaeology, a link would probably be made between the contemporaneous fall of the Shechem–Shiloh polity and rise of the nearby Gibeon–Gibeah territorial formation. This would also explain the anomaly in the location of the seat of power of the Gibeon–Gibeah formation away from the traditional Shechem. One could speculate that the Gibeon–Gibeah territorial entity destroyed the Shechem polity, took over its territory, and replaced it as the ruler of the northern part of the central highlands. According to this scenario, in long-term perspective I would see a polity centered at Shechem in the Late Bronze and the early to middle Iron I (with or without disruption between the periods), destroyed and replaced by the Gibeon–Gibeah entity in the late Iron I. The growth of the latter posed a threat to the rising interests of Egypt of the late 21st and early 22nd Dynasties. Consequently, Sheshonq I, the founder of the 22nd Dynasty, conducted a military campaign into the highlands, which brought about the decline of the Gibeon–Gibeah polity. Arrangements imposed by Egypt after the campaign led to the rise of new dynasties in the two traditional hubs of territorial entities in the highlands—Jerusalem and Shechem (I refer to the two Hebrew kingdoms; Finkelstein 2018; in press b).

Still, the destruction of Shechem and Shiloh could have been the result of other (or more complicated) upheavals in the highlands. The Abimelech story in Judges 9 comes to mind in this connection. Similar to the heroic stories in Judges, in this chapter too one can distinguish between an old tale and later additions, mostly polemic in nature (recently Na'aman 2011; Irwin 2012), the former seemingly committed to writing in the early eighth century (Finkelstein 2016). Regarding the old tale, the question is whether it is based on a memory of a historical event. The story deals with a struggle between two *apiru* groups over the rule of Shechem and ends with the destruction of the city. It depicts *apiru* ambiance (Reviv 1966; Na'aman 2011), which testifies to its antiquity—before the Northern Kingdom with its well-organized administration and control over its territory. If one is looking for a specific historical event behind this tale, attention should be given to the massive destruction of Stratum XI at Shechem.

It is possible that Abimelech was described as a deliverer from oppression by Shechem—a late-"Canaanite" town that was located in the midst of "Israelite" (that is, rural highlander) territory (also Oeste 2011, 235; this portrayal of the events may reflect the ideology of the centuries-later author). De Castelbajac (2001) proposed that the old story is made of two separate, antithetic accounts: a Northern tradition with Abimelech as a Canaanite military leader (the struggle with Ga'al) and a description of an Israelite savior, which can be found in the three confrontations—with Shechem, Migdal Shechem and Thebez. Yet, the destruction of Shechem cannot be separated from the Ga'al episode, and the Migdal Shechem and Thebez episodes seem to belong to the late polemic layer in the story (Finkelstein 2016). One way or another, an equation of the old layer in the Abimelech story with the destruction of Shechem XI is a viable option. This does not necessarily stand in contradiction to the theory regarding a Gibeon–Gibeah takeover of the region; internal strife in the Shechem area could have caused the destruction of the city, which opened the way for a Gibeon–Gibeah takeover.

Can the Shechem–Shiloh polity of the Iron I be identified as the earliest Israel? In other words: When was the territorial-name Shechem, designating a city-state, replaced by the name Israel for a polity in approximately the same territory?[4]

In line with my *territorialgeschichtliche* reconstruction above, the Shechem/Israel transition could have happened in any of the following disruptions in the highlands:[5]

- The rise of the Iron I Shechem–Shiloh polity on the ruins (?) of the Late Bronze city-state ca. 1100 BCE;
- The destruction of the Shechem–Shiloh polity and the rise of the Gibeon–Gibeah entity in the late eleventh century;
- The emergence of the "Tirzah polity" in the middle of the tenth century BCE;
- The rise of the Omride Dynasty in the early ninth century BCE.

There are two difficulties here. The first is seemingly obvious: in order to answer the question of the Shechem/Israel name transformation, one must shed all "filters" which represent the realities and needs of the biblical authors—both a possible Northern author in the first half of the eighth century (Finkelstein 2017) and the Deuteronomistic author(s) in the late seventh century and later. The second difficulty: with all due attention to demographic oscillations, we are dealing with the same, local population stock in the entire Late Bronze–Iron Age sequence, and with close to similar geographic extent of the territorial formations under discussion.

The Late Bronze/Iron I transition in the highlands was characterized by a spectacular (though gradual) settlement transformation, from a depleted rural landscape in the Late Bronze to a wave of new settlements in the Iron I. Indeed, at least demographically, it was the latter that eventually brought about the rise of the Hebrew kingdoms. Yet, in view of the chronological and territorial continuity in this transition, and considering that both polities were centered at Shechem, the Iron I Shechem–Shiloh polity should probably be viewed as another Shechem city-state (possibly portrayed as such in the old layer in the Abimelech story). This would fit the Late Bronze–Iron I continuity of the city-states system featuring second-millennium BCE material culture also in the lowlands (New Canaan in Finkelstein 2003).[6]

4. Needless to say, the distinction between "city-state" and "territorial entity" for the same territory in the highlands comes from the terminology of modern research rather than realities of the past.

5. The location of the early group of people named Israel remains a riddle. Regarding the Merneptah Stele, as far as I can judge the three cities mentioned in the inscription and the structure of the hymn cannot be of help. Long-term logic would side with those who identify Merneptah's Israel in general terms in the central highlands (Ahlström and Edelman 1985). One should note Lemaire's proposal (1973, with bibliography) to equate the name Israel with Asriel of the Manasseh genealogies (Num 26:31; Josh 17:2; 1 Chr 7:14) and Samaria Ostraca. In the latter, Asriel is associated with two villages that are probably located south of Shechem. Ostracon 48 mentions Yashub, most likely the village of Yasuf 12 km south-southwest of Shechem (for the archaeology of the site, see Porat 1968, Site 158; Finkelstein, Lederman, and Bunimovitz 1997, 618). Ostracon 42 refers to As(h)eret, possibly the village of Asira el-Qibliya, 7 km to the southwest of Shechem (for the archaeology, see Porat 1968, Site 108).

6. The Yahwistic Ark tradition may refer to an Iron IIA (rather than Iron I) shrine at Shiloh—see Finkelstein, in press a. The same holds true for the reference to "Israel" in the story about the battle of Eben-ezer (1 Sam 4).

The dramatic devastation of Iron I Shechem in the mid-Iron I (late eleventh century) can be considered as the closing act of this important second-millennium city-state. There is no archaeological or textual indication for a territorial polity centered at Shechem in the late Iron I (first half of the tenth century BCE), and indeed there seems to have been an occupational gap at the site at that time (see below). Hence, the change of the center of power from Shechem to the Gibeon–Gibeah area probably called for parting with the name Shechem. Whether the name Israel was introduced for the Gibeon–Gibeah polity is difficult to say. Two episodes in what I consider to be the old, Saul Northern royal tradition—the rescue of Jabesh and the Battle of Michmash (possibly also the Battle of Gilboa)—refer to a group of people or an entity named Israel. Yet, here too the name "Israel" could have been introduced to the old stories when they were committed to writing in the Northern Kingdom in the first half of the eighth century BCE (Finkelstein 2017), if not later.

The first extra-biblical reference to the Northern Kingdom as Israel is the mention of "Ahab as Israelite" in the Kurkh Inscription of Shalmaneser III. One can wonder whether this had already been the name of the polity that was ruled by the pre-Omride kings referred to in the Bible as Israelite. It is not sufficiently clear from chronistic texts in Kings if the seat of Jeroboam in the first years of his rule was set at Shechem or whether it was located at Tirzah from the outset. The book of Kings, possibly in a chronistic account (1 Kgs 12:25), says that Jeroboam I built Shechem[7] but also hints (14:17) that he later moved to Tirzah. It then specifically mentions Tirzah as the capital of the Northern Kingdom starting in the days of Baasha (15:21, 33; 16:6). Had the first seat of Jeroboam been located at Shechem, the territorial name of his polity could have been the same as that of the old city-state. Yet, whether Jeroboam moved to Tirzah during his reign or located his seat there from the outset, there is no logic in the name Shechem for a territorial formation ruled from Tirzah, even if the territorial extent of the new polity was not much different from that of the old one.

In a previous work (Finkelstein 2017) I suggested that Jeroboam's coronation at Shechem (1 Kgs 12:1, where a Deuteronomistic author replaced Jeroboam with Rehoboam), as well as the reference to his building activity at Shechem and possibly Penuel (12:25), belong to the original Jeroboam royal tradition, which was composed in the first half of the eighth century BCE. The coronation at Shechem could have stemmed from the city's cultic importance, while the transfer of power to Tirzah may be seen as an attempt to distance the new entity from the old aristocracy and traditions of Bronze Age Shechem. The archaeology of Shechem in the second half of the tenth century BCE is difficult to assess without full publication of the finds from the Drew-McCormick excavations. If Stratum XI was destroyed in the late eleventh century, a short occupational gap followed (in the late Iron I), as the pottery of Stratum X apparently features Iron IIA forms (Boling and Campbell 1987, 265) and hence cannot be dated before the middle of the tenth century.

The last possible scenario for the introduction of the territorial name Israel is the rise of the Omride Dynasty. This datum signals two major changes in the history of the region: the first is the move of the seat of power to the new capital at Samaria; the second is the expansion to new areas that have never been governed by rulers from the

7. But this account may refer to the building activities of Jeroboam II.

northern part of the central highlands—the mountainous Galilee, the northern Jordan Valley, and areas in Transjordan beyond the western slopes of the Gilead. But if the North can be described as a territorial kingdom from its early days (with the takeover of city-states in the lowlands), why should there be a name-change (to Israel, rather than, say, Samaria) with the transfer of the capital?

To summarize, in this article, I surveyed the sequence of territorial entities that existed in the northern part of the central highlands of Canaan from Shechem of the Amarna period to Israel of the Omride Dynasty. Special emphasis was given to an early-to-mid-Iron I (eleventh century BCE) polity, which had its hub at Shechem and an elaborate cult place at Shiloh. I then dealt with four temporal possibilities for the transition from the name Shechem for a city-state to the name Israel for a territorial formation in this region. There is no clear-cut answer to this question; even so, I will take the risk and refer to the Shechem–Shiloh polity of the Iron I as Shechem. Thus the change should best be identified with the rise of the Gibeon–Gibeah polity in the late eleventh/early tenth century, or with the rise of the Tirzah polity in the middle of the tenth century BCE.

BIBLIOGRAPHY

Ahlström, G. W., and D. Edelman. 1985. “Merneptah’s Israel.” *JNES* 44: 59–61.

Arie, E. 2006. “The Iron Age I Pottery: Levels K-5 and K-4 and an Intra-site Spatial Analysis of the Pottery from Stratum VIA.” Pages 191–298 in *Megiddo IV: The 1998–2002 Seasons*. Edited by I. Finkelstein, D. Ussishkin, and B. Halpern. Monograph Series of the Institute of Archaeology, Tel Aviv University 24. Tel Aviv: Emery and Claire Yass Publications in Archaeology.

———. 2013. “The Late Bronze III and Iron I Pottery: Levels K-6, M-6, M-5, M-4 and H-9.” Pages 475–667 in *Megiddo V: The 2004–2008 Seasons*. Edited by I. Finkelstein, D. Ussishkin, and E. H. Cline. Monograph Series of the Institute of Archaeology, Tel Aviv University 31. Tel Aviv: Emery and Claire Yass Publications in Archaeology.

Boling, R. G., and E. F. Campbell. 1987. “Jeroboam and Rehoboam at Shechem.” Pages 259–72 in *Archaeology and Biblical Interpretation: Essays in Memory of D. Glenn Rose*. Edited by L. G. Perdue, L. E. Toombs, and G. L. Johnson. Atlanta: John Knox.

———. 1986. “Iron Age Ceramics at Tell Balatah: A Preliminary Investigation.” Pages 249–63 in *The Archaeology of Jordan and Other Studies Presented to Siegfried H. Horn*. Edited by T. L. Geraty and L. G. Herr. Berrien Springs: Andrews University.

Boraas, R. S. 1999. “Shechem Pottery—Locus14.132.” Pages 18–27 in *On the Way to Nineveh: Studies in Honor of George M. Landes*. Edited by S. L. Cook and S. C. Winter. Atlanta: Scholars Press.

Campbell, E. F. 2002. *Shechem III: The Stratigraphy and Architecture of Shechem/Tell Balatah Vol. 1: Text*. Boston: American Schools of Oriental Research.

De Castelbajac, I. 2001. “Histoire de la rédaction de Juges IX: une solution.” *VT* 51: 166–85.

Finkelstein, I. 1993. “The History and Archaeology of Shiloh from the Middle Bronze Age II to Iron Age II.” Pages 371–93 in *Shiloh: The Archaeology of a Biblical Site*. Edited by I. Finkelstein. Monograph Series of the Institute of Archaeology, Tel Aviv University 10. Tel Aviv: Tel Aviv University.

———. 1996. “The Territorio-Political System of Canaan in the Late Bronze Age.” *UF* 28: 221–55.

———. 2003. “City States and States: Polity Dynamics in the 10th–9th Centuries B.C.E.” Pages 75–83 in *Symbiosis, Symbolism and the Power of the Past: Canaan, Ancient Israel, and their Neighbors*. Edited by W. G. Dever and S. Gitin. Winona Lake, IN: Eisenbrauns.

———. 2006. “Shechem in the Late Bronze Age.” Pages 349–56 in *Timelines: Studies in Honour of Manfred Bietak*. Edited by E. Czerny et al. Leuven: Peeters.
———. 2011. “Stages in the Territorial Expansion of the Northern Kingdom.” *VT* 61: 227–42.
———. 2013: *The Forgotten Kingdom: The Archaeology and History of Northern Israel*. Atlanta: Society of Biblical Literature.
———. 2016. “Comments on the Abimelech Story in Judges 9.” *UF* 46: 69–84.
———. 2017. “A Corpus of North Israelite Texts in the Days of Jeroboam II?” *HBAI* 6: 262–89.
———. 2018. “Jerusalem and the Benjamin Plateau in the Early Phases of the Iron Age: A Different Scenario.” *ZDPV* 134: 190–95.
———. In press a. “Jeroboam II’s Temples.” *ZAW*.
———. In press b. “Saul and Highlands of Benjamin Update: The Role of Jerusalem.” In *Saul and Benjamin in Biblical and Archaeological Perspective*. Edited by J. Kraus, O. Sergi, and K. Weingart.
Finkelstein, I., Z. Lederman, and S. Bunimovitz. 1997. *Highlands of Many Cultures: The Southern Samaria Survey, the Sites*. Monograph Series of the Institute of Archaeology, Tel Aviv University 14. Tel Aviv: Tel Aviv University.
Finkelstein, I., and N. Na’aman. 2005. “Shechem of the Amarna Period and the Rise of the Northern Kingdom of Israel.” *IEJ* 55: 172–93.
Finkelstein, I., and E. Piasetzky. 2006. “The Iron I–IIA in the Highlands and Beyond: ^{14}C Anchors, Pottery Phases and the Shoshenq I Campaign.” *Levant* 38: 45–61.
Finkelstein, I., O. Zimhoni, and A. Kafri. 2000. “The Iron Age Pottery Assemblages from Areas F, K and H and Their Stratigraphic and Chronological Implications.” Pages 244–324 in *Megiddo III: The 1992–1996 Seasons*. Edited by I. Finkelstein, D. Ussishkin, and B. Halpern. Monograph Series of the Institute of Archaeology, Tel Aviv University 18. Tel Aviv: Emery and Claire Yass Publications in Archaeology.
Gat, O. 2015. “Excavations in Area J2 in the Southwest of Tel Shiloh: A Renewed Look at the Findings from Middle Bronze Age II and Iron I.” *Judea and Samaria Research Studies* 24: 35–58 (Hebrew).
Horn, S. H., and L. G. Moulds. 1969. “Pottery from Shechem Excavated 1913 and 1914.” *Andrews University Seminary Studies* 7: 17–46.
Irwin, B. P. 2012. “Not Just any King: Abimelech, the Northern Monarchy, and the Final Form of Judges.” *JBL* 131: 443–54.
Kerkhof, V. I. 1969. “Catalogue of the Shechem Collection in the Rijksmuseum van Oudheden in Leiden.” *Oudheidkundige Mededelingen* 50: 28–109.
Lemaire, A. 1973. “Asriel, Šr’l, Israel et l’origine de la confederation Israelite.” *VT* 23: 239–43.
Na’aman, N. 2011. “A Hidden Anti-Samaritan Polemic in the Story of Abimelech and Shechem (Judges 9).” *BZ* 55: 1–20.
Porat, Y. 1968. “Inventory of Sites, Samaria Survey II.” Unpublished Report, the Israel Antiquities Authority. Jerusalem.
Oeste, G. K. 2011. *Legitimacy, Illegitimacy, and the Right to Rule: Windows on Abimelech’s Rise and Demise in Judges 9*. New York: T&T Clark.
Reviv, H. 1966. “The Government of Shechem in the el-Amarna Period and in the Days of Abimelech.” *IEJ* 16: 252–57.
Sharon, I., A. Gilboa, T. A. J. Jull, and E. Boaretto. 2007. “Report on the First Stage of the Iron Age Dating Project in Israel: Supporting a Low Chronology.” *Radiocarbon* 49: 1–46.
Toombs, L. E. 1979. “Shechem: Problems in the Early Israelite Era.” Pages 69–83 in *Symposia Celebrating the Seventy-Fifth Anniversary of the Founding of the American Schools of Oriental Research (1900–1975)*. Edited by F. M. Cross. Cambridge: American Schools of Oriental Research.

CHAPTER 26

The Name Yhw3 as a People: Reconsidering the Amorite Evidence

Daniel E. Fleming
New York University

JACK SASSON HAS MADE MANY FRIENDS over the course of his career, and no wonder. Who else combines such intelligent free-thinking, such wry humor and pointed wit, such determination to serve together with others, and such personal warmth—along with that inimitable voice? As a young scholar with substantially overlapping interests and nothing like Jack's style, I found him equal parts attractive and scary. The first two pieces of mine that he refereed for publication came back with what seemed scant approval and abundant critique—yet both with positive result, one of these my second book. I decided that Jack must not be set against me, and when I began to plan a possible year in Paris to begin work on Mari, I visited him at the AOS, where he and his old friend David Owen both had something to say. "Don't do it," said David. "They will tear you to pieces." "Absolutely do it," added Jack. "They'll tear you to pieces." And so began my deeper acquaintance with the man honored by this volume. With every exchange I have come away enriched. It is not so much what Jack thinks as how, and if I have picked up even a scintilla of that style over the course of our association, I have become a better scholar and person. I can only wish. In the end, however, what Jack and I may share most, and we have never discussed this, is our approach to the ancient objects of our study as real people—to respect enough to doubt, to find it a privilege to have become acquainted, for all the barriers, to like them for all their foibles. For Jack, the distant past is still personal, and I am still attracted.

On this occasion, I have chosen one part of a book titled, *Yahweh before Israel: Glimpses of Israel in a Divine Name* (Cambridge, 2020). In the age-old debate over the name of Israel's particular god, the evidence from Mari has played a notable role through the West Semitic personal names attested in its archives, which may justly be called "Amorite" insofar as the scribes themselves appear to have distinguished "Akkadian" from "Amorite" (*amurrû*) as language categories, plausibly East and West Semitic types.[1] As a first positive step toward rebuilding an interpretation of the evidence for the name Yahweh in its earliest uses, I propose that the Semitic Shasu entity Yhw3, attested during the reign of Amenhotep III (ca. 1390–1352), is most easily

1. This emic categorization of languages was pointed out and discussed by Jean-Marie Durand in his essential overview of the period, "Unité et diversités au Proche-Orient à l'époque amorrite," in *La circulation des biens, des personnes, et des idées dans le Proche-Orient ancien*, ed. Dominique Charpin and Francis Joannès, CRAIBL 38 (Paris: Éditions Recherche sur les Civilisations, 1992), 123–26. One key text is A.109, which has Zimri-Lim of Mari describe a man who masters the "Akkadian, Amorite, and Subarean" languages. Durand observes that in this context, "Akkadian" would have reference first of all to Eshnunna, not to Babylon.

understood as a people of a type similar to the Yaminite and Sim'alite groups found in the Mari archives. This argument is not my focus here, but it is nevertheless a crucial point of departure. Where past discussion of the Amorite personal names defines the problem as whether their verbal element could have given rise to the name of a major god, I pose what I conceive to be a simpler question: could the name of a pastoralist people called Yhw3 be derived from such a theophoric? The answer is still not automatic, but the distance between the eighteenth-century evidence from Mari and a southern people from the fifteenth and fourteenth centuries is much less drastic, and a positive argument can be made.

The Search for a Yahweh Etymology

Long before modern historical consideration of Yahweh as a deity once distinct from the biblical "God" (Elohim or El), the fact of the name itself attracted inquiry. With only one true God to imagine, the individuality of the name could perhaps hold its significance in its meaning, if this could be divined. The Bible itself showed ancient awareness of the problem, which is toyed with in Moses's first encounter with Yahweh at the mountain in Exod 3:14. With its opening *y*-, the name *Yhwh* suggests the form of a finite verb, one marked by prefixes and suffixes for person, gender, and number, in this case resembling a third person masculine singular verb from a root *h-w/y-w/y*. While the original vowels of the divine name cannot be reconstructed with certainty, the first syllable would have been pronounced *Yah-*, as in the exclamation of praise, Hallelu-Yah, and this makes it impossible to read a simple (G/qal) form of the Hebrew verb "to be" in its biblical vocalization (cf. *yihyeh*). Nevertheless, a biblical scribe could have Yahweh play on the name by telling Moses, "I will be what I will be ... you may tell the Israelites, 'I-Will-Be sent me to you'" (Exod 3:14). The form written here three times as *'hyh* is given this future sense just before, when Yahweh promises Moses, "Indeed I will be with you" (3:12), and it is most natural to keep the same meaning in the naming play, without trying to make of the name a universal statement about God.[2]

In modern evaluation of biblical and Israelite religion through the past two centuries and more, the interpretive question gained a historical dimension, wondering where the god Yahweh could have come from, if the name were not assumed a revelation to Israel without precedent. The availability of newly discovered evidence for the ancient languages and writing of the larger region opened up previously inaccessible analytical avenues, soon accompanied by another flood of explanatory literature.[3] By the time Frank Moore Cross published *Canaanite Myth and Hebrew Epic* in 1973, he could introduce his own meticulous treatment by reference to the antiquity of the undertaking and the bewildering diversity of its results: "The discussion of the meaning and origin of the name Yahweh constitutes a monumental witness to the industry

2. This passage has attracted endless comment, and the interpretive choices are considerable. I do not attempt here to engage that discussion, which is unnecessary to the issues confronted in this chapter.

3. Again, though the debate is complex and fascinating, it is not essential to the argument here and I refer readers to the works cited below, including Karel van der Toorn's general article on "Yahweh" in *DDD*.

and ingenuity of biblical scholars. Fortunately, there is no space to review it here."[4] In both the sentiment and his eventual solution, Cross followed his teacher Albright, who had observed not long before that "The long debate over the original meaning of the name *Yahwêh* shows no sign of abating, and the most incredible etymologies are still advanced by otherwise serious scholars."[5]

I likewise shy away from immersion in the question of etymology, which I do not see to be crucial for reconstruction of the god's early character. Nevertheless, the strong possibility, even probability, that Amenhotep III's Yhw3 attests the same name long before Israel's god gives urgency to the question of how to understand it on its own terms. Above all, the debate over the form and origin of the name as such has always been cast as explanation of a divine designation, a divine name. With the Bible and Israel in view, Yhw3 of Shasu-land has sometimes been interpreted in relation to a divine name, but this presupposes the biblical interest and is in no way indicated by the Egyptian text and context. What we have explicitly is a subdivision of "Shasu-land," an indigenous name recorded from people the Egyptians identified as Shasu, whose organization the Egyptians stereotyped as tribal or family based. If we allow the Egyptian evidence to be our point of departure for exploration of Yahweh before Israel, then the name Yhw3 requires explanation as an identifier of people, setting aside the question of deity. This task simplifies the problem of the name's character and interpretation. Above all, in the company of other Semitic Shasu names, this one (alone) suggests derivation from a finite verb with *y*- prefix and an initial root consonant as H (pronounced /*h*/). Regardless of whether any precise etymology and interpretation of the name can be established, it is important to decide whether the name indeed reflects such a verbal type.[6]

Personal Names and Peoples

In the realm where early West Semitic languages were spoken, it was common for peoples to be identified by what would otherwise be understood as personal names. Many individuals bore theophoric personal names, constructed from a designation of deity plus some further element, by way of request to, appreciation of, or identification with that god.[7] Cities and towns were not generally named this way, and so kingdoms

4. Frank Moore Cross, *Canaanite Myth and Hebrew Epic: Essays in the History of the Religion of Israel* (Cambridge, MA: Harvard University Press, 1973), 60.

5. William Foxwell Albright, *Yahweh and the Gods of Canaan: A Historical Analysis of Two Contrasting Faiths* (Garden City, NY: Doubleday, 1968), 168.

6. Note the careful effort by Josef Tropper to interpret the divine name Yahweh as a *qatl* type noun form, like Ba'l(u) and Hadd(u), from an original *yahwa, with the final short vowel lengthened secondarily ("The Divine Name *Yahwa," in *The Origins of Yahweh*, ed. Jürgen van Oorschot and Markus Witte [Berlin: de Gruyter, 2017], 13–33). Aside from potential objections to Tropper's reasoning, he is working with the divine name as such, and the question is transformed substantially if we approach the Egyptian evidence on its own terms, as intended here.

7. This further element could take the form of a noun, an adjective, or a verb, in each case joined to a divine name in a way that offers a declaration or request. As one example, see the divisions offered by Regine Pruzsinszky in her study of Emar personal names, *Die Personennamen der Texte aus Emar* (Bethesda, MD: CDL, 2003). The group with verbal predicates consists mainly of thanksgivings ("Danknamen, 131"). In her Emar sample, two thirds of this type places the verb before the divine name. Most often

identified by their capitals like Babylon and Aššur also do not belong to this group.[8] It appears that where a human personal name has been applied to a population, it is thus identified in a way that requires no royal head or single settled center. This does not mean that the population must then be considered "tribal," a contested category that evolutionary social theory has placed in a hierarchy of simple to complex development: as Elman Service conceived it, from band to tribe to chiefdom to state.[9] Such names do evoke kinship-based social organization, as if a whole people could be understood by a single family name and ideal ancestor, though the range of use may be more diverse than theoretical models have suggested.[10] For instance, the generalized

the verbs are in preterite (past) tense. For the group that Pruzsinszky classifies as West Semitic, the same pattern applies, with *ya-* prefixes still most often indicating simple past forms (203).

8. This does not mean that towns or villages could not take names with verbal form, though this could suggest origin in a personal name. As just one example in a context with second-millennium West Semitic names, note Yabliya in the vicinity of Tuttul on the Euphrates River; see ARM I 20, published as LAPO no. 455, with comment on the name, in Jean-Marie Durand, *Documents épistolaires du palais de Mari* (Paris: Éditions du Cerf, 1997–2000), 2:28–89. Also note Yasaddi-el in ARM XIV 27:7 (LAPO no. 996), a fixed site (village?) in the northern part of the Mari kingdom; and Yaqqim-Ida in ARM III 13:25 (LAPO no. 691), in the Terqa district of the Mari kingdom. Both of these names are based on Durand's collations and require reading with the LAPO text.

9. See Elman R. Service, *Origins of the State and Civilization: The Process of Cultural Evolution* (New York: W. W. Norton, 1975); and Morton H. Fried, *The Notion of the Tribe* (Menlo Park, CA: Cummings, 1975). The category of the tribe is reconsidered without the specific evolutionary framework in the volume edited by Philip S. Khoury and Joseph Kostiner, *Tribes and State Formation in the Middle East* (Berkeley: University of California Press, 1990). Two efforts to apply tribal terminology in ancient Near Eastern context are found in Fleming, *Democracy's Ancient Ancestors: Mari and Early Collective Governance* (Cambridge: Cambridge University Press, 2004), 26–33; and Anne Porter, *Mobile Pastoralism and the Formation of Near Eastern Civilizations: Weaving Together Society* (Cambridge: Cambridge University Press, 2012), *passim*.

10. Since the time of Service and Fried, evolutionary interpretations of society have commonly treated "tribe" and "state" as opposed categories, with the tribe a more primitive form that is necessarily lost with progress to more complex organization. For example, Norman Yoffee calls the principal non-urban peoples in the Mari evidence "ethnic groups," with deference to the developmental scheme ("The Collapse of Ancient Mesopotamian States and Civilization," in *The Collapse of Ancient States and Civilizations*, ed. Norman Yoffee and George L. Cowgill [Tuxcon: University of Arizona Press, 1988], 51). One practical definition, driven more by observed patterns than schematic expectation, is found in the editors' contribution to Khoury and Kostiner: "*Tribe* may be used loosely of a localized group in which kinship is the dominant idiom of organization, and whose members consider themselves culturally distinct (in terms of customs, dialect or language, and origins); tribes are usually politically unified, though not necessarily under a central leader, both features being commonly attributable to interaction with states" (5). Yet this formulation still carries with it some expectation that we already know what the "tribes" are that we are examining. Working from the analysis of pastoralism in ancient society, Porter undertakes to rework our definitions from the foundations. She begins with summary of the common view: "animal husbandry and mobility both preclude the accumulation of differentials in wealth that leads to social stratification and that in turn leads to complexity. Mobility also constrains social interactions and organization so that to be pastoralist is essentially to be tribal. And tribe is always something other than the state" (*Mobile Pastoralism*, 9). In beginning to define an alternative, Porter observes (*Mobile Pastoralism*, 57): "The main point to make, though, is this: if the tribe—or any social grouping for that matter—is not bound by biology, then it is the tribe at some level that *chooses* what defines it, whom it lets in, and whom it does not, and these choices are both flexible and contingent. This point also applies to descent." Therefore, "genealogies should not be understood as reified social structures but as opportunities to create certain kinds of relationships"; "no tribe, or any other social group, is bound by a single set of delimiting relationships but consists rather of a series of relationships, these being, in the case of the ancient world, kinship, descent, residence, shared subsistences, tradition, and ritual (among other possibilities), that may be regarded as a web of integrative structures that form a system or network that is open-ended" (*Mobile Pastoralism*, 58).

tribal construction proposed by Evans-Pritchard involved "segmented" subdivisions that are impossible to identify in any number of groups that would otherwise fit his tribal society.[11]

One prominent example from early second-millennium Mesopotamia is the Yamutbal or Emutbal people, identified with Andarig in the Sinjar region east of the Habur River and in the takeover of Sumerian Larsa by Kudur-mabuk and sons.[12] Emutbal is a contracted form of Amorite Yamut-bal, which means something like "Baʿl/Lord has died."[13] We cannot be sure that this population ever had a single king or leader, and we have no evidence of its formal division into significant segments.[14] If the Yamutbal were "tribal," they were neither part of some demonstrable larger unity nor the umbrella for affiliated tribes within them. At least we have no evidence for this. Nevertheless, identification as Yamutbal did serve to relate people across distance, without necessary function as a single political entity and yet with potential significance as a political body, as when the king at Andarig could rule the "land of the Yamutbal."[15]

11. This work is famously based on a study of the Nuer in Africa: E. E. Evans-Pritchard, *The Nuer* (Oxford: Clarendon, 1940); for discussion of this work and its influence on contemporary archaeology and historical reconstruction, see Porter, *Mobile Pastoralism*, 45–52.

12. During the reign of Zimri-Lim at Mari, "the land of the Yamutbal" (*māt Yamutbalim*) defined the people ruled by kings from the capital of Andarig, south of the Jebel Sinjar between the Habur and Tigris Rivers (Fleming, *Democracy's Ancient Ancestors*, 122); see ARM X 84:24; XXVI 383:7; 432:8'; XXVIII 172:8'–9'. In the preceding period of Samsi-Addu, ruler of upper Mesopotamia more broadly, we find the *māt Razamâ Yamutbalim* (ARM II 18:7), where Razamâ is another town east of Andarig, closer to the Tigris River. For more on the Yamutbal, see Adam E. Miglio, *Tribe and State: The Dynamics of Innternational Politics and the Reign of Zimri-Lim* (Piscataway, NJ: Gorgias, 2014), 83–85, 167–87, etc. These two bodies of evidence have not generally been treated together, even though the match of population names is evident. Piotr Steinkeller ("A History of Mashkan-shapir and Its Role in the Kingdom of Larsa," in *The Anatomy of a Mesopotamian City: Survey and Soundings at Mashkan-shapir*, ed. Elizabeth Stone and Paul Zimansky [Winona Lake, IN: Eisenbrauns, 2004], 26–42) works from the third-millennium Sumerian evidence forward, as defined by the city of Mashkan-shapir, which began to come into its own with the fall of Ur ca. 2000. An Emutbal tribal ruler named Kudur-mabuk took the city, which became a co-capital of the Larsa-based kingdom under Kudur-mabuk's sons Warad-Sîn and Rīm-Sîn until Hammurabi of Babylon defeated the kingdom. Rather than treat the arrangement between the two cities of Mashkan-shapir and Larsa in this period as a union of separate sovereign states, Steinkeller (36) concludes that "the kingdom of Kudur-mabuk (and similarly that of his predecessors at Larsa, going probably as far back as the beginning of the dynasty) was a dimorphic one, combining two different and quite separate entities: a tribal state of the Emutbala within which was embedded the sovereign state of Larsa." Porter (*Mobile Pastoralism*, 315–18) takes up Steinkeller's vision of a single polity ruled by the Emutbal leader Kudur-mabuk and reconceives it according to her distinct notion of how pastoralist and settled dimensions of a population were integrated into one social fabric, including the more northern Yamutbal known from the reigns of Samsi-Addu and Zimri-Lim in the Mari texts.

13. With the Ya-/Ê- prefix, the name is evidently theophoric; on the alternative Akkadian and West Semitic forms *Imūt-/Yamūt-*, see Pruzsinszky, *Personennamen*, 210 n. 570.

14. The Yamutbal stand in some relation to the Sim'alites ("Sons of the Right Hand"), who are the people of Zimri-Lim, the last king at Mari. Neither is represented as a subset of the other; see the letter A.1098, cited by Pierre Villard, "Nomination d'un scheich," *FM* 2 (1994): 297 and n. 33; translated with comment in *Democracy's Ancient Ancestors*, 81–82; and Miglio, *Tribe and State*, 83–84.

15. With the "time–space distantiation" of Anthony Giddens in the background, Porter (*Mobile Pastoralism*, 63) defines the importance of (pastoralist) mobility for ancient social relations: "Not because pastoralists are tribal, but because the practices of kinship, among other things, facilitate the extension of both time and space so that those who are physically apart may remain conceptually together." See especially Giddens, *The Construction of Society: Outline of the Theory of Structuration* (Berkeley: University of California Press, 1984).

In this one case, we cannot insist that the name Yamutbal was understood to be the original ancestor of the whole people; it could also represent a leader.[16]

For the purposes of biblical study, the lead example is Israel itself, as *yiśrāʾēl*, "May El contend" or "El has contended." Whatever the earliest character of Israel, it took its name from that of a man. By far the oldest non-biblical reference to Israel appears in a monument honoring Egypt's pharaoh Merenptah (ca. 1207), where it keeps company with three Canaanite cities claimed as victims at war: Ashkelon, Gezer, and Yanoam. In contrast to the city determinative applied to the three known towns, Israel is marked to indicate a people not defined by a city center.[17] The determinative does not show a "tribe," and nothing in the Egyptian designation anticipates division into constituent parts as tribes.[18] In the Bible, the earliest definition of Israel by plural "tribes" (*šēbeṭ*) may be in the core sayings of Jacob's blessings, where "Dan shall judge his people as one of the tribes of Israel" (Gen 49:16).[19] This includes the peoples north of the Jezreel Valley and may reflect the integrative program of the ninth-century kingdom, not relevant to older Israel.[20]

Like the Mesopotamian Yamutbal, Israel was defined as a body without reference to city or ruler, carrying the name of an individual man while lacking the accoutrements of imagined tribal structure. Even in the ancestral system of Genesis, Israel is never equated simply with a fixed patriarch. Jacob is given the name Israel after wrestling a "man" identified with God, but he retains his original name.[21] A case can be made that in the birth narrative for Jacob's household in Genesis 29–30, the audience awaits the birth of Joseph to represent itself, and in Ps 80:2 Israel is paired and so identified with Joseph rather than with Jacob.[22] Equation of Israel and Jacob may have applied first to the same inclusive polity seen in "the tribes of Israel" named with the blessing

16. Mahri Leonard-Fleckman identifies the related Aramean/Syrian terminologies of the "House of X" and "Sons of X" as language by which the Assyrians engaged antagonists in their westward expansion, each a "population attached to a particular leader or ancestor 'X' in the Assyrian annals" (*The House of David: Between Political Formation and Literary Revision* [Minneapolis: Fortress, 2016], 49). The point at stake is that we do not know whether the writers even imagined the names to indicate ancestors, just because the Bible proposes this in Genesis, possibly an etiological effort not implied in the names themselves.

17. On this much-discussed detail, see the description in James K. Hoffmeier, *Israel in Egypt: The Evidence for the Authenticity of the Exodus Tradition* (Oxford: Oxford University Press, 1996), 29–30; and the appropriately cautious interpretation in Alviero Niccacci, "La stele d'Israël: Grammire et stratégie de communication," in *Études égyptologiques et bibliques à la mémoire de Père B. Couroyer*, ed. Marcel Sigrist (Paris: J. Gabalda, 1997), 91 (43–107).

18. The determinative does not appear to be related to the category of "families" represented by the term *mhwt*, as found with the Shasu divisions.

19. Whatever the precise delimitation of the oldest poem in Genesis 49, it should not include the first four sons, who appear in the precise order of their birth in Gen 29:31–35, and it should include the six short sayings for Zebulun, Issachar, Dan, Gad, Asher, and Naphtali in 49:13–21. This shorter core was proposed by Jean-Daniel Macchi, *Israël et ses tribus selon Genèse 49* (Göttingen: Vandenhoeck & Ruprecht, 1999); cf. my *Legacy of Israel in Judah's Bible: History, Politics, and the Reinscribing of Tradition* (Cambridge: Cambridge University Press, 2012), 86–90.

20. This matter is discussed in the first chapters of my projected book, including reference to the forthcoming articles on Greater Israel and Little Israel by Lauren Monroe and me, forthcoming in *Hebrew Bible and Ancient Israel*.

21. See the discussion of the "*ʾîš* theophany" in Esther J. Hamori, *"When Gods Were Men": The Embodied God in Biblical and Near Eastern Literature* (Berlin: de Gruyter, 2008), 13–25.

22. On Joseph as the primary focus of the audience and people in the birth narrative of Genesis 29–30, see my contribution to the forthcoming volume in honor of P. Kyle McCarter: "Joseph and His Allies in Genesis 29–30."

on Dan (Gen 49:16), so that Israel itself predated both the division into tribes and identification with a single ancestor as Jacob. Without the context of the larger Jacob–Joseph narrative, where Jacob will be granted a new name in Gen 32:29, the brothers and half-brothers as Jacob's sons would not be equated with Israel. This identification serves the interests of the northern kingdom in its expansive mode, bringing these peoples into the entity ruled by Omri and Ahab, however the vision may reach forward or back in time.

Working from these two examples, we see that individual personal names can represent peoples not defined by city center or royal rule. It may be too restrictive to call these "tribal" names, because the early evidence does not display the larger structures often envisioned for such systems. Likewise the names do not decisively designate ancestors. Nevertheless, the form of a human name does render the group in question an extended family, a conceptual clan, even as its actual scope may be greater than what theorists bent on defining types may mean by that term.

Shortened Personal Names and Names for Peoples

While the Mesopotamian Yamutbal and Israel of Palestine take the form of full theophoric personal names, many peoples of the ancient Near East are identified by what appear to be abbreviated forms of such names, with only the verb surviving. In the Mari evidence from the eighteenth century BCE, systematic listing yields a remarkable number of these:

- The five peoples of the Yaminites are the Yariḫû, the Yaḫrurû, the Amnanû, the Rabbû, and the Uprapû, all rendered in their adjectival forms as "the Yariḫeans," "the Yaḫrureans," etc.[23] The first two of these names take the form of finite verbs.[24]
- The subdivisions of the Sim'alites, who together form a complementary pair with the Yaminites to account for the mass of such peoples in ancient Syria during this period, include: the Yabasu, the Kaṣûm, the Amurrum, the Abi-nakar, the Yumaḫammu, the Ibal-Aḫum, the Mannapsu, the Wer'ûm, and the Niḫadûm. At least the two-element names clearly derive from personal names, though the prefixed verbal forms are general absent.[25]

23. The long vowel marked by circumflex reflects the gentilic -ī- contracted to the case ending for the masculine plural nominative.

24. Note that the divisions of the Yaminites are called *li'mum*, a category that appears to be distinct to this association of Syrian populations (Fleming, *Democracy's Ancient Ancestors*, 43–63). A large portion of peoples across ancient Syria defined themselves in the early eighteenth century by the complementary pair, "Sons of the Left Hand" (Sim'alites) and "Sons of the Right Hand" (Yaminites), integrating mobile pastoralist and settled farmers into connected social and political entities that could take on the character of full-fledged kingdoms, with their attendant administrative engines. For extended citation of the French work that stands at the center of Mari studies, where the main body of evidence is found, see my *Democracy's Ancient Ancestors*, the three volumes of LAPO 16–18 by Jean-Marie Durand, and Dominique Charpin, "Histoire politique du Proche-Orient amorrite (2002–1595)," in *Mesopotamien: Die altbabylonische Zeit* (Göttingen: Vandenhoeck & Ruprecht, 2004), 25–480.

25. These divisions are called *gayum*, cognate with Biblical Hebrew *gōy*, even where they may be organized into two larger sets (*Democracy's Ancient Ancestors*, above). The adjectival gentilic forms are

- Two city-centered kingdoms south of the Jebel Sinjar, east of the Habur River, are identified with distinct peoples: the city of Kurdâ with the Numḫâ people; and the city of Andarig with the Yamutbal people. The Numḫâ and the Yamutbal shared grazing lands with the Sim'alite people of the Mari king Zimri-Lim.[26]
- Among other kingdoms identified with separate peoples as having a city center and a "land" (*mātum*) of a certain group, one of the largest was Aleppo and "the land of Yamḫad."[27] The smaller city of Talḫayûm, in the upper part of western Habur River drainage, was the capital of "the land of the Yapturite" (*māt Yapturim*), apparently the name Yaptur rendered nominally.[28]
- One of the large peoples of the Sutû, a category identified with long-range mobility and pastoralism like the Shasu in the Egyptian texts, is called the Yaḫmamû, a gentilic adjective derived from the name Yaḫmam.[29]

In this early second-millennium setting, there were many more abbreviated sentence names than full theophoric names with separate subject. So far as Yhwꜣ of Shasu-land likewise takes the form of a personal name with only the verbal element preserved, it is worth lingering over the type. Given the early fourteenth-century date of the Amenhotep III text, the Mari archives provide by far the largest repository of West Semitic personal names that could illuminate the Shasu group, so that Mari-based comparison is no mere convenience.

The first systematic study of Amorite personal names was that of Herbert Huffmon in 1965, still the basic reference.[30] Huffmon provides a separate discussion of "hypocoristica," or shortened names, which are not limited to sentence names with verb plus divine subject.[31] He concludes that "obvious imperfect verb elements occurring separately can be listed here, apart from a corresponding full name, since there is no doubt that such a full name is possible."[32] This is the type in question with Yhwꜣ of Shasu-land. He elaborates:

> The simplest hypocoristic name is formed by merely omitting one of the elements. The names thus formed are sometimes found without any suffix, even

less easily applied, and I render the names without them. The name Yabasu may not reflect a verb. Note some uncertainty regarding how the Sim'alite categories are related with one text that organizes them under two headings as Yabasu and Ašarugayum (A486+; see Durand, "Peuplement et société à l'époque amorrite [I]: Les clans Bensim'alites," in *Amurru 3: Nomades et sédentaires dans le Proche-Orient ancient*, ed. Christophe Nicolle [Paris: Éditions Recherche sur les Civilisations, 2004], 111–97).

26. This is stated explicitly in Mari's A.1098, cited above, with references.

27. ARM I 6:11; IV 6:6; XXVI 365-bis:3.

28. ARM XIII 144:4; cf. I 19+:11; see *Democracy's Ancient Ancestors*, 122.

29. In ARM XIV 78 (LAPO no. 929), the governor of the Saggaratum district cites a message from the king at Mari with instructions to sell three intercepted travelers to the Sutû people, "either the Yaḫmamû or the Almutû."

30. See now Michael P. Streck, *Das amurritische Onomastikon der altbabylonischen Zeit. Band 1: Die Amurriter. Die onomastische Forschung. Orthographie und Phonologie. Nominalmorphologie* (Neukirchen-Vluyn: Neukirchener, 2000).

31. Herbert B. Huffmon, *Amorite Personal Names in the Mari Texts: A Structural and Lexical Study* (Baltimore: Johns Hopkins Press, 1965), 130–35. Casting a wider net with less precise reference to sources and minimal comment, see Ignace J. Gelb, *Computer-Aided Analysis of Amorite* (Chicago: The Oriental Institute, 1980).

32. Huffmon, *Amorite Personal Names*, 131.

vocalic. In this regard, they resemble many divine names and geographic names. Most of the Mari examples are imperfect verb forms; all are masculine….

Examples include: *I-ba-ás-si-ir*, *Ya-a-ar*, *Ya8-ab-na-aḫ*, *Ya-aḫ-zi-ib*, *Ya-an-ta-qi-im*, *Ya-a-pa-aḫ*, and *Ya-aḫ-ta-mar*.[33]

When considered in the company of the Amorite evidence, Yhw3 of Shasu-land in the early fourteenth-century Egyptian list finds a natural place among peoples identified by shortened personal names. Given that derivation from a human personal name is highly likely, the only alternative would be prior application to some other object, especially a deity. Interpretations of Yhw3 of Shasu-land have sometimes assumed reference to the god later attached to Israel, but this risks anachronism, forcing the familiar framework for the name Yahweh back onto much older evidence that lacks any indication of divine reference.[34] In the Mari material, none of the various peoples named by finite verbal forms are known to be equated with deities. By the logical sequence proposed here, the fourteenth-century Yhw3 must be explained as a subdivision of the Shasu before and without assumed reference to the god Yahweh of Israel. It is much more likely that the divine name Yahweh derives from the Shasu group without divine association than that the Shasu group already related to the eventual Israelite god.

Yahwi- in Amorite Personal Names

Aside from the longstanding preoccupation with etymologies for the name Yahweh, the more specific similarity to the verbal elements in certain human personal names has long been recognized, with varying interpretation. Earlier work on the Amorite personal names took for granted that some fraction of them were constructed with the verbal root *hwy*, "to be, become," like the verb *hyh* in Biblical Hebrew.[35] There has been one key objection, by Michael Streck, who reevaluated Amorite personal names as a whole in 2000 and as part of this work published the separate conclusion that all the *Ya-wi-* and *Ya-aḫ-wi-* elements in these names must be understood to reflect the same root *ḥwy*, "to live."[36] Streck was concerned with the etymology and origin of the divine name Yahweh, but his argument has similar effect for consideration of Yhw3 of Shasu-land, because the Egyptian writing preserves the particular phoneme /h/ (versus /ḥ/). Two issues are prominent: the need to find onomastic parallels in other languages from the region; and the question of whether all the names with these two spellings can or must incorporate the same verb. If Streck is correct that these are all forms of

33. Ibid., 132. This list could be extended by browsing the indices published with texts that appeared since 1965. See also Streck, *Das amurritische Onomastikon*.The fact that the verbal construction suggests a hypocoristic personal name then points to original use for people, not topography as such.

34. I would include in this anachronism the recent synthesis by Thomas Römer, *The Invention of God* (Cambridge, MA: Harvard University Press, 2015), 38: "In these texts *Yhw3* seems to be a geographic term (referring to a mountain?) and perhaps also a divine name. The explanation of this duality might be that the god of a certain place could come to be identified with that place and thus take its name from that place."

35. Along with Huffmon (below), this is the reading of Gelb (*Amorite*, 19): HWJ is "to be, to become, to desire"; cf. Wolfram von Soden, "Jahwe: 'Er ist, Er erweist sich'," *WO* 3 (1966): 179; Manfred Weippert, "Jahwe," *RlA* 5 (1976–1980): 251–52.

36. "Der Gottesname 'Jahwe' und des amurritische Onomastikon," *WO* 30 (1999): 35–46.

the verb "to live," then the Amorite personal names must be set aside as useful to any interpretation of the name Yhw3. It is not necessary that the Shasu name be derived from a verb "to be"; only that the Amorite evidence include some verb with the first root as *h* and two weak consonants to follow.

In his volume on Amorite personal names, Huffmon[37] gathers and evaluates a set of names that he understands to incorporate verbs probably derived either from the root *hwy*, "to be, become," or the root *ḥwy*, "to live." The relevant names from his listed assemblage include:[38]

Ya-wi-DINGIR: ARM II 68:15; VII 227:8'; VIII 5:21; 11:35; IX 291:ii 29; also XIV 126:10; XXII 57B iii':13'; 262 vi:9; 264:22'; 328 v:25; XXIII 235 ii:10; iii:6; 345 seal; XXIV 8:2; 164:4; 233 ii:49; 234 i:16; XXV 48:4; 135:6; XXVIII 40:2; A.2226:12'–13' (*MARI* 7, 184); T.282:28 (FM 1, 36 n. 18); FM VII 35:6–7; FM IX 2:17; M.8251, sender of letter (Guichard, *Syria* 80, 211); ARM XXXI 158 (silver vases offered); FM XI 180 (sender of letter); M.11215, in ARM XXXII, 359; M337+:7 (Durand, *Mélanges Groneberg*, 63–72); A.1008 (Villard, *Amurru* 2, 74–76)

Ya-wi-i-la: ARM II 66:10; also FM 5, 167 n. 651, reference to seal of Yawi-ila; *Ya-wi-i-lu*, FM IX 37:32; *Ya-wi-i-li*, FM IX 37:16, 33

[*Y*]*a-wi-ú-um*: ARM IX 289:6; also XXIII 451:14; and *Ya-wi-um*, XXII 167:12; XXIII 449:12

Ya-wi-^{d}*D*[*a-gan*]: ARM VII 200:14; XXIV 247 ii:17; also *Ya-wi-*^{d}*Da-gan*, M.5754:15 (*MARI* 8, 759 n. 47; FM 4, 49 n. 298); FM VI 48:15

Ya-wi-ya: ARM VII 215:5

Ya-aḫ-wi-DINGIR: ARM VII 215:5[39]

Ya-aḫ-wi-na-si: ARM VI 200:10; also XXII 105:1"; M.6700:18 (ARM XXX, 447); M.7244+ARM XXII 104:45 (ARM XXX, 417–18)

To these may be added the following from more recent publications:[40]

Ya-wi-^{d}IŠKUR (Yawi-Addu): ARM XIV 102:12, 22; 103:11'; XXII 170 r.10; 289:7; XXVII 63:7, 11, 14; cf. FM III 140:7 (restored, as *Ya-wi-*^{d}[IŠKUR]); FM XI 121 (a high official)

Ya-wi-E-ra-aḫ: ARM XXI 339; 370; XXIV 32:9; 258:3

Ya-aḫ-wi-a-šar: ARM XXIII 579:4; XXIV 13:6; 272:4; FM VI 35:7; 36:3; 40 v:30

Ya-aḫ-wi-^{d}IŠKUR: ARM XXIII 86:7; M.12169 (ARM XXX, 441–12; broken, restored comparing M.6481)

Ya-aḫ-wi-um: ARM XXII 327:13; XXIII 448:13; 450:13

Ya-ḫu-wa-qa-ar: ARM XXV 488 rev.3[41]

37. Huffmon, *Amorite Personal Names*, 71–73.

38. Texts from volumes published after Huffmon are marked "also." I have gathered these myself, and the list is by no means complete.

39. This reading is suspect by its isolation—it comes from Huffmon's citation. Bottéro's edition proposes *Ia*$_8$*-aḫ-wi-El!*, a spelling not otherwise attested in any of the Yawi-/Yaḫwi- names from Mari.

40. Again, this further listing cannot be considered complete. It is assembled from perusing the name indices from more recent Mari publications and from the Archibab online reference site.

41. Also note the names in La-, with a separate precative particle (listed in Huffmon, with many more published since).

Huffmon considers that the names with *ya-aḫ-wi* probably derive from *ḥwy*, "to live," in a form that he interprets as a causative.[42] The larger number of names based on *ya-wi* could then be taken as variants of the longer spelling, but similar names in other Semitic languages suggest the viability of the root *hwy*, "to be, become."[43] Akkadian personal names with the verb *bašû*, "to exist," occur in both basic G-stem and causative Š-stem forms.[44] Ugaritic and Phoenician have semantic correspondents with the root *kwn*.[45] The most serious potential objection to Huffmon's interpretation would be demonstration that the same individual is represented by both spellings, and this is clearly the case in one set of material published since 1965. ARM XXIII (1984) 448–51 are four textually interrelated lists of clothing and complex bows delivered to outsiders at the Mari court under the supervision of Mukannišum within a period of one week (Zimri-Lim year 3 [previously 2′], month 11, days 15, 20, 21, and broken). All four include variants on the same provision of clothing to five men from Yamḫad (Aleppo), with the same items and names rendered with divergent spellings. The third Yamḫadean is Ya(ḫ)wium, written *Ia-aḫ-wi-um* (448:13; 450:13); *Ia-wi-um* (449:12); and *Ia-wi-ú-um* (451:14). Regardless of other usage, this group of texts proves that no fixed separation can be established between names with "to live" and "to be" according to the presence or absence of -*(a)ḫ*-.[46] This possibility that both writings can represent the same verb and meaning provides one part of Streck's argument against the relevance of the Amorite names for understanding the divine name Yahweh, because all of these names may be taken to use the verb "to live" (*ḥwy*).

Nevertheless, patterns that align attested spellings and particular names suggest the possibility that two verbal roots may be in play. Yawi-il(v) is almost universally

42. Huffmon, *Amorite Personal Names*, 71.

43. Ibid., 72.

44. Huffmon cites J. J. Stamm, *Die akkadische Namengebung* (Leipzig: Hinrichs, 1939), 135, 145, 148–49, 218, for examples.

45. At Ugarit, consider the following, taken from the individual listings in G. del Olmo Lete and J. Sanmartín, *Diccionario de la lengua ugarítica* (Barcelona: Editorial AUSA, 2000), 2.525–26: *ykn* (CAT 4.55:20; 4.141 I 15; etc.; syllabic *ia-ku-nu/ni*; *ia-ku-un-ni*; *ya-ku-un-ni*); *ykn'il* (CAT 4.86:15; 4.165:12; syllabic *ia-ku-un*-DINGIR, CAT 4 182:20; etc.); *yknʿm* as place name (CAT 4.49:7; etc.; syllabic ^{uru}*ia-ku-na-me*, PRU 4 65:13' + 67:5'; ^{uru}*ia-ku-na-ʿ-mu*, PRU 6 111:3; ^{uru}*ia-ku*-SIG_5, PRU 3:190:13'; 6 80:3; etc.). The last spelling suggests reading as /*Yakūn-naʿmu*/, "What is pleasant has come to be" (or "has been put in place"). Note also the hypocoristic, *ykny* (CAT 4.635:22). For the verb see the entry for /*k-n*/, in the G-stem, "ser (estable), haber" (1.219). For the Phoenician, see Charles R. Krahmalkov, *Phoenician–Punic Dictionary* (Leuven: Peeters, 2000), 232–24, *K-N I*, qal, 1. BE; 2. EXIST; 3. BELONG to, HAVE, POSSESS; 4. BE IN OFFICE; 5. ENDURE, LAST; 6. LIVE, RESIDE; 7. BE OBLIGATED to do something. It is evident that the verb overlaps with Biblical Hebrew *kwn* and Akkadian *kânu*, "to be firm, set in place." Usage as "to be" and "to exist" are clustered in Phoenician royal inscriptions, including *KAI* 24 (Kilamuwa/Zinjirli, late ninth century) and *KAI* 26 (Karatepe bilingual, late eighth century). Krahmalkov lists two personal names from this root: *yknšlm* (YAKON-SALŌM, "May Salōm/Peace prevail!"; and *ykln*, for *ykn'ln** (YAKIN-ʿALLŌN, "God establish!," "God has created"). Compare J. Hoftijzer and K. Jongeling, *Dictionary of the North-West Semitic Inscriptions* (Leiden: Brill, 1995), 1:493–94, *k-w-*n_1 for Old Canaanite, Phoenician, and Punic; qal verb as (1) "to be, to exist, to happen"; (2) "to be + predicate."

46. I identified this set from my own gathering of names from the Mari volumes; Streck ("Jahwe," 39) identified exactly this group with the same observation of the implications for Huffmon. It is nevertheless not obvious from this group which verb is represented; Streck himself (38) observes that in the orthography of Amorite personal names, the laryngeal consonants /'/, /h/, /ḥ/, /ʿ/, and /ǵ/ can all be written by 0- and by Ḫ-, with the example for /h/ of *Iš-ma-a-da* for /'Iśmaʿ-hadda/ from *Yaśmaʿ; and *Si-ik-ri-ḫa-da* for /Śikrī-hadda/. The writing itself is therefore not decisive in deciding whether any of the *Ya-wi-* or *Ya-aḫ-wi-* names could reflect the root *hwy*.

written with *Ia-wi-*.[47] Yawi-Dagan and Yawi-Eraḫ occur only without *-aḫ-*;[48] while Yaḫwi-ašar and Yaḫwi-nasi are written with it.[49] Both verbal elements taken separately may be associated with the storm god Addu, and the Yawi- form occurs with two more major deities in Dagan and the moon god Eraḫ. Neither form, especially the common Yawi-name, can be limited to use with "the god" (DINGIR or *i-la*), whatever that name represents.[50] It does not seem, in any case, that the element applies only to Ilu (El) as "The God" known from later Ugarit. The element never indicates a god, and it cannot be invoked as direct evidence for what would become the god of Israel.[51]

At this point we must recall that the task at hand is not to explain the form or meaning of the divine name Yahweh but rather to explore the possibility that Yhwȝ of Shasu-land could have originated as an abbreviated personal name. Streck's objection would apply to both the divine name and the Shasu name, but the potential application of evidence from second-millennium personal names becomes more direct for the latter as a people. Above all, Streck finds that the problem with the root *hwy* in Amorite names is the lack of secure onomastic parallels, rejecting Huffmon's comparison of Akkadian names with *ibašši-* and Ugaritic/Phoenician *kwn*, whereas such parallels do exist for *ḥwy*, "to live."[52] The strict point is important to observe: we do not have demonstrated cases of alphabetically written personal names constructed from the verb *hwy*.

In spite of this lack, which indeed does not apply to the verb *ḥwy*, it is difficult to remove the substantial onomastic evidence from cuneiform Akkadian, Ugaritic, and Phoenician, where all of these northern Semitic languages represent ideas related to existence or being (established) with different verbs. Even with different verbal roots, these do offer at least overlapping semantic parallels that cannot simply be dismissed, especially as representing Semitic languages that lack the verb *hwy*, "to be" or "become." Given the limited spelling of *Ya-wi-* with *ilu* (the god) and the god Dagan in the West Semitic names from Mari, it is noteworthy that at Late Bronze Age Emar in northwestern Syria, we find the Akkadian name *Ibašši-ilī*, which Pruzsinszky renders, "Mein Gott ist (da)" and the Akkadian/West Semitic *Ikūn-Dagān*, "Dagān ist

47. The one possible exception is in ARM VII 215:5, listed above, with irregular spelling, perhaps to distinguish a different name (and verb).

48. Durand takes Eraḫ as an alternative for Yaraḫ, attested at Ugarit as Yariḫ or Yarḫu, the West Semitic name for the moon god (Jean-Marie Durand, "La religion en Siria durante la época de los reinos amorreos según la documentación de Mari," in *Mitología y Religión del Oriente Antiguo II/1: Semitas Occidentales [Ebla, Mari]* [Barcelona: Editorial AUSA, 1995], 183).

49. While both verbal elements may be found with the storm god, it could be significant that the pattern of divergent elements also varies by use of divine names as opposed to titles. Dagan and Eraḫ occur with Yawi- as divine names, while -ašar and -nasi are not listed by Durand ("La Religión") as divine names and appear rather to be titles: "May the cared-for live" (*CAD* s.v., *ašru* B, "taken care of," in personal names); and "May the elevated one(?) live."

50. Durand ("La religion," 154) concludes that there is no god "El" in the early second-millennium evidence from Mari, but that the element in names represents "el Dios indiferenciado."

51. There is one unusual name that goes without comment in its publication: *Ya-ḫu-wa-qa-ar* in ARM XXV 488 rev. 3. While the form of this name is unique in the set, the structure is consistent with the others: Yaḫu- is the verbal element ("may he live"), and -waqar is the subject, as "the precious one." See *CAD* s.v. *aqru* c) precious, valuable; 5' persons; including in personal names with many examples.

52. Streck ("Jahwe," 41–42) gathers these from Ugaritic (*yḥṣdq*, *yḥmn*, *yḥšr*); Phoenician (*yḥwmlk*); Hebrew (*yiḥy-ʾil* and *yiḥw-ʾil*; *yiḥy-Yah*); Aramaic (*yḥyy*); and Minaic (South Arabian) (*tḥy*, *tḥyw*).

zuverlässig."[53] In spite of Pruzsinszky's rendering of the verb *kwn* as "to be trustworthy, sure," use of the root in Ugaritic shows how the meaning of "to be in place" can come to serve as simply "to be." Ugaritic attests the personal name *ykn-ʾil* (syllabic *ia-ku-un*-DINGIR, for */yakūn-ilu/*, "The God was (i.e. showed himself) in place," so available to act, perhaps in providing a son. The same meaning applies to Emar's Ikūn-Dagan and Yakūn-Ra. In the end, notwithstanding Streck's objection that there are no "parallel" personal names with the verb *hwy*, the evidence for that verb in the second millennium is extremely thin because of the limited alphabetic evidence and Ugarit's preference for a different root to express "being." It is therefore appropriate to seek semantic parallels for this early period.[54] While the identification of the verbal root in the Amorite names with and without the *-ḫ-* remains impossible to prove with certainty, the parallels with contemporary Old Babylonian Ibašši-DN and the later second-millennium parallels from the verb *kwn* show the viability of a West Semitic root *hwy*, "to be, be evident," for at least some portion of these Amorite names. Wolfram von Soden came to this conclusion long ago based on the Babylonian parallel.[55] Further, the names Ya(ḫ)wium and Yawiya show actual short forms of these names.

Returning to the Shasu-name Yhw3 in Egyptian evidence, the form alone suggests a prefixed verb from a root *hwy/w*, whether related to Hebrew *hyh* or from a homonymous root, and as already concluded by Huffmon and von Soden, semantic parallels do exist. So far as the Egyptian evidence reflects a people present around 1400 BCE, the name would seem older in its application to any individual, and the chronology of the Amorite evidence suits the historical conditions. It is significant, however, that the type does not remain the common possession of West Semitic speakers in the later second millennium.

The Personal Name without Divine Concern

In general, resort to the Amorite personal names has served to explain the divine name Yahweh, an object that I have carefully set to one side in this investigation. Von Soden affirmed the possibility of a simple G-stem (Biblical Hebrew qal) interpretation of the name, partly in response to the new work of Huffmon, who represented his teacher Albright in preferring a causative reading, as "may he create."[56] Cross argued on philological grounds that the *ya(ḫ)wi-* verbal element would not likely preserve an old West

53. See Pruzsinszky, *Personennamen*, 132, 134; the Akkadian prefix for the verb *kwn* is also found with the West Semitic *ya-* in *ia-ku-un-Ra*, "Ra(šap) hat sich zuverlässig gezeigt!" (209).

54. Albright (*Yahweh and the Gods of Canaan*, 169) observed that the root *hwy* does not appear in the second millennium outside the Amorite corpus, only to become prominent in Hebrew and Aramaic of the first millennium. The examples cited by Johannes C. de Moor are not likely to derive from this verb (*The Rise of Yahwism: The Roots of Israelite Monotheism*, 2nd ed. [Leuven: Peeters, 1997], 327).

55. "Wir dürfen gewiss annehmen, dass der Sinn der kanaanäischen *Ia(ḫ)wi*-Namen dem der akkadischen *Ibašši*-Namen genau entspricht"; "Jahwe: 'Er ist, Er erweist sich'," *WO* 3 (1966): 179. See Stamm (*Namengebung*, 135) for the Akkadian examples and the larger context.

56. Against the analogy of Babylonian names with *ušabši*, von Soden ("Jahwe," 182) observes that in Akkadian, the verb *bašû* is only used in the causative for plants and animals, against *banû* ("to build") for creation of humans.

Semitic *yaqtul* past, though even Huffmon did not consider this point decisive.[57] In the end, Cross expected Yahweh to have origins in "The God" Ilu/El, and he found the origin of the verbal name in a liturgical formula with the "(heavenly) hosts" (*ṣĕbāʾôt*) as created object.[58] Similarly, Johannes de Moor embraced the entire Amorite name Yahwi-il as a relic of a longer formula that would read as something like, "He is the God of the fathers"—a figure to be identified with El.[59]

Karel van der Toorn weighs carefully the grammatical character of the name Yahweh with particular reference to the Amorite evidence, observing that the name must somehow be a third masculine singular imperfect verb form. The "Amorite names are the semantic equivalent of the Akkadian name Ibašši-ilum."[60] From this starting point, however, his analysis is guided entirely by the need to explain Yahweh as divine name. A god may be identified by the verb forms of human personal names, as with Ikrub-El from Mari. As shown by Marten Stol in his study of Old Babylonian personal names, these names appear to originate as deified ancestors.[61] This reasoning could lead to the conclusion that Yahweh also began as the name of an ancestor, as in the first edition of de Moor's volume on "Yahwism," but:

> though theoretically possible, it is difficult to believe that the major Israelite deity, venerated in a cult that was imported into Palestine, was originally a deified ancestor. Though such gods are known, they are never found in a leading position in the pantheon. Their worship tends to remain local, as an ancestor is of necessity the ancestor of a restricted group.[62]

When we shift the object of inquiry to Yhwȝ of Shasu-land in the Soleb inscription of Amenhotep III, and we set aside any consideration of deity in that name as reading back from a later phenomenon without demonstrable connection to the early Shasu, the likeness to personal names stands more simply. The problem is not whether a major deity could be identified by a human ancestor but rather whether a people could be identified by a human personal name, a straightforward question with a straightforward answer: "Yes." Although the Shasu category is Egyptian, as is the later perception that such people were organized by "families" (*mhwt*), these groups occupied a realm in which names for peoples need not be drawn from cities or settlements and could take such form. Understood this way, the difficulty shifts to explaining how the name for a people could come to be attached to a deity that eventually identifies the

57. Cross, *Canaanite Myth and Hebrew Epic*, 63.

58. Ibid., 65–66.

59. De Moor, *The Rise of Yahwism*, 334.

60. Karel van der Toorn, "Yahweh," *DDD*, 2nd ed. (Leiden: Brill, 1999), 914. This is the very name found in the texts from Late Bronze Age Emar in Syria.

61. Marten Stol, "Old Babylonian Personal Names," *SEL* 8 (1991): 191–212. Consider Ikrub-El (Yakrub-El), Ikšudum, Ikūnum, and Iqūlam (203). "The best solution is to assume that deceased members of a family, as 'patriarchs' or 'ancestors', could acquire this status under circumstances not known to us. Similarly, in a cloistered community of priestesses, Amat-Bēltani considered the priestess Bēltani as her 'matriarch'." Further, "Some readers may observe that these personal names could be kings (a Sumerian tradition)" (204), but no such kings are known for these names. It seems rather that they represent family gods (205).

62. Van der Toorn, "Yahweh," 914. Van der Toorn quotes de Moor as saying Yahweh was "probably the divine ancestor of one of the proto-Israelite tribes" (*Rise of Yahwism*, 244).

"god of Israel" (e.g. Judg 5:3, 5).[63] If the Egyptian Yhw3 indeed represents the same name as Israel's Yahweh, in historical continuity, then it is unlikely that the name itself demands explanation in divine terms. This means also that efforts to explain Yahweh as derived from a liturgical formula for El, as elaborated by Frank Cross from the work of his teacher Albright, bypass the identification of the Shasu group with a human personal name and cannot convince.[64] Likewise, if the Egyptian evidence does apply to the historical roots of the god Yahweh, the question of how a people gave its name to a deity must take priority over questions of Yahweh's early character, whether as senior figure like "The God" El or young warrior of the storm like Haddu/Baal.

63. For the title as such, see the New York University PhD dissertation by Michael J. Stahl, "God of the People, People of God: The 'God of Israel' in History and Tradition," 2018.

64. "I pointed out a good many years ago that *Yahweh* appears as the first element of other names of obvious liturgical origin such as *Yahwê Ṣebā'ôt*" (Albright, *Yahweh and the Gods of Canaan*, 171). The original idea goes back to "Contributions to Biblical Archaeology and Philology," *JBL* 43 (1924): 363–93, where the second part of the piece is on "The Name *Yahweh*" (370–78). Albright already addresses the semantic parallels from Akkadian *bašû* and West Semitic *kwn*, already proposing a causative interpretation of the divine name with intent that resembles Egyptian ideas of a god creating "that which exists" (*Yahweh and the Gods of Canaan*, 377–78). The connection to *Yahwê Ṣebā'ôt* was inspired by the occasion to write a review of a book on the title, so that he combined his previous idea of Yahweh as a causative verbal form with the second element as object, "He brings armies into existence" (Review of B. M. Wambacq, *L'épithète divine Jahvé Sᵉba'ôt: Étude philologique, historique et exégétique*, 1947, *JBL* 67 [1948]: 380). I have these references thanks to the draft of Ted Lewis's forthcoming book on "God." I had not realized the degree to which Cross was simply elaborating the interpretation of his teacher (*Canaanite Myth and Hebrew Epic*, 65–66).

CHAPTER 27

Joshua and Anomie: Retrojection, Projection, and Recovery

Douglas A. Knight
Vanderbilt University

THE BOOK OF JOSHUA is not only a product of some period or periods in ancient Israel's history; it also articulates a memory of a past—or at the very least, a putative memory of the past, or a memory of the putative past. Cultural memory represents an accumulation of narratives, images, symbols, and material artefacts that together define or identify a people or group by casting a look backwards in their history. Such shared memory is not suspended in air but is tied to specific times and settings, both at its origins and throughout its on-going transmission and reception. This paper aims to suggest an overriding cultural mood that may have influenced the book of Joshua. The discussion is hypothesis-driven: a proposal for a specific cause that may have elicited the Joshua narrative will be tested to see if it is plausible and adequate to account for the development and preservation of this narrative.

The book of Joshua has drawn its share of controversy over the years. Serious questions are raised about the extent to which it can be taken as a realistic, historical account of the occupation of the land of Canaan, and opinions range over the full spectrum of possible interpretations, from total or near-total acceptance of its historicity to a complete disavowal of its usefulness as a historical source of the period it describes. As literature, the prose sections, the reports of land distribution, and the exhortative sections have all been variously interpreted as legendary, rhetorical, historical, political, imaginary, and ideological. Several issues, whether about history, literature, or morality, still persist. Does the book belong to a Hexateuch or to a Deuteronomistic History or to neither? Is there conflict or continuity between its account and that of the book of Judges? When, why, and by whom was it composed? Was there an identifiable, cohesive "people" in the premonarchic period, or only later—if at all? Does the description of the tribal boundaries coincide with the history of tribal areas in the land? Morally and theologically, what significance do the battles, the punishments, and the one-sided victories have in the history of the Israelites' ethic and ideology? Politically and economically, does the book legitimate a hierarchical structure and inequality in Israel's society? What is it about the book of Joshua that gives it such an allure and yet also raises so many fundamental questions?

Anomie and Recovery

The concept of anomie, a classic construct from the field of sociology, offers a helpful perspective on one type of social disorder that may illuminate the Joshua tradition's origin or its later revision. For Émile Durkheim,[1] society, especially one that is small-scale, is ideally an organic whole with various features built in to maintain its solidarity and equilibrium—a reasonable division of labor, a convergence of ideology and real life, a match between an individual's actions and the larger social and moral system, a certain flexibility rather than rigidity in social organization, and traditional religion to shore up common values. However, major change can disrupt this social order, whether through substantial economic or technical developments (e.g., industrialization) or through political upheaval undermining the structures of authority and regulation.

The result is anomie, a condition that can exist for a people or state as well as for an individual. For a group it is marked by societal distress or collapse; for an individual it can lead to suicide, a topic that Durkheim also studied with respect to anomie.[2] For the society, anomie results above all when one population sector exists at the expense of others, depriving the whole of the chance for solidarity. In his functionalist view of the interactions among components of society, Durkheim expected there to be a fair division of labor, a government that fosters harmony among social components, and "le consensus spontané des parties."[3] He criticized "la division du travail contrainte"[4] and the superimposition of power, especially from the outside. As important as laws are, he emphasized, "ce n'est pas assez qu'il y ait des règles; car, parfois, ce sont ces règles mêmes qui sont la cause du mal."[5] Durkheim did not expect a homogeneous society; differences and diversity are vital to a functional whole. Anomie exists, however, when the community loses its cohesiveness and coherence. On the other hand, "l'état d'*anomie* est impossible partout où les organes solidaires sont en contact suffisant et suffisamment prolongé."[6]

Durkheim's functionalism can go a long way in addressing issues fundamental to the book of Joshua, but it needs to be supplemented by political and economic analysis as well. Thus questions of authority, hierarchy, wealth distribution, state violence, property, inheritance, and other such factors must also be taken into consideration.

Book of Joshua: Cohesion and Stress

The book of Joshua, in the form in which we have received it, conveys on its surface an image of Durkheim's unity—not a literary unity but a convergence of the multiple parts of a community functioning together. Joshua and the Israelites enter the land as one people, and the only ones left behind at the Jordan River, besides Moses, are

1. Émile Durkheim, *De la division du travail social*, 4th ed. (Paris: Librairie Félix Alcan, 1922; 1st ed., 1893); ET: *The Division of Labor in Society*, trans. W. D. Halls (New York: Free Press, 1984).

2. Émile Durkheim, *Le suicide: Étude de sociologie*, 2nd ed. (Paris: Presses universitaires de France, 1967; 1st ed., 1897); ET: *Suicide: A Study in Sociology*, trans. John A. Spaulding and George Simpson, ed. George Simpson (Glencoe, IL: Free Press; London: Collier-Macmillan, 1951).

3. Durkheim, *De la division*, 351; ET, 297: "spontaneous consensus of its parts."

4. Ibid., 367; ET, 310: "forced division of labour."

5. Ibid., 367; ET, 310: "it is not enough for rules to exist, for occasionally it is these very rules that are the cause of evil."

6. Ibid., 360; ET, 304: "a state of *anomie* is impossible wherever organs solidly linked to one another are in sufficient contact, and in sufficiently lengthy contact."

the wives and children of the two and a half tribes that will occupy the area east of the river. Their husbands and sons will rejoin them when the conquest of Canaan has concluded. The narrative describes a near-perfect invasion and occupation. The only losses taken by the Israelites are the 36 warriors killed at Ai following Achan's violation of the חֵרֶם requirements. With that exception, the Israelite army is invincible, even against fortified cities and overwhelming opposition. With the battles done, Joshua proceeds to divide the land among the twelve tribes. The process occurs with no acrimony, the only slight exception being that the Josephite tribes, Manasseh and Ephraim, ask for increased space because of their larger population and are given the wooded hill country (17:14–18), perhaps an etiology for the prominence of the large central area in the history of the divided monarchy.

Equilibrium in the book is lost at three points, each time quickly recovered: in the stories about Achan, about the Gibeonites, and about the eastern tribes and their altar. Chapter 7, the Achan narrative, depicts the problem as the action of a solitary figure, although the account is introduced as a corporate failing: וַיִּמְעֲלוּ בְנֵי־יִשְׂרָאֵל מַעַל בַּחֵרֶם ("the Israelites violated [the terms of] the *ḥērem*," 7:1). Achan's whole household pays for his wrongdoing, and after the punishment the community is back on the path of victory. Soon thereafter (in Joshua 9) the Gibeonites dupe the Israelites, especially Joshua and the leaders, and the people are disgruntled with their leaders because of it: וַיִּלֹּנוּ כָל־הָעֵדָה עַל־הַנְּשִׂיאִים ("the whole community murmured against the leaders," 9:18), even though in the end they benefit from the service the Gibeonites must render to the Israelites.

The most striking anecdote of discord comes in Joshua 22, when the two and a half tribes assigned to the land east of the Jordan River erect an oversized altar at the river before returning to their homeland.[7] When the western tribes discover it, they ready themselves for civil war, but first they send a delegation to remonstrate with the easterners. Eventually the eastern tribes persuade them that they had acted in good faith, out of concern that the descendants of the western tribes would later forget that the easterners also belong to the house of Israel. The terms used to refer to the community reveal the discord: in the book of Joshua the word "Israel" appears 160 times, and outside ch. 22 virtually all occurrences of "Israel" (the possible exceptions are in 4:12; 11:21, 22, 23; 12:7; 13:6; and 18:10) embrace all twelve tribes. Here in ch. 22, however, of the 19 occurrences of "Israel," 16 are very explicit in *excluding* the two and a half tribes east of the Jordan. Thus, for example, in v. 9: וַיָּשֻׁבוּ וַיֵּלְכוּ בְּנֵי־רְאוּבֵן וּבְנֵי־גָד וַחֲצִי שֵׁבֶט הַמְנַשֶּׁה מֵאֵת בְּנֵי יִשְׂרָאֵל מִשִּׁלֹה אֲשֶׁר בְּאֶרֶץ־כְּנָעַן ("So the Reubenites, the Gadites, and the half-tribe of Manasseh returned home, departing from the Israelites at Shiloh, which is in the land of Canaan"). Or again in v. 12: וַיִּשְׁמְעוּ בְּנֵי יִשְׂרָאֵל וַיִּקָּהֲלוּ כָּל־עֲדַת בְּנֵי־יִשְׂרָאֵל שִׁלֹה לַעֲלוֹת עֲלֵיהֶם לְצָבָא ("When the Israelites heard of it, the whole Israelite community gathered at Shiloh to make war against them [i.e., the tribes east of the Jordan]"). Aside from these three cases—Achan's sin, the Gibeonites' deception, and the easterners' altar—the whole people of Israel shows no tension among themselves within the book of Joshua—thus an unbelievably congenial group despite its enormous size of some two million people (600,000 warriors plus their children, according to Exod

7. For more discussion, see my "Joshua 22 and the Ideology of Space," in *"Imagining" Biblical Worlds: Studies in Spatial, Social, and Historical Constructs in Honor of James W. Flanagan*, ed. David M. Gunn and Paula M. McNutt, JSOTSup 359 (Sheffield: Sheffield Academic, 2002), 51–63.

12:37; or 603,550 warriors with no mention of their families, but excluding Levites, according to Num 1:45–47), a population group in which one can realistically expect some discord and dissension.

It is most likely that the book of Joshua, with its nearly idyllic portrait, is not the product of tranquil times but, quite the opposite, stems from a period of exceptional societal anomie. Israel's history experienced its share of tragedy and disruption, but not all of it matches the conditions suggested in Durkheim's construct. We are looking for periods when social, political, and economic structures have come out of balance, when sovereignty and sense of identity are lost and not yet regained, when social norms are either unsettled or overly rigid, when no entity exists to overcome tensions and establish harmony among the society's components. Such anomie can lead to a society's—or an individual's—demise, or it can become the occasion for new resolve and new formation of identity through a reconceptualization of their world. It can also occasion the formation or expression of cultural memory, the creation of a narrative to draw the people toward a harmonious or, at the minimum, a manageable coexistence. This memory thus juxtaposes past and present, developing a story about former times to give direction and meaning to the present era. Of the several periods usually associated with the growth of the Joshua tradition, two plausibly have a social and political context that can explain the basic unity depicted in the narratives, a literary unity that belies the disruption and loss of identity actually being experienced during these later periods: first the times of the Neo-Assyrian collapse and then, secondly, the final part of the Persian period and beginning of the Hellenistic age.

Three Periods Not Characterized by Anomie and Recovery

First, though, it would be well to address the three other periods to which Joshua has often been attributed and consider whether they also fit this description of an anomic political and economic situation and thus whether, ex hypothesi, they are likely settings for the creation or substantial revision of the Joshua materials. The first is *the premonarchic setting*, presupposed in the traditional, precritical interpretation of Joshua and still advocated in certain branches of critical scholarship, such as forms of the so-called Biblical Archaeology or Biblical Theology movement, which flourished in the 1950s and 1960s. Here the tendency has been to view the account as a realistic, historical or quasi-historical recording of events and processes associated with taking the land from the Canaanites and apportioning it among Israel's twelve tribes. These "events" have been dated at various points in the centuries leading up to 1200 BCE, but in the past century most advocates of this scenario have placed Joshua's conquest in the period around 1200 BCE, following an exodus from Egypt putatively during the time of Ramesses II in the thirteenth century. According to this interpretation, Joshua actually led a campaign to conquer Canaan, succeeding in most respects and finishing with the land division and a call to religious commitment.

From what we know and can surmise about the Iron I period, the conditions of anomie were not dominant at that time in the land of Canaan. A protracted settlement of the land was underway, resulting in approximately a ten-fold increase in population from 1200 to 1000 BCE in the highlands and other regions. New settlers entered gradually and from a variety of origins, while others were indigenous to the area. The whole region was not traumatized by warfare during those centuries, and there was no discernible disjuncture over social norms or tensions between parties. The settlement period marked, if anything, an evolutionary process when the land's inhabitants took advantage of available resources and developed a life-style conducive to the region. Survival was not easy in this subsistence economy, but we know of no pervasive system of exploitation by elites, such as occurred later under the monarchy. The people did not need to develop a story about taking possession of the land militarily. Furthermore, archaeology has not strengthened the case for the notion of a premonarchic point of origin of the book of Joshua: less than one third of the testable reports of conquests and occupations are confirmed in the material record.[8]

Yet even if the Joshua narrative, or a portion of it, stems from the Iron I period, we know of no plausible way for it to have been remembered with much accuracy. Whatever level of writing was available during that time in the southern Levant, it is inconceivable that sufficient literacy existed there among some premonarchic group, such as a scribal class, significant enough to have recorded and preserved the memory of the people's origins.[9] The historicity of oral traditions that plausibly thrived during that period is notoriously difficult to assess, even if we could know what those traditions were.

The second unlikely context for the origin of the Joshua story has long been advocated by many biblical scholars: *the early monarchy*. Perhaps under Solomon, so the old argument in scholarship goes, state officials sought to secure the legitimacy of the kingdom by crafting a retrospective account of the origins of the people, the divine approbation, and the emergence of singular leadership—first Moses, then Joshua, and eventually the monarch. The Yahwist's source document, at least according to many early source critics and later also Gerhard von Rad, stretches through the Pentateuch and Joshua, that is, the Hexateuch, and J was a product of this period.[10] It was not cut from whole cloth but was based on premonarchic traditions arranged and elaborated in a manner to aggrandize the Israelites' hold on the land, and it also needed to comply with religious expectations and the commands of the king. Moreover, for some scholars, especially during the early part of the twentieth century, the Yahwist was not the only source document in the book of Joshua; Otto Eissfeldt, for example, held that Josh 1:1–13:14 comprises the three early sources—J, E, and his own extra source, L (for "Laienquelle"), whereas the chapters covering the distribution of land are heavily P,

8. See my "Erobring og okkupasjon: Krig ifølge Josvaboken," in *Historie og Konstruktion: Festskrift til Niels Peter Lemche i anledning af 60 års fødselsdagen den 6. september 2005*, ed. Mogens Müller and Thomas L. Thompson (Copenhagen: Museum Tusculanums Forlag, Københavns Universitet, 2005), 259–68; ET with revisions: "Conquest and Culture: Joshua's Battles," in *Crossing Textual Boundaries: A Festschrift in Honor of Professor Archie Chi Chung Lee for His Sixtieth Birthday*, ed. Lung Kwong Lo, Nancy N. H. Tan, Ying Zhang, and Kwong Ping Li (Hong Kong: The Divinity School of Chung Chi College, The Chinese University of Hong Kong, 2010), 261–72. The archaeological data regarding Israel's early history have been reconsidered especially by Israel Finkelstein, *The Archaeology of the Israelite Settlement* (Jerusalem: Israel Exploration Society, 1988); see also his many subsequent studies.

9. See my *Law, Power, and Justice in Ancient Israel*, LAI (Louisville: Westminster John Knox, 2011), 93–109 and 173–74.

10. Gerhard von Rad made his case in *Das formgeschichtliche Problem des Hexateuch*, BWANT 4/26 (Stuttgart: Kohlhammer, 1938); ET: "The Form-Critical Problem of the Hexateuch," in *The Problem of the Hexateuch and Other Essays*, trans. E. W. Trueman Dicken (Edinburgh: Oliver & Boyd, 1966), 1–78.

except where J provides information for the southern tribes and E does the same for the northern tribes; then chs. 22–23 are entirely P, while the final chapter is mostly E.[11] Thus even without considering Solomon's time as a high moment of literary activity, source critics have generally attributed the early documents to the early kings.

This proposal faces multiple problems, the most basic of which is the very existence of a so-called Solomonic Enlightenment[12]—to say nothing of the existence of Solomon himself—now that fundamental questions are raised about the character of the tenth century BCE and the start of the monarchy. The larger issue for us, though, is that such a period during the early monarchy does not suggest anomie. Although substantial change occurred with the onset of centralized authority, it is not to be characterized as social unsettledness. A ruler and his government had taken control of the country, and the people were obliged to comply when commanded. The people also could not linger in misery since they had to meet the monarch's constant demand for taxes and forced labor. The vast majority of the population, upwards of 90 per cent, may have been unhappy with the new system, but they had no means to coalesce in resistance. The corvée meant disruption in the division of labor, but again it was presumably known to be standard, unavoidable fare in monarchies.

After the premonarchic and the early monarchic settings, the third period that does not match a situation of anomie is *the Babylonian exile*. Since his book in 1943, Martin Noth's thesis about the Deuteronomistic History has dominated scholarly discussion, even with the numerous efforts to modify it or contest it.[13] Noth proposed that the historical account running from Joshua through 2 Kings was composed in Babylon during the Judeans' exile, perhaps near 560 BCE. He was adamant in maintaining that the Deuteronomistic historian was an author, not a redactor, who was responsible for much of the material, especially its character as a connected historical narrative from beginning to end. He acknowledged that earlier traditions existed, but they became newly transformed in the Deuteronomist's hands. The book of Deuteronomy provided the theological and historiographical direction for the work, the overall purpose of which was to show to the exiles why they were being punished—that they were exiled not only for their own faults but for the long history of disobedience and apostasy traced back to Joshua if not even before. Subsequent revisions of Noth's hypothesis

11. Otto Eissfeldt, *Einleitung in das Alte Testament: Entstehungsgeschichte des Alten Testaments*, 3rd ed. (Tübingen: J. C. B. Mohr [Paul Siebeck], 1964; 1st ed., 1934), 333–39; ET, *The Old Testament: An Introduction*, trans. Peter R. Ackroyd (New York: Harper & Row, 1965), 250–55; also Eissfeldt, *Hexateuch-Synopse: Die Erzählung der fünf Bücher Mose und des Buches Josua mit dem Anfange des Richterbuches* (Leipzig: Hinrichs, 1922), 202–50.

12. See especially the critique of this idea by James L. Crenshaw, "Studies in Ancient Israelite Wisdom: Prolegomenon," in *Studies in Ancient Israelite Wisdom*, ed. James L. Crenshaw (New York: Ktav, 1976), 16–20. Crenshaw's focus is the wisdom tradition and the notion that sapiential thought might have been at a peak during Solomon's reign, but his critique encompasses also von Rad's presumption of the era as a "literary revolution" and even "a blossoming of economic and cultural life" (17).

13. Martin Noth, *Überlieferungsgeschichtliche Studien: Die sammelnden und bearbeitenden Geschichtswerke im Alten Testament*, 3rd ed. (Tübingen: Niemeyer, 1967; 1st ed., 1943); ET: *The Deuteronomistic History*, 2nd ed., JSOTSup 15a (Sheffield: JSOT, 1991). For discussion and critique of Noth's theses and analyses, see among others Stephen L. McKenzie and M. Patrick Graham, eds., *The History of Israel's Traditions: The Heritage of Martin Noth*, JSOTSup 182 (Sheffield: Sheffield Academic, 1994); and my "Deuteronomy and the Deuteronomists," in *Old Testament Interpretation, Past, Present, and Future: Essays in Honor of Gene M. Tucker*, ed. James Luther Mays, David L. Petersen, and Kent Harold Richards (Nashville, Abingdon, 1995), 61–79.

have included postulating later redactions (sometimes called the "Göttingen school"), proposing pre-Deuteronomic sources, coordinating the Deuteronomistic History with the redactional work on the Pentateuch, or largely dismissing it as a viable hypothesis.

One might expect that being exiled from one's homeland would lead to the feelings of despondency and helplessness associated with anomie. The Judean exiles certainly had lost hold of their sovereignty, but this situation was nothing new after a century of Neo-Assyrian vassalage and then, except for perhaps a few years under Josiah, nearly seventy years of Neo-Babylonian rule. But there are several other considerations to the concept of anomie that override the factor of physical dislocation. Those in Babylonian exile were relatively few in number, only 4,600 according to Jeremiah (52:28–30), and perhaps even fewer. Virtually all of them were ranking individuals—the royalty, the wealthy, governmental officials, upper-level priests, and various retainers. These were people who would have missed the pampered life, but many of them presumably possessed the determination to cope and survive at whatever cost. They restored order out of their own disorder since they could easily revert to the structures of authority and regulation prevailing prior to the fall of Jerusalem. A good sign of the cohesiveness and stability they recovered is the fact that many chose not to return to Yehud when Cyrus released them, but instead remained in Babylonia and grew into a community that survived another millennium and more, a prominent center of learning strong enough to have produced the Babylonian Talmud.

Scholars have at times[14] claimed that the exilic period was the most literarily productive time in the life of ancient Israel: crafting the Deuteronomistic History, preserving and redacting the Pentateuchal sources, compiling and editing some of the prophetic books, assembling the laws, and otherwise putting Israel's literary house in order. It gives the impression of an artistic colony where individuals cluster together to enhance their own skills and productivity. Frankly, it is unlikely that such was the case at all. This picture is a result of earlier hypotheses about Israel's literary history, and it does not match the situation of displaced elites in a foreign situation where they immediately needed to learn to survive and to comply with the emperor's expectations.

One further point: if all of this literature, including Joshua and the rest of the Deuteronomistic History, did in fact emerge from the Babylonian community, then these books are definitely not the product of "Israel." The elites in Babylonian exile constituted only a tiny proportion, perhaps only 1 or 2 per cent, of the total Judean population, and all the others who survived Nebuchadnezzar's battles remained in the land as laborers and peasants. The latter constituted the vast majority, and their voice would have been virtually unrepresented in any literary products that might have issued from the Judean elites in Babylonia. The upper class was indeed uprooted when they were taken into exile, but they represented too miniscule a group and socioeconomically too privileged a sector to be a proxy for the whole people.

These problems, among others, undercut the common proposals that the Joshua materials were created or significantly enhanced during the premonarchic, the early monarchic, or the exilic periods. Using the criterion of social anomie is not the only, nor necessarily the best means to determine the setting or settings in which the Joshua

14. For example, Peter R. Ackroyd, *Exile and Restoration: A Study of Hebrew Thought of the Sixth Century BC*, OTL (London: SCM, 1968).

tradition was created, but it does provide grounds for putting certain contexts into question and considering others more seriously. There are two such settings that seem to qualify better as periods of anomie, even if they may not necessarily have served as the contexts in which the Joshua narrative arose. More on this specific question later.

Two Periods of Anomie and Recovery

The first is the latter part of the seventh century in the kingdom of Judah, during *the time of Josiah*. The reform attributed to King Josiah in 2 Kings 22–23 has been taken by many modern scholars as a prime occasion for the creation of literature, perhaps even as the setting for the initial appearance of a canonical impulse. This anecdote about the discovery of the "book of the law" has led many to associate it with the laws of Deuteronomy 12–26, especially since the report of Josiah's reform measures seems to conform to expectations in these Deuteronomic laws—centralization of the cult in Jerusalem, destruction of non-Yahwistic shrines and images, elimination of apostate priests and other cultic functionaries, reinstitution of the Passover, and commitment to obey YHWH's commandments. In addition to these laws, the accounts of Israel's and Judah's kings may, according to this hypothesis, have been worked into a narrative of Israel's history after Moses, a first draft of what later became the Deuteronomistic History, thus the idea of the "double redaction" of this material.[15]

But this picture harbors a rather idealistic view of Josiah and his reform. The country had been overpowered and exploited by the Neo-Assyrians for a century. Tributes were heavy, the corvée demanding, and the indigenous ideology and identity depleted. As often the case, the general populace learned to accommodate themselves to their overlords. But with the gradual lifting of the Neo-Assyrian yoke in the 620s and 610s, the rigid system may have relaxed somewhat, and the various components of society needed once again to find a way to realign into a harmonious whole. This is anomie followed by a stage of recovery, a liminal period that ideally can eventuate in stability. If Josiah's reform occurred as described, it could have aided this process, but its stern methods of obliterating practices considered deviant must have had the effect on the masses of once again simply having one master replaced with another. Josiah's strategy also included fiscal reform, such as taxation, redistribution of resources and land, and organization of the corvée.[16] The social, political, and economic situation needed to be put back in balance again in order for the anomie to be dispelled.

In this context a new narrative could respond to the unsettled nature of the society at the time. The people were familiar with the power of an imperial army bent on conquering any land in its path. Now with the Neo-Assyrians receding, there was place for a story about an Israelite hero who led his people in a successful campaign to take possession of the homeland, ridding it of non-Israelite groups and non-Yahwistic practices. The initial focus of this campaign was the center of the country, and then it

15. See especially Frank Moore Cross, *Canaanite Myth and Hebrew Epic: Essays in the History of the Religion of Israel* (Cambridge, MA: Harvard University Press, 1973), 274–89; and Richard D. Nelson, *The Double Redaction of the Deuteronomistic History*, JSOTSup 18 (Sheffield: JSOT, 1981).

16. W. Eugene Claburn, "The Fiscal Basis of Josiah's Reforms," *JBL* 92 (1973): 11–22.

spread to conquer the west and south and finally the north. This mention of the north would have had special significance because, following the fall of Samaria in the late eighth century BCE, a good number of northerners may have escaped or relocated to the south. The narrative thus envisions in idealistic and unrealistic fashion the reunification of north and south, a point reinforced as Joshua then proceeds to apportion the whole land to the twelve tribes. It also can explain a striking feature in the land assignments: the boundaries between tribes are much more detailed in the south than they are in the north, suggesting that the southerners had only an approximate knowledge of the north and that the descendants of any northern immigrants had little more particulars themselves. Another item is the role played by cities in this narrative. Joshua's campaigns do not so much focus on territories as they do on urban centers, from Gaza and Debir in the south to Hazor and Kedesh in the north. This should not surprise as Jerusalem itself had acquired new significance during the seventh century, when its size more than doubled from ca. 6,000 to ca. 13,000 and from ca. 30 to ca. 65 hectares, with many of the people living outside the walls. This increase in population may have several sources, including the influx of refugees from the north or from other southern cities such as Lachish.

But did some form of the book of Joshua exist as a cultural memory during the latter part of the seventh century? It is rather doubtful, and if so it was more likely in oral than written form for the same reasons adduced above regarding writing and archiving during the premonarchic period. Another reason is that this period of anomie was relatively brief, perhaps only 10 to 15 years until Josiah was killed at Megiddo in 609. The lineaments of a triumphant tradition could have begun, but it is unlikely that it circulated much among the people of the land or was recorded and preserved for posterity. External forces, Egyptian and Babylonian, interfered, bringing an abrupt shift from any remaining anomie to colonial subservience in the land.

The second period of anomie occurred, in my view, during *the time of the Persian empire*, probably the second half of the Persian period and perhaps reaching into the early part of the Hellenistic period. Here the political and economic situation differed from that of the latter decades of the seventh century, but its impact was just as severe or more so. Much of the land had been devastated by the Babylonians. Jerusalem, Lachish, and other cities were reduced to pitiful ruins. Inhabited spaces decreased some 70 per cent, even up to 90 per cent in the environs of Jerusalem and in the Shephelah. The population of Judah had been about 110,000 at the end of the seventh century, but then only 30,000 to 40,000 under the Babylonians. Most of the population lived in villages, especially in the area of Benjamin and in the Judean highlands. During the Persian period some cities were eventually rebuilt, but their population did not increase much until the Hellenistic and Roman periods. Jerusalem may have reached a few thousand inhabitants by the end of the Persian period, but it did not have much economic or political significance at the time.[17] Life continued primarily in the countryside, especially because of the Persian policy of ruralization.[18]

17. For a more detailed discussion and bibliography on urbanization and demographic spread during these periods, see my *Law, Power, and Justice in Ancient Israel*, especially 115–26 and 157–73.

18. Kenneth Hoglund, "The Achaemenid Context," in *Second Temple Studies*. Vol. 1, *The Persian Period*, ed. Philip R. Davies, JSOTSup 117 (Sheffield: Sheffield Academic, 1991), 54–72.

Another factor contributing to anomie was the conflict resulting from the return of Babylonian exiles, who were apparently not much welcomed by the Judeans/Yehudites who had remained in the land. The returnees were descendants of the elites who had been taken to Babylonia, and they would understandably have been raised to expect privilege, standing, and property when and if they returned to their homeland. The tension between these aspiring elites and the indigenous Yehudites was eventually tipped to the benefit of the upper class who curried favor with the Persians, especially Darius at the time of the building of the Second Temple. We hear about additional tensions in the books of Ezra and Nehemiah; the demands to divorce foreign wives must have seemed especially harsh and unnecessary to many Yehudites. The waning years of the Persian empire and then the political uncertainties after Alexander's death left those in Yehud in an unsettled situation. Some within the community sought to assume leadership positions, but the majority of the population scattered around the countryside were resistant to central control and disheartened about their own prospects.

It is difficult to imagine any specific incident or external factor that triggered the development of the Joshua traditions, except perhaps a prolonged colonial period and stress-points within the Yehudite community. Whether the Joshua story emerged from the imagination of the priests, from other leaders, or from the general population is impossible to know, but there is a remarkable convergence between the story line and the circumstances of Persian Yehud. This administrative district was tiny, with a radius of scarcely 25–30 kilometers around Jerusalem.[19] Yet many of the events reported in the Joshua story transpire within this minuscule region. Joshua's troops cross the Jordan in this area. The great battle described at Jericho is here, as are the conflicts at Bethel and Ai. The kings of the south lead their forces into Yehud, and Joshua routs them at Gibeon, following them back to their cities, which he sacks. Thus the first ten chapters of the book transpire almost entirely within the small confines of Yehud, and only the eleventh chapter sees Joshua moving farther afield to take Hazor and other cities of the north. Their kings had first come south to attack Joshua at Merom, an unknown site that also may have been within or near the Yehud territory. The distribution of the land is situated at Gilgal and Shiloh, both near to if not within Yehud. Residents of the area were surely familiar with nearby ruins, and the narrative functions well as an etiology for some of them.

The whole account in the book of Joshua has the effect of affirming the centrality of those living in Jerusalem or within close proximity to it, an appealing message to them. In addition, from this center stems a variety of elements with impact over the wider territories: an orderly division of the land by the leader, land grants to key figures (the leader Joshua and the hero Caleb), an orderly establishment of religious leadership (the priests and Levites), a judicial system (a method for identifying the guilty Achan and the designation of cities of refuge), direct response to a possible insurrection (Joshua 22), and the formation of a cohesive and obedient community (Joshua 24). Far from being a realistic historical description of early times, the picture

19. See especially Oded Lipschits, *The Fall and Rise of Jerusalem: Jerusalem under Babylonian Rule* (Winona Lake, IN: Eisenbrauns, 2005), 134–84; and note also the expanded area if the focus is not on borders but on ethnos, as proposed by John W. Wright, "Remapping Yehud: The Borders of Yehud and the Genealogies of Chronicles," in *Judah and the Judeans in the Persian Period*, ed. Oded Lipschits and Manfred Oeming (Winona Lake, IN: Eisenbrauns, 2006), 67–89.

projected back to the "Joshua period" mirrors much later ideals regarding leadership, control of the land, and cultic requirements. If it results in a securer standing for priests and community leaders and in a more compliant work force, then so much the better for the governing elite. Political and economic gains are not insignificant in a land that has lost its sovereignty. Ideologies and special interests play significant roles in coping with anomie and creating and preserving cultic institutions and traditions.

This study has tested the hypothesis that the book of Joshua enshrines a memory based above all in the experiences of, or directed to, those who lived in a period of social and political unsettledness and lack of control. We can discern in this literature a reciprocal projection consistent with such a period. On the one hand, the people of a much later time projected a picture reflecting their own liminal, uncertain circumstances back to a period nearly one thousand years earlier. They may have based its details on some old traditions or even documents, but it is speculative on our part to make that claim. The narrative could just as well be an invention of these later people themselves or of one of their subgroups.

Yet they did not tell this story merely to fill in the blanks of that early period by presenting an imaginative scenario of how the Israelites first came into control of the land. Rather, the Joshua story has an unmistakable forward-looking aspect as well; note, for example, the erecting of several stone monuments by Joshua and the reason given by the eastern tribes for the building of the altar, as well as the allotment of ancestral lands to the tribes and the commitment to faithful worship in the final chapter. Thus the second part of the reciprocal projection is the narrative's own assurance of the future generations' place in the land, a pledge designed to convey hope and promise to those in a period of anomie, who were experiencing social distress, an absence of political and economic security, and threats to their very identity, all of which seems best to characterize the Yehudites of the late Persian and early Hellenistic periods. The grandiose depiction of Joshua's conquest and occupation of the land is suggestive of a later longing to reclaim the Yehudite land as a sovereign territory, instead of the colonial province it was. The authors projected a scenario of power and stability back into the imagined past, which in turn modeled the structure they themselves sought for their own times. Even if they had little chance to overpower their Persian masters, this idealistic image provided a means for the community to cope with their anomie by anticipating better circumstances either as residents in the land of Yehud or as diaspora elsewhere in the empire. The people could believe that the story of Joshua's triumphant occupation of Canaan augured well for their own recovery of place, sovereignty, and identity.

CHAPTER 28

The Plague of Darkness and the Creation of Light: A Reading of Psalm 105:26–36 from the Notion of Calamities in Chinese Perspective

Archie C. C. Lee
Center for Judaic and Inter-Religious Studies, Shandong University

The Multiple Contexts of the Bible: From West Asia to East Asia

The wonderful lecture series delivered by professor Jack Sasson in Hong Kong in 2001 on Hebrew origins[1] has inspired thinking and aroused audience interest in both Assyriology and biblical studies. Stimulated by the incorporation of ancient Near Eastern (ancient West Asian) materials in the process of interpreting the Bible, some faculty and students have been given fresh impetus and new motivation to reflect on the East Asian context in approaching biblical studies. To be sure, both contexts of the ancient East Asia (AEA) and ancient West Asia (AWA) do not play the same role, and they do present different challenges in biblical studies. However, contexts matter and shape our comprehension of the biblical text, whether in its production or in its subsequent interpretation.

Cross-textual hermeneutics has been proposed by the present author to accommodate the Asian texts and their contexts in enlightening the biblical text.[2] Asia, as home to most, if not all, of the major world religions, has a plurality of texts, including sacred scriptures, not to mention the Hebrew Bible which is somehow inconceivable if it is read completely in isolation from the Mesopotamian and Canaanite contexts of AWA. The Hebrew Bible and the Judeo-Christian communities have migrated in journeys both eastwards to Central Asia and beyond as well as westwards to Europe before arriving in East Asia during different periods of time in history. The Bible travelled with the believers, traders, scholars, explorers, missionaries and colonizers, to name just the major ones. It has been interpreted by the natives in dialogue with their local scriptures. Translation of the Bible into the vernaculars during the Protestant missionary movement is an occasion for the Bible to be read in the light of the indigenous cultural and religious text. In a sense, translation projects have created new versions of the Bible through the process of cross-textual interpretation as though the Bible

Author's note: The research that made the writing of this paper possible was supported by the National Social Science Fund of China on "The Hebrew Literary Classics in the Cultural Context of Ancient Mediterranean" (Project No. 15ZDB088).

1. Jack M. Sasson, *Hebrew Origins: Historiography, History, Faith of Ancient Israel* (Hong Kong: Theology Division, Chung Chi College, 2002).

2. Archie C. C. Lee, "Cross-textual Hermeneutics and Identity in Multi-textual Asia," in *Christian Theology in Asia: Emerging Forms and Themes*, ed. Sebastian Kim (Cambridge: Cambridge University Press, 2008), 179–204; and "Scriptural Translations and Cross-textual Hermeneutics," in *Oxford Handbook of Christianity in Asia*, ed. Felix Wilfred (Oxford: Oxford University Press, 2014), 121–33.

took on re-incarnation. These Asian versions are worth investigation as much as the ancient versions of the Bible in Greek, Aramaic, Syriac, and more, for inter-cultural fertilization, history of reception as well as cross-textual reading.

Besides versions in translation, the Bible in cross-textual interpretation (or more specifically, cross-scriptural interpretation) has received increasing scholarly attention in Asia in general and in China in particular. The approach focuses on reading the Asian text (Text A) cross-textually with the Bible (Text B) with the anticipation of providing the latter a new perspective that may enlighten current discussions on issues relating to a category of literature (historiography, legal tradition, liturgical text, wisdom literature, the prophets, etc.) or a particular passage.[3] The latter is being attempted in this paper in the reading of Psalm 105 regarding the problem of the darkness plague, which is first on this list of plagues sent by God to the Pharaoh but is ninth in the plague narrative of Exod 6:2–12:34.

This paper proposes a cross-textual reading from the perspective of the Chinese two-tier conception of natural disasters—as a warning to the ruling power and as an impending punishment of an abusive emperor. It is hoped that the Chinese tradition may enlighten the reading of the biblical understanding of the biblical plague of darkness, though no evidence of any historical connection between the Chinese text and the biblical text has been sought nor established. It is further noted in the last section of this paper that there is an oracular nature to the word sent to reveal the Heavenly/divine will for the redemption of the people in both Hebrew and Chinese traditions. A basic concern for the justice and welfare of the people is at the core of the notion of the plagues in the Bible and calamities in the Chinese context. This will enlighten our reading of the biblical text to relocate the indispensable theme of liberation of the people in contrast to the assumed polemical theological assertion of focusing on the power of the Almighty God against the Egyptian Sun-god.[4]

The Light and the Darkness in Genesis 1 and Psalm 105

I have written already on the issue of the plagues in the historical Psalms 78 and 105, the only two places where the plagues tradition is referred to and recited outside the book of Exodus.[5] A brief summary of the main ideas in the articles is in order. The darkness plague, which is narrated in the ninth position just before the death of the firstborns in Exodus, comes surprisingly as the first of the eight plagues in the poetic recitation in Ps 105:27–38. Furthermore, the very plague of darkness is missing in another poetic presentation of seven plagues assembled in Ps 78:43–51.[6] Readers look-

3. See attempts in the articles in Texts@Contexts Series (Fortress Press, 2010–16, and Bloomsbury T&T Clark, 2017–).

4. The use of capitalized "God" and "Gods" (exceptions are those in quotations) is intended to do away with the distinction between the intended elevated Judeo-Christian "God" and the degraded "gods" of other people and their religions.

5. Archie C. C. Lee, "The Context and Function of the Plagues Tradition in Ps.78," *JSOT* 48 (1990): 83–89; and "Genesis 1 and the Plagues Tradition in Psalm CV," *VT* 40 (1990): 257–63.

6. Psalms 78 and 105 are the only two places outside the Exodus narrative in the whole Hebrew Bible where the plagues are listed in relatively full form. In Psalms 135–136 only the death of the Egyptian firstborn is given.

ing just at the number of plagues and their sequential order in Psalm 78 (seven plagues) and Psalm 105 (eight plagues) may arrive at an initial conclusion that the versions may represent independent traditions.[7] My position is that the two psalms possess different memories of the saving acts of God as remembered to serve different purposes in context, and they preserved "different stages in the traditio-historical development of the plagues and each of them in turn reflects the historical-theological situations with which they are closely connected."[8] Older generations of scholars usually attempted to approach the issue of the transposition of darkness to the beginning of the plagues in Psalm 105 from the point of view of an intention to highlight the significance of darkness. A. F. Kirkpatrick explains the significance of the darkness in terms of an attack on the Sun-god worship of the Egyptians.[9] Similar views are expressed by W. E. Barnes, U. Cassuto, and Douglas A. Fox, to name just a few of the scholars.[10] Based on Richard Clifford's opinion of darkness as showing God's displeasure on the Egyptians, Dennis Tucker Jr. proposes that darkness announces God's displeasure with the land of Egypt in the subsequent plagues listed in Ps 105:29–35.[11] So far, no decisive reason for the positioning of the plague in Psalm 105 has been provided. The plagues are usually understood as demonstrating the power of YHWH in debunking the polytheistic religion of the Egyptians and their Gods ("And against all the Gods of Egypt I will execute judgment," Exod 12:12).[12] Scholars have, therefore, highlighted the cosmic dimension of conflict between light and darkness and the battle between YHWH and the Egyptian Sun-god Ra.[13]

There are characteristics in the Exodus narrative of the darkness plague, which must be noted. Firstly, the darkness is imaged as being so thick (חֹשֶׁךְ־אֲפֵלָה) that it can even be felt (וְיָמֵשׁ חֹשֶׁךְ) and, secondly, the darkness lasts for three days (שְׁלֹשֶׁת יָמִים) (10:21–22). Thirdly, the Israelites who have light are separated from the Egyptians who are in total darkness (10:23). The three-day duration of darkness is a recurrent motif, which may relate to the number of days the Israelites requested to journey into the desert to sacrifice to God (Exod 5:3; 8:23).[14] It is remembered as being prolonged in order to bring about panic among the Egyptians. The separation between the Israelites and the Egyptians is underlined in several of the other plagues (Exod 9:4–11).

Some scholars observe that the darkness plague as the ninth plague disturbs the usual assumption that the plagues narrative in Exodus follows a pattern of

7. B. Margulis, "The Plagues Tradition in Ps 105," *Bib* 50 (1969): 491–96.

8. Lee, "Genesis 1 and the Plagues Tradition in Psalm CV," 257.

9. A. F. Kirkpatrick, *The Book of Psalms* (Cambridge: Cambridge University Press, 1902), 621.

10. William E. Barnes, *The Psalms* (London: Methuen, 1931), 505; Douglas A. Fox, "The Ninth Plague: An Exegetical Note" (Abstract), *JAAR* 14 (1977): 219; U. Cassuto, *Exodus* (Jerusalem: Magnus, 1968), 129.

11. W. Dennis Tucker Jr., "Revisiting the Plagues in Psalm CV," *VT* 55 (2005): 409. See also R. J. Clifford, "Style and Purpose in Psalm 105," *Bib* 60 (1979): 420–27.

12. Ziony Zevit, "Three Ways to Look at the Ten Plagues," *BRev* 6, no. 2 (June 1990): 16–23, 42.

13. Theodore Mascarenhas, "Psalm 105: The Plagues: Darkness and Its Significance," in *Führe mein Volk heraus: Zur innerbiblischen Rezeption der Exodusthematik: Festschrift für Georg Fischer*, ed. Simone Paganini, Claudia Paganini, and Dominik Markl (Frankfurt am Main: Lang, 2004), 79–93. Barnes (*Psalms*) had already articulated this aspect of YHWH as more than the Sun-god since he creates light and darkness (Isa 45:7), the latter being a chief sign to express YHWH's displeasure.

14. Carol Meyers, *Exodus*, The New Cambridge Bible Commentary (Cambridge: Cambridge University Press, 2005), 88.

TABLE 28.1. Structural Arrangement of Genesis 1 and Psalm 105

Order in Creation and Plagues as Chaos		Genesis 1		Psalm 105
Days 1 and 4	1.	Light (vv. 3–5)		Darkness (v. 28a)
		+		+
Heavens	4.	Luminaries (vv. 14–17)		There was darkness (v. 28b)
Days 2 and 5	2.	Separation of waters (vv. 6–10)		Waters turned to blood (v. 29a)
Waters		+		+
	5.	Creatures in waters and sky		Fish in water died (v. 29b)
Days 3 and 6	3a.	Dry land appears (vv. 9–10)	a.	Land swarmed with frogs, flies, and gnats (vv. 30–31)
The Earth (Land)		+		+
	3b.	Vegetation according to kind (vv. 11–13)	b.	Vines, figs, and many other trees destroyed (vv. 32–33)
	6a.	Creation of Animals (vv. 24–25)	a.	Numerous kinds of locusts (v. 34)
		+		+
	6b.	Creation of the first humans (vv. 26–27)	b.	Death of Egyptian firstborn (v. 36)

intensification of the degree of destruction.[15] Mounting severity and increasingly devastating effects are expected as the presentation moves from the bloody Nile (Exod 7:14–25) to the death of all Egyptian firstborns in the final blow (Exod 11:1). The plague of darkness does not seem to fall in line with the pattern of an escalating intensity in the divinely imposed afflictions. But both of the accounts of the Egyptian plagues in Pss 78:43–51 and 105:27–38 do not give any sense of being increasingly destructive. To many readers, the restriction of movement and the impossibility of sight for three days do not seem to have lasting effects on the Egyptians (Exod 9:21–23). In Psalm 105, as noted by Stackert, there is also the issue of "its brevity and its variation from the other Exodus plagues."[16] Moshe Greenberg has pointed out the connection of the account of the plagues with the Priestly writer in his remarks on the pattern of 6+1 adopted by the Priestly creation account of Genesis 1, but he does not go further to elaborate it in regard to its implication for Psalm 105.[17] I proposed, following the structural and stylistic analysis of Genesis 1 by B. W. Anderson,[18] that, when read together

15. See Candida R. Moss and Jeffrey Stackert, "The Devastation of Darkness: Disability in Exodus 10:21–23, 27, and Intensification in the Plagues," *JR* 92 (2012): 366.

16. J. Stackert, "Why Does the Plague of Darkness Last for Three Days? Source Ascription and Literary Motif in Exodus 10:21–23, 27," *VT* 61 (2011): 658. He ascribes the darkness plague to P, which serves a wider and larger narrative purpose of being one of the "signs and wonders" of giving the people a three-day break from their hard labor, resulting in their trusting in the word of Moses (670–71). Moss and Stackert ("The Devastation of Darkness," 372, 367) go further to propose that the reason for P's narrative of darkness as the last plague may well be the avoidance of conflicting interpretations.

17. See Moshe Greenberg, "The Redaction of the Plague Narrative in Exodus," in *Near Eastern Studies in Honor of William Foxwell Albright*, ed. Hans Goedicke (Baltimore: Johns Hopkins University Press, 1971), 248 (243–52).

18. B. W. Anderson, "A Stylistic Study of the Priestly Creation Story," in *Canon and Authority: Essays in Old Testament Religion and Theology*, ed. G. W. Coats and B. O. Long (Philadelphia: Fortress, 1977), 148–62.

with Genesis 1, Ps 105:28–36 exhibits some degree of similarities in literary structure. There is the same movement from heaven, to waters, to the earth/land. Both pieces of literature place their focus and concern on the earth, the land of human residence or the Promised Land to the people of Israel, as evidenced in Table 28.1.

In reading both the creation story and the Plagues without the benefit of a cross-textual perspective, I was led in my 1990 article to conclude that the plagues are demonstrations of the might and power of YHWH in nature and on earth with the polemical dimension against the Egyptian Gods. Though I mentioned the continuum between creation and redemption, I did not emphasize enough the understanding that the very saving activity of God on behalf of Israel is an act of creative redemption of the people. Darkness signifies a way of returning to the primeval chaos and, in contrast, the creation of the light carries the renewed hope of the people enacted in history. Darkness and light are categories signifying the return to chaos for the Egyptians and liberation for the people of Israel respectively.

In what follows, I will go a step further to underline this point of the liberation concern of the plagues understood in cosmic terms with the perspective of the Confucian tradition of disasters and calamities. With the insight from the conception of the Will of Heaven articulated in human word, the aspect of the creative word of God in Genesis 1 and the redemptive word in the plagues tradition will be highlighted as well.

The Chinese Interpretation of Disasters and Calamities

Regarding Psalm 105 and in Exodus 10, the question of the nature and cause of darkness has not been specified, but most scholars assume that the darkness, being sent by God as punishment, may be attributed to the natural phenomenon of the eclipse of the sun. In Chinese traditions natural disasters and astronomical abnormality are mostly seen also as representing the Will of Heaven in communicating to the abusive ruler the displeasure of Heaven with great political implications and consequential effects on the stability and legitimacy of the reign of the emperor in ancient China. It was believed in the Han times (206 BCE–220 CE) that an eclipse of the sun is ominous for the ruler to the extent that destruction of the state and the death of the emperor are anticipated.[19] The idea is assumed to have begun in Confucian circles and further developed into both the retrospective and prospective dimensions, explaining the past and predicting the future respectively. It strengthens the characteristic political teaching of Confucianism and evolves into the technical tradition of divination. Though there were already well-established astronomic knowledge and cosmological explanations of the movement of the sun and the moon in China and their respective eclipses were rightly recognized as regular phenomena in the calendric calculation, the political implications of these ominous events as warnings to the ruling power and predictions of its downfall are repeatedly affirmed in Han China.[20]

19. See Kanli Chen (陈侃理), *Confucianism, Divination, and Politics: A Political Culture of Disasters and Calamities* (in Chinese 《儒学、数术与政治—灾异的政治文化史》) (Beijing: Beijing University Press, 2015).

20. Eclipses of the sun and the moon are duly recorded and thought to be taking place in a regular interval and periodic time. See "The Office on Heaven" (天官) in *Shiji* (史记, The Book of History) and

The basic position is that in a time of prosperity, peace, and justice, the cosmos is assumed to operate in a regular and normal way ("The Heavenly Way is Constant," "天行有常"). In Eastern Han (25–220 CE) some naturalist ideas developed that denied any thought of automatic links between human behaviors and natural disasters. The best representative of those naturalists is Wang Chong (27–100 CE).[21] Though from the time of the Han Dynasty to the dynasties of Sui and Tang (581–907 CE) there was an increase in the knowledge of astronomic phenomena and the skills in predicting and calculating the exact date for eclipses, the notion of the moral implication of the abnormality of natural disasters and calamities[22] nevertheless persisted. This may have been the result of the continuous insistence of Confucianism, taking advantage of irregular and strange events for teaching purposes, especially with the aim of regulating the power of the emperor and urging the officials to correct the oppressive government policies. Abnormality in the natural and social order, therefore, was regarded as a sign[23] sent by Heaven as a warning to the emperor and his bureaucracy.

During the Han era, the most influential person in advocating the notion of reciprocity between the Will of Heaven and human behavior was Dong Zhongshu (ca. 175–104 BCE). He is known for his two-tier ideas of disasters and calamities in China in the precious book entitled *Chunqiufanlu* (CQFL, *Luxuriant Gems of the Spring and Autumn*), which traditionally has been attributed to him. The book is a collection of commentaries on the ancient book of *Spring and Autumn (Chunqiu)*, a chronicle of disparate historical materials from the State of Lu (722–481 BCE). *Spring and Autumn (Chunqiu)* was, since the time of the Han Dynasty, believed to have originated from Confucius himself, who wrote or edited it "using an esoteric language of praise and blame to indicate approval or disapproval of the recorded historical events."[24] Before discussing natural disasters and catastrophic calamities initiated by Heaven, Dong Zhongshu lays out in his book the importance of both humaneness and wisdom for the advancement of human community in Chapter 30 entitled "The Necessity of [being] Humane and Wise."[25] He classifies abnormal events in two tiers: first, "disaster" which is understood as abnormality within the natural order sent by Heaven to show displeasure and disapproval, thus expressing warnings of Heaven to humans; and, second, "calamity" ("bizarre event") which is seen as the demonstration of Heaven's wrath to reprimand the emperor. The former, which always precedes the latter, is less ominous

---

"Shuo Tian" (说天) in *Lun Heng* (论衡) by Wang Chong (王充). Chen makes reference to these writings in Chinese, 165–69.

21. Michael Puett, "Listening to Sages: Divinations, Omens, and the Rhetoric of Antiquity in Wang Chong's Lunheng," *Oriens Extremis* 45 (2005–2006): 271–81. On the translation of Wang Chong's Lunheng into English, see Alfred Forke, *Lun Heng: Philosophical and Miscellaneous Essays of Wang Ch'ung* (Part I and II), 2nd ed. (New York: Paragon Book Gallery, 1962).

22. On "Abnormality in natural disasters" ("休咎之变"), see Chen Kanli, "The Constancy of Heavenly Way and the Abnormality in Natural Disasters: On Scholarship, Ritual and Institution for Sun Eclipses and Calamities in Ancient China," *Academia Sinica Journal of History and Languages* 83 (2012): 389–99.

23. On sign (xiang, 象), see Michael Loewe, *Dong Zhongshu: A "Confucian" Heritage and the Chunqiu fanlu* (Leiden: Brill, 2011), 129.

24. Sarah A. Queen and John S. Major, ed. and trans., *Luxuriant Gems of the Spring and Autumn* (New York: Columbia University Press, 2016), 11; on the author of *Luxuriant Gems* and its editions, see 69–114, 264–68. The abbreviation CQFL is used for the book written by Dong Zhongshu in distinction from the monograph by Queen and Major.

25. A full translation of the chapter is found in Queen and Major, *Luxuriant Gems*, 319–23.

while the latter is catastrophic and punitive.[26] Calamities are directed to the abusing and oppressive autocratic ruler with the intention of giving an ultimatum to him (almost all of the rulers are male in ancient China): the ruler must reform in order to be rescued. This last chance, showing Heaven's mercy and compassion, is a way to prevent any further mishaps that would jeopardize the welfare of the people. These ideas of the gradation of plagues and the concern for the well-being of the people are expressed in CQFL 30.2:

> Concerning the source of natural disasters and bizarre events, ultimately they are caused by the faults of the ruling family of the state. When the faults of the ruling family of the state are just becoming apparent, Heaven sends disaster and destruction to warn and inform them. If after being warned and informed [the ruling family of the state] does not change, then Heaven manifests uncanny and bizarre events to startle and terrify them. If after being startled and terrified [the ruling family of the state] still does not know to fear and dread [Heaven], only then will death and extinction overtake them. From this we can see that Heaven's will is humane and that Heaven does not desire to harm others.[27]

Dong is of the position that disasters are sent by Heaven to warn and reform the ruler. They express the humaneness of Heaven's will, which does not mean to destroy but to save. The ruler is therefore considered fortunate to be in the care of Heaven. Examples such as that of King Zhuang of Chu's praying to and beseeching Heaven are cited to illustrate this point. Dong further states that, if sage rulers and worthy emperors are those who delight in the reproofs of their ministers, they would be even more delighted to take the startling warnings from Heaven communicated to them through anomalies.[28]

In a way, the whole idea of the Will of Heaven in sending disasters and calamities is more "rhetorical" in its functioning as an expression of divine wrath and as an effective means of subversion and resistance for the powerless. It performs the role of checks and balances on the otherwise absolute authority of the ruler and his ministers. Of course, there was misuse of this means of widely acceptable consensus and well-established common belief to spread unfounded accusations to bring down opponents in internal power struggles among fractional interest groups and parties within the government. But there are also significant cases of the repenting emperors, who have responded positively in the wake of some tragic disasters. They issued self-criticism to declare themselves guilty and admit their own faults. This confession is formally called *Imperial Edicts of Self-Reprimand and Penitence* (罪己昭). In Han times there are a few emperors who did pronounce such an "Imperial Edict" followed by a change of policies for the good of the people. An example can be cited of Emperor Wen of Han in the year 178 BCE:

26. Queen and Major, *Luxuriant Gems*, 291. There are two parts in CQFL's ch. 30—the first part on the theme of being humane and wise (30.1) and the second on the implication of disasters (30.2).

27. Slightly modified from Queen and Major's translation, *Luxuriant Gems*, 322. This article uses "calamities" for "bizarre event." For discussion of Dong's biography, see Queen and Major, *Luxuriant Gems*, 13–38, 141–48.

28. Queen and Major, *Luxuriant Gems*, 291 and 323.

> In the eleventh month, on [the day] *kuei-mao*, the last day of the month, there was an eclipse of the sun. The imperial edict said, "We have heard that when Heaven gave birth to the common people, it established princes for them to take care of and govern them. When the lord of men is not virtuous and his dispositions in his government are not equable, Heaven then informs him [of that fact] by a calamitous visitation, in order to forewarn him that he is not governing [rightly]. Now on the last day of the eleventh month there was an eclipse of the sun—a reproach visible in the sky—what visitation could be greater?"[29]

Reforms are being initiated and implemented for the welfare of the whole state and the well-being of the people in times of natural disasters, flooding, eclipses, and earthquakes. The basic concern of the Chinese interpretation of disasters and calamities is to ascertain a proper operation and execution of kingship which should ensure the prosperity of the people who deserve to be governed on the principle of justice and righteousness. Even though the Chinese have already acquired, as stated above, the technical knowledge and made reliable tools in proximately predicting eclipses, the inevitability of the impending darkness would still provide an occasion for the emperor to take it as a warning and effect some changes of policy. Flooding and earthquakes are also examples of natural disasters that are sometimes without warning, but the teaching aspects will never be erased.

From this Chinese perspective, we gain the view of the Heavenly concern for justice and welfare of the people, which may shed light on the theological disposition of the biblical plagues being purely a demonstration of the divine power, as assumed by some readers. Behind the notion of the salvific-punitive dimension of disasters and calamities is the basic conception of the reciprocity of Heaven and its role in historical events. It is a correlative cosmology in which there is an attempt to articulate a religious and ethical world order. The will of Heaven reacts to what takes place in the social order and resonates in the historical process of humankind. With the attitude of apologetics and dogmatics of the religious communities in Judeo-Christian history, readers of the biblical text tend to highlight only the supreme power of God, especially in praising the victorious battle of YHWH over other deities, at the expense of losing sight of the redemptive socio-political dimensions at the core of the biblical text. Perhaps it is time to reconsider the possibility that Heaven's will is humane, and that Heaven does not desire to harm others but to save both the oppressed and the oppressors. Calamities seen as warnings in the Chinese perspective serve to change the emperor's conduct so that he focuses on the welfare of the people. We are invited to revisit the plagues and look for the liberating element of Israel rather than the punishment of the Pharaoh and his people. The "hardening of the heart of Pharaoh"[30] is in the Chinese perception hard to comprehend. Endorsing a violent God who simply wants to demonstrate how dreadful and awesome the divine power is in the destruction

29. Pan Ku, *The History of the Former Han Dynasty, vol. 1*, trans. Homer H. Dubs (Baltimore: Waverly Press, 1938), 240–41.

30. See Robert Wilson, "The Hardening of Pharaoh's Heart," *CBQ* 41 (1979): 18–36; and Dorian G. Coover Cox, "The Hardening of Pharaoh's Heart in Its Literary and Cultural Contexts," *Bibliotheca Sacra* 163 (2006): 292–311.

of all opponents will easily lead to triumphalism and the undermining of the creative Word of God in countering destruction and chaos.

If the darkness plague in Psalm 105 is rightly linked with the creation of light in Genesis 1, the divine word of transforming the chaos, the watery abyss, and the darkness into light on the first day in the creation account signifies a new beginning that should not be limited to cosmological speculation without social and political implications for the community. From the concern of the Chinese tradition about the correlation of heaven and earth as well as the supernatural and the historical we are to reconsider the link between the theme of creation and that of redemption. G. von Rad's postulation of the subordination of the theme of creation to that of election and redemption in his influential article of 1936[31] has been appropriately disputed. What is proposed here is not the relationship of creation and redemption in terms of priority; rather, it is argued that the two should not be separated into independent traditions. Creation in Genesis must be seen as integrative with redemption and be imbued with soteriological meaning. Deutero-Isaiah articulates this understanding of creation and redemption well.

In the AWA context of the victory of Marduk over the opponents of the Gods in *Enuma Elish*, creation is perceived in terms of how society is to be organized and in what way the people of the community narrating the story understand themselves. Who they are (identity) and how their aspiration is to be achieved (social participation) are themes to be incorporated into creation accounts. In a sense, the Creator God is anticipated to be the redeemer and the divine act is an act of salvation. Richard Clifford sums up the main motif of *Enuma Elish* thus: "The victory of Marduk establishes the institutions of divine and human governance."[32] He further states that "in Genesis 1 the focus is on the orientations of the human community."[33]

In this perspective it is proposed that turning darkness into light represents the desire for the liberation of the people of Israel in the historical exilic situation. The hope is then articulated in terms of God's word of the blessings as phrased in the five imperatives: "Be fruitful, multiply, fill the land, and subdue it (וְכִבְשֻׁהָ) and have dominion over it…" (Gen 1:28). These blessings are meant to address the five tragic situations faced by the people in exile. "Be fruitful" addresses the fear of barrenness, while "multiply" alludes to a decrease in population. It is also significant that "to fill the land" may refer to the tragic event of losing the land with no sight of regaining it. The command to "have dominion over" creatures in the sea, in the air, and on the earth signifies the political power to govern and rule. The fourth imperative of "and subduing it" (וְכִבְשֻׁהָ) is unexpected; it is the technical term of subduing the land in the memory of the "conquest tradition." The notion is associated with subduing the land of Canaan as commanded by Moses east of the Jordan River (Num 32:22, 29), which also serves as a summary of the conquest under Joshua (Josh 18:1). Seen thus, the creation story is not exclusively a narrative of a primordial event, but a priestly liturgical re-enactment of an anticipation of God's salvific plan for the people. The chaos will be transformed into order and darkness will be turned into light with the

31. G. von Rad, "The Theological Problem of the Old Testament Doctrine of Creation," in *The Problem of the Hexateuch and Other Essays* (New York: McGraw-Hall, 1966), 142.

32. Richard J. Clifford, "The Hebrew Scriptures and the Theology of Creation," *Theological Studies* 46 (1985): 510 (507–23).

33. Ibid., 512.

creative word of God ("And God said"). Here the word of the prophets, the hymnic tradition of the Psalms, and the historical memories of Egypt are brought together. We are not to forget that God's arch-enemy and opponent, the "great sea monster," in Genesis 1 is construed as God's creation with blessings from God in Gen 1:21–22. Next, we will dwell on the socio-political orientation of the "word" of God in connection to the prophetic adoption of the motif of "darkness" and "light" with reference to AWA traditions.

The Word of God and the Will of Heaven in Socio-Political Orientation

Examining the plagues narrative in Psalm 105 again in a close cross-textual reading with the Chinese notion of calamities, one is invited to revisit the plagues tradition and go beyond the theme of acknowledging the power and might of YHWH over the Egyptian Sun deity. U. Cassuto sees in the plague of darkness the greatness of the power of the God of Israel over against the Gods of Egypt: "When the God of Israel wishes, the sun disappears, which was the Egyptians' principal God, and can no longer shine upon those that worship him."[34] Surely, the antagonistic element demonstrates God's power, but the liberation focus is not to be lost.

In the Chinese text, the interpretation of disasters by the intellectual Confucian literati to convey the will of Heaven to the emperor is of most significance for initiating the process of change. In the biblical text, the similarity in the articulation of the immediate fulfilment of God's word as illustrated by the parallel literary structure of the recitation of the Plagues in Psalm 105 and the Priestly writing of the creation narrative (Genesis 1) must be properly underlined. God's command in Genesis 1 of "let there be light" and its fulfilment of "and there is light" is also revealed in Ps 105:28: "He sent darkness and it became dark" (שָׁלַח חֹשֶׁךְ וַיַּחְשִׁךְ). Notably, at the end of the psalm the following verses provide good examples for the conception of word-event fulfilment:[35]

v. 31: He spoke... and there came... (אָמַר וַיָּבֹא)
v. 34: He spoke... and there came... (אָמַר וַיָּבֹא)

This recognition of Psalm 105 in connection with the creation narrative will shed new light on the translation and understanding of the problems in vv. 27 and 28b of Psalm 105. Scholars have long noted the difficulty in understanding the phrase: "and they did not rebel against his word (וְלֹא־מָרוּ אֶת־דְּבָרו)" (v. 28b, reading with the Qere). Who are the "they" who did not rebel? In contrast to my previous position, I am open to reconsider Moses and Aaron as the appropriate candidates. Moses is said to be God's servant to be sent out, and Aaron is God's chosen one (v. 26) to execute in the land of Ham (Egypt) "the words of his signs" (דִּבְרֵי אֹתוֹתָיו) (v. 27). Thus understood, the

34. U. Cassuto, *A Commentary of the Book of Exodus* (Jerusalem: The Hebrew University Magnes Press, 1967), 129. Cassuto, on the one hand, sees the possibility of taking the thick darkness to be pointing to the sand storm, but on the other, he conjectures that the word רעה (10:10) may allude to the Egyptian Sun God.

35. Lee, "Genesis 1 and the Plagues Tradition in Psalms CV," 261.

"they" of the phrase "they did not rebel against his word" implies both the prophetic role of Moses and Aaron (as Moses's spokesman in Exod 7:1–2) to receive the divine word and the performative nature of the word in its realization in terms of "signs and wonders."

In the plagues narrative, Moses and Aaron are portrayed as prophetic figures, being the messengers sent to deliver the word of God as performers of wonders, as in the prophetic legends of holy men similar to Elijah.[36] Formally, the plagues in Exodus are divided into sets of three: Plagues 1, 4, 7 have the command of God to Moses to go to see Pharaoh by the River Nile; Plagues 2, 5, 8 have the element of Moses being addressed as a prophet in the messenger formula of "The Lord said to Moses, go to Pharaoh and say to him: Thus said the Lord, let my people go"; and Plagues 3, 6, 9 have no warning at all.[37] From the Chinese perspective of the two tiers of disasters and calamities, it is worthwhile to investigate further the last group of plagues, usually regarded as from the priestly writers/redactors (P), which occurred without warnings.

At the beginning of the plagues narrative when Moses addressed the Israelites with God's message of release from slavery, the people did not listen to his word (Exod 6:12), but after the darkness plague and before the killing of the Egyptian firstborn it is particularly stressed that "the Israelites did just what the Lord commanded Moses and Aaron" (12:28).[38] It is of interest to note that without any prior warning the Pharaoh in the narrative of the darkness recognized the divine action. He gave his permission for the Israelites to leave, though with the condition that they were to leave the cattle behind (Exod 10:24). The divine purpose is expressed not only in the verbal command of God delivered by a prophet figure, but also in its being performed and enacted in the plagues. Furthermore, Van Seters may well be right to see the plagues narrative as "a literary creation by the Yahwist that made use of the varied traditions of Hebrew prophecy, both the legends and classical prophets, as well as the common Near Eastern and biblical curse tradition."[39] In Chinese culture, there is also the interpretative word similar to that of the prophets in the tradition of Confucian literati. Certainly, similarities and differences are found when compared with the Hebrew prophets.[40] But the idea of being sent as messengers and the divine origin of the word are not as strong, if not totally absent, as in the prophetic work of the Bible.

36. John Van Seters, "The Plagues of Egypt: Ancient Tradition or Literary Invention?" *ZAW* 98 (1986): 33 (31–39).

37. Moses Greenberg, "The Thematic Unity of Exodus iii–xi," *Fourth World Congress of Jewish Studies* (Jerusalem: World Union of Jewish Studies, 1967), 151–54.

38. J. Stackert ascribes these messages together with the darkness plague to P ("Why Does the Plague of Darkness Last for Three Days?" 669).

39. Van Seters, "The Plagues of Egypt," 38. Van Seters holds the position that the plagues account did not exist as a specific tradition before the Yahwist's work and is "no older than the exilic period." But this is open to debate as the plagues tradition appears in the late preexilic Psalm 78, which is clearly a polemic against the tribes of Israel of the North from the point of view of Judah and the house of David with a strong faith in the inviolability of Jerusalem and its temple. In the quotation, the use of "Yahwist" has its own meaning according to John Van Seters; see his monograph, *The Yahwist: A Historian of Israelite Origins* (Winona Lake, IN: Eisenbrauns, 2013).

40. H. H. Rowley, who taught at Shandong University from 1922 to 1928, wrote on the topic in his book, *Prophecy and Religion in Ancient China and Israel* (New York: Harper & Brothers, 1956).

In the Hebrew Bible, YHWH is acknowledged as the source of light in and of ancient Israel. There are passages in which YHWH has some sort of solar characteristic (Isa 60:1–2; cf. Job 24:13). In the darkness plague in Exodus the Israelites had light in their place while the Egyptians were in thick darkness, which blinded their sight and paralyzed their mobility. Divine absence and divine presence co-exist at the same time (Exod 10:23). In AWA context, natural disasters are regarded as divine punishment consequential to the absence of the deities whose presence is expected. This is very clear in the literature of lamentations in which such absence is construed in concrete historical events and perceived as divine abandonment. City laments and the book of Lamentations in the Hebrew Bible are good examples. Darkness is often associated with oppression, defeat, and destruction and is metaphorically depicted as chaos which should not be. Chaos or an anti-world[41] is also constructed as the netherworld in AWA literature, especially in Ishtar's Descent to the Netherworld.[42] It is perhaps a caricature of the social reality of Israelites living amidst the Babylonians that has impacted and shaped the kind of memory of God's redemption and liberation in Egypt. "Pharaoh" as cipher is a site of cultural memory, which has made room for identifying the present captivity with the imagined Egyptian servitude.[43] Inflicting darkness on the Egyptians, the embodiment of the oppressors of Israel, does signify divine liberation of the oppressed in the later experience of Israel and subsequent generations of the people, a "new Exodus" (e.g., Isa 13:10; 45:7; 47:5). In this respect, John Goldingay rightly observes that darkness is a symbol of judgment, "a key way of conceptualizing the day of YHWH through which the community has gone (e.g., Ps 107:10, 14; Lam 3:2; 5:7)."[44]

There is a long prophetic tradition on darkness as resembling the Day of the Lord as judgment with total darkness without light (Amos 5:15, 20). In Isaiah, a scene of total desolation is also described with the sun, the moon, and the stars giving light no more (13:9–10). This terrible image is found in two other prophets of the exilic time, Joel (2:1–2, 10; 3:3–4; 4:14–15) and Zephaniah (1:14–15), both characterizing the Day of the Lord as being filled with darkness. Ezekiel also depicts the punishment on Egypt with the darkness covering the land (32:8). In his oracles against the nations (chs. 25–32), Egypt is caricatured as the arch enemy of God embodied as the chaos and personified as the "great sea monster": Ezek 29:3–7 (Pharaoh as the great *Tannin*, הַתַּנִּים הַגָּדוֹל); 32:2–6 (Egypt as *Tannin*, כַּתַּנִּים בַּיַּמִּים); Jer 51:34 (Nebuchadnezzar as *Tannin*, כַּתַּנִּין); and Isa 30:7 (Egypt as *Rahav*, רַהַב, cf. Pss 87:4; 89:10–11). Ezekiel 32:7–8 well illustrates the motif of darkness in both the historical and cosmic dimension. God will revert the creation order in the land of Egypt into chaos and complete darkness.

41. The term "anti-world" is suggested by Ehud Ben Zvi in one of his email communications. He also led me to some of the AWA resources in the following paragraphs. The chaos/anti-world idea can be applied to one of the chief features of the plague of darkness, which makes special mention of discrimination between the Egyptians and the Israelites (Exod 10:23, and cf. Exod 9:26).

42. Benjamin R. Foster, *Before the Muses: An Anthology of Akkadian Literature*, 2 vols., 2nd ed. (Bethesda, MD: CDL Press, 1996), 2:403–409.

43. On cultural memory in understanding the process of historical recollection in the Persian period of Yehud, see Ehud Ben Zvi, "The Study of Forgetting and the Forgotten in Ancient Israelite Discourse/s: Observations and Test Cases," in *Cultural Memory in Biblical Exegesis*, ed. Pernille Carstens, Trine Hasselbalch, and Niels Peter Lemche (Piscataway, NJ: Gorgias, 2012), 139–57.

44. John Goldingay, *Psalms*. Vol. 3, *Psalms 90–150* (Grand Rapids, MI: Baker Academic, 2006), 213.

I will blot you out, I will cover the heavens,
  and make their stars dark;
I will cover the sun with a cloud,
  and the moon shall not give its light.
All the shining lights of heavens
  I will darken above you,
  and put darkness on your land.

A similar account of a reversion of creation to its precreation chaotic stage is also given by Jeremiah (4:23–26). In commenting on the oracles against Egypt, Bernard Batto employs the notion of precreation to describe the darkness in Egypt, going back to the darkness and chaos before creation.[45] The assumed addition of Isa 5:30 to the passage in 5:26–29 on the theme of darkness and the notion of a roaring sea is often taken as implying a cosmological dimension to the historical process or, as Goran Eidevall states, to contribute to "de-historicizing the passage."[46] The exilic experience of suffering is symbolically described as being in "darkness," and the anticipated delivery of God in terms of God's command to "come out" from darkness (צְאוּ לַאֲשֶׁר בַּחֹשֶׁךְ, Isa 49:9). To Israel in the exile, Isaiah affirms that both darkness and light are created and formed by God (יוֹצֵר אוֹר וּבוֹרֵא חֹשֶׁךְ, 45:7). The darkness plague is therefore a memory of God's punishment of Egypt, and it is to be brought about against Babylon (Isa 13:10; 45:5) with the purpose of initiating the return of Israel from captivity (Isa 14:1–2). It should also be noted that the prophetic word of assurance gives comfort to those who walked in darkness and now have seen a great light (רָאוּ אוֹר גָּדוֹל, Isa 9:1).

This theme of liberation, so powerfully portrayed in the Exodus narrative (Exod 7:14–18, 26–29, etc.), is further evident in the concluding verse of the recitation of the plagues in Ps 105:37—"Then he brought Israel out with silver and gold, and there was no one among their tribes who stumbled" (וְאֵין בִּשְׁבָטָיו כּוֹשֵׁל). It is Israel's full and marvelous liberation achieved by God which is being remembered. Similar usage of "no one stumbles" (אֵין־עָיֵף וְאֵין־כּוֹשֵׁל בּוֹ) is found in Isa 5:27 when the scattered people return to their land. Jerusalem and Judah have the experience of having stumbled and fallen (Isa 3:8; 8:15; 59:10; cf. Jer 6:21; 8:12; 18:15; Hos 4:5; 5:5; 14:1), and the Egyptians, being humans and not God, are not reliable because they will stumble and fall (Isa 31:3).[47] In contrast, Deutero-Isaiah declares that in the experience of the exile even the young and the strong will stumble (Isa 40:30; cf. Jer 50:32). It is also anticipated in Isa 63:13 that Israel will stumble no more when God intervenes. The Book of Consolation in Jeremiah also assures the people that God will lead them in their return and that they will be restored without stumbling (Jer 31:9; cf. Ezek 36:15). In Psalm 105, the marvelous liberation is stressed as a prophetic promise put in oracular form as God's word which further identifies Abraham as "my prophet" (Ps 105:15).

45. Bernard F. Batto, *Slaying the Dragon: Mythmaking in the Biblical Tradition* (Louisville, KY: Westminster/John Knox Press, 1992), 153–67.

46. Goran Eidevall, *Prophecy and Propaganda: Images of Enemies in the Book of Isaiah* (Winona Lake, IN: Eisenbrauns, 2009), 28.

47. Otto Kaiser attributes the prophecy of warning in Isa 31:1–3 to the time of 701 BCE as Isaiah's objection to the pro-Egyptian policy of Judah. See *Isaiah 13–39* (London: SCM Press, 1974), 312.

Concluding Remarks

For both the plagues recitation and the Chinese *zaiyi* tradition, obedience to the word of God or the will of Heaven is of primary significance in understanding the function of disasters as divine warnings for the abusive power to effect changes for the welfare of the people. The portrayal of disasters and calamities in terms of cosmic signs to express the divine displeasure and anger at the rulers and their officials is surely a way to give voice to the voiceless common people who have no other means to be represented in decision making and formulation of policies, which often are oppressive and result in disadvantaging the commoners and the populace instead of bringing well-being to their lives. The biblical plagues in Egypt can therefore be read as a site of memory in remembering God's will in participating in liberating the enslaved from their plight and giving light to those in darkness.

The message of both the notion of "disasters and calamities" in China and the function of the "signs and wonders" as presented in the plagues tradition is clear in expressing the divine control of "the natural world in order to effect divine purpose."[48] The command of God or the will of Heaven therefore takes up a central role in the performance and enactment of punishment on the cruel rulers and on the Pharaoh. Though that command is absent in the darkness plague in the Exodus account, Psalm 105 has attached this very element to it. The present study has shown that the perspective provided by the Chinese text on disasters as warnings may enlighten the reading of the biblical motif of darkness symbolizing servitude, divine punishment, and the fulfilment of the prophetic word in creative redemption. The affinities between Psalm 105 and Genesis 1 bespeak the close correlation between the historical process of the salvation of the people of Israel and the cosmological dimension of the creation of heaven and earth. The crossovers in reading between Text A (Asian Texts) and Text B (the Biblical Text) may well be an approach that can be of significance in enlightening the field of biblical studies, which can be contextually enriched by the textual tradition of both AWA and AEA. I am honored to dedicate this small study to Professor Jack Sasson, a highly respected scholar in the fields of the Bible and AWA studies.

48. Meyers, *Exodus*, 78.

CHAPTER 29

The Oracular Insertion in Zechariah 4: Another Look at the Evidence of Akkadian Royal Building Inscriptions

Eric M. Meyers and Carol Meyers
Duke University

FINDING A SUITABLE TOPIC to honor Jack Sasson, who has been a dear friend since graduate school days, was not easy. His voluminous scholarship on Hebrew Bible and also Akkadian literature—especially the documents from the Mari archives—has illuminated, informed, and enriched biblical and ancient Near Eastern Studies for half a century. In thinking about where our work intersects with Jack's, we realized that we are all Anchor Bible authors (Sasson on Ruth and Judges; Meyers and Meyers on Haggai and Zechariah). We also realized that Jack's two great areas of expertise, biblical studies and Assyriology, come together in one passage in Zechariah: Zech 4:6b–10a. This passage, which features the temple refoundation ceremony, is a difficult text, and cuneiform documents truly help the interpretive process. Accordingly, we revisit that text to honor our distinguished colleague. That this Zechariah text can be understood in light of Akkadian royal inscriptions concerning temple rebuilding and rededication ceremonies illustrates an important building block of modern biblical scholarship, namely the careful use of Near Eastern materials to illuminate the biblical world and text. Jack Sasson has been a master at this, and we are delighted to follow in his footsteps with this minor addition to biblical scholarship drawing on Mesopotamian materials.

The text in question is oracular but is embedded in a visionary sequence. Thus we labeled it an "Oracular Insertion" into Zechariah's fourth vision ("The Lampstand and the Two Olive Trees").[1] The passage, which can be related to the refoundation of the Jerusalem temple, is perhaps best known for its resounding opening verse: "Not by might and not by power, but with my spirit..." (Zech 4:6b).[2] This pacific and quietistic view in an early postexilic text might appear to be at odds with the political reality of Persian domination of the Near East at the time; that is, the loss of the Judean monarchy and the subsequent reduced autonomy of Yehud might have provoked resistance. In truth, it apparently reflects the willingness of the leaders of the province of Yehud to accept Persian imperial control and make the best of it while at the same time never

1. For our full discussion of the passage, see Carol L. Meyers and Eric M. Meyers, *Haggai, Zechariah 1–8: A New Translation with Introduction and Commentary*, AB 25B (Garden City, NY: Doubleday, 1987), 228, 242–54, and 265–72.

2. All translations of Haggai and Zechariah are from Meyers and Meyers, *Haggai, Zechariah 1–8*. Translations of Second Zechariah are taken from Carol L. Meyers and Eric M. Meyers, *Zechariah 9–14: A New Translation with Introduction and Commentary*, AB 25C (New York: Doubleday, 1993). Unless otherwise noted, the NJPS translation is used for biblical passages other than those in Haggai and Zechariah.

relinquishing hope for the restoration of the Davidic kingdom. Our Zechariah passage thus is strongly related to the messianism in this period.[3] In this paper we note that Zerubbabel is mentioned by name four times in the Insertion, and we indicate that his prominence can be understood in light of Mesopotamian parallels.

In an important article that appeared in 1994, more than half a decade after our 1987 Zechariah commentary, Antti Laato shows clearly that Akkadian sources are more plentiful and helpful in interpreting Zech 4:6b–10a than had previously been recognized.[4] Indeed, he asserts that

> It is significant that scholars who try to interpret the enigmatic phrases (1–3,5) on the sole basis of the biblical texts have put forward a multitude of interpretations. Scholars who refer to the Akkadian royal inscriptions have provided [*sic*] set of interpretations of Zach 4:6b–10a which come closer to constituting a consensus.[5]

Our commentary recognizes the cultic aspects of the refoundation ceremony of the Jerusalem temple, more than seventy years after its destruction by the Babylonians. Specifically, it notes that those aspects can be related to the Mesopotamian procedure for dealing with a special brick (*libbitu* [SIG4] *maḫrītu*) when a new temple is being built. That object may be the equivalent of the "premier stone" (הָאֶבֶן הָרֹאשָׁה) of 4:7b.[6] Richard Ellis cites a text from Warka that has a cultic singer (*kalû*) chanting songs at the performance of a ritual linking an old temple building with a new one.[7] In that ritual, a brick was removed from the ruined building and set aside for use in the new one. The brick—"brick" being the Mesopotamian equivalent of stone, which was the major building material in Palestine—from the "former" ruined temple is designated by the adjective *maḫrītu*, meaning "former" or "previous" but not necessarily the first brick to be laid for the new structure.[8] This aspect of the Mesopotamian temple-building ritual is noted in our commentary, although at the time we did not fully appreciate its significance for understanding the text and language of Zech 4:7b.[9] The purpose of the ceremony was to bridge the gap between the old and the new temples and effect

3. See Eric M. Meyers, "Messianism in First and Second Zechariah and the 'End' of Biblical Prophecy," in *Go to the Land I Will Show You: Studies in Honor of Dwight W. Young*, ed. Joseph E. Coleson and Victor H. Matthews (Winona Lake, IN: Eisenbrauns, 1996), 127–42.

4. Antti Laato, "Zachariah 4,6b–10a and the Akkadian Royal Building Inscriptions," *ZAW* 106 (1994): 53–68.

5. Ibid., 56. Phrases 1–3 and 5 are in a list of enigmatic phrases discussed in Laato's article; see ibid., 54–56.

6. Meyers and Meyers, *Haggai, Zechariah 1–8*, 228, 246–47. The stone is called "first brick" by Laato ("Zachariah 4,6b–10a," 59 n. 27) and others.

7. The Warka text is a Seleucid one that postdates Zechariah. However, it is apparently a copy of an earlier document and is presumed to depict age-old practices.

8. So Richard Ellis, *Foundation Deposits in Ancient Mesopotamia* (New Haven: Yale University Press, 1968), 24–29. In Ellis's view, using a brick from the ruined temple served "as a good omen for the whole building project and the kingship," apud Laato, "Zachariah 4,6b–10a," 59 n. 29. Ellis does not refer to the biblical text.

9. Meyers and Meyers, *Haggai, Zechariah 1–8*, 247; see also David L. Petersen, *Haggai and Zechariah 1–8: A Commentary* (Philadelphia: Westminster, 1984), 240–41.

the continuity of the sacred space.[10] This notion of the enduring sanctity of a ruined building lies at the core of ancient Near Eastern temple ideology and is found in much later Jewish law.[11]

The Jerusalem refoundation ceremony is also referred to in the later text of Ezra 3:10–13 albeit with the name of Zerubbabel missing but with an abundance of priests and Levites, sons of Asaph, all of them following the directions of King David by singing praises to Yahweh. In our view the absence of a Davidic figure such as Zerubbabel in the text of Ezra signifies the dominance of a Chronistic theology a century or so after the temple refoundation, when the ideal of reestablishing the monarchy was a very remote hope. The text in Ezra reflects the disappointment of some old people who had seen the beauty of the First Temple and wept when they saw the foundations of the new one (3:12–13). But many others were not disappointed and shouted "joyously at the top of their voices."[12] The reference in Ezra is similar to the text in Hag 2:3, where the prophet plays on the feelings of those who had seen the former temple in all its splendor but viewed the one being rebuilt as "nothing." The rhetorical flourish was likely intended to inspire enthusiasm for the rebuilding effort that was to follow, and Haggai apparently succeeded.[13]

Not surprisingly, a great deal of scholarship on this passage has focused on where these verses fit into the redactional history of First Zechariah (Zechariah 1–8). Laato, for example, argues that 4:6b–7 were composed before the temple foundation ceremony and 4:8–10a were composed after the ritual.[14] Anthony Petterson understands the ceremony to mark completion of the temple rebuilding but eschews a more complicated redactional picture of the text.[15] Lena-Sofia Tiemeyer offers a very detailed and complex view of the redaction of the text and summarizes much of the relevant literature.[16] Because we believe that these verses are associated with the temple refoundation and not its completion, separating the passage into different redactional units is not necessary. We understand the text in this way because we do not hold that the visionary and oracular modes of communication are antithetical ways of expressing the prophetic voice; rather, together they may be part of a larger rhetorical plan. The position of the Oracular Insertion in the center of the fourth vision ("The Lampstand and the Two Olive Trees")[17] indicates that it is an essential component of the vision, which shows two olive trees representing the new dyarchic leadership under Persian

10. Ellis, *Foundation Deposits*, 29. See also Baruch Halpern, "The Ritual Background of Zechariah's Temple Song," *CBQ* 49 (1978): 167–90, here 171–2. Two of John M. Lundquist's works—*The Legitimizing Role of the Temple in the Origin of the State*, SBL Seminar Papers 21 (Chico, CA: Scholars Press, 1982); and "The Common Temple Ideology of the Ancient Near East," in *The Temple in Antiquity*, ed. Truman G. Madsen, Religious Monograph Series 9 (Provo: Brigham Young, 1984), 53–76—were also important for our understanding of this passage in our 1987 book (Meyers and Meyers, *Haggai, Zechariah 1–8*).

11. A Talmudic passage (b. Meg. 27b) states that a synagogue's sanctity lives on long after it is in ruins and that one cannot take a shortcut through the ruins or use it as a place to make rope.

12. The shouting of the people is discussed again below.

13. See Meyers and Meyers, *Haggai, Zechariah 1–8*, 49–50.

14. Laato, "Zachariah 4,6b–10a," 62–63.

15. Anthony Petterson, *Behold Your King: The Hope for the House of David in the Book of Zechariah*, LHBOTS 513 (New York/London: T&T Clark, 2009), 73.

16. Lena-Sofia Tiemeyer, *Zechariah's Vision Report and Its Earliest Interpreters: A Redaction-Critical Study of Zechariah 1–8*, LHBOTS 626 (New York/London: Bloomsbury T&T Clark, 2016), 164–75.

17. Meyers and Meyers, *Haggai, Zechariah 1–8*, 227–77.

imperial rule. Priestly and royal leadership together are essential to the prophet's theological and political ideology. In the opening verse (4:6b) of the Oracular Insertion, the prophet dispels any hope for restoring the monarchy in his embrace of quietism and acceptance of the limitations imposed by Persian imperial rule. Hence we believe that the entire Insertion is original and intentional; it is a rhetorical tour de force. Moreover, its fourfold repetition of the name Zerubbabel demonstrates its loyalty to the house of David. Our view reflects later rabbinic interpretation, which selected Zech 2:14–4:7 as the haftarah reading for Hanukkah. This reading includes part of the Insertion, and the ancient rabbis apparently considered the non-militaristic proclamation of "Not by might and not by power" (Zech 4:6) important for tempering the military zealotry associated with the Maccabean victory.[18]

Although Zech 4:6b–7 and 8–10a are two separate but interdependent oracles, they are part of a larger rhetorical strategy that uses oracular materials to supplement and elaborate on the new Yehudite political restructuring. The new governing reality is presupposed by our text; it is explicit in the lampstand vision with its two olive trees, and it is a theme that returns with The Crowning in 6:9–15. That is, the oracular materials at each point in First Zechariah are intended to ground the visionary material in the political realities of late sixth-century Yehud under Persian rule. Already in the Supplementary Oracle (Zech 3:8–10) of the previous chapter, the mysterious stone in 3:9 placed before Joshua the High Priest has both priestly and monarchic associations.[19] And the entire oracle there deals with the future of a Davidide, designated "Shoot" in 3:8. Whereas in ch. 3 Joshua is prepared for his altered and elevated role as high priest, ch. 4, with its two olive trees (Zech 4:3, 11–14), alludes to both priest and governor. However, in the Oracular Insertion the governor Zerubbabel is named four times, and Joshua is not named there at all. The proximity of the two extraordinary visons in chs. 3 and 4 shows how the role of the high priest has been expanded and how the role of governor took on new expectations with a Davidic incumbent named Zerubbabel. In many ways, The Crowning of ch. 6 (Zech 6:9–15) is the culmination of First Zechariah. The backdrop of royal Akkadian inscriptions, which richly informs the scenery of these dramatic pieces of Zechariah 1–8, reflects the social setting and Zeitgeist of the return community and their apparent familiarity with contemporary Mesopotamian traditions. While the actual size of the return community in 519 BCE is not known (more on this below), Joshua and Zerubbabel were by no means alone, and the prophet Zechariah might well have been part of the group present at that historic temple refoundation event.[20]

Laato lists a number of royal inscriptions that date to the Assyrian and Babylonian periods, and his appendix includes a small group of Assyrian inscriptions from later

18. Hayyim Angel, *Haggai, Zechariah, and Malachi: Prophecy in an Age of Uncertainty* (New Milford, CT/Jerusalem: Maggid Books, 2016), 61–65. See also Eric Meyers, "The Vision of 6th Century Chanukah in Zechariah: The Significance of the Rabbinic Choice of Haftarah for Shabbat Chanukah," http://thetorah.com/vision-of-6th-century-chanukah-in-zechariah. The other options for the prophetic reading or haftarah were 1 Kings 18, Elijah at Mt. Carmel (see Pesiq. Rab. 4) or Zeph 1:12, which states that God will search Jerusalem with lamps—to purify it from sin according to Pesiq. Rab. 8.

19. Meyers and Meyers, *Haggai, Zechariah 1–8*, 222–27.

20. On the size of the community, see Eric M. Meyers, "The Rise of Scripture in a Minimalist Demographic Context," in *Stones, Tablets and Scrolls: Four Periods of the Formation of The Bible*, ed. Peter Dubovský and Federico Giuntoli (Tübingen: Mohr Siebeck, 2020), 379–92, here 386–87.

periods that he deems relevant too.[21] We will refer only to those that have direct or obvious exegetical relevance. The fact that Zerubbabel is mentioned four times in the Oracular Insertion—and nowhere else in Zechariah—is important in light of the king's direct role in temple (re)building in the royal inscriptions. Citing Ellis, Laato notes that the king would carry baskets or actual building bricks, subsequently depositing them into the foundation as part of the ceremony, an act also apparent in ancient reliefs.[22] Although Zerubbabel is a governor and not a king, his Davidic bona fides likely meant, in the eyes of the assembled, that he was considered equivalent to a king. His direct involvement is apparent in Zech 4:7b and 9: "Thus he will bring forth the premier stone (7b).... 'The hands of Zerubbabel have founded this House; his hands will complete it'" (9). The fourfold mention of Zerubbabel thus emphasizes Yehudite administrative involvement and reflects the Mesopotamian practice of a royal leader participating in a temple foundation or refoundation ceremony.

One of the key words in the Oracular Insertion is מִישֹׁר (in 4:7a), which is derived from ישׁר, meaning "smooth" or "straight," normally referring to flat land or tableland. We have translated it "platform," a flattened surface that serves as the level place on which a building is constructed.[23] In our commentary we suggest that, in the context of temple (re)building, the term is part of Mesopotamian technical language for the foundation stage of temple (re)building. However, now we would change that interpretation slightly and relate it to the older ruin of the First Temple to which Haggai refers to in 1:4. Although we would not translate מִישֹׁר as "ruin," we think it is important in the present context to indicate that the flat area, or "platform," is the ruin of the First Temple, which had been leveled in preparation for (re)construction. By thereby connecting the old space with the new one, the sanctity of the place is maintained; presumably the prophet's audience is invited to acknowledge and experience the continued holiness of the temple.

The apostrophic address at the beginning of Zech 4:7 to the "great mountain" is to be understood literally, meaning that the temple is situated high on Mt. Zion; it is also the symbolical designation for the cosmic mountain.[24] The psalter is replete with phrases joining temple with mountain, such as, Pss 48:2–3 and 24:3 (see also Isa 2:2–3 and Jer 31:23). Zechariah 8:3 says it most eloquently:

Thus spoke Yahweh,
  I have returned to Zion;
    I will dwell in the midst of Jerusalem.
  Jerusalem will be called the City of Truth,
    the Mountain of Yahweh of Hosts, the Mountain of Holiness.

The language and images here are likely inspired by Mesopotamian myth and traditions, for ancient Near Eastern texts refer to a temple as "the great house ... a mountain great" or "House of the Great Mountain."[25] This concept of the temple on a

21. Laato, "Zachariah 4,6b–10a," 68–69.

22. Ibid., 57 and references there, especially to Ellis, *Foundation Deposits*, 179.

23. Meyers and Meyers, *Haggai, Zechariah 1–8*, 245–46.

24. Ibid., 244–45.

25. Cited in John M. Lundquist, "What Is a Temple? A Preliminary Typology," in *The Quest for the Kingdom of God: Studies in Honor of George E. Mendenhall*, ed. Herbert G. Huffman, Frank A. Spina, and Alberto R. W. Green (Winona Lake, IN: Eisenbrauns, 1983), 205–19, here n. 10.

mountainous locale in Jerusalem merges with the language of "platform" to denote fundamental cosmic and structural features of temple building.

Builders' rites marking the beginning of construction of a notable building are common across cultures; the cornerstone ceremony in contemporary practice is an example. As we have noted, in Near Eastern antiquity the laying of the first stone or brick, the "premier stone" (הָאֶבֶן הָרֹאשָׁה) of First Zechariah, by the king or his surrogate, Zerubbabel in this case, is the first step in ensuring that the sanctity of the space endures into the next generation. It was accompanied by shouts of חֵן חֵן (Zech 4:7), frequently translated "grace, grace" (NRSV, KJV; cf. NJPS "beautiful, beautiful" and NAB "Hail, Hail"). In our Anchor Bible volume we use "right" to translate חֵן as an idiomatic exclamation––"Right! Right!"—somewhat as "right on" is said in contemporary parlance to express strong approval, support, or encouragement.[26] It is worth noting that in Modern Hebrew חֵן is used "simply as a synonym of applause, only by voice, rather than by handclapping, that is, like shouts and cries that accompany the hand clapping at the end of a good concert."[27] A Modern Hebrew dictionary suggests that חֵן חֵן refers to shouts of goodwill and encouragement.[28] In any case, the presence of singing or shouting accords well with the cultic setting both in Mesopotamia and Israel. This idiom, unique in the Hebrew Bible, has been introduced by the prophet to good effect.

Although this essay considers Mesopotamian materials important for the interpretation of the Oracular Insertion of Zechariah 4, they are not always helpful, which may be the case in the instance of the exclamation of "Right! Right!" The *kalû*-ritual in the text from Warka is associated with a professional singer of lamentations.[29] The lament would attempt to placate the gods, who apparently abandoned the old temple, perhaps because the cultic community had failed to care for it properly. In such a case a brick (*libbitu mahrītu*) was removed from the older temple and inserted into the new one, as noted above. Lamentation does not seem to underlie the Zechariah shouts. However, consider again the report of the refoundation ceremony in Ezra 3:10–13. The laying of the foundation is followed by priestly songs of praise along with instrumental music. In response, the people raised "a great shout," a phrase that appears twice in this passage (vv. 11 and 13). This is joyous and enthusiastic approval. Yet the joyful shouts are accompanied by the crying of the elders who recall the beauty of the former temple. The Ezra passage in fact reports that the sounds of weeping and of shouting were so loud that "the people could not distinguish the shouts of joy from the people's weeping" (3:13). The lament aspect of the Mesopotamian ritual thus appears in Ezra but not Zechariah.

Laato points to another text, an inscription of Esarhaddon, where the laying of the first brick or premier stone is associated with a special blessing of health for the king.[30] Similarly in Hag 2:15–19 the blessing of Yahweh would come to the people only after the refounding of the temple, presumably accompanied by a ceremony including cultic singing. Haggai's repeated mention of the time and the day when it would

26. Meyers and Meyers, *Haggai, Zechariah 1–8*, 249.

27. Personal communication from Shai Ginsburg, Professor of Modern Hebrew in the Department of Asian and Middle Eastern Studies at Duke University.

28. Ibid.

29. Laato, "Zachariah 4,6b–10a," 59.

30. Ibid., 60.

happen and his repeated use of "reflect" foreshadows the importance of the actual day of the ceremony of refounding the temple and the blessings that would flow from it,[31] themes alluded to in the temple hymn of Gudea of Lagash and in the inscription of the Assyrians king Arik-den-lu.[32]

At this point we should indicate what date is indicated for the refoundation ceremony. The chronological headings in Haggai and First Zechariah suggest that the foundation preparation took place in early fall of 520 BCE, in the seventh month on the twenty-first day, namely October 17, 520 BCE (Hag 2:1).[33] Taking the headings in Haggai at face value this would be approximately one month after Haggai urges the people to get back to work and prepare the ground for rebuilding (Hag 1:4–11). Already in the first chapter of Haggai it is apparent that Near Eastern temple ideology was at work in helping the prophet convince the population that economic conditions would improve once the temple would be rebuilt and dedicated. The prophet exhorts the people to consider what things have been like since the temple was destroyed and lay in ruins (1:7–11). Haggai 2:1–9 (about one month later; Hag 2:1) shows the effectiveness of this line of argument in convincing the people to get about their temple-rebuilding work.[34] Not surprisingly, the robust messianic passage with its heightened eschatological language that concludes the book of Haggai (2:20–23) alludes to the Davidic dynasty, as does the Oracular Insertion in First Zechariah. Coming so close on the heels of Darius I's dramatic ascension to the throne of the Achaemenid Empire after quashing a revolt, the tough language of Hag 2:21 and 22 about shaking heaven and earth and overthrowing kingdoms apparently depicts Zerubbabel, who is mentioned by name in v. 21 and v. 23, as inevitable dynastic ruler. The conclusion to Haggai is also at odds with the more pacific picture in Zech 4:6b and 6:12–14; these slightly later passages probably reflect the change in political climate that characterized the next year (early 519 BCE) in Yehud.

The temple refoundation ceremony likely took place after December 18, 520 (the latest date in Haggai) and no later than February 15, 519 (the date in the superscription, Zech 1:7, to Zechariah's visions). Even if Zech 4:6b–7 refers to the same event mentioned in Hag 2:10, 20, the actual Julian date for the ceremony of refoundation would have been December 18, 520. If Zech 4:9a is taken at face value, the second part of the Oracular Insertion would seem to be from a period slightly later than December 18 since it both refers back to the refoundation ceremony, at which Zerubbabel was present, and to the future when he would complete it. The mysterious aspect of this is that Zerubbabel's name falls out of the text here, never to return. In Zech 6:12–13 it is the dyarchy that is supported once again with the Davidic scion here named "Shoot" or "Branch":

31. See Meyers and Meyers, *Haggai, Zechariah 1–8*, 58–66. Haggai is only anticipating such a time, which according to his view still lies ahead in the future. In ancient Israel the temple was considered the source of agricultural plenty and fertility because it was the place of God's presence. But, as we can conclude from the Akkadian parallels, this view was deeply rooted in a larger temple ideology found in Mesopotamia traditions, so Meyers and Meyers, ibid., 65–66, although as Laato points out, the enthronement rituals of Ugaritic texts are also relevant here (ibid., 65 n. 39).

32. Ibid., 64–65.

33. See Chart 2 (Chronological data in Haggai–Zech 1–8) in Meyers and Meyers, *Haggai, Zechariah 1–8*, xlvii.

34. Meyers and Meyers, *Haggai, Zechariah 1–8*, 28–34, 49.

> And say to him: 'Thus spoke Yahweh of Hosts:
> Behold, there is a man—Shoot is his name—and from his place he will shoot up and build the Temple of Yahweh. He will build the Temple of Yahweh; and he will bear royal majesty and sit upon the throne and rule. A priest will be on his throne, and there will be a peaceful counsel between the two of them.'[35]

The date for 6:12–14 presumably falls before the latest date in First Zechariah, namely December 7, 518 BCE, which is the chronological heading in Zech 7:1, the last section of the book.

Laato understands the strong messianic language in the Oracular Insertion to have been influenced by Akkadian royal inscriptions that are associated with the king's prayer connected with a refoundation ceremony. He also argues that the important status given to the house of David in the book of Ezekiel has strongly influenced the messianic passages related to Zerubbabel.[36] However, Laato's explanation of a shared Davidic ideology ignores the oddity of the absence of Zerubbabel's name in Zechariah except in the Oracular Insertion, something that has long bothered scholars and has spawned all sorts of conspiracy theories.[37] We are not fully convinced by the argument that Ezekiel, especially the pro-נָשִׂיא material in Ezekiel 40–47, influenced the Insertion, for Davidic theology is central to so many biblical passages. Still, the strong image of the future temple in Ezekiel 40–47 and also Ezekiel's priestly affiliation and sensitivities closely align him with Zechariah.

We also point out that that name Zerubbabel in Zechariah is used quite differently than in Haggai. In the Oracular Insertion in 4:6b–10a Zerubbabel is mentioned without patronymic and without the designation of governor. In sharp contrast Haggai mentions Zerubbabel seven times throughout the book—sometimes with patronymic and title (1:1, 14; 2:2), sometimes only with patronymic (1:12; 2:23), once as governor (2:21), and only once as simply Zerubbabel (2:4).[38] This pattern in Haggai hardly can be happenstance. The likeliest conclusion to draw from this is that, by the time the Insertion is composed or attached to the visionary cycle, the idea that the monarchy would be reestablished and that a Davidide could actually ascend the royal throne had become remote. The lack of titles and patronymic may thus signal that the political landscape and attendant attitude of the newly reestablished community in Jerusalem that was rebuilding the temple had changed in the course of the fifteen months or so between Haggai's first utterances and the temple refoundation ceremony on December 7, 518 BCE (Zech 7:1). It would be another two years, perhaps three, until the temple's completion, and it is possible that a composite work of Haggai/Zechariah 1–8 was compiled and read on the occasion of the dedication of the Second Temple in 516 or 515.[39] The pacific view of the future that is reflected in First Zechariah may also appear in Second Zechariah (Zechariah 9–14): "Behold, your king is coming to

35. Zech 6: 12–13; see ibid., 336 and notes.

36. Laato, "Zachariah 4,6b–10a," 67–68.

37. See, e.g., Meyers and Meyers *Haggai, Zechariah 1–8*, 243, 355; and Petterson, *Behold Your King*, 14–45.

38. Note that this last instance, which lacks any title or patronymic, is part of a direct address from the prophet to the governor.

39. David Noel Freedman suggested this to us when we were writing the Anchor Bible commentary.

you, righteous and saved is he; humble, riding on an ass…" (Zech 9:9).[40] In Second Zechariah, however, a more militaristic and eschatological tone supersedes this view, notably at 9:10a, although the hope for peace enters in 9:10b.

To return to Laato's article, his appendix listing royal building inscriptions is an important resource for establishing with certainty that the Oracular Insertion of Zech 4:6b–10a reflects a knowledge of Mesopotamian temple-building rituals and ideology.[41] At the end of his article, he offers the following summary: "The aim of this article is to argue that the Akkadian royal building inscriptions provide good parallels to the enigmatic phrases in Zach 4,6b–10a. These extra-biblical texts also help us to understand the spiritual atmosphere of Zach 4,6b–10a which was connected with the fervent messianic hopes at the beginning of the Persian period."[42] We agree that the Mesopotamian materials Laato has collected, some of which were already familiar to the authors, indeed greatly contribute to understanding the Insertion, which reflects Mesopotamian practices. Thus the author or redactor of First Zechariah and the returned Golah community to whom the utterances were directed were clearly familiar with those practices. However, we believe that Laato is not correct in referring to the messianic atmosphere of the early restoration era as "fervent."[43] The fervor is surely apparent in Haggai and especially in Hag 2:20–23; but we do not believe it to be present in First Zechariah, where a more temperate tone has come to dominate. This temperate tone can also be found in Second Zechariah, in 9:9, although the tone is admittedly different in 9:10 and elsewhere in Zechariah 9–14, where the messianic hopes for the future are couched in apocalyptic and war-like imagery in many relevant passages (e.g., Zech 12:7–10 and 13:1).[44]

At the most basic level, the use of various aspects of temple-building ideology in the Oracular Insertion and elsewhere in Haggai and First Zechariah suggests that both prophets and their audience were comfortable with the images, rituals, and language that were part of this ideology. It also suggests that exiled individuals who had acculturated to the East Semitic world were among those who returned to Jerusalem and participated in the temple project. Joshua and Zerubbabel, the new leaders of Yehud, had also been reared in that culture. Their pragmatic acceptance of dual leadership and the prophetic support of it does not mean that they were turning their backs on the past; rather they were finding a way to weather the uncertain times in which they lived. First Zechariah is especially adept at supporting dyarchic rule while maintaining a prophetic view of the Davidic future that was acceptable to the Persians who ruled from far away and also through their own administrative infrastructure within the satrapies. The thematic and literary parallels with the Akkadian royal inscriptions that have been noted indicate that the Yehudite community of the Return, however

40. Meyers and Meyers, *Zechariah 9–14*, 120–31. The hope for a strong resurgent Davidic dynasty is much more prevalent in Second Zechariah, probably because of the deterioration in relations between the Yehud leadership and Persian authorities. The Greco-Persian wars of the fifth century also contributed to inflame the hopes within the Jewish community that the monarchy would one day be reestablished, sooner than later. See also E. M. Meyers, "Messianism in First and Second Zechariah," 136.

41. Laato, "Zachariah 4,6b–10a," 68–69.

42. Ibid., 69.

43. Ibid., 67.

44. Meyers and Meyers, *Zechariah 9–14*, 329–32. The Davidic line is mentioned four times in ch. 12: in vv. 8 (twice), 10, and 12.

small it might have been, was deeply embedded in the Near Eastern culture that surrounded it.[45] We are not so sure about those who had stayed behind and were never exiled, but by joining hands with the returnees in the job of rebuilding the temple with the encouragement of Haggai and Zechariah they are likely doing what most people in the empire would have done.

In conclusion, we link this essay to the current debate about the size of the community in Yehud, and especially Jerusalem, in the Persian period.[46] The discussion has been based largely on archaeological data dated to this period. In the eyes of some, however, its implications extend beyond the realm of archaeology and enter the realm of biblical studies. For example, Israel Finkelstein suggests that, because there were so few people in Jerusalem in the Persian period, there were not enough individuals who were competent to write, edit, and redact books of the Hebrew Bible. Thus he claims that late biblical books were composed in exile or written in the Hellenistic period when Jerusalem and Judea began to recover and were repopulated.[47] This essay, which argues that specific language of Akkadian royal inscriptions and the rituals associated with them inform the temple project, can be related to assumptions about the intentions of the prophets Haggai and Zechariah and the receptivity of their audience. Although the Mesopotamian parallels may not add directly to the discussion about the size of the Jerusalem and Yehudite community, they do indicate the high level of literacy of these two prophets and perhaps also the aural literacy of those to whom they addressed their utterances. The centrality of the language of (re)building is essential to both prophets, although the eschatology is more heightened in Haggai. Moreover, prophetic support for the new political arrangements that postponed independence and the reestablishment of the monarchy lends a certain weight to the possibility that their intended audience consisted of more returnees than of those who stayed behind. Still, at this stage of knowledge of the period of the Return, the composition of the prophets' audience cannot be known with any certainty. At the most we suggest that the prophets and their audience were aware of the surrounding cultures. Though the restoration community was likely small, it accomplished a great deal: re-establishing its historic connection to Jerusalem's sacred space, bringing to its extended community a corpus of venerated writings that would be accepted as authoritative, and offering a pragmatic political discourse that allowed it to survive and prosper for centuries after in uncertain times. To this, we think most everyone might respond with shouts of חֵן חֵן.

45. See Laurie E. Pierce, "New Evidence for Judeans in Babylonia," in *Judah and the Judeans in the Persian Period*, ed. Oded Lipschits and Manfred Oeming (Winona Lake, IN: Eisenbrauns, 2006), 399–412. This new material from the eastern diaspora demonstrates the degree to which the exiled Judeans had assimilated to Mesopotamian culture. See also Charles E. Carter, "(Re)Defining 'Israel': The Legacy of the Neo-Babylonian and Persian Periods," in *The Wiley Blackwell Companion to Ancient Israel*, ed. Susan Niditch (Malden, MA: Wiley Blackwell, 2016), 215–40, here 232.

46. See E. Meyers, "The Rise of Scripture."

47. See his "Jerusalem and Judah 600–200 BCE: Implications for Understanding Pentateuchal Texts," in *The Fall of Jerusalem and the Rise of Torah*, ed. Peter Dubovský, Dominik Markl, and Jean-Pierre Sonnet, FAT 107 (Tübingen: Mohr Siebeck, 2016), 3–18, here 6.

CHAPTER 30

Myth, Poetry, and Cosmic Construction in Job 38:4–18

Choon-Leong Seow
Vanderbilt University

THE FIRST THEOPHANIC DISCOURSE OF YHWH in the book of Job, chs. 38–39, revolves around the issue of עֵצָה, a term suggesting sagacious purposefulness and design.[1] This עֵצָה is expounded in three poetic movements concerning the creation of the earth (38:4–18), the heavenly phenomena that sustain it (38:21–38), and the wondrous creatures that thrive therein (38:39–39:30). Interpreters have recognized the didacticism of the speech, evident in (1) the recurrence of several sapiential terms—ידע, "to know" (38:5, 12, 18, 21, 33; 39:1, 2), בין, "to understand" (38:18, 20), בִּינָה, "understanding" (38:4, 36; 39:17, 26), and חָכְמָה, "wisdom" (38:36, 37; 39:17), (2) the preponderance of questions,[2] and (3) the concatenation of examples in three areas of human inquiry: "cosmology," "meteorology," and "zoology."[3]

Despite a practically unmanageable plethora of studies, however, numerous questions remain, not least what עֵצָה means and how the discourse about it is an answer to Job.[4] The first movement, given its place, is the most critical. Yet its full meaning has been elusive because parts of it remain obscure. While there has been a substantial consensus that the first two stanzas, vv. 4–7 and vv. 8–11, pertain to the creation of earth and sea, respectively, the third (vv. 12–15) has befuddled interpreters, for it

Author's note: It is a pleasure to contribute this essay in honor of Jack Sasson, from whom I have learned so much over the years, not only from his vast knowledge of the ancient Near East but also from his enormous generosity.

1. The topic of each of the two speeches is indicated in the broadly similar introductions: עֵצָה (38:2–3) and מִשְׁפָּט (40:7–8). See Veronika Kubina, *Die Gottesreden im Buche Hiob: Ein Beitrag zur Diskussion um die Einheit von Hiob 38,1–42,6*, Freiburger theologische Studien 115 (Freiburg: Herder, 1979), 115–23.

2. So Michael V. Fox, "Job 38 and God's Rhetoric," *Semeia* 19 (1981): 58–60.

3. The last of these has been identified as a sapiential genre—"onomastica" (*Naturweisheit/Listenweisheit*), namely, catalogs of nature allegedly collocated for instructional purposes. So, especially, Gerhard von Rad, "Hiob 38 und die altägyptische Weisheit," in *Wisdom in Israel and in the Ancient Near East Presented to H. H. Rowley*, ed. M. Noth and D. Winton Thomas, VTSup 3 (Leiden: Brill, 1960), 292–301; Heinz Richter, "Die Naturweisheit des Alten Testaments im Buche Hiob," *ZAW* 70 (1958): 1–20. See, however, Michael V. Fox, "Egyptian Onomastica and Biblical Wisdom," *VT* 36 (1986): 302–10.

4. Proposals for its meaning include: "counsel as regards Job's suffering" (Norbert Peters, *Das Buch Hiob*, EHAT [Münster: Aschendorffschen Verlagsbuchhandlung, 1928], 434); "providence," including nature and history (L. Alonso Schökel and J. L. Sicre Díaz, *Job: Comentario teológico y literario*, Nueva Biblia Española [Madrid: Cristiandad, 2002], 677); divine will as worked out in the creation and governance of the world (Georg Fohrer, *Das Buch Hiob*, KAT 16 [Gütersloh: Gütersloher Verlagshaus/Gerd Mohn, 1963], 500); divine plan as manifest in history (Jean Lévêque, *Job et son Dieu: Essai d'exégèse et de théologie biblique* [Paris: Gabalda, 1970], 510–12); divine will for order in nature and the human world as an analogy for the course of Israel's history (Hans Strauss, *Hiob 19,1—42,17*, BKAT 16/2 [Neukirchen-Vluyn: Neukirchener, 2000], 356); and "a grand design for how the universe should be structured and managed" (David J. A. Clines, *Job 38–42*, WBC 18B [Nashville: Thomas Nelson, 2011], 1098).

seems to be less about creation than the dawning of each day. Moreover, there are some peculiar images in vv. 13–14 that commentators have strained to explain, and the MT has רשׁ^עים (with the suspended ע), "(the) wicked," in vv. 13 and 15, though it is unclear to whom they refer. As for the fourth stanza, scholars have not accounted for the connection between v. 16, with its references to "the sources of the sea" and "the recesses of the deep," and the journey to the netherworld in vv. 17–18.[5] These issues are all integral to YHWH's exposition of עֵצָה.

Drawing on mythological traditions of ancient Western Asia, as well as on poetic clues, I shall argue in this essay that Job 38:4–18 is a carefully constructed poetic movement that comprises four discrete stanzas concerning the four dimensions of the cosmos: the earth (vv. 4–7), the sea (vv. 8–11), the heavens (vv. 12–15), and the netherworld (vv. 16–18). By its content as well as its form, this poetic movement defends the integrity of YHWH's עֵצָה.

Topic

YHWH's first discourse is introduced in vv. 2–3:

מִי זֶה מַחְשִׁיךְ עֵצָה
בְמִלִּין בְּלִי־דָעַת
אֱזָר־נָא כְגֶבֶר חֲלָצֶיךָ
וְאֶשְׁאָלְךָ וְהוֹדִיעֵנִי

Who is this who darkens עֵצָה,
With words without knowledge?
Gird now your loins like a man
That I may question you, and you may inform me.

It is important to observe that Job had earlier referred to YHWH's עֵצָה—along with "wisdom," "might," and "understanding"—in questioning divine purposefulness in the cosmos (12:7–25).[6] It is YHWH who has what it takes to govern the cosmos, Job avers, and this truth is obvious to the creatures of the heavens, the earth, and the sea (12:7–12). Job's cosmology in that context is a counterpoint to the cosmology of Zophar, who spoke of the impossibility of discovering the profundities of God that are higher than the heavens, deeper than the netherworld, longer than the earth, and broader than the sea (11:7–12). It is surely no coincidence, then, that the divine answer that focuses on YHWH's עֵצָה begins with these four cosmic dimensions. YHWH is

5. For other analyses of the structure, see Pieter van der Lugt, *Rhetorical Criticism and the Poetry of the Book of Job*, OTS 32 (Leiden: Brill, 1995), 453–55.

6. So Henry Rowold, "Yahweh's Challenge to Rival: The Form and Function of the Yahweh-Speech in Job 38–39," *CBQ* 47 (1985): 200–201; Michaela Bauks, "Der eine Schöpfer und die Anderen," in *Schöpfung, Monotheismus und fremde Religion: Studien zu Inklusion und Exklusion in den biblischen Schöpfungsvorstellungen*, ed. L. Bormann, Biblisch-theologische Studien 95 (Neukirchen-Vluyn: Neukirchener, 2008), 107–8.

responding to Job's questioning of the purposefulness of the cosmos, the discrepant nature Job has parodied in his anti-doxology (12:7–25).

Yet Job's questioning of divine purposefulness is evident not only in his response to Zophar's cosmology. YHWH's speech may also be read as well as a response to Job's initial poem in ch. 3.[7] Thus in his counter-cosmic protest in 3:3–10, Job reverses the call in Gen 1:3 for light to come into existence, calling instead for a darkening of that divine intention: "That day—let there be darkness, let God not care for it from on high, but do not let light shine upon it" (3:4a). Indeed, he continues, counter-intuitively: "Let darkness and shade redeem it" (3:5). And there is no letup in this call for the darkening of the cosmos, as Job adds to his malediction against creation: "Let the stars of its twilight become dark" (3:9a). Darkness recurs in Job's counter-cosmic poem that challenges divine purpose in creation. It is surely in this sense, at least in part, that YHWH says, "Who is this who darkens עֵצָה?"

Less directly, but no less daringly counter-cosmic, Job offers in 9:4–10 an anti-doxology that subverts confidence in the beneficence of divine governance. Ostensibly acknowledging divine wisdom and power, he accuses God of counter-cosmic acts on earth (9:5–6), over the heavens and the sea (9:7–9), all of which he sarcastically dubs, God's "great deeds that are inscrutable, wonders that are innumerable" (9:10). This anti-doxology, one might argue, obfuscates YHWH's עֵצָה.

So, in his first response, YHWH issues a challenge to Job: "Gird now your loins like a man // that I may ask you, that you may inform me" (v. 3). It is not an accident that Job is addressed here as גֶּבֶר, for Job in his opening poem refers to himself as such (3:3c, 23a). To Job, the short-comings of YHWH's governance are obvious to the creatures of the cosmos, and one need only question them to know the truth (12:7–9):

But, ask now the beasts that they may teach you,
  And the birds of the sky that they may declare to you.
Or speak to the earth that it may teach you,
  That the fish of the sea may recount to you.
Who among all these does not know
  That the hand of YHWH has done this?

One finds here, in 12:9, the only use of the name YHWH in the poems prior to the divine speeches.[8] For all the literary affectations of a Transjordanian context, not least the use of divine appellations that are at home in that environment, YHWH is specifically named in Job's questioning of divine oversight of the cosmos. To Job, it is so obvious that YHWH is responsible for the governance of the cosmos that even the beasts know it. Just ask them, he challenges, and they will tell you (12:7). So YHWH now follows up on that rhetoric of cosmological inquiry and didacticism, only now it is YHWH who asks, while Job, who has so glibly presupposed the outcome of such an

7. So Shlomo Bachar, "לאיוב ה' מענה,"*Beit Mikra* 25 (1979): 25–29; Robert Alter, "The Voice from the Whirlwind," *Commentary* 77 (1984): 33–41; idem *The Art of Hebrew Poetry* (New York: Basic Books, 1985), 93–110.

8. Scholars have often emended the text or suggested that the poet simply borrowed a phrase wholesale from Isa 41:2b, but see C. L. Seow, *Job 1–21*, Illuminations (Grand Rapids: Eerdmans, 2015), 624.

inquiry, is challenged to inform YHWH (38:3b). Indeed, this entire speech is didactic in style and tone, as YHWH teaches, declares, and recounts.

The Cosmos (38:4–18)

The poetic movement in question consists of four stanzas, concerning four dimensions of the cosmos: the earth (vv. 4–7), the sea (vv.8–11), the heavens (vv. 12–15), and the netherworld (vv. 16–21). Lost in translation is the fact that the same Hebrew word is used for "earth" and "netherworld"—ארץ as surface world (v. 4) and ארץ as underworld (v. 18), thus forming an *inclusio*. Moreover, closure of the movement is signaled by the final term, the summative כֻּלָּהּ, "all of it," namely, all of ארץ—on the surface and below it, the seen and the unseen—the entire cosmos.

Earth (38:4–7)

The opening couplet highlights Job's absence at creation: אֵיפֹה הָיִיתָ בְּיָסְדִי־אָרֶץ הַגֵּד אִם־יָדַעְתָּ בִינָה, "Where were you when the earth was founded? Declare if you know understanding" (v. 4). Modern interpreters have often suggested that Job is depicted here as a primal human being, a trope that appears already in 15:7–10, where there are echoes of the Myth of Adapa.[9] As for the metaphor of building construction, however, Newsom has observed that, despite the familiarity of the idiom of divine construction of the earth, there is no elaboration anywhere of the metaphor of YHWH as a builder that one finds here.[10] Indeed, de Wilde laments a dearth of ancient Near Eastern parallels for this metaphor for creation, apart from the *Enūma eliš*, which contains an account of Marduk's building his own abode in Babylon.[11] Although there are numerous texts from Mesopotamia pertaining to building projects, they have not received any attention from interpreters, no doubt because the builders in these inscriptions are humans. Yet, as Van Leeuwen has observed, building construction was regarded in antiquity as a sapiential activity and an exercise in creation.[12] In fact, Job 38:4 echoes Prov 3:19, which occurs precisely in the context of creation as construction: יְהוָה בְּחָכְמָה יָסַד־אָרֶץ כּוֹנֵן שָׁמַיִם בִּתְבוּנָה, "YHWH founded the earth with wisdom, he established the heavens with understanding." Moreover, Wisdom is personified in the Hebrew Bible as a builder of her own house (Prov 9:1; cf. also 24:3), which recalls Sumerian *é-g̃éštu ᵈNisaba*, "the house of wisdom of Nisaba" (the goddess of wisdom) in Eridu (*Lament for Eridug* 4.11; ETCSL 2.2.6), the abode of Enki.[13] Nisaba was a celebrated builder of

9. So Fohrer, *Das Buch Hiob*, 501; Gisela Fuchs, *Mythos und Hiob Dichtung: Aufnahme und Umdeuting altorientalischer Vorstellungen* (Stuttgart: Kohlhammer, 1993), 501; Strauss, *Hiob, Kapitel 19,1–42,7*, 358.

10. Carol A. Newsom, "Job," in *NIB* IV, 601.

11. So A. de Wilde, *Das Buch Hiob eingeleitet, übersetzt und erklärt*, OtSt 22 (Leiden: Brill, 1981), 359.

12. Raymond C. Van Leeuwen, "Cosmos, Temple, House: Building and Wisdom in Ancient Mesopotamia and Israel," in *From the Foundations to the Crenellations: Essays on Temple Building in the Ancient Near East and the Hebrew Bible*, ed. Mark J. Boda and Jamie Novotny, AOAT 366 (Münster: Ugarit-Verlag, 2010), 399–421, and an earlier version published in Richard J. Clifford, ed., *Wisdom Literature in Mesopotamia and Israel*, SymS 36 (Atlanta: SBL, 2007), 69–70.

13. See, further, Margaret W. Green, "The Eridu Lament," *JCS* 30 (1978): 151–53; Andrew R. George, *House Most High: The Temples of Mesopotamia*, Mesopotamian Civilizations (Winona Lake, IN: Eisenbrauns, 1993), 91, nos. 362, 263.

shrines.[14] Yet it was in fact Enki, "the lord of wisdom" and "king of craftsmanship,"[15] who opened for Nisaba her "house of wisdom" (*Hymn to Nisaba* 29; ETCSL 4.16.1). Enki himself is associated with a "house of wisdom,"[16] as is Ea, his Babylonian counterpart.[17]

Enki ("Lord [of the] Earth/Netherworld"), the quintessential creator of the cosmos in Sumerian mythology, was a builder. In the myth of *Enki's Journey to Nibru* (ETCSL 1.1.4), he is depicted as the architect of Eridu. The event is recounted at length in *Enki and World Order* (ETCSL 1.1.3), including some of steps in the process: "He fixed the (measuring)-cord, ordered the foundations … laid the foundation, laid the bricks upon it."[18] Other deities are likewise portrayed as temple builders, most notably Ea and Marduk in the *Enūma eliš* (Ee I.71–80; IV.143–46; V.119–30), and Baʿl in Ugaritic mythology (*CTU* 1.4.IV.1–VI.38).[19] Certainly in Mesopotamia, the cosmic significance of temples is borne out by their Sumerian ceremonial names. Andrew George provides a catalogue that includes such names: é.an.ki, "House of Heaven and Earth" (nos. 68–70); é.an.ki.kù.ga, "House of Pure Heaven and Earth" (no. 71); é.an.ki.šár.ra, "House of All Heaven and Earth" (no. 71); é.dim.an.ki, "House, Bond of Heaven and Earth" (no. 258).[20] In all these cases, the Sumerian term, *ki*, like Akkadian *erṣetu* and Hebrew אֶרֶץ, refers to the totality of the cosmic realm called "earth"—the surface world as well as the underworld. Indeed, אֶרֶץ in this first poetic movement in YHWH's discourse in Job has both senses, beginning with אֶרֶץ as the surface world (38:4) and ending with אֶרֶץ as the netherworld (38:18).

What myth presents as divine construction is, of course, worked out in human society through the agency of rulers who claimed to undertake the project at divine behest, in compliance with divine plan, which they executed through divinely endowed wisdom. All this seems clear in the case of the most renowned builder of ancient Sumer, Gudea of Lagash, near the end of the third millennium. His building activities are recounted in an extensive corpus of well over 100 inscriptions.[21] In one of his statues (Paris, Louvre AO 3), Gudea presents himself as a man of "expansive wisdom," who had drawn a plan for a temple (RIME 3/1, 46–48, Statue F, II.9, 12–14). This sculpture depicts him seated with his a blank tablet on his lap, along with a stylus and a

14. Thorkild Jacobsen, *The Treasures of Darkness: A History of Mesopotamian Religion* (New Haven, CT: Yale University Press, 1976), 10.

15. For these and related epithets of Enki, see Margaret W. Green, "Eridu in Sumerian Literature" (PhD diss., University of Chicago, 1975), 79–80.

16. George, *House Most High*, no. 355; Dietz Otto Edzard, "The Names of the Sumerian Temples," in *Sumerian Gods and Their Representations*, ed. I. L. Finkel and M. J. Geller, Cuneiform Monographs 7 (Groningen: Styx, 1997), 161.

17. See George, *House Most High*, no. 355; Francesco Vattioni, "La casa della saggezza (Prov. 9,1; 14.1)," *Augustinianum* 7 (1976): 349–51.

18. So lines 340–42, according to Carlos A. Benito, "'Enki and Ninmaḫ' and 'Enki and the World Order'" (PhD diss., University of Pennsylvania, 1969), 131.

19. See Victor (Avigdor) Hurowitz, *I Have Built You an Exalted House: Temple Building in Light of Mesopotamian Northwest Semitic Inscriptions*, JSOTSup 5 (Sheffield: Sheffield Academic, 1992), 332–34; W. G. Lambert, *Babylonian Creation Myths*, Mesopotamian Civilizations (Winona Lake, IN: Eisenbrauns, 2013), 366–95.

20. George, *House Most High*, 59–161.

21. Most of these are included in Dietz Otto Edzard, *Gudea and His Dynasty*, RIME 3/1 (Toronto: University of Toronto, 1997), 26–180.

measuring tool, as if he is just sitting down to draft a plan.[22] Another statue (Paris, Louvre AO 2) shows him in the same pose and with the same equipment, though this time his "laptop" shows a plan.[23] Other statue inscriptions, too, refer to Gudea as having "expansive wisdom" (RIME 3/1, 39, Statue C, II.17) and drafting a plan (RIME 3/1, 39–40, Statue C, II.20–23; 47, Statue F, II.13).

The perspective is rather different in a poetic text inscribed on two clay cylinders bearing a doxology composed to commemorate the restoration of the E-ninnu, the temple of Ningirsu in Girsu (modern Tell Telloh), one of three cities comprising Greater Lagash (RIME 3/1, 68–101; ETCSL 2.1.7). In contrast to the prose accounts in the statue inscriptions, which claim Gudea as the architect who produced the plans and built the temples, the mythopoeic account of the cylinders represents the project as predetermined by the gods and carried out in accordance with a divine plan. This is clear at the outset in Cylinder A, which begins with two poetic movements that introduce the divine initiative and the motivation for the project (Cyl. A, I.2–9) and the election of Gudea as one who had the requisite wisdom to carry out the plan (Cyl. A, I.10–21).

The poem is introduced in a manner reminiscent of creation accounts: "When in hea[ven on ea]rth destinies were deter[mine]d (*u*$_4$- a[n-k]i-*a nam tar-[ra-d]a...pa nam-è*, Cyl. A, I.1).[24] The construction of the temple is set within a cosmic context with the expression, *an-ki-a* ("heaven-earth"), in line 1 and reiterated in line 11. Divine purposefulness is conveyed in Cyl. A, I.5–9 through a seven-fold repetition of *nam* ("fate," though used in various ways), along with a fourfold repetition of šà, "heart, mind, and meaning":[25]

šà gú-bi nam-gi$_4$
šà-^{d}*En-líl-lá gú-bi nam-gi*$_4$
šà gú-bi nam-gi$_4$
a-g̃i$_6$*-uru*$_{16}$ *nam-mul ní-íl-íl*
šà-^{d}*en-líl-lá-ke*$_4$ *ÍD.idigina-àm*

The heart indeed overflowed,
  Enlil's heart indeed overflowed;
The heart indeed overflowed,
  The flood rises indeed radiating and surging
The heart of Enlil, like the Tigris itself,
  Indeed it has brought forth sweet water.

The repetition of words and sounds in this passage play out the abundant and unceasing flow of water toward Lagash, and the overflowing of Enlil's šà, a polysemous term

22. See Flemming Johansen, *Statues of Gudea, Ancient and Modern*, Mesopotamia 6 (Copenhagen: Akademisk Forlag, 1978), 11, pls. 28–32.

23. Johansen, *Statues of Gudea*, 10, pls. 19–22.

24. Thorkild Jacobsen, *The Harps that Once...: Sumerian Poetry in Translation* (New Haven/London: Yale University Press, 1987), 386–87, has posited that Cylinders A and B are part of a trilogy that began with a "Lost Cylinder X." I see no reason, however, to assume such a trilogy and take Cylinder A as the beginning of the poem.

25. See Richard E. Averbeck, "Temple Building among the Sumerians," in Boda and Novotny, eds., *From the Foundations to the Crenellations*, 16–19.

that itself hints at a surfeit of meanings. Superfluity is the desired outcome of the project, for it will ensure life and prosperity.[26]

According to the cylinder inscriptions, the initiative for the project came from on high and was revealed to Gudea, who, despite his "expansive wisdom," could not even understand it (Cyl. A, I.12–23). It was only after much explanation that the deity's šà (purpose/will) eventually became clear to him (Cyl. A, XII.18–19). Thereupon, Gudea commences construction with the encouragement and collaboration of the gods, particularly Enki (Cyl. A, XIV.1–4; XVIII.13–16; XIX.8–16; XX.15–20; XXII.11–13; B, IV.1–6; XII.26–XIII.8).[27] Critical to the project are divine wisdom and plan: "Nisaba opened 'the house of wisdom' to him; Enki determined the plan of the temple" (Cyl. A, XVII.15–17).

To the Sumerian poet, the stepped-temple is not just a building but a cosmic reality characterized as a mountain that grows to the heavens (Cyl. A, XXI.19–20), linking heaven and earth/netherworld (Cyl. A, XXI.23). It is "founded in heaven" (Cyl. A, IX.11; XXVII.8; B.XX.20), as if originating there and descending from it, even as it is rooted in the netherworld and reaches upwards. The temple is thus a cosmic mountain representing the celestial and terrestrial universe as one—*an.ki*, "heaven-earth." Thus, as elsewhere in the literature of Western Asia and Egypt, the construction of temples mirrors the creation of the cosmos.[28]

So, too, in the Hebrew Bible. Psalm 78, which recounts the election and construction of Mount Zion as a divine abode, reflects such a worldview: וַיִּבֶן כְּמוֹ־רָמִים מִקְדָּשׁוֹ כְּאֶרֶץ יְסָדָהּ לְעוֹלָם, "and (YHWH) built his sanctuary like the heights (and) like the earth which he founded forever" (Ps 78:69). Reminiscent of the ideology of temple building in Mesopotamia in particular is the prophet Amos's characterization of God as a celestial builder: הַבּוֹנֶה בַשָּׁמַיִם מַעֲלוֹתָו וַאֲגֻדָּתוֹ עַל־אֶרֶץ יְסָדָהּ, "The one who built in heaven his steps, and his bond he has found on earth," and, as in the Gudea Cylinders, there is an outpouring of water "over all the land" (Amos 9:6).[29]

In the literature of ancient Western Asia, the construction of temples and cities as abodes of deities, as well as their renewal or restoration, was viewed as acts of creation and re-creation—the creation or restoration of order amid chaos, with kings as the earthly representatives of divine creators.[30] Akkadian inscriptions are rife with such rhetorical legitimations of royal power. One of Esarhaddon's inscriptions (RINAP 4, Text 105),[31] composed to commemorate his restoration of Babylon and the temple of

26. So Jacobsen, *The Harp that Once*, 387–86; Samuel Noah Kramer, "The Temple in Sumerian Literature," in *Temple in Society*, ed. M. V. Fox (Winona Lake, IN: Eisenbrauns, 1988), 2–3.

27. See Espak, *The God Enki*, 31–39. Temple building as a project involving divine as well as human beings is evident as well in iconography. So Claudia E. Suter, *Gudea's Temple Building: The Representation of an Early Mesopotamian Ruler in Text and Iconography*, Cuneiform Monographs (Groningen: STYX, 2000), 181–85.

28. See Richard J. Clifford, *Creation Accounts in the Ancient Near East*, CBQMS 26 (Washington, DC: The Catholic Biblical Association of America, 1994), 26 and *passim*; Hurowitz, *I Have Built You an Exalted House*, 335–37 and *passim*.

29. Interpreters have long struggled with the meanings of the terms מַעֲלוֹתָו and וַאֲגֻדָּתוֹ. Most recent scholars take the former to mean "upper chambers" and the latter as "vault," meanings that, if correct, would be without parallels in Hebrew. These terms in their common senses—"steps" and "bond"—in fact make perfect sense in the ideology of temples that goes back to ancient Sumer.

30. See Arvid Kapelrud, "Temple Building, a Task for Gods and Kings," *Or* 32 (1963): 56–62.

31. See Earl Leichty, *The Royal Inscriptions of Esarhaddon, King of Assyria (680–669 BC)* (RINAP 4; Winona Lake, IN: Eisenbrauns, 2011), 202–10.

Marduk therein, is representative of the genre. Set in the year of his accession (681 BCE), the inscription recounts the divine election of Esarhaddon, the revelation by Marduk to restore Babylon and its shrines—themes that recall Gudea (Cyl. A, I.10–21). The king, divinely endowed with "expansive wisdom"—again, like Gudea—received a divine command to undertake the project (RINAP 4, Text 105, III.29–IV.5). So he gathered a team of expert artisans and skilled master-builders, who drafted plans (RINAP 4, Text 105, IV.7–14, 29–33). He laid the foundation platform in strict conformity to its previous plans (RINAP 4, Text 105, IV.38–14). In a similar inscription (RINAP, 4, Text 116), Esarhaddon king says he "measured dimensions" (RINAP, 4, Text 116, rev. 17) and "made foundation platforms as strong as the base of a mighty mountain" (RINAP, 4, Text 116, rev. 18). From the late seventh century BCE comes a foundation cylinder commemorating the restoration of the Etemenanki, in which Nabopolassar also claimed divine commission and the gift of divine wisdom for the project (Text 1, II. 9–13).[32] He commissioned skilled artisans, a surveyor "measured the dimensions" with a measuring rod, and master builders stretched the measuring cords and established the borders (Text 1, II, 14–23).

So, too, the poet of Job lays out the systematic process with idioms of architecture, civil engineering, and the first steps of building the cosmos, indeed using idioms that are at home in temple-building texts in Mesopotamia: שָׂם מְמַדֶּיהָ, "determined its measures" (v. 5a),[33] נָטָה עָלֶיהָ קָּו, "stretched a line over it" (v. 5b), אֲדָנֶיהָ הָטְבָּעוּ, "its bases sunk" (v. 6a), and יָרָה אֶבֶן פִּנָּתָהּ,[34] "laid its cornerstone" (v. 6b).[35] It was then, at the mere commencement of the project, it seems, that "the morning stars together exulted, and all the divine beings cheered" (v. 7), no doubt in anticipation of the final outcome. In contrast to Job's desire for darkness and for the absence of exultation (רננה, 3:7), the construction of the earth brings exultation (רנן > רן) among the members of the celestial hosts, at once the stars and the divine assembly. Job had called for the darkening of the "twilight stars," using an expression for the stars at dawn (Job 7:4; cf. Ps 119:147) or at dusk (Job 24:15; cf. 2 Kgs 7:5, 7; Isa 5:11; 21:4), for he wanted to have dawn suppressed (Job 3:9). Now the poet points unequivocally to stars of the morning—those that usher in the brightness of day—that cheer the achievement of divine purpose. In any case, the metaphor of building construction makes it clear that עֵצָה in YHWH's speech indicates purposefulness, wisdom, and design—as in the plan of a building project.

32. Rocio De Riva, *The Inscriptions of Nabopolassar, Amel-Marduk and Neriglissar*, Studies in Ancient Near Eastern Records 3 (Berlin: de Gruyter, 2013), 77–89.

33. The term here for "measure," מֵמַד, is a *hapax legomenon* and a cognate of Akkadian *namaddu*.

34. Felix Perles ("Babylonisch-biblische Glossen," *OLZ* 8 [1905]: 129) pointed out that the verb "to throw" here is technical jargon in building construction in Akkadian. Cf. Akkadian *ramû* and *nadû*, both meaning "to throw," can refer to the laying of foundations and the erection of buildings (*CAD* 11, N/1, 82–83; 14 R, 133).

35. The "cornerstone" in this case at least is not the final stone placed in a construction project, as most commentators contend, following Joachim Jeremias ("Eckstein—Schlussstein," *ZNW* 36 [1937]: 154–57). Rather, it is the first stone (so Meṣudat David), the foundational stone (so Rashi, Meyuḥas), as indeed the parallel reference to bases suggests. See J. J. M. Roberts, "Yahweh's Foundation in Zion (Isa 28:16)," *JBL* 106 (1987): 27–45. Cf. אֶבֶן לְפִנָּה וְאֶבֶן לְמוֹסָדוֹת, "a stone for the corner, that is, a stone for the foundations" (Jer 51:26), and אֶבֶן מָאֲסוּ הַבּוֹנִים הָיְתָה לְרֹאשׁ פִּנָּה, "a stone the builders rejected has become the first cornerstone" (Ps 118:22).

Sea (38:8–11)

Verse 8 introduces another dimension of creation: וַיָּסֶךְ בִּדְלָתַיִם יָם בְּגִיחוֹ מֵרֶחֶם יֵצֵא, "And one shut in sea with double-doors // when it gushes forth, from the womb it departs."[36] Yet the initial conjunction in וַיָּסֶךְ suggests a connection with the preceding couplet concerning the celebration by the celestial hosts. In fact, בְּרָן־יַחַד כּוֹכְבֵי בֹקֶר ("when the morning starts together exulted") in v. 7 may arguably be read either with the preceding verses or with the following.[37] The celestial hosts were present *when* the earth was founded (v. 4), and they were also present "*when* sea gushed forth from the womb" (v. 8b). Indeed, the themes of God's construction of the earth and the constriction of the sea are juxtaposed here, as also in the creation scenes in Prov 8:26–29 and Ps 104:5–9.

Furthermore, וַיָּסֶךְ echoes Job's opening poem, in 3:23, where וַיָּסֶךְ אֱלוֹהַּ בַּעֲדוֹ ("and God has shut one in") alludes to the injustice of divine confinement. Job characterized his outcry in terms reminiscent of the raging of the unruly waters in mythology: וַיִּתְּכוּ כַמַּיִם שַׁאֲגֹתָי, "Poured out as the waters are my roarings" (3:24). This line pertains to the outpouring of tears as Job cries out in anguish. At the same time, however, the simile ("like waters") points to another level of signification, for the verb נתך is used of the outpouring of cosmic waters (Exod 9:33; 2 Sam 21:10). So there is more to Job's words about his outcry than meets the eye, for the poet implies that Job aligns himself with the chaotic cosmic waters (cf. 17:12–13). Indeed, Job would later portray himself as having been treated as if he were cosmic sea monsters that must be restrained (7:12)—a complaint issued as Job questions divine oversight and purposefulness (7:13).

Now YHWH answers by asserting his oversight and purposefulness as regards the control of the sea, perhaps with Job in view, for the idiom of shutting with doors in 38:8 recalls Job's regret that God had not shut the doors of the womb in which he had gestated (3:10). The phraseology in 38:8 signals the inadequacy of Job's words in his opening speech. On the one hand, Job regrets that God had not shut the doors of the womb in which he had gestated, thus resulting in his birth to a world of misery (3:10). On the other hand, Job also complains that God's shutting is an injustice (וַיָּסֶךְ in 3:23). So YHWH returns to the trope of divine shutting, only the idioms here are not about Job but rather about the birthing of cosmic waters. Playing on Job's ironic complaints in 3:10 and 3:23, YHWH speaks of the confinement of the sea (וַיָּסֶךְ) and, ironically, also its turbulent emergence from the womb.[38] The language recalls the tradition of the creator placing bounds on the sea. At the same time, the dual form for doors echoes the figure of the doors of the womb that Job had earlier invoked. The "doors of sea" suggests a confinement of sea's chaotic potential. Yet the doors that may be closed may also be opened, as the second line of the couplet indicates, so that sea may depart, indeed, gush forth. The sea, which in ancient mythology represents cosmic chaos that must be subdued, is portrayed here as an infant whose birth is part of divine עֵצָה.

36. The form וַיָּסֶךְ is impersonal, though the 3 ms subject may be intended to recall the same form in 3:23 (so Meṣudat Ṣion).

37. See Ellen van Wolde, "Towards an 'Integrated Approach' in Biblical Studies, Illustrated with a Dialogue Between Job 28 and Job 38," in *Congress Volume, Leiden 2004*, ed. Andre Lemaire, VTSup 109 (Leiden: Brill, 2005), 365–67.

38. For גיח, cf. Job 40:23; Dan 7:2.

Job had lamented as well that he had received parental care that enabled his survival (3:10–11), though he would have preferred to have been a stillborn, "like infants who have never seen light" (3:16). It was indeed YHWH who provided the *enfant terrible* with a cloud as its clothing and the dark-cloud as its swaddling cloth (38:9), symbols of care on the one hand and restraint on the other. The image of the cosmic waters being wrapped up in a garment is attested also in Prov 30:4, in the context of the divine role over the cosmos: "Who wrapped the waters with a mantle? Who established all the extremities of the earth?"

The trope of YHWH's constraining of sea continues in YHWH speech in 38:10: "Then I established my limit upon it, and I set the bar and doors."[39] The couplet harks back to the beginning of the stanza where the sea is said to be shut by doors, though now that containment of the sea is further secured, as it were, by the barring of those doors. This image echoes Mesopotamian mythology where the cosmic waters are similarly barred, as in the recurrent mention in Atra-Ḫasis of the bolt that constrains the sea: *sigaru naḫbalu tâmti*, "a bolt, 'Net of the Sea'."[40] The "Net of the Sea" is perhaps an allusion to the victory of Marduk over Tiamat, which resulted in his capture of her in a net (Ee IV. 95–141).[41] For the poet of Job, the climax of the containment of the sea is the divine command: "And I said, 'Thus far you shall come and no further, and here the surge of your waves is stayed" (38:11).[42] With this reference to staying, then, the poet closes the stanza, the language of stoppage poetically mimicking the ending of the stanza.

Heaven (38:12–15)

The third stanza (vv. 12–15) is linked to the second (vv. 8–11) by a sound play, with הֲמִיָּמֶיךָ in v. 12 echoing יָם, "sea," in v. 8 (Q): הֲמִיָּמֶיךָ צִוִּיתָ בֹּקֶר יִדַּעְתָּ הַשַּׁחַר מְקֹמוֹ, "Have you ever ordered Morning, made Dawn to know its place?" The poetic play signals the continuity of subject matter, for just as YHWH ordered the sea to stay in its place,

39. The verb וָאֶשְׁבֹּר has always troubled interpreters. The Versions offer different interpretations: ἐθέμην, "I set" (OG); תשוה, "you placed" (11Q10); *circumdedi*, "I circumscribed" (Vg.); פסקית, "I fixed" (Tg.); ܚܒܪܬ, "(I) made" (Syr.). Scholars have offered a tremendous variety of emendations, but they do not account for the MT, the *lectio difficilior.* I take שׁבר to correspond to Arabic *ṯabara* (ثبر), a verb of destruction that most often indicates limit, confinement, and restraint, including, importantly, the ebbing of the sea (Lane, 330; Freytag, 61). So חק שׁבר may be a pleonastic expression, literally, "to break off/confine a limit," or, more idiomatically, "to establish a limit/boundary" (cf. חק גרע, "to hold back a limit/boundary," in Ezek 16:27). Thus, the expression חק שׁבר is the equivalent of חק שׂים, "to set a stipulation/boundary" (Exod 15:25; Josh 24:25; 1 Sam 30:25; Prov 8:29; Jer 5:22). The last two passages are particularly relevant, given that they concern the constraining of the sea. The Versions do not reflect readings different from the MT. Rather, they convey proper nuances of the Hebrew.

40. W. G. Lambert and A. R. Millard, *Atra-Ḫasīs: The Babylonian Story of the Flood* (Winona Lake, IN: Eisenbrauns, 1999), 42, Tablet I, 15; 116, rev. I.6, 10; 118, II.4, 11, 18; 120, rev. II.34.

41. See Andrea Seri, "The Role of Creation in Enūms eliš," *JANER* 12 (2012): 20–25.

42. The second line reads, וּפֹא־יָשִׁית בִּגְאוֹן גַּלֶּיךָ, where the verb יָשִׁית is impersonal: "one stays" = "is stayed." The verb recalls Ugaritic *yšt*, used in connection with the subduing of Sea: *yqṯ bʿl wyšt ym // ykly ṯpṭ nhr*, "Baʿl drags and *yšt* Sea // he finishes Judge River" (*CTU* 1.2.IV.27). Here the parallelism with *ykly*, "finishes," makes it clear that *yšt* must refer to a termination of some sort. In another Ugaritic text (*CTU* 1.83.8–10), *tšt* is used for the confinement of the sea-monster, and there it is associated with the verb *trks*, "bind." In this case, *tšt* appears to have the nuance of "stay, set in place." This meaning is attested for Hebrew שׁית in Isa 22:7; Pss 3:7; 45:15.

so YHWH determines the places of the celestial hosts, at least one of the "morning stars" mentioned in v. 7. Just as YHWH determines the place of the Sea (vv. 8–11), so too YHWH determines the places of the celestial hosts (vv. 12–15).

The parallelism in v. 12 suggests that Morning is personified, along with Dawn, or that Morning is an alternate designation for Dawn, conceived as an astral deity and a member of the celestial host. Certainly, the Hebrew verb צוה is used elsewhere in connection with the creation of the heavenly hosts (Isa 45:12). At issue is the ordering of the celestial hosts as part of creation—the stars in their assigned stations, the gods in their proper stations. The fact that this stanza follows the one about the containment of the sea fits the mythic pattern. In the *Enūma eliš*, the defeat of the sea-monster Tiamat is followed by the triumphant Marduk stretching out half of the sea monster as the heavens are stretched: "He stretched out the hide, set up a guard, ordered them not to let her waters escape" (Ee IV.139–40). The chaotic waters are thus kept in their place, as in 38:8–11. Then Marduk established stations for the celestial hosts: "He created the stations for the great gods; the stars, their semblance, he made a constellation" (Ee V.1–2). The text goes on to assert the purposefulness of such assignment of stations: "that none should transgress or fall short" (Ee V.7). Rules and regulations are established, and all the gods are assigned their places (Ee VI.78–79). This notion, that the celestial hosts—the gods and their semblance, the stars—have their prescribed stations and prescribed courses, pervades Mesopotamian literature. One finds it also in an Ugaritic text concerning the astral deities Šalim and Šaḥar, "Dusk" and "Dawn," which refers to offerings made to "the fixed stars" (*kbkbm knm*), the adjective *knm* being derived from the root *kwn*, Akkadian *kânu*, a verb used in Akkadian mythological and astronomical texts in connection with the assignment of the stations of the celestial hosts (*CTU* 1.23.54).

The next two couplets, vv. 13–14, are controversial. The MT as it stands reads in v. 13a, לֶאֱחֹז בְּכַנְפוֹת הָאָרֶץ, "to seize the extremities of the earth." Interpreters typically imagine personified Dawn seizing the "skirts of the earth" (so NRSV) like some sort of textile (a garment, a blanket, a tablecloth, or a rug) and shaking it to rid it of undesirable elements—vermin, dust, or crumbs. Yet, such an image of Dawn is without parallel anywhere in antiquity. Furthermore, the expression כנפות הארץ always refers to "the extremities of the earth," meaning the entirety of the cosmos (Isa 11:12; 24:16; Ezek 7:2). The exact expression occurs in 37:3 in reference to the entire world: עַל־כַּנְפוֹת הָאָרֶץ, "to the extremities of the earth" // תַּחַת־כָּל־הַשָּׁמַיִם, "under all the heavens." The Vulgate offers an interesting interpretation here. Without rendering the *lamed* at the beginning of the line, Jerome translates with the second person: *et tenuisti concutiens extrema terrae*, "and did you take hold of the extremities of the earth?" Jerome may be assuming the infinitive functioning in place of a finite verb. This is correct, though one might take the *lamed* as asseverative: "Indeed, taken hold of the extremities of the earth" (v. 13a).

The parallel line of the couplet contains a word with a suspended ע, a phenomenon that can be seen in the same word in v. 15a: רשעים. As the Masoretes note, these are two of only four such suspended letters in the Hebrew Bible, the others being in Judg 18:30 and Ps 80:14. In each case, the suspended letter is a conjectural restoration of a supposedly lost letter. Thus, the original text in Judg 18:30 has משה, "Moses" (cf. the Vg.), but the tradition preserved in the MT reads מנשה, "Manasseh," for exegetical reasons (so Rashi, Joseph Qara, Radaq, Meṣudat David). Similarly, for מיר in Ps 80:14, the MT proffers מי^ער, thus reading חזיר מיער, “a swine from the forest” (that is, “wild boar”), understood as an allusion to Rome, as opposed to an alternate tradition that reads חזיר מיאר, “a river swine.”[43] The suspended letter in each case is “not textual but midrashic.”[44] So the suspended ע is interpretive in vv. 13 and 15, though the fact that we have two occurrences of the same phenomenon should give one pause. Taking the consonantal text at face value, without the suspended ע, one might derive רשים from the III-Weak root, suggesting acquisition, claim, or grant of power. The Semitic root is best attested in Akkadian, *rašû*, “to obtain, acquire, attain,” and can be used of the acquisition of power or status, hence, “to become powerful,” but it can also mean “to show neglect, to act disrespectfully” or “to become guilty, to have cause for complaint.”[45] The verb occurs in Old Aramaic for the assertion of power (Sefire, *KAI* 214.9). The root in Syriac in the Peal means “to reproach, blame,” while the Ethpeal can mean “to become disgraced.” The verb in various Aramaic dialects also implies responsibility and expectation of proper conduct and, hence, also blame for failure to meet them. One may surmise, therefore, that רשים refers to those who have been bestowed status and power but are being removed for cause. While the addition of the suspended letter to read רש^עים may be broadly acceptable, the basic sense here is malfeasance, perhaps with a nuance of culpability in a disrespectful act. While v. 12 concerns the assignment of the positions of the celestial hosts, v. 13 has to do with the power to rescind the decision.

The verb יִנָּעֲרוּ has most commonly been understood to mean “shaken off,” but that is only because interpreters imagine the removal of stuff from some sort of textile. In fact, shaking is not the basic meaning of the verb but removal, dispersion, or expulsion. The latter sense is suggested by the Syr. translation, ܘܢܬܒܕܪܘܢ, “and expelled.” Certainly in most cases in the Bible, נער has nothing to do with shaking but rather with expulsion (so Exod 14:27; Ps 136:15), extrication (so Judg 16:20; cf. Sir 11:12 [MS^A]), stripping (Isa 33:9), rejecting (Isa 33:15), and dispersal (Ps 109:23). In Post-biblical Hebrew as well, the verb has a much broader sense than shaking, including emptying, discharging, evacuation, and displacement. In Ugaritic *nʿr* means “disperse,” in *CTU* 1.100.64–67, where it is juxtaposed with *nsy*, “throw out,” *ʿdy*, “extricate,” and *ybl*, “take away.” The point in Job 38:13 is the expulsion of those among the celestial hosts who do not recognize their stations:

> Have you ever ordered Morning,
> Made Dawn to know its place,
> Indeed, taken hold of the extremities of the earth,
> So that those who are responsible are expelled from it?

Underlying this stanza is the myth of a rebellion in the divine assembly by astral deities.[46] Among such accounts are those that highlight the astral deities who do not

43. See Christian G. Ginsburg, *Introduction to the Massoretico-Critical Edition of the Hebrew Bible* (New York: Ktav, 1966 [orig. 1897]), 338–40.

44. Carmel McCarthy, *The Tiqqune Sopherim and Other Theological Corrections in the Masoretic Text of the Old Testament*, OBO 36 (Freiburg/Göttingen: Vandenhoeck & Ruprecht, 1981), 261.

45. *CAD* 14, R, 194–201.

46. On this topic, see Hugh R. Page Jr., *The Myth of Cosmic Rebellion: A Study of Its Reflexes in Ugaritic and Biblical Literature*, VTSup 65 (Leiden: Brill, 1996).

seem to know their place and hence seek to advance beyond their stations. A myth of astral rebellion is widely regarded as lying in the background of Isa 14:12–23, a passage about the fall of הֵילֵל בֶּן־שָׁחַר, a Morning Star, who dared to contemplate rising above the "stars of El," setting up his throne in the seat of the divine assembly and even aspiring to become like the supreme deity in the divine assembly. This presumptuous Morning Star would, however, be "felled to the earth" (נִגְדַּעְתָּ לָאָרֶץ, v. 12a), that is, felled like a tall tree, elsewhere a symbol of hubris (Ezek 31:3–14; Dan 4:8–12). Yet the arrogant one is felled not just "to the ground," like a tree, but rather, in the light of its fall from heaven, it is felled "to the earth."

This motif of a rebellion against a supreme deity would play out later in Daniel 8. Antiochus IV Epiphanes, by his actions against the temple of YHWH, understood to be the cosmic mountain and abode of the Most High God, virtually performs the astral rebellion of mythology, reaching even the realm of the stars, causing them to fall from heaven, and challenging the "prince of the host" himself (Dan 8:10–11).

Job 38:14 is particularly challenging as the MT has it: תִּתְהַפֵּךְ כְּחֹמֶר חוֹתָם וְיִתְיַצְּבוּ כְּמוֹ לְבוּשׁ, literally, "it (presumably the earth) is overturned like clay of a seal; and they stood like a garment." The idea that the earth is "overturned *like* clay" is peculiar, and modern interpreters take considerable liberty with the Hebrew.[47] The main problem is the word חוֹתָם, "seal." The OG proffers ζῷον ("living thing"), either rendering of Hebrew חַיָּתָם (that is, with the confusion of ו/י) or reading חַוָּתָם, where חַוָּה is seen as a variant of חַיָּה (cf. Gen 3:21). The Syr. may reflect the same, for it translates with ܦܓܪܝܗܘܢ, "their bodies," using a term that the Tg. uses for Hebrew נֶפֶשׁ in Ps 22:21. Indeed, חַיָּה is a synonym of נֶפֶשׁ in Job (33:18, 20, 22, 28; 36:14) and elsewhere in Hebrew poetry (Pss 78:50; 143:3). The view that the ם in חותם is a 3 mp suffix (so the Syr.) is attractive,[48] though the noun חיה/חוה may not mean "life," as the OG and perhaps the Syr. have it, but rather "host."[49] I propose, therefore, to repoint חותם to read חַוָּתָם, "their host"/"the host of them," and take this host to be the subject of the verb תִּתְהַפֵּךְ. It is this rebellious host that will be "overturned as clay," that is, like the substance out of which mortals are made (see 4:19; 10:9; 30:19; 33:6). For Eliphaz, it is axiomatic that mortals who dwell in their ephemeral bodies—"houses of clay"—are of a lower order than celestial beings (4:17–19). Job himself underscores his mortality by characterizing himself as one whom God made כַּחֹמֶר, "as clay" (10:9). Here in YHWH's speech, the host of astral reprobates has been overturned כְּחֹמֶר, "as clay." They become no longer celestial but rather are "as clay," that is, as mortals—a point that is reiterated in the next line.

47. Modern translations for the most part paraphrase or, indeed, guess at the meaning: "It (the earth) is turned as clay to the seal" (KJV); "It changes the earth to sealing clay" (JB); "The earth takes shape like clay under a seal" (TNIV); "It is changed like clay under the seal (NRSV); "It takes on form like clay under a seal" (NKJV); "To bring up the horizon in relief as clay under a seal" (NEB).

48. Cf. Tg.[1], חותמין דלהון, "their seals" and Tg.[2], חותמא דלהון, "their seal."

49. Compare the noun חַיָּה, "host" (2 Sam 23:11), חַיַּת פְּלִשְׁתִּים, "the Philistine host" (2 Sam 23:13), and חַיָּתְךָ, "your host" (Ps 68:11). In these instances, חַיָּה is a by-form of חַוָּה, "encampment," hence "host" (cf. מַחֲנֶה, "camp" or "army"). The latter is attested in the folk etymology for Havvot Yair in Num 32:41, וַיִּלְכֹּד אֶת־חַוֹּתֵיהֶם וַיִּקְרָא אֶתְהֶן חַוֹּת יָאִיר, "and [Yair] captured their encampments (or 'hosts') and named them Havvot Yair (i.e., 'Yair's Encampments' or 'Yair's Hosts')." The noun is related to Sabaean *ḥw*, "clan, community" (Joan C. Biella, *Dictionary of Old South Arabic: Sabaean Dialect*, HSM 25 [Chico, CA: Scholars Press, 1981], 169), Classical Arabic *ḥiwāʾ*, "a collection of tents" (see Lane, 679), and Egyptian *wḥwt/wḥyt*, used of hosts of Asiatics (*WÄS* I, 346, 351). The root is *ḥwy*, "to collect, assemble." Cf. Ugaritic attests *ḥwt*, "settlement" (*DULAT* 2:373–74); Punic *ḥwt*, "settlement" (*KAI* 161.9–10).

The plural verb in the next line, וַיִּתְיַצְּבוּ, “and they stood,” makes no sense in the MT as it stands, for the only possible antecedent of a masculine plural subject is the venal in v. 13. In 1903, Hubert Grimme proposed emending וְיִתְיַצְּבוּ to read וְתִצְטַבַּע, the 3 fs form of the root צבע, “to tint,”[50] with earth the presumed subject of תִּתְהַפֵּךְ in the first line. Georg Beer followed suit in the critical apparatus of *BHK*[2] in 1905, though he preferred the Niphal, וְתִצָּבַע. These emendations have been widely accepted, even though there is no textual evidence for them.[51] Hartley, one of the few who do not emend the plural verb, practically does so in effect in his translation: “*Its features* stand out like those of garments” (emphasis added).[52] Indeed his explanation is representative of what interpreters typically proffer, whether or not they emend:

> As the morning light etches multiple designs on the horizon in an array of colors, the darkened earth begins to take shape before the eye. The dawn lights up the hills, valleys, trees, and shrubs. Just as a lump of clay is turned into a beautiful design beneath a seal, so too the earth glistens in beauty beneath the sun’s first rays. In another picture the early light of day makes the earth appear as a beautiful garment, exquisite in design and glorious in color.[53]

The verb וְיִתְיַצְּבוּ, “and they stand,” in fact recalls the presence of the celestial beings in the divine assembly in the Prologue: they came to stand (לְהִתְיַצֵּב) before YHWH (1:6; 2:1). Now, using the same verb, the poet alludes to the demise of celestial reprobates who stand כְּמוֹ, “thus.” These venal ones stand כְּמוֹ, “thus,”[54] namely, “as clay,” the symbol of fragile humanity. The verb הפך is particularly apt, for it may be used of makeovers, as a potter does with defective clay projects (Isa 29:16), substantial transformation (Pss 66:6; 78:44; 114:8), overthrow of the venal (Amos 4:11; Prov 12:7; Lam 4:6, etc.), and the removal of power (Hag 2:22). As I read v. 14, then, the reprobate celestial host is transformed as clay, and their present standing is cause for shame: תִּתְהַפֵּךְ כְּחֹמֶר חֻנָּתָם וְיִתְיַצְּבוּ כְּמוֹ לְבוּשׁ, “Their host is overturned like clay, and they stand thus for shame.”[55] This humiliation of the astral deities echoes the eschatological vision in Isa 24:23, where YHWH promises punishment for the celestial host along with their terrestrial counterparts, with the resulting humiliation of the luminaries: “The moon shall be embarrassed and the sun ashamed.” Light, which is the defining quality of stars, is withheld from these astral outcasts (v. 15a). It is not up to Job to call for the absence of light among the stars, as he has tried to do (3:9), for no mortal can do that. Rather, it is up to YHWH, as sovereign over the divine assembly, to determine when light will be withheld from these presumptuous luminaries.

50. Hubert Grimme, “*Rěšafim*,” *TLZ* 6 (1903): 56.

51. This near consensus is evident in most of the standard translations: “it is dyed like a garment” (NRSV); “and dyed as though it were a garment” (NAB); “till its hues are fixed like those of a garment” (NJPS); “she tints it as though it were a dress” (NJB); “und färbt sich bunt wie ein Kleid” (Lutherbibel).

52. John E. Hartley, *The Book of Job*, NICOT (Grand Rapids, MI: Eerdmans, 1988), 494.

53. Ibid., 497; cf. Édouard Dhorme, *Le livre de Job*, EBib (Paris: Lecoffre, 1926), 530–31; Norman Habel, *The Book of Job*, OTL (Philadelphia: Westminster, 1985), 540; Clines, *Job 38–42*, 1105.

54. For כְּמוֹ, “thus,” see Pss 58:7; 73:15; Isa 26:18; Ezek 16:57; and cognates in Ugaritic, Arabic, and Ethiopic.

55. MT has יִתְיַצְּבוּ כְּמוֹ לְבוּשׁ, “and they stand like a garment,” which makes no sense. Tg.[I] substantially corroborates the Hebrew, though it has זהים, “filthy,” probably reading לְבוֹשׁ for לְבוּשׁ in the MT. The latter is due to the influence לְבֻשׁוֹ, “his garment,” in v. 9.

G. R. Driver argued that the upraised arm in v. 15b refers to a grouping of stars extending "like a bent arm across the sky, from horizon to zenith."[56] Yet the idiom "to break the arm" is attested frequently enough for the divine action against various hostile powers (Pss 10:15; 37:17; Jer 48:25; Ezek 30:21, 22, 24; Dan 11:22). At the same time, the image of an upraised arm may be related to the common idiom "to raise a hand," frequently signifying defiance (Gen 41:44; Num 15:30), rebellion (Exod 14:8; 2 Sam 20:21; 1 Kgs 11:26–27), claim of power (Deut 32:27), or exercise of power (Isa 26:11; Mic 5:8). The choice of words here is in service to poetry, for רום and זרוע occur together elsewhere only in reference to YHWH's power over the divine assembly (Ps 89:14). The poet thus hints at the nature of the offence of the astral reprobates, an offence that would be ended by the drastic divine retribution.

The third stanza thus comes to a close with the decisive end of the challenge to divine authority by members of the celestial host who apparently did not know their stations. Order is thus assured in the heavenly realm, as the celestial hosts are put in their places, just as Marduk did upon the subjugation of the sea monster Tiamat, the stars and the gods each in place so that "none might transgress or fall short" (Ee V.1–10).

Netherworld (38:16–21)

The opening couplet refers to a remote place that Job could not possibly have gone and where he could not have walked about: הֲבָאתָ עַד־נִבְכֵי־יָם וּבְחֵקֶר תְּהוֹם הִתְהַלָּכְתָּ, "Have you come as far as the sources of the sea // And have you walked about in the recesses of the deep?" (v. 16). The expression "sources of the sea" (נִבְכֵי־יָם) echoes מבכי נהרות,[57] "sources of rivers," in 28:11. It is a reflex of Ugaritic *mbk nhrm*, "the source of the two rivers," known also as *apq thmtm*, "the spring of the two deeps" (*CTU* 1.4.IV.21; 1.6.I.33; 1.17.VI.47) and *ʿdt thmtm*, "confluence of the two deeps" (*CTU* 1.100.3). These sources of water are located at the cosmic mountain where the high-god El dwelled and convened the divine assembly (*CTU* 1.2.I. 4–5, 19–21).[58] The references in Ugaritic literature echo "the source of the Tigris and Euphrates" that Narâm-Sîn reached (MAD I, 231, iv, 1–5; 236, 8–12). This cosmic site has been identified with Mount Ḫamān (Amanus), at the foot of which was "the source of the Saluara River," according to an inscription of Shalmanezer III (see RIMA 3, A.O.102.2, I.50–51).[59] There the king "took a selfie"—he erected an imaged of himself, though in another inscription he claimed to have done so at "the source of the Tigris (and) Euphrates" (RIMA 3, A.O.102.14, 92–93).

Yet it is not a physical-geographical location that is in view in these mythological traditions. Rather, it is a cosmic domain far removed from the orbit of mortals, like

56. G. R. Driver, "Two Astronomical Passages in the Old Testament," *JTS* 4 (1953): 211.

57. The MT has מִבְּכִי נְהָרוֹת, literally, "from the weeping of rivers," but we should probably assume the plural construct of *מַבָּךְ (< *מַנְבָּךְ), thus, מַבְּכֵי, as H. L. Ginsberg first suggested in *The Ugaritic Texts* (Jerusalem: Bialik, 1936 [in Hebrew]), 28. Note the absence of the preposition in the OG, Vg., and Syr.

58. The noun נבך in 38:16, not clearly attested elsewhere in the Bible, also has an Ugaritic cognate, *nbk/npk* (// *mqr*, "source" in *CTU* 1.14.V.1–2,) a noun known also in syllabic texts, all meaning "spring, source." See John Huehnergard, *Ugaritic Vocabulary in Syllabic Transcription*, HSS 32 (Atlanta: Scholars Press, 1987), 151. A related form is attested in 1QH[a] 11:16, though this is probably a reception of Job 38:16.

59. Cf. Frank M. Cross, *Canaanite Myth and Hebrew Epic* (Cambridge, MA: Harvard University Press, 1973), 57; idem, "אֵל *ʾēl*," *TDOT*, 1:248–51.

the remote *pî nārāti*, "mouth of the rivers," where Uta-napishtim, the hero of the flood story in the *Gilgamesh Epic*, longed to be (*Gilg.* XI.205–6). The *Sumerian Flood Story* places the hero, Ziusudra, in mythological Dilmun,[60] where, according to the myth of *Enki and Ninḫursaĝa* (ETCSL 1.1.1), subterranean waters reached the surface of the earth: "from the mouth of the waters flowing from the netherworld; fresh water flowed from the ground."[61] Albright long ago drew attention to Akkadian incantations in which the expression *pî nārāti*, "the mouth of the rivers," is identified with Apsu, the cosmic domain of Ea.[62] Among these incantations are references to *mê nagbî*, "the waters of the spring," and *nagab apsî*, "the spring of Apsu" (*CT* 16, 15, v 34–35; 17, 13:14). Also pertinent is the mention of *šad nagbi* (Sumerian *kur.idim*), "mountain of the spring," which may be related to *pî nārāti*.[63] All these are at a place that is both "remote" and "deep" and, as such, inaccessible to mortals and even to divine beings.[64] Thus, the Sumerian myth of *Enki and Ninmaḫ* (ETCSL 1.1.2) refers to Enki's abode "in the deep Engur (an alternate name for Apsu) where the waters flow, into the midst of which no god can see, [...] where no god [...] knows its midst [...] the remote [...] nobody knows it."[65] A Sumero-Akkadian text avers that even the gods cannot reach "the interior of distant Apsu" (BzA 5, 645:3–6). Similarly, a Sumerian hymn likens the intention of Inanna to the utter mystery of the Apsu: "(like) distant Abzu, no one can see it" (*Ur-Ninurta D*, 136).[66] So, too, another hymn compares the secrets of a sacred treasure chest to be "like the Abzu—no eye can see it" (*Shulgi G*, 45; ETCSL 2.4.2.07).

The affinities between the abode of Enki/Ea and the abode of El have been noted by scholars, who suggest that El occupied the same place in the Levant as Enki and Ea did in Mesopotamia.[67] This is the mythological realm of "the sources of the sea" and "the recesses of the deep" that was inaccessible to Job. According to Mesopotamian mythology, the netherworld lies beneath the sources of the subterranean waters. Yet the journey to the interior of the netherworld is typically represented as one undertaken on foot,[68] and the accounts of the *Inanna's Descent to the Netherworld* and the *Descent of Ishtar into the Netherworld* recount the journeys of the goddesses to that realm without any comment on how or if they ever crossed the Apsu. The road begins at "the foot of the mountain" or "the edge of the mountain,"[69] perhaps meaning at "the spring of the mountain," namely, *pî nārāti*. It is a journey on which the deceased traveler faces a series of gates, variously called "the gate to the Apsu" (KAV 218, A ii 27, 35), "the gate/door of the netherworld" (ETCSL 1.4.1, *Inanna's Descent to the Netherworld*

60. See M. Civil, "The Sumerian Flood Story," in Lambert and Millard, *Atra-Ḫasīs*, 144, VI.259–60.

61. Pascal Attinger, "Enki et Ninhursaĝa," *ZA* 74 (1984): 10, line 54.

62. William F. Albright, "The Mouth of the Rivers," *AJSL* 35 (1919): 161–95.

63. So Christopher Woods, "At the Edge of the World: Cosmological Conceptions of the Eastern Horizon in Mesopotamia," *JANER* 9 (2009): 204–5.

64. See Wayne Horowitz, *Mesopotamian Cosmic Geography* (Winona Lake, IN: Eisenbrauns, 2011), 334–47.

65. So Benito, "'Enki and Ninmah' and 'Enki and the World Order'," 22.

66. See Adam Falkenstein, "Sumerische religiöse Texte," *ZA* 52 (1957): 59:6.

67. See Marvin Pope, *El in the Ugaritic Texts*, VTSup 2 (Leiden: Brill, 1955), 42–43, 71–72; W. G. Lambert, "The Pantheon of Mari," *MARI* 4 (1985): 525–39; E. Lipiński, "Éa, Kothar et El," *UF* 20 (1988): 137–43.

68. Dina Katz, *The Image of the Netherworld in the Sumerian Sources* (Bethesda, MD: CDL, 2003): 32–33 and *passim*.

69. Katz, *Image*, 22–25.

73–77; *CT* 16, 13:46–48), "the gate of the expansive netherworld" (*KAR* 32:30), "the gate of the land of no return" (RA 64, 68.5–8; *CT* 15, 45.12), and the like.[70]

So, too, Job 38:17 refers to certain gates—שַׁעֲרֵי־מוֹת ("the gates of Death") that could not have been accessible to him,[71] and שַׁעֲרֵי צַלְמָוֶת ("the gates of Death's Shadow/Deep Darkness") that he could not have seen (38:17). These are allusions to the mythological gates of the netherworld, though in Pss 9:14 [13] and 107:18, שַׁעֲרֵי־מוֹת ("the gates of Death"),[72] and the related expression, שַׁעֲרֵי שְׁאוֹל ("the gates of Sheol") in Isa 38:10, are demythologized as metaphors for the verge of death (Sir 51:9 [MS^{B}]). Certainly myth is in view in Job 38:18, where רַחֲבֵי־אָרֶץ, "expanses of the netherworld," a unique expression in the Hebrew Bible, recalls Akkadian *erṣetum rapaštum*, "the expansive netherworld" (*CT* 17, 3:22; EA 357, 83; VAB 4.94 iii, 33). Certainly Job, who is yet alive, could not have entered this realm or walked about there (38:16); he could not have had access to it or seen it (38:17); he could not have comprehended it (38:18). Job himself refers to the netherworld as a place where those who descend to it cannot come back up (7:9), a place of deep darkness from which one cannot return (10:21). This view of the netherworld is in accord with the Mesopotamian designation of the netherworld as a "land of no return." Thus, a Sumerian lament calls the way to the netherworld "the road of no return," for it is "the road that destroys the one who walks in it."[73] This is why one cannot "walk about" there (Job 38:16b). An Akkadian version of the lament refers to one coming "to the remote netherworld which cannot be seen" (4 R 30, no. 2:34–35). The netherworld is a place of utter darkness where "those who enter it cannot leave," for the journey there is only by "a road of no return" (*Gilg.* VII.184–86).

YHWH challenges Job in the opening couplet of the first stanza to declare what he knows of the founding of ארץ (v. 4). Now in the final couplet of the last stanza, Job is again challenged to declare his knowledge of ארץ: הִתְבֹּנַנְתָּ עַד־רַחֲבֵי־אָרֶץ הַגֵּד אִם־יָדַעְתָּ כֻלָּהּ, "Have you attained understanding as far as the expanses of ארץ? Declare if you know all of it" (v. 18).[74] The pair of couplets, vv. 4 and 18, together form an *inclusio*, with the repetition of the term ארץ, the reiteration of the challenge to "declare if you know," and the echo of the term בינה through the verb הִתְבֹּנַנְתָּ. The question now is whether or not this mortal can understand and know *all of it*.

Conclusion

The meaning of עֵצָה is suggested in the very first stanza of the poem (vv. 4–7) through the trope of building construction, which requires purposefulness, wisdom, and design. More specifically, the construction is depicted as a sapiential project of cosmic

70. Horowitz, *Mesopotamian Cosmic Geography*, 358–59.

71. The root גלה, "to expose, open, reveal," recalls Ugaritic *gly*, which, together with *bw'*, is used of entry into the abode of El where the sources of water are (*CTU* 1.4.IV.23; 1.6.I.34; 1.2.I.4–15).

72. Cf. 1QH^{a} 14:27.

73. Mark E. Cohen, *The Canonical Lamentations of Mesopotamia*, 2 vols. (Potomac, MD: Capital Decisions, 1988), 2:673, 72. See, further, Katz, *Image of the Netherworld*, 60.

74. Some critics, troubled by the suffix in כֻלָּהּ, derive the form from the root כול/כיל, "to measure," assuming either a noun ("its measure") or an infinitive ("to measure it"). These emendations are unnecessary and, more importantly, they miss the poetic poignancy of כֻלָּהּ as a summative and closural device.

proportion, like the building of temples, which were viewed as earthly reflexes of the creation of the cosmos. Yet the meaning of עֵצָה is conveyed not only through the content of the four stanzas but also through the careful construction of the poem itself.

The four stanzas are presented deliberately. The first two, on earth and sea, are on the horizontal plane—what Zophar calls "length" and "breadth" (11:9); the third and fourth, concerning the heaven and the netherworld, are vertically related, corresponding to what Zophar regards as "height" and "depth" (11:8). The end of each stanza is clearly marked by closural clues: the proleptic reference to the celebration of the successful construction project (v. 7), the stoppage of the sea in its place (v. 11), the breaking of the upraised arm of the astral rebels (v. 15), and the summative term, "all of it" (v. 18). The structure of the poem itself manifests wisdom and careful design, as indeed befits a poem on עֵצָה.

Postscript

The topic of YHWH's עֵצָה receives further exposition through two more poetic movements (38:19–38 and 38:39–39:30). It is impossible, given the richness of the text and the philological challenges thereof, to explore them adequately in this essay. So I offer instead a few additional observations to suggest their continuities with the first movement.

It is clear from the Prologue of Gudea Cylinder A that the point of the divine plan in the construction of the temple that represents the cosmos is to bring about plentiful water and, hence, a resourceful life for "the land." That poem reaches its climax in Column XI, when the mere commencement of the project prompts the deity to bring forth precipitation from on high (XI.5–9), and that abundance pours down as soon as the cornerstone is placed and the foundations are laid (XI.10–11). The fields will "raise their hands" to Gudea, the earthly reflex of the deity and agent of divine beneficence, and the waterways will "raise their necks," indicating their impatience for the supply of water that he will bring (XI, 12–13). Even as water pours from above, water will also rise up from below to overflowing, wondrously reaching even the hills (XI, 14–15). Indeed, the beneficence will be superfluous for all "the land" (XI, 16–17). A stormwind will come forth from where it has lodged, namely the sacred mountain, to give life (XI, 18–24).

The second movement in YHWH's speech—on meteorology (38:19–38)—echoes all this. Yet the Joban poet emphasizes the cosmic purpose and scope of YHWH's creation, radically decentralizing the beneficence as regards the human being, indeed doing so at the very center of the entire speech (38:25–27):

Who has cleft a channel for the torrents,
    And a way for the thunderstorm
To rain upon a land without any person,
    A wilderness without any human in it,
To sate a desolate wasteland,
    And to cause crops of vegetation to sprout?

Amidst the meteorological references, however, the poet turns puzzlingly to astronomy in 38:31–33, which seems at first blush out of place in a discourse on meteorology:

Can you tie the bands[75] of the Pleiades,
  Or loosen the bonds[76] of the Orion?
Can you bring forth the constellations[77] in due time,
  And lead the Aldebaran[78] with its retinue?[79]
Do you know the regulations laws of the heavens,
  Or do you set its decree on earth?

The "bands" and "bonds" in v. 31 are reminiscent of the numerous references in Mesopotamian literature to the vast network of cosmic bonds (*riksu*, *rikis šamê*), halters (*ṣerretu*, *ṣerret šamê*), and ropes (*ṭurru*) that seem to hold together various components of the cosmos, keeping them in their proper stations and maintaining their proper sequences. Thus, according to the *Enūma eliš*, when Marduk fixed the positions of the heavenly hosts, "he established the station of Nēbiru to make known

75. Modern commentators usually emend מַעֲדַנּוֹת to מַעֲנָדוֹת, from the root ענד, "to bind," hence "chains" (so all the dictionaries), even though מַעֲנָדוֹת is not attested anywhere. The root עדן in Post-biblical Hebrew has to do with binding or tying, as in the noun מַעֲדָן/מַדָּן, "knot" (e.g., *m. Kel.* 20:7; *b. Sukk.* 13b). Such a connection is made in rabbinic exegesis of Job 38:31 (so *Gen. Rab.* s. 10). The meaning of מַעֲדַנּוֹת, then, is "bands," both in the sense of the certain stars belonging together, as well as their being metaphorically tied to one another. The former may underlie the translation of Symm., μόρια, "members" (of the Pleiades). The latter explains the OG and the Tg. The precise form, מַעֲדַנּוֹת is in 1 Sam 15:32, though there too scholars have unnecessarily emended it to read מַעֲנָדוֹת, "chains." The noun is in the adverbial accusative: וַיֵּלֶךְ אֵלָיו אֲגַג מַעֲדַנֹּת, "Then Agag went to him (in) bands/chains."

76. The term מֹשְׁכוֹת is a *hapax legomenon*, which I take to be a cognate of Arabic *masakāt*, "bonds," a term that parallels מַעֲדַנּוֹת, "bands."

77. Most interpreters equate the *hapax legomenon* מַזָּרוֹת with מַזָּלוֹת, but there is no other example in Job of a ר/ל confusion. Others link the term with נֵזֶר, "crown," assuming the Corona—the coronal stars. Yet neither נֵזֶר nor the verb נזר has anything to do with astronomy in antiquity. Theod. has μαζουρωθ, a marginal note in the SyrH has μαζορωθ, the Bohairic reads μασουρωτ, and Jerome offers *mazoroth*. Theod's μαζουρωθ is the same form in the OG that renders מַזָּלוֹת in 2 Kgs 23:5. All these suggest the root זור, which also underlies מזורות in 1QH[a] 10:29. The Vg. has *luciferum*, "light bearer," which perhaps reflects an interpretation of זור as a by-form of זהר, "to shine." Symm. renders the term as σκορπισθέντα, "the scattered," which may reflect זרה or perhaps זרר/זור, "to scatter," but also "to press," as in Post-biblical Hebrew. The Syr. interprets the term as ܥܓܠܬܐ, "the Wagon," presumably the name of a constellation, which recalls Sumerian *GIŠ.MAR.GÍD.DA* = Akkadian *eriqqu*, "the Wagon/Chariot," the name of a constellation. The philological basis of the Syr.'s rendering is unclear, but Syriac does attest a root ܙܪ, "to ride, mount." That is, the Syriac translator may have interpreted the Hebrew word by way of a Syriac root that also happened to be the root of the name of a known constellation. Apart from the MT, then, the witnesses suggest the root זור or זרה. Those that vocalize the term overwhelmingly favor the former, which I take to be זור, "to press together, compress" (Judg 6:38; Isa 59:5). Aramaic attests the verb זור, "to hold, press together," and the noun זור, "a bunch." One may, therefore, posit that the noun here means a collection, cluster, or constellation, with the plural of intensification or plural of majesty. Given the conservatism of the book's orthography, the word would have been written without the internal vowel letter, thus מזרת (i.e., מְזֻרֹת).

78. For the identification of עַיִשׁ, a variant of עָשׁ in 9:9 with the Aldebaran, see Seow, *Job 1–21*, 559. The Aldebaran refers to the red eye of the Bull (Taurus). Its name is derived from Arabic *al-Dabaran*, "the Follower," because it seems to follow the Pleiades.

79. For Hebrew על meaning "with," see Gen 32:12; Exod 12:8; 35:22; 1 Kgs 15:20; Jer 3:18; Mic 5:2. Assuming the identification of עַיִשׁ with the Aldebaran, בָּנֶיהָ must refer the smaller companions of Aldebaran, namely, the cluster that is Hyades. See G. V. Schiaparelli, *Astronomy in the Old Testament* (Oxford: Clarendon, 1903), 72–76.

their bonds" (Ee V.6). Marduk is in fact known as "the one who establishes the bonds of the gods, who created enduring things, keeping them in check with a lead-rope" (Ee VII.80). Marduk is extolled in a prayer as the one who directs the rivers, opens the water sources, unleashes the bounteous flood for "absolutely all" of the earth's inhabitants and their crops, bringing showers "by the lead-ropes of the heavens" (*ina ṣerret šamami*), along with other meteorological phenomena.[80] So the "bands of the Pleiades" and "the bonds of the Orion" refer to the fact that they appear to be held together by invisible bonds. The language of tying and loosening of the bonds is metaphorical, referring to when the clusters are visible and when they are not. It is up to God alone to bind or to loosen these ties (v. 31).

This point is reiterated in the first line of v. 32: it is not up to human beings to cause the constellations to emerge, each in its due time. In addition to the Pleiades and the Orion, the passage also names the Aldebaran, "The Follower," which, together with the stars of the Hyades, *follows* the Pleiades and the Orion. It is apt, then, that the poet suggests that one does not "lead" this cluster, for the stars are, as it were, naturally tied to their places. It is also not without significance that there are three constellations named. The *Enūma eliš* indicates that after the defeat of the sea-monster Tiamat, Marduk set up stations for the heavenly host, meaning the stars that also represent the deities (cf. Job 38:7), established their patterns, and determined the calendrical grouping of these constellations, "three constellations for each of the twelfth month" (Ee V.1–4). Indeed, there are astronomical catalogs known simply as "Three Stars Each" (*MUL.MEŠ.3-ta-àm*), which record the months of heliacal risings given for groupings of three fixed-stars/constellations for each of the twelve months in a year. The stars are said to travel in three paths, named after the three great gods, Enlil (over the northern hemisphere), Anu (over the equator), and Ea (over the southern hemisphere). The tripartite groupings yield meteorological prognostications and other omens. Thus, the series known as *Enūma Anu Enlil* (*EAE*) includes a large section of meteorological phenomena associated with storm-god Adad, including haze, clouds, lightning, fog, thunder, rain, rainbow, and winds.[81] Furthermore, in the Babylonian astronomical texts, in the astronomical compendium known as *MUL.ALPIN*, the Pleiades, Orion, and Hyades (as part of Taurus) are grouped together in the Path of Anu, that is, as seen from the equator (so *MUL.ALPIN*, I, i–44-ii,3; ii.38–40). The appearance of this group in the Path of Anu (at the equator) marks the vernal equinox and the rainy season in Babylon, when the Akītu was celebrated. All this is to say that the mention of three constellations in vv. 31–32 is pertinent in the context of meteorological phenomena. The three constellations—Pleiades, Orion, and Aldebaran—point to the coming of the spring rain, which in Syria-Palestine coincides with the melting of snow. It is poignant, therefore, that vv. 31–32 follow the couplet on the concealing of water during the winter freeze (v. 30).

Friedrich Delitzsch pointed out long ago that מִשְׁטָרוֹ in v. 33b, a *hapax legomenon* in Hebrew, has its conceptual equivalent in Akkadian *šiṭru*, in the expressions *šiṭir*

80. See W. G. Lambert, "Three Literary Prayers of the Babylonians," *AfO* 19 (1959): 61, Prayer to Marduk, no. 2, lines 5–10.

81. E. Gehlken, *Weather Omens of Enūma Anu Enlil: Thunderstorms, Wind, and Rain (Tablets 44–49)*, Cuneiform Monographs 43 (Leiden: Brill, 2012).

šamê, "writing of heaven," and *šiṭir burūmê*, "writing of the firmament."[82] These are alternate expressions used in reference to the establishing of positions for the stars, indicating that the stars do not appear haphazardly. Rather, according to the *Enūma eliš*, it was Marduk who purposefully fixed their places (Ee V.1–7). According to a passage in *EAE*, when Anu, Enlil, and Ea "built heaven and earth," they "set up the astronomical signs," "established the (celestial) stations," "fixed the positions," and "determined the decisions of heaven and earth."[83] So מִשְׁטָרוֹ is an appropriate parallel for חֻקּוֹת שָׁמָיִם, where the term חֻקּוֹת is the equivalent of Akkadian *têrētu*, "regulations," used in the context of the design of the cosmos. As we read in *Enūma eliš*, VI, 78–79:

kunna têrēti napḫaršina uṣurāti
manzaz šamê u erṣetim uza'izu ilāni gimrāssun

The regulations and all the plans were established;
They allot all the gods stations of heaven and earth.

The Akkadian term here for "plans" (*uṣurātu*) is a common one in Akkadian mythological and astronomical texts, where it is commonly paired with *šīmātu*, "destinies." The gods are repeatedly affirmed as having "plans and destinies" (*uṣurātu u šimātu*) for the cosmos. These texts insist that the cosmos does not operate haphazardly or on its own, but rather in accordance with divine plans, through celestial laws. So, too, the poet in Job asserts that there are celestial regulations and astronomical movements that have impact on meteorological phenomena operating according to these regulations that are beyond human knowledge. No mortal can summon the meteorological elements; none can manipulate them. These are not subject to human dictates, and they are not at the beck and call of mortals (vv. 34–35). Human instincts and intelligence, though divinely endowed, the poet implies, do not enable one to determine when and how the natural phenomena might come about (vv. 36–38).

Gudea's temple, built with exotic timber and stone, was a microcosm of the universe, and so it was adorned with replicas of various wild, strange, and terrifying zoological specimens that were displayed "for wonder" (XXIV.17, 25; XXX, 12). The Neo-Assyrian kings, whose building projects attested to their universal power, similarly created microcosms of the universe. Their palaces and temples were adorned with exotic flora and fauna, along with botanical gardens and zoological parks, with specimens from the far reaches of the world they claimed to control—all set up "for wonder," that is, as displays of the power "over the universe." So, too, YHWH's construction of the cosmos includes an array of wild and exotic creatures that represent the living wonders that together display YHWH's עֵצָה (38:39–39:30).

82. Friedrich Delitzsch, *Das Buch Hiob* (Leipzig: Hinrichs, 1902), 169–70.
83. See E. Weidner, *Gestirn-Darstellungen auf babylonischen Tontafeln*, Österreichische Akademie der Wissenschaften, Philosophisch-historische Klasse, Sitzungsberichte 254/2 (Graz/Vienna: Hermann Böhlau, 1967), 89, Tablets 4–5, lines 1–7.

CHAPTER 31

A Mosaic for Miriam

Phyllis Trible
Union Theological Seminary

Preface

Across the years Professor Jack Sasson and i have connected in friendship and scholarship. Once when we met in New York, we talked about feminist interpretation of the Bible as it relates to the book of Exodus. I expressed confusion in discerning the meaning of the name Miriam. Quickly Jack proposed "strength of the sea." Immediately I was at peace. Whether he still supports this etymology I know not. But I thank him for the gift that abides. In his honor, I offer here reflections on Miriam, some of which evolve from our early conversation.

Entrance to Exodus

Tucked away in the Bible, Miriam's story awaits excavation. In varying forms, it appears in all three sections of the First Testament—the Torah (JEDP), the Prophets, and the Writings—as well as in the Gospels of the Second Testament. Spanning millennia, these fragments, large and small, come in different genres that serve different purposes in different contexts. A variety of scholarly disciplines, including source criticism, form criticism, rhetorical criticism, redaction criticism, and reader response criticism, aid in exploring the many references, allusions, and echoes. While appropriating these various methodologies, this essay works primarily with the text in its final form to shape a mosaic for Miriam.[1]

The work begins in the book of Exodus. The setting is parlous: Egypt, an alien land; the king, a tyrannical ruler; his edict, a death decree (Exod 1:2–2:10).[2] Disobeyed by mid-

1. For preliminary work on this subject, see Phyllis Trible, "Bringing Miriam out of the Shadows," *BRev* (February 1989): 14–25, 34; reprinted in *A Feminist Companion to Exodus to Deuteronomy*, ed. Athalya Brenner, FCB 6 (Sheffield: Sheffield Academic, 1994), 166–86; cf. Trible, "Eve and Miriam: From the Margins to the Center," in *Feminist Approaches to the Bible*, ed. Herschel Shanks (Washington, DC: Biblical Archaeology Society, 1995), 5–24.

2. Beginning with a link to the Joseph Story at the end of Genesis (chs. 37–50), the book of Exodus next records the growing strength and number of Israelite slaves in Egypt, who thereby threaten Egyptian power (Exod 1:1–7). Three short stories of failed efforts to eliminate the threat follow. The first story reports slave control through hard labor (1:8–14); the second relays an attempt at genocide (1:15–22); and the third focuses on the rescue of the future savior Moses (2:1–10). For a discussion of literary sources behind these stories, see William H. C. Propp, *Exodus 1–18: A New Translation with Introduction and Commentary*, AB 2 (New York: Doubleday, 1998). For a positive literary-feminist reading of these stories, see J. Cheryl Exum,

wives, named Shiprah and Puah, who have refused to kill Hebrew sons,[3] the unnamed Pharaoh extends his order to all the people: "Every son that is born—into the Nile you shall cast him, but every daughter you shall let live" (Exod 1:22).[4] In the foreign land of Pharaoh, sexual and familial identities merge to determine life and death for Hebrew babies. Not every *boy* shall die and every *girl* live but every *son* and every *daughter.* Kinship language exacerbates the genocidal horror even as it foreshadows exquisite ironies.

At the Bank of the River

The royal decree prepares for the advent of one particular son, the baby yet to be named Moses. He appears in a story whose central characters are three women (Exod 2:1–10): a daughter of Levi; the sister of the newborn baby; and a daughter of Pharaoh. Like the named Shiprah and Puah, these unnamed women defy the oppressor.

Structure of Story

A preface, three episodes, and a conclusion form the story. In narrated discourse, the preface reports a marriage (2:1). Also in narrated discourse, episode one (2:2–4) presents the daughter of Levi, the sister, and the newborn son. Beginning with narrated discourse, episode two (2:5–8a) presents the daughter of Pharaoh, her maidens, the sister and the baby. It continues with direct speech. Intermingling narrated and direct speech, episode three (2:8b–9) brings the three women together with the baby. Intermingling continues in the conclusion (2:10), which involves the daughter of Levi, the daughter of Pharaoh, and the naming of the now grown child (2:10).

Preface

The marriage reported in the preface follows patriarchal custom. "A man from the house of Levi went and took a daughter of Levi" (2:1). Although the two characters correspond in namelessness and tribal identity, the male holds higher status. He is called a "man" (אִישׁ), an independent term of adulthood. She is called a "daughter" (בַּת), a relational term of subordination.[5] He is the active subject of two verbs ("went"

"'You Shall Let Every Daughter Live': A Study of Exodus 1.8–2.10," in Brenner, ed., *A Feminist Companion to Exodus to Deuteronomy*, 37–61; for a recanting of her own positive reading, see, in the same volume, Exum, "Second Thoughts about Secondary Characters: Women in Exodus 1.8–2.10," 75–87. For feminist readings of Exodus by Jewish women, see *The Torah: A Women's Commentary*, ed. Tamara Eskenazi and Andrea Weiss (New York: URJ Press and Women of Reform Judaism, 2008), 303–566.

3. Whether the midwives are themselves Hebrews or Egyptian midwives to the Hebrews remains a debatable point grammatically. Their names, likely meaning "Beauty" (Shiprah) and "Splendor" (Puah) (so Fox *below*; cf. Propp, *Exodus 1–18*, 139), appear to be Semitic, but their reply to the Pharaoh in 1:19 suggests that they themselves may be Egyptians. See Brevard S. Childs, *The Book of Exodus* (Philadelphia: Westminster, 1974), 16; cf. Everett Fox, *The Five Books of Moses* (New York: Schocken Books, 1995), 259 n. 15.

4. Literarily, the absence of a name for Pharaoh, in juxtaposition to the names of the midwives, demeans his gender and status. On this absence as a historical issue, see, most recently, e.g., Richard Elliott Friedman, *The Exodus* (New York: Harper Collins, 2017), 68–69.

5. Contra the misleading translation of "woman" (Hebrew אִשָּׁה, not בַּת) in, e.g., the NRSV, NKJV, NAB, and NIV.

and "took") and she the object. Yet never again does the man appear in the story. His function is to authenticate (along with the "daughter" he married) the Levitical ancestry of their forthcoming son.

Episode One

In the narrated discourse of episode one, the reader sees but does not hear the characters. First appears the daughter of Levi, this time identified by the independent noun "the woman" (הָאִשָּׁה). In rapid succession, a host of active verbs (nine altogether) secures her presence, her perspective, and her actions:

The woman *conceived*
  and *bore* a son (בֵּן).
[When] she *saw* him—how beautiful (טוֹב)[6] he [was]—
  she *hid* him three months until she could *hide* him no longer.
She *took* for him a basket [תֵּבָה, ark] of papyrus
  and *sealed* it with tar and pitch.
She *put* the baby (הַיֶּלֶד) in it,
  and *put* it among the reeds at the bank of the Nile. (Exod 2:2–3)

These actions move between life and death. In cradle or coffin the living son waits on the waters decreed to drown him.[7] At a distance stands his unnamed sister, waiting "to know what will happen to him" (2:4). Rather than indicating a passive watch, these words foreshadow the opposite.

The introduction of "his sister" poses tension with the opening of the story. Just after the preface reports the Levitical marriage, the story announces the conception and birth of the son, thereby implying that he is the firstborn. Apart from the preface, however, nothing in the story requires that the son be the firstborn. To the contrary, his sister's appearance shows that he is not. In addition, the absence of the father, the "man from the house of Levi," in the story proper arouses further suspicion about the preface. If a redactor's contribution, it effects the elevation of Moses at the expense of his sister. Whether intentional or not, narrative tension hints at sibling rivalry.

Episode Two

Episode two presents the daughter of Pharaoh. She parallels and counters the daughter of Levi. In rapid succession, a host of active verbs (again, nine altogether) secures her presence, her perspective, and her actions:

6. Usually translated "good," the Hebrew word טוֹב can carry ethical, pragmatic, and aesthetic meanings (cf. its use throughout Gen 1). The last connotation seems the most appropriate for a baby. Cf. "fine" in the NRSV and the NIV; "goodly" in Robert Alter, *The Five Books of Moses* (New York: W. W. Norton, 2004), 312; "goodly" (plus "handsome" or "healthy") in Fox, *The Five Books of Moses*, 263; "beautiful" in the NKJV.

7. Commentators observe that the word תֵּבָה, used here for the container, is the same word used for the ark (Gen 6:14) that saved Noah from drowning. Cf. Fox, *The Five Books of Moses*, 263; Alter, *The Five Books of Moses*, 312.

The daughter of Pharaoh *went* down to *bathe* in the Nile,
her attendants walking along the bank of the Nile.
She *saw* the basket among the reeds;
and she *sent* her maid.
She *got* it.
She *opened* it
and she *saw* the baby (הַיֶּלֶד).
Behold, the child (נַעַר) was crying.
She *pitied* him
and she *said*:
"One of the Hebrew babies (יֶלֶד) is this!" (Exod 2:5–6)

Within the narrated discourse, the crying of the child signals, but does not sound, his voice. Breaking through the narrated discourse, the daughter of Pharaoh does sound her voice. Indeed, she is the first character to speak: "One of the Hebrew babies is this!" Her we hear as well as see.[8]

In episodes one and two, two daughters counter each other: the daughter of Levi and the daughter of Pharaoh. Each is the subject of nine verbs. One is Hebrew; the other, Egyptian. One slave; the other, free. One common; the other, royal. One poor; the other, rich. One relinquishing; the other, finding. One silent; the other, speaking. One is one; the other, the other. Who will bring the twain together?

The answer is the third woman, the sister of the child. Literary structure locates her between the two daughters, just as content makes her their mediator. She appears at the close of episode one (2:4), after the placing of the child in the river by the daughter of Levi (2:2–3) and before the discovering of the child by the daughter of Pharaoh at the beginning of episode two (2:5–6). Between the placing and the discovering of the newborn child "stood his sister at a distance to know what would be done to him" (2:4). Although she too is a daughter, sororal, not filial, language identifies her. It underscores sibling relationship.

Similar in structure and function to her mediating position at the close of episode one, the second appearance of the sister occurs at the close of episode two. Just after Pharaoh's daughter discovers the child (2:5–6), "his sister" speaks to her (2:7–8a). She who earlier stood at a distance moves into view. She also claims her voice. A Hebrew slave girl initiates a conversation with Egyptian royalty.

Nuances in her words suggest a persuasive mediator. "Shall I go and call for you (לָךְ) a woman nursing from the Hebrews so that she nurses for you (לָךְ) the baby" (2:7)? The interrogative form inquires without imposing. It offers assistance to royalty while respecting its power to decide. It also builds on the pity that the princess has expressed for the child. By putting the phrase "for you" immediately after the verbs "call" (קרא) and "nurse" (ינק), the sister expresses solicitude and offers servitude. By not specifically identifying the nurse as the mother of the child, she avoids arousing reservation, suspicion, or resistance on the part of Pharaoh's daughter. At the same time, by making a link with the Hebrew origin of the baby, the sister begins to shape

8. For speculations on what identified the baby as Hebrew, see Propp, *Exodus 1–18*, 151. Cf. Friedman, *The Exodus*, 133–45.

not only his future but also that of their people. Without offending the princess, the sister seizes the moment. Skillfully crafted, her words propose a perfect arrangement for contrasting daughters, for the one and for the other, thereby bringing the twain together. The royal command "go" (2:8a) is but the desired reply to the sister's question, "Shall I go (הלך)...?" A Hebrew slave girl has persuaded an Egyptian princess.

Episode Three

Episode three (2:8b–9) begins with the sister's response to the royal command. Through innovation and repetition, the narrator plays with vocabulary. "Shall I go (הלך) and call (קרא) for you a woman nursing from the Hebrews...?" his sister has asked (2:7). But now (2:8b) "the young woman" (הָעַלְמָה), not "his sister" (אֲחֹתוֹ), "went (הלך) and called (קרא)." An independent description replaces a derivative identity while the verbs remain the same as in the question. The object of the last verb, "call," changes, however, from the unidentified "woman nursing from the Hebrews" to the specified "mother of the baby." "The young woman went and called the mother of the baby" (2:8b). The maternal noun makes explicit the beautiful outcome of the proposal. "A woman nursing from the Hebrews" *is* the child's own mother.

The action of the young woman joins the daughter of Levi and the daughter of Pharaoh. These two work out a plan, with the latter directing through speech and the former responding through deeds (2:9). "Cause to go (הלך) this baby (יֶלֶד) and nurse (ינק) him for me, and I (אֲנִי, emphatic) will give you wages," says the daughter of Pharaoh. Her words contain command and promise. Though changing the vocabulary of one of her imperatives, the narrator reports compliance. "The woman took (לקח) the baby and nursed (ינק) him." Royal commands have become common indicatives.

Use of the noun "the woman" (הָאִשָּׁה), rather than of the closest antecedent, "the mother," reverts to her identity at the opening of episode one and so forms an inclusio of fulfillment, enhanced further by two sets of sequential verbs. "The woman" who, at the beginning, "conceived and bore a son" (2:2) is now, near the end, "the woman" who "took and nursed the baby" (2:9b).[9] Further, she who put her son in a basket, whose meaning itself wavered between life and death, has nurtured him to life.

Conclusion

Whatever fulfillment has come to "the woman" yields to relinquishment as the story concludes (2:10). The baby has grown.[10] Following instructions, his nursing mother, who is also his birth mother, brings him to Pharaoh's daughter, who becomes his adoptive mother. "She brought him to the daughter of Pharaoh, and he became to her as a son." Not reported is any payment of wages to the nursing woman as promised earlier by the princess. Instead, the story climaxes with the princess naming her adopted son and interpreting the name. The lack of names for all the other characters highlights her action. "She called his name Moses, and she said, 'for from the waters I drew him.'"

9. Cf. Walter Brueggemann, "The Book of Exodus," in *The New Interpreter's Bible*, I, ed. Leander E. Keck (Nashville: Abingdon, 1994), 700.

10. The age of the child is not given. Commentators speculate that the reference may be to weaning, at about the age of three (cf. Gen 21:8); see Propp, *Exodus*, 151–52.

In delivering this Hebrew baby boy from the Nile River, the Egyptian princess models for him the role he will assume in delivering his people from the Egyptians at the Reed Sea (14:21–31).[11] Irony abounds.[12]

Reflections

Like the midwives Shiprah and Puah, the unnamed women in this story affirm life over death. Working together, they cross racial, ethnic, and class lines. They defy the structures and strictures of dominion and might; they undercut the politics of the empire. If Pharaoh had recognized the power of these women, he might well have reversed his decree and had daughters killed rather than sons. Yet neither Pharaoh nor God appears in the story.[13] Humanly speaking, the Exodus narrative owes its beginnings to a motley group of women.[14]

Central to the happy solution is the unnamed sister, later called Miriam.[15] She enters scripture obliquely. No lineage, no birth announcement, no naming ritual proclaims her advent. Only silence gives her birth. Her first appearance is from afar. She stands "at a distance." With speech, she moves closer to join two daughters for the sake of a male child. Model of discretion and timing, the sister mediates, negotiates, and leads. She offers the plan that saves her brother. Having succeeded, she fades from the story, though not from the larger narrative. Of all the women who initiate the Exodus narrative, only the unnamed Miriam endures to see it through.

In the Midst of the Struggle

As the story develops (Exod 5–14), the received tradition turns away from the women who birthed it. In quiet, secret, and effective ways, they worked together, Hebrews and Egyptians. By contrast, Moses makes noise, attracts attention, and becomes *persona non grata* to both Hebrews and Egyptians. For many chapters (3:1–15:19), the text exalts him and ignores his sister. If silence gave birth to Miriam, it also contains her in bondage and battle. Patriarchal storytellers have suppressed the women, yet without total success. Bits and pieces of the buried story surface in the conclusion of the Exodus narrative.

11. The name Moses comes from an Egyptian word meaning "son." But here the name is linked, through sound association, to the Hebrew verb משה, "to draw out." Grammatically, its form is the active voice ("he who draws out"), but the passive meaning, "the one drawn out," fits the details of this story. The Egyptian princess is the drawer-out, and Moses is the drawn-out. Cf. Childs, *The Book of Exodus*, 19; Propp, *Exodus*, 152–53; also Friedman, *The Exodus*, 32–34.

12. On ironies throughout the opening chapters of Exodus, see Terence E. Fretheim, *Exodus*, Interpretation (Louisville: John Knox, 1991), 26–41.

13. Cf. ibid., 38–40.

14. See Tikva Frymer-Kensky, "Saviors of the Exodus," in her *Reading the Women of the Bible* (New York: Schocken Books, 2002), 24–33. Cf. Adele Berlin, "Exodus," in Eskenazi and Weiss, eds., *The Torah: A Women's Commentary*, 310–12.

15. The absence here of a name for the sister has led some scholars to hold that she is not Miriam; see, e.g., Rita J. Burns, *Has the Lord Indeed Spoken Only through Moses? A Study of the Biblical Portrait of Miriam* (Atlanta: Scholars Press, 1987), 1–2 n. 2. But the lack of a name for this sister fits the pattern in the story for all the characters except Moses, whose own naming thereby stands in bold relief. In addition, nowhere does the Bible even suggest that Moses had a sister other than Miriam. Cf. Berlin, "Exodus," 311.

At the Shore of the Sea

These fragments have survived amid jumbled reports about events at the sea (Exod 13:17–14:31).[16] But when the strife is o'er and the battle done, Israel summarizes the victory won:

> So the LORD saved on that day Israel from the hand of the Egyptians ....
> The people feared the LORD, and they trusted in the LORD
> and in Moses, God's servant. (14:30–31)

Here the elevation of Moses increases as he appears in parallelism to the Deity. After this report, the narration closes, and a new unit—a poetic section—begins. From summary to song, the story continues. Moses becomes musical leader of the "sons" of Israel.

> Then Moses sang[17]—and also the sons of Israel—
> this song to the LORD. (15:1)

The opening stanza sets the theme and tone for a lengthy poem of celebration (15:1–21):[18]

> I will sing to the LORD,
> Most glorious deity!
> Horse and rider
> God has hurled into the sea!

The poem continues by proclaiming the power of God to lead the people into Canaan, and it culminates with the affirmation, "The LORD will reign forever and ever." Literarily and theologically, this long liturgy of triumph climaxes and closes the Exodus story.[19]

16. Critics have long recognized the composite nature of the sea account and struggled to clarify its sources. For overviews, see Childs, *The Book of Exodus*, 215–24; Propp, *Exodus 1–15*, 476–85. Cf. Carol Meyers et al., "Crossing the Sea and Crises in the Wilderness," in Eskenazi, ed., *The Torah: A Woman's Commentary*, 379–406.

17. The verb "sang" in Hebrew is in the masculine *singular* form, thereby highlighting Moses and leaving the "sons of Israel" without a verb.

18. Known variously as the Song of the Sea or the Song of Moses (not, however, to be confused with Deut 32) or the Song of Miriam, this poem is difficult to date. Many scholars argue for its antiquity, perhaps as an oral composition of the thirteenth, twelfth or eleventh century BCE. See the classic study by F. M. Cross Jr. and David N. Freedman, "The Song of Miriam," *JNES* 14 (1955): 237–46; reprinted as "The Song of Miriam: Exodus 15," in Cross and Freedman, *Studies in Ancient Yahwistic Poetry* (Grand Rapids, MI: Eerdmans, 1997), 31–45; also Cross, "The Song of the Sea and Canaanite Myth," in *God and Christ: Existence and Providence*, ed. Robert W. Funk, JTC 5 (New York: Harper & Row, 1968), 1–25. For adaptations of an early date, see, e.g., Fretheim, *Exodus*, 161; Brueggemann, "The Book of Exodus," 798–99. For evaluations, see Childs, *The Book of Exodus*, 245–46; Propp, *Exodus 1–15*, 507–08. For a late, postexilic date, see M. L. Brenner, *The Song of the Sea: Ex 15:1–21* (Berlin/New York: de Gruyter, 1991).

19. For a thorough analysis of this poem, see James Muilenburg, "A Liturgy of the Triumphs of Yahweh," in *Studia biblica et semitica* (Wageningen: Veenman, 1966), 238–50. Cf. Brueggemann, "The Book of

How puzzling, then, is the narrative text that follows (15:19). In capsule form it recapitulates the struggle at the sea, thereby returning to the event that preceded closure. The recapitulation jars. It seems awkward, repetitious, and misplaced. An attentive reader begins to suspect tampering with the text, and, as she reads on, the suspicion intensifies. A subsequent unit, ever so small, focuses on Miriam and the women of Israel:

> Then Miriam, the prophet, the sister of Aaron,
> took a drum in her hand.
> And all the women went out after her,
> with drums and dances.
> And Miriam answered them:
> Sing to the LORD
> Most glorious deity!
> Horse and rider
> God has hurled into the sea! (15:20–21)

After Miriam's brief song, the text moves from sea to wilderness (15:22). Thereby her words become the definitive ending for the Exodus event, much as the words and deeds of women opened the story. The arrangement forms an inclusio (cf. 2:2, 9b). Yet Miriam's words provoke discussion rather than closure.

Subtle and bold surprises come on two levels: details within and connections without. In this passage Miriam receives her name. She also has a title, "the prophet."[20] Indeed, she is the first woman in all scripture to bear the title, and she acquires it before her brother Moses (cf. Deut 18:15; 34:10). That sibling relationship is not even acknowledged here. Instead, Miriam is called "the sister of Aaron" (cf. Num 26:59; 2 Chr 6:3). Earlier Aaron bore the title "prophet," though with a restricted meaning. He was spokesman before Pharaoh for the inarticulate Moses (Exod 7:1). As applied to Miriam, the title remains undefined and its meaning open.[21] From another perspective, the phrase "sister of Aaron" may hint at a cultic or priestly connection for Miriam.[22] Later, in the wilderness, God declares Aaron and his sons priests, indeed founders of the priesthood (28:1–5; 40:12–14). Altogether the line, "Miriam the prophet, sister of Aaron," introduces her in special ways.

Exodus," 798–804; Propp, *Exodus 1–15*, 502–45; Meyers, "Exodus," in Eskenazi, ed., *The Torah: A Woman's Commentary*, 387–92.

20. Regrettably, many translations render נְבִיאָה, the feminine-gender noun in Hebrew for female prophet (the equivalent of the masculine נָבִיא), by the English suffix *-ess* ("prophetess"); cf., e.g., NRSV, NIV, NKJV, Fox, and Alter. With regard to grammatical gender for nouns (and their resultant meanings), the two languages, Hebrew and English, are not parallel. The suffix *-ess* is a derivative (a marker) from the standard (unmarked) noun and so carries sexist connotations. Cf. the Usage Note for *-ess* in *The American Heritage Dictionary of the English Language* (New York: Houghton Mifflin, 2000). The appropriate translation of both נְבִיאָה and נָבִיא is "prophet." If a specific gender identification is needed in English, then the noun can be prefaced with the adjective "female" or "male."

21. Contra Burns, who downplays as "anachronistic" the title of "prophet" for Miriam; see *Has the Lord Indeed Spoken Only through Moses?* 41–79.

22. Cf. ibid., 81–84.

Music also signals her importance. She took a drum in her hand.[23] Joining her are "all the women with drums and dances." The text says that Miriam sang responsively "to them." Yet the Hebrew pronoun is masculine, not feminine, gender, and so yields an ambiguous referent. Perhaps, under the leadership of Miriam, the ritual involved all the people, though the major participants were women. Overall, ritual and song indicate a victory celebration within a cultic context. Miriam leads in worshiping YHWH the Divine Warrior. This woman holds the prominent religious role of liturgical leader.[24]

The song that Miriam sings repeats, with variations, the first stanza of the long poem earlier attributed to Moses. On the surface, in the sequence of the text, the repetition may suggest that her contribution is derivative and his original. Further, though he can sing an entire song, she can remember (not perfectly) only the first stanza. By comparison, her performance seems deficient, as does this entire small unit that awkwardly follows the grand Mosaic ending. As a second closure, it is anti-climactic, no more than an afterthought, a token of the female presence.[25]

Divergent in length, content, and emphasis, the two endings work in tension, not in tandem. The Mosaic conclusion so overpowers the Miriamic to raise the question of why the latter ever survived. Ironically, certain scholarly answers to the question diminish Moses and highlight Miriam.[26] They claim that, in the presence of the Mosaic avalanche, the retention of the Miriamic ending argues for its antiquity and authority.[27] So tenacious was the tradition about Miriam that redactors could not eliminate it, no matter how much they tried. In fact, once upon an early time, before editors got jobs, the entire Song of the Sea, not just the first stanza, was ascribed to Miriam and

23. On archaeological evidence for the translation "drum" (or "hand-drum") as well as for the role of women in the musical world of ancient Israel, see Carol Meyers, "Miriam the Musician," in Brenner, ed., *A Feminist Companion to Exodus to Deuteronomy*, 207–30. Meyers designates three roles for Miriam as a musical performer—drummer, dancer, and vocalist—and so explicates her prominent role in public life.

24. See Burns, *Has the Lord Indeed Spoken Only through Moses?* 11–40.

25. One alternative view disavows the dependence of this song (15:20–21) upon the long poem (15:1–18). This view argues for the isolation of the song from the surrounding text and for its antiquity over against the long poem. See Burns, *Has the Lord Indeed Spoken Only through Moses?* 11–40.

26. On historical and literary connections between the long and the short poem, several scholarly views, often overlapping, have emerged. A sampling includes: (1) The short poem, attributed to Miriam, is the older, an independent unit from which the long poem, attributed to Moses, evolved. See Fretheim, *Exodus*, 161; Brueggemann, "Exodus," 799, 802; Jan Assmann, *The Invention of Religion: Faith and Covenant in the Book of Exodus*, trans. Robert Savage (Princeton/Oxford: Princeton University Press, 2018), 47–49. (2) The short poem is but the title for the long poem that itself belonged originally to Miriam (see Cross and Freedman, n. 18). (3) The short poem (all of Exod 15:19–21) is an analepsis (a flashback) that returns the reader to 14:29 and accordingly ascribes the long poem to Miriam, with Moses and the Israelites but seconding it in response. See J. Gerald Janzen, "Song of Moses, Song of Miriam: Who Is Seconding Whom?" *CBQ* 54 (1992): 211–20; reprinted in Brenner, ed., *A Feminist Companion to Exodus and Deuteronomy*, 187–99, and cf., in the same volume, Fokkelien van Dijk-Hemmes, "Some Recent Views on the Presentation of the Song of Miriam," 200–206.

27. Cf. Brueggemann's analogy with the resurrection account in Luke 24:10–12: "The women were the first witnesses, but it took the verification of the male leaders to authenticate their report" ("Exodus," 799). To achieve this harmonious interpretive analogy, Brueggemann uses two different, even opposing, ways of reading. For the Exodus account, he uses a diachronic method. He relies on a hypothetical dating that deems the short poem attributed to Miriam older than the long poem attributed to Moses. In effect, he reverses the narrated order of the Exodus text as he argues for a history behind the final form. But for the Lukan resurrection account, he uses a synchronic method. He interprets the text in its final form, with the words of the women preceding the words of the men.

the women of Israel.[28] Later, redactors who were intent upon elevating Moses took the song right out of her mouth and gave it to him—to Moses, the inarticulate one—in company with the sons of Israel (15:1–18). Thus redactors constructed an ending for the Exodus story that contradicted the older tradition. Unable to squelch that tradition altogether, they appended it in truncated form to their preferred version (15:20–21). To separate the two endings as well as to introduce the Miriamic appendage, they recapitulated a verse from the struggle at the sea (15:19). By such a procedure redactors both preserved and destroyed the women's story. (They also fashioned an inclusio that includes an incipit.) Redactors kept Miriam but diminished her importance.

Though carefully done, this redactional work did not yield perfection. It recalls the earlier story in which a patriarchal preface (2:1) sought to make Moses the first born and so undercut his older sister. Muted tension there continues here in the juxtaposition of endings. By retaining the tension, scripture provides, even if inadvertently, a critique of itself. While the Exodus narrative destroys the power of Pharaoh, it also turns inward to challenge the dominance of Moses. But the challenge is subtle, and in the saga of faith few among the chosen have detected it.

Conclusion

Like the beginning, the ending of the Exodus story belongs to women. They are the *alpha* and *omega*, the *ʾaleph* and *taw* of deliverance. Providing continuity between the two groups and times is the figure Miriam. At the bank (שָׂפָה) of the river we first meet her; at the shore (שָׂפָה) of the sea we find her again. At first mediator, she has become leader: drummer, dancer, vocalist, prophet, liturgist, and theologian. In both contexts narrated discourse reports tension between her and Moses. It advances from sibling rankings to portraits of leadership. Between these stories of beginning and ending, Moses, along with the men of Israel, has ruled over the Exodus account. Within and behind the text, however, conflict mounts. The female voice struggles to be heard; a Miriamic presence counters a Mosaic bias. What began like a cloud the size of a baby's hand rising out of the Nile River (2:6) and grew into a man's hand stretched over the Reed Sea (14:21) will in time burst forth in a storm of controversy about authority.

In the Wilds of the Wilderness

The time is wilderness. Symbol of complaint, confusion, and conflict, it denotes places of sojourn and connotes modes of being. Moving from site to site, the people of Israel

28. Although arguing, on the basis of the final form of the text, for attribution of the long poem to Miriam, Janzen nonetheless makes the astute observation that "by any analysis—diachronic or synchronic—the Song at the Sea [Exod 15:1–18] is the Song of Miriam" ("Song of Moses, Song of Miriam," 194). Note other long poems, of early date, that are attributed to women: the Song of Deborah in Judg 5:1–31 and the Song of Hannah in 1 Sam 2:1–10. Cf. also the argument of Carol Meyers, based on women's musical traditions in the biblical world, that "the likelihood that calling Exodus 15 the Song of Miriam is more accurate than attributing it to her more famous brother." See her "Miriam, Music, and Miracles," in *Mariam, the Magdalen, and the Mother*, ed. Deirdre Good (Indianapolis: Indiana University Press, 2005), 27–48.

murmur, indeed rebel. Their Deity replies with ambivalence. Kindled anger and gracious acts mingle.[29] As the story unfolds in the book of Numbers, nothing happens orderly or narrates smoothly. Entangled in the wilderness, multiple layers of tradition defy source analysis and internal coherence to become the chaos they report.[30] The task of the interpreter is to discern Miriam's story amid the muddle.

Controversies

Her portrait lodges in controversies about leadership, authority, and prophecy. Moses is overwhelmed. Caught between the demands of the people and the blazing anger of YHWH, he protests. After all, he is not the mother of Israel; God is. "Did *I* (emphatic *'anoki*) conceive all this people? Did *I* (אָנֹכִי) bring them forth that you should say to me, 'Carry them in your bosom as a nurse carries the suckling child…?' *I* (אָנֹכִי) am not able to carry all this people alone; for [the burden is too] heavy for me," asserts Moses (Num 11:12–14).[31] So he seeks a new kind of leadership: shared responsibility (11:16–25). At first, God appears to consent, ordering him to choose seventy elders upon whom some of Moses's spirit will rest that they too may bear the burden of the people. Moses complies, though his choosing the seventy and his receiving private revelation continue to affirm his unique role. The elders are subordinate to him. Moreover, the plan comes to naught. Given some of Moses's spirit, they prophesy, but "they did so no more," reports the narrator (11:25). Shared responsibility and shared authority there is not. The leadership of Moses remains supreme.

Another incident pursues the issue (11:26–30). Two men named Eldad and Medad, who are not of the seventy, begin to prophesy in the Israelite camp. Rather than partaking of Moses's spirit, they are independently endowed with the divine spirit. Thereby they approach equality with Moses. While some of the people oppose them, Moses himself welcomes the news: "Would that all the LORD's people were prophets," he exclaims, "that the LORD would put the divine spirit upon them!" (11:29). But the matter is far from settled. The elders no longer prophesy; some among the people seek to outlaw the independent prophets; and the Deity remains ominously silent.

The Challenge of Miriam

As the people journey to a new site, the power struggle rages. The storm in the wilderness peaks. Miriam enters the fray, and for the first time she lacks the company of women (Num 12). Aaron is her companion, yet in a supporting role. Once prophetic and kinship language linked these leaders (cf. Exod 15:20); now prophetic and priestly issues join them. To be sure, nowhere in the received tradition does Miriam, or any other woman, hold the title priest. (Patriarchy would have suppressed such evidence.)

29. Cf., e.g., Num 14:18–25 where divine forgiveness contends with divine punishment; also Num 15 where divine wrath counters divine peace. For an extensive exploration of the conflicted character of the biblical God, see Walter Brueggemann, *Theology of the Old Testament* (Minneapolis: Fortress, 1997).

30. For a summary of compositional problems, see Thomas B. Dozeman, "The Book of Numbers," in *The New Interpreter's Bible* II, ed. Leander E. Keck (Nashville: Abingdon, 1998), 5–12.

31. On this female imagery for God, cf. Dennis T. Olson, *Numbers*, Interpretation (Louisville: John Knox, 1996), 66.

Nonetheless, a few clues, beginning with her performance at the crossing of the sea and continuing now in the book of Numbers, attest to priestly connections for her.[32] As for Aaron, some traditions proclaim him outright the first priest, even the founder of the priesthood (cf. Exod 28:12; Num 3:5–10). Altogether the narrative picture is exceedingly complex and far from certain. It tantalizes us with scant data and mammoth conflict. In the story at hand, Miriam and Aaron join forces against Moses. Miriam leads, and Aaron supports her.

When Miriam speaks out, a confused text makes difficult the hearing of her word. The two problems, priestly and prophetic, emerge in jumbled fashion. Narrated discourse reports the first challenge as it assigns a verb to Miriam but none to Aaron. "And Miriam spoke, and Aaron, against Moses because of the Cushite woman whom he married, for a Cushite woman he married" (Num 12:1). The information and charge appear *in medias res*. The Bible tells us nothing specific about the matter and so prompts speculation. Where is the land of Cush?[33] Is it Midian (cf. Hab 3:7)? Northern Syria (cf. Gen 2:13; cf. Judg 3:8–10)? Ethiopia (i.e., ancient Nubia; cf. Gen 10:6; 2 Kgs 19:9)? Furthermore, who is the Cushite wife? Zipporah, the known wife of Moses from the land of Midian (cf. Exod 2:15b–22) or a different woman? If she is Zipporah, is the issue a priestly struggle based on her own lineage as daughter of Jethro the priest (Exod 2:16)? If she is a different woman, does her foreign identity threaten the ritual purity of Moses? Why does the rest of scripture not mention her?

Questions mount. If the Cushite woman is Ethiopian, is the attack racist, suggesting opposition to black skin? Why does the narrator set woman against woman? Is the conflict an ideological resistance to foreign marriages? Are the concepts of cleanliness and uncleanliness being violated by the marriage? Are the priestly credentials of Moses being challenged? Whatever the answers to these questions, the text implicates Miriam in cultic affairs.

Cited only once, the problem of the Cushite wife yields to a prophetic matter. If the cultic purity of Moses can be questioned, then his supreme authority can be disputed. Unlike the first, this second challenge occurs in direct discourse. Miriam and Aaron ask:

> Has the LORD spoken only through Moses?
> Has the LORD not also spoken through us? (Num 12:2ab)

For Miriam (and Aaron) the prophetic task centers not upon a single male but embraces diverse voices, female and male. Her questions seem to harmonize with Moses's own wish that "all the LORD's people were prophets" (11:29). But Miriam makes clear what Moses did not, namely that "all the LORD's people" includes women. After all, as "the prophet," she has already spoken for God at the sea, even though the Mosaic bias would drown her voice there. Now in the wilderness she seeks an equal sharing of prophetic leadership. Hers is a commanding word, and the "LORD hears it" (12:2c).

32. Cf. *supra* Burns who, while downplaying the title "prophet" for Miriam, argues that she is "a priestly figure" (*Has the Lord Indeed Spoken Only through Moses?* 79).

33. On possible identifications for Cush, see Olson, *Numbers*, 70–71. Most modern scholars, as well as the Septuagint and rabbinic tradition, posit Ethiopia as the land.

At this juncture, the narrator interrupts the story to note that "the man Moses was humble" (עָנָו), "more than any other man on the face of the earth" (12:3). Stressing the exemplary character of Moses, the interruption prepares the way for the LORD to answer the challenges of Miriam and Aaron.

The Reply of God

Alas, the price of their speaking out is severe. Breaking ominous silence, YHWH immediately (פִּתְאֹם) summons Moses, Aaron, and Miriam to come forth to the tent of meeting. In this context, the order of their names hints at the diminution of Miriam. No longer does she lead in the narrative sequence (cf. 12:1). Descending in a pillar of cloud, YHWH addresses Aaron and Miriam as Moses listens. The divine words resound with poetic power and gender exclusivity. YHWH settles the prophetic but not the priestly issue:[34]

> Hear now my words:
> If there be among you a prophet of the LORD,
> In a vision to him I make myself known;
> In a dream I speak with him.
> Not so [with] my servant Moses.
> In all my household, faithful is he.
> Mouth to mouth I speak with him.
> In clarity and not in riddles;
> The form of the LORD he beholds.
> So why were you not afraid to speak
>   against my servant, against Moses? (Num 12:6–8)

These divine words declare a hierarchy of prophecy that secures the primacy of Moses. He stands peerless at the top. Though not denying a prophetic role to Miriam (and Aaron), the divine speech demotes her in gender and point of view. Correspondingly, it undermines Moses's earlier wish for egalitarian prophecy. In rebuffing Aaron and Miriam, the intimidating question at the conclusion places end stress upon "my servant ... Moses." Moses may attack God, even accuse the Deity of oppression unto death (11:11–15), but God decrees that no one may attack Moses.

Irony, even if unintended, pervades these divine words, thereby mitigating their authority. The God who claims to speak "mouth to mouth" only with Moses is nonetheless speaking here mouth to mouth with Aaron and Miriam. For Aaron, such speech from God will continue, but for Miriam it is the first and only time. She has no opportunity to reply. Instead, to the crushing power of the divine words the narrator adds a seething conclusion: "And the nostril of the LORD burned against them and [God] left" (12:9). While the mouth of YHWH glorifies Moses, the nose attacks Aaron and Miriam. This divinity is made of stern stuff.

34. With slight variations, this translation follows those of Cross, *Canaanite Myth*, 203–204, and Fox, *The Five Books of Moses*, 719.

Yet the kindled anger of the divine does not treat its targets equally. Instead it separates Miriam from Aaron to make her the true antagonist. When the divine anger departs, we behold Miriam alone, stricken with scales like snow.[35] Red hot anger has become a cold white disease. A searing emotion has produced a scared body. The punishment may relate to the priestly issue of the Cushite wife. She who opposed Moses because of his marriage to the black woman stands condemned in diseased white.[36] By the irony of implied contrast, the text would seem to set female against female, native against foreigner, white against black, power against powerlessness. But these opposites merge as the irony folds in upon itself. If the Cushite woman stands outside a system of ritual purity, Miriam belongs with her. Miriam too has become an outcast, a rejected woman without voice or power. Though her prophetic authority has been only limited, making her no different from any other prophet save Moses, her cultic connections have been irreparably severed. Yet no punishment has visited Aaron. The male is spared; the female, sacrificed. A priestly campaign to discredit, if not destroy, Miriam infects the entire story. The Exodus that she led now leads to the repudiation of her.[37]

The Pleading of Aaron

Miriam has become diseased, not with the raw flesh of uncleanliness but rather with dead, white flesh, signaling the aftermath of the all-consuming disease. Divine anger has run its course. Turning toward her, Aaron beseeches Moses, rather than YHWH, not to "hold against us the sin that we were foolish and that we sinned" (12:11a). Despite efforts to separate this priest from this woman, this brother from this sister, he pleads on her behalf:

> Let her not be as one dead, of whom the flesh is half consumed
> when it comes out of its mother's womb. (12:12)

While repulsive, the imagery is poignant, recalling metaphors that Moses used when he implored God to be a responsible mother to the children of her womb (11:12). Those reflections led Moses to propose death for himself unless YHWH changed.

35. Though traditionally—and even currently (cf. Assmann, *The Invention of Religion*, 256)—classified as leprosy, the nature of Miriam's skin disease (Hebrew מְצֹרַעַת) remains a moot issue. For certain, the word does not mean Hansen's Disease (leprosy). For extended discussion, see Jacob Milgrom, *Leviticus 1–16*, AB 3 (New York: Doubleday, 1991), 820–26; cf. also David Jobling, *The Sense of Biblical Narrative: Three Structural Analyses in the Old Testament*, JSOTSup 7 (Sheffield: JSOT, 1978), 32–33, and the 2nd ed. with the subtitle *Structural Analyses in the Hebrew Bible* (Sheffield: JSOT, 1986), 37–38; Baruch A. Levine, *Numbers 1–20*, AB 4A (New York: Doubleday, 1993), 332–33.

36. Among scholars who have noted this irony, see Cross, *Canaanite Myth and Hebrew Epic*, 204.

37. For an altogether different interpretation of Miriam in the book of Numbers, not as a character in a story but as a "rhetorical symbol" or "metaphor" for defiled (i.e., "leprous") Israel that engaged in idolatry (the worship of fertility goddesses) and so courted death (cf. her half-consumed flesh), see Mary Douglas, *In the Wilderness: The Doctrine of Defilement in the Book of Numbers* (Oxford: Oxford University Press, 2001), 196–215. As a corollary to her argument, Douglas belittles, even disparages, feminist analysis of this account, by claiming that the book of Numbers cannot afford "to take time to drive home a lesson on female inferiority" (197–98).

Now Aaron unites birth and death in describing the horror YHWH has inflicted upon Miriam.

Long ago at Sinai the pillar of cloud descended and stood at the door of the tent (Exod 33:10–11). Moses entered to speak with God. When Moses came out, the skin of his face shown (Exod 34:29–35). A transfiguration had occurred. The people were afraid, but they drew near. Moses incarnated the divine glory. Now, later in the wilderness, the pillar of cloud descends again and stands at the door of the tent (Num 12:5). Aaron and Miriam come forward to hear YHWH speak. When the deity departs, her skin is scaled like snow and her flesh half-consumed. A transfiguration has occurred. She is separated from the people. Miriam incarnates the divine anger.

Aaron seeks a miracle: the restoration of Miriam to her original condition. After all, such a miracle was once visited upon the diseased white hand of Moses (Exod 4:6–7). By appealing now to Moses, indeed by addressing him as "my lord," Aaron bows to his supremacy in the hierarchy.[38] Moses complies. With brevity of speech—five words and five syllables in both Hebrew and translation—he conveys the urgency of the request: "God, please, heal her, please!" (Num 12:13).[39] Whatever tensions exist between Miriamic and Mosaic points of view, they have not destroyed sibling affection. Having once been saved through his sister, Moses petitions now to save her from living death. In a cryptic reply that perhaps tempers but does not remove the punishment, YHWH confines her outside the camp for seven days.[40] That period of time verifies her cleanliness but does not restore her to wholeness. Transfigured Miriam remains a marked woman, indeed, a warning for generations to come: "Remember what the LORD your God did to Miriam on the way as you came forth out of Egypt" (Deut 24:9).[41]

Vendetta unto Death

The vendetta continues unto her death. Silences and juxtapositions unfold the tale. From her punishment on, Miriam never speaks nor is she spoken to. For a time, she even vanishes from the wilderness narrative. Then, just preceding her obituary, comes a lengthy section of ritual prescriptions (Num 19:1–22). Their content as well

38. Olson finds irony in Aaron's acknowledging here what he and Miriam "had earlier denied—Moses' unique relationship to God" (*Numbers*, 73).

39. On the rhetorical contrast between Aaron's and Moses's speeches, see Alter, *The Five Books of Moses*, 744; on the sound of Moses's words in Hebrew, cf. Fox, *The Five Books of Moses*, 721.

40. In this cryptic reply, note God's self-use of analogous paternal speech ("her father")—a contrast with the maternal language used analogously for God by Aaron (Num 11:12) and here by Moses. On the reference to spit and shame, see the commentaries. Spitting may signify contempt (Deut 25:9), insult (Isa 50:6), and impurity (Lev 15:8). On word plays in this passage as they relate to Hebrew sounds, see Dozeman, *The Book of Numbers*, 110–11. On regulations pertaining to skin diseases, see Lev 13.

41. Drawing on contradictions and complexities in the biblical text, one discerns throughout the wilderness traditions fierce power struggles among competing groups. A summary of conflicting views as they pertain to the three characters Moses, Aaron, and Miriam includes: Moses as the sole human authority; a hierarchy of leadership with Moses at the top and Aaron and Miriam as equal subordinates to him; a hierarchy with Moses at the top, Aaron in second place, and Miriam in third; a triad of leadership with Aaron, Miriam, and Moses as equal participants; rivalry between Mosaic and Miriamic factions, with an Aaronic group in the middle, sometimes siding one way and sometimes the other. Particulars in the text support each of these views, with God, the divine character, being used to authorize the point of view espoused. In the end, however, Moses emerges as the winner.

as placement indict Miriam. The first prescription (19:1–13) concerns preparation of a special water for impurity. To the burning of a cow the priest adds "cedar wood, hyssop, and scarlet yarn." Although this text fails to specify the meaning of the three ingredients, a passage in Leviticus (14:4) reports that they are used in the cleansing of a diseased skin—truly a reminder of Miriam's punishment. At the appropriate time, running water is added to the mixture. Its use awaits a second prescription that pertains to those who become unclean through contact with the dead (Num 19:14–22). Seven days are required for their purification, the same period needed for the cleansing of a leper. In addition, this ritual involves sprinkling the unclean with the water for impurity.

Immediately following the two prescriptions, the one alluding to diseased skin and the other emphasizing the uncleanliness of the dead, comes the announcement of Miriam's death.

> And the children of Israel, all the community, came
>   into the wilderness of Zin in the first month,
> and the people stayed in Kadesh.
> And Miriam died there, and she was buried there. (Num 20:1)

No ordinary announcement is this but rather the culmination of the vendetta against Miriam.[42] If reasons for the attack are difficult to discern, the threat that she posed to the (cultic) establishment is abundantly evident. And that threat testifies to her prominence, power, and prestige in early Israel. So important was this woman that detractors tabooed her to death, seeking to bury her forever in disgrace.[43]

Restoration from Here and There

Yet detractors do not have the final word—even though they may be the majority voice. The final word is restoration, not burial. For Miriam it comes through fragments embedded in the scripture that would condemn her. To be sure, these bits and pieces often belong to the loser's side, but they witness to redemption. They come as references, allusions, and echoes.[44] Of varying sizes and value, some fragile and some stable, seven fragments make the difference.[45]

42. An alternative interpretation views the obituary as positive because it is "not explicitly connected with divine punishment," unlike the deaths of all other members of the wilderness community, including Moses and Aaron (Burns, *Has the Lord Indeed Spoken Only through Moses?* 120). See also Eskenazi and Weiss, eds., *The Torah: A Women's Commentary*, 922–23.

43. For a recent examination of all the Miriamic texts, but unavailable for this essay, see Ursula Rapp, *Mirjam: Eine feministisch-rhetorische Lektüre der Mirjamtexte in der hebräischen Bibel*, BZAW 317 (Berlin: de Gruyter, 2002).

44. References are explicit and specific citations; they may be direct quotations. Allusions are intentional in conception, though not explicit. Echoes need not be intentional; they may be inadvertent or unconscious; they often rely on the hearing of readers. Cf. John Hollander, *The Figure of Echo: A Mode of Allusion in Milton and After* (Berkeley: University of California Press, 1981), especially 62–72.

45. Cf. Rabbi Ruth H. Sohn, *"Beha'alotecha:* The Silencing of Miriam," in *The Women's Torah Commentary*, ed. Rabbi Elyse Goldstein (Woodstock, VT: Jewish Lights Publishing, 2000), 274–75: "Miriam has been all but silenced and banished from the narrative. All we are left with is [*sic*] shards, fragments of a tale, hints of a reality that we are left to ponder and dream."

The Power of the People

The buried story arises first among the people in the Exodus and wilderness traditions. From the start, Miriam works on their behalf. Her role in delivering one of them, the unnamed baby, at the Nile River expands to her leadership of all Israel at the Sea (Exod 1:7–8; 20–21). Thus a certain poignancy attends the closing narration of the diseased skin account. In Hebrew the message comes in both the structure and content of the sentence. An independent clause of three words leads to a dependent clause of three words:

> The-people not moved-on
> until was-brought-back Miriam. (Num 12:15)

The first clause reverses the usual order of Hebrew syntax to place subject before verb, thereby emphasizing the people. The second clause employs usual Hebrew syntax, with the verb before the subject, thereby according Miriam end-stress. Surrounding the two verbs, their subjects anchor the action (or its absence) to highlight the people's allegiance to Miriam.

No matter that YHWH has decreed the supreme leadership of Moses; no matter that the divine anger has already shown its power against the people; no matter that the white-scaled Miriam stands before them as proof of divine indictment and continuing intimidation; no matter. "The people did not set out on the march until was brought back Miriam." Those whom she served as leader do not forsake her in her time of tribulation. They wait. Never do they assail her as on various occasions they attack Aaron, Moses, and God. And their allegiance endures unto her death.[46] Three references to "the children of Israel," "the whole community," and "the people" underscore their presence when she died and was buried in Kadesh (Num 20:1). The steadfast devotion (חֶסֶד) of the people to Miriam indicates a story different from the regnant one.

The Witness of Water

The second fragment of the buried story features water as substance and symbol. First seen at a distance, Miriam soon moved to the river's bank where she mediated the future of her baby brother (Exod 2:4, 7–8). Next, in a triumphal appearance, she sang at the shore of the sea (Exod 15:21). No life-giving waters emerged, however, when in the wilderness authorities conspired to punish her (Num 12). Diseased flesh bespoke arid land. Then, in the ritual prescriptions preceding the announcement of her death, the symbol of water reappeared with ambivalence. Running water mediated between cleanliness and uncleanliness (Num 19:17–22). Miriam died, becoming thereby unclean. Yet at her death no water for purification was invoked. Instead, the wells in the desert dried up. The text reads:

> And died there [at Kadesh] Miriam and she was buried there.
> Now there was no water for the community. (Num 20:1–2)

46. Contra interpretations that find the people uncaring (i.e., not mourning) at Miriam's death. Cf. Rabbi Audrey S. Pollack, "Chukkat (19:1–22:1): Blood and Water, Death and Life," in Goldstein, ed., *The Women's Torah Commentary*, 298–300.

Nature's response to Miriam's death is immediate and severe. It mourns not with tears (water) but in aridity, and the community suffers. Miriam, protector of her brother at the river's bank and leader in the victory at the sea, embodied life. How appropriate, then, that, by their absence, the waters of life should reverence her death. Like the people of Israel, nature honors Miriam.[47]

The Jolt of Juxtaposition

The third fragment of the buried story follows immediately the announcement of death. It comes through the juxtaposition of texts. After Miriam's burial, the lack of water introduced a long narrative critical of Moses and Aaron (Num 20:2–29). In structure, it balanced the ritual prescriptions preceding her obituary (Num 19:1–22). In effect, it countered the vendetta against her. If the prescriptions implicitly demeaned Miriam, the subsequent account explicitly debased Moses and Aaron.

Once again, the people attack their leaders because of overwhelming miseries in the wilderness. The two men appeal to God, who instructs them to secure water from a rock by speaking to it. Instead, Moses strikes the rock, gets a successful result, and claims credit for himself and Aaron. God is so displeased that God decrees neither man shall lead the people into the land.[48] Miriam's death initiates their demise. And soon thereafter, when the congregation has journeyed from Kadesh to Mount Hor, Aaron dies (Num 20:22–29). In time, Moses will follow (Deut 34:1–8). If Miriam never reached the promised land, neither did her brothers.[49] Indeed, efforts to discredit her backfired in the censure of them.

Juxtaposition of texts dramatizes the point. After the death of Miriam, the wells in the desert dry up; the people rebel again; God censures Moses and Aaron; Aaron dies; and the days of Moses are numbered.[50] However much the detractors of Miriam have tried, they do not control the story. There are more interpretations than dreamt of in their hermeneutics.

The Proclamation of Prophecy

Unlike the preceding fragments, the fourth appears explicitly in the biblical witness. Centuries after the Exodus and wilderness accounts, an oracle in the book of Micah

47. Many interpreters do not connect Miriam's death with the absence of water. Indeed, some translations separate the two reports by putting them in different paragraphs (e.g., NRSV, NKJV, NIV) and others by inserting a blank space between the two (e.g., Alter). But in Hebrew syntax the reports follow sequentially. Supposedly a moveable object, Miriam's well is believed to have accompanied Israel through the wilderness wanderings.

48. On the displeasure of God, see Dozeman, *Numbers*, 159–61.

49. Though all three characters are buried in the wilderness, the differences in their endings merit note. Miriam is buried in Kadesh (Num 20:1); Aaron on Mount Hor (Num 20:28); Moses "in a valley in the land of Moab" (Deut 34:6). God has no role in Miriam's death and burial; only the people are involved. God commands and arranges for the death of Aaron, with Moses, Aaron's son Eleazar, and the people as participants. God alone, with no people around, commands the death of Moses, and God alone buries him. Miriam's death is not linked to her rebellion; Aaron's death is explicitly related to his rebellion; Moses's death is implicitly related to his rebellion (cf. Num 20:12). The people do not mourn for Miriam but instead turn against Moses and Aaron (Num 20:2). The people do mourn thirty days for Aaron and Moses (Num 20:29; Deut 34:8).

50. Note that this sequence is not an argument for cause and effect but for meanings that emerge through juxtapositions of texts.

depicts Yahweh bringing a lawsuit (רִיב) against the people Israel.[51] Its intent is to uphold true faith as doing justice, loving loyalty (חֶסֶד), and walking humbly with God (6:1–8). To build the argument, Yahweh reminds Israel of the saving acts of Yahweh in their past experiences. These acts include the Exodus and its leaders:

For I brought you up from the land of Egypt
  and from the house of slaves I redeemed you;
and I sent before you Moses, Aaron, and Miriam. (Mic 6:4)

Here prophecy acknowledges the full legitimacy of Miriam, its own ancestor, who was designated "the prophet" (Exod 15:20) even before Moses (Deut 34:10). The recognition undercuts a hierarchy of authority with a male (Moses) at the top. If the priesthood has repudiated Miriam forever, prophecy reclaims her. Indeed, it says boldly what others worked hard to deny: that in early Israel Miriam belonged to a triad of leadership. She was the equal of Moses and Aaron.[52]

As the first woman in the Bible to be called "prophet" (נְבִיאָה), Miriam initiates a group of leaders in ancient Israel about whom we know little. From Exodus beyond Exile, the erratic and infrequent presence of these women hints at a lost history. In the twelfth century, Deborah "the prophet" arises to judge Israel, lead in battle, and sing a song of triumph (Judg 4:4–5:31). In the eighth century, the unnamed woman of Isaiah—that is to say, "Ms. Isaiah the prophet"—births a prophetic oracle: the child named Maher-shalal-hash-baz (Isa 6:8). In the seventh century, Huldah "the prophet" validates the book of the law to initiate a canon of scripture (2 Kgs 22:14). And in the fifth century, Noadiah "the prophet" opposes Nehemiah during the restoration (Neh 6:14). Each of these women—each of these prophets—witnesses to a heritage rooted in Miriam. If Moses be the archetype of the male prophetic tradition (cf. Deut 34:10), Miriam leads the female.[53]

Tucked away in the book of Jeremiah is another allusion to Miriam. Envisioning the restoration of defeated Israel, Jeremiah evokes the vocabulary of the Exodus to portray an era of grace and joy. In the process, Yahweh addresses the people as female:

Again I shall build you, and you will be built, O virgin Israel!
Again you will adorn yourself with drums
  and will go forth in the dance of the merrymakers. (Jer 31:4)

The imagery may be read in two directions. It recalls Miriam at the Reed Sea (Exod 15:20–21), and it forecasts her restoration. Returned to her rightful place, she along

51. For a full analysis of this oracle, see Ehud Ben Zvi, *Micah*, FOTL 21B, ed. Rolf P. Knierim et al. (Grand Rapids, MI: Eerdmans, 2000), 141–54, and the bibliography therein.

52. The listing of Miriam's name last is hardly surprising in patriarchal rhetoric. With a light touch, however, a reader may subvert the implication of the lowest position for her by appealing to the climactic emphasis of an ending and by countering with the biblical rubric, "The first shall be last; the last, first" (cf. Matt 19:30). After all, Moses was her baby brother.

53. For a different view of these five prophets, which deems Ms. Isaiah's title as only "honorific" and limits the roles of Noadiah, Huldah, Deborah, and Miriam to liminal or destabilizing periods, see Susan Ackerman, "Why Is Miriam Also among the Prophets? (And Is Zipporah among the Priests?)," *JBL* 121 (2002): 47–80.

with other women of Israel will again lead with drums and dancing. Miriam participates in the eschatological vision of Hebrew prophecy.[54]

The Measure of Music

Miriam animates the musical life of Israel.[55] This datum constitutes the fifth fragment of the buried story. If Jubal playing on his lyre (Gen 4:21) be the mythical father of biblical music, Miriam singing and dancing is its mother (Exod 15:20–21). She inaugurates a procession of women who move throughout scripture, singing and dancing in sorrow and joy. In the days of the judges, the unsuspecting daughter of Jephthah "comes out to meet him with drums and dances" (Judg 11:34). Later, the virgin daughters of Shiloh "come out to dance in the dances" (Judg 21:21). In the days of the monarchy, when warriors return victorious from battle, "the women come out of all the cities of Israel, singing and dancing … with drums, songs of joy and instruments of music. And the women sing to one another as they make merry" (1 Sam 18:6–7; cf. 21:11; 29:5).

From these narrative texts the musical legacy of Miriam passes into liturgical traditions. Although the priesthood rejected her, this woman nevertheless resounds in the cultic life of her people. A psalm describes a parade entering the temple with

> the singers in front, the minstrels last,
> between them young women playing drums. (Ps 68:25)

Another psalm, based on Exodus and wilderness memories, echoes Miriam:

> Raise a song, sound the drum. (Ps 81:2)

Similarly, a third psalm proclaims:

> Let Israel praise God's name with dancing,
> making melody with drum and lyre. (Ps 149:3–4)[56]

And in the grand finale of the Psalter, where everything that breathes is called upon to praise God, the woman Miriam breathes in the line

> Praise Yahweh with drum and dance! (Ps 150:4)

The Gift of Genealogy

Genealogy provides the sixth fragment for restoring Miriam.[57] In Numbers 26, at the command of YHWH, Moses and Eleazar (son and successor to the deceased Aaron)

54. See Bernhard W. Anderson, "The Song of Miriam Poetically and Theologically Considered," in *Directions in Biblical Hebrew Poetry*, ed. Elaine R. Follis, JSOTSup 40 (Sheffield: JSOT, 1987), 285–96.

55. Cf. Meyers, "Miriam the Musician."

56. On echoes of Miriam in Pss 68 and 149, cf. Samuel Terrien, *The Psalms: Strophic Structure and Theological Commentary* (Grand Rapids, MI: Eerdmans, 2003), 492–95, 926.

57. On the nature and function of biblical genealogies, see Robert R. Wilson, *Genealogy and History in the Biblical World* (New Haven: Yale University Press, 1977).

take a census of the second generation of Israelites in the wilderness.[58] As is characteristic of such listings, male names overwhelm the text. Yet here and there appear references to females.[59] The listing of the Levites, specifically the clan of Kohath, names Jochebed, a daughter of Levi and the wife of Amram, who bore to him "Aaron, Moses, and their sister Miriam" (Num 26:59).

In inner-biblical exegesis, this genealogy contributes to shifting interpretations of Miriam.[60] For the story of Moses's birth, it supplies the missing name(s) of his sister as well as his parents (Exod 2:1–10). By juxtaposition to the comparable genealogy of Exod 6:20, which omits Miriam's name altogether, it calls attention to her. In contrast to accounts that identify Miriam solely as "the sister of Aaron" (Exod 15:20) or present her allied with Aaron over against Moses (Num 12:1), it specifies, through the plural modifier "their," that she is the sister of both men. At the same time, however, the modifier "their" derives Miriam's identity from her brothers while presenting them as male descendants in their own right. Be that as it may, within the tribe of Levi, Miriam (along with her mother Jochebed) merits a place in a standard male genealogy. Unlike her mother, she is not there because she married a Levite or bore children. Instead, she is there in parallel to Aaron and Moses. Like her brothers, Miriam descends from a priestly lineage.

Genealogical attention to Miriam surfaces again in the book of Chronicles.[61] Drawing upon the Torah, especially upon Genesis, the first major section of Chronicles stretches from Adam and hundreds of his descendants, in successive eras, to an eventual focus on the twelve sons (tribes) of Israel (1 Chr 1:1–9:34). The unit that pertains to the tribe of Levi (1 Chr 6) begins with the familiar litany, "the sons of…." Carefully structured, the unit traces four generations stemming from Levi. Of special interest, the third reads, "the children of Amram: Aaron, Moses, and Miriam" (1 Chr 6:3).[62] Unlike the listing in Exod 6:20, which gives Amram two sons, Aaron and Moses (through his wife Jochebed), but no daughter, Miriam appears here among the males (with Jochebed omitted). And unlike the listing in Num 26:59, which includes the father Amram, the mother Jochebed, and the offspring "Aaron, Moses, and their sister Miriam," she appears here as the equal of Aaron and Moses, with no derivative

58. For the first census, see Num 1. For commentaries on these texts, see Olson, *Numbers*, 9–19, 157–63; Dozeman, *The Book of Numbers*, 25–36, 202–15.

59. Cf. the daughters of Zelophehad in Num 26:33 and the woman Serah in Num 26:46, in addition to Jochebed and Miriam.

60. Inner-biblical exegesis explores literary, not historical, interactions among texts. The focus is on the text in its final form, not on the history of its composition. Cf. Phyllis Trible, *Rhetorical Criticism: Context, Method, and the Book of Jonah* (Minneapolis: Fortress, 1994), passim.

61. In keeping with our overall approach, the interest here is in literary connections, not in the historical value of Chronicles. For introductions to Chronicles, see, e.g., Jacob M. Myers, *I Chronicles*, AB 12 (Garden City, NY: Doubleday, 1965), xvi–xc; Sara Japhet, *I & II Chronicles: A Commentary* (Louisville: Westminster/John Knox, 1993), 3–49; Leslie C. Allen, "The First and Second Books of Chronicles," in *The New Interpreter's Bible III*, ed. Leander E. Keck (Nashville: Abingdon, 1999), 299–311; Gary N. Knoppers, *I Chronicles 1–9*, AB 12A (New York: Doubleday, 2004).

62. The translation "children" (e.g., NRSV, NIV) breaks the pattern of the Hebrew, which uses only the one word *bene*, "sons," throughout the unit (1 Chr 6:1, 2, 3 [twice]) and so includes Miriam within the male vocabulary. Some scholars (e.g., Japhet and Allen) do not comment on the matter. Myers, noting that the Septuagint follows the Hebrew in using the masculine noun throughout, suggests that the name of Miriam "appears to be an addition" to the original text (*I Chronicles*, 45); cf. Knoppers, *I Chronicles*, 400.

modifier. Whatever the purposes of the Chronicler (or later editors), her presence in this genealogy is another testimony to her priestly prominence in ancient Israel. Miriam endures.[63]

A Gift to the Gospels

The seventh fragment in the restoration of Miriam constitutes a collection of texts beyond the First Testament. As references, allusions, and echoes, they surface in the literature of diverse communities of faith, with the effect of transfiguring Miriam. The texts embrace rabbinic midrash, the Second Testament, the Gnostic Gospels, and the Qur'an.[64] Of these diverse offerings, we consider here only the Second Testament, specifically the Gospels.

Taking a clue from the Greek name spelled both *Maria* and *Mariam* and the Latin spelled *Maria*—all equivalents of the Hebrew name Miriam—we find Miriam, after centuries of silence, resurfacing in the Gospel narratives.[65] A multitude of Marys attests to the enduring life of Miriam.

The first is Mary of Nazareth, a pregnant young woman destined to bear the child she will name Jesus (Luke 1:1–45). At the instruction of the angel Gabriel, she journeys to the hill country of Judah to visit her relative Elizabeth, a pregnant old woman destined to bear the child she will name John. The names of both women resonate with their ancestors. As Mary's Greek name matches the Hebrew name Miriam, so Elizabeth's Greek name matches the Hebrew name Elisheba. And that name—Elisheba—belonged to the wife of Aaron, brother of Miriam (Exod 6:23). Fittingly, in the story at hand, Elizabeth is identified as "one of the daughters of Aaron" (Luke 1:5). Truly, the old story lives in the new.

Echoes (perhaps even allusions) of the ancestors reverberate next in song. As Miriam chanted a litany of triumph to the women at the sea, so Mary/Mariam sings a song of exaltation in response to a blessing from Elizabeth (Luke 1:11, 55).[66] Tellingly, the Song of the Sea (SS) provides vocabulary, themes, and images for the Magnificat (M).

63. Japhet sees the inclusion of Miriam here "as the final stage of her absorption into the Amramites (cf. Ex. 6.20; Num. 26.59; and Micah 6:4)." See *I & II Chronicles*, 149–50. Allen proposes that Miriam's "role in the pentateuchal narratives merited her a place in the genealogy"; see "The First and Second Books of Chronicles," 344. Other than offering textual notes, Myers and Knoppers are silent regarding Miriam's presence in the genealogy.

64. For Miriam in rabbinic midrash, see Louis Ginzberg, *Legends of the Bible* (Philadelphia: Jewish Publication Society, 2001); Shera Aranoff Tuchman and Sandra E. Rapoport, *Moses' Women* (Jersey City, NJ: Ktav, 2008); cf. Naomi Graetz, "Did Miriam Talk Too Much?" in Brenner, ed., *A Feminist Companion to Exodus to Deuteronomy*, 231–42. Cf. also the various summaries entitled "post-biblical interpretations" in the texts relating to Miriam in Eskenazi and Weiss, eds., *The Torah: A Women's Commentary*, 324–26, 401, 862–64, 931–32. In the Gnostic Gospels, as in the Second Testament, echoes of Miriam reside in portrayals of Mary. Similarly, cf. references to Mary in the Qur'an: Surah 3, 4, 23, 43 and especially 19 (called "Surah Maryam") where Mary is addressed as "sister of Aaron."

65. For a thorough study of these spellings and their significance, see Deirdre Good, "The Miriamic Secret," in Good, ed., *Mariam, the Magdalen, and the Mother*, 3–24. Good argues that the Greek spelling *Mariam* in the Second Testament "signifies traits of prophetic vision and authority" derived from Miriam in the First Testament (21).

66. Note that some ancient manuscripts attribute this song to Elizabeth.

SS I will sing to the LORD, most glorious deity. (Exod 15:1)
M My soul magnifies the Lord. (Luke 1:46)

SS The LORD … has become my salvation,
This is my God, and I will praise God. (Exod 15:2)
M My spirit rejoices in God my savior. (Luke 1:47)

SS Pharaoh's chariots and his host God hurled into the sea. (Exod 15:4)
M God has put down the mighty from their thrones
and lifted up the lowly. (Luke 1:52)

SS Your right hand, O LORD, glorious in power,
your right hand, O LORD, shatters the enemy. (Exod 15:6)
M God has shown strength with the divine arm,
has scattered the proud in the imagination of their hearts. (Luke 1:57)

SS Who is like you, O LORD, majestic in holiness,
terrible in glorious deeds, doing wonders? (Exod 15:11)
M The One who is mighty has done great things for me;
holy is God's name. (Luke 1:49)

SS You have led [O YHWH] in your steadfast love
the people whom you have redeemed. (Exod 15:13)
M God has exalted those of low degree,
has helped servant Israel
in remembrance of divine mercy. (Luke 1:54)

SS YHWH will reign forever and ever. (Exod 15:18)
M As God spoke to our ancestors … and to posterity forever. (Luke 1:55)

In assigning the name Mary (Mariam) to the mother of the Messiah, Christian tradition honors Miriam, the mother of deliverance.[67] Both women sing poetry.

From the birth of Moses to the birth of Israel to the birth of the Messiah, Mariam now enters the ministry of Jesus. In Mary of Bethany the prophet of the Exodus becomes the disciple who chooses the better portion (Luke 10:38–42). On another occasion, when she anoints the feet of Jesus and wipes them with her hair, he defends her action against criticism (John 12:1–8) and thereafter emulates it in washing the feet of the disciples (John 13:1–11). Mary, that is, Miriam, sets the ritual that Jesus follows, a ritual that subverts established meanings and proper procedures. In such actions she reflects her namesake.

67. For a study of Mary in traditions subsequent to the Second Testament, see Jaroslav Pelikan, *Mary through the Centuries: Her Place in the History of Culture* (New Haven: Yale University Press, 1996). On one particular tradition, see Mary F. Foskett, "Miriam/Mariam/Maria: Literary Genealogy and the Genesis of Mary in the Protevangelium of James," in Good, ed., *Mariam, the Magdalen, and the Mother*, 63–74.

Again, Miriam healed of a skin disease re-emerges in Mary called Magdalene from whom seven demons have gone (Luke 8:2).[68] In a composite picture she figures prominently at the crucifixion and resurrection. She stands at the cross of Jesus (John 19:25), witnesses his entombment (Matt 27:57–61), brings spices for anointing the body (Mark 16:1), discovers the empty tomb (Mark 16:1–8; John 20:1), hears the angelic announcement (Mark 16:2–7), and sees and talks to the risen Lord (John 20:1, 11–18).[69] Above all, she, joined by other women, including other Marys, is the first individual to proclaim the resurrection (Matt 28:1–10; Luke 24:10; John 20:18).

All the Marys who witness crucifixion embody in name and deed Miriam who herself was crucified in the power struggles of the wilderness. All the Marys who proclaim resurrection, only to find disbelieving men deeming the good news "an idle tale" (Luke 24:11), incarnate Miriam whose good news male authorities also demeaned. But in the surprising, indeed subversive, turns of faith, the male judgments do not prevail. "O foolish men and slow of heart to believe all that the prophets have spoken!" (Luke 24:25). The Marys got it right. They are Miriam *rediviva*, the woman who first challenged (male) authority.

An Unfolding Mosaic

By unearthing and assembling fragments large and small from here and there in scripture, we have crafted a mosaic for Miriam. Stepping back to view the whole, we see a story beginning at the bank of the river, moving to the shore of the sea, continuing in the wilds of the wilderness, disappearing in the new land, recovering there through prophecy and song, and eventually making its way into the Gospel traditions. This narrative sequence yields a canonical portrait of Miriam: mediator, musician, model; prophet, poet, priest; deliverer, dancer, drummer, and disciple. Strikingly absent are those hierarchal relationships by which women usually achieved status or identity in ancient Israel: wife and mother. Miriam has neither husband nor children.[70] This lack makes her prominence all the more remarkable in the history of God's people. She does not fit conventional categories of faith. She belongs to a different order that calls us to a new land of promise. Miriam transfigures faith. From overlays of patriarchy she rises to challenge the winners who prevailed in scripture. Lo, the fragments that the builders rejected have become tesserae in a mosaic of salvation (cf. Ps 118:22). Let all women and men who have eyes to behold this mosaic of Miriam join her in singing a transformed version of her song of deliverance:

> Sing to the Lord, most glorious deity!
> Patriarchy and its horsemen God has hurled into the sea.

68. See, e.g., Jane Schabert with Melanie Johnson Debaufre, *Mary Magdalene Understood* (New York: Continuum, 2006). For essays on Mary Magdalene, see Good, ed., *Mariam, the Magdalen, and the Mother.*

69. See especially Mary Rose D'Angelo, "'I Have Seen the Lord': Mary Magdalen as Visionary, Early Christian Prophecy, and the Context of John 20:14–18," in Good, ed., *Mariam, the Magdalen, and the Mother*, 95–122.

70. Unwilling to leave Miriam single and without children, the rabbis gave her a husband (Caleb) and a son (Hur); see Tuchman and Rapoport, *Moses' Women*, especially 65.

Afterword

Ending this study with an updated version of Miriam's song, I return in my thoughts to the beginning, so again to thank Professor Sasson for instructing me about Miriam as "strength of the sea" and to honor his many contributions to biblical studies.